Literarischer Anzeiger

zu den

Entscheidungen des Reichsgerichts.

Verlag von **Veit & Comp.** in Leipzig.

№ 71

Der „**Literarische Anzeiger**" erscheint in zwanglosen Nummern und bildet eine unentgeltliche **Beilage** der Entscheidungen **des** Reichsgerichts in Zivilsachen und in Strafsachen. Für seinen Inhalt ist ausschließlich die Verlagsbuchhandlung verantwortlich. Preis der einmal gespaltenen Petitzeile 60 Pf.

Verlag von Veit & Comp. in Leipzig

Soeben erschien:

Richter und Rechtsprechung.

Von

Dr. Adelbert Düringer,

Reichsgerichtsrat.

gr. 8. 1909. geh. 2 M.

Die Revisionsgründe des österreichischen und des deutschen Zivilprozesses.

Vortrag, gehalten in der Juristischen Gesellschaft in Wien

von

Dr. Wilibald Peters,

Reichsgerichtsrat.

gr. 8. 1909. geh. 80 Pf.

Die Verteidigung nach dem Entwurfe der Strafprozeßordnung.

Vortrag, gehalten in der Juristischen Gesellschaft in Leipzig

von

Dr. Martin Drucker,

Rechtsanwalt in Leipzig.

gr. 8. 1909. geh. 80 Pf.

Über die Grundlagen der Bilanzwerte.

Von

Dr. Rudolf Fischer,

Rechtsanwalt.

gr. 8. 1909. geh. 2 M 50 Pf.

Die Voraussetzungen des Versäumnisverfahrens.

Von

Dr. Hugo Löhning.

gr. 8. 1909. geh. 1 M 50 Pf.

Kauf und Verkauf auf Borg

durch einen zum Barabschluss Bevollmächtigten.

Von

Dr. Egon Gross.

gr. 8. 1909. geh. 1 M 60 Pf.

Soeben erschien: **Generalregister zum 61.—70. Bande der Entscheidungen des Reichsgerichts in Zivilsachen.** — Bearbeitet von Reichsgerichtsrat **E. Meyn.** geb. in Halbfranzband 10 M.

Das Register wird nur gebunden ausgegeben.

Metzger & Wittig, Leipzig.

Entscheidungen

des

Reichsgerichts.

Herausgegeben

von

den Mitgliedern des Gerichtshofes und der Reichsanwaltschaft.

Entscheidungen in Zivilsachen.

Neue Folge.

Einundzwanzigster Band.

Der ganzen Reihe einundsiebzigster Band.

Leipzig,

Verlag von Veit & Comp.

1909

Entscheidungen

des

Reichsgerichts

in

Zivilsachen.

Neue Folge.

Einundzwanzigster Band.

Der ganzen Reihe einundsiebzigster Band.

Leipzig,
Verlag von Veit & Comp.
1909

Druck von Metzger & Wittig in Leipzig.

Inhalt.

I. Bürgerliches Recht.

a. Reichsrecht.

b. Landesrecht.

II. Öffentliches Recht.

III. Gerichtliches Verfahren.

1. Liegt ein beim Betriebe einer Fabrik eingetretener Unfall vor, wenn einem Kauflustigen in den Fabrikräumen ein Gasmotor mit dem zur Gewinnung des Gases dienenden Apparate im Betriebe vorgeführt wird und sich dabei ein Unfall ereignet?

Haftpflichtgesetz vom 7. Juni 1871 § 2.

VI. Zivilsenat. Urt. v. 4. März 1909 i. S. H. (Bekl.) w. W. (Kl.). Rep. VI. 117/08.

I. Landgericht Dresden.
II. Oberlandesgericht daselbst.

Der Kläger, der einen Gasmotor zu erwerben beabsichtigte, vereinbarte mit der Beklagten, die solche herstellte, daß ihm in deren Fabrik ein von ihm ausgesuchter Motor im Betriebe vorgeführt werden solle, damit er sich von der Leistungsfähigkeit und dem Gasverbrauche überzeugen könne; dabei sollte ein Gaserzeugungsapparat zur Verwendung kommen, den ein Dritter der Beklagten zur Erprobung überlassen hatte. Bei der Ausführung dieser Verabredung explodierte der Gaserzeugungsapparat. Dadurch wurde die darin befindliche, zur Vergasung bestimmte Masse brennend hinausgeschleudert. Der Kläger, dessen Kleider dabei in Brand gerieten, erlitt schwere Verletzungen. Der Unfall war nach den Feststellungen des Berufungsgerichtes durch unvorsichtiges Gebaren zweier zur Leitung des Betriebes und zur Beaufsichtigung der Arbeiter berufenen Beamten der Beklagten veranlaßt.

Der vom Kläger erhobene, auf § 2 des Haftpflichtgesetzes gestützte Schadensersatzanspruch wurde vom Oberlandesgerichte für berechtigt erklärt. Der hiergegen von der Beklagten erhobene Angriff, daß der Vorgang, bei dem der Unfall eingetreten sei, nicht zum Betriebe der Fabrik der Beklagten gehört habe, wurde vom Reichsgerichte zurückgewiesen, aus folgenden

Gründen:

... „Allerdings steht hier nicht eine Maßnahme in Frage, die der Anfertigung eines der Gegenstände dienen sollte, deren Herstellung den Zweck des gewerblichen Unternehmens der Beklagten bildet, auch nicht in dem Sinne, daß die Beklagte eine von ihr gebaute Maschine ihrerseits einer Probe dahin unterziehen wollte, ob sie als fertiggestellt anzusehen oder noch einer weiteren Bearbeitung bedürftig sei. Allein der Begriff des Betriebes einer Fabrik im Sinne von § 2 des Haftpflichtgesetzes ist, wie in der Rechtsprechung anerkannt ist, auch nicht dergestalt zu beschränken, daß dazu ausschließlich Maßnahmen der vorstehend bezeichneten Art zu rechnen wären; und es kann im gegebenen Falle, in dem in den Fabrikräumen der Beklagten durch deren Personal ein mit Elementarkraft arbeitender Motor in Verbindung mit einem Apparate, der zur Erzeugung des für die Gewinnung der Elementarkraft nötigen Gases dienen sollte, in Betrieb gesetzt wurde, um einem Kauflustigen ein Bild von den Leistungen des Motors und des Gasapparates zu verschaffen, diesem Vorgange die Natur eines zum Betriebe der Fabrik gehörigen Aktes nicht abgesprochen werden. Es liegen bei ihm alle die Merkmale vor, die für den Fabrikbetrieb charakteristisch sind und diejenige Gefährlichkeit begründen, welche dem Gesetzgeber zu der in § 2 des Haftpflichtgesetzes getroffenen Bestimmung Anlaß geboten haben. Ganz unerheblich ist hierbei, daß der Gaserzeugungsapparat nicht von der Beklagten hergestellt, sondern ihr von einem Dritten zur Verfügung gestellt war. Es handelte sich um eine einheitliche Vorführung, durch welche dem Kläger ein Bild von dem Motor und dem zur Erzeugung des für seinen Betrieb nötigen Gases dienenden Apparate in ihrem Zusammenwirken geboten werden sollte, und diese Vorführung wurde allein von der Beklagten durch ihre Bediensteten ins Werk gesetzt." ...

2. 1. Können die in §§ 135, 136 GewUVG. bezeichneten Ansprüche, auch ohne daß die daselbst vorgesehene Feststellung durch strafgerichtliches Urteil stattgefunden hat, auf Grund des § 139 ebenda geltend gemacht werden, falls diese Feststellung deshalb nicht erfolgen kann, weil der Betreffende eine juristische Person ist?

2. Ist für das ordentliche Gericht die Entscheidung bindend, die in dem durch das Gewerbe-Unfallversicherungsgesetz geordneten Verfahren über die Frage ergeht, ob der durch einen Betriebsunfall Verletzte zu den nach Maßgabe dieses Gesetzes versicherten Personen gehört?

VI. Zivilsenat. Urt. v. 11. März 1909 i. S. K. (Kl.) w. preuß. Eisenbahnfiskus (Bekl.). Rep. VI. 260/08.

I. Landgericht I Berlin.
II. Kammergericht daselbst.

Dem Kläger, der auf Privatdienstvertrag von der Eisenbahnverwaltung als Bauassistent angestellt war und beim Bau einer Bahnsteighalle verletzt wurde, war durch Feststellungsbescheid der Eisenbahndirektion Berlin nach Maßgabe des Gewerbe-Unfallversicherungsgesetzes die Vollrente bewilligt worden. Er verklagte den Eisenbahnfiskus gemäß § 1 des Haftpflichtgesetzes auf Schadensersatz zur Ausgleichung seines Mindereinkommens.

Das Kammergericht hat die Klage auf Grund des § 135 GewUVG. abgewiesen.

Die Revision hat keinen Erfolg gehabt, aus folgenden

Gründen:

„Nach § 135 Abs. 1 GewUVG. können die nach Maßgabe dieses Gesetzes versicherten Personen Anspruch auf Ersatz des infolge eines Unfalls erlittenen Schadens gegen den Betriebsunternehmer nur dann erheben, wenn durch strafrechtliches Urteil festgestellt worden ist, daß der in Anspruch Genommene den Unfall vorsätzlich herbeigeführt hat. Der Abs. 3 schreibt vor, daß für das über einen solchen Anspruch erkennende ordentliche Gericht die Entscheidung bindend ist, die in dem durch dieses Gesetz geordneten Verfahren über die Frage ergeht, ob ein Unfall vorliegt, für den aus der Unfallversicherung Entschädigung zu leisten ist, und in welchem Umfange Entschädigung zu gewähren ist.

Durch den Feststellungsbescheid der Eisenbahndirektion zu Berlin — der Ausführungsbehörde, die gemäß § 128 GewUVG. die Befugnisse und Obliegenheiten der Berufsgenossenschaft wahrzunehmen hatte — ist dem Kläger auf Grund des Gewerbe-Unfallversicherungsgesetzes die Vollrente bewilligt worden. Der Bescheid ist vom Kläger nicht angefochten worden und in Rechtskraft erwachsen.

In der Vorinstanz hat der Kläger behauptet, daß er kein Betriebsbeamter, sondern ein Bureaubeamter mit einem 3000 ℳ übersteigenden Jahresarbeitsverdienst und deshalb nach § 1 Abs. 1 ebenda nicht versicherungspflichtig gewesen sei.

Mit Recht hat sich das Berufungsgericht durch die in dem Feststellungsverfahren ergangene Entscheidung für gebunden erachtet und die Klage abgewiesen, weil es an der Voraussetzung des § 135 Abs. 1 fehle, daß der Betriebsunternehmer den Unfall vorsätzlich herbeigeführt habe.

Die Revision ist der Meinung, daß juristische Personen unter § 135 nicht fielen, weil sie nicht deliktsfähig seien, eine Feststellung durch Strafurteil gegen sie also nicht erfolgen könne. Hier greife vielmehr § 139 ein, wonach die Ansprüche aus § 135 auch ohne strafgerichtliche Feststellung geltend gemacht werden könnten, falls diese Feststellung wegen des Todes, der Abwesenheit des Betreffenden oder aus einem anderen in seiner Person liegenden Grunde nicht erfolgen könne. Letzterer Fall sei hier gegeben. Die Auffassung der Revision geht . . . fehl.

Zunächst mangelt es hier an dem Erfordernis des § 135 Abs. 1, daß der Unfall *vorsätzlich* herbeigeführt worden ist. Der Kläger selbst stützt sein Begehren nur auf § 1 des Haftpflichtgesetzes. Auch § 139 setzt, wenn es sich um einen Anspruch aus § 135 handelt, selbstverständlich voraus, daß der Unfall vorsätzlich herbeigeführt worden ist. Er gewährt nur Abhilfe für den *einzelnen* Fall, daß aus einem *in der Person des Urhebers des Unfalls* liegenden Grunde die Feststellung der vorsätzlichen Unfallsverursachung nicht durch strafgerichtliches Urteil stattfinden kann (vgl. Motive S. 82). Ein Strafurteil kann nur gegen eine natürliche Person, einen Menschen, nicht gegen ein Rechtsgebilde wie die juristische Person ergehen. Bei dieser ist also die Feststellung durch strafgerichtliches Urteil vermöge ihrer rechtlichen Natur ausgeschlossen, aber nicht aus besonderen Umständen, wie sie § 139 im Auge hat, die nur bei einem Menschen eintreten können und in der Person des „betreffenden" einzelnen Menschen liegen.

Den Schluß, daß, weil § 135 auf Betriebsunternehmer, die juristische Personen sind, wegen der Unmöglichkeit der dort vorgesehenen strafgerichtlichen Feststellung keine Anwendung leide, alle Schadensersatzansprüche der versicherten Arbeiter gegen solche Unternehmer schlechthin zulässig seien, hat die Revision wohl nicht ziehen wollen. Er wäre auch, als mit dem Ziele der ganzen Unfallversicherungsgesetzgebung unvereinbar, durchaus rechtsirrig. Die Frage, ob nicht die juristische Person als Betriebsunternehmerin gemäß § 135 haftet, wenn durch strafgerichtliches Urteil festgestellt ist, daß ihr verfassungsmäßiger Vertreter in Ausführung der ihm zustehenden Verrichtung einen Unfall vorsätzlich herbeigeführt hat, kann hier unerörtert bleiben.

Die Revision macht weiter geltend, daß der Kläger nicht zu den nach Maßgabe des Gewerbe-Unfallversicherungsgesetzes versicherten Personen gehört habe. Bei dem Rentenfeststellungsverfahren solle für den Prozeßrichter bindend nur entschieden werden, ob und inwieweit ein Unfall nach seinen objektiven Merkmalen als entschädigungspflichtig anzusehen sei. Der richterlichen Nachprüfung unterliege jedoch, ob die Voraussetzung für die Anwendung des § 135 gegeben sei, nämlich ob es sich überhaupt um eine versicherungspflichtige Person handle. Der Kläger habe allerdings die ihm gewährte Rente angenommen, weil er in großer Not gewesen sei. Wegen dieser Aufnötigung einer Wohltat könne sich der Beklagte jedoch nicht seiner weitergehenden Ersatzpflicht entziehen. Auch dieser Angriff kann keinen Erfolg haben.

Wie der erkennende Senat in dem Urteile vom 23. Januar 1905 (Entsch. in Zivils. Bd. 60 S. 36) an der Hand der Entstehungsgeschichte und des gesetzgeberischen Zweckes des § 135 Abs. 3 dargelegt hat, wohnt dieser Bestimmung eine über ihren Wortlaut hinausgehende Bedeutung inne. Sie bezieht sich nicht nur auf die seltenen Ansprüche wegen strafgerichtlich festgestellter vorsätzlicher Schadenszufügung, sondern auf alle Schadensersatzansprüche des versicherten Verletzten (und seiner Hinterbliebenen) gegen den Betriebsunternehmer und dessen Betriebsbeamten. An dieser Entscheidung wird festgehalten. In dem Falle, der ihr zugrunde lag, hatte das Reichsversicherungsamt erkannt, daß kein Betriebsunfall vorliege, und es ist ausgesprochen worden, daß das Prozeßgericht an diese Feststellung gebunden sei. Nun ist nach § 135 Abs. 3 das Gericht an die Vorentscheidung gebunden, ob ein Unfall vorliegt, für den aus der Unfallversicherung Entschädigung zu leisten ist. Entschädigung aus der Unfallversicherung ist nur an die in §§ 1 flg. des Gesetzes aufgeführten Personen zu leisten. Die Entscheidung der Versicherungsinstanz und die Bindung umfassen also notwendig die Frage, ob der durch einen Betriebsunfall Verletzte zu diesen, d. i. zu den versicherungspflichtigen und versicherten Personen, gehört. Auch bei dem Streite, ob ein Verletzter versicherungspflichtig und versichert war, würde das, was die Vorschrift des § 135 Abs. 3 hintanhalten will, eintreten: daß bei einer verschiedenen Beurteilung durch die Gerichte einerseits, die Versicherungsinstanzen anderseits der Verletzte ungerechtfertigterweise keine oder die doppelte Entschädigung erhielte.

Der III. Zivilsenat des Reichsgerichts hat zwar in dem in den Entsch. in Zivils. Bd. 66 S. 42 abgedruckten Urteile einen verletzten jugendlichen Arbeiter als versichert angesehen und ihm deshalb den Entschädigungsanspruch gegen den Betriebsunternehmer abgesprochen, obwohl die Berufsgenossenschaft, weil der Verletzte wider ein gesetzliches Verbot in dem Betriebe beschäftigt gewesen sei, eine Entschädigung rechtskräftig abgelehnt hatte. Aus dem Urteile kann indes, da es den § 135 Abs. 3 nicht erwähnt, keine Abweichung von der in dem oben erwähnten Urteile dargelegten Ansicht des erkennenden Senats entnommen werden.

Die als Berufsgenossenschaft handelnde Eisenbahndirektion hat endlich mit der Feststellung der Rente dem Kläger keine Wohltat aufgenötigt und ihm dadurch nicht, wie die Revision glaubt, die gerichtliche Verfolgung seines Ersatzanspruchs verschlossen, sondern nur eine gesetzliche Pflicht erfüllt. Dem Kläger war es, wenn er sich nicht für versicherungspflichtig hielt, unbenommen, während des Feststellungsverfahrens und zuletzt gegenüber dem Feststellungsbescheide seinen Standpunkt geltend zu machen und mit den zulässigen Äußerungen und Rechtsmitteln (§§ 70, 75, 80 des Gesetzes) zu verfechten. Dies hat er nicht getan, und in dem gegenwärtigen Verfahren kann er, wie gezeigt, mit jenem Einwande nicht mehr gehört werden." . . .

3. Findet § 254 Abs. 1 BGB. Anwendung, wenn bei der Entstehung des durch Verschulden eines anderen verursachten Schadens ein Tier mitgewirkt hat, dessen Halter der Beschädigte ist?

VI. Zivilsenat. Urt. v. 22. März 1909 i. S. P. (Bekl.) w. T. (Kl.). Rep. VI. 225/08.

I. Landgericht Regensburg.
II. Oberlandesgericht Nürnberg.

Der Beklagte war zum Schadensersatze verurteilt worden, weil er sich auf seinem Motorrade, ohne ein Warnungszeichen mit der Huppe zu geben und die Geschwindigkeit zu ermäßigen, von hinten dem Fuhrwerke der Klägerin genähert hatte, so daß das Pferd scheute und durchging und die Klägerin, die es an der Trense zu halten versuchte, zu Boden geworfen und von dem Wagen überfahren wurde.

Aus den Gründen:

... „Die Revision vertritt unter Berufung auf das Urteil des IV. Zivilsenats vom 21. November 1907 (Entsch. in Zivils. Bd. 67 S. 120) die Ansicht, daß die Klägerin, die als Tierhalterin durch ihr eigenes Tier verletzt worden sei, einen Teil des Schadens zu tragen habe. Der Revision ist zuzugeben, daß sowohl die Überschrift der abgedruckten Entscheidung des IV. Zivilsenats wie die ganz allgemein lautende Fassung der Gründe zu der Anschauung verleiten kann, es sei in jedem Falle, wo der Beschädigte „der Halter eines bei der Entstehung des Schadens mitwirkenden Tieres ist", § 254 Abs. 1 BGB. gegen ihn anzuwenden. Indes liegt dem Urteile der besondere Tatbestand zugrunde, daß der Hund des Beklagten das Pferd des Klägers angebellt hat, das Pferd darauf durchgegangen ist und den Schaden angerichtet hat, daß also nicht bloß der Beschädigte, sondern auch der andere Teil Tierhalter war, und der Schade durch die Tiere der beiden Parteien verursacht worden ist, mithin auf beiden Seiten die Gefährdungshaftung des § 833 BGB. in Frage kam.

Zu dem Urteile des IV. Zivilsenats braucht keine Stellung genommen zu werden, weil der gegenwärtige Fall sich von dem darin behandelten in dem wesentlichen Punkte unterscheidet, daß der Beklagte in Anspruch genommen wird, weil er durch schuldvolles Verhalten das Pferd der Klägerin zum Scheuen gebracht habe. Hier greift jedenfalls § 840 Abs. 3 BGB. ein, der bestimmt, daß, wenn neben dem nach §§ 833—838 BGB. zum Ersatze des Schadens Verpflichteten ein Dritter für den Schaden verantwortlich ist, in ihrem Verhältnis zueinander der Dritte allein verpflichtet ist. Diese Vorschrift regelt allerdings zunächst die Ausgleichungspflicht mehrerer Gesamtschuldner, die aus einer unerlaubten Handlung nebeneinander dem Verletzten haften (vgl. Entsch. in Zivils. Bd. 53 S. 114). Sie findet aber schon nach ihrem Wortlaute unbedenklich auch dann Anwendung, wenn der Dritte, der von dem Beschädigten für den Schaden verantwortlich gemacht wird, seinerseits vom Beschädigten begehrt, daß er einen Teil des Schadens auf sich nehme, weil er nach §§ 833—838 BGB. ersatzpflichtig sei. Denn auch dann handelt es sich um das Verhältnis der beiden zueinander, wie es § 840 Abs. 3 im Auge hat (vgl. Entsch. des RG.'s in Zivils. Bd. 58 S. 335). Die Regel, daß die Gesamtschuldner im Verhältnis zueinander zu gleichen Teilen verpflichtet sind, ist aus Billigkeitsgründen, entsprechend der Lage der in Betracht kommenden Verhältnisse, durchbrochen worden: nach innen gilt derjenige, der die schädigende Handlung verübt hat, als allein verpflichtet (Motive S. 737). Der Rechtsgedanke, der sich in § 840 Abss. 2 u. 3 ausprägt, führt ganz besonders in den Fällen, wo, wie hier, auf der einen Seite Gefährdungshaftung, auf der andern Haftung aus Verschulden vorliegt, dazu, den Urheber der schuldhaften Handlung den Schaden, für den er verantwortlich ist, allein tragen zu lassen. Hiernach gründet sich die Auffassung des erkennenden Senats auf § 840 Abs. 3 BGB., der in dem Urteil des IV. Zivilsenats gar nicht erwähnt ist. Die Anrufung der Vereinigten Zivilsenate erscheint daher nicht geboten." . . .

---

4. Klausel der Chartepartie, daß beim Streik der Hafenarbeiter jeder Teil vom Vertrage zurücktreten darf, der Verfrachter aber, der vom Rücktritte Gebrauch macht, die Ladung zum laufenden Preise übernehmen muß. Ist diese Klausel im Zweifel auf einen Streik im Abladehafen zu beschränken, oder bezieht sie sich auch auf den Streik im Löschungshafen? Was ist unter dem laufenden Preise zu verstehen?

I. Zivilsenat. Urt. v. 24. März 1909 i. S. K. & W. (Bekl.) w. M. & Co. (Kl.). Rep. I. 196/08.

I. Landgericht Kiel, Kammer für Handelssachen.
II. Oberlandesgericht daselbst.

Am 20. März 1906 vercharterte die Beklagte den Dampfer „Lord" an die Firma St. & Co. in Glasgow für einen Kohlentransport von Methil nach Boulogne-sur-mer. Die in Glasgow ausgestellte Charterpartie enthielt u. a. folgende Bestimmung: „Should a strike or lock-out occur, either party may terminate this charter, but doing so shall ipso facto be a waiver of all claims, and owners exercising this option shall take over any cargo on board at current price." In dem Konnossement, dessen Freizeichnungsklausel den Streik nicht erwähnte, hieß es: „freight and all other conditions as per charter party." Als der Dampfer am 1. April 1906 im Hafen von Boulogne ankam und die Klägerin sich durch den Besitz des auf sie indossierten Konnossements als Landungsempfängerin legitimierte, herrschte unter den Hafenarbeitern eine Bewegung, die der Kapitän für einen Streik im Sinne der Charter ansah und die ihn zu der Überzeugung brachte, daß die Löschung in absehbarer Zeit nicht möglich sein werde. Auf Weisung der Beklagten fuhr er mit der Ladung nach Kiel.

Die Parteien stritten darüber, ob die Beklagte zu dieser Maßregel berechtigt war. Die Klägerin, von der Ansicht ausgehend, daß die wiedergegebene Bestimmung der Charter ihr gegenüber keine Wirkung habe, beanspruchte als Schadensersatz den Verkaufspreis, der anfangs April 1906 in Boulogne für die Kohlen bestand. Nachdem ihr von der Beklagten der Einkaufspreis mit £ 859, 5, 7, vergütet war, ermäßigte sie den Klagantrag dahin, die Beklagte zur Zahlung von 9043,52 Frs. nebst Zinsen zu verurteilen.

Im Gegensatze zum ersten Richter, der die Klage abwies, erklärte das Oberlandesgericht den Grund der Klage für gerechtfertigt. Das Reichsgericht verwies die Sache in die Instanz zurück.

Gründe:

„Der Vertreter der Klägerin hat das Bedenken angeregt, ob nicht nach § 549 ZPO. eine Nachprüfung der angefochtenen Entscheidung zu unterbleiben habe. Sein Grund hierfür ist, daß der

Bestimmungshafen in Frankreich lag, so daß nach der Rechtsprechung des Reichsgerichts (vgl. Entsch. in Zivils. Bd. 69 S. 23) die konnossementsmäßigen Verpflichtungen dem französischen Rechte unterstanden. Das Bedenken kann jedoch nicht geteilt werden. Das Oberlandesgericht hat ausdrücklich erklärt, da die Parteien Abweichungen der verschiedenen Rechte voneinander nicht behaupten wollten, lasse es dahingestellt, welches Recht maßgebend sei, und bringe deutsches Recht zur Anwendung. Sowenig ein solches Verfahren gebilligt werden kann, so hat es doch zur notwendigen Folge, daß die Frage, ob das deutsche Recht richtig gehandhabt ist, vom Revisionsgerichte nachgeprüft werden muß. Übrigens ist anzuerkennen, daß die Anwendung beider Rechte zu demselben Ergebnis führt. Die Entscheidung hängt ab von der Auslegung rechtsgeschäftlicher Erklärungen. Besondere Gesetzesbestimmungen sind darüber in keinem der beiden Rechte getroffen.

Daß der Konnossementsklausel „freight and all other conditions as per charter party" eine möglichst weitgehende Bedeutung zu geben ist, hat der Senat erst kürzlich in dem Urteile Bd. 64 S. 73 der Entsch. in Zivils. dargelegt. Die französische Auffassung stimmt damit überein, vgl. Lyon-Caen, Droit commercial 3. éd. V No. 710. Natürlich kann die Anwendung der hier streitigen Vorschrift auf das Verhältnis zwischen den Parteien nur unter der Voraussetzung in Frage kommen, daß sich die Vorschrift nicht inhaltlich auf den Streik im Ladehafen beschränkt. Trifft diese Voraussetzung aber zu, muß im Sinne der Charter der Löschhafen als mitgemeint angesehen werden, so liegt kein Grund vor, die Klägerin anders zu behandeln als den Befrachter. Eine Bestimmung, die dem Verfrachter nach Ankunft des Schiffes im Löschhafen ein näher geregeltes Rücktrittsrecht gewährt, verlangt ihrer Natur nach jedem Konnossementsinhaber gegenüber Anerkennung.

Hiernach kommt es darauf an, ob gemäß der von der Beklagten verteidigten Auslegung die Bestimmung über das Rücktrittsrecht auch auf den Löschhafen bezogen werden muß. Das Oberlandesgericht ist der Meinung, ein Beweis hierfür sei nicht erbracht; seinen Erwägungen läßt sich jedoch nicht beitreten. Nach dem Wortlaute der Bestimmung ist zwischen dem Ladehafen und dem Löschhafen nicht unterschieden. Sachlich hat die Vorschrift gerade für den Löschhafen ihre Hauptbedeutung. Das Recht, unter Übernahme des Frachtguts vom Vertrage zurückzutreten, muß für den Verfrachter eben dann vom größten Werte sein, wenn er die Reise zurückgelegt hat und die Löschung durch Streik verhindert wird. Im Ladehafen sind die Bedingungen zur Ausübung des Rechts nur bei einem nach Beginn, aber vor Beendigung der Abladung ausbrechenden Streike gegeben. Schon an sich ist nicht anzunehmen, daß die Kontrahenten das Rücktrittsrecht auf diesen besonderen Fall hätten beschränken wollen. Sie würden es dann gerade für die Fälle ausgeschlossen haben, in denen ein Ausgleich zwischen den einander entgegengesetzten Interessen wirtschaftlich am meisten von Bedürfnis ist. Entscheidend gegen solche Absicht spricht aber die Klausel der Chartepartie, wonach der Verfrachter im Streikfalle keine Liegegelder erhält. Unstreitig bezieht sich die Klausel auf beide Häfen. Der Verfrachter stände außerordentlich ungünstig da, müßte er die Beendigung des Streiks im Löschhafen abwarten, ohne für das Stilliegen des Schiffes entschädigt zu werden. Sollte derartiges, wie das Oberlandesgericht meint, im Kohlenhandel von England-Schottland wirklich vorkommen, so bedürfte die Vereinbarung jedenfalls, um als erwiesen gelten zu können, des klaren und unzweideutigen Ausdrucks.

Das angefochtene Urteil muß hiernach aufgehoben werden. Eine Entscheidung in der Sache selbst ist schon deshalb noch nicht möglich, weil der Berufungsrichter nicht festgestellt hat, ob überhaupt ein Streik vorlag. Außerdem hat die Beklagte bisher nur den Einkaufspreis der Kohlen vergütet. Die Ansicht des Landgerichts, daß, wenn die Streikklausel Platz greift, ein höherer Preis unter keinen Umständen verlangt werden könne, steht mit dem Wortlaute der Charteparte in Widerspruch. Verlangt werden kann der current price. Darunter läßt sich nicht der Einkaufspreis — cost price — verstehen, sondern nur der laufende Preis, Marktpreis, den die Kohlen zur Zeit der Erklärung des Rücktritts hatten. Das Oberlandesgericht hat daher gegebenenfalls zu prüfen, ob sich der Marktpreis der Kohlen anfangs April 1906 auf mehr als £ 859, 5, 7 belief; ein etwaiger Mehrbetrag ist der Klägerin zuzusprechen. Dabei hat als maßgebender Ort für den Marktpreis Glasgow zu gelten, weil dort der Frachtvertrag geschlossen wurde. Mit dem so bestimmten Preise, dessen Maßgeblichkeit unmittelbar aus der Natur der Sache hervorgeht, wird ein beiden Teilen gerecht werdendes Ergebnis gewonnen. An den Marktpreis in Boulogne-sur-mer würde schon deshalb nicht gedacht werden können, weil bei seiner Ermittelung zu der Glasgower Notierung noch der Betrag der Fracht hinzugeschlagen werden müßte, obgleich die Beklagte infolge ihres Rücktritts vom Vertrage der Fracht verlustig geht. Anderseits bildet es keinen Gegengrund gegen die hier vertretene Auslegung, daß danach der Befrachter, wenn der Marktpreis während der Reise sinkt, nicht den vollen Fakturenpreis erstattet bekommt. Der Verlust, den er hierdurch erleidet, würde auch dann entstehen, wenn er die Kohlen nach Beendigung der Reise löschte und weiter verkaufte."

---

5. Kann auf Herabsetzung einer Hypothekeneintragung, die für einen Restkaufpreis auf dem verkauften Grundstücke bewilligt wurde, mit Erfolg geklagt werden, wenn der an sich begründete Anspruch auf Minderung nach § 477 BGB. verjährt ist, der Verkäufer sich aber durch Anzeige des Mangels, wegen dessen gemindert werden soll, an den Verkäufer vor Ablauf der Verjährungsfrist die Einrede der Minderung gegenüber dem Kaufpreisanspruche gemäß § 478 BGB. gewahrt hat?

BGB. §§ 477, 478, 1169.

II. Zivilsenat. Urt. v. 30. März 1909 i. S. H. Witwe (Bekl.) w. Str. Witwe (Kl.). Rep. II. 432/08.

I. Landgericht Hamburg.
II. Oberlandesgericht daselbst.

Aus den Gründen:

„Die Beklagte Witwe H., die mit ihren Kindern in fortgesetzter Gütergemeinschaft lebt, hat dem verstorbenen Ehemanne der Klägerin auf Grund mündlichen Kaufvertrags am 20. März 1905 ein in Döse bei Cuxhaven gelegenes Hausgrundstück zur Größe von 2,70 Ar aufgelassen. Der Kaufpreis war festgesetzt auf 21 500 *M*, wovon restliche 13 300 *M* verzinslich zu 4 % als Hypothek für die Beklagte und deren Kinder eingetragen sind. Die Klägerin, die gleichfalls in fortgesetzter Gütergemeinschaft lebt, ist mit ihren Kindern Rechtsnachfolgerin ihres Mannes geworden. Ende März 1907 hat die Klägerin Klage auf Herabsetzung der Kaufpreisresthypothek um den Betrag von 5446,90 *M* erhoben. Zur Begründung behauptete sie, bei den Vorverhandlungen sei ihrem Ehemanne eine Größe des Grundstücks von 722 Quadratmetern zugesichert worden und diese Zusicherung habe auch noch bei der Auflassung bestanden; die daraus sich ergebende Wertdifferenz von 5446,90 *M* müsse gemäß § 468 BGB. von der Resthypothek für den Kaufpreis in Abzug gebracht werden. Das Oberlandesgericht hat die Zusprechung des Klaganspruchs dem Grunde nach, bezw. die Abweisung der Klage von einem der Klägerin auferlegten, zugeschobenen Eide darüber abhängig gemacht, daß sie bei der Auflassung nicht gewußt habe, daß das Grundstück nicht eine Größe von 722 Quadratmetern, sondern nur eine solche von 270 Quadratmetern umfasse, und daß sie auch nicht die Überzeugung habe, daß ihr verstorbener Ehemann dies gewußt habe. Die Beklagte hatte dem Klagantrage gegenüber in den Vorinstanzen in erster Linie bestritten, daß ihrerseits bei den Verhandlungen und dem Abschlusse des Kaufvertrags eine Grundstücksgröße von 722 Quadratmetern zugesichert worden sei, sodann aber geltend gemacht, daß der Klaganspruch, der sich als Minderungsanspruch auf Grund des § 468 charakterisiere, da die Klage mehr als ein Jahr nach der Übergabe des Grundstücks erhoben wurde, gemäß § 477 BGB. verjährt sei.

Das Oberlandesgericht hat zunächst auf Grund tatsächlicher Beurteilung des Ergebnisses der Beweisaufnahme die Bestreitung der Zusicherung für nicht zutreffend, diese vielmehr als nachgewiesen erachtet. ... Der Verjährungseinrede auf Grund des § 477 BGB. gegenüber hatte die Klägerin sich auf § 478 berufen, indem sie behauptete, sie und ihr Mann hätten der Beklagten bald nach der Auflassung und jedenfalls binnen Jahresfrist nach der Übergabe durch den Zeugen M. die Anzeige über das erhebliche Mindermaß des ihnen verkauften Grundstücks gegenüber der gegebenen Zusicherung erstatten lassen. Das Oberlandesgericht hat diese Behauptung als durch die Beweisaufnahme dargetan erachtet, insbesondere festgestellt, daß M. die Anzeige der Beklagten auch tatsächlich überbracht habe. Es kann sich daher, nachdem die Voraussetzungen des § 478 BGB. vom Oberlandesgerichte rechtlich und prozessualisch einwandfrei festgestellt sind, nur noch fragen, ob gegen die Annahme des Oberlandesgerichts, daß danach für den Fall der Eidesleistung trotz der Verjährung des Minderungsanspruchs der Klaganspruch auf teilweise Löschung der Restkaufpreishypothek begründet sei, Bedenken bestehen.

Der § 478 hat allerdings eine weitergehende Bedeutung nicht als die Perpetuierung der Einreden aus der Wandelung oder der Minderung, sofern die Ansprüche auf diese verjährt sind, für den Fall, daß der Käufer dem Verkäufer binnen der Verjährungsfrist den Mangel angezeigt oder die Anzeige an ihn abgesendet hat. Nach § 1169 BGB. kann aber der Eigentümer eines Grundstücks, auf dem eine Hypothek eingetragen ist, wenn ihm eine Einrede zusteht, durch welche die Geltendmachung der Hypothek dauernd ausgeschlossen wird, verlangen, daß der Gläubiger auf die Hypothek verzichtet. Soweit die Einrede der Minderung begründet ist, erscheint daher auch die dingliche Klage, mit der der teilweise Verzicht auf die Kaufpreishypothek von der Klägerin als Eigentümerin des belasteten Grundstücks gefordert wird, im vorliegenden Falle begründet. (Vgl. die Entsch. des V. Zivilsenats Bd. 44 S. 201 in einem Falle des preußischen Landrechts.) Danach wird für den Schwörungsfall der Antrag auf Verurteilung der Beklagten zur Bewilligung teilweiser Löschung der Hypothek im Rahmen der Begründetheit der Minderungseinrede durch das Läuterungsurteil auszusprechen sein. Zu einer Quittungserteilung, die auch mit dem Klagantrag verlangt wird, ist dagegen die Beklagte, auch wenn der Eid geleistet wird, nicht verpflichtet. Mit der hiernach sich ergebenden Tragweite ist daher die Entscheidung des Oberlandesgerichts gerechtfertigt." ...

---

6. Unter welchen Umständen kann einem Wechselanspruche die Einrede des Schiedsvertrags mit Erfolg entgegengesetzt werden?

II. Zivilsenat. Urt. v. 2. April 1909 i. S. Pr. (Kl.) w. M. (Bekl.). Rep. II. 727/08.

I. Landgericht Rostock.
II. Oberlandesgericht daselbst.

Aus den Gründen:

„Der Kläger Pr., der Beklagte M. und der Bauunternehmer Th. hatten am 5. Juli 1905 der Wismarer Vereinsbank einen auf den 5. Oktober 1905 zahlbar gestellten eigenen Wechsel über 17000 ℳ ausgestellt. Der Kläger löste den Wechsel am 11. Oktober 1907 bei der genannten Bank ein und ließ ihn auf sich indossieren. Sodann erhob er im Wechselprozesse Klage auf Zahlung von 17000 ℳ gegen den Beklagten. Das Landgericht hatte unter Abweisung der Mehrforderung den Beklagten zur Zahlung von 5666,66 ℳ verurteilt. Die Berufung des Klägers wurde vom Oberlandesgerichte zurückgewiesen, während dieses auf die Berufung des Beklagten die Klage auch insoweit abwies, als das Landgericht sie zugesprochen hatte.

Die drei Aussteller des Wechsels standen auf Grund eines Vertrages vom 31. Oktober 1907 in einem Gesellschaftsverhältnis. Der Wechsel war der Wismarer Bank zur Sicherung für ein Darlehn an diese Gesellschaft ausgestellt und übergeben worden. In § 11 des Gesellschaftsvertrages war bestimmt, daß für Streitigkeiten, die nicht der Entscheidung der Majorität unterlägen, der Rechtsweg ausgeschlossen sein solle und die Entscheidung darüber durch ein Schiedsgericht zu erfolgen habe, dessen Bildung näher bestimmt wird. Auf Grund dieser Bestimmung hatte der Beklagte gemäß § 274 Nr. 3 ZPO. der Klage die Einrede des Schiedsvertrages entgegengesetzt, und das Oberlandesgericht hat diese Einrede für begründet erachtet. Die letztere Annahme wird von der Revision als rechtlich unzutreffend angefochten, weil es sich bei dem allein in Frage stehenden Anspruche aus dem Wechsel auf Grund des Indossaments des Klägers nicht um eine Streitigkeit aus dem Gesellschaftsverhältnis handele.

Dieser Angriff ist verfehlt. Daß die Einrede des Schiedsvertrages auch gegenüber der Klage im Wechselprozesse geltend gemacht werden kann, unterliegt keinem begründeten Bedenken. Nach Art. 82 WO. kann sich der Wechselschuldner unbeschränkt solcher Einreden bedienen, die ihm unmittelbar gegen den jedesmaligen Kläger zustehen. Der streitige Wechsel war zur Geldbeschaffung für Zwecke der Gesellschaft gemeinsam von den Gesellschaftern ausgestellt. Unter diesen bildet daher die Frage, inwieweit der eine Gesellschafter dem anderen gegenüber verpflichtet ist, die Wechselsumme zu bezahlen, wenn sie streitig wird, eine Streitigkeit innerhalb des Gesellschaftsverhältnisses, die nach der Vertragsabmachung in § 11 des Vertrags der Parteien im Wege des schiedsrichterlichen Verfahrens zu erledigen ist, so daß der Rechtsweg jedenfalls vor Erledigung dieses Verfahrens ausgeschlossen ist.

Die Revision ist danach unbegründet."

---

7. Entsprechende Anwendung der für die Zurücknahme der Berufung geltenden Vorschriften auf die Revision, wenn die Revision nach Zustellung der Terminbestimmung teilweise zurückgenommen und Antrag auf Verlustigerklärung gestellt wird?

ZPO. §§ 566, 515.

II. Zivilsenat. Urt. v. 6. April 1909 i. S. C. M. G. u. P. G. (Bekl. u. Widerkl.) w. E. G. u. A. K. (Kl. u. Widerbekl.). Rep. II. 394/08.

I. Landgericht Saargemünd.
II. Oberlandesgericht Colmar.

Aus den Gründen:

... „Soweit die Revision von den Beklagten und Widerklägern zurückgenommen ist, handelt es sich um Zinsen, die ihnen infolge der Verjährungseinrede der Gegner abgesprochen wurden. Diese Zinsen hatten in der Klage noch keinen besonderen Anspruch gebildet, sondern waren mit dem Hauptanspruche widerklagend begehrt. Sie bildeten aber einen besonderen Abschnitt des Berufungsurteils unter II Abs. 1 und 4 sowie des Revisionsantrags und der Revisionsbegründung vom 20. September 1908. Die Zurücknahme der Revision in diesem Punkte ist nach Zustellung der Terminbestimmung durch Schriftsatz vom 27. November 1908 erfolgt, der am 30. November 1908 beim Reichsgericht einlief. In der mündlichen Verhandlung ist die Zurücknahme besonders erklärt worden. Auf diesen Sachverhalt stützt sich der Antrag der Revisionsbeklagten auf Verlustigkeitserklärung nach §§ 566, 515 ZPO.

Nach § 566 finden die für die Berufung geltenden Vorschriften über die Zurücknahme der Berufung entsprechende Anwendung auf die Zurücknahme der Revision. Für die Berufung schreibt § 515 vor, daß die Zurücknahme, wenn sie nicht bei der mündlichen Verhandlung erklärt wird, durch Zustellung eines Schriftsatzes erfolgt. Die Zurücknahme hat den Verlust des Rechtsmittels und die Verpflichtung zur Folge, die durch das Rechtsmittel entstandenen Kosten zu tragen.

Aus diesen Grundsätzen hatte das Reichsgericht (Entsch. Bd. 7 S. 370) und damit in Übereinstimmung der erkennende Senat (Rep. II. 185/02, Urt. vom 21. Oktober 1902, Jurist. Wochenschr. 1902 S. 633 Nr. 10) in ihrer Anwendung auf die Revision hergeleitet, daß (da die Revisionsanträge in der Revisionsschrift nur vorläufig angekündigt und erst in der mündlichen Verhandlung maßgebend gestellt würden) dann, wenn ein Teil der in der Revisionsschrift gestellten Anträge in der mündlichen Verhandlung zurückgenommen werde, diese zurückgenommenen Anträge als überhaupt nicht gestellt zu behandeln seien. Deshalb wurde damals, als nur der Revisionsantrag hinsichtlich der Klage, nicht aber hinsichtlich der Widerklage, zurückgenommen, und der Revisionsantrag nur hinsichtlich der Summe beschränkt worden war — und zwar beides in der mündlichen Verhandlung vor dem Revisionsgerichte —, der Antrag auf Verlustigkeitserklärung abgelehnt. Diese Grundsätze waren eine notwendige Folge der damals unbedingt durchgeführten Mündlichkeit des Verfahrens, wonach gemäß §§ 519 und 297 ZPO. die gewechselten Schriftsätze nur vorbereitenden Charakter hatten, Angriffs- und Verteidigungsmittel bis zum Schlusse derjenigen Verhandlung geltend gemacht werden konnten, auf welche das Urteil erging, und wonach der Revisionskläger bis dahin seine Anträge erweitern, der Revisionsbeklagte ebenso wie der Berufungsbeklagte sich bis zu diesem Augenblicke der Revision oder der Berufung des Gegners gemäß §§ 518, 521 ZPO. und § 556 ZPO. (a. F.) anschließen konnte. Der Schriftsatz, durch welchen das Rechtsmittel der Berufung oder der Revision eingelegt wurde, mußte nur die Bezeichnung des angefochtenen Urteils, die Erklärung, daß dagegen das Rechtsmittel eingelegt werde, und die Ladung des Gegners enthalten. Die Einlegung des Rechtsmittels erfolgte durch Zustellung dieses Schriftsatzes (§§ 518, 553). Die Erklärung dagegen, inwieweit das Urteil angefochten werde und welche Abänderungen beantragt werden sollten, (Berufungs- und Revisionsanträge) waren kein wesentliches Erfordernis (§§ 519 Abs. 2,

554). Jene Erklärung konnte vielmehr ebensowohl aus der Berufungs- oder Revisionsschrift wegbleiben, als auch, wenn sie Aufnahme gefunden hatte, später beliebig erweitert werden. Berufungs- wie Revisionsantrag war also gleichwie der Inhalt der Schriftsätze nur vorbereitender Natur. Ausschließlich der mündliche Antrag bestimmte die Grenzen des Berufungs- wie des Revisionsstreites. Die in der Berufungs- und Revisionsschrift gestellten Anträge beschränkten den Berufungs- und Revisionskläger in keiner Weise.

Das Gesetz, betr. Änderungen der Zivilprozeßordnung, vom 5. Juni 1905 (RGBl. S. 536) hat für das Revisionsverfahren mit dem Prinzipe uneingeschränkter Mündlichkeit gebrochen und an dessen Stelle ein teilweise schriftliches Verfahren gesetzt. Der Grundsatz, daß die in der Revisionsschrift enthaltenen Anträge keine Bedeutung besitzen, und daß nur das mündlich Vorgetragene entscheide, hat keine Geltung mehr. Die Einlegung der Revision erfolgt nicht mehr durch Zustellung der Revisionsschrift an den Gegner, sondern durch Einreichung der Revisionsschrift beim Reichsgerichte, damit im Beschlußverfahren über die Zulässigkeit des Rechtsmittels entschieden werden kann (§ 553). An die Stelle der Vorschrift, daß die Revisionsanträge erst in der mündlichen Verhandlung zu stellen sind, ist der Begründungszwang getreten, wonach die Revisionsanträge in der Revisionsbegründungsschrift enthalten sein und gerechtfertigt werden müssen (§ 554). Die Geltendmachung anderer Revisionsgründe ist nach Ablauf der Begründungsfrist nicht zulässig (§ 554). Enthält die Begründungsschrift keine Revisionsanträge, oder fehlt es an der Begründung dieser Anträge, so muß die Revision von Amts wegen als unzulässig verworfen werden (§ 554a). Und zwar muß zu jedem der mehreren selbständigen Ansprüche Revisionsantrag und Revisionsgrund angegeben werden (vgl. Entsch. des RG.'s in Zivils. Bd. 62 S. 17 und Urteil des I. Zivilsenats vom 18. Dezember 1907, Rep. I. 123/07). In ähnlicher Weise hat sich die Anschlußrevision durch die Novelle geändert (vgl. Entsch. des RG.'s in Zivils. Bd. 65 S. 78). Die Bedeutung, welche den Revisionsanträgen der Begründungsschrift nach der Novelle zukommt, zeigt sich auch darin, daß im Falle nicht gehöriger Begründung deren Streitwert von der ganzen Beschwerdesumme in Abzug kommt, und demzufolge selbst die übrigen gehörig gestellten und begründeten Revisionsanträge wegen Unzulässigkeit zu verwerfen sind, wenn sie die Revisionssumme nicht erreichen. Erst wenn allen diesen Erfordernissen genügt ist, wird Termin bestimmt und von Amts wegen den Parteien bekannt gemacht (§ 555). Nach der Novelle ist somit das Revisionsverfahren durchweg abweichend von dem Berufungsverfahren geordnet.

Nach dem Geiste dieser geänderten Gesetzgebung kann fernerhin nicht mehr behauptet werden, daß der schriftliche Revisionsantrag nur vorbereitender Natur sei, und daß nicht durch ihn, sondern durch den mündlichen Antrag die Grenzen des Revisionsstreits gezogen würden. Es wird zwar in § 559 bestimmt, daß hinsichtlich der Verletzungen des materiellen Rechts sowohl Beschränkungen, als auch Erweiterungen der schriftlichen Anträge statthaft sind und in der mündlichen Verhandlung neue, in der Begründungsschrift nicht enthaltene dem materiellen Rechte angehörige Revisionsgründe vorgebracht werden dürfen und nur die in den Begründungsschriften der Revision und Anschließungsrevision geltend gemachten Verfahrensverletzungen, soweit nicht von Amts wegen Mängel des Verfahrens zu beachten sind, der richterlichen Beurteilung Grenzen setzen (vgl. Entsch. des RG.'s in Zivils. Bd. 64 S. 362). Allein durch diese Beschränkungen des Schriftlichkeitsprinzips wird der früher maßgebende Grundsatz, daß die in der Revisionsschrift gestellten Anträge nur angekündigte seien, nicht mehr gestützt.

Folglich sind gehörig gestellte und begründete, aber nach der Terminsbestimmung durch Schriftsatz zurückgenommene selbständige Revisionsanträge, wie dies hier zutrifft, für die Revisionsinstanz nicht mehr als überhaupt nicht gestellt zu behandeln. Denn abweichend von der Berufung ist für die Revision die Erklärung, inwieweit das Urteil angefochten und dessen Aufhebung gefordert wird, sowie deren Begründung, ein wesentliches Erfordernis des Rechtsmittels. Nur in diesem Sinne ist nunmehr § 566 zu verstehen, indem er die entsprechende Anwendung der Vorschriften über die Zurücknahme der Berufung, also des § 515, verfügt.

Der Revisionsantrag, den die Revisionskläger hinsichtlich der Zinsen gestellt und gehörig begründet hatten, hat selbständigen Charakter. ... Auch äußerlich ist diese Selbständigkeit in dem verfügenden Teile des Urteils des Oberlandesgerichts zum Ausdrucke gekommen. Mit den übrigen Revisionsanträgen hängt er nicht zusammen. Wird ein solcher Antrag nach erfolgter Terminsbestimmung zurückgenommen, so ist auf gegnerischen Antrag auf Verlustigerklärung gemäß §§ 515, 566 zu erkennen. Deshalb wurde dem hierauf gerichteten Antrag stattgegeben.

Daraus, daß § 515 von Zurücknahme der Berufung, von dem Verlust des Rechtsmittels, von den durch das Rechtsmittel entstandenen Kosten redet, hat man nach früherem Rechte gefolgert, daß es eine teilweise Zurücknahme der Revision nicht gebe, sondern daß § 515 auch für die Revisionsinstanz nur dann Anwendung finde, wenn das Rechtsmittel überhaupt zurückgenommen werde.

Vgl. Entsch. des RG.'s in Zivils. Bd. 7 S. 370 und Jurist. Wochenschr. 1902 S. 633 Nr. 10.

Auch diese Schlußfolgerung trifft auf den von der Novelle beherrschten Rechtszustand nicht mehr zu. Die von § 566 angeordnete entsprechende Anwendung des § 515 ist unter der Herrschaft der Novelle eben nur mit Beachtung der neu geschaffenen Besonderheiten der Revision möglich.

Danach war dem Antrage auf Verlustigerklärung, wie geschehen, stattzugeben, und im übrigen die Revision als unbegründet zurückzuweisen. Über die Kosten der Zurücknahme war ein besonderer Ausspruch nicht nötig, da den Revisionsklägern überhaupt alle Kosten der Revisionsinstanz zur Last zu legen sind."

---

8. 1. Bedeutung des Art. 133 EinfGes. zum BGB.

2. Ist im Gebiete des gemeinen Rechtes für den Anspruch auf Gestattung der Ausgrabung einer Leiche der Rechtsweg ausgeschlossen?

3. Unter welchen Voraussetzungen muß nach gemeinem Rechte der Eigentümer eines Friedhofes als Ganzen dem berechtigten Inhaber einer Grabstelle die Ausgrabung einer daselbst beerdigten Leiche gestatten?

VI. Zivilsenat. Urt. v. 15. April 1909 i. S. Israelit. Gemeinde in Bremen (Bekl.) w. N. Wwe. (Kl.). Rep. VI. 177/08.

I. Landgericht Bremen.
II. Oberlandesgericht Hamburg.

Die Klägerin hatte nach dem Tode ihres Ehemannes, der, wie sie, der Bremer israelitischen Gemeinde, die einen eingetragenen Verein bildete, angehört hatte, zum Zwecke der Beerdigung des Mannes eine Grabstelle auf dem in H. belegenen Friedhofe der Gemeinde erworben und den Verstorbenen daselbst beerdigen lassen. Später wünschte sie die Leiche wieder ausgraben zu lassen, um sie auf der Grabstelle, die sie auf einem anderen Friedhofe für sich und ihren verstorbenen Ehemann erworben hatte, wieder beisetzen zu lassen. Der Vorstand jener Gemeinde wollte dies nicht erlauben. Deshalb erhob die Klägerin Klage gegen die Gemeinde auf Gestattung der Wiederausgrabung. Sie drang auch in den beiden unteren Instanzen durch. Die von der Beklagten eingelegte Revision hat keinen Erfolg gehabt.

Aus den Gründen:

... „Zuvörderst war der Angriff, daß nach § 13 GVG. der Rechtsweg hätte für ausgeschlossen erklärt werden sollen, verfehlt. Es ist gar nicht abzusehen, aus welchem Grunde dieser privatrechtliche Streit der Entscheidung der Gerichte entzogen sein sollte. Auch hat die Beklagte nicht einmal angedeutet, auf welchem anderen Wege der Streit dann entschieden werden solle. Die Berufung auf das in den Entsch. in Zivils. Bd. 16 S. 152 flg. (Seuffert, Archiv Bd. 42 Nr. 2) abgedruckte Urteil des Reichsgerichts versagt völlig. Dort ist ausgesprochen, daß es gemeinrechtlich kein Klagerecht gegen die zuständige Verwaltungsbehörde auf Gestattung der Ausgrabung eines Leichnams gebe, und ist allerdings aus diesem Grunde die Revision gegen ein Urteil, das den Rechtsweg für eine solche Klage für ausgeschlossen erklärt hatte, zurückgewiesen worden. Es kann dahingestellt bleiben, ob auch im Sinne des Reichsgerichts dort der Rechtsweg als ausgeschlossen, oder einfach die Klage als unbegründet gelten sollte. In dem einen wie in dem andern Falle würde es darauf ankommen, ob das dort Ausgesprochene auch auf die vorliegende Sache anwendbar sei. Daran ist nun aber nicht zu denken. Die Beklagte hat freilich geltend gemacht, daß hier ihr Vorstand gerade die in Frage kommende Behörde sei, der gegenüber das Klagerecht ausgeschlossen sei; aber abgesehen davon, daß hier nicht der Vorstand, sondern eben die Beklagte selbst verklagt ist, ist in Wirklichkeit der Vorstand überhaupt keine Behörde, sondern nur der gesetzliche Vertreter eines eingetragenen Vereins, eben der Beklagten; die wirklich hier zuständige Behörde aber ist das Bremische Medizinalamt, welches die Ausgrabung der Leiche gestattet hat.

Im übrigen ist in der Sache selbst ... davon auszugehen, daß der Art. 133 EinfGes. zum BGB., wonach unberührt geblieben sind die landesgesetzlichen Vorschriften über das Recht zur Benutzung eines Platzes auf einer öffentlichen Begräbnisstätte, hier maßgebend ist. Denn unbedenklich darf sowohl der israelitische Friedhof in H., obwohl er das Unternehmen eines Privatvereins ist, doch, weil für einen größeren Kreis von Menschen zur Benutzung dargeboten, als „öffentliche Begräbnisstätte" im Sinne des Art. 133 angesehen, als auch das „Recht zur Benutzung" in so weitem Sinne verstanden werden, daß die in Ansehung der Ausgrabung beerdigter Leichen entstehenden Rechtsfragen darunter mitbegriffen sind....

Zuzugeben ist nun, daß abgesehen von dem, was sich nach gemeinem Rechte zugunsten der Klägerin aus ihrem Rechte zur Benutzung der fraglichen Grabstätte ergibt, das dingliche Herrschaftsrecht der Beklagten über den ganzen Friedhof zunächst der letzteren zur Seite steht.... Dieses berechtigt an sich die Beklagte, der Ausgrabung einer dort beerdigten Leiche entgegenzutreten.... Mit Recht hat aber das Oberlandesgericht angenommen, daß demgegenüber hier doch das besondere Recht der Klägerin in Ansehung der Grabstätte, in der ihr Ehemann beerdigt ist, durchdringen muß. Ob es sich dabei um ein nur persönliches, oder um ein dingliches Recht handelt, kann dahingestellt bleiben. Jedenfalls entspricht es der im deutschen Volke herrschenden sittlichen Auffassung, daß, wenn ganz besonders dringende Gründe für die Ausgrabung und Überführung einer Leiche vorliegen, der Eigentümer des Friedhofes oder der diesen sonst dinglich Beherrschende sein Recht nicht zur Hinderung jenes Vorhabens benutzen darf. Hier hat nun das Berufungsgericht mit Recht solche dringende Gründe in dem Wunsche der Klägerin, nach ihrem Tode neben ihrem Manne im Grabe zu ruhen, in Verbindung mit dem Umstande, daß dieser Wunsch nach Lage der Sache auf andere Weise nicht würde erfüllt werden können, gefunden. Auch gegen die Feststellung, daß dem auch die jüdischen Ritualgesetze nicht entgegenstehen, sind rechtliche Bedenken nicht zu erheben; so daß es unentschieden bleiben kann, ob diese Frage überhaupt von Erheblichkeit sein würde."...

9. Zum Begriffe der Annahme einer Leistung als Erfüllung im Sinne des § 363 BGB.

II. Zivilsenat. Urt. v. 16. April 1909 i. S. A. (Bekl.) w. H. (Kl.). Rep. II. 483/08.

I. Landgericht Leipzig, Kammer für Handelssachen.
II. Oberlandesgericht Dresden.

Aus den Gründen:

„Der Berufungsrichter stellt fest, daß die vier ersten Sendungen wegen Wasserzusatzes gehörig gerügt worden sind. Bei der fünften Sendung läßt es der Berufungsrichter dahingestellt, ob eine Mängelrüge stattgefunden hat. Der Berufungsrichter führt im übrigen aus, der Beklagte habe alle fünf Sendungen als Erfüllung im Sinne des § 363 BGB. angenommen, so daß sich die Beweislast umgekehrt habe: der Beklagte müsse beweisen, daß die fünf Sendungen einen Wasserzusatz hatten. Diesen Beweis erachtet der Berufungsrichter als nicht geführt.

Der Beklagte rügt Verkennung des Begriffs der Erfüllungsannahme: er habe wiederholt die Annahme verweigert und weitere Sendungen untersagt; hiermit habe er deutlich ausgedrückt, daß er die Lieferungen nicht als vertragsmäßige gelten lasse; ein solches Verhalten schließe die Anwendung des § 363 BGB. aus.

Der Beklagte beachtet bei dieser Ausstellung nicht, daß es bei seinen Verwahrungen nicht geblieben ist. Der Berufungsrichter stellt nämlich noch weiter fest, daß der Kläger nicht nur alle Beanstandungen des Beklagten zurückgewiesen, sondern auch auf der Annahme der Ware als einer vertragsmäßigen bestanden hat, sowie daß der Beklagte jeweils insoweit nachgab, daß er die fünf Sendungen annahm, verarbeitete und für sich verwendete, allerdings unter Vorbehalt etwaiger Ansprüche aus der Gewährleistung. Der Beklagte hat damit über die Ware im eigenen Interesse und zum Zwecke des Behaltens verfügt. Hierin liegt eine Annahme als Erfüllung nach § 363 BGB. Ein Vorbehalt dahin, daß die Vertragsmäßigkeit der Ware nicht anerkannt werde, ändert nichts. Denn durch die Annahme als Erfüllung wird die Ware nicht als eine vertragsmäßige genehmigt; ein Vorbehalt der Nichtgenehmigung versteht sich daher hier von selbst und ist mit § 363 BGB. sehr wohl vereinbar. Ein Vorbehalt, der die Anwendung des § 363 BGB. ausschließen soll, müßte dahin gehen, daß der Käufer lediglich als Geschäftsführer des Verkäufers aufzutreten und für dessen Rechnung handeln zu wollen erklärt. Eine dahin gehende Behauptung hat der Beklagte nicht aufgestellt, auch keine Erklärung in der Korrespondenz abgegeben, die dahin gedeutet werden könnte. Der Berufungsrichter hat also den § 363 BGB. richtig angewendet."

---

10. Ist die Berufung zulässig gegen ein Urteil, das vom Landgerichte auf Beschwerde gegen einen amtsgerichtlichen Beschluß gemäß §§ 936, 937 u. 922 ZPO. erlassen worden ist?

VII. Zivilsenat. Urt. v. 16. April 1909 i. S. K. (Kl.) w. S. (Bekl.). Rep. VII. 574/08.

I. Landgericht Frankfurt a/O.
II. Kammergericht Berlin.

Die Revision gegen das die Frage verneinende Urteil des Kammergerichts wurde zurückgewiesen aus folgenden

Gründen:

„Das Kammergericht führt zutreffend aus, daß nach § 511 ZPO. die Berufung nur gegen in erster Instanz erlassene Endurteile stattfindet und daß ein solches in erster Instanz erlassenes Endurteil dann nicht vorliegt, wenn das Landgericht infolge einer gegen einen amtsgerichtlichen Beschluß eingelegten Beschwerde seine Entscheidung über den abgewiesenen Antrag nach stattgehabter mündlicher Verhandlung gemäß § 922 ZPO. in Form eines Endurteils erläßt. Über den Antrag auf Erlaß einer einstweiligen Verfügung hat das als Gericht der Hauptsache zuständige Amtsgericht als das nach dem Gesetze an erster Stelle zur Entscheidung berufene Gericht in abweisendem Sinne entschieden. Gegen diesen Beschluß hat der Antragsteller das zulässige Rechtsmittel der Beschwerde eingelegt, und nunmehr hat das Landgericht als die höhere Instanz sich der Nachprüfung der vom Amtsgerichte als erster Instanz erlassenen Entscheidung unterzogen.

Der Umstand, daß das Landgericht es für angezeigt hielt, beide Parteien in mündlicher Verhandlung über den Antrag zu hören, und hierdurch sich in die Lage brachte, seine Entscheidung in Form eines Endurteils geben zu müssen, kann die Stellung des Landgerichts als der zur Nachprüfung der bereits vorliegenden amtsgerichtlichen Entscheidung berufenen höheren Instanz nicht dahin ändern, daß seine Entscheidung nunmehr als eine in erster Instanz — also nicht in Nachprüfung einer unterrichterlichen Entscheidung — erlassene erscheint. Ein in erster Instanz erlassenes Urteil liegt in einem solchen Falle nicht vor.

Die Revision glaubt sich für ihre gegenteilige Auffassung auf das in den Entsch. des RG.'s in Zivils. Bd. 52 S. 270 abgedruckte Urteil berufen zu können. In diesem Urteile hat sich der V. Zivilsenat für die Zulässigkeit der Revision gegen ein von einem Oberlandesgerichte in der Beschwerdeinstanz gemäß § 922 ZPO. erlassenes Urteil ausgesprochen. Allein der V. Zivilsenat hat nicht, wie die Revision meint, für diese seine Auffassung das entscheidende Gewicht darauf gelegt, daß bei der gegenteiligen Ansicht die Anordnung der mündlichen Verhandlung zu einer Verkümmerung der Rechtsstellung des Antragsgegners führen könne; vielmehr hat er seiner Auffassung die sie tragende Begründung in der Erwägung gegeben, daß durch die Anordnung der mündlichen Verhandlung und die dadurch herbeigeführte Notwendigkeit einer Entscheidung durch Endurteil das Beschwerdeverfahren in das Verfahren übergeleitet werde, das bei eingelegter Berufung eingeschlagen werden müsse und mit Rücksicht darauf als Verfahren in der Berufungsinstanz bezeichnet werden dürfe. Auch diese Erwägung, die der erkennende Senat, gleichwie der I. Zivilsenat — vgl. Jurist. Wochenschr. 1903 S. 386 Nr. 14 — für zutreffend ansieht, führt vorliegend dahin, daß das in der Beschwerdeinstanz nach Überleitung in das mündliche Verfahren ergangene Urteil des Landgerichts gleichwie ein in der Berufungsinstanz erlassenes Urteil zu behandeln und deshalb die Berufung gegen dasselbe nicht zuzulassen ist.

Richtig ist, daß nach dieser von der Revision bekämpften Auffassung das Landgericht, falls es das Beschwerdegericht ist, in der Lage ist, durch Anordnung der mündlichen Verhandlung dem Antragsgegner die Möglichkeit zu nehmen, durch Widerspruchserhebung die Sache wiederholt — beim Amtsgerichte und beim Landgerichte — zur Verhandlung zu bringen. Allein das kann gegenüber den für die Richtigkeit dieser Auffassung sprechenden Erwägungen um so weniger entscheidend sein, als dem Antragsgegner immerhin bei der angeordneten mündlichen Verhandlung ausreichende Gelegenheit zur Wahrnehmung seiner Rechte geboten wird.

Es wird denn auch in der Literatur allgemein die Zulässigkeit der Berufung gegen in der Beschwerdeinstanz erlassene Urteile des Landgerichts verneint, und zwar auch von Schriftstellern, die in Übereinstimmung mit den oben angezogenen Urteilen des I. und des V. Zivilsenats die Zulässigkeit der Revision gegen ein von einem Oberlandesgerichte in der Beschwerdeinstanz erlassenes Urteil annehmen."

11. Ist der Korrespondentreeder befugt, im Namen der Reederei gegen einzelne Mitreeder auf Zahlung der von ihnen zur Reedereikasse geschuldeten Beiträge zu klagen? Folgen eines von dem Korrespondentreeder unbefugt vorgenommenen freihändigen Verkaufs des Schiffes in bezug auf die Reedereirechnung.

I. Zivilsenat. Urt. v. 17. April 1909 i. S. 1. Chr., 2. J. (Bekl.) w. Reederei des Dampfers „Käthe" (Kl.). Rep. I. 218/08.

I. Landgericht Flensburg, Kammer für Handelssachen.
II. Oberlandesgericht Kiel.

Die Firma Z. & Co. und die Beklagten waren Mitreeder, erstere zugleich Korrespondentreederin des Dampfers „Käthe". Nachdem der Dampfer freihändig verkauft war, klagte die Firma Z. & Co. im Namen der Reederei auf Grund der von ihr aufgestellten Liquidationsrechnung, die mit einem Verlustsaldo abschloß, gemäß der §§ 500, 502 HGB. auf Leistung der danach von den Beklagten nach Maßgabe ihrer Schiffsparten geschuldeten Beiträge. Die Beklagten erhoben unter anderem den Einwand, die Korrespondentreederin sei nicht berechtigt, in diesem Prozesse die Reederei zu vertreten. Ferner wurde geltend gemacht, der freihändige Verkauf des Schiffes, dem die Beklagten nicht zugestimmt hätten, dürfe nicht zur Grundlage der Liquidationsrechnung gemacht werden. Übrigens wäre das Schiff weit unter seinem Werte verkauft worden; bei einem ordnungsmäßigen Verkaufe würde nicht nur kein Verlustsaldo entstanden, sondern noch ein kleiner Überschuß verblieben sein. Mit dem hierauf beruhenden Schadensersatzanspruche werde aufgerechnet.

Über diese Einwendungen äußert sich das Revisionsurteil, wie folgt.

„1. ... Es herrscht Einverständnis darüber, daß die Reederei keine juristische Persönlichkeit hat, sondern eine auf dem Miteigentume am Schiffe beruhende Erwerbsgesellschaft nach bürgerlichem Rechte darstellt. Vgl. Entsch. des RG.'s in Zivils. Bd. 11 S. 195. Nichtsdestoweniger folgt aus § 493 Abs. 3 HGB., daß die Reederei, ähnlich wie die offene Handelsgesellschaft nach § 124 HGB., vor Gericht klagen und verklagt werden kann und hierbei innerhalb der Vertretungsbefugnis des Korrespondentreeders von diesem vertreten wird. Daß diese Vertretungsbefugnis durch den Untergang oder Verkauf des Schiffes und die Auflösung der Reederei nicht ohne weiteres erlischt, sondern auch für die Liquidation fortdauert, hat das Reichsgericht mit eingehender Begründung in den Entsch. in Zivils. Bd. 42 S. 68 festgestellt.

Der § 493 spricht jedoch nur von einer Vertretungsbefugnis des Korrespondentreeders im Verhältnis zu Dritten, und es könnte daher bezweifelt werden, ob er Rechte der Reederei auch gegenüber den Reedern wahrnehmen kann. Der § 500 regelt die Beitragspflicht der Mitreeder zu den Ausgaben der Reederei, und § 502 die Verteilung von Gewinn und Verlust auf die Mitreeder. Daraus ergibt sich eine eventuelle Verpflichtung der Mitreeder, zur Reedereikasse Beiträge zu leisten. Es ist schon aus praktischen Gründen anzunehmen, daß sie bezüglich dieser Verpflichtung der Reederei als Dritte im Sinne des § 493 gegenüberstehen. Zwar eröffnet § 500 Abs. 2 für den Mitreeder, der für einen anderen Mitreeder in Vorschuß getreten ist, einen besonderen Weg, zur Erstattung des Vorschusses zu gelangen. Dies genügt aber nicht für alle Fälle. Sehr häufig werden es die Verhältnisse erfordern, von dem beitragspflichtigen Mitreeder Zahlung zu verlangen, ohne daß andere für ihn in Vorschuß gegangen sind, wofür eine Verpflichtung selbstverständlich nicht besteht. Wenn der Korrespondentreeder Mitreeder ist, so könnte er allerdings in eigenem Namen kraft des Gesellschaftsverhältnisses auf Zahlung der geschuldeten Beiträge zur Reederei-kasse klagen. Indes ist dieser Ausweg unsicher, weil der Korrespondent-reeder nicht verpflichtet ist, die Lasten und das Risiko eines Prozesses für die übrigen Mitreeder zu tragen. Er versagt aber dann gänzlich, wenn der Korrespondentreeder gar nicht an der Reederei beteiligt ist (§ 492 Abs. 1 Satz 2). Einem Mitreeder aber, der nicht die Korre-spondenz hat, ist es regelmäßig nicht zuzumuten, die gar nicht von ihm aufgestellte Beitragsrechnung vor Gericht zu vertreten und die geschuldeten Beitäge im Interesse der Gesamtreederei einzuklagen. Noch weniger denkbar ist es, daß bei den oft sehr verwickelten Reederei-verhältnissen und der häufig sehr großen Zahl der Schiffsparten jeder einzelne Mitreeder die Beitragspflicht der anderen, soweit seine Part davon berührt wird, gerichtlich geltend macht. Das praktische Be-dürfnis erfordert daher, daß der beitragspflichtige Mitreeder im Sinne des § 493 HGB. als ein Dritter behandelt wird und daß der Korrespondentreeder — selbstverständlich unter Vorbehalt ab-weichender Reedereibeschlüsse — die Beitragspflicht im Namen der Reederei gerichtlich gegen ihn geltend machen kann.

Diese Auffassung findet auch im Gesetze einen Anhalt und zwar in § 496. Dort wird der Korrespondentreeder für verpflichtet erklärt, der Reederei gegenüber die Beschränkungen einzuhalten, die von ihr für den Umfang seiner Befugnisse festgesetzt sind, und sich nach den Reedereibeschlüssen zu richten. Im übrigen soll aber der Umfang seiner Befugnisse auch der Reederei gegenüber nach den Vorschriften des § 493 mit der Maßgabe beurteilt werden, daß er zu neuen Reisen und Unternehmungen, zu außergewöhnlichen Reparaturen, sowie zur Anstellung oder zur Entlassung des Schiffers vorher die Beschlüsse der Reederei einzuholen hat. Es steht nichts im Wege, hieraus zu folgern, daß der Korrespondentreeder auch die Beitragspflicht der einzelnen Mitreeder im Namen der Gemeinschaft der Reeder gemäß § 493 geltend machen kann. Insbesondere steht die Zuständigkeits-vorschrift des § 508 nicht entgegen, wenn man berücksichtigt, daß auch der Korrespondentreeder stets nur als Vertreter der Reeder, also wenn die Klage gegen einen Mitreeder gerichtet ist, als Vertreter der übrigen Mitreeder klagt. Es kommt endlich in Betracht, daß der Mitreeder, der seine Part veräußert, nach § 504 nach wie vor für die bis dahin verfallenen Beiträge (und eventuell noch weiter) haftet.

Diese Beitragsverpflichtung kann somit jederzeit durch Partveräußerung die Schuld eines Dritten werden und würde dann nach der Regel des § 493 vom Korrespondentreeder beizutreiben sein. Es ist aber nicht abzusehen, weshalb dieser zur Beitreibung derselben Schuld dann nicht legitimiert sein sollte, wenn sie noch den Mitreeder als solchen trifft.

Die Aktivlegitimation der Klägerin und die Vertretungsbefugnis ihres Korrespondentreeders ist daher auch im vorliegenden Falle nicht zu beanstanden.

Selbstverständlich kann der verklagte Mitreeder einwenden, daß die Abrechnung unrichtig aufgestellt sei und daß er nach Richtigstellung einen Beitrag nicht schulde, und es kann dieser Einwand auch in der Weise begründet werden, daß gesagt wird, der Korrespondentreeder habe die Geschäfte ohne die ihm obliegende Sorgfalt geführt, dadurch sei der Reederei ein Schade, für den der Korrespondentreeder aufzukommen habe, erwachsen und bei Einstellung der entsprechenden Schadensersatzforderung in die Abrechnung als Aktivum der Reederei entfalle eine Beitragspflicht. Hierauf laufen die weiteren Einreden der Beklagten hinaus, die daher an sich zulässig erscheinen und weiter zu prüfen sind. . . .

2. . . .

3. Der Vorderrichter geht zugunsten der Beklagten davon aus, daß der freihändige Verkauf des Schiffes gemäß § 506 Abs. 2 ungesetzlich war. Der Einwand, daß die auf dieser Grundlage aufgestellte Abrechnung unter keinen Umständen für die Beklagten verbindlich sei, auf dessen Anerkennung das landgerichtliche Urteil beruht, ist schon in zweiter Instanz von den Beklagten aufgegeben und wird auch von der Revision nicht weiter verfolgt. Mit Recht. Die Tatsache, daß das Schiff einmal verkauft ist, läßt sich im Verhältnis der Mitreeder zueinander nicht wieder rückgängig machen. Es kann nur in Frage kommen, ob der Reederei gegen den Korrespondent- und Mitreeder, der den gesetzwidrigen Verkauf vorgenommen hat, ein Schadensersatzanspruch zusteht. Auf diesen Standpunkt haben sich denn auch die Beklagten in der Berufungsinstanz gestellt, indem sie behaupteten, das Schiff sei weit unter seinem Werte verkauft worden. . . . Was nun den in der Vorinstanz geltend gemachten Schadensersatzanspruch anlangt, so kann allerdings nicht gebilligt

werden, daß der Vorderrichter die Beklagten als beweispflichtig dafür erklärt, daß die Klägerin durch den freihändigen Verkauf einen geringeren Preis erzielt habe. Es kommt aber hierauf nicht an, weil das Berufungsgericht feststellt, daß die Klägerin das Gegenteil bewiesen habe." ...

---

12. **1. Enthält § 404 BGB. zwingendes Recht?**
2. Kann § 405 BGB. auch auf andere als die daselbst genannten Einwendungen Anwendung finden?
3. Über §§ 363, 364 HGB.

III. Zivilsenat. Urt. v. 20. April 1909 i. S. Eheleute v. H. (Bekl.) w. M. (Kl.). Rep. III. 302/08.

I. Landgericht I Berlin.
II. Kammergericht daselbst.

Die verklagte Ehefrau hatte mit Genehmigung ihres verklagten Ehemannes einen vom 17. September 1906 datierten Verpflichtungsschein folgenden Inhalts ausgestellt und dem Agenten D. übergeben:

„Nachdem das Lokal ... durch Sie an Fräulein G. vermietet worden ist, verpflichte ich mich an Sie oder Ihre Order eine Provision von 5400 *M*, und zwar 3000 *M* am 2. Januar 1907 und 2400 am 1. April 1908, ohne jeden Einwand zu zahlen."

D. hatte diese Provisionsforderung an den Kläger abgetreten, und dieser die am 2. Januar 1907 fälligen 3000 *M* eingeklagt.

Die Klage wurde in erster Instanz abgewiesen. Das Berufungsgericht dagegen verurteilte die Ehefrau zur Zahlung des geforderten Betrages und den Ehemann zur Duldung der Zwangsvollstreckung in das eingebrachte Gut.

Auf die Revision der Beklagten wurde das Berufungsurteil aufgehoben, und die Sache in die Vorinstanz zurückverwiesen.

Gründe:

„Das Berufungsgericht unterstellt die Richtigkeit der Angabe der Beklagten, daß die in dem Verpflichtungsscheine ... bezeichnete Provision nicht, wie der Kläger behauptet, für die Vermittlung des Ankaufes des Grundstücks ..., sondern für die Zuführung eines zahlungsfähigen Mieters ... versprochen sei. Es nimmt auch an, daß D. der Beklagten einen solchen Mieter nicht zugeführt habe. Es erachtet aber für erwiesen, daß der Verpflichtungsschein zu dem Zwecke ausgestellt worden sei, daß sich D. auf Grund desselben Kredit verschaffe. Hieraus und aus dem Inhalte des Scheines, nämlich daraus, daß sich die Beklagte darin verpflichtet habe, „an die Order“ des D. „ohne jeden Einwand“ zu zahlen, folgert das Berufungsgericht unter Heranziehung des § 405 BGB., daß sich die Beklagte, indem sie ein nach ihrer Behauptung von dem Gläubiger noch nicht erfülltes Rechtsgeschäft ausdrücklich als erfüllt bescheinigte, dem Zessionar zur Erfüllung der Verbindlichkeit schlechthin verpflichtet, ihm gegenüber auf jeden Einwand verzichtet habe.

Diese Ausführungen sind, wie die Revision zutreffend rügt, jedenfalls insofern rechtsirrtümlich, als sie sich auf § 405 BGB. stützen. Diese Vorschrift ist, wie sich aus ihrer Fassung und Entstehung zweifellos ergibt, eine Sondervorschrift, die keine ausdehnende Anwendung auf Einreden anderer Art, als die beiden darin erwähnten, zuläßt. Nur die Einrede des Scheingeschäftes und die der vertragsmäßigen Ausschließung der Abtretung können dem gutgläubigen Erwerber einer verbrieften Forderung nicht entgegengesetzt werden. Im übrigen kann der Erwerber einer solchen Forderung, wie bei der Beratung des Entwurfs in zweiter Lesung hervorgehoben ist — Protok. 2. Lesung (Guttentag'sche Ausgabe) Bd. 1 S. 390 —,

> „sich nicht darauf verlassen, daß die Urkunde über ein ernstlich gemeintes Rechtsgeschäft den Vertragswillen vollständig enthalte, daß nicht noch andere Abreden getroffen seien“.

Die Bestimmung des § 405 kann nicht dazu führen,

> „jede Urkunde über eine Forderung hinsichtlich der Zulässigkeit von Einreden dem Wechsel gleichzustellen“ (vgl. Protok. 2. Lesung Bd. 6 S. 168).

Ein Verzicht auf die Geltendmachung von der Provisionsforderung an sich gegenüberstehenden Forderungen dem Zessionar gegenüber konnte, da eine unmittelbare Verzichtserklärung diesem gegenüber nach dem festgestellten Sachverhalte nicht in Frage kommt, nur durch eine hierauf gerichtete Vereinbarung zwischen D. und der Beklagten herbeigeführt werden. Eine solche Vereinbarung ist auch nach dem das Recht der Forderungen beherrschenden Grundsatze der Vertragsfreiheit für zulässig zu erachten. Die Bestimmung des § 404 BGB. enthält nicht zwingendes Recht. Zwar sagen die Motive zu §§ 302, 303 Entwurf I BGB. Bd. 2 S. 128:

„Nach dem richtig verstandenen Prinzipe der Sondernachfolge kann die Forderung auf den neuen Gläubiger nur so, mit denjenigen Mängeln behaftet, übergehen, wie sie dem bisherigen Gläubiger zustand, also mit allen dem Schuldner gegen die Forderung zustehenden Einwendungen, gleichviel ob sie in Einreden im eigentlichen (materiellen) Sinne bestehen oder sich in rechtshindernden oder rechtsvernichtenden Tatsachen gründen."

Damit ist jedoch nur der Grundsatz ausgesprochen, der für die gesetzliche Regelung der Folgen der Abtretung maßgebend sein sollte, nicht die Unzulässigkeit einer abweichenden Vereinbarung der Vertragschließenden. Es ist auch bei der Beratung des Entwurfs in zweiter Lesung anerkannt, daß beispielsweise die Stundung einer Forderung auf bestimmte Zeit mit der Maßgabe vereinbart werden könne, daß diese Abrede einem Zessionar nicht entgegengesetzt werden dürfe (vgl. Protok. 2. Lesung Bd. 1 S. 388). Danach wird auch einer Vereinbarung zwischen dem ursprünglichen Gläubiger und dem Schuldner, die bestimmten, an sich das Wesen der Forderung betreffenden Einreden, wie der des nicht erfüllten Vertrages, eine ausschließliche Beziehung zu der Person des ursprünglichen Gläubigers gibt, derart daß der Schuldner im Falle einer Abtretung der Forderung die Einreden dem neuen Gläubiger nicht entgegensetzen darf, die rechtliche Anerkennung grundsätzlich nicht zu versagen sein.

Allein eine derartige Vereinbarung bedürfte einer klaren und bestimmten Feststellung; diese gibt das Berufungsurteil nicht. Die Annahme des Berufungsgerichts, daß die verklagte Ehefrau auf die Geltendmachung der ihr gegen die Klageforderung an sich zustehenden Einreden dem Zessionar gegenüber verzichtet habe, beruht wesentlich auf der unrichtigen Anwendung des § 405 BGB. Die Ausführungen des Berufungsgerichts lassen ferner die Auslegung zu, daß es der an den Kläger erfolgten Zession die gleiche Rechtswirksamkeit beimesse, wie der Übertragung eines kaufmännischen Verpflichtungsscheins im Sinne des § 363 HGB. durch Indossament. Denn es sagt, daß nach dem Inhalte des Scheines sich die Beklagte verpflichtet habe, an die Order des D., „also an dessen Zessionar ohne jeden Einwand“ zu zahlen. Es legt auch besonderes Gewicht auf den Zweck der Ausstellung des Scheines, daß damit dem Zedenten des Klägers die Möglichkeit gewährt werde, sich Kredit zu verschaffen. Diese Auffassung würde in doppelter Hinsicht rechtsirrtümlich sein. Die Voraussetzungen des § 363 HGB. liegen nicht vor. Die Rechtssätze über die Wirkung des Indossaments aber gelten nur für Urkunden, bei denen die Übertragung durch Indossament gesetzlich für statthaft erklärt ist. Es steht nicht im Belieben der Vertragschließenden, Orderpapiere anderer als der gesetzlich anerkannten Art zu schaffen. Sodann hat nur das Indossament die in § 364 HGB. bezeichneten Wirkungen. Wer ein Orderpapier, insbesondere auch einen Wechsel, durch Zession erwirbt, muß sich alle Einreden aus der Person seines Zedenten entgegensetzen lassen, unerachtet des Umstandes, daß bei der Begebung von Orderpapieren regelmäßig der Zweck obwaltet, dem anderen die Möglichkeit ihrer Verwertung zu gewähren. Es schließt auch die Tatsache, daß der Zessionar einer verbrieften Forderung nach § 404 BGB. damit rechnen muß, daß der Forderung aus der Urkunde nicht ersichtliche Einreden entgegenstehen, keineswegs die Möglichkeit aus, die Urkunden über solche Forderungen gleichwohl zur Krediterlangung zu benutzen. Daß endlich inhaltlich der Urkunde die Provision „ohne jeden Einwand“ zu zahlen war, kann an sich gleichfalls nicht dazu führen, einen Verzicht des Schuldners auf die Geltendmachung von Einreden dem Zessionar gegenüber anzunehmen, denn die Urkunde unterscheidet nicht zwischen der Verpflichtung des Schuldners dem ursprünglichen Gläubiger und einem Zessionar gegenüber.“ . . .

---

13. Bezieht sich die Vorschrift in Art. 2 Abs. 2 Satz 1 des Reichsgesetzes vom 17. Mai 1907, betr. Änderungen des Reichsbeamtengesetzes vom 31. März 1873, über die rückwirkende Kraft jenes Gesetzes zugunsten der bereits vor dem 1. April 1907 pensionierten Beamten, die Kriegsteilnehmer waren, lediglich auf Art. 1 Nr. X (über den Pensionsbetrag nach § 41 des Reichsbeamtengesetzes) oder auch auf Art. 1 Nr. XIII (über die Berechnung der Dienstzeit nach § 48 des Reichsbeamtengesetzes) jenes Gesetzes?

III. Zivilsenat. Urt. v. 23. April 1909 i. S. P. (Kl.) w. Reichsfiskus (Bekl.). Rep. III. 362/08.

I. Landgericht I Berlin.
II. Kammergericht daselbst.

Die Frage ist in ersterem Sinne entschieden worden, aus nachfolgenden

Gründen:

„Es handelt sich um die Auslegung des Art. 2 Abs. 2 Satz 1 des Gesetzes vom 17. Mai 1907, betr. Änderungen des Reichsbeamtengesetzes vom 31. März 1873, dahin, ob die Anwendung dieser neuen Bestimmungen auf die vor dem 1. April 1907 pensionierten Beamten, die Kriegsteilnehmer waren, lediglich den § 41 RBG. in der Fassung von Art. 1 Nr. X des Gesetzes vom 17. Mai 1907 (d. h. den Pensionsbetrag) oder auch den § 48 Abss. 1 und 2 RBG. in der Fassung von Art. 1 Nr. XIII des Gesetzes vom 17. Mai 1907 (d. h. die Berechnung der Dienstzeit) umfaßt. Art. 2 Abs. 1 und Abs. 2 Satz 1 lauten:

„Dieses Gesetz tritt mit Wirkung vom 1. April 1907 in Kraft. Von diesem Zeitpunkt ab erhalten auch die bereits vorher pensionierten Beamten, sofern sie an einem der von deutschen Staaten vor 1871 oder von dem Deutschen Reiche geführten Kriege teilgenommen haben, nach den Vorschriften dieses Gesetzes unter Zugrundelegung des vor dem Ausscheiden bezogenen und nach den damaligen Bestimmungen anzunehmenden pensionsfähigen Diensteinkommens festzustellende Pensionsgebührnisse."

Erläuternd bemerkt die Begründung zu dem Entwurfe (Nr. 333 Reichstag 12. Legisl.-Per. I. Sess. 1907) in Abs. 2 Satz 3 S. 22: „Wie in dem § 41 Nr. 1 und 2 des Offizierpensionsgesetzes ist auch hier von einer anderweiten Feststellung der Pensionsgebührnisse und nicht der Pension gesprochen, um wie dort zum Ausdrucke zu bringen, daß nur den neuen Vorschriften über den Betrag der Pension (§ 41), nicht auch allen sonstigen Bestimmungen des Gesetzes eine teilweise rückwirkende Kraft gegeben werden soll."

Diese Begründung widerspricht nicht dem Wortlaute des Gesetzes. Denn rein sprachlich bedeutet der Ausdruck „Pensionsgebührnisse" dasselbe wie der Ausdruck „Pensionsbetrag". Die Bedeutung des Art. 2 Abs. 2 Satz 1 kann aber überhaupt nur an Hand der Ausdrucksweise des Reichsbeamtengesetzes, auf dem jene Bestimmung fußt, ermessen werden. Das Reichsbeamtengesetz scheidet hierbei zwischen dem Betrage der Pension in den §§ 41—44 (darunter die nach 80, jetzt 60 oder 120 Teilen des Diensteinkommens normierte Höhe der Pension und den Begriff des Diensteinkommens) und der Berechnung der Dienstzeit in den §§ 45—52. Wenn deshalb in Art. 2 Abs. 2 Satz 1 gesagt wird, daß das frühere pensionsfähige Diensteinkommen zugrunde zu legen sei, so ist damit nur ausgesprochen, daß lediglich der Betrag der Pension nach dem neuen Gesetze zu berechnen, das Diensteinkommen aber nach den alten Bestimmungen zugrunde zu legen sei; keineswegs folgt aber daraus, daß auch die Berechnung der Dienstzeit ebenfalls nach dem neuen Gesetze stattzufinden habe. Mindestens ist es zweifelhaft, was das Gesetz unter dem Ausdrucke „Pensionsgebührnisse“ versteht, und es kann daher die Begründung des Entwurfs um so mehr zur Auslegung des Sinnes des Gesetzes herangezogen werden, als sich gegen diese Begründung bei der Beratung weder in der Reichstagskommission noch im Reichstage selbst ein Widerspruch erhoben hat. Danach ist anzunehmen, daß die neuen Bestimmungen in § 48 RBG. über die Berechnung der Dienstzeit auf die vor dem 1. April 1907 pensionierten Beamten, die Kriegsteilnehmer waren, **nicht** Anwendung finden.

Auch sonstige gesetzliche Bestimmungen sprechen für diese Auffassung. Dahin gehört die Bestimmung in Art. 2 Abs. 7 des Gesetzes vom 17. Mai 1907, wonach den nicht unter dieses Gesetz fallenden pensionierten Beamten unter gewissen Voraussetzungen eine Beihilfe zur Pension gewährt werden kann, um ihnen ein Gesamteinkommen zu verschaffen, das der nach der Vorschrift des § 41 unter Zugrundelegung ihres früheren pensionsfähigen Diensteinkommens berechneten Pension gleichkommt. Hier ist also lediglich von § 41 und nicht auch von § 48 die Rede. Weiter gehört dahin § 20 des Beamtenhinterbliebenengesetzes vom 17. Mai 1907, eine Bestimmung, die auf Antrag der Reichstagskommission aufgenommen wurde (Nr. 441 Reichstag 12. Legisl.-Per. I. Sess. 1907 Bericht der VIII. Komm. über den Entw. eines Beamtenhinterbliebenengesetzes S. 5/7) und die hinsichtlich der Berechnung der Pension lediglich von Art. 1 Nr. X, nicht aber von Art. 1 Nr. XIII des Gesetzes, betr. Änderung des Reichsbeamtengesetzes vom 17. Mai 1907, spricht.

Das Reichsgesetz vom 31. Mai 1906 über die Pensionierung der Offiziere usw. spricht nicht zugunsten der gegenteiligen Auffassung. Auch dieses Gesetz spricht von dem Betrage der Pension, dem pensionsfähigen Diensteinkommen, den verschiedenen Zulagen und der Berechnung der Dienstzeit (§§ 6—14). Hinsichtlich der Beamten des Reichsheeres aber ist hervorzuheben, daß solchen nach § 32 Abs. 1 des Gesetzes vom 31. Mai 1906 Pension auf Grund des Reichsbeamtengesetzes zusteht und daß ihnen daneben nur besondere Zulagen gewährt werden. Sodann ist in § 32 Abs. 5 des Gesetzes vom 31. Mai 1906 bestimmt:

„Den Beamten des Reichsheeres, die zur Zeit des Eintritts in den Militärdienst das zur Pension berechtigende Lebensalter noch nicht erreicht haben, wird im Kriegsfalle die Dienstzeit vom Beginn des Krieges, beim Eintritt in den Militärdienst während des Krieges vom Tage des Eintritts ab gerechnet."

Endlich besagt § 32 Abs. 10 des Gesetzes vom 31. Mai 1906:

„Die Pensionen derjenigen Beamten des Reichsheeres, welche an einem der von deutschen Staaten vor 1871 oder von dem Deutschen Reiche geführten Kriege als Heeresbeamte oder als Anwärter auf eine Beamtenstellung in der Heeresverwaltung teilgenommen haben oder welche als solche kriegsinvalide geworden sind, werden in der Weise festgesetzt, daß die Pension bei vollendeter zehnjähriger oder kürzerer Dienstzeit $^{20}/_{60}$ des zuletzt bezogenen pensionsfähigen Diensteinkommens beträgt und nach vollendetem zehnten Dienstjahre mit jedem weiter zurückgelegten Dienstjahre bis zum vollendeten dreißigsten Dienstjahr um $^{1}/_{60}$ und von da ab mit jedem weiter zurückgelegteu Dienstjahr um $^{1}/_{120}$ des zuletzt bezogenen pensionsfähigen Diensteinkommens steigt. Über den Betrag von $^{45}/_{60}$ dieses Einkommens hinaus findet eine Steigerung nicht statt. In dem im § 39 des Reichsbeamtengesetzes erwähnten Falle kann den vorbezeichneten Beamten eine Pension bis zu $^{20}/_{60}$ des zuletzt bezogenen pensionsfähigen Diensteinkommens gewährt werden. Im übrigen finden auf die erhöhten Pensionen dieser Beamten die Vorschriften des Reichsbeamtengesetzes Anwendung. Neben der erhöhten Pension wird die Verstümmelungszulage in Grenzen des Abs. 8 gewährt."

Lediglich diese letztere Bestimmung in § 32 Abs. 10, die eine anderweite Berechnung der Dienstzeit nicht enthält, und nicht auch die Bestimmung in § 32 Abs. 5 ist aber durch § 42 Abs. 2 des Gesetzes vom 31. Mai 1906 auf die vor dem Inkrafttreten dieses Gesetzes ausgeschiedenen Beamten der Heeresverwaltung, die in der in § 32 Abs. 10 angegebenen Eigenschaft an einem Kriege teilgenommen haben oder kriegsinvalide geworden sind, für anwendbar erklärt worden. Dies spricht ebenfalls gegen die bekämpfte Auslegung des Art. 2 Abs. 2 Satz 1 des Gesetzes vom 17. Mai 1907, da diese Bestimmung nach der Begründung nur beabsichtigte (vgl. S. 21 in Abs. 1 zu Art. 2), die im § 42 Abs. 2 des Gesetzes vom 31. Mai 1906 eingeführte Rückwirkung auch den unter das Reichsbeamtengesetz fallenden pensionierten Beamten zuzuwenden.

Richtig ist allerdings, daß der Inhalt der §§ 41—48 RBG. in innerem Zusammenhange steht, wie die historische Entwickelung des Reichsbeamtenrechts ergibt. Nach dem ursprünglichen Texte des Reichsbeamtengesetzes vom 31. März 1873 betrug die Pension 20 bis 60 Achtzigteile und wurde die Dienstzeit vor Beginn des 18. Lebensjahres (abgesehen von der Kriegszeit) nicht gerechnet. Nach Art. II des Reichsgesetzes vom 21. April 1886, betr. die Abänderung des Reichsbeamtengesetzes usw., wurden diese Bestimmungen in § 41 Abss. 1—3 und § 48 Abs. 1 dahin geändert, daß die Pension 15 bis 45 Sechzigteile betrug und die Dienstzeit vor Beginn des 21. Lebensjahres, abgesehen von der Kriegszeit, nicht gerechnet wurde. Nach dem Entwurfe zu dem Gesetze vom 17. Mai 1907 sollte § 41 RBG. durch Art. 1 Nr. X dahin geändert werden, daß die Pension 20 bis 45 Sechzigteile — unter anderweiter Steigerung vom vollendeten 30. Dienstjahre an — betrug, während § 48 Abss. 1 und 2 gemäß Art. 1 Nr. XIII lauten sollten:

„Die Zivildienstzeit, welche vor den Beginn des 21. Lebensjahres fällt, bleibt außer Berechnung, desgleichen die vor den Beginn des 18. Lebensjahres fallende Militärdienstzeit.

Nur im Kriegsfalle wird die Militärdienstzeit vom Beginn des Krieges, beim Eintritt in den Militärdienst während des Krieges vom Tage des Eintritts ab gerechnet."

Ausweislich der Begründung (S. 14, 18) sollte nach diesen Änderungen § 41 dem § 32 Abs. 10 des Gesetzes vom 31. Mai 1906, betr. die Pensionierung der Offiziere usw., entsprechen, und die Berechnung der

Dienstzeit in § 48 hinsichtlich der Militärdienstzeit der Beamten in gleicher Weise wie bei den Militärbeamten erfolgen, insbesondere der Inhalt des § 32 Abs. 5 des Gesetzes vom 31. Mai 1906, betr. die Pensionierung der Offiziere usw., von den Militärbeamten auf alle Beamten übertragen werden. Gemäß des Vorschlages der Kommission (Bericht S. 7, 9) hat der Reichstag die Fassung zu § 41 und § 48 Abs. 2 unverändert, § 48 Abs. 1 aber dahin angenommen:

„Die Dienstzeit, welche vor den Beginn des 18. Lebensjahres fällt, bleibt außer Berechnung."

Dieser innere Zusammenhang ist für die rückwirkende Kraft der neuen Fassung von § 48 RBG. gleichgültig, zumal Kommission wie Reichstag hierüber nicht besonders verhandelt haben. Aber gerade die erweiterte Fassung des Abs. 1 des § 48 spricht gegen dessen rückwirkende Kraft, da nicht einmal der beschränkteren Abänderung des Entwurfs in dieser Beziehung rückwirkende Kraft zukommen sollte. Der Umstand, daß die Kommission die Vorschläge zu den §§ 41 und 48 gemeinsam beraten hat, beweist lediglich den bereits dargelegten inneren Zusammenhang dieser Bestimmungen, nicht aber auch die rückwirkende Kraft der neuen Fassung des § 48.

Endlich ist dem Berufungsgerichte beizustimmen, wenn es auf den Inhalt der Beratung der Budgetkommission des Reichstags und auf den Inhalt des Art. XI des preußischen Gesetzes vom 27. Mai 1907, betr. Abänderungen des Pensionsgesetzes usw., als adminikulierend hinweist." . . .

14. Wird durch die Eintragung des Konkursvermerks das Grundbuch gegen weitere Eintragungen auf Grund rechtsgeschäftlicher Verfügungen des Gemeinschuldners gesperrt?

KonkO. §§ 6, 7.
BGB. § 135.
GBO. § 19.

V. Zivilsenat. Beschl. v. 24. April 1909 in der Grundbuchsache Sp. Beschw.-Rep. V. 61/09.

I. Amtsgericht Tessin.
II. Landgericht Rostock.

Die Frage wurde bejaht aus folgenden

Gründen:

„Der Bauunternehmer Sp. bewilligte durch notariell beglaubigte Urkunde vom 6. Mai 1908 auf die ihm gehörige Häuslerei Nr. 22 zugunsten des Beschwerdeführers die Eintragung einer Hypothek von 3000 ℳ. Der Beschwerdeführer stellte, nachdem am 23. Juli über das Vermögen des Schuldners das Konkursverfahren eröffnet war, beim Grundbuchamte Tessin, dem er später auch die Schuldurkunde einreichte, den Antrag auf Eintragung der Hypothek. Das Grundbuchamt lehnte durch Beschluß vom 28. Dezember auf Grund des § 15 KO. und des § 878 BGB. den Eintragungsantrag ab und trug am 2. Januar 1909 den Konkursvermerk zum Grundbuche ein. Das Landgericht wies durch den jetzt angefochtenen Beschluß die Beschwerde zurück.

Die gegen diesen Beschluß eingelegte weitere Beschwerde möchte das Oberlandesgericht in Rostock zurückweisen, es sieht sich hieran aber durch die Entscheidungen des Kammergerichts vom 6. Mai 1901 und 12. Juli 1906, mitgeteilt in RJA. Bd. 2 S. 139 und Bd. 8 S. 47, verhindert. Auf Grund des § 79 Abs. 2 GBO. hat deshalb das Oberlandesgericht die weitere Beschwerde dem Reichsgerichte vorgelegt und seiner Rechtsauffassung dahin Ausdruck gegeben, daß in Ansehung des zur Konkursmasse gehörenden Vermögens durch § 6 KO. die Verfügungsbefugnis dem Gemeinschuldner schlechthin entzogen und der Ausübung nach auf den Konkursverwalter übertragen sei. Deshalb werde durch die Eintragung des Konkursvermerks das Grundbuch gegen weitere Eintragungen auf Grund rechtsgeschäftlicher Verfügungen des Gemeinschuldners gesperrt und es dürften Eintragungen, die den Erwerb des Rechts an einem Grundstücke zum Ziele haben, auch dann nicht erfolgen, wenn sie, wie im vorliegenden Falle, vom Gemeinschuldner bereits vor der Konkurseröffnung bewilligt seien, der Berechtigte aber den Eintragungsantrag erst nachher stelle. Die gerade entgegengesetzte Ansicht vertritt dagegen in jenen beiden und auch in sonstigen Beschlüssen das Kammergericht. Dieses erachtet Verfügungen des Gemeinschuldners mit Rücksicht auf § 7 KO. nicht „absolut", sondern nur „relativ", nämlich nur gegenüber den Konkursgläubigern, für unwirksam. Diese Auffassung wird vielfach auch in der Rechtslehre vertreten, allein ihr stehen überwiegende Bedenken entgegen.

Nach § 135 BGB. sind Verfügungen, die gegen ein den Schutz bestimmter Personen bezweckendes Veräußerungsverbot verstoßen, nur diesen Personen gegenüber unwirksam. Dem entspricht im Wortlaute insofern der § 7 KO., als hier Verfügungen des Gemeinschuldners gegenüber den Konkursgläubigern für unwirksam erklärt sind. Allein für die Auslegung des § 7 hat entscheidende Bedeutung die unmittelbar vorhergehende Vorschrift des § 6, nach der der Gemeinschuldner mit der Eröffnung des Verfahrens die Verfügungs- und Verwaltungsbefugnis „verliert"; das Verfügungs- und Verwaltungsrecht wird „ausgeübt" durch den Konkursverwalter, so daß dieser insoweit kraft Gesetzes an die Stelle des Gemeinschuldners tritt. Dagegen bleibt verfügungsberechtigt, wem zwar durch Gesetz, aber nur zugunsten einer bestimmten Person die Verfügung über einen Gegenstand verboten ist; Erklärungen, die auf den Eintritt einer Rechtsänderung abzielen, kann nach wie vor nur er abgeben, wenn auch unbeschadet des geschützten Rechtes des andern. In solchem Falle kann daher das Veräußerungsverbot beim Fortbestande des Verfügungsrechts des Eigentümers nicht die Sperrung des Grundbuchs bewirken; dagegen muß diese Folge eintreten mit dem Verluste des Verfügungsrechts.

Das Bestehen der Verfügungsmacht hat der Grundbuchrichter stets von Amts wegen zu prüfen. Von diesem Grundsatze des Grundbuchrechts hat die Konkursordnung keine Ausnahme machen wollen. Allerdings ist, worauf das Kammergericht Gewicht legt, in den Motiven gesagt, daß die Verfügungsbeschränkung des Gemeinschuldners die Wirkung eines Veräußerungsverbots im Sinne des § 135 BGB. habe; allein es ist (Bd. 1 S. 110) nicht minder betont, daß die Wirkung des Konkurses eine stärkere sei. Die Konkursmasse steht kraft eigenen Rechts ausschließlich zur Verfügung des Konkursverwalters, und von Eintragungen wird (§ 19 GBO.) sein „Recht betroffen". Er hat das Recht und die Pflicht, die Masse im gemeinsamen Interesse der Gläubiger zu verwerten, und dieses Recht kann durch Verfügungen des nicht mehr verfügungsberechtigten Gemeinschuldners keine Beeinträchtigung erleiden. Eine unmittelbare Gefährdung der Masse würde eintreten, wenn das Grundbuchamt einem Löschungsantrage des Gemeinschuldners stattgäbe; dann würde nichts übrig bleiben, woran die Gläubiger sich halten könnten. Diese Erwägung hat denn auch bereits das Kammergericht in der in seinem

Jahrb. Bd. 23 A S. 242 mitgeteilten Entscheidung dazu genötigt, für vom Gemeinschuldner bewilligte Löschungen eine Einschränkung zu machen. Allein empfindliche Schädigungen können der Masse auch aus Eintragungsbewilligungen erwachsen. Mögen diese auch als unwirksam der Anfechtung unterliegen, so machen sie doch das Grundbuch unrichtig, zwingen den Verwalter unter Umständen zu langwierigen und kostspieligen Prozessen und hindern dadurch, wenn nicht rechtlich, so doch tatsächlich die Verwertung der Masse. Der Gesetzgeber hat, indem er dem Gemeinschuldner in § 6 ohne Einschränkung das Verfügungsrecht entzog und dessen Ausübung in die Hand des Konkursverwalters legte, den Gläubigern nicht nur überhaupt Schutz, sondern auch ausreichenden Schutz gewähren wollen. Man kann den Gemeinschuldner nicht neben dem sachlich allein berechtigten Verwalter für verfügungsbefugt erklären, ohne eine doppelte Verfügungsmacht und damit die unvermeidliche Gefahr von Konflikten zu schaffen.

Es muß daher angenommen werden, daß Verfügungen des Gemeinschuldners, die erst nach Eröffnung des Verfahrens getroffen oder (§ 878 BGB.) beim Grundbuchamte eingereicht werden, zu Eintragungen im Grundbuche nicht führen können. Entgegen der Rechtsauffassung des Kammergerichts, aber in Übereinstimmung mit der Rechtsauffassung des Oberlandesgerichts Rostock war daher die Ablehnung des Antrags auf Eintragung der Hypothek für begründet zu erachten."

---

15. Zu den §§ 12, 13, 20 des Gesetzes zum Schutze der Warenbezeichnungen. Versehen einer Ware mit einer Firma.

II. Zivilsenat. Urt. v. 30. April 1909 i. S. D. (Kl.) w. K. (Bekl.). Rep. II. 615/08.

I. Landgericht Dortmund, Kammer für Handelssachen.
II. Oberlandesgericht Hamm.

Für die Klägerin, eine Zigarettenfabrik, waren in die Zeichenrolle des Patentamtes mehrere Warenzeichen eingetragen, darunter das Wort „Atikah" und ferner ein größeres Bildzeichen mit dem

Aufdruck auf einem Querbande „Atikah Cigarettes" und der Querschrift „Atikah Cigarettes". Die Hülse der von der Klägerin hergestellten Zigaretten war mit der Aufschrift „Atikah frères cigar. egypt. 2½" versehen. Der Beklagte, der auch Zigaretten herstellte, brachte von der Klägerin nicht herrührende Zigaretten in den Handel, deren Hülsen gleichfalls die Aufschrift „Atikah frères cigar. egypt. 2½" trugen.

Der Antrag der Klägerin, dem Beklagten den weiteren Vertrieb dieser Zigaretten zu untersagen, war in erster und zweiter Instanz abgewiesen worden. Auf die Revision der Klägerin hob das Reichsgericht das Berufungsurteil auf und verwies die Sache zurück.

Gründe:

. . . „Der Berufungsrichter hat eine Verletzung der Rechte der Klägerin aus § 12 WZG. von seiten des Beklagten durch die Anbringung der Worte „Atikah frères cigar. egypt. 2½" auf seinen Zigaretten mit der Ausführung verneint, eine Verletzung des Zeichenrechts des Warenzeicheninhabers liege nur dann vor, wenn ein Dritter das geschützte Wort als Warenzeichen zur Kennzeichnung seiner Ware, also so benutze, daß es sich äußerlich erkennbar als Warenzeichen der in Verkehr gebrachten Ware darstelle. Das liege hier nicht vor. Hier sei der Aufdruck auf den Zigaretten der Beklagten zur Andeutung der Herkunft der Zigaretten aus einer ägyptischen Firma „Atikah frères" angebracht, nicht zur Bezeichnung der Ware selbst im Sinne des § 12. Das Wort „Atikah" habe auch in der gewählten Verbindung, in der es in keiner Weise vor den anderen Worten ausgezeichnet sei, nicht seinen Charakter als Warenzeichen behalten; es sei vielmehr auch in dieser Verbindung ausschließlich zur Bezeichnung der Firma, aus der die Zigaretten angeblich stammten, bestimmt, wie denn auch das kaufende Publikum aus dem Aufdrucke eine andere Bedeutung nicht entnehmen könne. Diese Ausführungen sind, wie die Revisionsklägerin mit Recht geltend macht, nicht geeignet, die Entscheidung des Berufungsrichters zu tragen.

In ein fremdes Warenzeichen wird immer schon dann eingegriffen, wenn jemand seine Ware unbefugt mit dem fremden Zeichen versehen, d. h. unter körperlicher Anbringung des fremden Zeichens bezeichnet hat. Ob dabei beabsichtigt war, in ein fremdes Zeichenrecht einzugreifen, was überhaupt der Zweck der Kennzeichnung war, insbesondere auch, ob die Ware mit einem Warenzeichen oder mit einer Firma hat versehen werden sollen, ist unerheblich. Es kommt allein darauf an, ob sich eine Ware rein objektiv als mit dem fremden Zeichen versehen darstellt. Das hat der Berufungsrichter verkannt, indem er entscheidendes Gewicht darauf gelegt hat, daß die vom Beklagten auf der Ware angebrachte Bezeichnung zur Andeutung der Herkunft und zur Bezeichnung einer Firma bestimmt sei. Aber auch daß das Publikum in dem Aufdrucke der Beklagten auf ihren Zigaretten den Aufdruck einer Firma erblickt, ist allein noch nicht entscheidend. Werden Waren oder deren Verpackung oder Umhüllung von dem Produzenten mit seinem Namen oder seiner Firma versehen, so geschieht auch dies regelmäßig — wie die Anbringung des Warenzeichens — zur Unterscheidung der betreffenden Ware von gleichartigen Waren anderer Produzenten, zum Hinweis auf die Produktionsstelle der Ware und damit auf ihre Herkunft. Die Firma, der Name, der zu dem bezeichneten Zwecke, also zur Kennzeichnung der Ware angebracht wird, ist von einem Warenzeichen, dessen sich jemand „in seinem Geschäftsbetriebe zur Unterscheidung seiner Ware von den Waren anderer" bedient (§ 1 WZG.), nicht etwas so Verschiedenartiges, daß durch die Anbringung des Namens die Anbringung eines Warenzeichens ohne weiteres ausgeschlossen erschiene. Eine Ware, die mit einem Namen versehen ist und sich als mit einem solchen versehen dem Publikum darstellt, kann damit sehr wohl zugleich auch mit einem fremden Zeichen versehen sein und sich dem Publikum als mit einem solchen versehen darstellen. Das erhellt insbesondere auch aus den Bestimmungen der §§ 13 und 20 WZG. Nach § 20 kommt es darauf an, ob trotz der Abweichungen, die zwischen einem (geschützten) Warenzeichen und der benutzten Firma bestehen, die Gefahr der Verwechselung im Verkehr vorliegt, und § 13 bestimmt, daß durch die Eintragung eines Warenzeichens niemand gehindert wird, seinen Namen, seine Firma usw. auf Waren, auf deren Verpackung und Umhüllung anzubringen. Das Entscheidende ist die Kennzeichnung der Ware und ob diese Kennzeichnung mit dem fremden Warenzeichen kollidiert. Wenn dabei der Gebrauch von Namen und Firmen gemäß § 13 geschützt ist, so bezieht sich dieser Schutz nur auf den befugten Gebrauch, aber nicht auf den Mißbrauch eines fremden Namens und einer fremden Firma und vollends nicht auf den Gebrauch einer gar nicht bestehenden Firma. Letzteres aber scheint hier vorzuliegen, wo sogar der Beklagte die Worte „Atikah frères“, die nach der Meinung des Berufungsrichters eine Firma darstellen sollen, lediglich oder doch mindestens zugleich zur Verdeckung des Gebrauches des Wortes „Atikah“ gewählt zu haben scheint, so daß es überhaupt zweifelhaft ist, ob hier der Gebrauch einer Firma oder nicht vielmehr der bewußte und beabsichtigte Gebrauch des fremden Warenzeichens „Atikah“ in Frage steht. Wenn übrigens der Berufungsrichter bemerkt hat, auch das kaufende Publikum habe aus dem Aufdrucke auf den Zigaretten des Beklagten eine andere Bedeutung als den Hinweis auf eine Firma nicht entnehmen können, so übersieht er des ferneren, daß, wenn die Bezeichnungen „Atikah frères“ und „Atikah“ verwechselungsfähig sind, jedenfalls in den Konsumentenkreisen, in denen die Atikah-Zigarette der Klägerin oder deren Warenzeichen „Atikah“ bekannt war, in jenem Aufdrucke auch etwas anderes als der Aufdruck einer Firma, nämlich der Aufdruck des Zeichens der Klägerin gefunden werden konnte.“ ...

---

16. Ist für die Klage auf Unterlassung von Maßnahmen, die von einer preußischen Landwirtschaftskammer gemäß der ihr in § 2 des Gesetzes vom 30. Juni 1894 zugewiesenen Bestimmung getroffen worden sind, der Rechtsweg zulässig?

V. Zivilsenat. Urt. v. 1. Mai 1909 i. S. Landwirtschaftskammer für die Provinz Brandenburg (Bekl.) w. U. u. Gen. (Kl.). Rep. V. 292/08 u. 369/08.

I. Landgericht I Berlin.
II. Kammergericht daselbst.

Die in der Provinz Brandenburg wohnenden 24 Kläger klagten als Inhaber von privilegierten Abdeckereigerechtigkeiten auf Verurteilung der verklagten Landwirtschaftskammer, die Behauptung zu unterlassen, daß die Abdecker ein Recht, die Herausgabe des Kadavers von gefallenem Vieh zu erzwingen, überhaupt nicht hätten, ihnen vielmehr höchstens ein Anspruch auf die Herausgabe der Haut, des Talgs und der Haare zustehe, und sich der Aufforderung zu enthalten, die Kadaver von gefallenem Vieh oder deren Bestandteile nicht an den Abdecker auszuliefern. Diese Behauptungen und Aufforderungen sollten in zwei gedruckten, unstreitig von der Beklagten an die ihr angeschlossenen landwirtschaftlichen Vereine versandten Rundschreiben vom 7. April und vom 8. Juni 1906 enthalten sein. Im Eingange des ersten Rundschreibens erklärte die Beklagte, sie habe die Abdeckereifrage erneut in die Hand genommen, um die Frage einer Ablösung in die Wege zu leiten; es sei notwendig, die gesamten Vorkommnisse auf dem Abdeckereigebiete innerhalb der Provinz zusammenzufassen, alle Fälle, in denen Differenzen mit den Abdeckern entständen, seien ihr unverzüglich zu melden; sie werde den Interessenten die nötigen Weisungen zugehen lassen, was in den einzelnen Fällen zu tun sei.

Die Kläger erblickten in diesen Kundgebungen im Hinblick auf § 110 StrGB. eine unerlaubte Handlung und einen Verstoß gegen die guten Sitten, weshalb sie nach §§ 823, 824, 826 BGB., da die Wiederholung der sie schwer schädigenden Veröffentlichungen zu besorgen sei, einen Anspruch auf Unterlassung der Behauptungen und Aufforderungen hätten. Die Beklagte machte dagegen geltend, eine Aufforderung zum Ungehorsam sei aus den Bekanntmachungen keineswegs ersichtlich; diese enthielten lediglich eine Mitteilung über die Rechtslage und den Stand der Frage, und was sie mitgeteilt habe, dazu sei sie berechtigt und zur Wahrung der Rechte der Viehbesitzer verpflichtet gewesen. Sie wendete auch ein, der Rechtsweg sei hinsichtlich dieser von ihr getroffenen Maßnahmen überhaupt unzulässig.

Von den Vorinstanzen wurde die Beklagte nach den Klaganträgen verurteilt. Der zweite Richter trat der Ansicht des ersten Richters bei, daß die Beklagte durch die beiden Bekanntmachungen störend in die Rechte der Kläger eingegriffen habe und daher die Klage auf Unterlassung der fraglichen Behauptungen und Aufforderungen begründet sei. Auf die Revision der Beklagten wurde dagegen unter Aufhebung des zweiten und Abänderung des ersten Urteils die Klage abgewiesen, aus folgenden

Gründen:

... „Die Beklagte hat in den Vorinstanzen in erster Linie eingewendet, sie sei zu den in den Bekanntmachungen an die land=

wirtschaftlichen Vereine enthaltenen Mitteilungen über die Abdeckereifrage nicht nur berechtigt, sondern zur Wahrung der Rechte der Viehbesitzer auch verpflichtet gewesen, und für den Anspruch auf Unterlassung dieser Mitteilungen sei der Rechtsweg nicht zulässig. Dieser Einwand, auf den auch die Revision ... zurückgekommen ist, muß für begründet erachtet werden.

Nach der ständigen Rechtsprechung des Reichsgerichts,

Entsch. in Zivils. Bd. 11 S. 206, Bd. 17 S. 106, Bd. 26 S. 339, 341, Bd. 28 S. 340, Bd. 54 S. 55, Bd. 55 S. 172; JW. 1892 S. 320 Nr. 40, 1899 S. 402 Nr. 25, 1902 S. 83 Nr. 22,

ist bezüglich der Haftung des preußischen Staates wegen des durch Versehen seiner Beamten entstandenen Schadens zu unterscheiden zwischen fiskalischen Rechten und Hoheitsrechten des Staates. Wenn es sich um die Ausübung fiskalischer Rechte handelt, wie Verwaltung des Staatsvermögens, Wahrnehmung vertragsmäßiger oder sonstiger privatrechtlicher, beispielsweise aus dem Eigentume oder dem Nachbarrechte fließender Rechte, ist der Staat als juristische Person für ein Verschulden seiner Willensorgane, wodurch anderen Schaden zugefügt wird, ebenso verantwortlich wie eine natürliche Person für ihre eigenen schuldhaften Handlungen. Dagegen haftet der Staat nicht für den Schaden, der bei der Wahrnehmung seiner Hoheitsrechte, namentlich der obrigkeitlichen oder Regierungsgewalt, durch Handlungen seiner Beamten zugefügt wird, sofern nicht ausnahmsweise durch besondere gesetzliche Bestimmung eine solche Haftung ausgesprochen ist. In der noch jetzt geltenden Kabinettsorder vom 4. Dezember 1831, betr. die genauere Beobachtung der Grenzen zwischen landesherrlichen und fiskalischen Rechtsverhältnissen, ist ausdrücklich erklärt worden, es sei eine irrtümliche Ansicht, daß aus den Folgen und Wirkungen hoheitsrechtlicher Akte dem Verletzten ein Anspruch auf Entschädigung gegen das Staatsvermögen zustehe. Wäre daher die verklagte Landwirtschaftskammer bezüglich der Haftung für den durch ihren Vorstand zugefügten Schaden dem Staate gleichzustellen und hätte es sich bei der Erlassung der in Rede stehenden beiden Rundschreiben an die landwirtschaftlichen Vereine um Ausübung eines Hoheitsrechtes gehandelt, so würden die Kläger für den ihnen dadurch etwa entstandenen Schaden, auch wenn dem die Rundschreiben erlassenden Vorsitzenden ein Verschulden zur Last fiele, nicht die Beklagte auf Ersatz in Anspruch nehmen, vielmehr sich ... nur an den Vorsitzenden der verklagten Landwirtschaftskammer persönlich halten können. Es würde also in einem solchen Falle die Klage auf Schadensersatz gegen die Landwirtschaftskammer, auch wenn der Rechtsweg hierfür als zulässig zu erachten wäre, sachlich unbegründet sein. Ein Schadensersatzanspruch ist nun allerdings von den Klägern nicht geltend gemacht worden. Sie haben sich zwar auf die §§ 823, 824, 826 BGB. gestützt und behauptet, die Erlassung der Rundschreiben enthalte wegen der Aufforderung zum Ungehorsam gegen die Gesetze eine unerlaubte Handlung und einen Verstoß gegen die guten Sitten. Jedoch haben sie die Klage nicht auf Schadensersatz, sondern auf Unterlassung der in den Rundschreiben hinsichtlich der Verpflichtung zur Herausgabe der Kadaver gefallener Tiere enthaltenen Behauptungen und Aufforderungen gerichtet. Für diese Klage aber hätte von den Vorinstanzen von vornherein der Rechtsweg als unzulässig erklärt werden sollen.

Nach § 36 der Verordnung wegen verbesserter Einrichtung der Provinzialpolizei- und Finanzbehörden vom 26. Dezember 1808 findet über wirkliche Majestäts- und Hoheitsrechte kein Prozeß statt. Desgleichen erklärt die genannte Kabinettsorder vom 4. Dezember 1831, ein privatrechtlicher Widerspruch wider einen Akt des Hoheitsrechtes sei unstatthaft und Ansprüche in dieser Hinsicht seien der Kompetenz der Gerichte entzogen. Um einen solchen Widerspruch gegen einen staatshoheitlichen Akt handelt es sich vorliegend. Allerdings beziehen sich die beiden Verordnungen unmittelbar nur auf hoheitsrechtliche Akte des Staates selbst, die vorgenommen worden sind von dem Landesherrn als dem Oberhaupte des Staates (§ 5 flg. ALR. II. 13) oder von den Beamten des Staates in der ihnen vermöge ihres Amtes obliegenden Besorgung gewisser zu den Rechten und Pflichten des Staates gehörender Angelegenheiten und Geschäfte (§ 16 ALR. II. 13). Was aber in dieser Hinsicht vom Staate gilt, hat in gleicher Weise auch von öffentlich-rechtlichen Korporationen insoweit zu gelten, als ihnen die Wahrnehmung staatshoheitlicher Rechte vom Staate übertragen worden ist; denn insoweit treten sie an die Stelle des Staates selbst.

Entsch. des RG.'s Bd. 28 S. 337, 340, Bd. 52 S. 372; Dernburg, B.R. Bd. 1 § 70 Anm. 6.

Die verklagte Landwirtschaftskammer ist eine solche öffentlich-rechtliche Korporation. Nach § 20 des Gesetzes über die Landwirtschaftskammern vom 30. Juni 1894 haben die Landwirtschaftskammern die rechtliche Stellung von Korporationen. Dabei wird von dem Gesetze vorausgesetzt, daß die Landwirtschaftskammern auch auf vermögensrechtlichem Gebiete tätig werden können. Denn in § 20 Abs. 1 Satz 3 ist Bestimmung darüber getroffen, wie Urkunden, wodurch die Landwirtschaftskammer vermögensrechtlich verpflichtet werden soll, zu vollziehen sind, und in § 22 Abs. 2 ist von einer zwischenzeitlichen Vermögensverwaltung der Landwirtschaftskammer die Rede. Wären daher die fraglichen Rundschreiben von der durch ihren Vorsitzenden vertretenen Landwirtschaftskammer in vermögensrechtlicher Angelegenheit, beispielsweise zur Wahrung ihrer Rechte als Eigentümerin eines Gutes, erlassen worden, so würde die Beklagte ebenso, wie der Staat als Fiskus in gleichem Falle, für die Handlung ihres Vertretungsorgans verantwortlich sein und wegen eines etwaigen rechtswidrigen Eingriffes in die den Klägern als Inhabern von Abdeckereigerechtigkeiten zustehenden Rechte im Rechtswege in Anspruch genommen werden können. Von Besorgung einer solchen vermögensrechtlichen Angelegenheit kann aber vorliegend nicht die Rede sein. Nach § 2 des genannten Gesetzes haben die Landwirtschaftskammern die Bestimmung, die Gesamtinteressen der Land- und Forstwirtschaft ihres Bezirkes wahrzunehmen, zu diesem Behuf alle auf die Hebung der Lage des ländlichen Grundbesitzes abzielenden Einrichtungen zu fördern, sowie bei allen Maßnahmen der Gesetzgebung und Verwaltung mitzuwirken, welche die Organisation des ländlichen Kredits und sonstige gemeinsame Aufgaben betreffen. Insoweit ist daher den Landwirtschaftskammern vom Staate im Wege der Gesetzgebung die Ausübung staatlicher Hoheitsrechte übertragen, indem ihnen die Fürsorge für die Wohlfahrt des Berufsstandes der Landwirte und die Förderung der Land- und Forstwirtschaft zugewiesen worden ist. In Ausübung solcher Hoheitsrechte aber sind die fraglichen Rundschreiben von der verklagten Landwirtschaftskammer erlassen worden. Denn in diesen an die landwirtschaftlichen Vereine ihres Bezirks gerichteten Bekanntmachungen hat die Beklagte zunächst eröffnet, sie habe die Abdeckereifrage, um die Ablösung der Abdeckereigerechtigkeiten in die Wege zu leiten, erneut in die Hand genommen; es sei notwendig, die gesamten Vorkommnisse auf dem Abdeckereigebiete innerhalb der Provinz zusammenzufassen. Sodann hat sie im Interesse der Landwirte ihres Bezirkes dargelegt, welche Rechte die Abdecker nach den von ihr angestellten Ermittelungen hinsichtlich der Kadaver gefallener Tiere hätten, und hat die Anweisung erlassen, ihr alle Fälle, in denen Differenzen mit den Abdeckern entständen, unverzüglich zu melden, damit sie den Interessenten Belehrungen über die zu treffenden Maßnahmen erteilen könne. Danach kann der von den Klägern wegen Beeinträchtigung ihrer Abdeckereirechte geltend gemachte Anspruch auf Unterlassung dieser als hoheitsrechtlicher Akte sich darstellenden Bekanntmachungen nicht im Rechtswege verfolgt werden.

Vgl. Entsch. des RG.'s in Zivils. Bd. 24 S. 38, Bd. 44 S. 226, Bd. 56 S. 26; Gruchots Beitr. Bd. 39 S. 1079.

Die Unzulässigkeit des Rechtsweges aber ist auch in der Revisionsinstanz von Amts wegen zu berücksichtigen. Aus ihr folgt die Abweisung der Klage sämtlicher Kläger unter Aufhebung des Berufungsurteils und Abänderung des erstinstanzlichen Urteils." ...

---

17. Bedarf im Gebiete des preuß. Allg. Landrechtes eine evangelische Kirchengemeinde zur Führung eines das Kirchenvermögen betreffenden Prozesses der Genehmigung des zur Tragung von Lasten für die kirchlichen Bedürfnisse verpflichteten Patrons?

Preuß. ALR. II. 11 §§ 650 flg.
Preuß. Kirchengemeinde- u. Synodalordnung vom 10. September 1873.
Preuß. Gesetz vom 25. Mai 1874.

V. Zivilsenat. Urt. v. 1. Mai 1909 i. S. Evang. Kirchengemeinde in W. (Kl.) w. Stadtgemeinde W. (Bekl.). Rep. V. 356/08.

I. Landgericht Frankfurt a/O.
II. Kammergericht Berlin.

Die verklagte Stadtgemeinde wurde am 3. Februar 1904 bei Anlegung des Grundbuchblattes für das sog. Diakonatsgrundstück auf Grund der von der Regierung zu P. über mehr als 44jährigen Besitzstand ausgestellten Bescheinigung in das Grundbuch von W.

als Eigentümerin eingetragen. Sie veräußerte dann das Grundstück an K. In einem Vorprozesse nahm die klagende Kirchengemeinde gegenüber K. das Eigentum an dem Grundstücke für sich in Anspruch; sie wurde jedoch mit der Klage rechtskräftig abgewiesen. Nunmehr klagte die Klägerin, vertreten durch den Gemeindekirchenrat, mit der Behauptung, daß die evangelische Kirche zu W. von jeher Eigentümerin des Grundstücks gewesen sei, gegen die Stadtgemeinde mit dem Antrage, die Beklagte zu verurteilen, ihr das Eigentum an dem Grundstücke zu verschaffen. Die Beklagte bestritt das Eigentum der Klägerin.

In erster Linie aber wurde von ihr mit Rücksicht auf die unstreitige Tatsache, daß die evangelische Kirche zu W. unter dem zur Tragung von Lasten für die kirchlichen Bedürfnisse verpflichteten Patronate des Königlichen Hauses, vertreten durch die Hofkammer der Königlichen Familiengüter in Charlottenburg, steht, geltend gemacht, der Gemeindekirchenrat bedürfe zur Erhebung der Klage der Genehmigung des Patrons und überdies sei die Prozeßvollmacht auch von dem Patrone zu unterzeichnen; beides sei nicht geschehen.

Wegen Fehlens der Genehmigung wies der erste Richter die Klage, der zweite Richter die Berufung der Klägerin zurück. Auch die Revision der Klägerin wurde zurückgewiesen, aus folgenden

Gründen:

„Nach § 51 ZPO. ist aus den Vorschriften des bürgerlichen Rechts zu entscheiden, ob eine nicht prozeßfähige Partei zur Führung eines Prozesses einer besonderen Ermächtigung bedarf. Als Beispiel für die Notwendigkeit einer solchen Ermächtigung wird in den Motiven zu § 50 des Entwurfs (§ 51 des Gesetzes) angeführt: „Nach preußischem Rechte ALR. II. 11 §§ 652 flg. die Kirchengemeinde“. Der § 652 erfordert, wenn „die Kirche Klägers Stelle vertreten soll“, „die Approbation der geistlichen Oberen“. Diese Bestimmung ist, jedenfalls hinsichtlich der Prozesse in Vermögensangelegenheiten, für katholische Kirchengemeinden durch § 51 des Gesetzes über die Vermögensverwaltung der katholischen Kirche vom 20. Juni 1875 und für die evangelische Landeskirche durch die §§ 1, 2 des Kirchengesetzes vom 18. Juli 1892 und Art. 1 des Staatsgesetzes vom 8. März 1893 aufgehoben, so daß es insoweit zu Prozessen der Genehmigung der kirchlichen Aufsichtsbehörde nicht bedarf. Bezüglich der Führung der

Prozesse, in welche „die Kirche wegen ihrer Güter und Vermögens verwickelt" würde, bestimmte § 650 ALR. II. 11, daß der „Betrieb der Prozesse den Kirchenvorstehern obliege". Diese Kirchenvorsteher wurden, wenn die Kirche unter einem Patronate stand, gemäß § 552 a. a. O. vom Patrone bestellt. Kirchenpatron wird nach § 568 derjenige genannt, dem die unmittelbare Aufsicht über eine Kirche nebst der Sorge für deren Erhaltung und Verteidigung obliegt. Er hat gemäß §§ 619, 621 die besondere und unmittelbare Aufsicht über die von den Kirchenvorstehern zu führende Verwaltung des Kirchenvermögens, und für eine Reihe von Verwaltungs- und Verfügungsakten der Kirchenvorsteher ist in den §§ 629, 637, 645, 647, 668, 700, 782, 803, 807, 822 die Einholung seiner Genehmigung vorgeschrieben. Bezüglich der Prozesse bestimmt § 651, daß der Patron die Kirchenvorsteher in Ausführung und Verteidigung der Kirchengerechtsame unterstützen müsse, und § 658, daß die Vollmacht zum Betriebe eines Prozesses, außer den Kirchenvorstehern, von dem Patron mit unterschrieben werden müsse. Wenn die Kirchenvorsteher oder der Patron sich beharrlich weigern, wirkliche Rechte der Kirche in Gerichten auszuführen oder zu verteidigen, müssen nach § 659 die geistlichen Oberen der Kirche einen Bevollmächtigten dazu von Amts wegen bestellen, und muß nach § 660 der Weigernde die durch die ungegründete Weigerung entstandenen mehreren Kosten aus eigenen Mitteln ersetzen. Wird gegen den Patron selbst ein gerichtliches Verfahren erforderlich, so muß der Kirche von den geistlichen Oberen ein Bevollmächtigter dazu von Amts wegen bestellt werden.

Aus diesen Bestimmungen erhellt deutlich, daß nach Landrecht die Kirchenvorsteher ohne Genehmigung des Patrons zur Führung von Prozessen nicht befugt waren und daß die Genehmigung des Patrons zur Prozeßführung in der Weise zum Ausdrucke gebracht werden mußte, daß der Patron die Prozeßvollmacht mit unterzeichnete. Wenn der Patron seine Mitwirkung trotz „wirklicher" Rechte der Kirche, also ohne gerechtfertigten Grund, beharrlich verweigerte, sollte sein Beitritt zum Prozesse durch Bestellung eines Bevollmächtigten von seiten der geistlichen Oberen ersetzt werden. Auch dann, wenn gegen den Patron selbst ein Prozeß von der Kirche geführt werden mußte, sollten die Kirchenvorsteher nicht für sich allein zur Führung des Prozesses befugt sein, sondern sollte ebenfalls ein Bevollmächtigter dazu von den geistlichen Oberen bestellt werden. Die Bestimmungen der §§ 650, 651, 658 insonderheit entsprechen dem § 47 I. 3 und dem § 34 I. 1 Allg. Gerichtsordnung, wonach Vollmachten für Kirchen von den Vorstehern unterschrieben sein mußten und die Frage, ob zu Prozessen von „moralischen Personen (z. B. Kirchen) höhere Anweisung oder Genehmigung erforderlich sei, nach den besonderen Statuten und Verfassungen oder, in Ermangelung solcher, nach den Vorschriften des Landrechts beurteilt werden sollte“. Danach war die im § 650 den Kirchenvorstehern beigelegte Befugnis zur Führung von Prozessen für den Fall, daß die Kirche unter Patronat stand, dahin eingeschränkt, daß die Genehmigung und die Mitunterzeichnung der Prozeßvollmacht durch den Patron erforderlich war.

An die Stelle der Kirchenvorsteher ist nach den Vorschriften der §§ 1, 3, 6, 22 der Kirchengemeinde- und Synodalordnung vom 10. September 1873 und der Art. 1, 2 Staatsges. vom 25. Mai 1874 in evangelischen Kirchengemeinden der Gemeindekirchenrat getreten, der aus dem Pfarrer und mehreren Ältesten besteht. Die letzteren werden nicht vom Patrone ernannt, sondern durch die Gemeinde gewählt; der Patron hat nur die Befugnis, ein wählbares Gemeindemitglied zum Ältesten zu ernennen oder selbst in den Gemeindekirchenrat, sofern er die zur Wählbarkeit erforderlichen Eigenschaften besitzt, einzutreten (§§ 3, 6). Der Gemeindekirchenrat vertritt die Gemeinde in vermögensrechtlicher Beziehung, in streitigen wie in nicht streitigen Rechtssachen, und verwaltet das Kirchenvermögen (§ 22). Indes ist durch die Kirchengemeindeordnung doch ein schlechthin selbständiges Recht der Verwaltung des Kirchenvermögens und der Vertretung der Kirchengemeinde dem Gemeindekirchenrate nicht gewährt. Zunächst ist er nach § 31 in bestimmten Angelegenheiten an die Mitwirkung der Gemeindevertretung gebunden, und bezüglich des bisherigen Verhältnisses zu den Staats- und höheren Kirchenbehörden als Organen der leitenden und beaufsichtigenden Kirchengewalt ist der gesetzlichen Vertretung der Kirchengemeinde nicht schon durch die Kirchengemeindeordnung (Entsch. des RG.'s in Zivils. Bd. 10 S. 208), sondern erst durch das Staatsgesetz vom 3. Juni 1876 und durch die vorgenannten Gesetze aus den Jahren 1892 und 1893 eine selbständigere Stellung gegeben worden. Was sodann aber die Rechte des Patrons anlangt, so bestimmt § 23 Abs. 1 der Kirchengemeindeordnung (Art. 8 des Staatsges. vom 25. Mai 1874), daß, außer der Teilnahme an der Verwaltung des kirchlichen Vermögens durch die vorbezeichnete Beteiligung am Gemeindekirchenrat gemäß § 6, dem Patron da, wo er Patronatslasten für die kirchlichen Bedürfnisse trägt, verbleiben die Aufsicht über die Verwaltung der Kirchenkasse und das Recht der Zustimmung zu den nach den bestehenden Gesetzen seiner Genehmigung unterliegenden Geschäften der Vermögensverwaltung. Danach sind zwar die nach Landrecht dem Patrone zustehenden Aufsichtsrechte dahin eingeschränkt, daß ihm nur noch die Aufsicht über die Verwaltung der Kirchenkasse zusteht; dagegen ist der die Gemeinde vertretende und das Kirchenvermögen verwaltende Gemeindekirchenrat hinsichtlich der Geschäfte der Vermögensverwaltung, die nach Landrecht der Genehmigung des Patrons bedurften, an die Einwilligung des Patrons ebenso gebunden, wie es früher die Kirchenvorsteher waren, die nach § 619 ALR. II. 11 zur Verwaltung des Kirchenvermögens berufen waren. Nur gilt nach § 23 Abs. 2 die Zustimmung des Patrons zu Beschlüssen des Gemeindekirchenrats und der Gemeindevertretung für erteilt, wenn der Patron auf abschriftliche Zustellung des betreffenden Beschlusses nicht binnen dreißig Tagen dem Gemeindekirchenrate seinen Widerspruch zu erkennen gibt, und die vorgesetzte Aufsichtsbehörde ist nach Abs. 3 auf Rekurs des Gemeindekirchenrats befugt, geeignetenfalls den Widerspruch des Patrons zu verwerfen und dessen Einwilligung zu ergänzen.

Daraus folgt, daß der Gemeindekirchenrat zur Vornahme der in den §§ 629, 637, 645, 647, 668, 700, 782, 803, 807, 822 ALR. II. 11 aufgeführten Rechtsakte der Zustimmung oder der durch die vorgesetzte Aufsichtsbehörde ergänzten Einwilligung des Patrons bedarf, der die Patronatslasten für die kirchlichen Bedürfnisse zu tragen hat. Hierüber besteht auch in der Rechtslehre kein Streit. Die herrschende Meinung erklärt aber auch zur Führung von Prozessen die Zustimmung des lastentragenden Patrons für erforderlich. Dieser Ansicht ist, soweit es sich um Prozesse handelt, die das Kirchenvermögen betreffen, und sofern nicht etwa der Patron selbst Prozeßgegner der Kirchengemeinde ist (vgl. Entsch. des Oberverwaltungsgerichts Bd. 19 S. 334), beizutreten. Prozesse, die den Umfang und den Inhalt des Kirchenvermögens zum Gegenstande haben, sind Geschäfte der Vermögensverwaltung im Sinne des § 23 der

Kirchengemeindeordnung, und zu solchen Prozessen muß daher nach §§ 651, 658 ALR. II. 11 einerseits der Patron die Vertretung der Kirchengemeinde in Ausführung und Verteidigung der Kirchengerechtsame unterstützen, anderseits die Vertretung der Gemeinde die Genehmigung des Patrons einholen. Die Vertreter der Gegenansicht meinen, die Zuziehung des Patrons zur Prozeßführung sei im Landrechte nicht aus dem Gesichtspunkte des Erfordernisses seiner Genehmigung, sondern wegen der ihm obliegenden Beistands- und Verteidigungspflicht vorgeschrieben, und die Zustimmungsrechte des Patrons seien in der Kirchengemeindeordnung nicht wegen dieser nicht mehr bestehenden Pflicht, sondern hauptsächlich zur Wahrung seiner eigenen Interessen aufrecht erhalten worden, was sich daraus ergebe, daß nur dem lastenpflichtigen Patron die Zustimmungsrechte belassen worden seien. Allein jedenfalls ist doch durch § 658 allgemeinhin die Genehmigung der Prozeßführung von seiten des Patrons für erforderlich erklärt, indem dort die Mitunterzeichnung der Prozeßvollmacht durch den Patron ohne eine Ausnahme vorgeschrieben worden ist, und es ist auch in § 659 für alle Fälle Bestimmung darüber getroffen, wie die Genehmigung des Patrons, falls er ohne Grund die Rechte der Kirche in Gerichten auszuführen oder zu verteidigen beharrlich sich weigere, durch die geistlichen Oberen der Kirche im Wege der Bestellung eines Bevollmächtigten ersetzt werden könne.

Vgl. Entsch. des RG.'s in Zivils. Bd. 10 S. 209; Gruchot, Beitr. Bd. 46 S. 1173, 1174.

Ebenso sind im § 23 der Kirchengemeindeordnung die Zustimmungsrechte des lastenpflichtigen Patrons allgemeinhin aufrecht erhalten, und es ist in keiner Weise zum Ausdrucke gebracht, daß die Aufrechterhaltung nur dann gelten solle, wenn die Zustimmung des Patrons zur Wahrung seiner eigenen Interessen in den bestehenden Gesetzen vorgeschrieben sei. Es kann daher dahingestellt bleiben, ob die im Landrechte vorgeschriebene Zuziehung des Patrons, wie auch die Revision geltend macht, ihren Grund in der dem Patrone obliegenden Beistands- und Verteidigungspflicht hatte. Denn jedenfalls war, wiewohl nach § 650 der Betrieb der Prozesse „wegen der Güter und des Vermögens der Kirche" den Kirchenvorstehern oblag, doch der Beitritt des Patrons zu der Prozeßführung stets erforderlich, und dieser Beitritt enthielt, da nach § 659 im Falle der Weigerung zur Vertretung der Rechte der Kirche ein Bevollmächtigter bestellt werden sollte, eine Genehmigung, auf welche die Vorschrift des § 23 Abs. 1 der Kirchengemeindeordnung bezüglich der Aufrechterhaltung der Zustimmungsrechte Anwendung zu finden hat. Dieses Erfordernis der Zustimmung zur Prozeßführung betrifft auch nicht lediglich das innere Verhältnis zwischen dem Gemeindekirchenrate und dem Patrone (vgl. Strieth. Arch. Bd. 38 S. 193). Vielmehr geht daraus, daß in § 658 die Genehmigung in der Form der Mitunterzeichnung der Prozeßvollmacht vorgeschrieben ist, mit Deutlichkeit hervor, daß zur Wirksamkeit der Prozeßführung auch im Verhältnisse zu Dritten die Genehmigung des Patrons erforderlich ist. Der erkennende Senat hat auch bereits in dem Urteile Entsch. des RG.'s in Zivils. Bd. 29 S. 155 für katholische Kirchengemeinden auf Grund des Gesetzes über die Vermögensverwaltung in den katholischen Kirchengemeinden vom 20. Juni 1875 ausgesprochen, daß nach den durch § 40 Abs. 1 dieses Gesetzes aufrecht erhaltenen Vorschriften des Landrechts, betreffend die Rechte des Patrons, wie zu allen wichtigeren Verwaltungsakten, so auch zu der Prozeßführung die Zuziehung des Patrons erfolgen und seine Einwilligung eingeholt werden müsse, und § 40 Abs. 1 dieses Gesetzes enthält die gleiche Bestimmung wie § 23 Abs. 1 der Kirchengemeindeordnung für die evangelischen Kirchengemeinden. Auch in § 92 der Verwaltungsordnung des evangelischen Oberkirchenrats vom 15. Dezember 1886 ist zur Anstellung von Prozessen die Zustimmung des Patrons für erforderlich erklärt.

Vorliegend betrifft der Rechtsstreit das Kirchenvermögen, da, wenn die Behauptungen der Klage richtig sind, die Beklagte über das zum Vermögen der klagenden Kirchengemeinde gehörende Grundstück ohne Rechtsgrund verfügt hat. Deshalb bedurfte der Gemeindekirchenrat zur Führung des Rechtsstreits der Genehmigung des Patrons, also einer Ermächtigung im Sinne des § 51 ZPO. Da diese nicht beigebracht worden ist, haben die Vorinstanzen mit Recht die Klage abgewiesen."

18. Sind die Kaufmannsgerichte zuständig für die Klage eines Kaufmanns aus der Bürgschaft, die ein Dritter für die aus dem Dienstverhältnisse herrührende Verbindlichkeit eines Handlungsgehilfen übernommen hat?

Gesetz, betr. Kaufmannsgerichte, vom 6. Juli 1904 §§ 1, 5 Nr. 6, 6.

VI. Zivilsenat. Urt. v. 3. Mai 1909 i. S. Br. u. L. (Bekl.) w. H. (Kl.). Rep. VI. 384/08.

I. Landgericht Nürnberg, Kammer für Handelssachen.
II. Oberlandesgericht daselbst.

Die Klägerin verlangte wegen Verletzung der Konkurrenzklausel von seiten ihrer früheren Verkäuferin, der Ehefrau des Beklagten Br., von diesem, der schriftlich die solidarische Haftung für die Vertragspflichten seiner Frau übernommen hatte, sowie vom Beklagten L. wegen der von diesem schriftlich geleisteten selbstschuldnerischen Bürgschaft die Zahlung der bedungenen Vertragsstrafe von 1000 *M*. Die Beklagten schützten die Einrede der Unzuständigkeit des Gerichts vor, da die Sache der ausschließlichen Zuständigkeit des Kaufmannsgerichts unterstehe. Diese Einrede wurde durch Zwischenurteil des Landgerichts verworfen, die von den Beklagten eingelegte Berufung vom Oberlandesgerichte zurückgewiesen. Auch die Revision der Beklagten wurde zurückgewiesen, aus folgenden

Gründen:

... „Das Berufungsgericht geht davon aus, daß die Streitigkeit zwischen der Klägerin als Geschäftsherrin und der Ehefrau Br. als ihrer früheren Handlungsgehilfin über den Verfall der auf die Überschreitung des Konkurrenzverbotes gesetzten Vertragsstrafe nach § 1, § 5 Nr. 6 und § 6 des Ges., betr. Kaufmannsgerichte, vom 6. Juli 1904 zur ausschließlichen Zuständigkeit der Kaufmannsgerichte gehören würde. Es betrachtet das Rechtsverhältnis zwischen der Klägerin und den beiden Beklagten als selbstschuldnerische Bürgschaft.... Für den Anspruch aus dem Bürgschaftsvertrage aber sieht der Berufungsrichter die Zuständigkeit des Kaufmannsgerichtes nicht als gegeben an. Das Gesetz über die Kaufmannsgerichte habe zwar in bewußter Abweichung von der Zuständigkeitsnorm des § 1 des Gesetzes über die Gewerbegerichte die Zuständigkeit der Kaufmannsgerichte nicht auf die Fälle von Streitigkeiten bestimmter Art beschränkt, in denen sich Prinzipal und Gehilfe oder Lehrling als Prozeßparteien gegenüberständen, sondern auf alle Fälle erstreckt, in denen die Streitigkeit aus dem Dienst- oder Lehrverhältnisse herrühre, möge auch infolge inzwischen eingetretener Sonder- oder Gesamtrechtsnachfolge ein Wechsel in der Person der Parteien stattgefunden haben. Allein daraus ergebe sich nicht, daß die Zuständigkeit der Kaufmannsgerichte auf alle Streitigkeiten ausgedehnt werden dürfe, die mit dem Dienst- oder Lehrverhältnisse in irgend einer Beziehung ständen. Die Streitigkeit müsse vielmehr aus dem Dienst- oder Lehrverhältnisse selber herrühren, aus ihm entsprungen sein. Die Zuständigkeitsnorm des § 1 KfmGerGes. sei Ausnahmebestimmung und als solche einengender Auslegung unterworfen. Der Anspruch aus der Bürgschaft sei zwar akzessorischer Natur; Inhalt und Umfang der Verpflichtung des Bürgen bemesse sich nach der Hauptschuld. Die Frage dagegen, ob der Bürge zu leisten habe, ob also seine Haftung in Anspruch genommen werden dürfe, sei nach den Regeln der Bürgschaft zu entscheiden. Grundlage der Verpflichtung des Bürgen sei daher das Bürgschaftsverhältnis, nicht aber die Hauptverbindlichkeit, auf die sich die Bürgschaft bezieht.

Die Revision rügt Verletzung der §§ 1 und 5 Nr. 6 KfmGerGes. In diesem sei die Zuständigkeit der Kaufmannsgerichte nicht persönlich abgegrenzt, sondern nach sachlichen Gesichtspunkten geregelt, sie bestimme sich nach dem Rechtsverhältnisse, worin der Anspruch wurzele. Hierfür könne aber nicht die Bürgschaft allein, losgelöst von dem Hauptschuldverhältnisse, in Betracht gezogen werden. Zur Entscheidung des Gerichtes stehe nicht bloß die Bügschaftsverpflichtung als solche, sondern die Frage, ob der Anspruch gegen den Hauptschuldner begründet, hier, ob von diesem die Vertragsstrafe verwirkt sei. Erst wenn dies feststehe, komme die Verpflichtung des Bürgen in Frage. Bei der von den Vorinstanzen vertretenen Ansicht würde der ordentliche Richter über ein Rechtsverhältnis zunächst zu entscheiden haben, für das gerade ein Sondergericht vom Gesetzgeber besonders bestellt sei, und würde diesem Gerichte die Entscheidung über das Rechtsverhältnis entzogen.

Die Einwendungen der Revision greifen nicht durch; es ist vielmehr der Auffassung der Vorinstanzen beizutreten.

Das Berufungsgericht hat vor allem darin Recht, daß sich das Sondergerichtsgesetz gegenüber der Regelnorm der ordentlichen streitigen Gerichtsbarkeit und Zuständigkeit der ordentlichen Gerichte als Ausnahmegesetz darstellt (vgl. §§ 12, 13, 14 GVG.) und daß deshalb der § 1 KfmGerGes. eine ausdehnende Interpretation nicht zuläßt. Aus dem Wortlaute dieser Gesetzesbestimmung aber ist die Zuständigkeit des Kaufmannsgerichtes für die Streitigkeit zwischen dem Gläubiger und dem außerhalb des Dienst- oder Lehrverhältnisses stehenden Bürgen nicht zu begründen, und aus der Entstehungsgeschichte des Gesetzes läßt sich für eine Absicht des Gesetzgebers, auch solche Streitigkeiten der Sondergerichtsbarkeit zu unterstellen, nichts entnehmen. Die Worte des § 1: „Streitigkeiten aus dem Dienst- oder Lehrverhältnisse zwischen Kaufleuten einerseits und ihren Handlungsgehilfen oder Handlungslehrlingen andererseits", bringen zum Ausdrucke, daß das Kaufmannsgericht zuständig sein soll für die aus dem kaufmännischen Dienst- oder Lehrverhältnisse herrührenden Streitigkeiten; in diesem Rechtsverhältnisse also muß die tatsächliche und rechtliche Grundlage des streitigen Anspruches beruhen. Mit der von § 1 Abs. 1 des Gewerbegerichtsgesetzes vom 29. Juli 1890/29. September 1901 abweichenden Wortfassung wurde bezweckt, für die Kaufmannsgerichtsbarkeit jeden Zweifel darüber zu beseitigen, daß das Sondergericht auch dann zuständig sein soll, wenn der Anspruch vor oder nach der Erhebung der Klage auf einen Rechtsnachfolger übergegangen ist, was für die Gewerbegerichte streitig und von der Rechtsprechung (so in den Entsch. des RG.'s in Zivils. Bd. 51 S. 193, vgl. Bd. 55 S. 265) verneint worden war.

Vgl. Begründung zum Entwurf des KfmGerGes., Drucks. des Reichst. 11. Legislaturper. I. Sess. 1903/04 Nr. 143 S. 9; Jaeger, in der Zeitschrift für Rechtspflege in Bayern Bd. 1 S. 4 flg., und nunmehr Urteil des Reichsgerichts, III. Zivilsen., vom 19. November 1907, Entsch. in Zivils. Bd. 67 S. 114 flg.

Wenn nun insofern nicht die Rücksicht auf die Person der prozessierenden Parteien, sondern der sachliche Inhalt des Rechtsverhältnisses für die Zuständigkeit maßgebend ist, so darf doch auch in sachlicher Richtung die Grenzlinie nicht weiter gezogen werden, als es die positiven Vorschriften der §§ 1, 5 des Gesetzes erlauben. Bei der Rechtsnachfolge in den streitigen Anspruch verhält es sich wesentlich anders, als bei der Bürgschaft. Im ersteren Falle ist und bleibt der Anspruch ein solcher „aus" dem Dienst- oder Lehrverhältnisse, und es tritt nur der die Rechtsnachfolge begründende Vorgang hinzu, der das Wesen der übergehenden Forderung nicht berührt und keine neue Obligation schafft. Die Bürgschaftsverpflichtung aber wird nach § 765 BGB. erst begründet durch einen zwischen dem Gläubiger und dem Bürgen abgeschlossenen Vertrag, der vom Gesetze nach Form und Inhalt besonders geregelt ist, seine eigene tatsächliche und rechtliche Grundlage hat und insoweit selbständige Verpflichtungen erzeugt. Freilich ist die Verpflichtung des Bürgen im Verhältnisse zu derjenigen des Hauptschuldners akzessorischer Natur; es ist für jene der jeweilige Bestand der Hauptverbindlichkeit maßgebend (§ 767 BGB.). Gleichwohl ist die Verpflichtung des Bürgen mit der Verbindlichkeit des Dritten, für deren Erfüllung er einzustehen übernimmt (§ 765 BGB.), nicht identisch; sie besteht neben der Hauptschuld und kann nach mehrfacher Richtung einer anderen Beurteilung als diese unterstehen. So ist für die Verpflichtungen des Bürgen aus dem Bürgschaftsvertrage selbst, für die Frage, unter welchen Voraussetzungen er dem Gläubiger für die Hauptschuld einzustehen hat, das eigene örtliche Recht der Bürgschaftsverpflichtung maßgebend (vgl. Entsch. des RG.'s in Zivils. Bd. 54 S. 315 flg.). Der Gerichtsstand kann für den Hauptschuldner und den Bürgen ein verschiedener sein (nach der bisher herrschenden Ansicht selbst der besondere Gerichtsstand des Erfüllungsorts, § 29 ZPO., ein verschiedener). Die Rechtskraft eines Urteils, das im Rechtsstreite zwischen dem Gläubiger und dem Hauptschuldner oder dem Bürgen ergeht, wirkt nicht gegenüber dem Bürgen oder dem Hauptschuldner, außer soweit § 768 BGB. eingreift (vgl. Entsch. des RG.'s in Zivils. Bd. 56 S. 110).

Das Bedenken der Revision, daß der Richter in dem Rechtsstreite zwischen Gläubiger und Bürgen auch — bei darüber bestehendem Streite — über den Bestand der Hauptschuld zu urteilen hätte, würde keinenfalls durchschlagen. Es liegt durchaus in der Regel, daß der ordentliche Zivilrichter über präjudizielle Rechtsverhältnisse, über privatrechtliche (wie selbst über öffentlichrechtliche) Fragen, soweit diese sein Urteil über den Streitgegenstand bedingen, auch dann zu befinden hat, wenn zur selbständigen Entscheidung hierüber ein anderer Richter zuständig wäre. Umgekehrt aber wäre zu fragen, ob der Gesetzgeber beabsichtigt haben könne, dem Sondergerichte die Entscheidung über Fragen des Bürgschaftsrechtes zuzuweisen, einer Rechtsmaterie, die mit dem Dienst- oder Lehrverhältnisse an sich nichts zu tun hat, und für deren Beurteilung es nicht auf kaufmännische Sachkunde, sondern auf Rechts- und Gesetzeskunde des Richters ankommen wird. Auch der sozialpolitische oder wirtschaftliche Zweck, der für die Einrichtung dieser Sondergerichtsbarkeit bestimmend gewesen ist, würde es nicht rechtfertigen, der Zuständigkeit des Kaufmannsgerichtes einen Streitgegenstand zu unterstellen, der, wie die Bürgschaft, offenbar außerhalb des in § 1 des Gesetzes umschriebenen Rahmens gelegen ist.

Die Zuständigkeit des Kaufmannsgerichts für Klagen gegen den Bürgen wird denn auch in der bezüglichen Literatur vorwiegend verneint. Vgl. Haas, KfmGerGes. zu § 1 Bem. 1c S. 8; Menzinger u. Prenner, KfmGerGes. zu § 1 Nr. 4 S. 21; Kulka, KfmGerGes. zu § 1 Bem. 2c S. 5; vgl. noch Wilhelmi u. Bewer, GewerbeGG. § 1 Anm. 2b 2. Aufl. S. 22." ...

19. Haftet der Gemeindevorsteher im Gebiete des preußischen Allgemeinen Landrechts für ein Verschulden bei der Beglaubigung von Unterschriften nach § 839 BGB.?[1]

III. Zivilsenat. Urt. v. 4. Mai 1909 i. S. D. G. B., Aktiengesellschaft (Kl.) w. Gemeindevorsteher V. (Bekl.). Rep. III. 284/08.

I. Landgericht Münster.
II. Oberlandesgericht Hamm.

Die Klägerin hatte dem früheren Wirte F. ein Darlehn von 4000 ℳ gegeben, nachdem dieser ihr eine mit „G. K.", dem Namen des Schwiegervaters des F., unterzeichnete Bürgschaftserklärung überreicht hatte. Die Unterschrift dieser Urkunde war von dem Beklagten durch folgenden darunter gesetzten Vermerk beglaubigt worden:

„Beglaubigt J. den 31. März 1906. Der Gemeindevorsteher V."

Auf die unterhalb des Beglaubigungsvermerks aufgeklebte Stempelmarke hatte der Beklagte einen Abdruck des Gemeindestempels gesetzt.

[1] In der Sache Rep. VI. 301/08, in der es sich um die Beglaubigung eines bayerischen Bürgermeisters handelte, hat der VI. Zivilsenat am 1. Juli 1909 entsprechend entschieden. D. E.

Die Unterschrift des G. K. war von F. gefälscht. Der Beklagte hatte sie auf Ersuchen des F. beglaubigt, weil er sie nach seiner Kenntnis der Handschrift des G. K. für echt hielt, ohne sich auf andere Weise über ihre Echtheit zu vergewissern.

Die Klägerin forderte vom Beklagten nach § 839 BGB. die Erstattung des Darlehns, da F. zur Rückzahlung unvermögend sei. Ihrer Klage wurde in erster Instanz stattgegeben. Das Berufungsgericht dagegen wies die Klage ab, weil der Beklagte bei der Beglaubigung der Unterschrift nicht innerhalb seines amtlichen Pflichtenkreises gehandelt habe und hiernach die Voraussetzungen des § 839 BGB. nicht gegeben seien. Auf die Revision der Klägerin wurde das Berufungsurteil aufgehoben, aus folgenden

Gründen:

„Das Berufungsgericht führt zutreffend aus, daß der Beklagte als westfälischer Gemeindevorsteher zur Ausstellung von Beglaubigungen, d. h. von Beurkundungen zu öffentlichem Glauben, nicht zuständig ist. Da in Westfalen die aus dem Gemeindevorsteher und zwei Schöffen bestehenden Dorfgerichte im Sinne des ALR. II. 7 §§ 79 flg. und der AGO. II. 7 § 8 überhaupt nicht bestanden haben (vgl. die Begründung zum 7. Abschn. des Entw. eines preuß. Ges. über die freiw. Gerichtsbarkeit., Guttentag'sche Ausg. S. 71), so konnten die Vorschriften jener Gesetze, welche den Dorfgerichten eine beschränkte Befugnis zur Vornahme von Handlungen der freiwilligen Gerichtsbarkeit verliehen, in Westfalen keine Anwendung finden. Der Gemeindevorsteher als solcher, als allein handelnder Beamter, hatte im Gebiete des Allgemeinen Landrechts eine solche Zuständigkeit, insbesondere auch zur Beglaubigung von Unterschriften, nirgends besessen. Nach dem gegenwärtig geltenden Rechte sind in Westfalen ebenso wie im sonstigen Rechtsgebiete des Allgemeinen Landrechts, für welches die frühere Zuständigkeit der Dorfgerichte in den Artt. 104, 107—109, 119 des preuß. Ges. über die freiw. Gerichtsbark. noch weiter beschränkt ist, nach § 167 Abs. 2 des Reichsgesetzes über die Angelegenheiten der freiwilligen Gerichtsbarkeit nur die Amtsgerichte und Notare zur Beglaubigung von Unterschriften zuständig.

Es ist auch die Annahme des Berufungsgerichts nicht zu beanstanden, daß die vom Beklagten vorgenommene Unterschriftsbeglaubigung in keiner Beziehung zu seinen sonstigen amtlichen

Funktionen steht und danach eine Verletzung der für diese gegebenen besonderen Vorschriften nicht in Frage kommt. Zu den Pflichten des Beamten gehört es jedoch auch, die Grenzen seiner Zuständigkeit innezuhalten, sich der Vornahme solcher Handlungen zu enthalten, die ausschließlich Beamten anderer Art vorbehalten sind. Auch diese Pflicht ist eine Amtspflicht, die ihm nicht nur dem Gemeinwesen, sondern jedem gegenüber obliegt, der von den Folgen der Amtsüberschreitung betroffen werden kann. Nun hindern die gesetzlichen Bestimmungen, welche bestimmten Behörden oder Beamten die Befugnis zur Ausstellung öffentlicher Beglaubigungen beilegen, freilich nicht, daß auch andere Beamte gleich jeder Privatperson durch eine schriftliche Erklärung die Echtheit einer Unterschrift bezeugen; sie mögen sich dabei auch zur Kennzeichnung ihrer Person ihres Amtstitels bedienen. Unzulässig ist es aber, daß sie eine solche Erklärung in einer Form abgeben, die den Anschein einer öffentlichen Urkunde erweckt. Eine solche in der Form einer amtlichen Beurkundung ausgestellte Beglaubigung ist geeignet, das Publikum, insbesondere die Beteiligten, irre zu führen, sie zu veranlassen, ihr das Vertrauen einer öffentlichen Urkunde entgegenzubringen, worauf sie keinen Anspruch hat, und so die Sicherheit des Geschäftsverkehrs ernstlich zu gefährden. Wenn sich der Verkehr gleichwohl vielfach mit den in amtlicher Form abgegebenen Unterschriftsbeglaubigungen unzuständiger Beamter begnügt, so geschieht dies meist in Unkenntnis der Zuständigkeitsnormen und der Tatsache, daß es für die Beglaubigungen solcher unzuständiger Beamter selbstverständlich an jeder gesetzlichen Regelung und damit an der Grundlage ihrer Zuständigkeit fehlt. Jedenfalls vermag diese Gewohnheit des Verkehrs die Berechtigung des unzuständigen Beamten zu einer derartigen Beurkundung nicht zu begründen.

Die Form, in welcher der Beklagte die falsche Unterschrift des G. K. beglaubigt hat, ist die einer amtlichen Beurkundung. Er tritt darin nicht als Privatperson, sondern als Inhaber seines Amtes auf. Er hat deshalb als Beamter handelnd seine Amtsbefugnisse überschritten und objektiv eine Amtspflicht verletzt, die ihm auch der Klägerin gegenüber oblag, als derjenigen Person, für welche die von dem Beklagten beglaubigte Bürgschaftserklärung bestimmt war und der sie übergeben worden ist.

Hiernach ist die Aufhebung des angefochtenen Urteils geboten. Bei der weiteren dem Berufungsgerichte obliegenden Verhandlung wird insbesondere zu prüfen sein, ob der Beklagte seine Amtsbefugnisse vorsätzlich oder fahrlässig überschritten hat, oder ob er sich in einem von ihm nicht zu vertretenden Irrtume über seine Befugnis zur Ausstellung der Beglaubigung befand, und ob er letzterenfalls doch bei der sonach nur objektiv vorliegenden Amtsüberschreitung sich einer Verletzung der allgemeinen ihm obliegenden Sorgfalt schuldig gemacht hat. Denn jedenfalls hat der Beamte, auch wenn er in Überschreitung seiner Befugnisse, aber doch als Beamter handelt, die im Verkehre erforderliche Sorgfalt zu beobachten und die Folgen der Vernachlässigung dieser gemäß § 839 BGB. zu vertreten.

Soweit die Ausführungen in dem Urteile des erkennenden Senats vom 24. März 1905 (Entsch. in Zivils. Bd. 60 S. 321) der vorstehenden Begründung entgegenstehen, werden sie nicht aufrecht erhalten."

---

20. 1. Kann bei öffentlichen Flüssen die Eigentumsfreiheitsklage auf das „gemeine" Eigentum des Staates gegründet werden?

2. Fallen Teile öffentlicher Flüsse, die zugeschüttet werden, um Land zu gewinnen, als „Anlandungen" den Ufereigentümern zu? oder bleiben sie gemeines Eigentum des Staates? oder werden sie aneignungsfähige herrenlose Grundstücke? Steht das Aneignungsrecht dem Fiskus zu?

2. Kann auf die Beseitigung von Zuschüttungen im Rechtswege geklagt werden?

ALR. I. 9 §§ 225flg., 263flg., I. 8 § 3, II. 14 § 21, II. 16 §§ 3, 8.
Preuß. Strombau-Gesetz vom 20. August 1883 § 5.
EinfGes. zum BGB. Art. 190, preuß. AusfGes. Art. 89.

V. Zivilsenat. Urt. v. 5. Mai 1909 i. S. Preuß. Wasserbaufiskus (Kl.) w. W. (Bekl.). Rep. V. 416/08.

I. Landgericht III Berlin.
II. Kammergericht daselbst.

Um das Jahr 1895 war der Bauerngutsbesitzer Ernst Sch. in K., dessen Grundstücke an die Havel grenzten, wegen Überlassung mehrerer zum Havelbett gehöriger Streifen, insbesondere der späteren Katasterflächen Nr. 108/7, 41/7 und 101/7, mit dem Wasserbaufiskus in Unterhandlungen getreten und hatte auch eine vorläufige Einigung über die „Verkaufsbedingungen" erzielt. Es war von Sch. und anderen Anliegern die Zuschüttung und Aufhöhung der zu erwerbenden Uferflächen und die Anlegung einer Uferstraße im Interesse der Hebung der Ortschaft beabsichtigt. Auf ein Gesuch Sch.'s vom 2. November 1898 wurde ihm am 9. dess. Mon. vom Regierungspräsidenten die Erlaubnis erteilt, schon vor Erteilung der formellen strompolizeilichen Genehmigung mit der Anschüttung der zu erwerbenden Wassertrennstücke zu beginnen, jedoch die zwangsweise Beseitigung der Anschüttung vorbehalten, falls den etwa später zu treffenden Anordnungen nicht Folge geleistet würde. Sch. schüttete die Parzelle Nr. 108/7 und den größten Teil der Parzelle Nr. 41/7 zu und verkaufte dann einen Teil seines Grundbesitzes mit der Anwartschaft auf die oben erwähnten Parzellen dem Beklagten. Er starb im Jahre 1900.

Der Beklagte erhielt am 2. Dezember 1901 von dem Regierungspräsidenten die widerrufliche Genehmigung zur Zuschüttung der Parzelle 101/7, zur Uferbefestigung und zur Herstellung eines Hafens; die Anlagen sollten aber, falls etwa vom Regierungspräsidenten die Beseitigung angeordnet oder die Allerhöchste Genehmigung zum Verkaufe des Wassertrennstücks nicht erteilt würde, wieder beseitigt werden. Der Beklagte vollendete die Zuschüttung der Parzelle 41/7 und der Parzelle 101/7 und stellte die in der vorstehenden und einer Verfügung vom 4. November 1902 genehmigten Uferbefestigungen mittels Faschinenpackwerks her. Zu einem endgültigen Abschlusse der in Aussicht genommenen „Kaufverträge" aber kam es nicht, weil der Beklagte die vom Fiskus gestellte Bedingung des Ausbaues, der Bepflanzung und dauernden Unterhaltung einer Uferstraße nicht annehmen, vielmehr einen Park bis dicht ans Ufer anlegen wollte. Der Regierungspräsident widerrief darauf am 9. März 1906 die landespolizeilichen Genehmigungen vom 2. Dezember 1901 und 4. November 1902 und verlangte unter Androhung der Klage die Beseitigung der Aufhöhung und der Uferbefestigung. Der Beklagte hatte inzwischen das Aufgebot der Parzellen beantragt und erzielte am 30. März 1906 ein Ausschlußurteil unter Vorbehalt der fiskalischen

Rechte. Er ist darauf im Grundbuche auf dem neu angelegten Grundbuchblatte Bd. 7 Bl. 191 als Eigentümer, für den Fiskus aber auf Grund einer einstweiligen Verfügung vom 23. Juni 1906 ein Widerspruch gegen die Anlegung des Grundbuchblatts eingetragen worden.

Demnächst erhob der Fiskus Klage mit dem Antrage, der Beklagte solle verurteilt werden:

a) anzuerkennen, daß die 3 Parzellen nicht im Eigentume des Beklagten, sondern im gemeinen Eigentume des Staates ständen,
b) die auf den Parzellen von ihm und seinem Vorbesitzer Sch. vorgenommenen Anschüttungen und Uferbefestigungen zu beseitigen und den früheren Zustand wiederherzustellen,
c) einzuwilligen, daß das Grundbuchblatt unter Löschung der Eigentumsübertragung wieder geschlossen werde.

Das Landgericht wies den Antrag zu b) wegen Unzulässigkeit des Rechtsweges ab und erkannte im übrigen nach dem Antrage des Klägers. Das Kammergericht wies die Berufung des Klägers zurück und wies auf die Berufung des Beklagten auch die Ansprüche zu a) und c) als unbegründet ab. Bezüglich dieser Ansprüche wurde der Revision des Klägers Folge gegeben, und die Berufung gegen das landgerichtliche Urteil mit der Maßgabe zurückgewiesen, daß die Verurteilung zum Anerkenntnis des gemeinen Eigentums des Staates in Wegfall zu kommen hat.

Gründe:

„Was zunächst die Klaganträge zu a) und c) anlangt, denen das Landgericht stattgegeben hatte, die aber das Berufungsgericht als unbegründet abgewiesen hat, so kann über die Zulässigkeit des Rechtsweges kein Bedenken obwalten. Das gemeine Eigentum des Staates an den von der Natur dem Privatverkehre entzogenen Sachen (ALR. I. 8 § 3), insbesondere den öffentlichen Flüssen (ALR. II. 14 § 21), ist allerdings nach der ständigen Rechtsprechung des Obertribunals und des Reichsgerichts (vgl. z. B. Entsch. in Zivils. Bd. 4 S. 260, Bd. 35 S. 238) kein Privateigentum des Fiskus und kann sonach auch nicht die Grundlage einer negatorischen Eigentumsklage bilden; wohl aber kann das vom Beklagten in Anspruch genommene Privateigentum zum Gegenstande einer negativen Feststellungsklage gemacht werden, und es entsteht nur die Frage, ob dem Kläger ein rechtliches

Interesse, eine solche Feststellungsklage zu erheben, zur Seite steht. Auch dies aber läßt sich mit Rücksicht auf die dem Fiskus an den öffentlichen Flüssen zustehenden Nutzungs- und Aneignungsrechte (niederen Regalien) nicht bezweifeln.

Das Berufungsgericht hat die Zuschüttung der streitigen Havelflächen als eine „Anlandung" im Sinne der §§ 263 flg. ALR. I. 9 und des § 5 des Strombaugesetzes vom 20. August 1883 behandelt. Wäre dies richtig, so wäre allerdings nach § 5 a. a. O. mit der Zuschüttung ohne Rücksicht auf etwaige Vorbehalte der Strombauverwaltung das Eigentum an den zugeschütteten Flächen kraft Gesetzes den angrenzenden Ufereigentümern, also Sch. und dem Beklagten, zugefallen (§§ 225 flg. ALR. I. 9, Entsch. des RG.'s in Zivils. Bd. 33 S. 332). Das Berufungsurteil würde dann begründet sein. Es handelt sich indes im vorliegenden Falle nicht um eine im öffentlichen Interesse vorgenommene Strombauregulierung (§ 3 des Ges.), sondern um eine den Ufereigentümern in ihrem Interesse gestattete Verengerung des Strombettes, und bei den Uferbefestigungen um Arbeiten, die ebenfalls den Ufereigentümern als den dazu Verpflichteten zugute kommen.

Vgl. ALR. II. 15 § 63; Mahraun, Strombauverwaltungsgesetz S. 8 Anm. 2 a. E., S. 10 Anm. 4.

Das Strombaugesetz kann also nicht zur Anwendung kommen, und auch die Anwendbarkeit des § 263 ALR. I. 9 ist für Fälle, wie den vorliegenden, vom Reichsgerichte mit ausführlicher Begründung bereits verneint worden (Entsch. in Zivils. Bd. 28 S. 209). Davon abzugehen, lag keine Veranlassung vor.

Die Folge ist ... nicht die, daß die zugeschütteten Flächen im gemeinen Eigentume des Staates verblieben sind; denn durch die Zuschüttung und Aufhöhung haben sie mit Naturnotwendigkeit die Eigenschaft von Sachen, die dem Verkehre entzogen waren, die Eigenschaft des fließenden Wassers und des Flußbettes, verloren und die Befähigung erlangt, Gegenstand des Privateigentums zu werden. Gleichwohl sind sie im privatrechtlichen Sinne herrenlos geblieben, weil die Ufereigentümer, die davon Besitz ergriffen haben, zur Aneignung nicht befugt waren. Die Aneignung herrenloser Grundstücke war nach den Vorschriften des preuß. ALR. I. 9 § 8 und II. 16 §§ 3, 8 dem Staate vorbehalten. Der 1. Entwurf des Bürgerlichen

Gesetzbuchs wollte in diese gleichzeitig das öffentliche Recht berührenden Bestimmungen nicht eingreifen (Motive Bd. 3 S. 326, 300 flg.). Die Kommission für die zweite Lesung hat jedoch über dieses Bedenken weggesehen (Prot. Bd. 3 S. 188, Bd. 6 S. 233, 523) und in dem späteren § 928 Abs. 2, sowie in Art. 190 EinfGes. Aneignungsrecht für den Fiskus der Bundesstaaten geschaffen. Durch diese neuen Vorschriften hat das preußische Ausführungsgesetz zum Bürgerlichen Gesetzbuche die landrechtlichen Bestimmungen in vollem Umfange für erledigt und aufgehoben erachtet (Mot. S. 240) und sie seinerseits im Art. 89 Nr. 1 b und c vollständig aufgehoben. Die Einleitung der Nr. 1 des Art. 89 enthält allerdings den Zusatz, daß die Aufhebung der unter dieser Nummer aufgeführten Vorschriften nur soweit erfolge, als sie sich nicht auf öffentliches Recht bezögen. Die hier in Frage stehenden, dort namentlich als aufgehoben angeführten §§ 1—4, 7—18 des 16. Titels Teil II ALR. behandeln indes nichts anderes als das . . . dem öffentlichen Rechte mitangehörige Aneignungsregal des Staates an herrenlosen Gütern und Grundstücken. Es bleibt daher kaum die Möglichkeit, diese ausdrücklich als aufgehoben bezeichneten Vorschriften, etwa mit Hilfe der Vorbehalte in den Artt. 55, 65 EinfGes. zum BGB., noch anzuwenden.

Von den neuen reichsgesetzlichen Bestimmungen kommt der § 928 BGB. im vorliegenden Falle nicht in Betracht. Der Anwendung des Art. 190 EinfGes. aber steht das Bedenken entgegen, daß es sich vorliegend um Grundstücke handelt, die für das Privatrecht in dem nach Art. 190 maßgebenden Zeitpunkte, wo die Grundbücher als angelegt anzusehen waren, noch gar nicht vorhanden waren, die — wie man wohl zu sagen pflegt (vgl. Motive zum BGB. Bd. 3 S. 301) — erst später neu entstanden sind. Indessen ist doch zu berücksichtigen, daß diese Ausdrucksweise nicht genau und wörtlich zu nehmen ist. Grundstücke sind begrenzte Teile der Erdoberfläche und des Erdkörpers (§ 905 BGB., Motive Bd. 3 S. 48). In diesem Sinne waren die hier in Rede stehenden Grundstücke zur Zeit der Anlegung des Grundbuchs bereits vorhanden. Sie waren damals auch herrenlos im privatrechtlichen Sinne. Sie haben allerdings insofern eine Veränderung erfahren, als aus fließendem Wasser und dem davon bedeckten Flußbette festes Land geworden ist und sie dadurch zugleich die Befähigung, im Privateigentume zu stehen, erlangt haben. An der privatrechtlichen Herrenlosigkeit aber hat sich dadurch zunächst nichts geändert. Der Art. 190 EinfGes. zum BGB. war hiernach anwendbar, und das Aneignungsrecht stand allein dem preußischen Fiskus zu. Zu demselben Ergebnisse müßte man übrigens auch dann kommen, wenn man den erwähnten Art. 190 nicht für unmittelbar anwendbar erachtete. Denn da das Bürgerliche Gesetzbuch bei unbeweglichen Sachen ein Aneignungsrecht von Privatpersonen nicht kennt, so bliebe nichts übrig, als die entstandene Lücke mit Hilfe des in Art. 190 und den früheren landrechtlichen Bestimmungen enthaltenen Grundsatzes auszufüllen.

Nach alle dem konnten Sch. und der Beklagte das Eigentum an den streitigen Flächen nur mit Genehmigung des Klägers erlangen; die Genehmigung ist ihnen aber nur bedingt erteilt und inzwischen zurückgezogen worden. Den Beklagten steht sonach das beanspruchte Eigentum nicht zu.

In betreff des Klagantrags zu b) haben beide Vorderrichter mit Recht die Zulässigkeit des Rechtsweges verneint. Irgendeine privatrechtliche Verpflichtung des Beklagten, auch nur die von ihm selbst vorgenommenen Aufschüttungen zu beseitigen, besteht nicht. Insbesondere ist die Übernahme einer dahingehenden vertragsmäßigen Verpflichtung vom Kläger nicht nachgewiesen worden. Hat der Kläger überhaupt einen Anspruch, vom Beklagten die Wiederherstellung des früheren Zustandes zu fordern, so kann dieser nur dem öffentlichen Rechte angehören und mit den von diesem Rechte zugelassenen Rechtsmitteln geltend gemacht werden." ...

---

21. 1. Wert des Beschwerdegegenstandes der Revision bei der negativen Feststellungsklage.

2. Muß bei der negativen Feststellungsklage das rechtliche Interesse des Klägers an der alsbaldigen Feststellung noch zur Zeit der Urteilsfällung vorhanden sein? und erlischt es durch die Erhebung der entsprechenden Leistungsklage von seiten des verklagten Teiles? [1]

ZPO. §§ 256, 546.

---

[1] In der Sache Rep. I. 182/08 hat der I. Zivilsenat am 12. Mai 1909 ebenso entschieden. D. E.

VI. Zivilsenat. Urt. v. 5. April 1909 i. S. K. & E. (Kl.) w. G. Wwe. (Bekl.). Rep. VI. 244/08.

I. Landgericht Elberfeld.
II. Oberlandesgericht Düsseldorf.

Die Klägerin hatte ein von ihr erzeugtes Waschmittel unter der Bezeichnung „Ding an sich" in den Handel gebracht. Bei dessen Benutzung behauptete die Beklagte sich eine schwere Augenverletzung zugezogen zu haben und hatte der Klägerin mittels Schreibens vom 24. Mai 1907 eine Klage auf Ersatz des ihr entstandenen Schadens angedroht. Daraufhin erhob die Klägerin Klage mit dem Antrage, festzustellen, daß der Beklagten auf Grund und infolge der Benutzung des genannten Waschpulvers Schadensersatzansprüche nicht zuständen. Während der Anhängigkeit dieses Rechtsstreites erhob die Beklagte die angekündigte Klage auf Schadensersatz gegen die Klägerin bei dem Gerichte der Handelsniederlassung der Klägerin.

Das Landgericht wies die erstere Klage ab; die Berufung der Klägerin gegen dessen Urteil wurde vom Oberlandesgericht zurückgewiesen. Die Revision wurde zurückgewiesen aus folgenden

Gründen:

„1. Die Revisionsbeklagte hat die Zulässigkeit der Revision in Rücksicht auf das Vorhandensein der Revisionssumme nach § 546 ZPO. beanstandet. Diese Beanstandung ist nicht begründet. Der Wert des Streitgegenstandes richtet sich bei negativen Feststellungsklagen nach dem Betrage des Anspruches, dessen sich der Beklagte berühmt hat und dessen Nichtvorhandensein zur richterlichen Anerkennung zu bringen die Klage bezweckt.

Vgl. Entsch. des R.G.'s in Zivils. Bd. 12 S. 361 und aus neuerer Zeit Jurist. Wochenschr. 1906 S. 755 Nr. 27.

Damit deckt sich der Wert des Beschwerdegegenstandes der Revision nach § 546 ZPO., wenn der abgewiesene Feststellungskläger das Rechtsmittel einlegt. Denn sein Revisionsantrag will gleich den von ihm in den Vorinstanzen gestellten Anträgen erreichen, daß dem Beklagten der von ihm behauptete Anspruch endgültig abgesprochen wird. Die Beklagte und Revisionsbeklagte hat unstreitig im Laufe des Rechtsstreites der Feststellungsklage ihrerseits Schadensersatzklage gegen die Klägerin erhoben, mit der sie einen Betrag von 867,70 ℳ und eine jährliche Rente von 750 *M* fordert. Danach ist unter Anwendung des § 9 ZPO. der Wert des Beschwerdegegenstandes der Revision . . . zu berechnen.

2. Das Landgericht hat die erhobene Klage aus sachlichen Gründen abgewiesen, indem es für erwiesen angenommen hat, daß die Klägerin das ätzende Bestandteile enthaltende Waschmittel in den Verkehr gebracht habe, ohne das kaufende Publikum auf die sich unter Umständen bei der Hantierung damit ergebenden Gefahren aufmerksam zu machen; dadurch habe sie sich für den der Beklagten entstandenen Schaden haftbar gemacht.

In der Berufungsinstanz ist nur über die Frage der Zulässigkeit der Feststellungsklage verhandelt worden, und das Berufungsurteil führt aus, daß mit der Erhebung der Leistungsklage auf Schadensersatz von seiten der Beklagten das rechtliche Interesse der Klägerin an der mit der gegenwärtigen Klage verlangten negativen Feststellung weggefallen und damit die Klage hinfällig geworden sei. Es handle sich um eine Rechtsschutzvoraussetzung, die zur Zeit der Urteilsfällung vorhanden sein müsse.

Die Revision rügt Verletzung des § 256 ZPO. Die mehrere Monate nach der negativen Feststellungsklage der Klägerin erhobene Leistungsklage der Beklagten decke sich erstens inhaltlich nicht mit jener; sodann sei es auch unrichtig, daß das in § 256 geforderte rechtliche Interesse des Klägers an der alsbaldigen Feststellung, wenn es zur Zeit der Klagerhebung vorhanden gewesen sei, durch eine Handlung des verklagten Teiles zerstört werden könne, die den Kläger nicht befriedige und klaglos stelle.

Der Revision war der Erfolg zu versagen.

Die neuere Prozeßlehre scheidet die Tatbestände, die erforderlich sind, um einen erhobenen Rechtsstreit zum sachlichen Urteile zu führen, in die sog. Prozeßvoraussetzungen, die außerhalb der Prozeßhandlungen liegen und Vorbedingungen bilden, ein gültiges Prozeßverfahren in Gang zu bringen — wie die Parteifähigkeit, die Prozeßfähigkeit, die gesetzliche Vertretung u. a. —, in die Klagevoraussetzungen des § 253 und in die sog. Rechtsschutzvoraussetzungen, die in der Mitte zwischen den prozessualen und materiellrechtlichen Unterlagen des Rechtsstreites stehend gewissermaßen ein materielles Prozeßrecht darstellen. Hierher werden die besonderen Tatbestände gerechnet, die das Gesetz für die Rechtsverfolgung in besonderen Klageformen verlangt, wie in § 146 KO. für die Klage auf Feststellung streitiger Forderungen im Konkurse, in § 259 ZPO. für die Klage auf künftige Leistungen, in § 280 ZPO. für die sog. Inzidentfeststellungsklage, in §§ 12, 862, 1004 BGB. für die Unterlassungsklage usw. Zu diesen Rechtsschutzvoraussetzungen zählt die prozeßrechtliche Theorie auch das in § 256 für die Feststellungsklage geforderte rechtliche Interesse des Klägers an der alsbaldigen Feststellung des streitigen Rechtsverhältnisses, und sie verlangt deshalb, wie bei allen Voraussetzungen des Rechtsschutzes, daß gleich den Tatsachen, die das Rechtsverhältnis selbst begründen, das rechtliche Interesse des Klägers an der alsbaldigen Feststellung jedenfalls zur Zeit der Urteilsfällung bestehe; es genüge, daß es seit der Klagerhebung entstanden sei; die Klage sei aber als unbegründet abzuweisen, wenn es im Laufe des Rechtsstreites weggefallen sei. Dieser Lehre ist das Berufungsgericht bei seiner Entscheidung gefolgt. Die ganze Unterscheidung, deren theoretischer Wert nicht verkannt werden soll, ist jedoch dem Prozeßrechte der Zivilprozeßordnung fremd, und wenn auch zuzugeben ist, daß das Interesse des Klägers an der alsbaldigen Feststellung des Rechtsverhältnisses nach § 256 ZPO. eine Mittelstellung einnimmt zwischen den rein prozessualen und den rein materiellrechtlichen, zwischen den den Prozeß erst in Gang setzenden und den die sachliche Entscheidung bedingenden Unterlagen des Rechtsstreites (vgl. Jurist. Wochenschr. 1897 S. 230 Nr. 10), so ist damit doch ein Boden für den schlechthin aufgestellten, ganz allgemeinen Satz, daß nur das noch zur Zeit der Urteilsfällung vorhandene Interesse an der alsbaldigen Feststellung der Feststellungsklage zur Durchführung verhelfen könne, nicht geschaffen.

Das Reichsgericht hat in einer neuerlichen Entscheidung (Rep. I. 64/08, vom 17. Februar 1909, Warneyer, Rechtspr. 1909 S. 295 Nr. 325) ausgesprochen, daß das Interesse des Klägers an der alsbaldigen Feststellung nicht notwendig schon zur Zeit der Klagerhebung vorhanden sein müsse; es genüge, daß es bis zum Zeitpunkte der Urteilsfällung entstanden sei, da das Interesse keine Voraussetzung der gültigen Klagerhebung sei. Verschieden von dieser sei, wird in dem Urteile ausgeführt, die Frage, ob der spätere Wegfall des zur Zeit der Klagerhebung vorhandenen Interesses der Durchführung der Feststellungsklage schädlich sei. In der Tat hat das Reichsgericht in einer Reihe von Fällen, die jedoch sämtlich nur die positive, und zwar die positive allgemeine Schadensfeststellungsklage betreffen (Jurist. Wochenschr. 1896 S. 21 Nr. 79, S. 334 Nr. 8, 1900 S. 509 und 551, 1902 S. 420 Nr. 11, Rep. VI. 27/06 vom 11. Oktober 1906, Rep. III. 596/07 vom 2. Oktober 1908, Warneyer, Rechtspr. 1909 S. 40 Nr. 44), angenommen, daß bei der positiven Schadensfeststellungsklage das Interesse an der einmal zulässig erhobenen Feststellungsklage mit der später eingetretenen Möglichkeit der Leistungsklage nicht wegfalle, da mit der Feststellungsklage die Grundlage einer späteren Schadensersatzklage immer gewonnen werde, und der Kläger wohl berechtigt, aber nicht für verpflichtet zu erachten sei, im Laufe des Rechtsstreites von der Feststellungsklage zur Leistungsklage, nachdem diese möglich geworden sei, überzugehen.

Diese Stellungnahme entspricht den praktischen Zwecken des Prozesses und dem Rechtsschutzbedürfnisse für den Kläger. Der Zeitpunkt der Urteilsfällung steht nicht fest; nach jeder mündlichen Verhandlung kann das Urteil ergehen. Verlangt man, daß das rechtliche Interesse an der alsbaldigen Feststellung bei der positiven Feststellungsklage bis zum Urteile fortgesetzt vorhanden sein oder vielmehr gerade zur Zeit der Urteilsfällung bestehen müsse, so muß folgerichtig gefordert werden, daß der Kläger mit jeder mündlichen Verhandlung, soweit zu deren Zeitpunkte die Leistungsklage möglich ist, die Höhe des Schadens übersehen werden kann, schrittweise zur Leistungsklage übergehe, was den Zwecken des Prozesses zuwider die Entscheidung immer wieder hinausschieben würde. Aber auch wenn man diesen Schluß nicht zieht und das Abstehen von der Feststellungsklage vom Kläger nur verlangt, wenn der Schade, noch bevor es zum Urteile gekommen ist, abgeschlossen vorliegt, kann dem Kläger nicht angesonnen werden, entweder die erhobene Klage zurückzunehmen und von neuem den Rechtsstreit auf Leistung anhängig zu machen, oder aber bei Umwandlung der Feststellungsklage in eine Leistungsklage immerhin auf eine alsbaldige Entscheidung über seinen Anspruch, in vielen Fällen sogar auf eine Instanz für die Entscheidung auf den Leistungsanspruch zu verzichten. Vielmehr wirkt, wie auch das Reichsgericht ausgesprochen hat, das einmal zur Zeit der Klagerhebung vorhanden gewesene Interesse an der alsbaldigen Feststellung als Interesse an einer alsbaldigen Sachentscheidung über den geltend gemachten Anspruch auf die einmal in zulässiger Weise erhobene Klage fort. Für den Gegner besteht in diesem Falle ein sachliches Interesse an der Abweisung der Klage in der angebrachten Art der Feststellungsklage gleichfalls nicht; es entspricht deshalb den Zwecken des Prozesses und dem Rechtsschutzbedürfnis, in diesen Fällen der Feststellungsklage ihren weiteren Lauf zu lassen.

Anders ist die Lage jedoch bei einer negativen Feststellungsklage, wie eine solche hier vorliegt. Die Frage, ob eine solche Feststellungsklage noch möglich und weiter zuzulassen sei, nachdem der Gegner die entsprechende positive Klage auf Leistung erhoben hat, deckt sich, wie ersichtlich, nicht mit der Frage, ob die positive Feststellungsklage fortgeführt werden kann, wenn nach der Sachlage der Kläger die positive Klage auf Leistung erheben könnte. Vielmehr muß für die Fälle der negativen Feststellungsklage anerkannt werden, daß ein des Rechtsschutzes fähiges und bedürftiges Interesse des Klägers an der Sachentscheidung auf die Feststellungsklage überhaupt entfällt, und deshalb die trotzdem aufrecht erhaltene Klage abzuweisen ist, nachdem der Gegner die entsprechende positive Klage auf Leistung erhoben und, wie hinzuzufügen ist, soweit fortgeführt hat, daß sie nicht mehr ohne Einwilligung des Beklagten — also des Feststellungsklägers — zurückgenommen werden kann (§ 271 Abs. 1 ZPO.).

Der auf die negative Feststellungsklage eingeleitete Prozeß begründet gegenüber der Leistungsklage des Gegners nicht den Einwand der Rechtshängigkeit (vgl. Entsch. des RG.'s in Zivils. Bd. 21 S. 393, Bd. 40 S. 362, Bd. 60 S. 392), und dem Feststellungsbeklagten kann auch nicht angesonnen werden, das Ende des Feststellungsprozesses für die Verfolgung seines Anspruches abzuwarten. Erstens wird durch seinen Antrag auf Abweisung der negativen Feststellungsklage die Verjährung seines Anspruches nicht unterbrochen (vgl. Entsch. des RG.'s in Zivils. Bd. 60 S. 387), und sodann vermag das die negative Feststellungsklage abweisende Urteil dem Feststellungsbeklagten wohl die Anerkennung zu verschaffen, daß sein Anspruch in irgendeiner Höhe besteht; es verhilft ihm aber nicht zur Durchführung des Anspruches und zu seiner Befriedigung. Dagegen üben sowohl das Urteil in dem Rechtsstreite auf die negative Feststellungsklage, wie das Urteil in dem auf die Leistungsklage eingeleiteten Prozesse Rechtskraftwirkungen zwischen den Parteien im Hinblick auf das Bestehen oder Nichtbestehen des den Gegenstand des Streites bildenden Anspruches aus. Das rechtskräftige Urteil im Feststellungsprozeß äußert die Wirkung, daß im Falle der Verurteilung auf die negative Feststellungsklage rechtskräftig festgestellt wird, daß der behauptete Anspruch des Beklagten nicht besteht, und umgekehrt, wenn die Klage abgewiesen wird, daß ein Anspruch der behaupteten Art in irgendwelchem Betrage für den Beklagten besteht (vgl. Entsch. des RG.'s in Zivils. Bd. 29 S. 345, Bd. 40 S. 401, 404, Bd. 60 S. 391; Jurist. Wochenschr. 1906 S. 809 Nr. 4). Das rechtskräftige Urteil des Leistungsprozesses ergibt im Falle der Abweisung der Klage dieselbe Wirkung, wie die verurteilende Entscheidung auf die negative Feststellungsklage; im Falle der Verurteilung stellt es aber nicht nur fest, daß dem Kläger ein Anspruch zusteht, sondern bringt diesen auch in seiner konkreten Gestalt zur Entscheidung und verschafft ihm die Befriedigung.

Laufen nun infolge der Erhebung der Leistungsklage von seiten des vorher auf negative Feststellung Verklagten der Leistungsprozeß und der negative Feststellungsprozeß gleichzeitig und selbständig nebeneinander her, so daß das in jedem von ihnen ergehende Urteil in der beschriebenen Weise Rechtskraftwirkungen äußert, so entsteht die Gefahr einer Rechtsverwirrung, wenn sich widersprechende und sich gegenseitig aufhebende Entscheidungen in beiden Prozessen erlassen werden. Das widerspricht den Zwecken des Prozesses und dem vernünftigen Interesse beider Parteien (vgl. Jurist. Wochenschr. 1909 S. 222 Nr. 14 auf S. 223). Deshalb muß, nachdem der Beklagte des Feststellungsprozesses die Leistungsklage erhoben hat, die dem Entscheidungsinteresse beider Parteien in gleicher Weise entspricht, der negativen Feststellungsklage, die nur dem Interesse des Feststellungsklägers dient, der weitere Rechtsschutz versagt werden. Das einzige durch die Prozeßordnung gebotene Mittel, bei gleichzeitiger Fortführung beider Prozesse der Gefahr jener Rechtsverwirrung zu begegnen, ist die Aussetzung der Verhandlung des einen bis zur Erledigung des anderen Rechtsstreites nach § 148 ZPO. Zur Aussetzung müßte aus den angeführten Gründen aber die Verhandlung der Feststellungsklage gelangen, da deren Urteil nicht so weit greift, wie das auf die Leistungsklage ergehende, und nicht überhaupt über den streitigen

Anspruch endgültig entscheidet. Auch daraus ergibt sich, daß ein Interesse des Feststellungsklägers an einem Urteile in dem Feststellungsprozesse nicht mehr, wie bei der positiven Feststellungsklage, nachdem die Leistungsklage möglich geworden ist, weiter besteht.

Im gegebenen Falle war zur Zeit der Klagerhebung ein rechtliches Interesse an der alsbaldigen Feststellung, daß der Beklagten aus dem von dieser behaupteten Tatbestande ein Anspruch auf Schadensersatz gegen die Klägerin nicht zustehe, wohl gegeben; denn die Beklagte hatte der Klägerin durch Schreiben vom 24. Mai 1907 die Erhebung der Schadensersatzklage angekündigt, eine solche aber bis Anfang Juli 1907 noch nicht angestrengt. Es mußte der Klägerin daran liegen, zur alsbaldigen gerichtlichen Entscheidung zu bringen, ob die Benutzung eines von ihr hergestellten Fabrikates Schäden für die Gesundheit . . . zu erzeugen vermöge. Die Feststellungsklage ist also in zulässiger Weise nach § 256 ZPO. erhoben. Aber sie ist mit der Erhebung der positiven Schadensersatzklage von seiten der Beklagten gegenstandslos geworden. Ein vernünftiges und zu schützendes Interesse der Klägerin an einer Entscheidung auf die Feststellungsklage besteht ebensowenig noch, als der Beklagte einer erhobenen Leistungsklage die Widerklage auf Feststellung entgegenstellen könnte, daß dem Kläger der geltend gemachte Anspruch nicht zustehe. Für eine solche Widerklage fehlt es an jedem selbständigen Inhalte; ihre Entscheidung ist mit der Entscheidung auf die Klage von selbst gegeben.

Die Revision meint zwar, daß sich die erhobene Feststellungsklage mit der Leistungsklage der Beklagten nicht decke und ihren selbständigen Wert behalte, da die Gegenpartei möglicherweise zu den jetzt eingeklagten noch weitere Schadensersatzansprüche geltend machen könne. Allein dieser Rechtseinwand greift nicht durch, da die von der Klägerin erhobene allgemeine negative Klage auf Anerkennung, daß der Beklagten irgendein Schadensersatzanspruch aus dem behaupteten Tatbestande nicht zustehe, abgewiesen werden muß, wenn überhaupt in irgendeinem Betrage ein Schadensersatzanspruch der Beklagten aus jenen Tatsachen besteht (vgl. Reichsgericht Rep. III. 370/07, vom 5. Februar 1908, und 10/08, vom 6. November 1908, Warneyer, Rechtspr. 1908 Nr. 404 und 1909 Nr. 169). Handelte es sich darum, einen über die gegenwärtig erhobene Leistungsklage hinausgehenden Schadensersatzanspruch der Beklagten durch eine Feststellungsklage abzuschneiden, so hätte die Klägerin ihren Antrag nunmehr auf die Feststellung richten müssen, daß der Beklagten ein weiterer Schadensersatzanspruch als der mit der bereits erhobenen Klage geltend gemachte nicht zustehe, und es würde sich alsdann gefragt haben, ob für diese Feststellungsklage ein rechtliches Interesse der Klägerin an der alsbaldigen Feststellung bestehe, insbesondere ob von seiten der Beklagten eine dem Interesse der Klägerin widerstreitende Einklagung des Schadensersatzes in Teilbeträgen und in einander ablösenden Klagen drohe. Der weitere Angriff der Revision, das Berufungsgericht habe nicht festgestellt, ob auf die Leistungsklage der Beklagten bereits eine mündliche Verhandlung stattgefunden habe — denn andernfalls könne sie ihre Klage ohne Zustimmung der Klägerin einfach wieder zurücknehmen —, würde, wie bereits ausgeführt wurde, begründet sein, wenn es nicht Sache der Klägerin gewesen wäre, dem Einwande der Beklagten, daß wenige Monate nach Erhebung der Feststellungsklage die Leistungsklage der Beklagten angestrengt worden sei, die die Feststellungsklage der Klägerin gegenstandslos mache, die Replik entgegenzusetzen, daß jene Klagesache noch nicht so weit gediehen sei, daß sie die Feststellungsklage überflüssig mache und das Interesse der Klägerin an der Feststellung beseitige." ...

---

22. Erlischt die Verkaufskommission durch die Eröffnung des Konkursverfahrens über das Vermögen des Kommittenten? Steht dem Verkaufskommissionär ein Absonderungsrecht an dem nach der Konkurseröffnung in seinen Besitz gelangten Kommissionsgute zur Befriedigung seiner vor der Konkurseröffnung erworbenen Kommissionsforderungen zu?

I. Zivilsenat. Urt. v. 17. April 1909 i. S. S. (Kl.) w. R. (Bekl.). Rep. I. 209/08.

I. Landgericht Elbing.
II. Oberlandesgericht Marienwerder.

Der Beklagte stand seit 1891 mit der Firma G., S. & Co. in M. als deren Verkaufskommissionär in Geschäftsverbindung. Am

6. Oktober 1905 sandte diese an ihn zum Verkauf die Lokomobile Nr. 6845, die am 9. Oktober nachmittags 1 Uhr mit der Eisenbahn in M. ankam und am 10. Oktober morgens 8 Uhr vom Beklagten abgenommen wurde. Am 9. Oktober vormittags $11^1/_4$ Uhr war über das Vermögen der Absenderin das Konkursverfahren eröffnet worden, in dem die Forderung des Beklagten aus dem Geschäftsverkehre mit der Gemeinschuldnerin in Höhe des Ausfalls festgestellt wurde, den der Beklagte bei abgesonderter Befriedigung erleiden würde. Das von ihm an der Lokomobile Nr. 6845 beanspruchte Absonderungsrecht bestritt der Konkursverwalter, weil sie erst nach der Konkurseröffnung in den Besitz des Beklagten gelangt sei. Seine Klage auf Feststellung, daß dem Beklagten dieses Recht nicht zustehe, wurde in erster und zweiter Instanz abgewiesen. Das Reichsgericht gab der Klage statt, aus folgenden

Gründen:

„Das Oberlandesgericht geht in rechtlich einwandfreien Erwägungen davon aus, daß der Beklagte eine Besitzergreifung an der Lokomobile ... vor Eröffnung des Konkurses nicht nachgewiesen habe und hierauf das beanspruchte Pfand- und Absonderungsrecht ebensowenig stützen könne, wie auf eine Anerkennung dieses Rechts von seiten des Konkursverwalters. Es hält aber den Konkursverwalter nach § 17 KO. für befugt, einen Kommissionsvertrag mit der Wirkung fortzusetzen, daß dem Vertragsgegner als Massegläubiger (§ 59 Nr. 2 KO.) an dem nach der Konkurseröffnung in seine Hände gelangten Kommissionsgute ein Pfandrecht gemäß § 397 HGB. und daher ein Absonderungsrecht zur Befriedigung seiner vor der Konkurseröffnung erworbenen Kommissionsforderungen erwachse, und es hält für bewiesen, daß hier der Konkursverwalter in den Kommissionsvertrag über die Lokomobile ... eingetreten sei, und damit das Absonderungsrecht des Beklagten aus § 49 Nr. 2 KO. in Verbindung mit § 397 HGB. für begründet.

Diese Erwägungen verletzen ... den § 23 KO., nach dessen Vorschriften ein von dem Gemeinschuldner erteilter Auftrag durch die Eröffnung des Verfahrens erlischt, es sei denn, daß sich der Auftrag nicht auf das zur Konkursmasse gehörige Vermögen bezieht (Abs. 1 Satz 1), und das gleiche gilt, wenn sich jemand durch einen Werkvertrag verpflichtet hat, ein ihm vom Gemeinschuldner übertragenes

Geschäft für diesen zu besorgen (Abs. 2). Der Kommissionsvertrag ist ein Werkvertrag (§ 631 BGB.). Das hier vorliegende Verkaufskommissionsgeschäft betraf zur Konkursmasse gehöriges Vermögen und erlosch daher unter den obwaltenden Umständen — unbeschadet der dem Beklagten aus §§ 23 oder 27 KO. etwa zustehenden, in dem vorliegenden Rechtsstreite aber nicht geltend gemachten Rechte — durch die Eröffnung des Konkursverfahrens. Damit scheidet die Anwendung des § 17 KO. aus. Das angefochtene Urteil, das auf der Anwendung dieses Gesetzes beruht, unterliegt der Aufhebung. Das Reichsgericht ist auch in der Lage, in der Sache selbst zu entscheiden. . . .

Zwar führt das Oberlandesgericht aus, daß die vom Konkursverwalter am 12. Oktober 1905 auf die Anfrage des Beklagten erteilte briefliche Antwort nur die Auslegung zulasse, daß der Verwalter damit die Fortsetzung der Geschäftsverbindung nicht nur für zukünftig noch auftauchende Geschäfte, sondern auch für die laufenden, noch nicht abgewickelten Geschäfte ausspreche und somit in solche Geschäfte eintrete. Die daran geknüpfte Folgerung, daß der Kläger, weil er durch seinen Brief vom 12. Oktober 1905 in das mit der Gemeinschuldnerin abgeschlossene Kommissionsgeschäft über die Lokomobile . . . eingetreten sei, das an ihr vom Beklagten für die Kommissionsforderungen aus der Zeit vor der Konkurseröffnung beanspruchte Absonderungsrecht nicht verneinen könne, entspringt aus der rechtsirrigen Ansicht, daß dieser Eintritt aus § 17 KO. sich rechtfertige. Das Oberlandesgericht hat also nicht festgestellt, daß der Konkursverwalter in jenem Briefe sich damit einverstanden erkläre, daß dem Beklagten auch wegen dieser Kommissionsforderungen ein Pfand- und Absonderungsrecht an der Maschine zustehen solle. Tatsächlich ist auch hierüber in der allein in Betracht kommenden Stelle des Briefes:

> „Einstweilen werden die Geschäfte unter Leitung der Konkursverwaltung fortgeführt — auch die Fabrik arbeitet weiter —, und wir bitten Sie deshalb, in der bisherigen Weise für uns tätig zu sein"

so wenig etwas enthalten, wie in den übrigen vom Oberlandesgericht angezogenen Briefen der Parteien. Das Schreiben des Konkursverwalters vom 12. Oktober 1905 besagt lediglich, daß der

Geschäftsverkehr mit dem Beklagten unter den früheren Bedingungen fortgesetzt werden solle.

Da nach den Feststellungen des Oberlandesgerichts der Beklagte ein Pfandrecht aus § 397 HGB. an der Lokomobile vor der Eröffnung des Konkursverfahrens erweislich nicht erworben hatte, die bis dahin bestandene Verkaufskommission durch die Konkurseröffnung erlosch, und jeder Anhalt dafür fehlt, daß nach der Konkurseröffnung infolge der Fortsetzung des Geschäftsverkehrs zwischen den Parteien jenes Pfandrecht an der Lokomobile mit der Wirkung entstanden sein könnte, daß es auch die Kommissionsforderungen des Beklagten aus der Zeit vor der Konkurseröffnung ergriffen hätte, so steht ihm das beanspruchte Absonderungsrecht nicht zu." . . .

---

23. Gilt die gemäß § 64 GVG. erlassene Bestimmung des Präsidenten, daß in einzelnen Sachen die Kammer in ihrer früheren Zusammensetzung verhandle und entscheide, auch für die Fälle, in welchen die Verhandlung nicht in dem Jahre, in dem die Bestimmung des Präsidenten ergeht, sondern in einem früheren Jahre stattgefunden hat?

VI. Zivilsenat. Urt. v. 19. April 1909 i. S. Sch. (Bekl.) w. F. K.-Aktiebolag (Kl.). Rep. VI. 206/08.

I. Landgericht Leipzig.
II. Oberlandesgericht Dresden.

Das Reichsgericht hat die obige Frage bejaht.

Aus den Gründen:

„Die Revision des Beklagten rügt Verletzung der §§ 64, 121 GVG. Bei der Urteilsfällung hätten zwei Richter mitgewirkt, der jetzige Senatspräsident H. und der Oberlandesgerichtsrat S., die seit dem 1. Februar 1905 aus dem VII. Zivilsenate ausgeschieden seien. Aus den Akten sei nicht ersichtlich, daß der Präsident eine dem § 64 GVG. entsprechende Bestimmung getroffen habe. Wenn dies selbst im Jahre 1904 für das Geschäftsjahr 1905, im Jahre 1905 für das

Geschäftsjahr 1906, in diesem Jahre für das Geschäftsjahr 1907 geschehen sein sollte, so würde die Bestimmung rechtsunwirksam gewesen sein, weil in der Berufungsinstanz in der Zeit vom 30. April 1903 bis zum 9. April 1907 überhaupt keine Verhandlung stattgefunden habe, eine Bestimmung gemäß § 64 GVG. aber nur ergehen könne, wenn in dem Jahre, in dem sie ergehe, eine Verhandlung stattgefunden habe.

Die Rüge ist nicht begründet.

Gemäß § 64, 121 GVG. kann der Präsident bestimmen, daß in einzelnen Sachen, in welchen während des Geschäftsjahres eine Verhandlung bereits stattgefunden hat, der Senat in seiner früheren Zusammensetzung auch nach Ablauf des Geschäftsjahres verhandle und entscheide.

Nach der von Amts wegen eingeholten Auskunft des Oberlandesgerichts zu Dresden hat der Oberlandesgerichtspräsident Ende 1904, als vom Präsidium das Ausscheiden der Mitglieder des VII. Zivilsenats H. und S. beschlossen worden war, bestimmt, daß u. a. auch in dem hier fraglichen Rechtsstreite der Senat in seiner bisherigen Zusammensetzung verhandle und entscheide.

Es ist nun richtig, daß im Jahre 1904, in dem die Bestimmung getroffen wurde, keine Verhandlung, sondern daß die letzte am 30. April 1903 stattgefunden hat. Allein die Auslegung, die der Beklagte dem § 64 gibt, ist, obgleich sie eine gewisse Stütze in dem Wortlaute findet, zu eng und würde in zahlreichen Fällen den Zweck, den das Gesetz verfolgt, vereiteln. Die Vorschrift bildet eine Ausnahme von § 62 GVG., wonach vor Beginn des Geschäftsjahres auf dessen Dauer die ständigen Mitglieder der einzelnen Kammern (Senate) und die regelmäßigen Vertreter zu bestimmen sind, und soll in einzelnen größeren Sachen zur Wahrung der Kontinuität der Verhandlung und zur Geschäftserleichterung dienen (vgl. Hahn, Materialien zum GVG. S. 807—809). Es soll dadurch ermöglicht werden, daß die Verhandlung über bereits erörterte Punkte nicht wiederholt zu werden braucht, oder daß bei schwieriger oder zweifelhafter Lage des Streitstoffes die rechtliche und tatsächliche Beurteilung, zu der das Gericht auf Grund der Verhandlung gelangt ist, und die die Unterlage des weiteren Verfahrens, namentlich der Aufnahme oder Ablehnung von Beweisen, geworden ist, festgehalten wird und nicht durch einmaligen oder mehrmaligen Wechsel von Mitgliedern in ein für eine sachgemäße Behandlung und Entscheidung des Prozesses wenig förderliches Schwanken gerät. Das Gesetz geht von dem gewöhnlichen Falle aus, daß in den Sachen, für welche am Schlusse eines Geschäftsjahres anläßlich der Bestimmung der ständigen Mitglieder der Senate die Verfügung gemäß §§ 64, 121 erlassen wird, eine Verhandlung im Laufe des Jahres stattgefunden hat. Dabei sind indes die Fälle nicht berücksichtigt, in welchen die frühere Verhandlung vor dem Jahre liegt, in das die Verfügung nach § 64 fällt, etwa weil, wie hier, eine langwierige Beweisaufnahme nötig war, und ferner diejenigen nicht, in welchen unvorhergesehen während des Geschäftsjahres ein Wechsel der Richter eintritt, die Beibehaltung der bisherigen Zusammensetzung des Kollegiums aber ganz besonders wünschenswert ist, damit die Neuverhandlung einer nicht lange vorher, aber im Vorjahre verhandelten umfangreichen Sache, die zur Aufklärung in wenigen, vielleicht nebensächlichen, Punkten vertagt worden war, vermieden werde.

Der erkennende Senat nimmt daher, um der wohltätigen Absicht des Gesetzgebers gerecht zu werden, keinen Anstand, die Vorschrift des § 64 auch auf die Fälle zu erstrecken, wo die Verhandlung nicht in dem Jahre, in dem die Bestimmung des Präsidenten ergeht, sondern in einem früheren Jahre stattgefunden hat. Diese Ausdehnung ist um so unbedenklicher, als die Worte „während des Geschäftsjahres", die der Revision zur Seite stehen, in der Kommissionsvorlage lauteten „während eines Geschäftsjahres", und die jetzige Fassung nur aus redaktionellen, nicht aus sachlichen Gründen gewählt wurde (Hahn, a. a. O. und S. 1694).

Hat der Präsident die Bestimmung getroffen, so gilt sie nicht bloß für ein Geschäftsjahr, sondern für die ganze Dauer des Prozesses bis zu seiner Entscheidung. Die Erneuerung der Bestimmung vor Beginn eines weiteren Geschäftsjahres wird in § 64 nicht gefordert." . . .

---

24. Ist die zehnjährige Verjährungsfrist des preuß. Stempelsteuergesetzes vom 31. Juli 1895 für die vor dessen Inkrafttreten entstandenen, aber damals noch nicht verjährten Stempelansprüche des

Fiskus von dem Zeitpunkte des Inkrafttretens des Gesetzes (1. April 1896) oder vom Ablaufe des Jahres 1896 an zu berechnen?

VII. Zivilsenat. Urt. v. 20. April 1909 i. S. Union Aktiengesellschaft (Kl.) w. preuß. Fiskus (Bekl.). Rep. VII. 290/08.

I. Landgericht Münster.
II. Oberlandesgericht Hamm.

Aus den Gründen:

... „Die Klägerin hat in der Revisionsinstanz von neuem den Einwand der Verjährung erhoben; mit Recht hat aber der Berufungsrichter diesen Einwand für unbegründet erklärt. Die vorliegenden, vor dem Inkrafttreten des Stempelsteuergesetzes vom 31. Juli 1895 entstandenen Stempelansprüche des Fiskus würden nach dem vor diesem Zeitpunkte geltenden Rechte (§ 629 preuß. ALR. I. 9) in 44 Jahren verjähren; nach § 27 des Stempelsteuergesetzes vom 31. Juli 1895 beträgt dagegen die Verjährungsfrist für solche Ansprüche nur 10 Jahre. Es ist nun ein in der preußischen Gesetzgebung schon im Publikationspatente zum Allgemeinen Landrechte (Art. XVII) zum Ausdrucke gebrachter und seitdem in zahlreichen anderen Gesetzen (vgl. u. a. die Aufführung in der Begründung zu Art. 169 EinfG. z. BGB.) festgehaltener allgemeiner Grundsatz, daß sich der Schuldner, soweit ihm dies günstiger ist, auf eine durch ein neues Gesetz eingeführte kürzere Verjährungsfrist berufen darf.

Darüber, daß nach Maßgabe dieses Grundsatzes die Klägerin die kürzere Verjährungsfrist des Stempelsteuergesetzes vom 31. Juli 1895 für sich geltend machen darf, besteht auch zwischen den Parteien keine Meinungsverschiedenheit. Der Streit betrifft vielmehr die besondere Frage, von welchem Zeitpunkte an die zehnjährige Frist des § 27 zu berechnen ist; die Klägerin ist der Meinung, daß sie von dem Zeitpunkte des Inkrafttretens des Gesetzes, d. i. vom 1. April 1896, zu laufen begonnen habe, während der Beklagte die Ansicht vertritt, daß für den Beginn die Bestimmung des § 27 maßgebend sein müsse, welcher lautet: „Die Stempelsteuer verjährt, wenn sie auf einen Bruchteil des Wertes des Gegenstandes zu bemessen ist" (was hier der Fall), „in zehn Jahren nach Ablauf des Kalenderjahres, in welchem die Zahlung der Abgabe hätte erfolgen müssen." Der Beklagte will diese Bestimmung in dem Sinne hier angewendet wissen, daß die Frist erst vom Ablaufe des Jahres 1896, in welchem das Stempelsteuergesetz in Kraft getreten ist, also vom Ablaufe des 31. Dezember 1896 an, zu berechnen sein soll, so daß sie erst mit Schluß des Jahres 1906 ihr Ende erreicht haben würde. Dieser Unterschied ist im gegenwärtigen Falle deshalb von Bedeutung, weil nach § 27 Abs. 2 eine Unterbrechung der Verjährung durch eine an den Zahlungspflichtigen erlassene Zahlungsaufforderung eintritt und eine solche Aufforderung von der Stempelsteuerbehörde am 29. August 1906 an die Klägerin erlassen ist. Sollte die Verjährung schon am 1. April 1906 eingetreten sein, so würde diese Aufforderung eine gleichgültige Tatsache darstellen, während, wenn die Verjährung erst am 31. Dezember 1906 endigte, dadurch, wie der Beklagte geltend macht, die Verjährung unterbrochen sein würde. Beide Vorinstanzen haben die Ansicht des Beklagten für die zutreffende erachtet, und darin kann ihnen nur gefolgt werden.

Will man für die Entscheidung dieses besonderen Streitpunktes überhaupt die frühere preußische Gesetzgebung verwerten, so können insoweit allein die eine vom Jahresablauf ab beginnende kürzere Verjährungsfrist einführenden Gesetze vom 31. März 1838, 6. Juli 1845, 12. März 1860, 9. Februar 1869 und 13. März 1869 in Betracht kommen, in denen ausdrücklich (s. die §§ 7, bzw. 2 und 3 dieser Gesetze) bestimmt ist, daß gegen die zur Zeit der Publikation dieser Gesetze bereits fällig gewesenen Forderungen die kurzen Fristen vom letzten Dezember desjenigen Jahres ab, in welchem die Gesetze in Kraft getreten sind, gerechnet werden sollen. Eine gleiche Bestimmung findet sich in § 9 Abs. 2 des Gesetzes über die Verjährungsfristen bei öffentlichen Abgaben vom 18. Juni 1840, indem dort vorgeschrieben ist, daß für die zur Zeit der Publikation dieses Gesetzes vorhandenen Steuerrückstände (d. h. zur Hebung gestellte, aber im Rückstande gebliebene Steuern) die in § 8 hierfür festgesetzte vom Ablaufe des Jahres der Fälligkeit an laufende vierjährige Verjährungsfrist vom 1. Januar 1841 ab beginnen soll. Wenn in § 9 Abs. 1 daselbst angeordnet ist, daß Nachforderungen wegen Steuern aus der Zeit vor der Publikation des Gesetzes binnen Jahresfrist nach Publikation des Gesetzes geltend gemacht werden sollen, so steht dies zu der vorigen Bestimmung nicht im Gegensatz, da diese Nachforderungen nach § 5 das. überhaupt nur in dem Kalenderjahre, worin sie geltend gemacht wurden, zulässig waren.

Wenn hiernach die vorstehenden Gesetze auch schon einen Anhalt und Fingerzeig für die Lösung der Streitfrage enthalten, so muß doch das entscheidende Gewicht auf den Inhalt des § 27 selbst gelegt werden. Der § 27 führt eine ganz bestimmt geartete Verjährungsfrist ein, nämlich eine solche, die vom Ablaufe des Jahres an läuft, in welchem die Abgabe hätte entrichtet werden sollen. Mit Recht hat schon der erste Richter ausgeführt, daß danach das Gesetz für den Beginn der Verjährung nur einen Anfangspunkt kennt, nämlich den vom Ablaufe des Kalenderjahres an. Es ist daher nicht angängig, aus der einheitlichen Bestimmung des Gesetzes eine Verjährungsfrist von allgemein oder gewissermaßen abstrakt „zehn Jahren" herauszulösen und diese an einen ganz anderen Anfangspunkt anzuknüpfen. Die sinngemäße Anwendung des § 27 auf vorher entstandene Stempelforderungen kann vielmehr nur dazu führen, die zehnjährige Frist vom Ende des Jahres 1896 beginnen zu lassen. Noch überzeugender womöglich ist die Wendung, die der Berufungsrichter dem Gedanken des ersten Richters dahin gibt, daß er sagt, wenn die Verjährungsfrist des neuen Gesetzes zugunsten des Pflichtigen Anwendung finden solle, so müsse sie auch nach Maßgabe desselben voll ablaufen, es müsse demgemäß so angesehen werden, als ob der Anspruch erst unter der Herrschaft des neuen Gesetzes entstanden sei. Dieser Gesichtspunkt ist in der Tat entscheidend. Die volle durch § 27 eingeführte Verjährungsfrist umfaßt zehn volle Kalenderjahre, gerechnet vom 1. Januar bis zum 31. Dezember; bei einem Aufhören inmitten des letzten Kalenderjahres würde der entsprechende Zeitraum fehlen. Danach ist mit Recht von den Vorinstanzen der Beginn der zehnjährigen Frist vom 31. Dezember 1896 ab gerechnet.

Die Entscheidung des erkennenden Senats vom 25. April 1902 (Bd. 51 S. 226) steht, wie schon der Berufungsrichter zutreffend dargelegt hat, dem nicht entgegen, da die damalige Sachlage zu einer Behandlung der gegenwärtigen besonderen Frage keinen Anlaß bot, so daß diese damals auch nicht behandelt worden ist. Eine Heranziehung des Art. 169 Abs. 2 EinfG. z. BGB. für die Auslegung und Anwendung des fünf Jahre vorher erlassenen preußischen Stempelgesetzes muß, jedenfalls bezüglich der vorliegenden besonderen Streitfrage, um so mehr abgelehnt werden, als, zumal in Hinblick auf den Wortlaut des Art. 169 Abs. 2, keineswegs Übereinstimmung über dessen Auslegung und über die Frage besteht, von welchem Zeitpunkte an danach mit Rücksicht auf § 201 BGB. der Lauf der in den §§ 196, 197 bestimmten Verjährungsfristen für die vor dem 1. Januar 1900 entstandenen Ansprüche begonnen hat." ...

25. Kann von einem Ehegatten eine Klage auf Unterlassung ehebrecherischer Handlungen gegen den anderen Ehegatten oder dessen Mitschuldigen erhoben werden?

BGB. § 823.

VI. Zivilsenat. Urt. v. 22. April 1909 i. S. J. (Kl.) w. R. (Bekl.). Rep. VI. 27/09.

I. Landgericht I Berlin.
II. Kammergericht daselbst.

Der Kläger lebte von seiner Ehefrau getrennt; es schwebte zwischen ihnen bei dem Landgericht Hannover der von der Ehefrau angestrengte Ehescheidungsprozeß. Unter der Behauptung, daß seine Ehefrau mit dem Beklagten fortgesetzt Ehebruch treibe und daß eine Fortdauer des unsittlichen Verkehrs zu befürchten sei, erhob der Kläger gegen den Beklagten Klage mit dem Antrage, ihn zur Unterlassung jedes ferneren unsittlichen Verkehrs mit seiner Ehefrau zu verurteilen.

Während das Landgericht die Entscheidung von der Leistung eines dem Beklagten zugeschobenen Eides abhängig gemacht und bei dessen Leistung die Klage abgewiesen, bei dessen Verweigerung den Beklagten nach dem Klagantrage verurteilt hatte, wies das Kammergericht in Abänderung des ersten Urteils die Klage ab. Es nahm an, daß eine Klage auf Unterlassung nur als Schutz gegen drohende Vermögensschäden und nur zur Beseitigung eines vom Beklagten geschaffenen dauernden bedrohlichen Zustandes gegeben sei; da keine dieser Voraussetzungen vorliege, erscheine die erhobene Klage als hinfällig.

Die Revision des Klägers wurde zurückgewiesen aus folgenden Gründen:

... „Es kann unerörtert bleiben, ob die Gesichtspunkte, von denen aus das Berufungsgericht zur Abweisung der Klage gelangt ist oder einer von ihnen, die ausreichende Unterlage für eine grundsätzliche Ablehnung des erhobenen Klaganspruches abzugeben imstande sein möchten. Die Begründung, mit der das Reichsgericht in wiederholten Entscheidungen die Klage auf Unterlassung eines unerlaubten Verhaltens, wenn dieses in der Vergangenheit, sei es auch nur objektiv, bereits verwirklicht war und in der Zukunft weitere Eingriffe zu besorgen sind, für zulässig erklärt hat,

vgl. insbesondere Entsch. in Zivils. Bd. 48 S. 114, Bd. 56 S. 171, Bd. 57 S. 157 und 239, Bd. 60 S. 1 und 6, Bd. 61 S. 366, Bd. 65 S. 210,

ist jedenfalls allgemeinerer Natur und läßt weder eine Beschränkung der Unterlassungsklage auf das vermögensrechtliche Gebiet, noch auf die Beseitigung eines vom Beklagten geschaffenen dauernden bedrohlichen Zustandes als notwendig erscheinen. Es bedarf aber der Erörterung der allgemeinen Gesichtspunkte, die zur Anerkennung der Unterlassungsklage in der Rechtsprechung geführt haben, im gegebenen Falle nicht; denn die Abweisung der vorliegenden Klage erweist sich aus Gründen als geboten, die in dem Inhalte des geltend gemachten Anspruches selbst liegen.

Das eheliche Verhältnis hat einen vorwiegend sittlichen Charakter, der auch in der Rechtsordnung in den verschiedenen Ausgestaltungen der rechtlichen Beziehungen der Ehegatten zu einander wie zu Dritten Anerkennung gefunden hat. Die Ehe ist vollkommene Lebensgemeinschaft der Ehegatten, und die Erhaltung dieser Lebensgemeinschaft ist, wie das erste und oberste Recht, so auch die erste und oberste Pflicht jedes Ehegatten gegen den anderen. „Die Ehegatten sind einander zur ehelichen Lebensgemeinschaft verpflichtet", diesen Satz stellt das Bürgerliche Gesetzbuch an die Spitze seiner die Wirkungen der Ehe regelnden Bestimmungen (§ 1353 Abs. 1 BGB.). Aus dem Wesen dieser vollkommenen Lebensgemeinschaft entspringen die Pflicht zum Zusammenleben, die Pflicht gegenseitiger Unterstützung, vornehmlich auch die Pflicht der ehelichen Treue. Das natürliche und sittliche Band der Ehe ist die Grundlage der Familie, diese die

Grundlage der Gesellschaft und des Staates als der geordneten Gesellschaft. Deshalb hat der Staat an der gesunden Ordnung der ehelichen Verhältnisse, insbesondere an der Aufrechterhaltung der ehelichen Gemeinschaft, deren Beständigkeit allein die Erfüllung eines der vornehmsten Zwecke der Ehe, die Erziehung der Kinder, die zugleich den Volksnachwuchs bilden, gewährleistet, ein hohes Interesse. Aus diesem Interesse des Staates an der Aufrechterhaltung und Beständigkeit des ehelichen Gemeinschaftsverhältnisses und an dem Fernhalten störender Einwirkungen von diesem hat die Gesetzgebung beispielsweise die Ehegatten von der Pflicht entbunden, gegeneinander Zeugnis abzulegen (§ 383 ZPO., § 51 StPO.), und den Eigentumsvergehen unter Ehegatten Straflosigkeit gewährt (§ 247 StGB.), und sie hat namentlich für das Prozeßverfahren in Ehesachen besondere Bestimmungen getroffen, die, indem sie die Herrschaft über den Prozeß der Verfügung der Parteien zum großen Teile entziehen, den Zweck verfolgen, die Trennung des ehelichen Bandes tunlichst zu verhüten und auf die Fälle der dringenden Notwendigkeit zu beschränken. Die Vorschriften, daß jeder Klage auf Scheidung ein Sühneverfahren vorausgehen muß (§ 608 ZPO.), daß die Regeln über Versäumnis, Anerkenntnis und Eideszuschiebung außer Kraft gesetzt werden (§§ 617, 618), daß die Parteien gehalten sind, alle Angriffe auf den Bestand der Ehe in einem Verfahren zusammenzufassen und später auf Tatsachen, die sie in diesem hätten geltend machen können, nicht zurückgreifen dürfen (§§ 614, 616), daß die Staatsanwaltschaft zur Mitwirkung befugt ist und zum Zwecke der Aufrechterhaltung der Ehe Tatsachen und Beweismittel vorbringen kann (§ 607) und daß das Gericht zu dem gleichen Zwecke über solche Tatsachen Beweisaufnahmen anordnen kann, ohne daß sie von den Parteien beantragt sind (§ 622), und zuletzt, daß das Gericht unter Umständen sogar von Amts wegen die Entscheidung im Ehescheidungsprozeß bis auf die Dauer eines Jahres aussetzen kann (§ 621), sind Zeugnisse für das Bestreben der staatlichen Gesetzgebung, im öffentlichen Interesse die bestehenden Ehen zu schützen und aufrecht zu erhalten.

Dem sittlichen Charakter des ehelichen Verhältnisses und dem hohen Interesse des Staates an dessen Beständigkeit entsprechend hat die Rechtsprechung eine Vereinbarung der Eheleute, in der sie sich verpflichten, falls in einem anhängig zu machenden Scheidungsprozesse das Gericht erster Instanz auf Scheidung erkennen sollte, sich gegenseitig bei der ergangenen Entscheidung zu beruhigen, als gegen das Gesetz, gegen das rechtliche und sittliche Wesen der Ehe und gegen die guten Sitten nach § 138 BGB. verstoßend erklärt (Jurist. Wochenschr. 1909 S. 54 Nr. 23), und das Strafgesetz hat zwar den Ehebruch, die Verletzung der ehelichen Treupflicht durch Geschlechtsvereinigung eines Ehegatten mit einer dritten Person als ein Vergehen wider die Sittlichkeit in § 172 StGB. gegenüber dem treubrüchigen Ehegatten wie gegenüber seinem Mitschuldigen unter Strafe gestellt; es hat aber gleichzeitig im öffentlichen Interesse, in Rücksicht auf die Bedeutung einer bestehenden Ehe,

vgl. Entsch. des RG.'s in Strafs. Bd. 7 S. 299, Bd. 14 S. 205,

die ihm höher steht, als die sofortige Verwirklichung seines Strafrechts, die Strafverfolgung davon abhängig gemacht, daß wegen dieses Ehebruchs die Ehe vorher geschieden worden sei; während der Ehe soll im Interesse ihres Fortbestehens eine Strafverfolgung nicht stattfinden. Daraus folgt, daß dem durch den Bruch der ehelichen Treue verletzten Ehegatten, wenn er sich entschließt, über den Ehebruch hinwegzusehen, von dem Rechte, deshalb die Ehescheidung zu verlangen (§ 1565 BGB.), keinen Gebrauch zu machen und das eheliche Verhältnis mit dem schuldigen Ehegatten fortzusetzen, auch die Verpflichtung erwächst, sein Verhalten so einzurichten, daß die Ehe dabei bestehen kann (vgl. Jurist. Wochenschr. 1906 S. 389 Nr. 15, 390).

Daß das eheliche Band nicht nur Rechte und Pflichten zwischen den Ehegatten erzeugt, sondern daß auch jeder Dritte die Verpflichtung hat, das eheliche Verhältnis anderer als ein unantastbares Gut zu achten und zu ehren und sich aller Störungen dieses Verhältnisses, vornehmlich in der zartesten und empfindlichsten seiner Beziehungen, der geschlechtlichen, durch einen unerlaubten Geschlechtsverkehr mit einem der Ehegatten zu enthalten, ergibt sich nicht nur aus der Rechtsordnung überhaupt, es ist auch, wie erörtert, durch das Strafgesetz anerkannt, das den Ehebruch an dem schuldigen Ehegatten wie an seinem Mitschuldigen nach Trennung der Ehe mit Gefängnis bestraft. Aber eine Klage auf Unterlassung solcher Störungen gegen den Dritten kann es aus denselben Gründen nicht geben, aus denen dem einen Ehegatten gegen den andern eine solche Klage während bestehender Ehe versagt ist. Dem verletzten Ehegatten bleibt nur die Wahl, entweder die Ehescheidung wegen des Ehebruchs zu betreiben und nach Lösung der Ehe die Bestrafung des schuldigen Ehegatten wie des dritten Ehestörers herbeizuführen, oder wenn er dies nicht will, durch gütliche Mittel auf den anderen Ehegatten einzuwirken und ihn den Versuchungen zum Bruche der ehelichen Treue zu entziehen. Ein Weg zur gerichtlichen Verfolgung durch zivilrechtliche Klage ist ihm weder dem Ehegatten noch dem Dritten gegenüber gegeben. Das Hineinziehen der inneren Verhältnisse des Ehelebens in einen bürgerlichen Rechtsstreit außerhalb des besonders geordneten Eheprozesses widerstreitet dem sittlichen Wesen der Ehe, wie dieses durch die Rechtsordnung anerkannt ist. Ist deshalb dem verletzten Ehegatten während der Ehe zur Verfolgung ehebrecherischer Verfehlungen gegen den Ehegatten wie gegen den dritten Störer der Rechtsschutz überhaupt versagt, so fällt damit auch die angestellte Klage auf deren fernere Unterlassung." . . .

---

26. Ist eine Sicherstellung oder Befriedigung, die der Gläubiger in der Art zwar nicht zu fordern berechtigt, die er aber anzunehmen verpflichtet ist, nach § 30 Nr. 2 KO. anfechtbar?

VII. Zivilsenat. Urt. v. 23. April 1909 i. S. H. F. & Co. Kommanditges. auf Aktien (Bekl.) w. W. M. Konkurs (Kl.). Rep. VII. 272/08.

I. Landgericht Elberfeld.
II. Oberlandesgericht Köln.

Die Gemeinschuldnerin stand mit der Beklagten, die ihr gegen Sicherheitsbestellung einen hohen Kredit eröffnet hatte, seit Jahren in laufender Geschäftsverbindung. In den letzten zehn Tagen vor dem Antrage auf Konkurseröffnung gingen von der Gemeinschuldnerin teils in bar, teils in Kundenwechseln rund 40000 *M* bei der Beklagten zur Gutschrift ein. Der Konkursverwalter focht diese Leistungen auf Grund des § 30 Nr. 2 KO. an. Das Berufungsgericht wies die Klage hinsichtlich der Barzahlungen ab, gab ihr aber hinsichtlich der Wechsel statt. Das Berufungsurteil wurde in seinem letzteren Teile aufgehoben.

Aus den Gründen:

... „Wenn, wie es im Verhältnisse der Beklagten zu der (späteren) Gemeinschuldnerin der Fall war, ein Bankhaus einem Kunden bis zu einem bestimmten Höchstbetrage Kredit in laufender Rechnung eröffnet, so entspricht es der Natur dieses Verhältnisses, daß die kreditierte Summe nicht unverändert bis zur Beendigung des Kreditvertrags stehen bleiben soll; sie soll vielmehr möglichst oft umgesetzt werden. Der Kunde wird die bei ihm eingehenden Akzepte seiner Kunden dem Bankhause (zur Diskontierung) überweisen und kann dann seinerseits wieder über einen entsprechenden Betrag bei der Bank verfügen. Ob sich von solchen vorübergehenden und vorübergehend gewollten Gutmachungen sagen läßt, die Bank erlange durch sie (teilweise) Befriedigung ihres Guthabens, kann zweifelhaft erscheinen. Doch braucht hierauf nicht eingegangen zu werden; denn unbedenklich ist eine (teilweise) Befriedigung der Bank dann anzunehmen, wenn der Kunde den Höchstbetrag seines Kredits überschritten hatte und nun seine Schuld bis auf den Höchstbetrag herabmindert. Diese Herabminderung soll dauernd und endgültig sein, sie ist insoweit Befriedigung des Gläubigers. Die Revision geht demnach zu weit, wenn sie ausführt, die während der Dauer des Kontokorrentverkehrs geleisteten Zahlungen oder sonstigen Gutmachungen seien überhaupt nicht Leistungen im Sinne des § 2 Nr. 2 KO.

Der Fall einer bedeutenden Überschreitung des erwähnten Kredits lag nun auch im gegenwärtigen Streitfalle vor" (wird ausgeführt). „Daraus erwuchs, wie das Berufungsgericht zutreffend annimmt, für die Beklagte der Anspruch auf sofortige anderweitige Sicherstellung oder auf sofortige Befriedigung wegen des nicht mehr gesicherten Betrages ihres Guthabens. Sie hatte also Befriedigung zu der Zeit zu beanspruchen und hat solche in Höhe von rund 40000 *M* teils in bar, teils in Wechseln erhalten. Es fragt sich, ob die Beklagte die Befriedigung durch Wechsel **in der Art** zu beanspruchen hatte. Die Antwort ist aus dem Vertragsverhältnisse der Beteiligten zu entnehmen; sie hat bejahend zu lauten, wenn die Beklagte der Schuldnerin gegenüber **verpflichtet** war, Wechsel in Zahlung zu nehmen. Das Berufungsgericht trifft darüber, ob eine solche Verpflichtung der Beklagten bestand, eine bestimmte Feststellung nicht, weil es diesen Punkt nicht für entscheidend hält. Es führt aus: die Beklagte konnte nur Barzahlung fordern, nicht Zahlung durch Indossierung von Kundenwechseln; die Hingabe der Akzepte mag ein Recht der Firma W. M. gewesen sein, einen Anspruch auf diese Art der Befriedigung hatte die Beklagte nicht; sie hat also durch die hingegebenen Akzepte eine Deckung erhalten, auf welche sie in dieser Art keinen Anspruch hatte.

Hat man, wie dies zurzeit unterstellt werden muß, davon auszugehen, daß die Hingabe der Wechsel ein Recht der Firma W. M. war, dann erweist sich die erwähnte Ausführung des Berufungsgerichts als rechtsirrig. Allerdings war die Beklagte nicht berechtigt, von W. M. die Übertragung von Kundenwechseln zu fordern. Allein dies rechtfertigt noch nicht die Anwendung des § 30 Nr. 2 KO. Als eine Sicherung oder Befriedigung, die der Gläubiger zu beanspruchen hat, muß im Sinne des erwähnten Gesetzes auch eine solche gelten, zu deren Annahme er dem Schuldner gegenüber verpflichtet ist. Ganz unzweifelhaft trifft dies zu im Falle einer Wahlschuld mit Wahlrecht des Schuldners (§ 262 BGB.). Nun handelt es sich vorliegend allerdings nicht um eine Wahlschuld, sondern um eine sog. facultas alternativa: der Gläubiger hatte nur Barzahlung zu fordern, der Schuldner aber war berechtigt, sich durch eine andere Leistung, die Hingabe von Kundenwechseln, von seiner Verpflichtung zu befreien. Der an sich vorhandene Unterschied zwischen diesen beiden Arten von Schuldverhältnissen rechtfertigt aber nicht ihre verschiedene Behandlung auf dem Gebiete des Anfechtungsrechts. In beiden Fällen hat der Gläubiger Befriedigung zu fordern; die Art der Befriedigung hängt in beiden Fällen von dem Willen des Schuldners ab. Es wäre gewiß ein unerträglicher Rechtszustand, wenn einerseits der Gläubiger verpflichtet wäre, die ihm vom Schuldner angebotene Art der Befriedigung als Erfüllung anzunehmen, anderseits die Gläubiger des Schuldners die Macht hätten, die Befriedigung als eine nicht in der Art geschuldete anzufechten. Eine zu solchem Ergebnis führende, allzu buchstäbliche Auslegung des § 30 Nr. 2 KO. ist abzulehnen (vgl. auch Jaeger, KO. 3. Aufl. § 30 Anm. 51)."

27. Verhältnis des Urheberrechts des Verfassers des Originaltextes einer Oper zu dem Urheberrechte des Übersetzers. Hat das frühere Erlöschen des Urheberrechts an der Übersetzung Einfluß auf das Urheberrecht des Verfassers des Originals?

Gesetz, betr. das Urheberrecht an Werken der Literatur und der Tonkunst, vom 19. Juni 1901 §§ 2, 12, 62.

Berner Übereinkunft vom 9. September 1886 und Pariser Zusatzakte vom 4. Mai 1896 Artt. 2 u. 5.

I. Zivilsenat. Urt. v. 24. April 1909 i. S. C. F. Peters (Bekl. u. Widerkl.) w. Aktiengesellschaft Universal-Edition (Kl. u. Widerbekl.). Rep. I. 171/08.

I. Landgericht Leipzig.
II. Oberlandesgericht Dresden.

Der Text der im Jahre 1875 im Verlage der Firma Choudens père et fils in Paris erschienenen Oper „Carmen" ist von den Franzosen Halévy und Meilhac gemeinschaftlich verfaßt. Eine deutsche Übersetzung, von dem österreichischen Schriftsteller Julius Hopp in Wien angefertigt, erschien ohne dessen Nennung im Laufe desselben Jahres im Selbstverlage der k. k. Hofoper in Wien, die das Aufführungsrecht von der Firma Choudens père et fils erworben hatte. Der Name des Übersetzers Hopp war zunächst in das Urheberrechtsregister in Wien für anonyme und pseudonyme Werke nicht eingetragen worden. Dagegen ließ die Verlagsfirma Albert Ahn in Köln, die noch in demselben Jahre das Recht zur Veröffentlichung und Aufführung der Oper mit dem Hopp'schen Texte von Choudens père et fils für Deutschland erwarb, den Namen des Übersetzers im Januar 1902 in die Eintragungsrolle in Leipzig gemäß § 31 Abs. 2 LitUrhGes. eintragen. Hopp war 1885 gestorben, der Komponist der Oper, Bizet, schon 1875. Der Mitverfasser des Originaltextes, Halévy, lebte dagegen zur Zeit der Anhängigmachung des vorliegenden Prozesses noch.

Die Klägerin nahm an, daß zur Zeit weder die Musik noch der Hopp'sche Text in Österreich oder Deutschland urheberrechtlichen Schutz genieße. Sie erhob gegen den Beklagten, der in der Folge die Verlagsrechte an der Oper für Deutschland und Österreich von Choudens père et fils erworben hatte, im Frühjahr 1906 Klage mit dem Antrage,

festzustellen, daß der Beklagte nicht berechtigt sei, ihr innerhalb Deutschlands und Österreichs die Vervielfältigung und Verbreitung von Musikausgaben, insbesondere Klavierauszügen, der Oper „Carmen" mit Hinzufügung des von Julius Hopp ins Deutsche übertragenen Textes zu verbieten.

Das Landgericht wies dem Antrage des Beklagten entsprechend die Klage ab und verbot der Klägerin auf erhobene Widerklage bei Strafe, die Musikausgaben der Oper „Carmen", insbesondere die Partitur und den Klavierauszug mit deutschem Texte, in Deutschland zu vervielfältigen und zu verbreiten. Hinsichtlich der Verbreitung in Österreich nahm das Landgericht an, daß eine das Feststellungsinteresse rechtfertigende Berühmung des Beklagten nicht vorliege. In Deutschland erachtete der erste Richter das Verbietungsrecht des Beklagten für zu Recht bestehend, da das Autorrecht der französischen Textdichter, von denen die Firma Choudens père et fils und der Beklagte ihre Rechte ableiteten, auch gegenüber jeder Übersetzung und deren Verbreitung in Deutschland wirksam sei. Auf die Berufung der Klägerin erkannte das Oberlandesgericht teilweise abändernd, indem es die Widerklage abwies und unter Aufrechthaltung der Klagabweisung im übrigen feststellte, daß der Beklagte nicht befugt sei, der Klägerin bei der Vervielfältigung und Verbreitung der Musikausgaben von „Carmen" innerhalb des Deutschen Reiches die Beifügung der Hopp'schen Textübersetzung zu verbieten.

Auf die Revision des Beklagten hat das Reichsgericht das Urteil des Oberlandesgerichts aufgehoben und die Berufung der Klägerin gegen das Urteil des Landgerichts zurückgewiesen.

Gründe:

„Es ist im vorliegenden Prozesse nicht bestritten, daß die Firma Choudens père et fils in Paris das Verlagsrecht an der Musik und dem Originaltexte der Oper „Carmen" erworben hat und daß der Beklagte von dieser Pariser Firma das Verlagsrecht für Deutschland ableitet.

Das Oberlandesgericht läßt es dahingestellt, ob die Pariser Firma auch die Schutzrechte an der Hopp'schen Übersetzung erworben hat oder ob diese der Wiener Hofoper übertragen wurden. Denn das aus der Autorschaft am Originalwerke folgende Recht zur Untersagung von Übersetzungen sei hinsichtlich der Hopp'schen Übersetzung durch die seinerzeit erteilte Genehmigung endgültig erloschen. Nur soweit Hopp selbst als Autor einen Abdruck seiner Übersetzung zu untersagen befugt gewesen wäre, hätte auch die Pariser Firma ein solches Untersagungsrecht durch Erwerbung der Hopp'schen Autorrechte gewinnen können. Mit dem Augenblicke, wo diese rechtmäßige Übersetzung nach den maßgebenden gesetzlichen Bestimmungen frei geworden sei, habe jeder sie nachdrucken und verbreiten dürfen. Diese Rechtslage sei nach § 14 des Österreichischen Patentes vom 19. Oktober 1846, da das Textbuch anonym erschienen war, mit Ende des Jahres 1905 eingetreten. Mit dem Erlöschen des Hopp'schen Urheberrechts in Österreich sei nach dem Österreichisch-Deutschen Übereinkommen vom 30. Dezember 1899 Art. 1 Abs. 2 Satz 2 dessen Schutz auch für Deutschland erloschen.

Diese Auffassung wird dem Urheberrechte des Dichters des Originaltextes nicht gerecht und verletzt die §§ 2, 12, 62 LitUrhGes. vom 19. Juni 1901, verbunden mit Artt. 2 und 5 der Berner Übereinkunft vom 9. September 1886 und der Zusatzakte vom 4. Mai 1896.

Nach den Bestimmungen der Berner Übereinkunft genießen die einem der Verbandsländer angehörigen Urheber oder ihre Rechtsnachfolger in den übrigen Ländern für ihre Werke . . . diejenigen Rechte, welche die betreffenden Gesetze den inländischen Urhebern . . . einräumen. Es steht ihnen in den übrigen Ländern während der ganzen Dauer ihres Rechts an dem Originale das ausschließliche Recht zu, ihre Werke zu übersetzen oder die Übersetzungen zu gestatten. Die Textdichter und die Firma Choudens père et fils gehören einem der Verbandsländer (Frankreich) an. Die Firma hat die Hopp'sche Übersetzung durch Albert Ahn in Köln alsbald nach der ersten Veröffentlichung des Originalwerkes, jedenfalls innerhalb der in Art. 5 Bern. Übereink. bestimmten zehnjährigen Frist, veröffentlichen lassen. Die Originaltextdichter genießen hiernach den Schutz inländischer Urheber, den sie mit ihrem Urheberrechte auf die Firma Choudens père et fils übertragen haben.

Der Urheber eines Bühnenwerkes genießt nach Maßgabe der

§§ 11 flg. LitUrhGes. die ausschließliche Befugnis zur Vervielfältigung, gewerbsmäßigen Verbreitung und öffentlichen Aufführung auch hinsichtlich der Bearbeitungen, insbesondere der Übersetzungen. Der Textdichter einer Oper ist hinsichtlich des Textes als Urheber an dem Bühnenwerke zu betrachten (vgl. Entsch. des RG.'s in Zivils. Bd. 68 S. 84 flg.). Im vorliegenden Falle wurde von Choudens père et fils die Übersetzung des Operntextes ins Deutsche durch den Wiener Schriftsteller Hopp im Jahre 1875 gestattet; Hopp ist mithin der Urheber seiner Übersetzung geworden. Ob er als solcher die Rechte des Urhebers tatsächlich genossen hat, ist nicht aufgeklärt, indes für den vorliegenden Fall auch ohne Interesse. Es kann vielmehr mit dem Oberlandesgerichte dahingestellt bleiben, ob in der Folge die Wiener Hofoper oder Choudens père et fils Verlagsrechte an der Hopp'schen Übersetzung erworben haben. Denn nach der auf Anwendung des Österreichischen Gesetzes beruhenden und insoweit der Nachprüfung in der Revisionsinstanz entzogenen Feststellung des Oberlandesgerichts ist das Urheberrecht an der Hopp'schen Übersetzung in Österreich erloschen, und diese dadurch dort schutzlos geworden. Ob das Urheberrecht an ihr für Deutschland, falls es von Choudens père et fils erworben war, durch die nach dem Tode Hopp's auf Betreiben des Verlagsbuchhändlers Ahn (1901) erfolgte Eintragung seines Namens in die Eintragungsrolle hätte erhalten werden können, kann ebenfalls dahingestellt bleiben, da die Beklagte ihre Rechte von dem Urheberrechte der französischen Textdichter ableitet und es für sie hiernach gleichgültig ist, ob die Hopp'sche Übersetzung als solche in Deutschland überhaupt keinen Schutz mehr genießt oder ob ein solcher, d. h. ein besonderer Schutz an jener Übersetzung, noch für die Rechtsnachfolger von Choudens père et fils besteht. Auch die Klägerin leitet aus dem Hopp'schen Urheberrechte kein Recht für sich ab, sondern beruft sich im Gegenteil für ihren Rechtsstandpunkt darauf, daß kein Urheberrecht an dieser Übersetzung mehr bestehe.

Ist danach ... die Annahme zugrunde zu legen, daß gegenwärtig auch in Deutschland die Hopp'sche Übersetzung keinen besonderen Urheberrechtsschutz genießt, so ist die Beklagte im Rechte. Denn der Übersetzer hat zwar ein Urheberrecht, das vom Urheber des Originalwerks geachtet werden muß, wenn die Übersetzung eine rechtmäßige ist und wenn und soweit nicht Vereinbarungen zwischen dem Urheber der Übersetzung und dem des Originalwerks entgegenstehen. Allein das Urheberrecht des Übersetzers hat nicht die Wirkung und kann nicht die Wirkung haben, daß es auch dann noch, wenn es nicht mehr besteht, die Rechte des Urhebers des Originalwerks beeinträchtigen könnte. Die Dauer des Urheberrechts des Übersetzers an seiner Übersetzung richtet sich lediglich nach seiner Person. Erlischt der Schutz der Übersetzung früher als der des Originalwerks, so bleibt dieser doch in seinem vollen ursprünglichen Umfange bestehen, und hieraus folgt, daß der Urheber oder Verleger des Originalwerks nunmehr die Vervielfältigung und Verbreitung auch der Übersetzung verbieten kann. Denn der Umstand, daß das Urheberrecht des Übersetzers erloschen ist, würde zwar an sich zur Folge haben, daß fortan jedermann die Übersetzung benutzen und verbreiten könnte; wenn und so lange indes noch ein Urheberrecht an dem Originalwerke besteht, hat dieses zur Folge, daß, wem es zusteht, kraft seines Rechts jedem Dritten gemäß § 12 LitUrhGes. die Vervielfältigung, Verbreitung oder Aufführung einer Übersetzung zu verbieten, auch die von dem Urheberrechte des Übersetzers frei gewordene verbieten darf. Der Übersetzer hat eben ein fremdes Geisteswerk benutzt, dessen Schutz sich nach der Person des Urhebers des Geisteswerkes richtet.

Das Oberlandesgericht hat rechtlich geirrt, wenn es annahm, daß infolge des Erlöschens des Urheberrechts Hopp's auch das Urheberrecht des Originaltextdichters, das hinsichtlich jeder Bearbeitung fortbesteht und nur während der Dauer des Urheberrechts des Übersetzers durch dieses beschränkt war, in Ansehung der Hopp'schen Übersetzung erloschen sei. Der Mitverfasser des Originaltextes, Halévy, hat zur Zeit der Erhebung der Klage noch gelebt. Sein Urheberrecht, das die Firma Choudens père et fils und, von ihr abgeleitet, der Beklagte ausübt, ist nach §§ 29, 30 LitUrhGes. noch 30 Jahre vom Zeitpunkt des Todes Halévy's an geschützt. Mit Recht hat daher das Landgericht angenommen, daß die Beklagte auf Grund dieses Urheberrechts der Klägerin die Vervielfältigung und Verbreitung jeder Bearbeitung des Originaltextes, auch der Hopp'schen, untersagen kann." ...

28. Kann, wer durch unrichtige Angaben in dem von der Aktiengesellschaft ausgehenden Prospekte (Börsengesetz vom 22. Juni 1896 § 43) zum Ankaufe von Aktien veranlaßt worden ist, den ihm hierdurch verursachten Vermögensschaden von der Aktiengesellschaft selbst ersetzt verlangen?

I. Zivilsenat. Urt. v. 28. April 1909 i. S. S. (Kl.) w. 1. Dresdener Bank, 2. Straßenbahn Hannover (Bekl.). Rep. I. 254/08.

I. Landgericht I Berlin, Kammer für Handelssachen.
II. Kammergericht daselbst.

Auf den Rat der Dresdener Bank (Bekl. 1) kaufte der Kläger im April 1899 50 Aktien der Straßenbahn Hannover (Bekl. 2) zum Kurse von 119—120 v. H. In der Folge fielen die Aktien im Kurse bis auf 27 v. H. Der Kläger behauptete, er sei durch den von den beiden Beklagten ausgegebenen Prospekt vom März/April 1899, der unrichtige Angaben enthalte, zum Ankaufe bestimmt worden. Die Unrichtigkeit der Angaben hätten die Beklagten gekannt oder kennen müssen. Er machte beide Beklagte auf Grund des § 43 des Börsengesetzes (Fassung vom 22. Juni 1896) für den ihm durch den Ankauf der Aktien verursachten Schaden verantwortlich, die Beklagte 1 außerdem auf Grund ihrer Ratserteilung.

Das Landgericht wies die Klage ab. Soweit die Beklagte 2 in Frage kam, wies das Oberlandesgericht die Berufung des Klägers durch Teilurteil zurück. Das Reichsgericht hat dieses Urteil aufgehoben und die Sache an das Oberlandesgericht zurückverwiesen.

Aus den Gründen:

„Das Kammergericht hat den auf § 43 des Börsengesetzes vom 22. Juni 1896 gestützten Anspruch gegen die Straßenbahn Hannover für unbegründet erachtet, weil seit der Entscheidung des Reichsgerichts vom 2. Mai 1900, welche eine Haftung der Aktiengesellschaft gegenüber ihrem Aktionär für die in ihrem Prospekte gemachten unrichtigen Angaben anerkannt hatte (Entsch. des RG.'s in Zivils. Bd. 46 S. 83), mehr und mehr der Grundsatz zur Anerkennung gelangt sei, daß ein Aktionär Ansprüche gegen die Aktiengesellschaft nicht verfolgen könne, die sich auf seine Beteiligung an der Aktiengesellschaft gründeten und diese zur Voraussetzung hätten. Dieser Grundsatz entspreche dem Zwecke und Wesen der Aktiengesellschaft und stütze sich auf die

§§ 213, 215 HGB. (Art. 216, 217 ADHGB.). Daß die hier gegebenen allgemeinen, im Interesse der Erhaltung des Aktienkapitals zur Sicherheit für die Gläubiger notwendigen Vorschriften hinter denen des § 43 des Börsengesetzes zurücktreten müßten, sei nicht anzuerkennen.

Das Berufungsgericht befindet sich bei dieser Auffassung, was den ersten Teil seiner Begründung betrifft, in Übereinstimmung mit dem von dem erkennenden Senate in den Entscheidungen vom 14. März 1903 und vom 8. November 1905 (Entsch. des RG.'s in Zivils. Bd. 54 S. 128 und Bd. 62 S. 29) eingenommenen Standpunkte. In der Begründung des ersteren Erkenntnisses ist unter Bezugnahme auf die konstante Rechtsprechung des Reichsoberhandelsgerichts und des Reichsgerichts ausgesprochen, daß die Zeichnungserklärung des Aktionärs mit Rücksicht auf ihren rechtspolizeilichen Charakter der Anfechtung wegen Irrtums, Drohung oder Betrugs entzogen ist und daß bei Gleichheit des Grundes die gleiche Erwägung auch für die Zeichnungserklärung bei Kapitalserhöhungen gelte. Ebenda ist auch die weitere Konsequenz gezogen, daß, so oft jemand durch schuldhaftes Verhalten der Vorstandsmitglieder veranlaßt worden ist, Aktien der Gesellschaft zu kaufen und dadurch Mitgliedschaftsrechte zu erwerben, ihm gleichfalls ein Anspruch auf Ersatz des Schadens, der ihm gerade durch diese Beteiligung entstanden ist, gegen die Aktiengesellschaft selbst versagt werden müsse. Die Entscheidung Bd. 62 S. 29 enthält eine praktische Anwendung dieser Auffassung.

Die in der Literatur gegen die eben erwähnte Konsequenz geltend gemachten Bedenken und ihre Ablehnung für das Recht der Gesellschaft m. b. H., wie sie in der Entscheidung des Reichsgerichts vom 1. Mai 1908 (Entsch. in Zivils. Bd. 68 S. 309) Ausdruck gefunden hat, mußten den erkennenden Senat zu einer nochmaligen Prüfung der Richtigkeit seines Standpunktes veranlassen. Der Senat hält hiernach zwar an der Auffassung fest, daß der Aktionär seine durch Zeichnung oder durch Ausübung des Bezugsrechts bei der Gründung oder Kapitalserhöhung einer Aktiengesellschaft ausgesprochene Beteiligung nicht nachträglich wegen Betrugs, Drohung oder Irrtums gegenüber der Gesellschaft anfechten und auch keinen Schadensersatzanspruch gegen die Gesellschaft geltend machen kann, der in seinem Erfolge der Aufhebung seiner Beteiligung und der Rückzahlung seiner Einlage gleichkommt, einer Auffassung, die durch den Beschluß der Vereinigten Zivilsenate vom 16. Mai 1904 (Entsch. Bd. 57 S. 292) hinsichtlich der Beitrittserklärung zu einer eingetragenen Genossenschaft eine indirekte Bestätigung gefunden hat. Er lehnt nunmehr aber eine Ausdehnung dieses Grundsatzes auf Fälle ab, in denen die Beteiligung an der Aktiengesellschaft in anderer Weise als durch Zeichnung oder Übernahme des ursprünglichen oder des erhöhten Grundkapitals bewirkt wurde. Es ist eine verschiedene Behandlung der Fälle der ersteren und der letzteren Art notwendig.

Durch Übernahme oder Zeichnung der Aktien (§§ 188, 189 HGB.) wird die notwendige Grundlage für die demnächst in das Leben und den Verkehr tretende Aktiengesellschaft geschaffen. Sie ist eine reine Kapitalgesellschaft, und ihre Existenzberechtigung wie ihr Kredit beruhen auf dem tatsächlichen Vorhandensein ihres Grundkapitals, für welches das Gesetz im Interesse der Allgemeinheit besondere Garantien geschaffen hat. Was für die ursprüngliche Gesellschaft gilt, muß auch für die durch den Beschluß über die Erhöhung des Grundkapitals veränderte Gesellschaft gelten. Das Interesse des einzelnen muß zurücktreten gegenüber dem Interesse, das die Allgemeinheit daran hat, daß die Kapitalgesellschaft so, wie im Handelsregister eingetragen und demnächst öffentlich bekannt gemacht wird, wirklich ins Leben getreten ist. Deshalb sind die Übernahme- und Zeichnungserklärungen der Anfechtung wegen Irrtums, Drohung oder Betrugs entzogen. Sie gelten als gesellschaftliche, rechtspolizeiliche Akte, die der Allgemeinheit gegenüber erklärt sind. Deshalb sind auch Schadensersatzansprüche gegen die Gesellschaft wegen der durch diese Erklärungen bewirkten Beteiligung ausgeschlossen, weil sie in ihrer Wirkung lediglich die Aufhebung dieser Beteiligung und die Zurückerstattung des durch die Zeichnung oder Übernahme garantierten Kapitals herbeiführen. Es handelt sich hier überall nur um die gesellschaftliche Beteiligung des Aktionärs auf Grund seiner eigenen Erklärungen. Diese muß der Anfechtung oder Wiederaufhebung entzogen sein, wenn nicht die rechtliche und wirtschaftliche Grundlage der Existenz der Gesellschaft gefährdet und in Frage gestellt werden soll.

Ist aber die Aktiengesellschaft mit ihrem ursprünglichen oder mit dem erhöhten Grundkapitale ins Leben getreten, so verbietet zwar auch jetzt das Gesetz, daß durch Vereinbarungen zwischen der Gesellschaft und den Gesellschaftern über Rückzahlung der geleisteten Einlagen oder über den Bezug von Zinsen in bestimmter Höhe oder durch Rechtshandlungen dieser Art das Grundkapital nachträglich seinem Zwecke entfremdet wird (§§ 213, 215 HGB., Artt. 216, 217 ADHGB.). Dagegen kann der Gesetzgeber weder im allgemeinen noch im speziellen eine Vorsorge dagegen treffen, daß die Aktiengesellschaft bei ihrer Betätigung im Verkehrsleben keine Einbuße an ihrem Grundkapitale erleidet. Die Aktiengesellschaft muß im Rechtsverkehre genau ebenso behandelt werden, wie jedes andere Rechtssubjekt. Sie genießt keine Privilegien, auch nicht gegenüber ihren eigenen Aktionären. Tritt sie durch ihre Organe mit diesen in rechtsgeschäftlichen Verkehr oder wird sie ihnen aus unerlaubten Handlungen der Organe verpflichtet, so ist sie zur Erfüllung ihrer Verbindlichkeiten ihnen gegenüber wie gegenüber jedem Dritten verbunden. Das Gesetz bietet keinen genügenden Anhalt für die Annahme, daß die Anwendung der allgemeinen Grundsätze des Verkehrsrechts im Verhältnis zwischen Aktiengesellschaft und Aktionär jeweils da ausgeschlossen sein sollte, wo sie in ihrer Rückwirkung für den Vermögensbestand der Aktiengesellschaft einer völligen oder teilweisen Rückzahlung der Einlage des Aktionärs gleichkommt. Der Aktionär steht in diesen Fällen der Gesellschaft überall in seiner Eigenschaft als Gläubiger gegenüber, und die Gesellschaft kann seine Eigenschaft als Gläubiger und seine sich daraus ergebenden Rechte nicht dadurch beseitigen oder unwirksam machen, daß sie geltend macht, er sei zugleich ihr Gesellschafter.

Der Aktionär, der eigene Aktien der Gesellschaft von ihr erworben hat und der durch unrichtige Angaben ihrer Vorstandsmitglieder im Prospekte (§ 43 Börsenges.) zu diesem Ankaufe veranlaßt worden ist, macht seine Ansprüche nicht in seiner Eigenschaft als Gesellschafter, sondern in seiner Eigenschaft als Käufer der Aktien geltend. Der von ihm beanspruchte Schadensersatz ist nicht nur rechtlich, sondern auch wirtschaftlich etwas anderes als die auf das Grundkapital (das ursprüngliche oder das erhöhte) geleistete Einlage. Die Grundsätze, die, aus dem Gesellschaftsverhältnis abgeleitet, die gesellschaftliche Beteiligung des Aktionärs bei der Gründung oder Kapitalserhöhung der Anfechtung oder Wiederaufhebung entziehen, dürfen nicht auf Rechtsgeschäfte ausgedehnt werden, die zwar in ihrem Effekte gleichfalls eine Beteiligung an der Aktiengesellschaft herbeiführen, die aber ihrem Wesen nach keine unter dem Gesellschaftsrechte stehenden Rechtsakte sind, sondern Umsatzverträge, gerichtet auf Erwerb von Wertobjekten gegen Entgelt.

Nach § 226 HGB. soll die Aktiengesellschaft eigene Aktien nicht erwerben oder in Pfand nehmen. Gleichwohl ist es eine Erscheinung des täglichen Lebens und entspricht dem Verkehrsbedürfnis, daß Aktienbanken mit ihren eigenen Aktien handeln, d. h. sie kaufen und verkaufen. Es widerspricht der Auffassung des Verkehrs, daß für die Verkäufe eigener Aktien der Aktienbanken andere als die allgemeinen Rechtsgrundsätze gelten sollten. Dasselbe gilt aber auch von der Prospekthaftung des § 43 Börsenges. Wenn hier das allgemeine Prinzip aufgestellt ist, daß die Personen, die den Prospekt erlassen haben oder von denen der Prospekt ausgeht, für die Unrichtigkeit der in ihm enthaltenen für die Beurteilung des Wertes der Aktien erheblichen Angaben haften, so kann diese außerhalb des Gesellschaftsrechts stehende Haftung nicht dadurch außer Wirksamkeit gesetzt werden, daß der Aktionär durch den Ankauf der Aktien Gesellschafter der Aktiengesellschaft wird. Wollte man dies annehmen, so würde die gesetzliche Prospekthaftung gerade in den Fällen versagen, für die sie in erster Reihe bestimmt ist; denn in der Regel wird der Prospekt von der Aktiengesellschaft „ausgehen", welche die Zulassung ihrer Aktien zum Börsenhandel betrieben hat.

Da das Kammergericht die Klage gegen die Straßenbahn Hannover ausschließlich aus dem Grunde abgewiesen hat, weil dem klagenden Aktionär ein Schadensersatzanspruch auf Grund des § 43 Börsenges. gegen die Aktiengesellschaft, deren Gesellschafter er durch den Erwerb der Aktien geworden ist, nicht zustehe, dieser Grund aber nach dem Ausgeführten als berechtigt nicht anerkannt werden kann, mußte das angefochtene Erkenntnis aufgehoben, und die Sache zur anderweiten Verhandlung und Entscheidung an das Kammergericht zurückverwiesen werden."[1]

[1] Vgl. zu der hier behandelten Frage Sievers, Deutsche Juristenzeitung 1903 S. 88; Derselbe, Recht 1906 S. 974 flg.; Lehmann, in Holdheims Monatsschrift Bd. 12 S. 195; Hachenburg, Recht 1907 S. 225 flg.; Bolze, Leipziger Zeitschrift für Handelsrecht usw. 1907 S. 1 flg.; Hagens, ebenda S. 240 flg.; Staub-Pinner, Kommentar zum HGB. (8. Aufl.) § 232, Anm. 43 S. 789; Plutus 1906 S. 125; Werner, Leipziger Zeitschrift 1908 S. 592; Haack, ebenda S. 917 flg; Dove, im Kommentar zum Börsengesetz von Rehm u. a. (Berlin 1909) § 45 Anm. 8. D. E.

29. Unter welchen Voraussetzungen hat ein Schuldanerkenntnis als auf Grund einer Abrechnung erklärt zu gelten?
BGB. § 782.

II. Zivilsenat. Urt. v. 30. April 1909 i. S. Fr. (Bekl.) w. B. (Kl.). Rep. II. 555/08.

I. Landgericht Halle, Kammer für Handelssachen.
II. Oberlandesgericht Naumburg a. S.

Die Klägerin hatte dem Beklagten lange Zeit hindurch Felle geliefert. Sie klagte aus dieser Geschäftsverbindung auf Zahlung eines Teilbetrags und stützte die Klage auch auf die Behauptung, daß mit dem Beklagten abgerechnet worden sei und der Beklagte das Abrechnungsergebnis als richtig anerkannt habe. Die Revision des in beiden Vorinstanzen verurteilten Beklagten wurde zurückgewiesen.

Aus den Gründen:

„Das Berufungsgericht gelangt auf Grund der beeidigten Aussage des Zeugen B., die es als glaubwürdig ansieht, zu dem Ergebnisse, daß der Beklagte die streitige Schuld in dem von der Klägerin behaupteten Umfange vertragsmäßig anerkannt habe. Es stellt fest, daß die Parteien Ende Januar oder Anfang Februar 1906 an mehreren Abenden über ihre geschäftlichen Beziehungen abgerechnet hätten, daß sich dabei nach Berichtigung einiger Abweichungen schließlich ein Guthaben der Klägerin von 44295,49 *M* ergeben habe und daß darauf der Beklagte auf die Frage eines der Inhaber der klagenden Firma, wie er denn bezahlen wolle, geantwortet habe, er könne nur nach und nach bezahlen, er sei ein ehrlicher Mensch, er wolle keinen betrügen, er könne doch nicht wieder als Gerbergeselle anfangen. In dieser Erklärung erblickt das Berufungsgericht ein die Zahlungspflicht des Beklagten begründendes Schuldanerkenntnis, indem es erwägt, der Beklagte habe danach zwar nicht mit ausdrücklichen Worten erklärt, daß er seine Schuld anerkennen und bezahlen wolle, aber doch der Klägerin gegenüber deutlich zu erkennen gegeben, daß er das gefundene Ergebnis als richtig gelten lassen und die ermittelte Summe, wenn auch nur in Raten, zahlen wolle.

Die Revision erhebt hiergegen den Angriff, das Berufungsgericht nehme mit ungenügender Begründung an, daß der Beklagte ein verpflichtendes Schuldanerkenntnis abgegeben habe. Wenn der Beklagte sich so geäußert habe, wie das Berufungsgericht feststelle, so habe er damit nur erreichen wollen, daß er wegen der Bezahlung nicht gedrängt werde, dagegen nicht zu erkennen gegeben, daß er auch mit der Höhe der von der Klägerin berechneten Forderung einverstanden sei. Der nach § 781 BGB. erforderliche Wille des Beklagten, mit der Klägerin einen Vertrag zu schließen, kraft dessen er unabhängig von dem Schuldgrunde zur Zahlung verpflichtet sein sollte, sei nicht zu vermuten, sondern hätte eines besonderen Nachweises bedurft.

Der Angriff konnte keinen Erfolg haben. Nach § 781 Satz 1 BGB. ist zur Gültigkeit eines Schuldanerkenntnisses die schriftliche Erteilung der Anerkennungserklärung erforderlich. Der Beobachtung dieser Form bedarf es nach § 782 ausnahmsweise nicht, wenn das Anerkenntnis auf Grund einer Abrechnung oder im Wege des Vergleichs erteilt wird. Im vorliegenden Falle hat nach den Feststellungen des Berufungsgerichts eine Abrechnung im Sinne des Gesetzes stattgefunden. Die Parteien haben, um den Stand der aus den langjährigen Lieferungen der Klägerin herrührenden Schuld des Beklagten zu ermitteln, an der Hand von Aufzeichnungen und Rechnungen die für die Berechnung der Schuld in Betracht kommenden Posten miteinander erörtert und Abweichungen berichtigt, bis sich schließlich eine bestimmte Summe als Guthaben der Klägerin ergab. Die Erteilung eines in bezug auf diese Summe abgegebenen, als selbständigen Verpflichtungsgrundes wirksamen Schuldanerkenntnisses konnte deshalb formlos erfolgen. Sie erforderte auch, wie das Berufungsgericht mit Recht annimmt, nicht den Gebrauch von Worten, wodurch die Anerkennung ausdrücklich erklärt wurde. Da das Gesetz keine solche Beschränkung enthält, so ist davon auszugehen, daß, entsprechend der für sonstige rechtsgeschäftliche Erklärungen geltenden Regel, auch eine andere Form der Kundgebung genügen konnte.

Erforderlich ist allerdings, um ein verpflichtendes Schuldanerkenntnis der Äußerung des Beklagten entnehmen zu können, daß der Wille, ein solches zu erteilen, unter Würdigung der begleitenden Umstände in den gebrauchten Worten zu finden ist. Dies konnte aber in dem gegebenen Falle vom Berufungsgerichte ohne Rechtsirrtum und ohne daß es der Angabe weiterer Gründe bedurft hätte, bejaht werden. Der Beklagte wurde, nachdem bei der Abrechnung ein bestimmtes Ergebnis ermittelt worden war, gefragt, wie er bezahlen wolle. Wenn er darauf die Richtigkeit des Ergebnisses nicht bestritt, wohl aber die auf die Bereitwilligkeit zu zahlen hinweisende Äußerung getan hat, er könne nur nach und nach bezahlen, er wolle keinen betrügen, so war diese Antwort an sich geeignet, dem Willen Ausdruck zu geben, die Schuld so, wie sie ermittelt worden war, als zu Recht bestehend anzuerkennen. Weiter aber ist für die Frage, ob die Erklärung des Beklagten diesen Sinn hatte, von erheblicher Bedeutung, daß sie an eine Abrechnung sich anschloß, also an einen Akt, der verkehrsüblich gerade zu dem Zwecke vorgenommen wird, Klarheit über die Beziehungen der Beteiligten zu schaffen und das gewonnene Ergebnis bindend festzustellen. Eben mit Rücksicht darauf, daß bei der Abrechnung der Wille, das Ergebnis bindend festzusetzen, zu unterstellen ist, hat auch das Bürgerliche Gesetzbuch für diesen Fall, wie für den ähnlichen Fall des Vergleichs, die sonst bei dem Schuldanerkenntnis notwendige Schriftform für nicht erforderlich erklärt (Prot. Bd. 2 S. 509). Das Berufungsgericht durfte deshalb, nachdem es in der Äußerung des Beklagten eine Anerkennung der Richtigkeit des Abrechnungsergebnisses gefunden hatte, ohne weiteres annehmen, daß auch die Erklärung, das Ergebnis der Abrechnung als bindend anzuerkennen, in der Äußerung enthalten sei." ...

---

30. Hat ein Ausländer, der im Inlande keine Hauptniederlassung, wohl aber eine Zweigniederlassung besitzt, das Geschmacksmuster bei dem Amtsgerichte zu Leipzig oder bei dem für die Zweigniederlassung zuständigen Amtsgerichte anzumelden und niederzulegen?

Gesetz, betr. die Urheberrechte an Mustern und Modellen, vom 11. Januar 1876 §§ 7, 9.

I. Zivilsenat. Urt. v. 1. Mai 1909 i. S. Kr. (Kl.) w. Gebr. H. (Bekl.). Rep. I. 272/08.

I. Landgericht I Berlin.
II. Kammergericht daselbst.

Die Klägerin, eine österreichische Firma, die in Berlin eine seit 1890 eingetragene Zweigniederlassung, aber keine Hauptniederlassung in Deutschland besitzt, klagte wegen Verletzung ihres deutschen Geschmacksmusterschutzes an zwei Mustern, die sie im Jahre 1901 bei dem Amtsgerichte zu Leipzig angemeldet und niedergelegt hatte.

Beide Vorinstanzen wiesen die Klage ab, weil Anmeldung und Niederlegung, um den gesetzlichen Schutz zu begründen, bei dem ausschließlich zuständigen Amtsgerichte Berlin hätten erfolgen müssen.

Die Revision ist zurückgewiesen worden, aus folgenden

Gründen:

„Die Revision kann keinen Erfolg haben, weil die Annahme der Vorinstanzen, daß die Klägerin wegen Anmeldung und Niederlegung bei dem unzuständigen Gerichte keinen Schutz für ihre Geschmacksmuster erlangt habe, dem Gesetze vom 11. Januar 1876 entspricht und die Entscheidung trägt.

Mit der Zuständigkeitsbestimmung des § 9 Abs. 3 dieses Gesetzes hat sich der Senat bereits in dem Urteile vom 16. April 1898 (Entsch. in Zivils. Bd. 41 S. 77) beschäftigt. Damals lag vor, daß ein Ausländer (Schweizer), der im Gebiete des Reichs keine Haupt-, wohl aber eine Zweigniederlassung hatte, ein Geschmacksmuster bei dem für die Zweigniederlassung zuständigen Amtsgerichte angemeldet und niedergelegt hatte. Dies wurde für „ganz korrekt" erklärt. Der Senat hat also damals dem § 9 Abs. 3 die auch jetzt vom Kammergerichte übereinstimmend mit dem Landgerichte befolgte Auslegung gegeben, daß unter der hier erwähnten „Niederlassung" sowohl die Hauptniederlassung, als die Zweigniederlassung zu verstehen sei. An dieser Auslegung ist, trotz der Einwendungen der Revision, festzuhalten. Sie entspricht zunächst durchaus dem Wortlaute des Gesetzes. Unbedenklich ist, daß mit Niederlassung auch eine Zweigniederlassung gemeint sein kann. Alsdann aber würde, gerade wenn man, wie die Revision verlangt, die Abss. 2 und 3 des § 9 hinter einander liest, die Verschiedenheit des Ausdrucks nicht zu erklären sein und dem Vorwurfe übermäßiger Sorglosigkeit in der Fassung nicht entgehen, wenn man die Hauptniederlassung des Abs. 2 und die Niederlassung des Abs. 3 als gleichbedeutend zu verstehen hätte. Der Wechsel in der Bezeichnung an den beiden nahe verbundenen Stellen läßt ohne Willkür nur die Auslegung zu, daß damit an beiden Stellen etwas Verschiedenes gemeint sei, daß also die Niederlassung in Abs. 3 in bewußtem Gegensatze zu der Hauptniederlassung in Abs. 2 den weiteren, auch die Zweigniederlassung mitumfassenden Sinn haben soll.

Das Ergebnis dieser Auslegung führt zu einer befriedigenden Regelung der Zuständigkeit. Der Abs. 2 gibt die Zuständigkeitsnorm für alle Fälle, wo im Inlande entweder eine — eingetragene — Hauptniederlassung oder ein Wohnsitz vorhanden ist. Für die hiernach nicht geregelten Fälle, die tatsächlich meist bei Ausländern vorkommen werden, nicht aber, wie die Revision meint, für die Ausländer als solche, trifft der Abs. 3 Bestimmung. Er tut dies, wie der Abs. 2, in alternativer Weise, indem er die Zuständigkeit verschieden festsetzt, je nachdem im Inlande wenigstens eine — wie man ergänzen muß: eingetragene — Zweigniederlassung besteht oder es auch daran fehlt. Nur für den letzteren Fall spricht es die Zuständigkeit des Leipziger Handelsgerichts — jetzt des Amtsgerichts Leipzig, § 125 Abs. 1 FrGG. — aus. Für den anderen Fall ist die Gerichtsbehörde der Zweigniederlassung zuständig, was der Abs. 3 allerdings nur dadurch zum Ausdrucke bringt, daß er die Zuständigkeit des Leipziger Handelsgerichts in der angegebenen Weise beschränkt. Sachliche Bedenken stehen dieser Auslegung der gesetzlichen Zuständigkeisbestimmungen nicht entgegen. Man darf insbesondere nicht einwenden, daß es im Inlande mehrere Zweigniederlassungen geben könne. Das gleiche ist auch bei der Hauptniederlassung möglich. Für diese besonderen Fälle hat das Gesetz überhaupt keine ausdrückliche Vorschrift, man muß die Lösung aus den übrigen Zuständigkeitsbestimmungen entnehmen. Davon abgesehen, führt der Abs. 3 zu einer sicheren Zuständigkeitsnorm für alle nicht in Abs. 2 geregelten Fälle.

Daß für diese Fälle die einheitliche Zuständigkeit des Leipziger Handelsgerichts dem Standpunkte des Gesetzgebers näher gelegen hätte, kann auch nicht aus der Entstehungsgeschichte des Gesetzes nachgewiesen werden. Im Gegenteile, mit den Bemerkungen, welche die Motive zu dem damaligen § 8 gegen die Errichtung einer Zentralanmeldungsstelle vorbringen (Sten. Ber. des Reichstages, 2. Legislaturper. III. Session, 1875 Nr. 24 S. 26/27) stimmt es offenbar besser, daß Leipzig nicht mit allen nach Abs. 2 übrig bleibenden Anmeldungen belastet, sondern nur herangezogen wird, wo sich kein anderes sicheres Zuständigkeitskriterium aufstellen läßt.

Der Vorinstanz ist aber auch darin beizutreten, daß die Zuständigkeitsnormen des § 9 ausschließlich sind und daß die Anmeldung an unzuständiger Stelle nicht rechtswirksam ist. Wenn § 7 die Erlangung des Musterschutzes davon abhängig macht, daß Anmeldung und Niederlegung „bei der mit Führung des Musterregisters beauftragten Behörde" erfolgen, so ist es selbstverständlich, daß für das einzelne Muster oder Modell die Bestimmung der mit Führung des Musterregisters beauftragten Behörde nicht nur aus § 9 Abs. 1 — sachliche Zuständigkeit —, sondern ebenso aus § 9 Abss. 2, 3 — örtliche Zuständigkeit — entnommen werden muß. Für diese an sich zweifellose Auffassung kann man noch besonders geltend machen den Satz aus dem Anfange der Motive zu § 6 des Entwurfs (§ 7 des Gesetzes):

„In den Gesetzgebungen aller Staaten ist vorgeschrieben, daß der Urheber des Musters oder Modells dasselbe bei einer bestimmt bezeichneten Behörde einregistrieren ... lassen muß, widrigenfalls er den Schutz gegen Nachbildung nicht in Anspruch nehmen kann."

Ebenso die Begründung, welche die Motive zu § 10 (jetzt § 11) für die Öffentlichkeit des Musterregisters geben, wonach dieses Register u. a.

„wesentlich dazu bestimmt (ist), dem Fabrikanten, welcher ein fremdes Muster oder Modell nachbilden will, die Möglichkeit zu gewähren, sich Überzeugung davon zu verschaffen, ob das Muster überhaupt gegen Nachbildung geschützt ist, und an wen er sich zu wenden habe, um die Genehmigung zur Nachbildung zu erlangen,"

was alles eine örtlich bestimmte Anmeldung und Eintragung voraussetzt. Daß infolge der Zulässigkeit, das Muster oder Modell versiegelt niederzulegen (§ 9 Abs. 4), dieser Zweck erschwert oder sogar vereitelt werden kann, worauf die Revision hinweist, kann die wesentliche Bedeutung der Vorschriften über die örtliche Zuständigkeit nicht beseitigen.

Verfehlt ist endlich auch die aus dem Instanzvorbringen wiederholte Behauptung der Revision, daß die örtliche Unzuständigkeit des Amtsgerichts Leipzig nach § 7 FrGG. geheilt sei. Auf Grund dieser Vorschrift, wonach gerichtliche Handlungen der freiwilligen Gerichtsbarkeit nicht deswegen unwirksam sein sollen, weil sie von einem örtlich unzuständigen Gerichte vorgenommen sind, könnte man vielleicht zu dem Ergebnisse gelangen, daß die Entgegennahme der Anmeldung und Niederlegung und die Eintragung in das Musterregister durch das Amtsgericht Leipzig, als gerichtliche Akte, nicht unwirksam waren. Aber darum handelt es sich nicht, wie das Berufungsurteil mit Recht geltend macht, sondern darum, ob die von der Partei vorzunehmende Handlung — die Anmeldung und Niederlegung selbst — wirksam war, obgleich sie bei einem örtlich unzuständigen Gerichte erfolgt ist. Darauf bezieht sich der Grundsatz des § 7 nicht, wie die Revision selbst zugeben muß. Es ist aber ganz willkürlich und ohne Anhalt im Gesetze, wenn sie meint, daß dieser — singuläre — Grundsatz sinngemäß auch auf die Parteierklärungen zu beziehen und dahin auszudehnen sei, daß „die koordinierten Gerichte auch für derartige Rechtshandlungen, die der freiwilligen Gerichtsbarkeit angehören, als gleichwertig angesehen werden sollen, und daß das formelle Recht die Wirksamkeit des materiellen Rechts insoweit nicht behindern soll". Das ist auch deshalb verfehlt, weil hier das materielle Recht den Musterschutz nicht von Anmeldung und Niederlegung überhaupt, sondern von Anmeldung und Niederlegung bei der örtlich zuständigen Musterregisterbehörde abhängig macht. Daher trifft es auch zu, wenn das Kammergericht die Ablehnung des § 7 FrGG. zugleich auf § 185 Abs. 2 das. und Art. 32 des EinfG. z. BGB. gestützt hat." ...

---

31. Schadensersatzklage wegen zeitweiliger Aussperrung eines Lehrlings von der Beschäftigung in allen einem Arbeitgeberverbande angehörigen Betrieben wegen ungehörigen Verhaltens gegenüber dem Lehrherrn. Wieweit ist bei der Entscheidung darüber, ob darin ein Verstoß gegen § 826 BGB. liege, zu berücksichtigen, welchen tatsächlichen Sachverhalt der Arbeitgeberverband als vorliegend angesehen hat?

VI. Zivilsenat. Urt. v. 3. Mai 1909 i. S. Vereinigung Berliner Metallwarenfabrikanten (Bekl.) w. Schr. (Kl.). Rep. VI. 152/08 u. 105/09.

I. Landgericht I Berlin.
II. Kammergericht daselbst.

Der am 12. Mai 1887 geborene Kläger war Gürtlerlehrling in der von der Handelsgesellschaft R. K. in Berlin betriebenen Kronleuchterfabrik. Das Lehrverhältnis wurde am 9. Februar 1905 vorzeitig gelöst, weil der Teilhaber der Gesellschaft R. K. zu der Meinung gelangt war, daß der Kläger bei einem Arbeiterausstande, der damals in der Fabrik ausgebrochen war, absichtlich die Ausständigen unterstützt habe. Er zeigte das der verklagten Vereinigung, der die Handelsgesellschaft angehörte, an; die Vertrauenskommission der Vereinigung wies infolgedessen deren Arbeitsnachweisstelle an, dem Kläger zunächst keinen Handzettel oder Arbeitsnachweisschein zu erteilen, deren er, um Arbeit in einem der zur Vereinigung gehörenden Betriebe zu finden, bedurfte.

Der Kläger erhob deshalb gegen die Vereinigung Klage, die u. a. auch auf die Leistung von Schadensersatz gerichtet war. Der Anspruch wurde in erster und zweiter Instanz für dem Grunde nach berechtigt erklärt, auf die Revision der Beklagten aber abgewiesen.

Aus den Gründen:

... „Vom Kläger ist sein Schadensersatzanspruch, und von den Vorinstanzen die Entscheidung, daß der Anspruch ... dem Grunde nach berechtigt sei, allein darauf gestützt worden, daß der Beschluß der Vertrauenskommission der Beklagten, dem Kläger zunächst keinen Arbeitsnachweisschein zu erteilen, und das darauf beruhende Verhalten der Arbeitsnachweisstelle gegen die guten Sitten verstoßen habe; eine andere Begründung konnte auch nicht in Frage kommen.

Damit entfällt als für die Klagebegründung unverwertbar ohne weiteres der Umstand, daß von der Beklagten dem vom Kläger in erster Linie gestellten Verlangen nicht entsprochen worden ist, ihm einen Nachweisschein zu erteilen, auf Grund dessen er sich bei den Mitgliedern der verklagten Vereinigung um Beschäftigung als Gürtlergehilfe hätte bewerben können. Denn da er von der Handelsgesellschaft R. K. vor beendeter Ausbildung weggegangen war, so entsprach es nur der Natur der Sache, daß die Erteilung eines Nachweisscheins zur Bewerbung um Beschäftigung als Gürtlergehilfe von dem Nachweise abhängig gemacht worden ist, daß er seine Lehrzeit anderweit mit Erfolg vollendet habe. Diesen Nachweis der Arbeitsnachweisstelle gegenüber zu erbringen, hat der Kläger gar nicht versucht.

Für die Begründung des erhobenen Schadensersatzanspruchs kommt also, wie auch wohl beide Vorinstanzen angenommen haben, nur der Umstand in Betracht, daß dem Kläger auch der Nachweisschein zur Beschäftigung als gewöhnlicher Arbeiter versagt und dessen Erteilung davon abhängig gemacht worden ist, daß er sich wegen seines Verhaltens gegenüber der Firma R. K. bei deren Teilhaber R. K. entschuldige.

Das Landgericht hat angenommen, dieses Vorgehen der Beklagten sei als eine unbillig harte Maßnahme und als ein Verstoß gegen die guten Sitten auch dann anzusehen, wenn sich der Kläger bei dem in der K.'schen Fabrik ausgebrochenen Arbeiterausstande so verhalten habe, wie es der Beklagten in dem Schreiben der Firma R. K. vom 11. Februar 1905 gemeldet worden war. Denn sein Verschulden sei gegenüber den Nachteilen, die ihm durch die gegen ihn zur Anwendung gebrachte Maßregel erwuchsen, nicht schwerwiegend genug gewesen; es komme auch seine Jugend entschuldigend in Betracht, und zur Aufrechterhaltung der Autorität der Lehrherrin habe die alsbaldige Entlassung des Klägers aus dem Lehrlingsverhältnis genügt.

Dieser Auffassung, deren Richtigkeit die Vorinstanz dahingestellt gelassen hat, kann nicht beigepflichtet werden. Nach dem erwähnten Schreiben sollte der Kläger, obwohl er sich dem Arbeiterausstande nicht angeschlossen hatte, die Ausständigen in der Weise unterstützt haben, daß er den von ihnen ausgestellten Posten Mitteilungen über die Vorgänge in der K.'schen Fabrik, insbesondere über den Ein- und Austritt von Arbeitswilligen, gemacht und diese auf der Straße den Streikposten gekennzeichnet hatte. Dieses Gebaren sollte er trotz einer ihm durch R. K. erteilten ernstlichen Vermahnung fortgesetzt, auch als er von diesem auf der Straße im Verkehre mit Streikposten betroffen worden war, sich auf den Anruf K.'s zwar umgewendet, aber eine abweisende Handbewegung gemacht und das Gespräch mit den Streikposten alsbald wieder aufgenommen haben. Nach dem weiteren Inhalte des Schreibens sollte nach dem letzterwähnten Vorgange zwischen R. K. einer- und dem Kläger und seinem Vater anderseits eine die Lösung des Lehrvertrags betreffende Verhandlung stattgefunden, und der Kläger dabei „verächtlich" zu K. gesagt haben, er sei froh, daß er von ihm fortkäme.

Entsprach diese Darstellung der Wahrheit, so hatte sich der Kläger gegen seine Lehrherren, deren väterlicher Zucht er unterstand (§ 127 GewO.), einer schweren Verfehlung schuldig gemacht; er hatte sich dann nicht bloß ungehorsam und unehrerbietig gegen seine Lehrherren benommen, sondern sie auch in einer sehr ernsten Angelegenheit absichtlich zu schädigen unternommen. Er war auch nicht mehr so jung, daß ihm nicht ein genügendes Verständnis der Tragweite seines Verhaltens zuzutrauen gewesen wäre. Unter diesen Umständen kann bei Unterstellung der Richtigkeit des K.'schen Berichts nicht zugegeben werden, daß es ungerechtfertigt gewesen und als Verstoß gegen die guten Sitten anzusehen sei, daß die Vertrauenskommission der Beklagten es im Interesse der von ihr vertretenen Arbeitgeber für geboten oder doch für angemessen erachtet hat, den Kläger für einige Zeit von der Beschäftigung in den Betrieben dieser Arbeitgeber fernzuhalten. Der Umstand, daß der Kläger von der Firma R. K. vorzeitig aus der Lehre entlassen worden war, brauchte sie hiervon um so weniger abzuhalten, als sie aus dem Verhalten des Klägers bei der letzten Verhandlung mit R. K. entnehmen durfte, daß er weit entfernt sei, sein Verhalten zu bedauern, und die Entlassung gar nicht als etwas ihm Nachteiliges ansähe. . . . Es kann endlich auch nicht anerkannt werden, daß, wenn die in dem K.'schen Bericht enthaltene Sachdarstellung richtig war, die verklagte Vereinigung sich betreffs der Länge der Zeit, für welche die über den Kläger verhängte Maßregel aufrechterhalten oder doch ihre Aufhebung an die Bedingung, daß er sich bei R. K. entschuldige, abhängig gemacht worden ist, einer unbilligen, gegen das allgemeine Rechtsgefühl verstoßenden Härte schuldig gemacht hätte.

In Frage kommt daher nur noch, ob eine die Schadensersatzpflicht begründende Handlungsweise der Beklagten deshalb anzunehmen ist, weil nach den für das Revisionsgericht maßgebenden Feststellungen der Vorinstanz die in dem K.'schen Schreiben vom 11. Februar 1905 enthaltene Darstellung über das Verhalten des Klägers in mehrfacher Beziehung unrichtig gewesen ist, dieser insbesondere bei dem Streik der K.'schen Arbeiter den Ausständigen keine Zuträgerdienste geleistet hat. Diese Frage muß aber nach Lage der Sache verneint werden.

Wie schon früher hervorgehoben worden ist, kommt für die

Begründung des erhobenen Schadensersatzanspruchs allein die Bestimmung in § 826 BGB. in Betracht. Für einen solchen Anspruch reicht es aber keineswegs aus, daß sich nach dem nachträglich im Prozesse ermittelten Sachverhalt die Handlung, aus der die Schadensersatzpflicht des Täters hergeleitet wird, als eine solche, die nicht hätte vorgenommen werden sollen, erweist. Bei der Anwendung des § 826, in dem die Entscheidung über die Haftung des Täters darauf, ob ihn der Vorwurf sittenwidrigen Verhaltens trifft, abgestellt ist, muß vielmehr neben der objektiven auch die subjektive Seite der Sache in Betracht gezogen werden: es muß also geprüft werden, ob der Täter mit Rücksicht auf die Lage, in der er sich befand, die Handlung als gegen das Rechts- und Anstandsgefühl aller billig und gerecht Denkenden verstoßend erkennen mußte oder sie nicht vielmehr nach seiner Kenntnis der tatsächlichen Verhältnisse als gerechtfertigt ansehen durfte.

Im gegebenen Falle ist nicht festgestellt und vom Kläger auch nicht behauptet worden, daß die verfassungsmäßigen Vertreter der Beklagten, insbesondere die Mitglieder der Vertrauenskommission, Kenntnis von dem Sachverhalte, den das Berufungsgericht auf Grund der zweitinstanzlichen Beweisaufnahme für dargetan erachtet hat, gehabt hätten. In diesem durchaus wesentlichen Punkte weicht also, wie nicht unerwähnt bleiben mag, der hier vorliegende Tatbestand von dem ab, welcher der Entscheidung vom 17. März 1904 zugrunde lag (Entsch. in Zivils. Bd. 57 S. 418 flg., insbes. S. 428). Nun mag zuzugeben sein, daß das nicht ohne weiteres entscheidend ist. Man wird von einem Arbeitgeberverbande, der sich durch seine organisatorischen Einrichtungen in den Stand gesetzt hat, in so schwerwiegender Weise in das wirtschaftliche Leben von Arbeitnehmern einzugreifen, wie es durch die Versagung von Arbeitsnachweisscheinen von seiten der verklagten und ähnlicher Vereinigungen tatsächlich geschieht, verlangen dürfen und müssen, daß sie bei Verhängung solcher Maßnahmen vorsichtig verfahren, insbesondere dazu nicht verschreiten, sofern sie keine verläßlichen Unterlagen bezüglich der tatsächlichen Vorgänge und Verhältnisse haben, die ihnen Anlaß zu solcher Maßregel geben, und es mag die Haftung einer derartigen Vereinigung aus § 826 BGB. auch dann begründet erscheinen können, wenn sie unter Außerachtlassung dieser Pflicht aus tatsächlichem Irrtume einen Arbeiter aussperrt und dadurch schädigt.

Aber auch von diesem Standpunkte aus kann der Schadensersatzanspruch des Klägers im vorliegenden Falle nicht als begründet angesehen werden.

Wie feststeht, ist der Beschluß der Vertrauenskommission, dem Kläger „zunächst“ keinen Arbeitsnachweisschein zu erteilen, ergangen auf Grund des von R. K., einem der damaligen Teilhaber der gleichnamigen Handelsgesellschaft, der Beklagten erstatteten Berichts, in dem die für die Beurteilung des Verhaltens des Klägers besonders wichtigen neuesten Vorgänge als von R. K. selbst wahrgenommen dargestellt waren. Die genannte Gesellschaft war Mitglied der verklagten Vereinigung. Diese durfte mit Grund annehmen, daß Mitteilungen der in Rede stehenden Art von ihren Mitgliedern mit der erforderlichen Sorgfalt gewissenhaft gemacht würden. Daß sie in dem speziellen Falle nach dieser Richtung aus besonderen Gründen Anlaß zu Zweifeln gehabt hätte, ist nicht festgestellt und vom Kläger in keiner Weise behauptet.

Hinzu kommt aber noch folgendes. Der Kläger selbst hat nirgends geltend gemacht, daß er gegenüber der Beklagten oder deren Arbeitsnachweisstelle jemals bestritten habe, sich während seiner Beschäftigung bei der Firma R. K. einer Verfehlung schuldig gemacht zu haben. ...

Nach alledem fehlt es für die Annahme einer gegen die guten Sitten verstoßenden Handlung der verklagten Vereinigung nach der subjektiven Seite nicht bloß an den erforderlichen Feststellungen, sondern auch an einer Begründung von seiten des Klägers; es mußte deshalb die Klage ... in diesem Punkte abgewiesen werden.“ ...

---

32. 1. Was muß die schriftliche Bürgschaftserklärung nach § 766 BGB. enthalten?
2. Bürgschaft und kumulative Schuldübernahme.

BGB. §§ 766, 414, 421, 795.

VI. Zivilsenat. Urt. v. 3. Mai 1909 i. S. B. (Bekl.) w. M. (Kl.).
Rep. VI. 250/08.

I. Landgericht I München.
II. Oberlandesgericht daselbst.

Der Privatmann O. K. in M. erhielt am 9. November 1904 von der M. Sch. ein Darlehn von 3000 ℳ, zu dessen Sicherheit er ihr einen Wechsel über 3000 ℳ, sowie einen von der Beklagten, seiner Tante, unterschriebenen Schuldschein über 3000 ℳ übergab. K. zahlte auf das Darlehn nur 200 ℳ zurück; den Rest forderte die Klägerin, die die eigentliche Geldgeberin war, und der die Sch. ihre Darlehnsforderung abgetreten hatte, von der Beklagten. Das Landgericht verurteilte die Beklagte nach dem Klagantrage; das Oberlandesgericht wies die von dieser eingelegte Berufung zurück.

Die Revision der Beklagten wurde für begründet erachtet, und die erhobene Klage abgewiesen, aus folgenden

Gründen:

„Der von der Beklagten unterzeichnete, von K. der Sch. übergebene Schuldschein lautet:

„Schuldschein über ℳ 3000, dreitausend Mark, welchen Betrag ich Unterzeichnete für meinen Neffen O. K. in M. Ende Dezember 1904 zu zahlen mich verpflichte, und zwar an den Inhaber dieses Schuldscheins laut eigenhändiger Unterschrift. L. B., K.'straße 9 M. 9. Nov. 1904."

Das Landgericht hat darin eine gültige Bürgschaftserklärung erblickt und ist so ... zur Verurteilung der Beklagten nach dem Klagantrage gelangt. Das Berufungsgericht kommt ... zu demselben Ergebnis, erachtet aber nicht eine Bürgschaft, sondern ein Gesamtschuldverhältnis für gegeben.

Die Revision führt aus, im Zweifel sei eine kumulative Schuldübernahme, um die es sich nach der Auffassung des Berufungsgerichts nur handeln könne, als eine Bürgschaft anzusehen und unterliege der Formvorschrift des § 766 BGB.; besondere Verhältnisse, die ein Eigenschuldverhältnis darzutun vermöchten, seien im gegebenen Falle nicht einmal behauptet. Der Schuldschein der Beklagten habe eben für eine fremde Schuld eine Sicherheit gewähren wollen und sollen. Ein abstraktes Schuldversprechen enthalte der Schuldschein in gültiger Form ebensowenig, da er sich auf eine fremde Schuld beziehe und sich als reines Inhaberpapier darstelle. Für eine Bürgschaftserklärung fehle der Urkunde aber die Individualisierung der Schuld, sowie des Gläubigers.

Der Revision war stattzugeben.

Die Beklagte ist mit der Gläubigerin Sch. in keinerlei direkte Beziehung zur Begründung des Schuldverhältnisses getreten. Eine Vereinbarung zwischen ihnen oder eine Vorverhandlung, die zur Auslegung des Vertragswillens dienen könnte, besteht nicht. Es liegt nichts vor, als die Übergabe des von der Beklagten vollzogenen „Schuldscheins" an die Gläubigerin Sch. von seiten des Schuldners K., dem die Beklagte vorher das Schriftstück zu diesem Zwecke, wie das Berufungsgericht tatsächlich feststellt, ausgehändigt hatte.

Eine gültige Bürgschaftserklärung, wie sie das Landgericht darin erblickt hat, enthält zunächst das Schriftstück nicht. Die Ausstellerin der Urkunde verpflichtet sich, 3000 ℳ für ihren Neffen O. K. zu zahlen; die Urkunde läßt demnach ersehen, daß die Beklagte allerdings eine fremde Schuld, eine solche ihres Neffen, für diesen bezahlen will. Damit ist ein Tatbestandsmoment der Bürgschaftserklärung gegeben (vgl. Entsch. des RG.'s in Zivils. Bd. 57 S. 258, Bd. 63 S. 143). Eine nähere Bezeichnung der fremden Schuld, für die die Beklagte eintreten will, sowie eine Angabe der Person des Gläubigers läßt das Schriftstück dagegen vollständig vermissen. Wenn nun auch, wie das Reichsgericht wiederholt anerkannt hat (Entsch. in Zivils. Bd. 59 S. 217, Bd. 62 S. 172; Jur. Wochenschr. 1905 S. 336 Nr. 3, 1906 S. 87 Nr. 7, S. 685 Nr. 5; Warneyer, Rechtspr. 1909 Nr. 140), die für die Bürgschaftserklärung in § 766 BGB. vorgesehene Urkunde gleich anderen rechtsgeschäftlichen Erklärungen dem Auslegungsgrundsatze des § 133 BGB. untersteht und deshalb zu ihrer Auslegung auch außerhalb der Urkunde liegende Umstände, sowie in anderen Urkunden enthaltene Erklärungen herangezogen werden dürfen, so muß doch unter Zuhilfenahme dieser anderen Umstände der konkrete rechtsgeschäftliche Inhalt der Verpflichtung aus der Urkunde selbst erkennbar hervorgehen. So kann der unmittelbare Anschluß der schriftlichen Bürgschaftserklärung an die über die Hauptschuld aufgenommene Urkunde die spezielle Bezeichnung der Schuld wie des Namens des Gläubigers entbehrlich machen (vgl. Entsch. in Zivils. Bd. 61 S. 343, Bd. 62 S. 172), sofern sich der Wille, für diese fremde Schuld einzustehen, aus der Anschlußerklärung ergibt, wozu die Mitunterschrift unter Hinzufügung der Worte „als Bürge", nicht aber etwa die bloße Mitunterzeichnung der Haupturkunde für ausreichend erachtet werden kann (vgl. Entsch. a. a. O.). So kann ferner aus der konkreten Bezeichnung der Schuld mit Grund und Betrag nach Maßgabe der sonst ermittelten Umstände die Person des Gläubigers oder umgekehrt aus der namentlichen Bezeichnung des Gläubigers die Hauptschuld, für die gebürgt werden soll, wenn zwischen diesem Gläubiger und dem Hauptschuldner zurzeit nur eine Schuldbeziehung besteht, erkannt werden. In allen diesen Fällen ergeben sich immerhin aus der Urkunde selbst die wesentlichen Merkmale der Bürgschaftsverpflichtung. Das aber muß schlechthin gefordert werden (vgl. Entsch. in Zivils. Bd. 57 S. 258), und eine Urkunde, in der ohne den oben erwähnten Anschluß der Bürgschaftsurkunde an die Urkunde der Hauptschuld oder ausdrückliche Bezugnahme auf diese weder die Person des Gläubigers noch die Hauptverbindlichkeit anders als dem Betrage nach bezeichnet ist, stellt eine gültige, den Erfordernissen des § 766 BGB. entsprechende Bürgschaftsurkunde nicht dar (vgl. Entsch. in Zivils. Bd. 62 S. 379).

Zwar hat der erkennende Senat in einem Urteile vom 18. Februar 1904 (Entsch. Bd. 57 S. 66) ausgesprochen, daß ein Bürgschaftsvertrag gültig auch in der Weise geschlossen werden kann, daß der Bürge die unterschriebene Bürgschaftserklärung, in der der Name des Gläubigers offen gelassen ist, dem Schuldner oder einem Dritten zu dem Zwecke übergibt, daß ein Gläubiger für die Schuld gesucht und diesem die mit seinem Namen nachträglich ausgefüllte Urkunde ausgehändigt werde. Allein in einem solchen Falle handelt es sich, wie schon in den Entsch. Bd. 62 S. 379 auf S. 383 ausgeführt wurde, um die von der Frage nach den Erfordernissen einer gültigen Bürgschaftserklärung ihrem Inhalte nach durchaus verschiedene Frage, ob gemäß § 126 BGB. die Unterschrift einer Urkunde der Niederschrift ihres Textes notwendig zeitlich nachfolgen muß oder ob sie ihr auch vorausgehen kann. Wird eine solche Urkunde nicht, dem Willen des Unterzeichners entsprechend, nachträglich ausgefüllt, so ist sie aus demselben Grunde ungültig, aus welchem der vorliegenden Urkunde die Anerkennung als Bürgschaftserklärung versagt werden muß.

Das Berufungsgericht sieht in der von der Beklagten abgegebenen Erklärung die Eingehung einer Gesamtschuldverbindlichkeit mit O. K. nach § 421 BGB., für die eine Formvorschrift nicht bestehe, ohne auf die Behandlung der Frage einzugehen, ob nicht diese Verpflichtung eine sog. kumulative Schuldübernahme darstellen würde, und ob eine solche im gegebenen Falle als eine von der Bürgschaft inhaltlich sich unterscheidende Verpflichtung anerkannt werden könnte. Dies müßte aber vorliegen, wenn die Annahme des Berufungsgerichtes zu einer Verurteilung der Beklagten führen sollte. Das Berufungsgericht stellt im Tatbestande seines Urteils als unstreitig fest, daß der Privatier O. K. in M. am 9. November 1904 von der M. Sch. ein Darlehn von 3000 *M* erhalten und zur Sicherung der genannten Gläubigerin einen Wechsel über 3000 *M* sowie den „Schuldschein" der Beklagten übergeben hat. Das Darlehn ist Realvertrag; die Verpflichtung zur Rückerstattung wird durch die Hingabe erzeugt (§ 607 BGB.), und eine Gesamtschuld auf Rückerstattung eines Darlehns entsteht nur, wenn es mehreren Personen gemeinschaftlich gegeben worden ist. Davon kann nach der Feststellung des Berufungsgerichts im vorliegenden Falle keine Rede sein. Das Darlehn hat empfangen und sollte empfangen O. K. Die Gläubigerin wollte nur für die Rückzahlung der Schuld eine Sicherheit haben; dazu diente der Schuldschein der Beklagten, der in seinem Inhalte auch die Absicht erkennen läßt, für eine fremde Schuld einzustehen, also keine eigene zu begründen.

Ein Eintritt der Beklagten in das von O. K. eingegangene Schuldverhältnis dergestalt, daß sie neben diesem als Hauptschuldnerin haften wollte, wie ihn das Berufungsgericht annimmt (sog. kumulative Schuldübernahme), kann nach Maßgabe des vom Berufungsgerichte festgestellten Sachverhalts als Erklärung einer eigenen selbständigen Verbindlichkeit der Beklagten, deren Fortbestand von der Verbindlichkeit des ursprünglichen und eigentlichen Schuldners unabhängig sein soll, nicht anerkannt werden; er unterscheidet sich vielmehr inhaltlich in nichts von einer Bürgschaftsverpflichtung und muß daher auch der für diese vorgesehenen Form unterworfen werden, wie in dem Urteile des erkennenden Senats vom 20. März 1902 (Entsch. in Zivils. Bd. 51 S. 120) ausgeführt ist. Eine selbständige und von der Bürgschaft verschiedene Verpflichtung kann in einem solchen Eintritte — einerlei, ob dessen Erklärung nach der Begründung der Schuld oder, wie hier, gleichzeitig mit dieser erfolgt — nur gefunden werden, wenn besondere Umstände vorliegen, die den Willen auf Begründung einer neben der des Hauptschuldners selbständig bestehenden, von dieser unabhängigen Verbindlichkeit deutlich ergeben. Besondere Umstände in diesem Sinne sind vorhanden, wenn die Vorteile aus dem Vertragsverhältnis, auf dem die Verbindlichkeit des ursprünglichen Schuldners beruht, ganz oder zum Teil wirtschaftlich dem Eintretenden zugute kommen, oder wenn dieser jedenfalls an den Leistungen aus dem Hauptvertrage, sei es auf der einen oder der anderen Seite, ein eigenes Interesse hat. Im Zweifel, wenn solche besonderen Umstände nicht festzustellen sind, ist die sog. kumulative Schuldübernahme als eine Bürgschaft anzusehen (vgl. Entsch. in Zivils. Bd. 59 S. 232, Bd. 64 S. 318, Bd. 68 S. 126; Jurist. Wochenschr. 1908 S. 31 Nr. 6, 137 Nr. 5, 676 Nr. 7; Warneyer, Rechtspr. 1905 Nr. 88 und 291). Solche Umstände sind im vorliegenden Falle nicht behauptet. Die Momente, die das Berufungsgericht zur Begründung seiner Auffassung heranzieht: daß die Verpflichtungserklärung als „Schuldschein" bezeichnet werde, daß die Gläubigerin das Darlehn nur gegen Aushändigung des K.'schen Wechsels und des Schuldscheins der Beklagten zu geben bereit gewesen sei, und daß die Beklagte auf die Zahlungsaufforderung der Gläubigerin den Schuldschein und ihre Verpflichtung daraus anerkannt habe, ohne sie an den Schuldner K. zu verweisen — sind Umstände der beschriebenen Art nicht und weisen auf etwas anderes als eine Bürgschaft für fremde Schuld, die als selbstschuldnerische gewollt sein mag, nicht hin.

Die Möglichkeit, die in dem „Schuldschein" der Beklagten ... enthaltene Erklärung als ein selbständiges Schuldversprechen im Sinne des § 780 BGB. aufzufassen, wird zwar nicht schon dadurch ausgeschlossen, daß die Schuld, die die Ausstellerin der Urkunde zu zahlen sich verpflichtet, als eine fremde Schuld bezeichnet wird; darin kann schließlich eine nur beiläufige Erwähnung der kausalen Schuld, die dem Schuldversprechen zugrunde liegt, erblickt werden. Allein das selbständige Schuldversprechen bedarf wiederum der schriftlichen Form und der Bezeichnung des Gläubigers. Die vorliegende Urkunde ist aber auf ihren Inhaber als den Gläubiger ausgestellt; Schuldverschreibungen auf den Inhaber, in denen die Zahlung einer bestimmten Geldsumme versprochen wird, bedürfen jedoch nach § 795 BGB. zu ihrer Gültigkeit der staatlichen Genehmigung." ...

33. Hängt die Stempelfreiheit eines Schecks davon ab, daß ein Guthaben des Ausstellers bei dem Bezogenen wirklich besteht?

Wechselstempelgesetz vom 10. Juni 1869 § 24 Abs. 2.

VII. Zivilsenat. Urt. v. 4. Mai 1909 i. S. Pl. & Co. (Kl.) w. Reichspostfiskus (Bekl.). Rep. VII. 352/08.

I. Landgericht Bremen.
II. Oberlandesgericht Hamburg.

Von der Klägerin wurde für einen auf die Kgl. Preuß. Seehandlung in Berlin gezogenen Scheck — des Wortlauts: Zahlen Sie gegen diesen Scheck aus unserem Guthaben an Herrn D., L. & Co. oder Order Einhundertachtzigtausend Mark. Unterschrift — nachträglich der Wechselstempel im Betrage von 90 *M* eingefordert, den sie mit der Klage zurückverlangte. Beide Vorinstanzen wiesen die Klage ab; das Reichsgericht hat ihr stattgegeben, aus folgenden

Gründen:

„Nach § 24 Abs. 1 des Gesetzes vom 10. Juni 1869, betr. die Wechselstempelsteuer, unterliegen dem Wechselstempel auch die von Kaufleuten oder auf Kaufleute ausgestellten Anweisungen auf Geldauszahlungen, gegen deren Vorzeigung oder Auslieferung die Zahlung geleistet werden soll. Befreit sind jedoch von der Abgabe nach § 24 Abs. 2 u. a. Schecks, das sind nach der vom Gesetze beigefügten Begriffsbestimmung „die statt der Barzahlung dienenden, auf Sicht zahlbaren Anweisungen auf das Guthaben des Ausstellers bei dem die Zahlungen desselben besorgenden Bankhause oder Geldinstitute", wenn sie ohne Akzept bleiben. Streitig ist vorliegendenfalls, ob die Klägerin bei der Kgl. Preuß. Seehandlung ein Guthaben hatte, über das sie durch den Scheck vom 19. April 1907 verfügen konnte. Der Wortlaut des Schecks vermag hierüber der Natur der Sache nach keine Auskunft zu geben. Die Anweisung auf das Guthaben des Ausstellers enthält zunächst nur die Versicherung des Ausstellers, daß ihm ein Guthaben bei dem Bezogenen zustehe, aus dem dieser Zahlung leisten werde; ob aber diese Versicherung der Wahrheit entspricht, muß sich erst bei der Vorzeigung des Schecks zur Einlösung erweisen. Der Wortlaut des Schecks wird aber stets der gleiche sein, mag ein Guthaben des Ausstellers bestehen oder nicht.

Hiernach kann es sich zunächst fragen, ob es für die Stempelfreiheit eines Schecks nicht schon genügt, daß er die sog. Guthabenklausel enthält, und ob nicht die Frage nach der Wahrheit oder Unwahrheit der hierin liegenden Versicherung des Ausstellers, daß ihm ein entsprechendes Guthaben bei dem Bezogenen zustehe, als rechtlich unerheblich auszuscheiden hat. Das Berufungsgericht hat diese Frage keiner Erörterung unterzogen; es geht offenbar von der Rechtsansicht aus, daß die Stempelfreiheit an die wirkliche Existenz der beiden streitigen Merkmale, eines Guthabens der Klägerin bei der Seehandlung und der Eigenschaft dieser Anstalt als des die Zahlungen der Klägerin besorgenden Bankhauses, geknüpft sei. Die Frage ist indes nicht unzweifelhaft. In der Rechtsprechung des Reichsgerichts ist sie, soweit bekannt, noch nicht ausdrücklich entschieden. In einem Urteile des I. Strafsenats vom 28. Mai 1892 (Entsch. in Strafs. Bd. 23 S. 216) ist betont, daß der Stempel ein Urkundenstempel ist, für den das Gesetz jeden dritten Inhaber, durch dessen Hände der Scheck geht, haftbar macht und daß deshalb auch für jeden Dritten die Frage, ob er einen steuerfreien Scheck vor sich habe, aus dem Scheck selbst zu beantworten sein muß. Derselbe Strafsenat hatte schon in einem Urteile vom 6. Februar 1888 (Rechtspr. Bd. 10 S. 94) bemerkt, es müsse für genügend gehalten werden, wenn das Ganze der Urkunde, so wie sie vorliegt, darüber keinen Zweifel lasse, daß es sich um eine auf Sicht zahlbare Anweisung des Ausstellers auf sein Guthaben bei dem seine Zahlungen besorgenden Bankhause handele. Dieser Gedankengang drängt offensichtlich zur Verneinung der Rechtsfrage, von deren Bejahung das Berufungsgericht ausgeht. Anderseits erklärt freilich das Reichsoberhandelsgericht in einem Urteile vom 24. Oktober 1875 (Entsch. Bd. 19 S. 73), „ohne Zweifel" begründe der Nachweis, daß ein Guthaben des Ausstellers bei dem Bezogenen nicht bestanden habe, die Stempelpflichtigkeit des Schecks, sowie eventuell die Bestrafung wegen Hinterziehung der Steuer.

Der erkennende Senat findet sich nicht veranlaßt, zu der besprochenen Rechtsfrage Stellung zu nehmen, da sich die Klage auch vom Rechtsstandpunkte des Berufungsgerichtes aus als begründet erweist. Der Entscheidung sind folgende vom Berufungsgerichte festgestellte Tatsachen zugrunde zu legen. Die Klägerin wünschte, über einen Betrag von 180000 *M* in Berlin verfügen zu können, und ersuchte deshalb das Bankhaus W. & Co. in Hamburg, ihr aus ihrem Guthaben bei diesem Bankhause die genannte Summe bei einer Bank in Berlin anzuweisen. W. & Co. beauftragten darauf die Kgl. Preuß. Seehandlung, aus ihrem Guthaben den Betrag von 180000 *M* „zur Verfügung der Klägerin zu halten", und die Seehandlung erklärte sich damit einverstanden. Hiervon wurde die Klägerin durch W. & Co. verständigt, während ein unmittelbarer Erklärungsaustausch zwischen der Seehandlung und der Klägerin nicht stattfand. Wohl aber löste die Seehandlung den hierauf von der Klägerin auf sie gezogenen Scheck anstandslos ein.

Hiernach kann es zunächst keinem Zweifel unterliegen, daß die Klägerin zur Zeit der Vorlegung des Schecks ein Guthaben von 180000 *M* bei der Seehandlung hatte. Der sicherste Beweis dafür liegt in der Tatsache der pünktlichen Einlösung des Schecks. Es ist nicht abzusehen, aus welch anderen Mitteln die Einlösung stattgefunden haben sollte. Die Anweisung, aus dem Guthaben der Klägerin zu zahlen, enthält zugleich die Anweisung, für Rechnung der Klägerin zu zahlen. Hätte die Klägerin kein Guthaben bei der Seehandlung gehabt, so wäre diese durch die Einlösung Gläubigerin der Klägerin, und die Klägerin Schuldnerin der Seehandlung geworden. Davon ist aber offensichtlich keine Rede; durch die Einlösung des Schecks wurde nicht ein Schuldverhältnis zwischen beiden begründet, sondern das bestehende Schuldverhältnis durch Zahlung erledigt. Man kann auch nicht etwa sagen, die Zahlung sei aus dem Guthaben der Firma W. & Co. erfolgt. Zu leisten hatte die Seehandlung auf Grund des Schecks eine Zahlung der Klägerin an die Firma D., L. & Co.; diese Zahlung aber konnte sie nur für Rechnung der Klägerin leisten. Mit dem Hause W. & Co. hatte die Zahlungsempfängerin nichts zu tun; dieses Haus konnte deshalb auch nicht von der Seehandlung mit der bezahlten Summe belastet werden. Richtig ist nur so viel, daß das Guthaben der Klägerin bei der Seehandlung aus dem Guthaben der Firma W. & Co. entnommen war. Die Seehandlung hat denn auch selbst nachträglich ausdrücklich anerkannt, daß der Klägerin ein Guthaben von 180000 *M* bei ihr zustand.

Das Berufungsgericht führt aus, mit dem Ausdrucke „Guthaben" im Sinne des Wechselstempelgesetzes sei unbedenklich derselbe Begriff zu verbinden, den der § 3 des deutschen Scheckgesetzes vom 11. März 1908 bestimme als „den Geldbetrag, bis zu welchem der Bezogene nach dem zwischen ihm und dem Aussteller bestehenden Rechtsverhältnisse Schecks einzulösen verpflichtet ist". Ein solches Rechtsverhältnis aber habe zwischen der Klägerin und der Seehandlung nicht bestanden. Gegen die Annahme eines Guthabens spreche das Recht der Firma W. & Co., ihre der Seehandlung erteilte Anweisung zu widerrufen. Diese Erwägung ist jedoch nicht durchschlagend. Es ist sehr fraglich, ob die Hamburger Firma auch nur der Seehandlung gegenüber berechtigt war, ihre Anweisung zu widerrufen, nachdem sie der Klägerin angezeigt hatte, daß sie ihr bei der Seehandlung 180000 ℳ zur Verfügung gestellt habe. Doch mag dies dahingestellt bleiben; jedenfalls steht so viel fest, daß ein Widerruf nicht erfolgt ist und daß demnach im Zeitpunkte der Vorlegung des Schecks die 180000 ℳ der Klägerin bei der Seehandlung zur Verfügung standen, die Klägerin also nach Belieben darüber verfügen konnte. Auf den Zeitpunkt der Vorlegung des Schecks aber kommt es an; denn andernfalls würde man zu dem unannehmbaren Ergebnisse gelangen, daß der Aussteller eines Schecks, der sein Guthaben unwissentlich überzogen hat, aber noch vor der Vorzeigung des Schecks für Ergänzung des Guthabens sorgt, gleichwohl wegen Stempelhinterziehung strafbar wäre.

Das Berufungsgericht läßt es unentschieden, ob der Klägerin ein Guthaben bei der Seehandlung zustand; den maßgebenden Entscheidungsgrund für die Klagabweisung bildet die Annahme, daß die Seehandlung jedenfalls kein die Zahlungen der Klägerin besorgendes Bankhaus gewesen sei. Zur Begründung dieser Annahme verweist es lediglich auf die einschlägigen Ausführungen des Landgerichts, und diese gehen dahin, es müsse zwischen dem Aussteller und dem bezogenen Bankhause ein Vertragsverhältnis bestehen, der sog. Scheckvertrag, demzufolge das Bankhaus zur Einlösung der Schecks des Ausstellers bis zu bestimmter Höhe verpflichtet sei. Das ist allerdings der Standpunkt des deutschen Scheckgesetzes. Dagegen ließe sich aber zunächst geltend machen, daß der § 24 Abs. 2 des Wechselstempelgesetzes nicht, wie der § 3 des Scheckgesetzes, von dem zur Einlösung von Schecks verpflichteten Bankhause, sondern von dem die Zahlungen des Ausstellers besorgenden Bankhause spricht, die

Eigenschaft eines solchen aber sehr wohl auch ohne jeden Scheckverkehr vorhanden sein kann. Doch braucht hierauf nicht weiter eingegangen zu werden; denn auch wenn man für das frühere Recht das Vorhandensein eines Scheckvertrags als das Moment aufstellt, das den Bezogenen zu dem die Zahlungen des Ausstellers besorgenden Bankhause stempelt, so fehlt es vorliegend nicht an einem solchen Vertrage. Die Klägerin wollte in Berlin über 180000 *M* „verfügen können", die Seehandlung erklärte sich bereit, den Betrag der Klägerin „zur Verfügung zu halten". Welcher Art die Verfügung sein sollte, ist nicht gesagt. Mangels einer Einschränkung ist anzunehmen, daß die Klägerin das Recht zur Verfügung in jedem ihr passenden Zeitpunkte und in jeder ihr passenden Art, also auch mittels Schecks, erwerben und daß die Seehandlung ihr das Verfügungsrecht im gleichen Maße einräumen wollte. Dieses Einverständnis in Verbindung mit der Beschaffung des Guthabens genügte zum Abschluß des Scheckvertrags.

Unerheblich ist, daß es sich hier nur um eine einmalige Zahlung handelt, während der § 24 WStGes. von „Zahlungen" spricht. Auch in § 3 SchGes. ist von der Verpflichtung zur Einlösung von „Schecks" die Rede. Es kann aber keinem Zweifel unterliegen, daß es für die Stempelpflicht einerlei sein muß, ob wer ein Scheckguthaben bei einem Bankier hat, darüber auf einmal durch einen Scheck oder gleichzeitig oder nach und nach in Teilbeträgen durch mehrere Schecks verfügt. Es ist kein vernünftiger Grund denkbar, der eine derartige Unterscheidung rechtfertigen könnte. Noch weniger kann verlangt werden, daß der Bezogene etwa in dauerndem laufenden Geschäftsverkehre mit dem Aussteller stehe, kraft dessen er auch sonstige Zahlungen für diesen besorgt. Der Wortlaut des § 24 WStGes. scheint allerdings auf ein solches Verhältnis hinzudeuten. Daraus würde aber nur zu folgern sein, daß, w e n n eine laufende Geschäftsverbindung besteht, die vom Kunden auf den Bankier gezogenen Schecks stempelfrei sind, unabhängig davon, ob zwischen beiden auch ein eigentlicher Scheckvertrag besteht oder nicht. Wenn aber ein Scheckvertrag zwischen Kundem und Bankier besteht, so bewegen sich die auf Grund dieses Verhältnisses geleisteten Zahlungen recht eigentlich auf dem Gebiete, für das die Stempelfreiheit gewährt ist.

Aus diesen Gründen ist der hier fragliche Scheck von der

Stempelpflicht befreit, und der von der Klägerin gestellte Eventualantrag auf Rückerstattung des Betrages des erhobenen Stempels gerechtfertigt. Der in erster Linie gestellte Antrag auf Aushändigung ungebrauchter Stempelmarken gegen gebrauchte beruht auf einem offenbaren Mißverständnis. Er stützt sich anscheinend auf eine zu § 22 WStGes. ergangene Ausführungsbestimmung des Bundesrates. Der § 22 handelt aber nicht von der Erstattung zu Unrecht erhobener Stempel, sondern von der Erstattung verdorbener Stempelmarken. Diese soll nicht durch bare Zurückzahlung, sondern durch Umtausch erfolgen. Auf den hier fraglichen Erstattungsanspruch kann dies keine Anwendung finden."

---

34. Konnossement mit Verweisung auf die Chartepartie. Haftet der Empfänger für ein im Abladehafen entstandenes Liegegeld? unbedingt? oder nur falls dafür auf den Gütern noch ein Pfandrecht haftet?

I. Zivilsenat. Urt. v. 5. Mai 1909 i. S. A. & Co. (Bekl.) w. E. (Kl.). Rep. I. 202/08.

I. Landgericht Hamburg, Kammer für Handelssachen.
II. Oberlandesgericht daselbst.

Das den Reedern Br. Fr. zu Nantes gehörige Segelschiff „Les Adelphes" hatte im Januar 1907 eine Ladung von Punta-Arenas (Costa-Rica) nach Hamburg gebracht. Die Beförderung erfolgte auf Grund einer Charter-Party vom 20. November 1905. Der Schiffer hatte über die Ladung ein an die Beklagte oder deren Order lautendes Konnossement vom 8. Juli 1906 ausgestellt. Auf Grund dieses Konnossements hatte die Beklagte die Ladung empfangen.

Als Schiffsmakler forderte der Kläger von der Beklagten ein im Abladehafen entstandenes Liegegeld in Höhe von 7598,15 M, wovon er jedoch eine Gegenforderung von 1406 M absetzte. Die Legitimation des Klägers zur Geltendmachung der Forderung wurde von der Beklagten eingeräumt. Ebenso, daß überhaupt ein Anspruch auf Liegegeld im Abladehafen entstanden sei, wenn dessen Höhe auch bestritten wurde. Gegenstand des Streites war aber die Frage, ob die Beklagte für dieses Liegegeld aufzukommen habe.

Beide Instanzen hatten dies bejaht und die Klage dem Grunde nach zugesprochen. Das Reichsgericht hat die Revision der Beklagten zurückgewiesen, aus folgenden

Gründen:

„Das Konnossement, auf Grund dessen die Beklagte die Ladung empfangen hat, enthält die Klausel

„. . . paying freight for the said goods according to charter party, and all other conditions in the charter party."

Daß durch den Nachsatz die Bestimmungen der Charter zu einem Bestandteile des Konnossements gemacht werden, der Nachsatz also die im Vordersatze enthaltene bloße Verweisung „Fracht laut Chartepartie" — von der nach § 651 Abs. 2 Satz 2 HGB. das Gegenteil gilt — in diesem wesentlichen Punkte ändert, wird vom Oberlandesgericht in Übereinstimmung mit der Rechtsprechung des Reichsgerichts angenommen und auch von der Revision nicht in Zweifel gezogen. Sonach ergibt sich, daß die Bestimmungen der Charter über Lade- und Löschzeit, Überliegezeit und Liegegeld als Bestandteile des Konnossements zu gelten haben, und ebenso die Bestimmung: „The captain has an absolute lien upon the cargo for all freight, dead freight and demurrage." Im Anschluß an das Urteil des Reichsgerichts vom 14. Juli 1906 (Entsch. in Zivils. Bd. 64 S. 73) nimmt das Oberlandesgericht daher an, daß die Beklagte mit Rücksicht auf dieses Pfandrecht (lien) des Schiffes an den ihr ausgelieferten Gütern auch für das im Abladehafen entstandene Liegegeld (demurrage) haften würde. Mit Recht wird auch dies von der Revision an sich nicht beanstandet.

Streitig aber ist, ob das Schiff das Pfandrecht an den Gütern nicht dadurch verloren hat, daß es deren Auslieferung gegen Hinterlegung einer Sicherheit von 8000 ℳ gewährte, bald darauf aber auch diese Sicherheit freigab und in deren Rückzahlung an die Beklagte willigte. Das Oberlandesgericht spricht sich über das Erlöschen des Pfandrechts nicht deutlich aus, nimmt aber auf Grund der zwischen den Beteiligten gewechselten Briefe an, daß die Rückgabe des Depots nur die Bedeutung gehabt habe, daß von einer Sicherheitsleistung, die nach dem Vermögensstande der Beklagten als unnötig angesehen worden wäre, abgesehen werden sollte, daß sich im übrigen aber das Schiff keiner Rechte habe begeben wollen. Hieraus wird gefolgert, daß sich die Beklagte ebenso behandeln lassen müsse, als wenn das Depot noch bestände, und aus diesem Grunde der mit der Klage verfolgte Anspruch als begründet anerkannt.

Gegen diese Ausführungen hat die Revision eine Reihe von Angriffen erhoben. Es kann indes dahin gestellt bleiben, ob diese Angriffe als berechtigt anzuerkennen wären. Das Reichsgericht nimmt an, daß der Klaganspruch auch ohne Rücksicht auf den Fortbestand des Pfandrechts und ohne Rücksicht darauf, ob die Beklagte die Schuld des Befrachters wie ein Bürge auf sich genommen hat, rechtlich begründet ist, und gelangt deswegen zur Zurückweisung der Revision.

Nach der Lage des Falles ist die persönliche Verpflichtung der Beklagten zur Entrichtung des im Abladehafen aufgelaufenen Liegegeldes ohne weiteres aus § 614 HGB. abzuleiten. Nach dieser Bestimmung wird der Empfänger durch die Annahme der Güter verpflichtet, nach Maßgabe des Konnossements, auf Grund dessen die Empfangnahme geschieht, „die Fracht nebst allen Nebengebühren, sowie das etwaige Liegegeld zu zahlen". Das Konnossement, auf Grund dessen hier die Empfangnahme geschehen ist, ist das durch die Bestimmungen des Frachtvertrages zu ergänzende Konnossement, und der Frachtvertrag gewährt dem Schiffe den Anspruch auf das Liegegeld. Daß er ausdrücklich bestimmen müsse, der Empfänger solle das Liegegeld bezahlen, darf nicht gefordert werden. Diese Verpflichtung folgt — wenn der Frachtvertrag als Teil des Konnossements zu gelten hat — aus dem Gesetze. Nur wer auf Grund eines reinen Konnossements oder wer auf Grund eines Konnossements, das bloß wegen der Fracht auf die Charterpartie verweist (§ 651 Abs. 2 Satz 2 HGB.), Güter empfängt, kann die Bezahlung des im Abladehafen erwachsenen Liegegeldes verweigern. Wer aber nur ein durch den Frachtvertrag in jeder Hinsicht zu ergänzendes Konnossement besitzt, muß auch diese Gegenleistung des Befrachters auf sich nehmen.

Das dem Schiffe für das Liegegeld eingeräumte lien an den Gütern kann die Forderung verstärken, ist aber für die Haftung des Empfängers nicht wesentlich. Nach deutschem Rechte (§ 623 HGB.)

hat der Verfrachter wegen der in § 614 erwähnten Forderungen, gegebenenfalls also auch wegen des Überliegegeldes im Abladehafen, ein gesetzliches Pfandrecht an den Gütern. Das bedeutet aber nicht bloße Sachhaftung, wie das Pfandrecht der Schiffsgläubiger am Schiffe, sondern gibt nur eine zu der persönlichen Haftung des Empfängers hinzutretende Sicherheit. Hat der Verfrachter das Pfandrecht verloren, so hat er diese Sicherheit zwar eingebüßt, aber er kann sich darum doch immer noch an das sonstige Vermögen des Empfängers halten. Nur dem Verfrachter gegenüber ist ihm der Rückgriff nach Auslieferung der Güter verwehrt oder doch nur in beschränktem Maße gestattet (§ 625 HGB.)."

---

35. Kann der Urheber eines Werkes der Tonkunst die Wiedergabe des Werkes mittels Grammophons verbieten?

Gesetz, betr. das Urheberrecht an Werken der Literatur und der Tonkunst, vom 19. Juni 1901 § 22.

I. Zivilsenat. Urt. v. 5. Mai 1909 i. S. W. Ehefrau (Kl.) w. Deutsche Grammophon-Aktiengesellschaft (Bekl.). Rep. I. 220/08.

I. Landgericht I Berlin.
II. Kammergericht daselbst.

Der Klägerin stand das Urheber- und Verlagsrecht an sämtlichen Kompositionen ihres Ehemannes, des Musikers L. W., darunter der Komposition des Heyse'schen Gedichtes: „Sei gegrüßt, du mein schönes Sorrent!" und der Operette „Inkognito", zu. Die Beklagte vertrieb Grammophonplatten, auf die sie die genannten Kompositionen übertragen hatte. Die Klägerin erhob deshalb mit Zustimmung ihres Ehemannes Klage und beantragte, die Beklagte zu verurteilen, die genannten Kompositionen nicht mehr auf Grammophonplatten übertragen zu lassen, auch nicht mehr zu vervielfältigen und in Verkehr zu bringen, sowie die in ihrem Besitze noch befindlichen Grammophonplatten, auf welche die Kompositionen übertragen waren, zu vernichten, endlich 3000 ℳ Schadensersatz zu zahlen.

Die erste Instanz erkannte nach den Klaganträgen, die zweite Instanz wies die Klage ab. Das Reichsgericht hat die Revision der Klägerin zurückgewiesen.

Gründe:

„Der Urheber eines Werkes der Tonkunst hat die ausschließliche Befugnis, das Werk zu vervielfältigen, gewerbsmäßig zu verbreiten oder öffentlich aufzuführen (§§ 1 und 11 des Gesetzes vom 19. Juni 1901). Eine Vervielfältigung ohne Einwilligung des Berechtigten ist unzulässig, gleichviel durch welches Verfahren sie bewirkt ist (§ 15 Satz 1). Jedoch bestimmt § 22 die Zulässigkeit der Vervielfältigung, wenn ein erschienenes Werk der Tonkunst auf solche Scheiben, Platten, Walzen, Bänder und ähnliche Bestandteile von Instrumenten übertragen wird, welche zur mechanischen Wiedergabe von Musikstücken dienen (Satz 2), eine Vorschrift, die in dem folgenden Satze ausdrücklich auch auf auswechselbare Bestandteile ausgedehnt ist. Der § 22 Satz 1 LitUrhGes. macht also eine Ausnahme von dem Verbote der Vervielfältigung zugunsten der Instrumente, „welche zur mechanischen Wiedergabe von Musikstücken" dienen. Eine Ausnahme von dieser Ausnahme macht wieder der § 22 Satz 2 hinsichtlich der Instrumente,

„durch die das Werk hinsichtlich der Stärke und Dauer des Tones und hinsichtlich des Zeitmaßes nach Art eines persönlichen Vortrages wiedergegeben werden kann."

In der Regierungsvorlage war dieser Ausnahme von der Ausnahme nicht gedacht; vielmehr bestimmte Satz 2 lediglich:

„Als Vorrichtungen gelten auch auswechselbare Scheiben, Platten, Bänder und dergl."

Man hielt diese Bestimmungen zum Schutze der deutschen Industrie im Konkurrenzkampfe mit der ausländischen für notwendig, da nach dem Schlußprotokolle der Berner Konvention vom 9. September 1886 Nr. 3 die Fabrikation und der Verkauf von Instrumenten, welche zur mechanischen Wiedergabe von Musikstücken dienen, nicht als den Tatbestand der musikalischen Nachbildung darstellend angesehen werden sollen.

In der Reichstagskommission wurde ein Pianola vorgeführt, und man überzeugte sich, daß der Vortrag der Komposition mit Hilfe des Pianolas von dem Vortrage durch einen in der Technik hervorragend geschulten Spieler nicht oder doch nur von den Kennern der größten

Feinheiten unterschieden werden kann. Man suchte nun Instrumente mit den Wirkungen des Pianolas von den älteren mechanischen Musikwerken abzugrenzen; nur für letztere sollten die Werke der Tonkunst freigegeben werden. Man mußte jedoch darauf verzichten, in „äußeren Merkmalen" (Tasten oder Hebel) oder in dem „Verwendungszweck" ein Kriterium zu finden; vielmehr hielt man die musikalische Wirkung für allein ausschlaggebend. Hiernach ist der jetzige § 22 gefaßt.

Vgl. Reichstagskommissionsbericht über den Entwurf des LitUrhGes. S. 43 flg.

Bei der Beratung des Gesetzentwurfs im Plenum erklärte der Staatssekretär des Reichsjustizamts Dr. Nieberding in Erwiderung auf eine Anfrage des Abgeordneten Dr. Arendt, der von der Beunruhigung der phonographischen Industrie gesprochen hatte, daß er in Übereinstimmung mit Dr. Arendt der Ansicht sei, die Phonographen, an die man bei Abfassung des Gesetzes wohl gedacht habe, würden zwar unter den ersten Satz des § 22 fallen, nicht aber unter den Schlußteil des zweiten Satzes.

Vgl. Sitzungsprot. X. Legislaturper. 2. Session S. 2202.

Die Auffassung des Staatssekretärs Dr. Nieberding wird in den Kommentaren bekämpft. Müller (Das Deutsche Urheber- und Verlagsrecht) bezeichnet sie (Bd. 1 S. 90) als „nicht unbedenklich". Allfeld, Kommentar § 22 Bem. 4, hält auch den Schlußsatz des § 22 auf Phonographen für anwendbar. Die Kommentare (vgl. auch Kuhlenbeck, Urheberrecht S. 153) heben hervor, das Privileg bestehe nur für die kleinen, kastenartigen Instrumente. Kohler (Urheberrecht S. 206 flg.), der die Auslieferung der Tonmeisterwerke an die selbsttätigen Spielwerke beklagt, weist auf die seltsame Folge hin, daß sich die Tonsetzer eine geistlose, mechanisch ertötende Darstellung ihrer Werke gefallen lassen müssen, nicht aber eine solche, die einigermaßen danach strebt, dem Gedankengehalte gerecht zu werden.

Das Landgericht hat angenommen, daß bei dem Grammophon das Tonwerk durch das Instrument nach Art eines persönlichen Vortrages wiedergegeben werde.

Das Kammergericht ist anderer Ansicht. Es erkennt an, daß nach der Auffassung der Reichstagskommission das unterscheidende Merkmal in der musikalischen Wirkung gesucht wurde. Es hält diese

Erwägung aber nicht für ausschlaggebend, weil der Wortlaut des § 22 Schlußsatz

„durch die das Werk ... nach Art eines persönlichen Vortrags wiedergegeben werden kann"

auf Phonographen und Grammophone nicht passe. Das Charakteristische des persönlichen Vortrags bestehe darin, daß der Vortragende in Zeitmaß, Tondauer und Tonstärke wechseln könne. Beim Grammophon fehle aber jede Möglichkeit, das Tonwerk zu nuancieren. „So wie das Werk in den Apparat hineingesungen ist, bleibt es für die ganze Dauer der Verwendbarkeit der Platte starr und unabänderlich fixiert." Die gegenteilige Ansicht führe überdies zu dem praktisch unverwertbaren Resultate, daß man das einzelne Instrument je nach seiner Vollkommenheit unter den Schlußsatz des § 22 fallen lassen müsse oder nicht.

Der Auffassung des Kammergerichts ist beizutreten.

Das Gesetz hebt aus der gewöhnlichen mechanischen Wiedergabe des Musikwerkes, wie sie zweifelsohne auch durch Phonographen und Grammophone bewirkt wird, eine besondere Art heraus, nämlich die, bei der das Musikwerk hinsichtlich der Stärke und Dauer des Tones und hinsichtlich des Zeitmaßes nach Art eines persönlichen Vortrags wiedergegeben werden kann. Es sagt nicht „wiedergegeben wird", sondern „wiedergegeben werden kann" und weist damit auf die Möglichkeit hin, die Wiedergabe nach Art eines persönlichen Vortrags zu beeinflussen. Dies gerade ist auch beim Pianola das Charakteristische. Der Vortragende ist hier in der Lage, die Wiedergabe des Musikwerkes nach seiner persönlichen Auffassung in den vom Gesetze hervorgehobenen Richtungen zu bestimmen. Hierdurch wird die Wiedergabe in gewissem Maße selbst eine persönliche, eine individuelle. Sie wirkt nach Art eines persönlichen Vortrags. Beim Grammophon und beim Phonographen ist dies unmöglich. Alles Persönliche ist bei der Vorführung des Phonographen ausgeschaltet; nur das Mechanische ist in Wirksamkeit. Eine Beeinflussung der Wiedergabe des Musikstückes bei Vorführung des Phonographen ist ausgeschlossen, wenn nicht die Wiedergabe selbst zerstört sein soll. In dieser Weise ist die Gesetzesbestimmung auch in den beteiligten Kreisen aufgefaßt worden. Volkmann kennzeichnet in seiner Broschüre „Zur Neugestaltung des Urheberschutzes gegenüber mechanischen Musikinstrumenten" (Leipzig 1909) die im Schlußsatze des § 22 bezeichneten Instrumente kurz als „die einwirkungsmöglichen". Die Einwirkungsmöglichkeit ist beim Pianola gegeben; sie ist ausgeschlossen beim Phonographen, der das auf der Platte fixierte Musikstück stets nur in ganz derselben Weise mechanisch wiedergibt, wie es bei Herstellung der Platte aufgenommen wurde."...

---

36. Aufhebung des Berufungsurteils wegen Mängel des Tatbestandes.

ZPO. § 313 Abs. 1 Nr. 3.

V. Zivilsenat. Urt. v. 5. Mai 1909 i. S. L. (Kl.) w. Eheleute R. (Bekl.). Rep. V. 437/08.

I. Landgericht Dresden.
II. Oberlandesgericht daselbst.

Der Kläger kaufte am 23. März 1906 von dem mitverklagten Ehemanne ein Hausgrundstück in Dresden für den Preis von 300000 *M*. Er behauptete, beide Beklagte hätten ihn durch wissentlich falsche Angaben und Zusicherungen über den Mietwert und das wirkliche Mieterträgnis einzelner Räume des Hauses zum Abschlusse des Vertrages bestimmt. Dadurch wollte der Kläger einen Schaden von mehr als 60000 *M* erlitten haben, und hiervon forderte er mit der Klage einen Teilbetrag von 28000 *M* nebst Zinsen.

Das Landgericht erkannte auf Abweisung der Klage, das Oberlandesgericht wies die Berufung zurück. Auf die Revision ist das Berufungsurteil aufgehoben worden, aus folgenden

Gründen:

„Das Landgericht gibt nach kurzen einleitenden Bemerkungen eine Sachdarstellung nach der Zeitfolge der Schriftsätze unter 57 einzelnen Nummern. Das Berufungsgericht verweist auf diesen Tatbestand mit allen seinen Bezugnahmen. Es hebt die gestellten Anträge hervor und stellt der Reihenfolge nach zu den Nummern 1, 11, 43, 55, 56 fest, daß über einen Teil der mitgeteilten Behauptungen die Parteien einverstanden seien, und es bemerkt: zwischen 50 und 57 seien Unrichtigkeiten insofern, als die Beklagten die Behauptungen zu 51—53, 55 und 56 bestritten, zu 54 zugegeben hätten, wiewohl ohne die Worte „bis bessere Zeiten kämen", und dazu behauptet hätten, was unter Nr. 57 folge. Zu den Nr. 12, 19, 22, 24, 34, 39, 46, 47, 49 ist der Tatbestand im einzelnen ergänzt und berichtigt. Dann heißt es, der Kläger habe die Berufung nach dem Schriftsatze vom 8. Januar 1908 unter Weglassung der Behauptungen zu II 3 vorgetragen, die Beklagten hätten die unter I zugeschobenen Eide angenommen und zu II 1, II 4 und zu II — auf Bl. 209 — gewisse näher mitgeteilte Erklärungen abgegeben. Der Kläger habe die Bl. 242 c befindlichen Briefe verlesen und unter Eideszuschiebung behauptet, der Briefwechsel zu I 1 d des Beweisbeschlusses sei noch vorhanden. Die Beklagten hätten dies unter Annahme des Eides bestritten und noch behauptet, der Zeuge Schl. habe außer den in der Aufstellung Bl. 225 bezeichneten Beträgen noch zwei weitere Mietzahlungen geleistet. Dann ist das Parteivorbringen zu einem Gutachten des Professors B. erwähnt, und es schließt der Tatbestand mit der Bemerkung: zu 12 des I. Tatbestandes vermöge der Kläger nach dem Sinne der Worte: „bis der Neubau eingedeckt sei" keine Erklärung zu geben.

Es war die Aufhebung des Urteils geboten.

Der § 313 Abs. 1 Nr. 3 ZPO. erfordert für das Urteil eine gedrängte Darstellung des Sach- und Streitstandes auf der Grundlage der mündlichen Vorträge unter Hervorhebung der Anträge. Im Sinne dieser Vorschrift soll der Tatbestand ein klares und verständliches Bild von dem Gesamtergebnis der mündlichen Verhandlung bieten, auf der das Urteil beruht. Dies ist nur möglich, und die Darstellung kann auch nur eine gedrängte sein, wenn sie eine zusammenhängende und geordnete ist. Dagegen setzt sich die Sachdarstellung, wie sie das Berufungsurteil gibt, zusammen aus einer Menge von Einzelbehauptungen, die lose aneinander gereiht und zueinander nicht in Zusammenhang gesetzt sind. Daneben ist zu den einzelnen Nummern in umfangreicher Weise auf den Inhalt der Schriftsätze verwiesen. Ein Bild von dem wirklichen Sach- und Streitstoffe läßt sich aus der gegebenen Darstellung nicht gewinnen, dazu ist vielmehr die Durchsicht des umfangreichen Aktenstoffs unerläßlich. Zum Vortrage vor dem Revisionsgerichte ist die Darstellung völlig ungeeignet; sie ist ein Aktenauszug, und es fehlt, wie die Revision mit Recht geltend macht, schon nach der Art der gewählten Darstellung jede Gewähr dafür, daß das für das Urteil allein maßgebende Ergebnis der mündlichen Verhandlung und auch nur dieses die erforderliche Berücksichtigung gefunden hat. Es konnte deshalb der vom Berufungsgerichte gegebene Tatbestand als der Vorschrift des § 313 Abs. 1 Nr. 3 ZPO. entsprechend nicht angesehen werden, und es war die Aufhebung des Urteils geboten, da es an der für die Entscheidung der Revisionsinstanz unentbehrlichen festen tatsächlichen Grundlage fehlt (Entsch. des RG.'s in Zivils. Bd. 2 S. 423)."

---

37. Erstreckt sich die Formvorschrift des § 2348 BGB. auf solche Verträge zwischen dem Erblasser und einem Abkömmlinge, durch die nach dem Empfange einer die Ausgleichungspflicht nicht begründenden Zuwendung dem Abkömmlinge die Verpflichtung auferlegt wird, sich das Empfangene auf den gesetzlichen Erbteil oder auf den Pflichtteil anrechnen zu lassen?

BGB. §§ 2050, 2303, 2315, 2316, 2346, 2348.

IV. Zivilsenat. Urt. v. 6. Mai 1909 i. S. v. M. (Kl.) w. v. M. (Bekl.). Rep. IV. 475/08.

I. Landgericht Kiel.
II. Oberlandesgericht daselbst.

Der Kläger und seine Schwester, die Beklagte, sind die einzigen überlebenden Abkömmlinge ihrer am 30. Juni 1906 verstorbenen Mutter. Die Erblasserin schloß durch Testament den Kläger von der Erbfolge aus und bedachte ihn auch nicht mit einem Vermächtnisse. Die Beklagte wurde alleinige Erbin. Der Kläger verlangte ihre Verurteilung zur Zahlung des von ihm berechneten Pflichtteils. Mit seiner hierauf gerichteten Klage wurde er in zweiter Instanz zum Teil abgewiesen.

Am 4. Mai 1905 hatte nämlich der Kläger seiner Mutter gegenüber in notariell beglaubigter Form eine Erklärung folgenden Inhalts abgegeben:

„Ich Endesunterschriebener bescheinige hiermit, daß ich von meiner

Mutter, Frau M. von M. geb. S., zu deren Lebzeiten ein Kapital von 120000 *M* . . . erhalten habe, welches Kapital also bei der dereinstigen Erbteilung von meinem Erbteil abzuziehen ist.

Berlin 4. Mai 1905.

(gez.) H. von M."

Obwohl es in § 6 des Testaments hieß, daß sich der Kläger diese 120000 *M* in den Pflichtteil einrechnen lassen müsse, nahm der Berufungsrichter zugunsten des Klägers an, daß er sich eine Anrechnung auf den Pflichtteil nicht gefallen zu lassen brauche, weil die Voraussetzungen des § 2315 BGB. nicht erfüllt seien. Er hielt dagegen die in der Erklärung bezeichneten 120000 *M* für eine den Kläger zur Ausgleichung verpflichtende Zuwendung und kam deshalb bei der Berechnung des gesetzlichen Erbteils zu einem Ergebnis, das um 60000 *M* hinter der Berechnung des Klägers zurückblieb, so daß sich der Anspruch auf den Pflichtteil um 30000 *M* verringerte. Dabei behauptete der Kläger aber, daß in den 120000 *M* 50000 *M* enthalten seien, die er von seiner Mutter zu Studienzwecken empfangen habe. Sie fielen, wie er geltend machte, unter § 2050 Abs. 2 BGB. und seien deshalb nicht zur Ausgleichung zu bringen, weil sie das den Vermögensverhältnissen der Erblasserin entsprechende Maß nicht überschritten hätten. Der Berufungsrichter gab dem Kläger hierin Unrecht und führte aus, auch wenn weder die Übermäßigkeit dargetan sei, noch auch erhelle, daß die Erblasserin die Ausgleichung bei der Zuwendung angeordnet habe, so habe die Bestimmung der Ausgleichung mit Zustimmung des Klägers doch auch später erfolgen können, und dies sei durch das Verlangen und Erteilen des Scheines vom 4. Mai 1905 geschehen. Mindestens aber habe gegenüber dem Scheine der Kläger darzulegen, daß die Voraussetzungen für die Anrechnung der 50000 *M* nicht vorhanden seien, und das habe er nicht getan.

Mit der auf diesen Streitpunkt beschränkten Revision ging der Kläger auf eine Erhöhung des zuerkannten Pflichtteils um 12500 *M* aus. In diesem Umfange wurde das Berufungsurteil aufgehoben und die Sache in die Berufungsinstanz zurückverwiesen.

Aus den Gründen:

. . . „Von der Revision wird mit Recht gerügt, daß § 2316 BGB. durch unrichtige Anwendung verletzt sei. Die Größe des

Pflichtteils hängt nach § 2303 Abs. 1 Satz 2 ausschließlich von dem Werte des gesetzlichen Erbteils ab. Sind mehrere Abkömmlinge vorhanden, unter denen im Falle der gesetzlichen Erbfolge eine Zuwendung des Erblassers zur Ausgleichung zu bringen sein würde, so schreibt § 2316 Abs. 1 BGB. weiter vor, daß der Pflichtteil danach zu bestimmen sei, wieviel auf den gesetzlichen Erbteil bei der Teilung unter Berücksichtigung der Ausgleichungspflicht entfallen würde. Darüber ferner, unter welchen Voraussetzungen eine Ausgleichungspflicht des Empfängers oder des an seine Stelle tretenden Abkömmlings (§ 2051 Abs. 1) durch Zuwendungen unter Lebenden begründet wird, enthält § 2050 BGB. erschöpfende Vorschriften. Zuwendungen, die von diesen Vorschriften nicht betroffen werden, kommen bei der Bestimmung des Teilungsguthabens nicht in Betracht und beeinflussen daher auch nicht die Größe des Pflichtteils.

Nun hängt zwar nach § 2050 die aus dem Empfange einer Zuwendung entstehende Ausgleichungspflicht von der rechtlichen Beschaffenheit der Zuwendung nicht allein ab. Vielmehr räumt das Gesetz dem Erblasser die Machtbefugnis ein, mit Maßgeblichkeit für die Erbauseinandersetzung bei gesetzlicher Erbfolge und darum auch mit Maßgeblichkeit für die Berechnung des Pflichtteils sowohl einen gesetzlichen Erben — mit einer in § 2316 Abs. 3 zugunsten des Pflichtteils der anderen Abkömmlinge vorgesehenen Ausnahme — von der Ausgleichungspflicht zu befreien, obwohl sie nach der Beschaffenheit der Zuwendung begründet sein würde (§ 2050 Abs. 1), als auch umgekehrt ihm eine Ausgleichungspflicht aufzuerlegen, wenn sie an sich aus der Beschaffenheit der Zuwendung sich nicht ergeben würde (§ 2050 Abs. 3). In beiden Fällen ist jedoch die Wirksamkeit einer derartigen Anordnung des Erblassers, soweit sie das gesetzliche Erbrecht beeinflussen soll, dadurch bedingt, daß die Anordnung „bei der Zuwendung" getroffen sein muß. Hinterher vermag der Erblasser zwar immer noch Anordnungen solchen Inhalts durch letztwillige Verfügung zu treffen (vgl. Entsch. des RG.'s in Zivils. Bd. 67 S. 306). Allein wenn er auf diese Weise das Teilungsguthaben eines Abkömmlings verringert oder vergrößert, so bleibt der Pflichtteil davon unberührt. Denn dieser richtet sich nur nach dem Werte des Erbteils in seiner gesetzlichen Größe.

Fehlt sonach dem Willen des Erblassers die Macht, einem Abkömmlinge den Pflichtteil dadurch zu verkürzen, daß er mit einer ihm unter Lebenden gemachten Zuwendung die Verpflichtung zur Ausgleichung nachträglich verknüpft, kann außerdem, da dies in § 2050 BGB. und auch sonst nicht vorgesehen ist, der Pflichtteilsberechtigte selbst dem Erblasser eine über die gesetzlichen Grenzen erweiterte Machtbefugnis in dieser Beziehung nicht einräumen, so bleibt für die Lebenszeit des Erblassers nur noch die Möglichkeit bestehen, daß der Pflichtteilsberechtigte durch eine von ihm selbst ausgehende Willenskundgebung sein Pflichtteilsrecht einschränkt. Verträge, die er hierüber mit den künftigen gesetzlichen Erben bei Lebzeiten des Erblassers abschließt (§ 312 Abs. 2 BGB.), gehören nicht hierher. Denn sie haben nur schuldrechtliche und nicht auch erbrechtliche Wirkungen. Das einzige gesetzliche Mittel, das Pflichtteilsrecht selbst aufzugeben oder zu verkleinern, bildet somit der Erbverzicht, der nach § 2346 BGB. durch Vertrag mit dem Erblasser zustande kommt. Den Anforderungen, die das Gesetz an den Erbverzicht stellt, muß daher eine bei Lebzeiten des Erblassers von dem Pflichtteilsberechtigten ausgehende Pflichtteilsverringerung nicht nur dann entsprechen, wenn sich der Abkömmling des gesetzlichen Erbrechts und dadurch (§ 2346 Abs. 1 Satz 2) zugleich des Pflichtteilsrechts vollständig begibt, oder wenn der Verzicht unmittelbar das Pflichtteilsrecht zum Gegenstande hat (§ 2346 Abs. 2), sondern diese Anforderungen bestehen ebenso dann, wenn mit erbrechtlicher und insbesondere mit pflichtteilsrechtlicher Wirkung das gesetzliche Erbrecht oder das Pflichtteilsrecht vermindert werden soll. In dieser Beziehung aber macht es wiederum keinen sachlichen Unterschied aus, ob es sich um eine unmittelbare Herabsetzung des Pflichtteilsbetrages handelt oder ob sich der Berechtigte einer Berechnungsweise unterwirft, die auf eine Verkleinerung des Betrages hinführt. Ein solcher Fall liegt vor, wenn der Pflichtteilsberechtigte durch einen der Zuwendung nachfolgenden Vertrag mit dem Erblasser die Verpflichtung zur Ausgleichung auf sich nimmt.

Darum aber handelt es sich gerade im vorliegenden Rechtsstreite. Durch die schriftliche Erklärung vom 4. Mai 1905 hat der Kläger die Verpflichtung übernommen, Zuwendungen zur Ausgleichung zu bringen, von denen er behauptet, daß sie zu gewissem Teile den Voraussetzungen des § 2050 nicht entsprochen hätten. Ist dies richtig, so hing die Wirksamkeit seiner Erklärung von der Befolgung der für den Erbverzichtsvertrag gegebenen Formvorschrift des § 2348 BGB. ab. Diese aber ist nicht eingehalten worden. Der Berufungsrichter hat deshalb der Behauptung des Klägers, daß in den nach der Erklärung vom 4. Mai 1905 von dem Erbteile abzuziehenden 120000 *M* Vorbildungskosten im Betrage von 50000 *M* enthalten gewesen seien, die über das den Vermögensverhältnissen der Erblasserin entsprechende Maß nicht hinausgegangen seien, daß sie also an sich nach § 2050 Abs. 2 eine Ausgleichungspflicht nicht begründet hätten, zu Unrecht die rechtliche Erheblichkeit abgesprochen. Da aber nach den beiderseitigen Parteierklärungen in der Revisionsinstanz diese Behauptung des Klägers bisher bestritten war und sich aus den in den Tatbeständen der vorangegangenen Urteile getroffenen Feststellungen etwas anderes nicht mit Sicherheit erkennen ließ, so war die Sache für eine Endentscheidung noch nicht spruchreif. Vielmehr mußte unter Aufhebung des angefochtenen Urteils die Zurückverweisung in die Instanz erfolgen.

Durch den Formmangel der Erklärung vom 4. Mai 1905 findet die weitere Rüge der Revision, daß nach der zweifelfreien Wortfassung der Kläger die Abrechnung der Vorempfänge nur für den Fall einer wirklichen Erbteilung, also seiner Beteiligung an der Erbfolge zugestanden habe, ihre Erledigung.

Auch darauf braucht nicht eingegangen zu werden, wie die Sache unter der Voraussetzung zu beurteilen sein möchte, daß ein Teil der Zuwendungen bedungenermaßen die Gegenleistung für den rechtsunwirksamen Erbverzicht gebildet hätte. Denn nach dieser Richtung fehlt es an einer Parteibehauptung." ...

38. Zum Begriffe „Schulangelegenheiten der Gemeinden" in § 5 lit. f des preußischen Stempelsteuergesetzes vom 31. Juli 1895.

VII. Zivilsenat. Urt. v. 7. Mai 1909 i. S. Stadtgemeinde Düsseldorf (Kl.) w. preuß. Fiskus (Bekl.). Rep. VII. 360/08.

I. Landgericht Köln.
II. Oberlandesgericht daselbst.

Aus den Gründen:

„Das angefochtene Urteil hat nicht aufrecht erhalten werden können. Der Revision ist zuzugeben, daß das Berufungsgericht der Bestimmung des § 5 lit. f des preuß. Stempelsteuergesetzes vom 31. Juli 1895 eine zu enge Auslegung gibt, indem es die Gemeinden in Schulangelegenheiten nur dann von der Stempelsteuer für befreit erachtet, wenn es sich um Geschäfte handelt, welche die Gemeinde für die ihr bereits gehörigen oder von ihr zu errichtenden Schulen, also für Gemeindeschulen, vornimmt.

Nach dem Stempelsteuergesetze vom 7. März 1822 stand den Gemeinden als solchen eine persönliche Stempelbefreiung nicht zu.

Vgl. Urteil des RG.'s vom 22. Nov. 1883, Preuß Just.-Min.-Bl. 1884 S. 51.

Durch die Kabinettsorder vom 18. August 1841 (GS. S. 288) wurde zunächst die den Armenanstalten zustehende Stempelfreiheit auch den Gemeinden gewährt. Das Stempelsteuergesetz vom 31. Juli 1895 hat sodann die Stempelsteuerbefreiung der Gemeinden weiter ausgedehnt. Es gibt ihnen in der vorstehend erwähnten Bestimmung die persönliche Stempelsteuerbefreiung neben den Armenangelegenheiten auch in Schul- und Kirchenangelenheiten in demselben Umfange, in welchem die Befreiung nach § 5c des Gesetzes deutschen Kirchen und anderen deutschen Religionsgesellschaften mit juristischer Persönlichkeit und nach § 5e öffentlichen Schulen und Universitäten zusteht. Nun trifft es unbedenklich zu, daß, weil es sich um eine persönliche Befreiung handelt, diese auch nur eintritt bei Geschäften, welche die eigenen Schul- und Kirchenangelegenheiten der Gemeinden zum Gegenstande haben. Entscheidend für den vorliegenden Rechtsstreit ist es deshalb, ob diese Voraussetzung hier zutrifft.

Stempel ist erfordert für die von der Klägerin übernommene vertragsmäßige Verpflichtung, auf einem von ihr zu erwerbenden Platze ein Gymnasialgebäude zu errichten und das Grundstück mit den Gebäuden dem Fiskus zu übereignen. Die Behauptung der Klägerin, daß sie an der Errichtung dieses Gymnasiums und an der Einrichtung des zweiten Gymnasiums, die der Vertrag vorsieht, ein erhebliches Interesse gehabt habe, um dem sich in der Stadt fühlbar machenden Mangel an höheren Schulen abzuhelfen, ist unwidersprochen geblieben. Das Berufungsgericht unterstellt auch die Richtigkeit dieser Behauptung, erachtet sie aber ebenso wie die Anführung der Klägerin, sie würde, wenn sie sich nicht verpflichtet hätte, für den Staat ein Gymnasium zu bauen, auf dem erworbenen Platze ein städtisches Gymnasium errichtet haben, für rechtlich unerheblich. Wie schon angedeutet, ist für das Berufungsgericht entscheidend, daß mit dem zur Stempelsteuer herangezogenen Geschäfte der Zweck verfolgt worden sei, dem Unterrichtsfiskus statt des alten, räumlich nicht mehr genügenden staatlichen Gymnasiums ein neues staatliches Gymnasium zu verschaffen. Das schließt nach der Auffassung des angefochtenen Urteils die Annahme aus, es stehe hier eine Schulangelegenheit der Gemeinde im Sinne der Befreiungsvorschrift in Frage. Diese Auffassung wird indes der Tendenz des Gesetzes nicht gerecht; sie verkennt die einer Gemeinde obliegenden Aufgaben und damit auch den Begriff der Schulangelegenheit der Gemeinde.

Die Gesetzgebung gewährt den Gemeinden, um ihnen die Erreichung idealer Ziele, wie solche die Armenpflege und die Fürsorge für Kirche und Schule darstellen, zu erleichtern, für an sich stempelpflichtige Geschäfte in diesen Angelegenheiten die persönliche Stempelsteuerbefreiung; das Gesetz will solche Bestrebungen befördern. Denn die Gemeinden haben bei ihrer politischen Bedeutung die Bestimmung, alle Beziehungen des öffentlichen Lebens in sich aufzunehmen, alles in den Bereich ihrer Wirksamkeit zu ziehen, was die Wohlfahrt des Ganzen, die materiellen Interessen und die geistige Entwicklung des Einzelnen befördert.

Vgl. Entsch. des Preuß. ObVerwGer. Bd. 2 S. 190, Bd. 12 S. 158; Schoen, Das Recht der Kommunalverbände in Preußen S. 203.

Von diesem Gesichtspunkte aus ist es unbedenklich, für die Aufgabe einer Stadtgemeinde von der Bedeutung der Klägerin zu erachten, Sorge dafür zu tragen, daß ihrer heranwachsenden Jugend die Möglichkeit des Besuchs eines Gymnasiums gewährt wird. Errichtete sie, weil das vorhandene staatliche Gymnasium nicht ausreichte, ein zweites städtisches Gymnasium, so war für die hiermit verbundenen Geschäfte die Stempelbefreiung gegeben. Daß die Klägerin ihre Aufgabe in anderer Weise gelöst, daß sie ihre Fürsorge auf dem Gebiete des Schulwesens durch den mit dem Fiskus geschlossenen Vertrag betätigt hat und daß das erstrebte Ziel auf einem anderen Wege als durch die Errichtung eines städtischen Gymnasiums erreicht ist, darf ihr zum Nachteile nicht angerechnet werden. Wenn auch der mit dem Fiskus geschlossene Vertrag ein entgeltlicher ist, ist der Klägerin doch volle Gegenleistung nicht gewährt, wie daraus erhellt, daß die von ihr in Tausch gegebenen Grundstücke als die wertvolleren der Stempelberechnung zugrunde gelegt sind. Sie hat somit, wie auch in der Revisionsinstanz von ihr noch hervorgehoben ist, unter Aufwendung eigener Mittel dem Schulbedürfnisse der Stadt durch Herbeiführung einer Erweiterung der staatlichen Anstalten abgeholfen. Entscheidend ist nicht, ob das so zur Errichtung gekommene neue Gymnasium eine städtische oder eine staatliche Anstalt ist; bestimmend für die Anwendung der Befreiungsvorschrift ist vielmehr, ob die Verpflichtung zur Übereignung des Grundstücks mit den Gymnasialgebäuden von der Klägerin übernommen ist, um einem Schulbedürfnisse der Gemeinde zu genügen. Das ist nach dem Vorbringen der Parteien nicht streitig, und damit die entscheidende Frage zu bejahen. Die Klägerin hat durch die übernommene Verpflichtung eine Schulangelegenheit, die sie als eine eigene angesehen hat und die sie als eine solche, die in den Rahmen ihrer Bestimmung als Gemeinde fällt, auch ansehen mußte, zur Durchführung gebracht, und sie ist deshalb berechtigt, sich für den hierzu geschlossenen Vertrag auf die Befreiungsvorschrift des § 5 f des Gesetzes zu berufen." ...

---

39. Über den Begriff der Schenkung bei Anwendung des Reichserbschaftssteuergesetzes auf einen Fall der Zuwendung an eine juristische, ausschließlich kirchliche Zwecke verfolgende Person für diese Zwecke.

Reichserbschaftssteuergesetz vom 3. Juni 1906 § 55.
BGB. § 516.

VII. Zivilsenat. Urt. v. 7. Mai 1909 i. S. badischer Fiskus (Bekl.) w. Kirchen- u. Kirchenbaufonds Br. (Kl.). Rep. VII. 365/08.

I. Landgericht Karlsruhe.
II. Oberlandesgericht daselbst.

Kläger war eine juristische Person, die den Zweck verfolgte, den Katholiken in Br. (Baden) ein eigenes Gotteshaus und eine dazu gehörige Pfarrerwohnung zu beschaffen. Ihr wendete im Dezember 1906 der Bonifaziusverein, der die Rechtsfähigkeit nicht besitzt und der Notlage katholischer Glaubensgenossen in der Diaspora Abhilfe bringen will, aus den durch Beiträge seiner Mitglieder aufgebrachten Mitteln die Summe von 6000 ℳ zu. Ob und in welcher Weise es zur endgültigen Erbauung einer Kirche in Br. kommen wird, steht noch nicht fest. Der badische Fiskus erachtete die Zuwendung für eine nach Maßgabe der §§ 55, 12 des Reichserbschaftssteuergesetzes vom 3. Juni 1906 mit fünf vom Hundert zu besteuernde Schenkung und zog den Betrag von 300 ℳ vom Kläger ein. Dieser forderte ihn im Rechtswege zurück. Die Vorinstanzen erkannten auch zu seinen Gunsten. Der Revision des Fiskus ist stattgegeben, und die Klage abgewiesen worden.

Gründe:

„Der § 55 des Reichserbschaftssteuergesetzes belegt Schenkungen unter Lebenden mit der gleichen Steuer wie den Erwerb von Todes wegen; statt der Verhältnisse des Erblassers und des Erwerbers werden die Verhältnisse des Schenkers und des Beschenkten berücksichtigt. Nach § 12 Abs. 1 Nr. 2 beträgt die Erbschaftssteuer fünf vom Hundert für einen Erwerb, der anfällt solchen inländischen Stiftungen, Gesellschaften, Vereinen oder Anstalten, die ausschließlich kirchliche, mildtätige oder gemeinnützige Zwecke verfolgen, sofern ihnen die Rechte juristischer Personen zustehen. Vermögensvorteile von nicht mehr als 5000 ℳ sind in den Fällen des Abs. 1 von der Erbschaftssteuer befreit. Da der Kläger eine ausschließlich kirchliche Zwecke verfolgende juristische Person ist und die Zuwendung des Bonifaziusvereins an ihn 6000 ℳ beträgt, so ist die Steuer zu entrichten, wenn die Zuwendung als **Schenkung** zu kennzeichnen ist. Davon geht auch der Berufungsrichter aus. Er nimmt ferner zutreffend an, daß der Begriff der steuerpflichtigen Schenkung in Ermangelung besonderer Vorschriften des Reichserbschaftssteuergesetzes nach Maßgabe des § 516 BGB. zu bestimmen ist (vgl. das Urteil des erkennenden Senats vom 16. Oktober 1908, Rep. VII. 595/07; Jurist. Wochenschr. 1908 S. 754 Nr. 26). Danach ist eine Zuwendung Schenkung, sofern sie den Empfänger aus dem Vermögen des Gebers bereichert und beide Teile darüber einig sind, daß sie unentgeltlich erfolgt.

Zweifel können im vorliegenden Falle nur darüber bestehen, ob das Merkmal der Bereicherung gegeben ist. Der Berufungsrichter verneint dies, allein, wie die Revision mit Recht rügt, aus rechtlich nicht haltbaren Gründen. Daß die vom Bonifaziusverein dem Kläger ausgehändigte Summe zunächst und unmittelbar in dessen Eigentum übergegangen ist, kann nicht bestritten werden und wird auch vom Berufungsrichter nicht bezweifelt. Trotzdem soll es an der Bereicherung fehlen, weil der Kläger es auf sich genommen habe, ohne schuldhaften Verzug den Bau der Kirche und des Pfarrhauses in Br. zu beginnen, somit ökonomisch schwer belastet sei, auch nach der Absicht der Beteiligten nur einer Notlage habe abgeholfen werden sollen und schließlich das erstrebte Ziel überhaupt keinen ökonomischen Charakter trage. Indes wird, was zunächst die letzteren Erwägungen betrifft, eine Bereicherung, die Erlangung eines Vermögensvorteils, nicht dadurch ausgeschlossen, daß das Erlangte nicht für einen wirtschaftlichen Zweck verwendet, sondern kirchlichen Bedürfnissen dienstbar gemacht werden soll, und im übrigen stellt der Berufungsrichter nicht fest, daß der Kläger nur fiduziarisches Eigentum erworben habe oder mit einer Auflage belastet worden sei, dergestalt daß ihm die obligatorische, im Klagewege zu erzwingende Verpflichtung zum Kirchenbau obgelegen habe. Eine solche Feststellung konnte auch nach der ganzen Sachlage nicht getroffen werden. Der Bonifaziusverein hat dem Kläger die 6000 ℳ nicht unter einer von diesem zu erfüllenden Nebenbestimmung zugewendet, sondern er hat sie gegeben, weil der Kläger zu dem Zwecke der Beseitigung des kirchlichen Notstandes der Katholiken in Br. mit den Rechten einer juristischen Person ausgestattet war und weil er — der Bonifaziusverein — diesen Zweck fördern helfen wollte.

Die Frage ist daher so zu stellen, ob bei der Zuwendung einer Summe an eine juristische Person, die einen bestimmten Zweck verfolgt, die Bereicherung deshalb zu verneinen ist, weil jene Summe für den Zweck nach den Satzungen oder nach dem Beschlusse der gesetzlichen Vertreter verausgabt werden und keine dauernde Kapitalsvermehrung bilden soll. Hätte man sich mit dem Berufungsrichter gegen die Bereicherung zu entscheiden, so wäre eine Schenkung an eine solche juristische Person überhaupt nicht möglich. Ihr gegenüber versagte das Steuergesetz. Es würde aber auch für letztwillige Zuwendungen versagen, da auch diese nur die Bereicherung treffen, die der Erwerber durch den Anfall erfahren hat (§ 29 Abs. 1 ErbschStGes.). Dies ist aber sicher nicht der Standpunkt des Gesetzgebers, der nur, wenn er eine Bereicherung der von ihm in § 12 Nr. 2 bezeichneten juristischen Personen für möglich hielt, die Vorschriften über die Steuerermäßigung und die Befreiung beim Erwerbe von Todes wegen durch solche Personen erlassen konnte. Hat er die gleichen Vorschriften für den Erwerb unter Lebenden, sofern er auf Freigebigkeit beruht, gegeben, so muß ihnen auch ein Anwendungsgebiet eröffnet sein. Daraus ergibt sich schon ein erhebliches Bedenken gegen die Richtigkeit der Annahme des Berufungsrichters.

Es ist aber auch nicht zuzugeben, daß es in dem vorausgesetzten Falle der unentgeltlichen Zuwendung an eine bestimmte Zwecke verfolgende juristische Person an der wirklichen (materiellen) und endgültigen Bereicherung, wie sie die Schenkung erfordert (Entsch. des RG.'s in Zivils. Bd. 62 S. 390), fehle. Eine solche juristische Person, sei es ein Verein oder eine Anstalt, besteht niemals um ihrer selbst willen, sondern um des Zweckes willen, dem sie ihr Dasein verdankt. Wer ihr etwas ohne Gegenleistung zuwendet, will damit ihre Zwecke fördern. Indem er dies tut, dem Vereine oder der Anstalt die Mittel gewährt, die sie befähigen, ihrem Daseinszwecke in vollkommnerer Weise gerecht zu werden, als es ohne die Zuwendung möglich wäre, bereichert er sie, nicht bloß formal, sondern materiell und endgültig. Die juristische Person ist von ihrem Zwecke nicht zu trennen. Was sie diesem widmet, verwendet sie für sich selbst. Dabei kommt es auch nicht darauf an, ob der gespendete Betrag alsbald oder erst in einem späteren Zeitpunkte verbraucht oder ob er zinstragend angelegt werden soll, so daß nur die Zinsen verwendet werden. Auch wenn bei einem Vereine die Beiträge oder sonstige freiwillige Gaben satzungsgemäß zu dem Vereinszwecke zu verausgaben sind, so ist es darum nicht minder wahr, daß Beiträge und Gaben ihm nicht als Mittelsperson, Geschäftsführer, Sammelstelle, sondern um seiner selbst willen, d. h. eben zur Erreichung seiner Ziele, zufließen. Ebenso verhält es sich aber auch vorliegend, wo dem Kläger 6000 *M* überwiesen worden sind, damit er in den Stand gesetzt werde, als Kirchenbaufonds, also für das Werk, für das er ins Leben gerufen worden ist, tätig zu werden. Dadurch wird er als ein Fonds, der kirchlicher Not steuern soll, bereichert; sein Vermögen wird vermehrt, wobei es unerheblich ist, daß der Vermögenszuwachs seiner Bestimmung zugeführt wird. Eine Schenkung an eine physische Person hört darum nicht auf, Schenkung und also Bereicherung zu sein, weil der Betrag sofort für den Zweck, den beide Teile ins Auge gefaßt hatten, z. B. für eine Reise oder für die Unterstützung eines verarmten Angehörigen des Erwerbers, ausgegeben worden ist.

Die hier vertretene Auffassung setzt sich nicht in Widerspruch mit dem bereits erwähnten, in den Entsch. Bd. 62 S. 386 flg. abgedruckten Urteile des III. Zivilsenats vom 6. Februar 1905. In dem dort entschiedenen Falle handelte es sich nach der vom Revisionsgerichte gebilligten Annahme des Berufungsrichters um die Übertragung fiduziarischen Eigentums, und es konnte deshalb gesagt werden, daß in der mit der Pflicht der Herausgabe an einen Dritten belasteten Zuwendung eine wirkliche Bereicherung nicht zu finden sei. Eine solche liegt — worauf ebenfalls schon hingedeutet ist — auch dann nicht vor, wenn der Empfänger von Gaben nur als Mittels- und Durchgangsperson zu denken ist, der sie nur vorübergehend für den eigentlich Bedachten verwahrt, und sie diesem nach Schluß der Sammlung aushändigt. Es ist in jedem einzelnen Falle zu prüfen, ob dem Erfordernisse der Bereicherung, wie es in § 516 BGB. aufgestellt ist, genügt ist, und wenn dies in dem einen Falle verneint wird, so folgt daraus nicht ohne weiteres, daß es auch in dem anderen Falle zu verneinen ist. Der Tatbestand, wie er im gegenwärtigen Prozesse gegeben ist, ist nach dem Ausgeführten verschieden von dem dem früheren Urteile zugrunde liegenden. Den Satz, daß eine Schenkung deshalb nicht anzunehmen sei, weil die Zuwendung an eine juristische Person für deren Zwecke erfolgt sei, hat der III. Senat nicht ausgesprochen." ...

40. 1. Konnten Gegenstände des Kunstgewerbes nach dem Gesetze vom 9. Januar 1876 als Kunstwerke geschützt werden?
2. Zur Auslegung der Berner Konvention vom 9. September 1886, Fassung vom 4. Mai 1896. Genießen danach die Erzeugnisse des ausländischen Kunstgewerbes im Einfuhrlande absoluten Kunstwerkschutz? oder kommt es darauf an, ob das Gesetz des Einfuhrlandes sie als Kunstwerke anerkennt?

I. Zivilsenat. Urt. v. 12. Mai 1909 i. S. P. (Kl.) w. offene Handelsgesellschaft E. L. (Bekl.). Rep. I. 250/08.

I. Landgericht I Berlin.
II. Kammergericht daselbst.

Der Kläger wollte das Urheberrecht an drei näher beschriebenen Bronzen erworben haben, an einer Standuhr und an zwei Blumenbehältern (Jardinieren). Er gab an, der französische Bildhauer E. R. in Paris, der Schöpfer der drei Werke, habe seine Rechte Ende der 80er und Anfang der 90er Jahre des vorigen Jahrhunderts auf die Pariser Firma P. & R., deren Teilhaber der Kläger war, übertragen; nach Auflösung der Gesellschaft sei der Kläger alleiniger Rechtsträger geworden. Die Beklagte habe die Werke ohne seine Einwilligung nachgebildet und gewerbsmäßig verbreitet. Hierauf gestützt, beantragte der Kläger Verurteilung der Beklagten zur Unterlassung fernerer Rechtsverletzungen und zur Rechnungslegung; auch forderte er Einziehung der von der Beklagten hergestellten Exemplare, sowie der zur widerrechtlichen Vervielfältigung ausschließlich bestimmten Vorrichtungen.

Während der erste Richter der Klage stattgab, erkannte das Kammergericht auf Abweisung. Die Revision des Klägers wurde zurückgewiesen.

Gründe:

... „Das Kammergericht hat die Frage der Aktivlegitimation des Klägers keiner abschließenden Erörterung unterzogen. Es läßt auch dahingestellt, ob an den Bronzen nach französischem Rechte ein Kunstwerkschutz besteht. Keinesfalls, führt es aus, könne der Kläger in Deutschland einen solchen Schutz in Anspruch nehmen. Die Berner Konvention vom 9. September 1886/4. Mai 1896 knüpfe den Inlandsschutz des ausländischen Urhebers derartiger Werke, wie den Inlandsschutz seiner Rechtsnachfolger an die Bedingung, daß die Werke im Inlande, wenn von einem Inländer geschaffen, als Werke der bildenden Künste geschützt würden. Das treffe hier nicht zu. Für die streitigen Bronzen habe in Deutschland nur der Musterschutz offen gestanden.

I. Was zunächst die deutsche Kunstschutzgesetzgebung anlangt, so ist maßgebend das Gesetz vom 9. Januar 1876, betr. das Urheberrecht an Werken der bildenden Künste. Das neue Gesetz vom 9. Januar 1907 käme nach §§ 53, 55 nur dann mit in Betracht, wenn am 1. Juli 1907, zu der Zeit seines Inkrafttretens, nach dem früheren Gesetze ein Schutz begründet gewesen wäre. Um dies darzutun, macht die Revision geltend, der § 14 des Gesetzes vom 9. Januar 1876, wonach die an einem Werke der Industrie nachgebildeten Kunsterzeugnisse gegen weitere Nachbildungen in der Industrie nur nach Maßgabe des Musterschutzgesetzes vom 11. Januar 1876 geschützt werden, greife hier nicht Platz. Die streitigen Bronzen seien von vornherein als Werke der angewandten Kunst, als künstlerisch ausgestattete Gebrauchsgegenstände, geschaffen. Schalte man aber den § 14 aus, so schwebe die Annahme, daß das Gesetz vom 9. Januar 1876 die Erzeugnisse des Kunstgewerbes von seinem Geltungsbereiche ausgeschlossen habe, so daß sie lediglich dem Geschmacksmustergesetze unterständen, in der Luft. Die Motive zu dem neuen Gesetze vom 9. Januar 1907 erkennten eine Konkurrenz von Kunstwerkschutz und Musterschutz als möglich an. Diese Möglichkeit habe auch zur Zeit des älteren Kunstschutzgesetzes bestanden.

Den Ausführungen der Revision läßt sich nicht beitreten. Richtig ist nur so viel, daß der § 14 des Gesetzes vom 9. Januar 1876 keine Anwendung finden kann. Der besondere Fall, für den dort Fürsorge getroffen wird, daß nämlich ein als Erzeugnis der reinen Kunst existierendes Werk mit Gestattung des Künstlers an einem Industrieerzeugnis nachgebildet wurde, ist nicht gegeben. Das hat aber auch das Kammergericht nicht verkannt. An keiner Stelle spricht es aus, der § 14 sei die Ursache, weshalb die Bronzen des Klägers in Deutschland keinen Kunstschutz genießen könnten. Der angezogene Paragraph wird in dem Urteile überhaupt nicht erwähnt. Vielmehr stützt sich das Urteil ausschließlich auf die Auslegung des § 1. Nach Ansicht des Kammergerichts gehören die streitigen Bronzen im Sinne dieses § 1 und damit im Sinne des ganzen Gesetzes vom 9. Januar 1876 nicht zu den „Werken der bildenden Künste".

Die Richtigkeit dieser Ansicht wird durch die Entstehungsgeschichte der Gesetze vom 9. und vom 11. Januar 1876 außer Zweifel gerückt. Die von dem Entwurfe des Urheberrechtsgesetzes von 1870, Abschn. V, vorgeschlagene Regelung des Schutzes der bildenden Künste wurde bei der Beratung im Plenum des Reichstages abgelehnt, weil über die Frage, ob die Erzeugnisse der Kunstindustrie in den geplanten Schutz einzubeziehen seien, keine Übereinstimmung zu erzielen war (Drucks. des Reichstags 1. Legislaturp. Session 1870 Nr. 162). Statt dessen ersuchte der Reichstag die verbündeten Regierungen, ein Gesetz vorzulegen, das den Abschnitt V selbständig und mit Berücksichtigung der berechtigten Interessen der Kunstindustrie regele (das. Bd. 2 S. 888). Diesem Ersuchen kam die Regierung durch gleichzeitige Vorlage der Entwürfe zu den beiden Gesetzen vom 9. und 11. Januar 1876 nach. Die Motive zu dem letzteren Gesetze heben hervor, der Musterschutz sei bestimmt, den Interessen der Kunstindustrie zu dienen (Drucks. des Reichstags 2. Legislaturper. III. Session Nr. 24 S. 22). In den Motiven zum Kunstschutzgesetze heißt es, dieses Gesetz befasse sich lediglich mit den Werken der bildenden Künste, nicht mit den Werken der Industrie. Über die Unterscheidung beider Werke habe früher viel Streit geherrscht; nach dem Entwurfe aber seien nur solche Werke als Werke der Kunst anzusehen, „welche vorwiegend dem Zwecke der ästhetischen Darstellung, im Gegensatz zu industriellen Zwecken, dienen" (das. S. 10, 11).

Das hiermit aufgestellte Merkmal hat in der Praxis nirgends Beanstandung gefunden. Fast ausnahmslos (vgl. freilich Dernburg, Preuß. Privatrecht 5. Aufl. Bd. 2 S. 951) wurden auch in der Literatur nur Werke der sog. hohen oder reinen Kunst des Kunstwerkschutzes für teilhaftig erklärt. Ob ein Kunst- oder ein Industriewerk vorliege, wurde danach bemessen, ob in dem objektiven Charakter des Werkes die ästhetische Wirkung oder die materielle Gebrauchsbestimmung überwog.

Vgl. Dambach, Musterschutzgesetz S. 17; Klostermann, Urheberrecht S. 86; Wächter, Urheberrecht S. 62; Daude, Lehrbuch des Urheberrechts S. 106; Gierke, Deutsches Privatrecht Bd. 1 S. 776; Kohler im Arch. f. ziv. Praxis Bd. 87 S. 6.

Hieraus ergibt sich zugleich, daß die Meinung der Revision, das Verhältnis des Kunstwerkschutzes zum Musterschutze sei unter der früheren Gesetzgebung dasselbe gewesen wie jetzt, auf Irrtum beruht. Während nach dem Gesetze vom 9. Januar 1907 § 2 die Erzeugnisse des Kunstgewerbes zu den Werken der bildenden Künste gehören, so daß nunmehr eine Häufung beider Schutzrechte denkbar ist, war nach früherem Rechte das Kunstgewerbe allein auf den Musterschutz angewiesen.

Bei der Annahme, daß die hier streitigen Bronzen der Kategorie der Industriewerke zuzuzählen seien, stützt sich das Kammergericht auf das Gutachten des Bildhauers J. in Berlin. Bedenken dagegen sind von der Revision nicht erhoben und nach Inhalt des Gutachtens auch nicht ersichtlich. Der Sachverständige hat dargelegt, daß es sich um gewerbliche Gebrauchsartikel handelt, die in der Verbindung figürlichen und ornamentalen Schmuckes einen dekorativen, keinen rein künstlerischen Charakter zeigen.

II. Nach der Berner Konvention, Fassung der Pariser Zusatzakte von 1896, bilden die vertragschließenden Länder, unter ihnen auch Deutschland und Frankreich, einen Verband zum Schutze des Urheberrechts an Werken der Literatur und Kunst (Art. 1). Die einem der Verbandsländer angehörigen Urheber oder ihre Rechtsnachfolger genießen in den übrigen Ländern diejenigen Rechte, welche die betreffenden Gesetze den inländischen Urhebern gegenwärtig einräumen oder in Zukunft einräumen werden (Art. 2 Abs. 1). Nach Abs. 2 des Art. 2 ist der Genuß dieser Rechte von der Erfüllung der Bedingungen und Förmlichkeiten abhängig, welche durch die Gesetzgebung des Ursprungslandes des Werkes vorgeschrieben sind. Art. 4 enthält eine Aufzählung dessen, was der Ausdruck „Werke der Literatur und Kunst“ umfaßt. Die Aufzählung schließt mit der Klausel „überhaupt jedes Erzeugnis aus dem Bereiche der Literatur, Wissenschaft oder Kunst, welches im Wege des Drucks oder sonstiger Vervielfältigung veröffentlicht werden kann“.

Es fragt sich, ob nach diesen Vorschriften ein Urheber den Schutz des Ursprungslandes im Einfuhrlande auch dann genießt, wenn dieses den inländischen Urhebern keinen oder nur einen geringeren Schutz angedeihen läßt. Insbesondere wird die Frage von Bedeutung, wie es sich verhält, wenn ein Erzeugnis des Kunstgewerbes im Ursprungslande als Kunstwerk betrachtet wird, während das Einfuhrland gleichartigen Erzeugnissen nur Geschmacksmusterrecht zugesteht. Die Stimmen, die hierüber in der Literatur laut geworden sind, gehen auseinander. v. Bar, Internat. Privatrecht Bd. 2 S. 258; Dernburg, Bürgl. Recht Bd. 6 S. 24 (vgl. freilich den Satz S. 155 flg.), auch wohl Osterrieth, Kommentar zum Kunstschutzgesetz S. 244 letzter Satz, sind der Ansicht, daß in solchen Fällen das Recht des Einfuhrlandes entscheide. Dagegen wird das Recht des Ursprungslandes, jedenfalls bei der Frage der kunstgewerblichen Erzeugnisse, für maßgebend erklärt von Kohler, Urheberrecht an Schriftwerken S. 410, 412 flg., Kunstwerkrecht S. 132. Allfeld, der in seinem Kommentare zu den Gesetzen vom 19. Juni 1901 S. 314 die erstere Ansicht vertrat, hat sich mit Rücksicht auf ein im Droit d'auteur Bd. 18 S. 157 abgedrucktes Urteil des Landgerichts I zu Berlin, dessen Argumente in der erstinstanzlichen Entscheidung des gegenwärtigen Prozesses wiederholt werden, zu der gegenteiligen Meinung bekehrt (vgl. Kommentar zum Gesetz vom 9. Januar 1907 S. 249). Auch die schwankende Darstellung von Röthlisberger, Die Berner Übereinkunft S. 148—155, ist durch das zitierte Urteil beeinflußt (vgl. S. 154).

Das Reichsgericht nimmt keinen Anstand, das Gesetz des Einfuhrlandes als maßgeblich anzuerkennen. Keinen Gegengrund bildet Art. 2 Abs. 2 der Konvention, wonach die „Bedingungen und Förmlichkeiten" des Ursprungslandes zu erfüllen sind. Zielen diese Worte — nach dem Originaltexte „conditions et formalités" — auch auf alle materiellen und formellen Voraussetzungen des Schutzes (vgl. Entsch. des RG.'s in Straff. Bd. 30 S. 81), so ist doch nur an Voraussetzungen äußerer Art, wie Anmeldung zur Eintragung, Angabe des Urhebernamens bei der Veröffentlichung usw. gedacht. Die Rechtsnatur des Werkes, die ihm nach der Auffassung des Ursprungslandes innewohnt, sollte hiermit nicht getroffen werden. Das ergibt sich klar aus den Zweckmäßigkeitserwägungen, denen die Vorschrift ihre Entstehung verdankt. Der in Abs. 1 des Art. 2 ausgesprochene Grundsatz der Gleichstellung des verbandsangehörigen ausländischen Urhebers mit den Inländern hätte zu der Folgerung führen können, daß der Ausländer, um des Inlandschutzes teilhaftig zu werden, auch alle die Förmlichkeiten erfüllen müsse, die das Inlandsrecht für den Erwerb des Schutzes vorsieht. Dieser Folgerung, die im Verkehre unter einer Mehrheit von Staaten den Wert des Verbandschutzes illusorisch gemacht hätte, wollte man vorbeugen. Die Förmlichkeiten des Ursprungslandes wurden für genügend erklärt (vgl. die Denkschrift zur Berner Konvention, Drucks. des Reichstags 7. Legislaturper. I. Session Nr. 100 S. 16). Weitere Schlüsse aus dem Abs. 2 zu ziehen, wie es jetzt wieder das Landgericht versucht hat, ist daher nicht zulässig. Schon v. Bar a. a. O. S. 244 ist einem solchen Unterfangen entgegengetreten.

Auch Art. 4 bietet den Gegnern der hier verteidigten Ansicht keine Stütze. Der Umstand, daß die Worte „Werke der Kunst", „oeuvres artistiques", sowie die in der Schlußklausel gebrauchten Worte auf die Erzeugnisse der Kunstindustrie mitbezogen werden können, nach dem heutigen Verständnis dieser Worte auch mitbezogen zu werden pflegen, beweist noch nicht, daß die Paziszenten von 1886 den gleichen Wortsinn zugrunde gelegt haben. Und wenn dies auch fest stände, wäre noch nicht gesagt, daß die Erstreckung des Kunstwerkschutzes auf das Kunstgewerbe als zwingende Norm vorgeschrieben sei. Es war schon von Wert, einen möglichst weiten Begriff der Kunst aufzustellen, der jedesmal dann zur Anwendung kommen mußte, wenn nicht positiv das Landesrecht die Ausnahme gebot.

Umgekehrt stehen dem Gedanken an eine obligatorische Zwangsvorschrift schwer wiegende Bedenken entgegen. Richtig ist, daß sich die Bedeutung der Konvention in dem Grundsatze der Gleichstellung des Ausländers mit dem Inländer nicht erschöpft. Gewisse Mindestrechte sind festgesetzt, die dem Ausländer unter allen Umständen gewährt werden müssen. So, was das Übersetzungsrecht und die Preßerzeugnisse angeht, Artt. 5 und 7. Aber die Meinung Kohlers, auch der Schutz der Kunstindustrie gehöre hierhin, muß schon daran scheitern, daß die Kunstindustrie überhaupt nicht genannt worden ist. Eine Zwangsvorschrift hätte des bestimmten und zweifelfreien Ausdrucks bedurft. Es würde auch schwer verständlich sein, wenn Länder, die den eigenen Angehörigen nur den weit geringeren Musterschutz gewährten, fremden Urhebern den Kunstwerkschutz hätten zusichern wollen. Hatten sich doch die Anschauungen über das Verhältnis der Industrie zur Kunst bei Abschluß der Konvention noch keineswegs geklärt. In Deutschland bedurfte es noch einer Zeit von zwanzig Jahren, um zu dem Gesetze vom 9. Januar 1907 zu gelangen; in

Frankreich hat erst das Gesetz vom 11. März 1902 den früheren Zweifeln ein Ende bereitet.

Dazu kommt, worauf das Kammergericht mit Recht hinweist, daß die Staaten auch nach der Berner Konvention fortgefahren haben, den internationalen Schutz der Kunstindustrie durch Verträge über den Musterschutz zu sichern; vgl. die Art. 1 der Übereinkommen mit Österreich-Ungarn vom 6. Dezember 1891 (RGBl. 1892 S. 289), mit Italien vom 18. Januar 1892 (RGBl. S. 293), mit der Schweiz vom 13. April 1892 (RGBl. 1894 S. 511).

Endlich aber hat die Berliner Revisionskonferenz am 13. November 1908 eine Fassung des Konventionstextes beschlossen, wonach der jetzige Art. 4 im wesentlichen in Abs. 1 des neuen Art. 2 wiederkehrt, diesem Art. 2 aber als Abs. 4 hinzugefügt wird:

„den Werken der angewandten Kunst wird Schutz gewährt, soweit die innere Gesetzgebung eines jeden Landes dies gestattet".

Die deutsche Regierung hatte vorgeschlagen, den Erzeugnissen des Kunstgewerbes einen absoluten Schutz zuteil werden zu lassen; der Vorschlag ist durch Aufnahme der obigen Fassung abgelehnt (vgl. die Denkschrift zu der jetzt dem Reichstage vorliegenden revidierten Berner Übereinkunft, Drucks. des Reichstags 12. Legislaturper. I. Session Nr. 1324 S. 27). Bestände der absolute Schutz schon jetzt zu Recht, so hätte der Vorschlag nur redaktionelle Bedeutung gehabt; der Beschluß der Konferenz aber bedeutete dann einen unerklärlichen Rückschritt.

III. Hiernach bietet die Berner Konvention keine Handhabe, die Bronzen des Klägers in Deutschland als Kunstwerke zu schützen. Völlig ungangbar aber ist der Weg, den der Kläger in zweiter Instanz eingeschlagen hat. Der Anspruch, die Werke auf Grund des Art. 2 Abs. 2 als *Geschmacksmuster* anerkannt zu sehen, ohne daß der Bedingung des § 7 des Gesetzes vom 11. Januar 1876 genügt wäre, mußte zurückgewiesen werden, weil sich die Berner Konvention mit dem Musterschutze nicht befaßt. Deutschen Musterschutz hätten die streitigen Bronzen nach § 16 Abs. 2 des Gesetzes überhaupt nicht, auch nicht, wie das Kammergericht meint, im Falle der Befolgung des § 7, erlangen können, denn der Pariser Übereinkunft zum Schutze des gewerblichen Eigentums vom 20. März 1883, die dies in Art. 2 gestattet, ist Deutschland erst am 1. Mai 1903 beigetreten (RGBl. S. 147)." ...

41. Ist in § 148 des preuß. Allg. Berggesetzes vom 24. Juni 1865 unter dem „Bergwerksbesitzer" nur der Eigentümer des Bergwerkes zu verstehen, oder auch wer das Bergwerk auf Grund eines vom Eigentümer abgeleiteten Nutzungsrechtes besitzt?

Preuß. Allg. Berggesetz. vom 24. Juni 1865 § 148.

V. Zivilsenat. Urt. v. 12. Mai 1909 i. S. K. (Kl.) w. Fr. A.-Ges. (Bekl.). Rep. V. 422/08.

I. Landgericht Beuthen O/Schl.
II. Oberlandesgericht Breslau.

Die Beklagte hatte in der vom preußischen Bergfiskus erpachteten „Königin-Luisen-Grube" in den Jahren 1906 und 1907 Bergbau betrieben. Der Kläger behauptete, sein Hausgrundstück habe durch den Bergbaubetrieb Risse und Sprünge erlitten, und beanspruchte deshalb Schadensersatz. Die Beklagte wandte ein, daß nach § 148 preuß. Allg. Berggesetz. ein Anspruch auf Schadensersatz nicht gegen sie als Pächterin, sondern lediglich gegen den preußischen Bergfiskus als den Eigentümer der Grube erhoben werden könne. Beide Vorinstanzen erachteten diesen Einwand für begründet und wiesen die Klage ab. Die Revision wurde zurückgewiesen aus folgenden

Gründen:

„Nach § 148 Allg. Berggesetz. ist für den dem Grundeigentum zugefügten Bergschaden der Bergwerks*besitzer* haftbar. Darüber, wer als solcher zu gelten hat, enthält das Gesetz eine ausdrückliche Vorschrift nicht. In der Rechtsprechung haben sowohl das frühere Preußische Obertribunal (Entsch. Bd. 9 S. 101, Bd. 18 S. 71; *Striethorst*, Archiv Bd. 82 S. 327) als auch das Reichsgericht (Entsch. in Zivils. Bd. 30 S. 228; Zeitschr. f. Bergr. Bd. 34 S. 403) stets die Auffassung vertreten, daß das Gesetz unter dem Bergwerksbesitzer nur den Bergwerkseigentümer und nicht auch den Nießbraucher oder Pächter verstehe. Die Revision erachtet dies, und zwar im wesentlichen aus den von *Brassert* (Zeitschr. f. Bergr. a. a. O.) und *Westhoff* (Bergschaden S. 55 flg.) erhobenen Bedenken, nicht für zutreffend. Der Senat findet indes keinen Anlaß, von der bisherigen Rechtsprechung abzuweichen.

Die Verpflichtung zum Ersatze des Bergschadens war im preuß. Allg. Landrecht in den §§ 112 flg. II. 16 geregelt. Richtig ist, daß nicht besonders vorgeschrieben war, daß nur der Bergwerkseigentümer ersatzpflichtig sei. Es ist weiter auch richtig, daß bis zur Erlassung des Allg. Berggeſ. das Obertribunal, soweit zu ersehen ist, noch keine Gelegenheit gefunden hatte, die Frage aus Anlaß eines ihm vorliegenden Einzelfalles zu entscheiden. Allein gleichwohl bestand, wie der Senat bereits in dem Urteile Bd. 30 der Entsch. in Zivils. dargelegt hat, zumal nach den Plenarbeschlüssen des Obertribunals vom 18. April 1843 und 9. November 1849 in der preußischen Praxis darüber kein Streit, daß jene landrechtlichen Vorschriften nur auf den Bergwerkseigentümer zu beziehen waren. Daß das Allg. Berggesetz in diesem Rechtszustande eine Änderung eintreten lassen wollte, dafür bieten die Gesetzesmaterialien nirgends einen Anhalt; im Gegenteil ist in den Motiven gesagt, daß das Berggesetz, „in Übereinstimmung mit den Grundsätzen der §§ 112 flg. II. 16 ALR., zu bestimmen habe, daß der Bergwerksbesitzer als solcher und ohne Rücksicht auf einen anderen Verpflichtungsgrund" den Grundschaden zu vergüten habe. Ist auch zuzugeben, daß an dieser Stelle an sich nur von der Gleichheit des Verpflichtungsgrundes die Rede ist, so erscheint es dennoch ausgeschlossen, daß sich die Motive in dieser Weise hätten aussprechen können, wenn das Allg. Berggeſ. sonst von den §§ 112 flg. II. 16 abweichende Bestimmungen hätte treffen wollen. In jener Weise konnte sich der Gesetzgeber nur ausdrücken, wenn er an den in den §§ 112 flg. ausgesprochenen Grundsätzen überhaupt festhalten wollte.

Die Revision glaubt, daß jedenfalls der Wortlaut des § 148 beweise, daß die Absicht des Gesetzgebers eine andere gewesen sei. Der Ausdruck „Bergwerksbesitzer" sei im Anschlusse an die landrechtliche Unterscheidung zwischen dem vollständigen Besitzer (Eigentümer) und dem unvollständigen Besitzer (Nießbraucher, Pächter) gewählt. Die Unterscheidung zwischen Bergwerkseigentümer und Bergwerksbesitzer sei im Gesetze überall streng und auch zutreffend durchgeführt, und dies sei auch bei den in dem früheren reichsgerichtlichen Urteile als Beweis für den ungenauen Sprachgebrauch des Allg. Berggeſ. herangezogenen §§ 64, 65 und 135 der Fall. Allein jedenfalls würde dann die Fassung dieser Vorschriften eine wenig sachgemäße sein.

Der § 65 Abs. 2 gibt der Bergbehörde das Recht, den Bergwerkseigentümer unter Androhung des Verlustes des Eigentums zur Aufnahme oder zur Fortsetzung des Bergwerksbetriebes aufzufordern. Der vorhergehenden Vorschrift in Abs. 1, daß der Bergwerksbesitzer zum Betriebe des Bergwerks verpflichtet sei, bedurfte es für einen Besitzer aus bloß vom Eigentümer abgeleitetem Rechte nicht. Der § 64 gibt dem Bergwerkseigentümer das Recht auf Abtretung des zum Bergbau erforderlichen Grund und Bodens, und genau dasselbe Recht gibt der § 135 dem Bergwerksbesitzer, worunter hier nicht bloß der Eigentümer, sondern auch der Pächter verstanden werden muß. Daß der § 64 lediglich aufgenommen sein sollte, um rein theoretisch dem Grundsatze, daß das Enteignungsrecht aus dem Bergwerkseigentum fließe, Ausdruck zu geben, kann nicht anerkannt werden.

Wäre aber auch zuzugeben, daß das Gesetz zwischen Bergwerkseigentümer und Bergwerksbesitzer durchweg unterscheide, so könnte dennoch der von der Revision vertretenen Auslegung nicht beigepflichtet werden. Der § 148 Allg. Berggeſ. sollte, wie für das Gebiet des Allg. Landrechts, so auch für das Gebiet des gemeinen und französischen Rechtes Anwendung finden, wo der Pächter nicht Besitzer war und wo deshalb unter dem Begriffe Bergwerksbesitzer nicht auch der Bergwerkspächter mitverstanden werden konnte. Der Gesetzgeber, der sich dessen ohne Zweifel bewußt war, konnte nicht voraussetzen, daß die Rechtsprechung bei der Auslegung des Gesetzes auch für jene anderen Rechtsgebiete ohne weiteres den Sprachgebrauch des Allg. Landrechts zugrunde legen werde. Wollte er dennoch den Ausdruck in dem landrechtlichen und nicht in dem gemeingebräuchlichen Sinne verstanden wissen, so bedurfte es, wenn nicht im Gesetze selbst, so mindestens in den Motiven einer Klarstellung des gesetzgeberischen Willens; sonst mußte mit der Gefahr einer Rechtsungleichheit oder mindestens damit gerechnet werden, daß über die Auslegung des Gesetzes in einer wichtigen Frage Streit entstehen werde.

Sodann aber steht der Auslegung des Gesetzes in dem von der Revision vertretenen Sinne noch ein weiteres nicht zu beseitigendes Bedenken entgegen. Darüber besteht allseitig Einverständnis, daß das Gesetz in § 148 die Haftung für Bergschäden völlig von der Frage der Verursachung losgelöst und einzig und allein an den objektiven Tatbestand, den Eintritt des Bergschadens, angeknüpft hat. Der gesetzgeberische Grund für diese weitgehende Haftung wurde, wie die Motive an der mitgeteilten Stelle aussprechen, in der „Ausübung des Bergwerkseigentums", nämlich des durch die Verleihung begründeten Bergbaurechtes, gefunden. Die Verleihung enthält einen Eingriff in das Grundeigentum, und deshalb erschien es billig, den Beliehenen und ebenso auch seinen Nachfolger im verliehenen Rechte mit der erweiterten Entschädigungspflicht zu belasten. Der Pächter steht der Verleihung fern, bei ihm kann von einer „Ausübung" des Bergwerkseigentums kaum gesprochen werden, er betreibt den Bergbau in Ausübung des Pachtrechtes, und es besteht kein Grund, auch ihn über den von ihm verursachten Schaden hinaus haften zu lassen. Dies hat auch, wie Brassert (Zeitschr. für Bergr. Bd. 34 S. 412) anerkennt, dem Willen des Gesetzgebers nicht entsprochen. Der § 148 macht aber keine Unterscheidung. Er erklärt den Bergwerksbesitzer für ersatzpflichtig, so daß, wenn man unter ihm auch den Pächter zu verstehen hätte, dessen Haftung notwendig die gleiche sein müßte, wie die des Eigentümers. Dies hat indes der Gesetzgeber nicht gewollt, und deshalb kann in § 148 unter „Bergwerksbesitzer" nur der Bergwerkseigentümer verstanden werden."

---

42. Tritt Unterbrechung des Verfahrens ein, wenn nach Einlegung der Revision der Revisionsbeklagte, der in der Berufungsinstanz durch einen Anwalt vertreten war, stirbt, ohne einen Vertreter für die Revisionsinstanz bestellt zu haben?

Vereinigte Zivilsenate. Beschl. v. 13. Mai 1909 i. S. M. (Bekl.) w. R. (Kl.) Rep. II. 651/08.

I. Landgericht I Berlin.
II. Kammergericht daselbst.

Die vorstehende Rechtsfrage, die zwischen dem I. Senate einerseits und dem II., IV. und V. Zivilsenate anderseits streitig geworden war, wurde von den Vereinigten Zivilsenaten im bejahenden Sinne entschieden.

Gründe:

„Durch den Tod einer Partei wird nach § 239 ZPO. das Verfahren unterbrochen. Hiervon macht § 246 ZPO. eine Ausnahme für den Fall, daß „eine Vertretung durch einen Prozeßbevollmächtigten stattfand". In der Rechtsprechung des Reichsgerichts ist die Frage streitig geworden, was unter Vertretung durch einen Prozeßbevollmächtigten im Sinne des § 246 ZPO. zu verstehen ist. Der V. Zivilsenat hat durch Beschluß vom 17. Mai 1899 (Entsch. in Zivils. Bd. 44 S. 358) entschieden, unter einer Vertretung durch einen Prozeßbevollmächtigten im Sinne des § 223 (jetzt 246) sei an eine für eine bestimmte Instanz bestellte Vertretung gedacht, so daß gemäß § 219 (239) ZPO. eine Unterbrechung des Verfahrens in einer höheren Instanz durch den Tod einer Partei stets, also auch bei Vorhandensein eines Prozeßbevollmächtigten der unteren Instanz, dann eintrete, wenn die Partei in derjenigen Instanz, in der das Verfahren schwebe, nicht durch einen für diese Instanz bestellten Prozeßbevollmächtigten vertreten werde. Dieselbe Auffassung ist in einem Urteile des IV. Zivilsenats vom 28. März 1904 (Rep. IV. 364/03) vertreten. Im Gegensatze hierzu hat der I. Zivilsenat durch Urteil vom 3. April 1901 (Rep. I. 480/00) in einem Falle, wo nach Einlegung der Revision der Revisionsbeklagte gestorben war, ohne einen Prozeßbevollmächtigten für die Revisionsinstanz bestellt zu haben, den Eintritt der Unterbrechung des Verfahrens verneint, weil der Revisionsbeklagte durch die Prozeßbevollmächtigten der beiden unteren Instanzen mit Rücksicht auf die ihnen nach § 81 ZPO. zustehende Ermächtigung, den Prozeßbevollmächtigten für die Revisionsinstanz zu bestellen, im Sinne des § 246 vertreten gewesen sei. In einem gleich liegenden Falle hat auch der IV. Zivilsenat durch Beschluß vom 22. März 1906 (Rep. IV. 13/06) die Aussetzung des Verfahrens angeordnet. Bei diesem Widerstreite der Entscheidungen hat der II. Zivilsenat, der in einem Falle gleicher Art ein Gesuch um Aussetzung des Verfahrens im Gegensatze zum I. Zivilsenate wegen Unterbrechung des Verfahrens ablehnen zu müssen glaubte, gemäß § 137 GVG. die Entscheidung der Vereinigten Zivilsenate über die streitige Rechtsfrage eingeholt.

Durch die Unterbrechung des Verfahrens, die im Falle des Todes einer Partei nach § 239 ZPO. eintritt, soll verhütet werden, daß eine Partei der anderen unvertreten gegenüberstehe. Grund zu solcher Besorgnis liegt nicht vor, wenn eine Partei durch einen Prozeßbevollmächtigten vertreten ist. Denn die Prozeßvollmacht erlischt nicht mit dem Tode des Vollmachtgebers und ermächtigt nach § 81 ZPO. zu allen den Rechtsstreit betreffenden Prozeßhandlungen mit der Wirkung, daß die Zustellungen nach Maßgabe der §§ 176 und 179 ZPO. rechtswirksam nur an den Prozeßbevollmächtigten, nicht an die Partei selbst erfolgen können. Im Falle einer Vertretung durch einen Prozeßbevollmächtigten betrachtet das Gesetz die Interessen aller Beteiligten dadurch als genügend gewahrt, daß es sowohl dem Bevollmächtigten der verstorbenen Partei, als auch dem Gegner unbeschränkt das Recht einräumt, die Aussetzung des Verfahrens zu beantragen, und das Prozeßgericht dem Antrage stattgeben muß (§ 246 Abs. 1).

Die Meinung, daß eine Partei während der Anhängigkeit des Verfahrens in einer höheren Instanz schon durch das bloße Vorhandensein eines Prozeßbevollmächtigten einer unteren Instanz im Sinne des § 246 Abs. 1 hinreichend vertreten sei, stützt sich hauptsächlich auf die §§ 81 und 248 ZPO., wonach der Prozeßbevollmächtigte zur Bestellung eines Bevollmächtigten für die höheren Instanzen ermächtigt ist und das Gesuch um Aussetzung des Verfahrens zu Protokoll des Gerichtsschreibers des Prozeßgerichts, also von jedwedem Prozeßbevollmächtigten, erklärt werden kann. Als praktischer Vorzug dieser Gesetzesauffassung wird angeführt, damit würden die Nachteile einer Unterbrechung des Verfahrens vermieden, die gemäß § 249 durch den sofortigen Stillstand des Verfahrens mit der Wirkung verursacht würden, daß die während und selbst in Unkenntnis der Unterbrechung von einer Partei in Ansehung der Hauptsache vorgenommenen Prozeßhandlungen der anderen Partei gegenüber unwirksam seien.

Es kann jedoch nicht anerkannt werden, daß diese Auslegung dem § 246 entspricht und daß damit der Zweck des Gesetzes, den Interessen der verstorbenen Partei den erforderlichen Schutz angedeihen zu lassen, mit hinreichender Sicherheit erreicht wird. Zwar kann das Gesuch um Aussetzung des Verfahrens auch von einem Prozeßbevollmächtigten der unteren Instanz zu Protokoll des Gerichtsschreibers des Prozeßgerichts erklärt werden. Allein dieser formellen Befugnis ist entscheidende Bedeutung nicht beizumessen. Maßgebend ist vielmehr, daß die Frage, ob ein Gesuch um Aussetzung des Verfahrens angemessen ist, als eine von den Umständen des Falles abhängige Zweckmäßigkeitsfrage am besten von demjenigen Prozeßbevollmächtigten beurteilt werden kann, der die derzeitige Prozeßlage vollständig und klar zu übersehen vermag, d. h. dem Prozeßbevollmächtigten derjenigen Instanz, in der das Verfahren anhängig ist. Er ist es auch, der durch den Tod der Partei vor eine neue Entschließung gestellt wird, nämlich vor die Frage, ob er das Mandat für die ihm zurzeit nicht einmal bekannten Rechtsnachfolger seines Vollmachtgebers fortführen oder kündigen soll und ob er im Falle der Fortführung des Auftrages neuer Instruktion bedarf. Gerade mit Rücksicht auf dergleichen Umstände ist das Recht, die Aussetzung des Verfahrens zu beantragen, dem Bevollmächtigten zugleich als ein eigenes Recht eingeräumt. Daher liegt es in der Natur der Sache, daß die Entschließung, ob die Aussetzung des Verfahrens zu beantragen ist, nicht nur am zweckmäßigsten dem Prozeßbevollmächtigten der betreffenden Instanz überlassen wird, sondern auch jedenfalls insoweit, als seine eigenen Interessen dabei in Betracht kommen, seinem Ermessen allein vorbehalten bleiben muß.

Wenn nun auch weiter zuzugeben ist, daß § 81 den Prozeßbevollmächtigten zur Bestellung eines Bevollmächtigten für die höheren Instanzen ermächtigt, so darf doch nicht unberücksichtigt bleiben, daß § 81 ihn hierzu bloß ermächtigt, aber nicht verpflichtet. Eine Verpflichtung hierzu besteht nach Maßgabe der Zivilprozeßordnung nicht, da diese grundsätzlich die Beurteilung der inneren Seite des Vollmachtvertrages, das Rechtsverhältnis zwischen dem Machtgeber und dem Bevollmächtigten, dem materiellen Rechte überläßt. Eine solche Verpflichtung läßt sich daher nur aus besonderen Umständen nach dem bürgerlichen Rechte begründen (vgl. Hahn, Materialien S. 191). Hierzu kommt, daß der Prozeßbevollmächtigte der unteren Instanz zur Wahrung der Interessen der verstorbenen Partei vielfach, namentlich dann nicht in der Lage sein wird, wenn sein Verhältnis zu dem im Prozesse unterlegenen Vollmachtgeber ein gespanntes geworden und ihm das Schicksal der in der höheren Instanz anhängigen Sache unbekannt geblieben ist. Unter solchen Umständen kann eine Partei durch einen Prozeßbevollmächtigten der unteren Instanz nicht noch als hinreichend vertreten angesehen werden, mag auch die Vollmacht formell noch zu Recht bestehen. Ausschlaggebend ist in dieser Beziehung der § 244 ZPO. Hiernach tritt, wenn in Anwaltsprozessen der Anwalt einer Partei, d. h. der Anwalt der betreffenden Instanz, stirbt oder zur Fortführung der Vertretung der Partei unfähig wird, eine Unterbrechung des Verfahrens unter allen Umständen ein, also unabhängig davon, ob sein Vollmachtgeber noch durch einen Prozeßbevollmächtigten einer unteren Instanz vertreten ist. Diese Bestimmung dient als sicherer Beweis dafür, daß das Gesetz während der Anhängigkeit des Verfahrens in einer höheren Instanz die Interessen der Partei durch das Vorhandensein eines Prozeßbevollmächtigten einer unteren Instanz nicht als genügend vertreten ansieht. Mangels eines Prozeßbevollmächtigten in derjenigen Instanz, in der das Verfahren anhängig ist, erweist sich somit die Unterbrechung des Verfahrens als das einzig wirksame Schutzmittel der Interessen der verstorbenen Partei. Bloß an ihren Schutz, nicht an die mit der Unterbrechung des Verfahrens für die Gegenpartei verbundenen Nachteile ist in den §§ 239 und 246 gedacht.

Ebensowenig läßt sich aus der Stellung des § 246 unter den allgemeinen Bestimmungen über das Verfahren ein Beweisgrund für die Gegenmeinung herleiten. Der § 246 bezieht sich offenbar nicht auf eine einzelne bestimmte Instanz, sondern auf alle Instanzen und hat deshalb mit Recht seine Stellung unter den allgemeinen Bestimmungen über das Verfahren. Hieraus folgt indes nichts für die Frage, was unter einer Vertretung durch einen Prozeßbevollmächtigten im Sinne des § 246 zu verstehen ist. Auch der § 244 steht unter den allgemeinen Bestimmungen über das Verfahren, und doch beschränkt sich seine Anwendbarkeit unverkennbar auf den Anwalt derjenigen Instanz, in der das Verfahren anhängig ist.

Der allgemeinen Bedeutung einer auf alle Instanzen anwendbaren Vorschrift entspricht die allgemeine Ausdrucksweise des § 246 Abs. 1 „eine Vertretung durch einen Prozeßbevollmächtigten", zumal § 84 die Vertretung durch mehrere Prozeßbevollmächtigte zuläßt. Die nähere Bestimmung, in welchem Sinne der allgemeine Wortlaut je nach Verschiedenheit der Instanz zu verstehen ist, ergibt sich aus dem Grunde und Zwecke, sowie aus dem sonstigen Inhalte des Gesetzes, seiner Entstehungsgeschichte und aus den allgemeinen Grundsätzen über das Verfahren.

Daß im § 246 Abs. 1 lediglich an die Vertretung durch einen Prozeßbevollmächtigten der betreffenden Instanz gedacht ist, erhellt klar aus § 246 Abs. 2, wonach in den Fällen des Todes und der Nacherbfolge der die Ladung zur Aufnahme des Verfahrens enthaltende Schriftsatz auch dem Bevollmächtigten zuzustellen ist. Die hierin vorgeschriebene Zustellung der Ladung an den Bevollmächtigten wird in den Motiven zu § 215 des Entwurfs (§ 246 d. Ges.) damit begründet, daß erfahrungsmäßig in den meisten Fällen derselbe Prozeßbevollmächtigte beibehalten wird. Die Beibehaltung desselben Prozeßbevollmächtigten, die als die Regel gedacht ist, kann nur bezüglich des Prozeßbevollmächtigten derjenigen Instanz in Frage kommen, in der das Verfahren anhängig ist. Nur seine Ladung, nicht die eines Prozeßbevollmächtigten einer unteren Instanz, kann überhaupt einen Zweck haben. Zudem bestimmt § 176 ausdrücklich, daß Zustellungen, die in einem anhängigen Rechtsstreite geschehen sollen, an den für die Instanz bestellten Prozeßbevollmächtigten erfolgen müssen.

Die hier vertretene Auslegung des § 246 wird bestätigt durch die weiteren Ausführungen der Motive zum § 215 des Entwurfs, welche lauten:

„Während in den Fällen der §§ 209, 211" (jetzt §§ 239, 241 d. Ges.) „die Partei dem Gegner unvertreten und unverteidigt gegenüberstehen würde, falls keine Unterbrechung des Verfahrens einträte, läßt sich dies nicht sagen, wenn ein Prozeßbevollmächtigter bestellt war. Die Vollmacht wird weder durch den Tod des Vollmachtgebers, noch durch eine Veränderung in betreff seiner Prozeßfähigkeit oder seiner gesetzlichen Vertretung aufgehoben (§ 80). Der Bevollmächtigte bleibt zur Fortführung des Rechtsstreits berechtigt und verpflichtet. Gleichwohl bleibt die Veränderung, welche in der Person einer Partei durch Tod usw. eintritt, ein folgenschweres Ereignis, selbst wenn nicht Handlungen in Frage stehen, die nur persönlich von dem Vollmachtgeber ausgerichtet werden können. Wie einerseits die Vorschrift des § 80" (§ 86 d. Ges.) „nicht soweit gehen kann, den Bevollmächtigten ein für allemal zur Fortführung des Prozesses für verbunden zu erklären und ihm die Befugnis zur Kündigung des Mandats zu entziehen, so muß dem Bevollmächtigten auch die Möglichkeit gewahrt bleiben, den Prozeß nicht eher fortzusetzen, als bis er die neue Vollmacht und die nötige Instruktion von dem ihm zurzeit vielleicht noch nicht einmal bekannten Rechtsnachfolger seines Mandanten erhalten hat. Ohne eine Unterbrechung ipso facto zu statuieren, hat der Entwurf deshalb die anzuordnende Aussetzung des Verfahrens auf den Antrag des Bevollmächtigten gestellt. Das Gericht ist verpflichtet, demselben stattzugeben."

Nach einem Blicke auf andere Zivilprozeßgesetzgebungen wird dann noch weiter bemerkt:

„Es ist jedoch nicht einzusehen, warum die Unterbrechung auch dann statthaben soll, wenn der Bevollmächtigte zur Fortführung gewillt und gehörig informiert ist. Die Rücksicht auf den Gegner... erfordert nur so viel, daß, wie der Entwurf im Falle des Todes getan, ihm unabhängig von der Einwilligung des Bevollmächtigten das gleiche Recht eingeräumt wird, die Aussetzung des Verfahrens zu verlangen."

Hahn, Materialien zur Zivilprozeßordnung S. 249—251.

Diese Ausführungen der Motive, die in den späteren Stadien der Beratung keinen Widerspruch gefunden haben, finden ihre natürliche Erklärung einzig und allein in ihrer Beziehung auf den Prozeßbevollmächtigten derjenigen Instanz, in der das Verfahren schwebt und noch fortgesetzt werden kann. Insbesondere gilt dies von den Ausdrücken: Fortführung des Prozesses, Kündigung des Mandats, Einholung einer neuen Vollmacht und der nötigen Instruktion.

Zu demselben Ergebnis führt der Zusammenhang zwischen den §§ 78 und 246 ZPO. Das Zivilprozeßverfahren ist auf der Abstufung des Rechtsstreits in verschiedene Instanzen und auf der Lokalisierung der Rechtsanwaltschaft aufgebaut. Dieser Gestaltung des Verfahrens entsprechend stellt der § 78 an der Spitze der Bestimmungen über Prozeßbevollmächtigte und Beistände den Grundsatz auf:

„Vor den Landgerichten und vor allen Gerichten höherer Instanz müssen die Parteien sich durch einen bei dem Prozeßgerichte zugelassenen Rechtsanwalt als Bevollmächtigten vertreten lassen (Anwaltsprozeß)."

Mit diesem Grundsatze würde § 246 ZPO. nicht im Einklange stehen, wenn er unter einer Vertretung durch einen Prozeßbevollmächtigten unterschiedslos jeden Prozeßbevollmächtigten verstände, ohne Rücksicht darauf, ob dieser zur Vertretung bei dem Prozeßgerichte zugelassen wäre oder nicht. Für eine derartige Abweichung von dem Grundprinzipe des Verfahrens müßte ein bestimmter Grund erkennbar gemacht sein. Hieran fehlt es nicht bloß, vielmehr sprechen alle die angeführten Gründe und die Motive dagegen."

---

43. Kann das Vormundschaftsgericht einen für mehrere Mündel bestellten Vormund oder Pfleger ermächtigen, unter Abweichung von der Regel des § 181 BGB. im Namen des einen Mündels mit sich selbst als dem Vertreter des anderen ein Rechtsgeschäft vorzunehmen?

Vereinigte Zivilsenate. Beschl. v. 13. Mai 1909 i. S. betr. Pflegsch. f. d. minderj. Geschwister Sch. Beschw.-Rep. IV. 248/08.

I. Amtsgericht Pfalzburg.
II. Landgericht Zabern.

Die vorstehende, zwischen dem IV. und dem V. Zivilsenate streitige Rechtsfrage ist von den Vereinigten Zivilsenaten verneint worden.

Gründe:

„Die Geschwister Sch. haben in der notariellen Verhandlung vom 7. April 1908 die ihnen in ungeteilter Gemeinschaft gehörigen Liegenschaften in Natur unter sich geteilt. Zwei der Geschwister, die noch minderjährig waren, wurden beim Abschlusse des Teilungsvertrages durch einen vom Amtsgerichte bestellten Pfleger vertreten, dem als Wirkungskreis angewiesen war:

„die Wahrnehmung der Interessen der Minderjährigen bei der Teilung der ihnen und ihren großjährigen Geschwistern als Erben ihres Vaters ungeteilt gehörigen Grundstücke".

Die Erteilung der Genehmigung des Vormundschaftsgerichts wurde nachgesucht, aber unter Hinweis darauf verweigert, daß nach den Vorschriften in den §§ 1915, 1795 Abs. 2, 181 BGB. die beiden Mündel nicht durch denselben Pfleger hätten vertreten werden können. Das Landgericht teilte diese Ansicht und wies die gegen den amtsgerichtlichen Beschluß eingelegte Beschwerde als unbegründet zurück. Dagegen nahm das Oberlandesgericht Colmar, an das die Sache im Wege der weiteren Beschwerde gelangte, an, daß das Amtsgericht den Pfleger, indem es ihn zur Wahrnehmung der Interessen beider Mündel bestellt, damit zugleich ermächtigt habe, bei der bevorstehenden Teilung die Mündel auch im Verhältnis zueinander zu vertreten. Diese Ermächtigung zu erteilen, habe auch innerhalb der gesetzlichen Befugnisse des Vormundschaftsgerichts gelegen. Das Oberlandesgericht wollte deshalb der weiteren Beschwerde stattgeben, sah sich hieran aber verhindert durch den in den Entsch. des RG.'s in Zivils. Bd. 67 S. 61 flg. mitgeteilten Beschluß des V. Zivilsenats vom 9. November 1907, in dem ausgeführt ist, daß das Vormundschaftsgericht nicht die Befugnis habe, die Vornahme von Rechtsgeschäften, die der Vorschrift des § 181 zuwiderlaufen, zu gestatten. Das Oberlandesgericht legte deshalb auf Grund des § 28 Abs. 2 FrGG. die weitere Beschwerde dem Reichsgerichte vor, nach dessen Geschäftsordnung der IV. Zivilsenat zur Entscheidung berufen war. Dieser hat darauf beschlossen, gemäß § 137 Abs. 1 GVG. eine Entscheidung der Vereinigten Zivilsenate über die folgenden beiden Rechtsfragen einzuholen:

„1. Kann das Vormundschaftsgericht einen für mehrere Mündel bestellten Vormund oder Pfleger ermächtigen, unter Abweichung von der Regel des § 181 BGB. im Namen des einen Mündels mit sich selbst als Vertreter des anderen ein Rechtsgeschäft vorzunehmen?

2. Kann es, sofern ein solches Rechtsgeschäft ohne diese Ermächtigung von dem Vormunde oder Pfleger vorgenommen worden ist, ihm durch eine nachträgliche Zustimmung Wirksamkeit verleihen?"

Sowohl der IV. als der V. Senat halten die Vorschrift des § 181 auch auf gesetzliche Vertreter für anwendbar. Beide Senate sind auch darüber einig, daß die dieser Vorschrift zuwider abgeschlossenen Geschäfte nicht nichtig, sondern nur unwirksam und daher an sich genehmigungsfähig sind. Im übrigen weichen dagegen die beiden Senate in der Rechtsauffassung voneinander ab.

Der IV. Zivilsenat folgert aus den Gesetzesmaterialien, daß der Gesetzgeber in den Fällen der Doppelvertretung stets die Gefahr eines Widerstreites der Interessen als vorliegend angesehen habe. Deshalb habe man die Doppelvertretung schon allein um der rechtlich formalen Gegensätzlichkeit willen ausschließen wollen. Ein wirklicher Interessenwiderstreit sei für die Anwendbarkeit des § 181 nicht Voraussetzung. Die Doppelvertretung müsse deshalb auch bei den Geschäften des täglichen Lebens und der laufenden vormundschaftlichen Verwaltung als unzulässig gelten. Einschränkungen ließen sich nicht machen, und so könne es bei Bevormundung mehrerer Mündel vorkommen, daß sich die Geschäfte der vormundschaftlichen Verwaltung fortgesetzt im Zustande einer rechtlich unvollkommenen Ordnung befänden. Bei Erbauseinandersetzungen sei die Bestellung von besonderen Pflegern wenigstens dann nicht zu umgehen, wenn die einzelnen Mündel auch sich selbst und nicht nur dem abschichtenden Gemeinschaftsgenossen als Vertragsgegner gegenüberständen. Dies führe in der Praxis zu einer Häufung der Pflegschaften, die sachwidrig sei und in weiten Kreisen als schwerer Mißstand empfunden werde. Um Abhilfe zu schaffen, habe man zu verschiedenen Versuchen gegriffen, die indes teils gefährliche Künsteleien seien, teils geradezu auf eine Umgehung des Gesetzes hinausliefen. Nur dadurch ließen sich in sachgemäßer Weise die Schwierigkeiten beseitigen, daß die Gestattungsausnahme auch in den Fällen der gesetzlichen Vertretung zugelassen würde. Allerdings würde von manchen Schriftstellern und namentlich auch von Planck die Ansicht vertreten, daß beim gesetzlichen Vertreter die Vertretungsmacht nur durch das Gesetz selbst und daher nur abstrakt erweitert werden könne. Absicht des Gesetzes sei es gewesen, für alle Fälle mit der allgemeinen Regel zugleich für den Einzelfall die Möglichkeit einer Ausnahme in der Form einer zu erteilenden besonderen Ermächtigung positiv einzuführen. Auf dem Gebiete der vormundschaftlichen Verwaltung böten sich zu diesem Zwecke zwei Wege. Einmal könne das Vormundschaftsgericht den kraft Gesetzes an der Vertretung verhinderten Vormund oder Pfleger selbst zum besonderen Pfleger bestellen und auf diese Weise der schon vorhandenen gesetzlichen Vertretungsmacht noch eine besondere vormundschaftliche Vertretungsbefugnis hinzufügen: ein solches Verfahren liege dem natürlichen Zweckmäßigkeits- und Rechtsempfinden besonders nahe. Sodann könne das Vormundschaftsgericht auch rechtsgeschäftlich Vollmacht erteilen. Sei der Vormund an der Erfüllung seiner Pflichten verhindert, so sei es nach § 1846 BGB. Sache des Vormundschaftsgerichts, „die im Interesse des Mündels erforderlichen Maßregeln zu treffen", und zwar nach freiem und uneingeschränktem Ermessen. Das Vormundschaftsgericht könne selbst handelnd für den Mündel auftreten, und es müsse ihm deshalb auch die Befugnis zugesprochen werden, den Vormund oder Pfleger zur Vertretung der mehreren Mündel bei Rechtsgeschäften untereinander zu ermächtigen.

Dagegen hat der V. Zivilsenat ausgeführt, daß sich auf dem Boden des bestehenden Rechtes die Erteilung einer solchen vormundschaftlichen Ermächtigung nicht rechtfertigen lasse. Unverkennbar schaffe § 181 für das Gebiet der vormundschaftlichen Verwaltung Schwierigkeiten, die sich völlig nicht beseitigen ließen. Zum Teil sei Abhilfe dadurch möglich, daß § 181 nicht streng nach seinem Wortlaute ausgelegt, und insbesondere eine stillschweigende Gestattung kraft Gesetzes zugelassen werde. In der Rechtslehre und auch in der Rechtsprechung würde die Vorschrift des § 181 bereits vielfach einschränkend ausgelegt, und mit Recht.

Die Vereinigten Zivilsenate haben von den beiden Konfliktsfragen die erste verneint und damit die zweite für erledigt erklärt, so daß Ausnahmen von der Regelvorschrift des § 181 BGB. im Wege einer vormundschaftlichen Gestattung nicht für zulässig erachtet sind.

Diese Ansicht der Vereinigten Zivilsenate entspricht dem erkennbaren Willen des Gesetzgebers, wie er aus den Gesetzesmaterialien zu entnehmen ist, und sie hat hinreichend klaren Ausdruck auch im Gesetze selbst gefunden.

Vor dem 1. Januar 1900 war es in dem bei weitem größten Teile Deutschlands (Preuß. Vormundschaftsordnung § 86, Code civil Art. 838, Sächs. Bürgerl. Gesetzb. § 1920) geltendes Recht, daß mehrere Mündel bei Verträgen untereinander mindestens dann, wenn ein Widerstreit erheblicher Interessen vorlag, durch besondere Vormünder oder Pfleger vertreten werden mußten. Ausnahmen von dieser Vorschrift konnte auch das Vormundschaftsgericht nicht gestatten. Bei der Beratung des Bürgerlichen Gesetzbuchs wollte die I. Kommission das sog. Kontrahieren mit sich selbst grundsätzlich zulassen, und es hätten dann auch im Falle eines Interessenwiderstreits die mehreren Mündel durch denselben Vormund vertreten werden können. Die gerade entgegengesetzte Auffassung vertrat indes die II. Kommission. Sie wollte (Mugdan, Mater. Bd. 1 S. 759, Bd. 4 S. 577) das Kontrahieren mit sich selbst verbieten und — abgesehen von Erfüllungsgeschäften — eine Ausnahme nur für den Fall besonderer Gestattung zulassen. Sie fand keinen Grund, zwischen der gesetzlichen und der gewillkürten Vertretung einen Unterschied zu machen, und sie erklärte es für ungenügend, das Kontrahieren mit sich selbst nach dem Vorgange des ersten Entwurfs nur für gewisse Fälle der gesetzlichen Vertretung, wie sie in § 1651 näher bezeichnet waren, auszuschließen. Es war der ersichtlich gerade für das Vormundschaftsrecht bedeutungsvolle Antrag gestellt worden, die Doppelvertretung wenigstens da zu gestatten, wo sie der dem Vertreter obliegenden Fürsorge für den Vertretenen entspräche. Der Antrag wurde, weil man weitere Ausnahmen von dem Grundsatze der Unzulässigkeit der Doppelvertretung nicht zulassen wollte, abgelehnt, und es wurde dann nach dem Vorschlage der Kommission der § 181 Gesetz. Hiernach ist der Wille des Gesetzgebers deutlich zutage getreten.

Richtig ist zwar, daß der Inhalt der Gesetzesmaterialien für sich allein für die Gesetzesauslegung nicht maßgebend sein kann; allein in Ansehung der vorliegenden Streitfrage stehen Gesetz und Gesetzesmaterialien miteinander im Einklange. Nach § 181 ist — abgesehen von Rechtsgeschäften, die ausschließlich in der Erfüllung einer Verbindlichkeit bestehen — ein Vertreter zur sog. Doppelvertretung nicht befugt: „soweit nicht ein anderes ihm gestattet ist“. Die II. Kommission hat, wie die Protokolle zeigen, klar zum Ausdrucke gebracht, daß Gestattungen im Sinne des § 181 nur „durch Gesetz oder durch Vollmacht (ausdrücklich oder stillschweigend)“ erfolgen können. In Übereinstimmung hiermit heißt es in der Denkschrift, daß nur solche Gestattungen in Frage kämen, die „durch das der Vertretungsmacht zugrunde liegende Gesetz oder durch Rechtsgeschäft bestimmt“ seien.

Das Gesetz selbst hat für das Gebiet des Vormundschaftsrechts eine besondere Bestimmung nicht getroffen. Eine Gestattung durch das Vormundschaftsgericht würde eine Gestattung kraft Gesetzes nicht sein. Es ist auch nicht anzuerkennen, daß das Vormundschaftsgericht kraft der ihm obliegenden Fürsorgepflicht den gemeinsamen Vormund oder Pfleger noch zum besonderen Pfleger bestellen und ihm so durch die Bestallung die Befugnis zur Doppelvertretung erteilen könne. Die Vertretungsmacht des Vormundes wie des Pflegers fließt unmittelbar aus dem Gesetze und wird nicht vom Vormundschaftsgerichte verliehen. Dieses kann unter Umständen die Vertretungsmacht (§ 1796) beschränken, aber nicht sie erweitern. Eine solche Erweiterung der Vertretungsmacht würde nur im Wege des Rechtsgeschäfts, das ist der Vollmacht, möglich sein und mithin jedenfalls nur dann und nur insoweit, als das Vormundschaftsgericht zur eigenen rechtsgeschäftlichen Vertretung des Mündels befugt ist. Dies trifft zu im Falle des § 1844 BGB. Hiernach kann das Vormundschaftsgericht vom Vormunde Sicherheitsleistung verlangen; geschieht dies, so wird bei der Bestellung, Änderung oder Aufgabe der Sicherheit „die Mitwirkung des Mündels durch die Anordnung des Vormundschaftsgerichts ersetzt". Auch auf dem Gebiete der Fürsorge für die Person des Mündels schließt das Gesetz (§§ 1666, 1838 flg.) die rechtliche Möglichkeit einer Vertretung des Mündels durch das Vormundschaftsgericht selbst nicht aus.

Allein dies sind Vorschriften, die sich als Ausnahmen von dem allgemein gültigen Grundsatze darstellen. Nach dem Vorgange der preußischen Vormundschaftsordnung hat das Bürgerliche Gesetzbuch die Rechte und Pflichten des Vormundschaftsgerichts gegenüber denen des Vormundes genau abgegrenzt. Zutreffend betont die Denkschrift (Mugdan, Bd. 4 S. 1183), daß für das Vormundschaftsgericht nach dem Bürgerlichen Gesetzbuche der Grundsatz der Gewaltentrennung gelte und deshalb das Vormundschaftsgericht nicht selbst handelnd in die Verwaltung eingreifen dürfe, auch nicht kraft seines Aufsichtsrechts. Der § 1773 schreibt zwingend vor, daß der Mündel einen Vormund erhalte, und der Vormund hat nach § 1793 das Recht und die Pflicht, für die Person und das Vermögen des Mündels zu sorgen, insbesondere auch den Mündel zu vertreten. Hiernach liegt die Vertretungsbefugnis, soweit das Gesetz nicht Sonderbestimmungen enthält, ausschließlich beim Vormunde und nicht beim Vormundschaftsgerichte.

Das Gesetz hat an zwei Stellen den Fall vorgesehen, daß ein Vormund noch nicht bestellt oder der vorhandene Vormund an der Erfüllung seiner Pflichten verhindert ist; nach § 1909 „erhält" dann der Mündel einen Pfleger, und nach § 1846 „hat" das Vormundschaftsgericht die im Interesse des Mündels erforderlichen Maßregeln zu treffen. Das Verhältnis beider Vorschriften zueinander ergibt sich schon aus § 44 FrGG., der unter den Voraussetzungen des § 1846 für die im Interesse des Mündels zu ergreifenden Maßregeln jedes Amtsgericht für zuständig erklärt, in dessen Bezirke das Schutzbedürfnis hervortritt. Die Motive (Mugdan, Bd. 4 S. 612) sprechen sich über den Zweck und die Bedeutung der Vorschrift des § 1846 dahin aus, es solle dem Vormundschaftsgerichte die Möglichkeit eröffnet und ihm zugleich die Pflicht auferlegt werden, durch einstweilige Maßregeln dem Interesse des Mündels zu Hilfe zu kommen. Ein solches Schutzbedürfnis träte vorzugsweise in eiligen Fällen und dann häufig außerhalb des Bezirks auf, und deshalb sei die Erweiterung der Zuständigkeit geboten.

Der Gesetzgeber hat hiernach durch die Vorschrift des § 1846 eine Art von außerordentlicher Vorsorge treffen wollen; die Mündelinteressen sollten für alle Fälle und in der umfassendsten Weise gewahrt werden, und dieser Zweck erforderte es, das Vormundschaftsgericht in der Auswahl der zu treffenden, im voraus nicht zu übersehenden Maßregeln nicht zu beschränken. Mit Rücksicht hierauf betonen bereits die Motive zu § 1683 des I. Entwurfs, daß das Vormundschaftsgericht nach eigenem freien Ermessen zu handeln habe, und daß es unbedenklich auch selbst handelnd eingreifen dürfe. Planck, v. Staudinger und andere Schriftsteller sind der Ansicht, daß die Tätigkeit auch eine rechtsgeschäftliche sein, und daß deshalb das Vormundschaftsgericht unter den Voraussetzungen des § 1846 auch eine gefährdete Forderung kündigen, einen Arrest ausbringen oder auch selbst einen Vertrag abschließen könne. Will man dem beistimmen, so ist, wie es auch von jenen Schriftstellern selbst geschieht, die Befugnis zur rechtsgeschäftlichen Vertretung jedenfalls auf dringliche Fälle einzuschränken. Allerdings hat darüber, ob ein dringlicher Fall vorliegt, sowie auch darüber, welche Maßregeln zu ergreifen sind, das Vormundschaftsgericht nach freiem Ermessen zu befinden; allein daraus kann nicht gefolgert werden, daß im Grundsatze dem Vormundschaftsgerichte allgemein die Vertretungsbefugnis zustehe. Auch das an sich freie Ermessen muß pflichtgemäß geübt und kann nicht dazu benutzt werden, die Vorschrift auf Fälle anzuwenden, auf die sie ihrer Bedeutung und ihrem Zwecke nach keine Anwendung finden kann und soll. Erbauseinandersetzungen sind nicht dringlich und können auch nicht unter dem Gesichtspunkte bloß einstweiliger Maßregeln beurteilt werden, sie sind im Gegenteile gerade zur endgültigen Regelung der Rechtsverhältnisse der Mündel untereinander bestimmt. Deshalb steht jedenfalls für die Vornahme dieser Geschäfte die Vertretungsbefugnis ausschließlich dem Vormunde zu; das Vormundschaftsgericht kann solche Geschäfte von sich aus nicht prüfen und erledigen. Fehlt es an einem Vormunde oder ist der vorhandene Vormund an der Vertretung verhindert, so muß entsprechend der Regelvorschrift des § 1909 die Bestellung eines Pflegers erfolgen, und ihm liegt alsdann die Vertretung des Mündels ob. In diesem Sinne hat sich auch bereits der IV. Zivilsenat in den Entsch. in Zivils. Bd. 60 S. 134 unter der Ausführung ausgesprochen, daß dem Vormundschaftsgerichte im Falle des § 1909 das Recht, die Angelegenheit selbst zu betreiben, nicht zustehe. Es ist mithin auch zur Vollmachtserteilung und daher auch zu Gestattungen im Sinne des § 181 nicht befugt.

Andernfalls würde auch zwischen den §§ 181 und 1795 BGB. eine offenbare Unstimmigkeit bestehen. Es könnte dem Vormunde nach § 181 die Vornahme von Geschäften zwischen sich selbst und dem Mündel gestattet werden, die gleiche Gestattung aber wäre nach § 1795 nicht möglich für die Vornahme von Rechtsgeschäften zwischen der Ehefrau oder gewissen Verwandten des Vormundes einerseits und dem Mündel anderseits. Für diese Geschäfte ist im § 1795 die Vertretungsmacht uneingeschränkt und ohne Zulassung der Gestattungsausnahme ausgeschlossen worden. Was das Gesetz nicht zuläßt, kann das Vormundschaftsgericht nicht gestatten. Es besteht kein Zweifel, daß es dem Gesetzgeber völlig fern gelegen hat, die Fälle des § 181 und die des § 1795 verschieden zu behandeln. Schon die I. Kommission hatte in § 1651 des Entwurfs die Vertretungsmacht für diese Fälle in gleicher Weise ausgeschlossen. Die II. Kommission mußte die Fassung des § 1651 (jetzt 1795) insofern ändern, als die Geschäfte zwischen dem Vormunde selbst und dem Mündel nunmehr schon von der neu eingefügten Vorschrift des § 149 (jetzt 181) ergriffen wurden. Mehr als eine bloße Fassungsänderung war nicht beabsichtigt und konnte auch nicht beabsichtigt sein, da die II. Kommission die Vorschriften über die Doppelvertretung nicht mildern, sondern verschärfen wollte. Zudem wäre auch nicht einzusehen, was den Gesetzgeber hätte bestimmen können, die Gestattung für Geschäfte des Mündels mit dem Vormunde selbst zuzulassen, sie aber für Geschäfte mit der Ehefrau oder Verwandten des Vormundes auszuschließen. Der Widerstreit der Interessen lag gerade bei jenen Geschäften in höherem Maße vor als bei diesen.

Endlich ist noch darauf hinzuweisen, daß rechtsgeschäftliche Handlungen, die das Vormundschaftsgericht innerhalb seiner Zuständigkeit selbst vornimmt, keiner anderen Beurteilung unterliegen können als rechtsgeschäftliche Handlungen des Vormundes oder Pflegers. Auch für sie gilt die Vorschrift des § 181, und ebensowenig wie das Vormundschaftsgericht dieser Vorschrift zuwider für die mehreren Mündel unter einander ein Rechtsgeschäft abschließen kann, ebensowenig kann es die Vornahme einem andern Vertreter rechtsgeschäftlich (durch Vollmacht) gestatten. Allerdings handelt das Vormundschaftsgericht, auch wenn es rechtsgeschäftlich den Mündel vertritt, als Behörde und erfüllt damit eine staatsamtliche Obliegenheit; allein das Rechtsgeschäft gehört dem Gebiete des Privatrechts an und untersteht deshalb in allen seinen Teilen den Vorschriften des Bürgerlichen Gesetzbuchs." . . .

---

44. Aufforderung an die Lieferanten eines Kaufmanns, diesem nicht mehr zu liefern, unter der Androhung des Abbruchs der eigenen Geschäftsverbindung. Wird eine an sich erlaubte und im berechtigten Interesse vorgenommene Handlung dadurch, daß sie zugleich durch ein sittenwidriges Motiv beeinflußt wird, zu einer gegen die guten Sitten verstoßenden?

BGB. § 826.

VI. Zivilsenat. Urt. v. 13. Mai 1909 i. S. F. & Co. (Bekl.) w. G. (Kl.). Rep. VI. 235/08.

I. Landgericht I Berlin.
II. Kammergericht daselbst.

Der Kläger, der früher bei der Beklagten in Stellung gewesen war, hatte in Fr. ein Geschäft errichtet und dabei die finanzielle Unterstützung der Beklagten in Anspruch genommen. Er hatte sich der von der Beklagten errichteten Einkaufsvereinigung angeschlossen und durch diese von verschiedenen Firmen Waren bezogen; die Beklagte hatte diesen Firmen gegenüber in bestimmter Höhe die Delkrederehaftung übernommen. Als Entgelt hatte der Kläger eine Vergütung von 3 v. H. an die Einkaufsvereinigung zu zahlen. Nachdem er die ihm von der Beklagten eingeräumten Kredite abgelöst hatte, hob er die Geschäftsverbindung mit dieser Vereinigung auf und trat mit jenen Firmen direkt in Verbindung. Diese Geschäftsverbindung wurde auf Veranlassung der Beklagten gelöst, weil diese die betreffenden Lieferanten vor die Alternative stellte, entweder die Geschäftsverbindung mit ihr fortzusetzen, oder dem Kläger nicht zu liefern.

Der Kläger machte im Prozesse geltend, das Vorgehen der Beklagten verstoße gegen die guten Sitten, da sie damit lediglich bezweckt habe, ihn zu schädigen; diesen Zweck habe sie auch erreicht, weil er sich neue Lieferanten habe suchen müssen, bei denen er erst allmählich Kredit erlange. Er stellte daher den Antrag, die Beklagte zu verurteilen,

1. bei Vermeidung gerichtlich festzusetzender Strafen zu unterlassen, ferner die Lieferanten des Klägers aufzufordern, die Geschäftsverbindung mit ihm abzubrechen,
2. ihr an seine (namentlich aufgeführten) Lieferanten gerichtetes Verlangen, ihm nicht zu liefern, zurückzuziehen.

Das Landgericht erkannte nach diesem Antrage; das Kammergericht wies die Berufung zurück. Auf die Revision der Beklagten ist das Berufungsurteil aufgehoben, und auf ihre Berufung die Klage abgewiesen worden, aus folgenden

Gründen:

„Das Berufungsgericht geht davon aus, daß die Beklagte nach Lösung ihrer Geschäftsverbindung mit dem Kläger berechtigte Interessen wahrnahm, indem sie, um für die Einkaufsvereinigung und den daraus von ihr gezogenen Nutzen das Absatzgebiet in Fr. nicht zu verlieren, mit einem anderen Geschäfte (der Firma R. B.) in der Weise, wie seinerzeit mit dem Kläger, in Verbindung trat und so durch die Einkaufsvereinigung weitere Geschäfte in Fr. vermittelte. Es hat aber ... die Überzeugung gewonnen, daß es ihr besonders darauf angekommen sei, dem Kläger die bisherigen Bezugsquellen zu verstopfen und seinen Kredit bei diesen Lieferanten zu unterbinden. Zur Erreichung des Zweckes wirtschaftlicher Schädigung des Klägers habe sie Zwang gegenüber dessen Lieferanten angewendet und es auch erreicht, daß diese die Geschäftsverbindung mit dem Kläger abgebrochen hätten, wodurch sein Geschäftsbetrieb wesentlich erschwert und beeinträchtigt worden sei. Wenn sie auch mit der Ausführung des angedrohten Übels, des Abbruchs der Geschäftsverbindung, nur ihr Recht ausgeübt haben würde, so verstoße es doch gegen die guten Sitten, daß sie unter Anwendung von Zwang von Dritten verlangt habe, die Geschäftsverbindung mit dem Kläger zu lösen. Nach der Anschauung aller sittlich und gerecht denkenden Menschen könne es nicht gebilligt werden, daß sie in die Geschäftsverbindungen des Klägers eingegriffen habe, um ihn zu schädigen. Ihr Motiv sei vor allem das Rachegefühl gewesen: der Kläger, der sich von der wirtschaftlichen Abhängigkeit, in der er früher zur Beklagten gestanden, befreit gehabt habe, sollte dafür wirtschaftlich geschädigt werden. Ein wesentliches wirtschaftliches Interesse habe sie nicht verfolgt. Hiernach seien die Voraussetzungen zur Anwendung des § 826 BGB. gegeben.

Die Revision rügt Verkennung des Begriffs der guten Sitten. Wenn die Beklagte, wie das Berufungsgericht mit Recht annehme, ein berechtigtes Interesse daran gehabt habe, die Firma R. B. in Fr. zu etablieren, so erscheine eine nähere Nachforschung nach den geschäftlichen Einzelmotiven belanglos, und wenn die Handlung der Beklagten selbst an sich nicht gegen die guten Sitten verstoße, so könne sie nicht gesetzwidrig werden durch den angeblich verwerflichen Grund des Handelns, das nach Ansicht des Berufungsgerichts obwaltende Rachegefühl.

Diese Rüge ist begründet. Nach der vom Berufungsgerichte festgestellten Sachlage kann ein Handeln wider die guten Sitten auf seiten der Beklagten nicht angenommen werden. Das Berufungsgericht verkennt selbst nicht, daß die Beklagte ein berechtigtes eigenes Interesse verfolgte, indem sie nach Lösung der geschäftlichen Beziehungen zum Kläger mit einem anderen Geschäfte in Fr. in Verbindung trat und dieses in ihre Einkaufsvereinigung aufnahm, um einen gleichen

Gewinn, wie sie ihn durch jene Beziehungen gehabt hatte, auch künftig zu erzielen, und es kann auch als über das im wirtschaftlichen Kampfe erlaubte Maß hinausgehend nicht angesehen werden, daß sie zur Erzielung solchen Gewinns selbst unter Androhung des Abbruchs ihrer Geschäftsverbindung die Lieferanten des Klägers, die sie selbst erst ihm zugewiesen hatte, aufforderte, ihm nicht mehr zu liefern. Die erfolgreiche Betätigung des eigenen geschäftlichen Interesses wird regelmäßig mit einer Schädigung der Konkurrenten verbunden sein, und das Bewußtsein dieser Schädigung allein kann noch nicht die Annahme begründen, daß die Betätigung jenes Interesses gegen die guten Sitten verstoße. Gegen das von der Beklagten angewendete Mittel läßt sich daher ein solcher Einwand nicht erheben. Nun hat allerdings nach der vom Berufungsgerichte gewonnenen Überzeugung bei dem Vorgehen der Beklagten auch ein sittenwidriges Motiv obgewaltet, nämlich die aus einem Rachegefühl entsprungene Absicht, den Kläger zu schädigen. Allein dieses Motiv, mag es auch in hervorragendem Maße die Beklagte beeinflußt haben, kann neben der Betätigung jenes berechtigten Interesses nicht ausschlaggebend in Betracht kommen. Ist die Handlung eine erlaubte, keine widerrechtliche, und wird sie in berechtigtem Interesse vorgenommen, so wird sie dadurch, daß sie zugleich durch ein sittenwidriges Motiv beeinflußt wird, nicht zu einer unerlaubten, gegen die guten Sitten verstoßenden.

Hiernach mußte das Berufungsurteil aufgehoben, und da die Sache zur Endentscheidung reif war, auf die Berufung der Beklagten unter Abänderung des landgerichtlichen Urteils die Klage abgewiesen werden. Infolgedessen braucht auf die recht erheblichen Bedenken, die dem Klagantrag auch dann entgegenstehen würden, wenn die Voraussetzungen zur Anwendung des § 826 BGB. gegeben wären, nicht eingegangen zu werden." . . .

---

45. Über die Anwendung der Verjährungsfristen des § 638 BGB. auf Schadensersatzansprüche des Bestellers.

VII. Zivilsenat. Urt. v. 14. Mai 1909 i. S. H. (Bekl.) w. K. (Kl.). Rep. VII. 345/08.

I. Landgericht Hamburg.
II. Oberlandesgericht daselbst.

Die Klägerin hatte dem Beklagten eine Trockenluft-Kühlanlage für dessen Schlächterei geliefert. Nachdem mehr als ein Jahr nach der Lieferung verflossen war, forderte sie im Wege der Klage Bezahlung der Restsumme. Der Beklagte erhob Widerklage und verlangte Schadensersatz, weil ihm infolge mangelhafter Beschaffenheit der Anlage Fleisch verdorben sei. In der Vorinstanz wurde der Verjährungseinwand der Gegnerin für durchgreifend erachtet, und die Widerklage abgewiesen.

Die Revision des Beklagten wurde zurückgewiesen, aus folgenden

Gründen:

... „Die Klägerin hat dem Beklagten erklärt, sie garantiere ihm für das tadellose Funktionieren der Kühlanlage, für eine reine, trockene Luft, reine trockene Wände und Boden, sowie eine Temperatur von ca. plus 4 Grad R. Daraus will die Revision herleiten, daß ein besonderer Garantievertrag geschlossen sei und daß deshalb der aus der Nichterfüllung dieser Garantie vom Beklagten hergeleitete Schadensersatzanspruch nicht den Verjährungsfristen des § 638 BGB. unterworfen sei, sondern bis zum Ablaufe der regelmäßigen Verjährung von 30 Jahren geltend gemacht werden könne. Das trifft nicht zu. Die hier übernommene Garantie ist nichts weiter als die Zusicherung von Eigenschaften der Anlage. Das Fehlen dieser Eigenschaften stellt auch nur einen Mangel des Werks dar, der, sofern er auf einem vom Unternehmer zu vertretenden Umstande beruht, den Besteller allerdings berechtigt, Schadensersatz wegen Nichterfüllung zu verlangen (§ 635 BGB.); diese Schadensersatzforderung ist aber, da ein arglistiges Verschweigen des Mangels auf Seiten des Unternehmers nicht vorliegt, ebenfalls den Verjährungsfristen des § 638 unterworfen. Vgl. Entsch. des RG.'s in Zivils. Bd. 53 S. 204.

Weiter soll nach den Ausführungen der Revision die Anwendung der kurzen Verjährungsfristen ausgeschlossen sein, weil es sich bei dem vom Beklagten widerklagend erhobenen Anspruche nicht um einen dem gelieferten Werke unmittelbar anhaftenden Schaden, sondern um einen solchen handle, der dem Beklagten erst durch die Ingebrauchnahme des Werks, erst durch das Verderben des in den

Kühlraum gebrachten Fleisches erwachsen sei. Die Revision glaubt sich dafür, daß ein solcher Schadensersatzanspruch nur der regelmäßigen Verjährung unterliege, auf das Bd. 64 S. 41 flg. der Entsch. des RG.'s in Zivils. abgedruckte Urteil des erkennenden Senats berufen zu können. In dem dort entschiedenen Falle war ein Grundstück zu dem in einer Taxe festgestellten Werte gekauft. Es wurde von der Käuferin ein Schadensersatzanspruch aus dem Werkvertrage gegen den Taxator erhoben, weil unter Anwendung unrichtiger Grundsätze zu hoch taxiert sei. Dabei ist vom Senate ausgesprochen, daß für den Schadensersatzanspruch aus § 635 BGB. ein direkter Zusammenhang mit den beiderseitigen Leistungen aus dem Werkvertrage erforderlich ist, daß der Schade dem Werke unmittelbar anhaften muß. Dies und damit die Anwendung der kurzen Verjährungsfristen ist bei dem Taxinstrumente verneint, weil es sich um einen Schaden handle, der mit der Fertigstellung und Ablieferung der Taxe nicht an sich vorlag, sondern der erst später, als von der Taxe Gebrauch gemacht wurde, eingetreten ist.

Hier liegt die Sache tatsächlich anders. Die Kühlanlage ist nach der nicht angefochtenen und ohne erkennbaren Rechtsirrtum getroffenen Feststellung des Berufungsgerichts am 18. Mai 1900 fertig gestellt und noch an diesem oder am nächsten Tage in Gebrauch genommen. Der Mangel des Werks hat sich sofort herausgestellt, wie sich daraus ergibt, daß sich die klägerische Schadensersatzforderung bis zum 18. Mai 1900 zurückerstreckt. Bei dieser Sachlage aber hat die Ingebrauchnahme nicht die rechtliche Bedeutung, die dem Gebrauchen der Taxe in dem angezogenen Urteile beigemessen ist. Bei der Taxe stand der Schade, weil er überhaupt erst durch das Gebrauchen der Taxurkunde zur Existenz gelangen konnte, in keinem unmittelbaren Zusammenhange mit der Vertragsleistung. Hier ist der Schadensersatzanspruch, welcher gegen den Besteller, wenn er den Mangel zu vertreten hat, wegen Nichterfüllung geltend zu machen ist, aus dem Mangel selbst ohne ein weiteres Mittelglied erwachsen. Auch wenn der Beklagte die Anlage, weil sie nicht ordnungsmäßig funktionierte, überhaupt nicht in Gebrauch nahm, war ihm unter der Voraussetzung einer Vertretungspflicht der Klägerin ein Schadensersatzanspruch wegen Nichterfüllung gegen diese gegeben. Das Gebrauchen der Anlage mit dem vom Beklagten behaupteten Mißerfolge bringt nicht den

Anspruch selbst zur Entstehung, sondern gibt nur eine Grundlage für die Schadensberechnung. Es steht somit hier ein unmittelbar und direkt auf den Mangel des Werks gestützter Anspruch in Frage, dessen Geltendmachung innerhalb der Verjährungsfristen des § 638 erfolgen konnte, und die Annahme des Berufungsgerichts, daß der Verjährungseinwand nach dieser Gesetzesbestimmung zu beurteilen sei, ist zutreffend." ...

---

46. Gläubigeranfechtung. Kann die Anfechtungsklage mit gegen den Schuldner gerichtet werden?

VII. Zivilsenat. Urt. v. 18. Mai 1909 i. S. preuß. Fiskus (Kl.) w. O. (Bekl.). Rep. VII. 388/08.

I. Landgericht Altona.
II. Oberlandesgericht Kiel.

Das Reichsgericht hat die Frage verneint, aus folgenden

Gründen:

„Das ... Festhalten des Klägers an dem Standpunkte, daß bei der Gläubigeranfechtung, sei es allgemein, sei es wenigstens in einem Falle der vorliegenden Art, wo es sich um die Anfechtung der Abtretung einer Hypothekenforderung handelt, der Schuldner mit verklagt werden müsse oder dürfe, beruht auf einer Verkennung des Wesens und der Wirkungen der Gläubigeranfechtung, sowie der Art und Weise, wie bei erfolgreicher Anfechtung die Rückgewähr des anfechtbar Erlangten durch den Anfechtungsbeklagten zu erfolgen hat. Die Gläubigeranfechtung wirkt nicht dinglich, sondern nur obligatorisch. Auch dem Anfechtungskläger gegenüber behält das angefochtene Rechtsgeschäft objektiv seine Geltung. Die Rückgewähr des anfechtbar Erworbenen besteht in der Regel, soweit es noch in Natur bei dem Anfechtungsgegner vorhanden ist, nur in der Duldung der Zwangsvollstreckung in dieses Vermögensstück und soweit es nicht mehr in Natur vorhanden ist, in Zahlung des Werterſatzes. Die Zwangsvollstreckung in das bei dem Anfechtungsgegner noch vorhandene Vermögensstück erfolgt daher auch im Verhältnis zum Anfechtungskläger und diesem gegenüber objektiv in ein dem Anfechtungsgegner gehöriges Vermögensstück. Dieser ist auf Grund des im Anfechtungsstreite ergangenen Urteils formell Vollstreckungsschuldner, nicht der Schuldner. Der Schuldner ist es nur im sachlichen Sinne. Eine Rückübertragung des anfechtbar Weggegebenen in das Vermögen des Schuldners kann jedenfalls bei der Gläubigeranfechtung außerhalb des Konkurses nicht gefordert werden. Ob es denkbar ist, daß von dieser durchgreifenden Regel Ausnahmen vorkommen können, mag dahingestellt bleiben; sicher ist nur, daß wenn solche Ausnahmen möglich sein sollten, sie nur sehr selten eintreten werden. Daß der Anfechtungsgegner Vollstreckungsschuldner ist und daß eine Rückübertragung des anfechtbar Erlangten in das Vermögen des Schuldners der Regel nach nicht gefordert werden kann, hat der erkennende Senat in dem in Entsch. in Zivils. Bd. 56 S. 142 flg. veröffentlichten Urteile sogar schon in bezug auf Grundstücke und für die Anfechtung im Konkurse anerkannt. Um so mehr gilt dies in bezug auf anfechtbar veräußerte bewegliche Sachen und Forderungen.

Was die beweglichen Sachen angeht, so ist nicht, wie der Kläger meint, der Anfechtungsgegner ein „Dritter" im Sinne des § 809 ZPO., in dessen Besitz sich dem Schuldner gehörige Sachen befinden, sondern es sind seine, des Anfechtungsgegners, Sachen, in die als Sachen des „Schuldners" im Sinne des § 808 ZPO. vollstreckt wird. Genau so verhält es sich mit anfechtbar abgetretenen Forderungen, wobei selbstverständlich die Eigenschaft als Hypothekenforderungen keinen Unterschied begründen kann. Sie bleiben trotz erfolgreicher Anfechtung Forderungen des Zessionars. Auch dieser ist daher Vollstreckungsschuldner: in seine Forderungen wird vollstreckt, nicht in solche des Schuldners. Die Wirkung der Anfechtung erschöpft sich auch hier darin, daß der Anfechtungsgegner nur obligatorisch verpflichtet ist, seine Sachen ebenso behandeln zu lassen, als wenn sie noch Sachen des Schuldners wären. Sachlich bedeutet dies, daß er die Zwangsvollstreckung in sein Eigentum für fremde Schuld dulden muß.

Aus dem Vorstehenden ergibt sich, daß der Schuldner an sich nichts mit der Anfechtung zu tun hat. Sie richtet sich allein gegen den Anfechtungsgegner, der als Empfänger des ihm anfechtbar Zugewendeten allein etwas zu leisten hat. Die Möglichkeit, daß Fälle sich ereignen, in denen eine Mitwirkung des Schuldners zur Rückgewähr und deshalb insofern dessen Mitverklagung erforderlich werden könnte, mag nicht ganz ausgeschlossen sein, da die Mannigfaltigkeit und Verschiedenartigkeit der Formen, in denen sich anfechtbare Rechtsgeschäfte vollziehen, außerordentlich groß ist. Allein es kann sich hierbei nur um seltene Ausnahmefälle handeln. Es sei dazu bemerkt, daß, wenn der Ehemann bei anfechtbarer Veräußerung an die Ehefrau mitverklagt wird, dies auf dem ehelichen Güterrecht, nicht auf den Grundsätzen der Anfechtung beruht. Der vorliegende Fall bildet keine Ausnahme; es handelt sich hierbei vielmehr um einen sehr häufig vorkommenden Gegenstand der Anfechtung, nämlich um Anfechtung einer, wie behauptet wird, fraudulösen Veräußerung einer Hypothekenforderung. Der Schuldner kann in diesen Anfechtungsstreit nicht hineingezogen werden. Die Ausführungen des Klägers ..., mit denen versucht worden ist, die Notwendigkeit der Mitverklagung des Schuldners darzutun, sind sämtlich rechtsirrtümlich. ...

Der Kläger hat nicht, wie er meint, das Recht, zur Durchführung der Anfechtung die Beischreibung eines Vermerks in das Grundbuch zu verlangen, daß ihm gegenüber die Zession unwirksam sei (vgl. Entsch. des RG.'s in Zivils. Bd. 60 S. 424). Eine Feststellungsklage gegen den Schuldner dahin, daß er auch seinerseits die Unwirksamkeit des angefochtenen Rechtsgeschäfts anzuerkennen habe, gibt es schon deswegen nicht, weil die Anfechtungsklage überhaupt keine Feststellungsklage, sondern nur Leistungsklage ist. Der in früheren Urteilen in der Urteilsformel häufig enthaltene Ausspruch, daß die angefochtene Rechtshandlung dem Kläger gegenüber unwirksam sei, gehört in die Begründung des Urteils. Es gibt auch keine allgemeine Klage auf Feststellung der Rückgewährpflicht, sondern die Klage muß gemäß gesetzlicher Bestimmung (§ 9 AnfGes.) bestimmt die Weise und den Umfang der geforderten Rückgewähr angeben. Dem Anfechtungsgesetze mangelt nicht eine Bestimmung über den Anfechtungsbeklagten, sondern es enthält solche in § 7 („Empfänger"). ... Das Urteil des Reichsgerichts in Bd. 35 S. 95 der Entsch. in Zivils. ist nicht bedenklich, und es verwischt ebensowenig wie das Berufungsurteil die Grenzen des formellen und materiellen Rechts. ... Der Grundsatz, daß das Urteil nur zwischen den Parteien Recht macht, kommt ... hier nicht in Betracht. Endlich ist ein Interesse des Klägers an der Mitverklagung des Schuldners auch durch § 894 BGB. nicht gegeben, da von einer Berichtigung des Grundbuchs ... keine Rede sein kann."

---

47. 1. Muß bei der Pfändungsankündigung (Vorpfändung) schon ein für den derzeitigen Gläubiger und gegen den derzeitigen Schuldner lautender vollstreckbarer Schuldtitel vorliegen?

2. Ist diese Vorpfändung auch bei beabsichtigter Pfändung einer Eigentümergrundschuld und des darauf in der Zwangsversteigerung treffenden Erlösanteils zulässig?

ZPO. §§ 704 flg., 725 flg., 750, 794, 845, 857.

V. Zivilsenat. Urt. v. 19. Mai 1909 i. S. Akt.-G. B. B. B. (Kl.) w. Erben R. (Bekl.). Rep. V. 325/08.

I. Landgericht Bonn.
II. Oberlandesgericht Köln.

Im Zwangsversteigerungsverfahren gegen die Witwe H. in G. und den Pfleger für den Nachlaß ihres verstorbenen Ehemannes erhielten die Beklagten am 16. Januar 1907 für bar zu zahlende 125000 *M* den Zuschlag. Dadurch kam u. a. die auf einem der versteigerten Grundstücke für den Vater der Beklagten stehende Hypothek zu 20000 *M* zur Hebung, wovon jedoch 10000 *M* wegen Tilgung zur Eigentümergrundschuld geworden waren. Weil die Beklagten am 19. Februar 1907 Vorpfändung nach § 845 ZPO. und am 6. März 1907 Pfändungs- und Überweisungsbeschluß auf jene Eigentümergrundschuld hatten zustellen lassen, setzte sie der Vollstreckungsrichter im Teilungsplane als Berechtigte auf den entfallenden Betrag von 10087,50 *M* ein. Hiegegen erhob die Klägerin Widerspruch auf Grund eines Pfändungs- und Überweisungsbeschlusses, den sie selbst am 22./23. Februar 1907 hatte zustellen lassen. Ihre Klage, worin sie die erwähnten Maßnahmen der Beklagten für unwirksam, dagegen ihre eigene Pfändung für gültig erklärte und beantragte, den Teilungsplan deswegen zu ihren Gunsten abzuändern und die Beklagten als Gesamtschuldner zur Zahlung der 10087,50 *M* nebst Zinsen an sie zu verurteilen, wurde entsprechend dem Antrage der Beklagten abgewiesen. Auch die Berufung blieb erfolglos und ebenso die Revision der Klägerin.

Gründe:

„Zugunsten der Klägerin nimmt der Vorderrichter an, daß ihre Pfändung, als erst nach Erlöschen der Eigentümergrundschuld erfolgt, nicht mit Wegnahme des Hypothekenbriefs verbunden zu sein brauchte und daß sich ferner die Beklagten nicht auf die von ihnen beabsichtigte, aber unzulässige Aufrechnung ihrer Forderung gegen den fraglichen Erlösanteil zu 10087,50 *M* stützen könnten. Gleichwohl erkennt er wegen der von ihm trotz der Bemängelungen durch die Klägerin für gültig erachteten Vorpfändung vom 19. Februar 1907 das Vorrecht der Beklagten auf den streitigen Betrag an. Der § 845 ZPO. sei — so ist im Berufungsurteil ausgeführt — trotz Nichtvorhandenseins eines Drittschuldners auch gegenüber einer Eigentümergrundschuld anwendbar; wenn diese Pfändungsankündigung, sowie der später von den Beklagten erwirkte und zugestellte Pfändungs- und Überweisungsbeschluß nach ihrem Wortlaute auch noch die Eigentümergrundschuld zum Gegenstande hätten, so sei doch ihre Erstreckung auf den Erlösanspruch der Zwangsversteigerungsschuldner genügend erkennbar. Endlich habe es nicht schon bei der Vorpfändung vom 19. Februar 1907 einer Zustellung der Vollstreckungsklausel und der Erbscheine für und gegen die beteiligten Rechtsnachfolger bedurft. Für die spätere, rechtzeitig innerhalb drei Wochen erfolgte endgültige Pfändung und Überweisung seien diese Zustellungen allerdings notwendig gewesen; da seien sie aber auch, wie unbestritten, vorschriftsmäßig erfolgt.

Die Revision wendet sich hauptsächlich gegen den letzten Entscheidungsgrund des Berufungsrichters insofern, als sie wenigstens das Vorliegen eines die Rechtsnachfolger bezeichnenden vollstreckbaren Titels schon bei der Vorpfändung nach § 845 ZPO. für erforderlich erklärt; sie verstellt aber auch die übrigen zu Ungunsten der Klägerin lautenden Erwägungen des Oberlandesgerichts zur reichsgerichtlichen Nachprüfung. Diese hat aber die Richtigkeit der angefochtenen Entscheidung und die Unbegründetheit der Revision ergeben.

Nach § 744 der ursprünglichen Zivilprozeßordnung konnte ebenso wie jetzt nach § 845 Satz 1 die sog. Vorpfändung „auf Grund eines vollstreckbaren Schuldtitels" erfolgen. Jahrelang war man der Meinung, wie der Kommissionsbericht zur Novelle von 1898 (Hahn-Mugdan, Mat. Bd. 8 S. 416) erwähnt, daß eine Pfändungsvoranzeige schon sofort nach Verkündung eines vollstreckbaren Urteils erfolgen könne, also nur in diesem Sinne ein vollstreckbarer Titel vorliegen müsse (vgl. Entsch. des RG.'s in Zivils. Bd. 32 S. 43). Später aber drang die Ansicht durch, daß auch die Vorpfändung nicht eine bloße Vollstreckungsvorbereitung, sondern schon eine Vollstreckungsmaßregel bilde und daß daher schon eine vollstreckbare Ausfertigung des Schuldtitels dabei mindestens vorliegen, wenn nicht sogar zugestellt werden müsse (§ 671 alt, § 750 neu ZPO.). .

Vgl. Jurist. Wochenschr. 1897 S. 135 Nr. 18, 1895 S. 127 Nr. 5. Damit wäre, wie selbstverständlich und wie auch der vorerwähnte Kommissionsbericht ausspricht, der in schleuniger Sicherung der Zwangsvollstreckung beruhende Hauptzweck und Hauptwert jener Rechtseinrichtung weggefallen, und um dies zu verhüten, wurde bei Abänderung der Zivilprozeßordnung in deren § 744 (jetzt § 845) der Satz 3 eingefügt:

„Der vorherigen Erteilung einer vollstreckbaren Ausfertigung und der Zustellung des Schuldtitels bedarf es nicht".

Aus dieser Gesetzgebungsgeschichte und aus dem Wortlaute des angeführten Satzes ergibt sich mit Gewißheit, daß bei der Vorpfändung nur ein vollstreckbarer Titel, nicht aber auch eine vollstreckbare, d. i. mit Vollstreckungsklausel im Sinne der §§ 725 flg. versehene, Ausfertigung dieses Titels — sei es ein Urteil, Beschluß oder eine Urkunde der in § 794 ZPO. angegebenen Arten — vorzuliegen braucht.

Zwar enthalten die Urteile der Vorderrichter keine ausdrückliche Bezeichnung jener vollstreckbaren Titel, auf Grund deren die Beklagten die Vorpfändung und die spätere endgültige Pfändung und Überweisung ins Werk gesetzt haben; allein diese Titel sind aus der Pfändungsvoranzeige vom 19. Februar und aus dem Pfändungs- und Überweisungsbeschlusse vom 6. März 1907 zu entnehmen. Sie bestanden aus drei Notariatsurkunden: vom 21. November 1892, 12. November 1896, 14. April 1896. Nun ist allerdings zu unterstellen, daß diese Urkunden zur Zeit der Vorpfändung noch auf den Vater und Erblasser der Beklagten als Gläubiger und auf die

Eheleute H. als Schuldner gelautet und der Vollstreckungsklausel für die Beklagten, als Erben, und gegen den Pfleger für den Nachlaß des Ehemanns H. entbehrt haben. Aber vollstreckbare Titel im allgemeinen und insbesondere im Sinne des § 845 ZPO. lagen damals trotzdem schon vor.

Unter einem solchen Titel ist die erste und ursprüngliche Grundlage für die künftige Vollstreckung: das Urteil oder der Beschluß des Gerichts, sofern sie rechtskräftig oder wenigstens vorläufig vollstreckbar sind (§§ 704, 794, 929 flg. ZPO.), oder eine der Urkunden nach § 794 ZPO. zu verstehen, nicht aber ein schon mit der nötigen Vollstreckungsklausel für den derzeitigen Gläubiger und gegen den jetzigen Schuldner versehenes Schriftstück. Dies ist zu folgern aus dem allgemeinen Sprachgebrauche der Zivilprozeßordnung über „vollstreckbaren Titel", „vollstreckbare Ausfertigung" und „Vollstreckungsklausel". Insbesondere wird so die Sache unzweifelhaft auch in dem oben erwähnten Kommissionsberichte aufgefaßt. Wenn dieser die Pfändungsanzeige unmittelbar nach der Urteilsverkündung ermöglichen will, so setzt er dabei auch nur die rechtskräftige oder vorläufig vollstreckbare Verurteilung im allgemeinen voraus, nicht aber deren Anpassung genau an den zur Zeit der Urteilsverkündung gegebenen Gläubiger- und Schuldnerstand. Auch hier können die ursprünglichen Prozeßparteien oder eine von ihnen gestorben, Erben oder sonstige Rechtsnachfolger an ihre Stelle getreten sein; gleichwohl soll nach Meinung des Gesetzgebers die Maßregel des § 845 schon zu jener Zeit zulässig sein, immer unter dem selbstverständlichen Vorbehalte, daß die endgültige Pfändung das zur Zeit der Vorpfändung noch Fehlende vorschriftsmäßig ergänzt, was auch im gegebenen Falle geschehen ist. Auch in diesem Falle lagen die Notariatsurkunden als „vollstreckbare Titel" vor, die eingetretene Rechtsnachfolge änderte an diesem ihrem Wesen nichts. Vollstreckbare Ausfertigungen von ihnen brauchten nach Satz 3 § 845 nicht zugestellt zu werden, und daraus ergibt sich von selbst, daß auch eine Zustellung der in § 750 Abs. 2 bezeichneten Beweisurkunden (Erbscheine u. dgl.) nicht erforderlich gewesen ist. Auch bloßes Vorliegen vollstreckbarer Urkunden für und gegen die Rechtsnachfolger und der Beweisurkunden hierzu war zur Zeit der Pfändungsanzeige noch nicht notwendig. Der Hauptrevisionsangriff der Klägerin ist hiernach hinfällig.

Mit Recht hat ferner der Berufungsrichter die Pfändungsankündigung nach § 845 ZPO. auch bei Eigentümerhypotheken und den sich daraus ergebenden Ansprüchen auf den Versteigerungserlös für zulässig erklärt, da kein Grund für eine gegenteilige Annahme ersichtlich ist. Allerdings setzt die genannte Gesetzesstelle die Zustellung der Vorpfändung auch an den Drittschuldner voraus; aber mag man annehmen, daß bei Eigentümerhypotheken und den daraus entspringenden Erlösansprüchen begrifflich wenigstens auch ein Drittschuldner vorhanden ist, der aber mit der Person des Schuldners zusammenfällt, oder mag man mit einzelnen Entscheidungen für diese Fälle das Vorhandensein eines Drittschuldners überhaupt verneinen,

vgl. Entsch. des RG.'s in Zivils. Bd. 43 S. 427; ferner Urteil vom 22. Februar 1908, Rep. V. 272/07,

in keinem Falle ist die Pfändungsankündigung in solchen Sachen ausgeschlossen. Denn § 857 ZPO. erklärt die ihm vorausgehenden Bestimmungen, wozu auch § 845 gerechnet werden muß, auch für die Zwangsvollstreckung in andere Vermögensrechte als gewöhnliche Forderungen für entsprechend anwendbar und läßt, wo es an einem Drittschuldner fehlt, die Pfändung in dem Zeitpunkte wirksam werden, in dem dem Schuldner das Gebot, sich jeder Verfügung über das Recht zu enthalten, zugestellt ist. Gleiches muß auch für den § 845 gelten, und da die bestrittene, den Schuldnern zugestellte Pfändungsankündigung vom 18. Februar 1907 das in § 857 Abs. 2 vorgeschriebene Gebot ausdrücklich enthält, so ist auch in dieser Richtung die Vorpfändung vollkommen in Ordnung.

Frei von Rechtsirrtum ist auch die auf Urkundenauslegung beruhende Feststellung des Oberlandesgerichts, daß diese Pfändungsankündigung und die spätere Pfändung trotz ihres nicht ganz entsprechenden Wortlautes zugleich auch den auf die Eigentümergrundschuld treffenden, nach deren Erlöschen allein noch pfändbaren Erlösanteil zum Gegenstande haben. Dies konnte und durfte der Vorderrichter aus dem Gesamtinhalt der betreffenden Urkunden folgern." ...

48. 1. Kann der Schuldner, der seinem Gläubiger ein Schuldanerkenntnis ausgestellt hat, damit er die anerkannte Forderung verpfände, gegen die verpfändete Forderung, die der Pfandgläubiger einziehen will, eine Gegenforderung aufrechnen, die ihm zur Zeit des Schuldanerkenntnisses gegen den Gläubiger zustand?
2. Zum Begriffe des Scheinanerkenntnisses im Sinne des § 405 BGB.

VI. Zivilsenat. Urt. v. 19. Mai 1909 i. S. C.-L. Konkursm. (Bekl.) w. Rh. Diskontogesellsch. (Kl.). Rep. VI. 321/08.

I. Landgericht Koblenz.
II. Oberlandesgericht Köln.

Die Gesellschaft m. b. H. C.-L. stellte am 9. Juli 1904 der Witwe Cl. ein Schuldanerkenntnis aus, worin sie bestätigte, daß deren Guthaben an sie 59517,67 ℳ betrage. Auf Grund dieses Anerkenntnisses verpfändete die Witwe Cl. desselben Tages die Forderung an die Klägerin, der sie 49480,80 ℳ schuldig war. Die Klägerin und die Witwe Cl. zeigten der Schuldnerin die Verpfändung an. Am 13. September 1904 teilte noch die Schuldnerin der Klägerin mit, daß sie durch die Witwe Cl. von der Verpfändung in Kenntnis gesetzt worden sei. Die Klägerin erhob kraft ihres Pfandrechtes gegen die Gesellschaft m. b. H. Klage auf Zahlung des ihr geschuldeten Betrags. Nach Anstellung der Klage wurde über das Vermögen der Beklagten der Konkurs eröffnet. Der Konkursverwalter setzte dem Klaganspruche zwei Gegenforderungen von zusammen 57313,60 ℳ entgegen, die der Gemeinschuldnerin zur Zeit des Schuldanerkenntnisses zugestanden hätten und fällig gewesen seien, mit denen jedoch damals nicht hätte aufgerechnet werden können, weil die Gemeinschuldnerin nicht berechtigt gewesen sei, die ihr obliegende Leistung an die Witwe Cl., deren Forderung auf zehn Jahre unkündbar und verzinslich gewesen sei, zu bewirken.

Die Klägerin bestritt die Gegenforderungen und entgegnete, daß, wenn sie beständen, das Schuldanerkenntnis zum Scheine abgegeben worden wäre, und die Aufrechnung wider Treu und Glauben verstoßen würde.

Die beiden Vordergerichte erkannten nach den Anträgen der Klägerin. Die Revision ist zurückgewiesen worden aus folgenden

Gründen:

... „Das Berufungsgericht ist ebenso wie das Landgericht, ohne zu untersuchen, ob die Gegenforderungen zu Recht bestehen, der Klägerin mit folgenden Ausführungen beigetreten.

Die Aufrechnung setze sich in Widerspruch mit den von der Gesellschaft m. b. H. am 9. Juli und 13. September 1904 abgegebenen Erklärungen, die sich als ein Anerkenntnis der Forderung der Witwe Cl. darstellten. In beiden Schreiben seien die Gegenforderungen nicht erwähnt worden. Allerdings hätten diese gegen die Forderung der Witwe Cl., die auf zehn Jahre unkündbar und verzinslich gewesen sei, ohne Zustimmung der Witwe Cl. nicht aufgerechnet werden können. Mit der Fälligkeit der Forderung oder beim Einverständnis der Gläubigerin mit der vorzeitigen Tilgung wäre jedoch die Aufrechnung möglich gewesen, und dadurch die verpfändete Forderung in Höhe der aufgerechneten Gegenforderungen wertlos geworden. Es sei daher Pflicht der Gesellschaft m. b. H. gewesen, die Gegenforderungen in dem Anerkenntnisschreiben zu erwähnen, und zwar um so mehr, als das Anerkenntnis vom 9. Juli 1904 die Grundlage zu dem Verpfändungsvertrage zwischen der Witwe Cl. und der Klägerin gebildet habe und dies auch bei Ausstellung des Anerkenntnisses vom Geschäftsführer der Gesellschaft m. b. H. beabsichtigt worden sei. Unter diesen Verhältnissen könne sich die Beklagte, ohne sich eines Verstoßes gegen Treu und Glauben schuldig zu machen, auf die Aufrechnung nicht berufen. Das Verhalten der Beklagten widerspreche aber auch der gemäß § 1275 BGB. hier anwendbaren Vorschrift des § 405 ebenda. Da die Gesellschaft m. b. H. verpflichtet gewesen sei, in ihre Erklärungen vom 9. Juli und 13. September 1904 das Bestehen der Gegenforderungen aufzunehmen, so sei ihr vorbehaltloses Anerkenntnis der Forderung der Witwe Cl. nur zum Scheine erfolgt. Indem die Beklagte mit den damals verschwiegenen Gegenforderungen aufrechne, greife sie zurück auf die Eigenschaft des Anerkenntnisses als Scheinanerkenntnisses.

Das Landgericht, auf dessen Gründe das Berufungsgericht verweist, hat noch beigefügt, daß die Gesellschaft m. b. H., falls die Gegenforderungen bestanden, bei Ausstellung des Schuldanerkenntnisses geradezu in der betrügerischen Absicht, daß die Klägerin durch die Verpfändung der Scheinforderung getäuscht werden solle, gehandelt, zum mindesten eine zur Täuschung geeignete und auf Täuschung berechnete Erklärung abgegeben habe. Das Scheinanerkenntnis würde daher die Beklagte der Pfandgläubigerin gegenüber binden.

Diese Erwägungen sind rechtlich bedenklich und bieten keinen gangbaren Weg, um dem, auch nach der Ansicht des Reichsgerichts begründeten, Anspruche der Klägerin zum Siege zu verhelfen.

Nach der Anschauung des Berufungsgerichts war die Gesellschaft m. b. H. durch kein vertragliches Band mit der Klägerin verknüpft. Wenn dem so wäre, so würde sich eine Pflicht, die ihr gebot, die Gegenforderungen in dem Schuldanerkenntnis zu erwähnen, nur aus den gegen die Beschädigung fremden Vermögens sich richtenden Vorschriften des Bürgerlichen Gesetzbuchs über die unerlaubten Handlungen herleiten lassen. Hätte sie das Schuldanerkenntnis unter Verschweigen der Gegenforderungen betrüglich ausgestellt, damit die anerkannte Forderung an die Klägerin verpfändet werde, so würde mithin die Folge nicht die sein, daß sie der Klägerin, d. i. der betrogenen Dritten, gegenüber, die nicht ihre Vertragsgegnerin war, an ihr Anerkenntnis gebunden wäre und die Aufrechnungseinrede verlieren würde, sondern nur die, daß sie gemäß § 823 Abs. 2 BGB. in Verbindung mit § 263 StGB. oder gemäß § 826 BGB. der Klägerin den Schaden zu ersetzen hätte, den diese erlitten haben mag, weil sie auf die Richtigkeit und Redlichkeit des Schuldanerkenntnisses vertraute. Nur in Höhe dieses Schadens, über den das Berufungsgericht nichts festgestellt hat, könnte die Klägerin duplicando gegen die Gegenforderungen aufkommen.

Auch die Heranziehung des § 405 BGB. greift nicht durch. Das Scheinanerkenntnis einer Forderung wird in der Regel zur Voraussetzung haben, daß die Forderung nicht besteht. Besteht die Forderung, steht ihr aber eine Gegenforderung gegenüber, so erlischt nach dem Rechte des Bürgerlichen Gesetzbuchs die Forderung nicht ohne weiteres, sondern nur, wenn sich die Gegenforderung nach Maßgabe des § 387 BGB. zur Aufrechnung eignet und wenn die Aufrechnung gegenüber dem anderen Teile gemäß § 388 erklärt wird. Wollte man nun das Anerkenntnis einer Forderung auch dann im Sinne des § 405 BGB. als zum Scheine erfolgt gelten lassen, wenn die Forderung zwar besteht, der Anerkennende aber weiß, daß er eine aufrechenbare Gegenforderung besitzt, und des Willens ist, sie gegen die Forderung, sobald das Recht daraus ausgeübt werden sollte, aufzurechnen, wenn also der Anerkennende das Anerkenntnis nicht ernstlich gemeint hat, so ergibt sich doch aus den Feststellungen des Berufungsgerichtes, das sogar das Bestehen der Gegenforderungen dahingestellt sein läßt, nicht, daß hier jene Merkmale eines etwa möglichen Scheinanerkenntnisses vorliegen.

Die angefochtene Entscheidung wird jedoch durch die Feststellung des Berufungsgerichtes getragen, daß der Geschäftsführer der Gesellschaft m. b. H., als er das Anerkenntnis vom 9. Juli 1904 ausstellte, beabsichtigt hat, daß es als Grundlage des Verpfändungsvertrages zwischen der Witwe Cl. und der Klägerin dienen solle, und daß er gleichzeitig die Verpfändungserklärung verfaßt hat, die sodann von der Witwe Cl. unterschrieben wurde. Ist das Schuldanerkenntnis nach Vereinbarung zwischen der Witwe Cl. und der Schuldnerin zu dem Zwecke erklärt und gegeben worden, damit die anerkannte Forderung an die Klägerin verpfändet werde, und diese sich daraus bezahlt mache, so ist als Willensmeinung der Vertragschließenden anzunehmen, daß die anerkennende Schuldnerin *zugunsten der Klägerin* auf die Aufrechnung von Gegenforderungen verzichtet hat, die ihr zur Zeit des Anerkenntnisses zur Seite standen, und deren Geltendmachung das der Klägerin zu verschaffende Recht auf Einziehung der Pfandforderung vereiteln würde. Aus dieser Vereinbarung hat die Klägerin gemäß § 328 BGB. das Recht erworben, selbständig der Beklagten diesen Verzicht auf die Gegenforderungen entgegenzusetzen.

Das Berufungsurteil stellte sich demgemäß, wenn auch aus anderen Gründen, als richtig dar." . . .

---

49. Wessen Verschulden ist maßgebend, wenn die durch Pfändung und Zwangsversteigerung verkaufter Gegenstände herbeigeführte Unmöglichkeit für den Verkäufer, dem Käufer das Eigentum zu verschaffen, teils vom Käufer, teils vom Verkäufer zu vertreten ist?

BGB. §§ 254, 324, 325.

II. Zivilsenat. Urt. v. 21. Mai 1909 i. S. S. (Kl.) w. M. (Bekl.). Rep. II. 543/08.

I. Landgericht Beuthen O/S.
II. Oberlandesgericht Breslau.

In dem durch das Urteil des Reichsgerichts vom 4. Oktober 1907 (Entsch. in Zivils. Bd. 66 S. 344 flg.) behandelten Falle wies das Oberlandesgericht, an das die Sache zurückverwiesen worden war, nach Erörterung der Punkte, die vom Reichsgerichte als weiterer Aufklärung bedürfend bezeichnet waren, die Klage abermals ab. Auf die Revision der Klägerin wurde auch dieses Urteil aufgehoben, und die Sache nochmals zurückverwiesen, aus folgenden

Gründen:

... „Das Berufungsgericht hat das vom Beklagten aus § 325 BGB. abgeleitete Recht, von dem der Klage zugrunde liegenden Kaufvertrage zurückzutreten, deshalb für begründet erachtet, weil die Klägerin die ihr wegen des Eigentumsvorbehalts an den Kaufgegenständen noch obliegende Verpflichtung, dem Beklagten das Eigentum zu verschaffen, infolge deren Versteigerung zu erfüllen nicht mehr imstande sei, und weil sie diese durch die Zwangsvollstreckung geschaffene Unmöglichkeit zu vertreten habe. Dabei hat es zwar angenommen, daß der Beklagte verpflichtet gewesen sei, die Mietzinsen für die Klägerin an G. zu zahlen, und daß er durch die Nichterfüllung dieser Verpflichtung die Vollstreckung des G. gegen die Klägerin in die Gegenstände der Druckereieinrichtung wegen der Mietzins- und Kostenforderung des G. im Gesamtbetrage von 1525,67 ℳ herbeigeführt, und daß er daher die dadurch der Klägerin verursachte Unmöglichkeit, ihm das Eigentum zu verschaffen, zu vertreten habe. Bezüglich der auf Anstehen der Klägerin und ihrer Kinder am 1. Februar 1904 gegenüber dem Beklagten vorgenommenen, von dem Berufungsgerichte für entscheidend erachteten Pfändung von Gegenständen der Druckereieinrichtung hat es aber im wesentlichen folgendes ausgeführt. Es sei kein Umstand ersichtlich, mit Rücksicht auf den aus dieser Pfändung ein Verzicht der Klägerin und ihrer Kinder auf den ihnen zustehenden Vorbehalt des Eigentums an diesen Gegenständen zu folgern wäre. Jedenfalls habe die Klägerin einen solchen Verzicht dem Beklagten nicht kundgetan. Insoweit die von der Klägerin erwirkte Pfändung und Versteigerung es ihr unmöglich gemacht habe, dem Beklagten das Eigentum an der Druckereieinrichtung zu verschaffen, habe sie die Unmöglichkeit zu vertreten. Hätte sie die im Verkehr erforderliche Sorgfalt angewandt, so würde sie diese Folge vorausgesehen haben (§ 276 BGB.). Hiernach habe teils der Beklagte, teils die Klägerin die Unmöglichkeit der Erfüllung der dieser obliegenden Leistung zu vertreten. Da es sich nicht um Schadensersatz, sondern um die Frage des Rücktrittsrechts handle, sei § 254 BGB. nicht anwendbar. Das teilweise Verschulden der Unmöglichkeit sei daher der teilweisen Unmöglichkeit gleichzustellen. Da es sich um einen untrennbaren Vertrag über einen unteilbaren Gegenstand, eine als Ganzes zu einem Gesamtpreise verkaufte Einrichtung, handle, somit die teilweise Erfüllung des Vertrags für den Beklagten kein Interesse habe, so könne er nach § 325 Abs. 1 Satz 2 BGB. vom ganzen Vertrage zurücktreten. Durch den hiernach mit Recht und unter Wahrung der Form des § 349 BGB. erfolgten Rücktritt sei das durch den Kaufvertrag begründete Schuldverhältnis zerfallen. Der auf diesen Vertrag gestützte Anspruch der Klägerin auf Zahlung der weiteren Kaufgeldraten sei daher unbegründet.

Die Revisionsklägerin hat diese Ausführungen zunächst insofern angefochten, als das Berufungsgericht einen Verzicht ihrerseits auf den fraglichen Eigentumsvorbehalt und auch die Erklärung eines solchen Verzichts verneint habe. Doch ist diese Beschwerde nach allen Richtungen hin unbegründet." (Wird näher ausgeführt.)

„Was aber die weitere rechtliche Beurteilung des vom Berufungsgerichte gewonnenen Ergebnisses betrifft, daß die Unmöglichkeit der der Klägerin bezüglich der Eigentumsverschaffung obliegenden Vertragserfüllung teils vom Beklagten, teils von der Klägerin selbst zu vertreten sei, so hat das Berufungsgericht jedenfalls mit Unrecht aus der Vorschrift des § 325 Abs. 1 Satz 2 BGB. die Anwendbarkeit der Bestimmung in Satz 1 abgeleitet und in dieser Hinsicht namentlich mit Unrecht den Grundsatz aufgestellt, daß das teilweise Verschulden der Unmöglichkeit der teilweisen Unmöglichkeit gleichzustellen sei. Zunächst ergibt sich daraus, daß in Satz 2 des § 325 die Worte „teilweise Unmöglichkeit" in bezug auf die dem Schuldner obliegende Leistung gebraucht sind, nichts für die Lösung der Schwierigkeit, die hinsichtlich der Gesetzesanwendung dann vorliegt, wenn, wie im gegebenen Falle, die fragliche Unmöglichkeit teils vom Schuldner und teils vom Gläubiger zu vertreten ist. Es handelt sich nämlich in solchen Fällen vor allem um die Frage, ob die Bestimmungen des § 325 oder die des § 324 BGB. überhaupt — ganz oder teilweise — anwendbar sind. Nun ist die Anwendbarkeit des Satzes 2 des § 325, wodurch das Berufungsgericht die fragliche Schwierigkeit lösen zu können geglaubt hat, dadurch bedingt, daß die in Satz 1 bestimmten allgemeinen Voraussetzungen für die durch diesen Paragraphen dem Gläubiger überhaupt gewährten Rechte im einzelnen Falle gegeben sind, namentlich also dadurch, daß der Schuldner der unmöglichen Leistung die Unmöglichkeit zu vertreten hat. Es kann aber nicht umgekehrt daraus, daß im einzelnen Falle in objektiver Hinsicht die besonderen Voraussetzungen des Satzes 2 des § 325 vorliegen — daß nämlich bei teilweiser Unmöglichkeit der Leistung die entsprechende teilweise Erfüllung des Vertrags für den Gläubiger kein Interesse hat —, ein Grund für die Anwendung der Vorschriften des § 325 überhaupt, namentlich des für das streitige Rücktrittsrecht des Beklagten vor allem maßgebenden Satzes 1 dieses Paragraphen hergeleitet werden. Vielmehr würde nur dann, wenn die in Satz 1 bestimmten allgemeinen Voraussetzungen für die Anwendung dieses Paragraphen überhaupt zutreffen sollten, von einer Anwendbarkeit der besonderen Vorschrift des Satzes 2 die Rede sein können. Überdies sprechen auch nicht etwa innere, sachliche Gründe für die vom Berufungsgericht beliebte Anwendung des § 325 aus dem Grunde, weil die besonderen Voraussetzungen des Satzes 2 dieses Paragraphen gerade vorlägen. Es ist namentlich nicht einzusehen, weshalb in Fällen, in denen die Unmöglichkeit einer Leistung teils vom Schuldner und teils vom Gläubiger zu vertreten ist, das Interesse, das der Gläubiger nur bei teilweiser Unmöglichkeit der Leistung an der Ablehnung einer nur teilweisen Erfüllung des Vertrags haben mag, dazu führen soll, die Nachteile der eingetretenen Unmöglichkeit gemäß § 325 BGB. ausschließlich dem Schuldner aufzuerlegen, wie wenn dieser allein die Unmöglichkeit zu vertreten hätte.

Daher ist der Grund, aus dem das Berufungsgericht zur Anwendung der Vorschriften des § 325 gelangt ist, insbesondere der auch in dem Wortlaute dieser Vorschriften keine Stütze findende Satz, daß das teilweise Verschulden der Unmöglichkeit der teilweisen Unmöglichkeit gleichzustellen sei, rechtlich nicht haltbar. Dieser Satz ist auch durch die vom Berufungsgerichte weiter angenommene Nichtanwendbarkeit des § 254 BGB. im gegebenen Falle nicht zu rechtfertigen; denn selbst wenn § 254 nicht anwendbar wäre, so würde sich hieraus nicht ergeben, daß gerade § 325 und nicht der wegen des teilweisen Verschuldens der fraglichen Unmöglichkeit durch den Beklagten ebenfalls in Betracht kommende § 324 BGB. im vorliegenden Falle anwendbar sei.

Aber auch die Annahme des Berufungsgerichts, daß § 254 hier deshalb nicht anwendbar sei, weil es sich nicht um Schadensersatz, sondern um die Frage des Rücktrittsrechts des Beklagten handle, ist rechtlich zu beanstanden; denn dieser Annahme liegt die nicht zu billigende Rechtsansicht zugrunde, daß die sich aus § 254 ergebenden Rechtsgrundsätze lediglich dann anwendbar seien, wenn gerade ein Schadensersatzanspruch den Gegenstand des Streits bilde. Allerdings bezieht sich § 254 seinem Wortlaute nach nur auf Fälle der Schadensersatzpflicht. Den darin enthaltenen Rechtsgrundsätzen ist aber eine über diese Fälle hinausgehende Bedeutung beizulegen; denn durch § 254 haben allgemeingültige Rechtsgedanken Ausdruck gefunden, die auch auf anderen Rechtsgebieten dann, wenn es sich um die nicht durch besondere gesetzliche Bestimmungen geregelte Frage des Vorliegens eines rechtlich in Betracht kommenden Verschuldens von zwei oder mehr Personen handelt, Beachtung verdienen, weil durch sie allein eine allgemeinen Rechtsgrundsätzen und zugleich der Billigkeit entsprechende und der verschiedenen Gestaltung der Einzelfälle sich anpassende Entscheidung der Frage zu erzielen ist, ob und inwieweit der einzelne Beteiligte trotz des Mitverschuldens eines oder mehrerer anderer für sein Verschulden und die sich hieraus ergebenden Folgen verantwortlich ist und die dadurch erwachsenen Nachteile selbst zu tragen hat. Gemäß dieser Rechtsauffassung hat das Reichsgericht die Vorschrift des § 254 schon wiederholt analog in solchen Fällen angewendet, in denen es sich um Wandelungsansprüche handelte, bei welchen das Verschulden der einen oder der anderen Partei bezüglich der Unmöglichkeit der Rückgewähr der gekauften Sache in Frage kam.

Vgl. Entsch. des RG.'s in Zivils. Bd. 56 S. 267 und Jurist.

Wochenschr. 1904 S. 140 Nr. 6, sowie das Urteil des erkennenden Senats vom 7. Mai 1907, Rep. II. 465/06.

Mit dieser Rechtsprechung steht es im Einklange, wenn auch im gegebenen Falle, wo nach der insoweit nicht zu beanstandenden Feststellung des Berufungsgerichts die Unmöglichkeit der betreffenden Leistung der Klägerin teils von ihr selbst, teils vom Beklagten zu vertreten ist, die Frage, wessen Verschulden als das die Gesetzesanwendung bestimmende anzusehen ist und ob sich hiernach eine vollständige oder teilweise Anwendung der Vorschriften des § 325 oder der des § 324 rechtfertigt, nach den sich aus § 254 ergebenden allgemeinen Rechtsgrundsätzen entschieden wird. Dies ist im vorliegenden Falle um so mehr geboten, als ein anderer Weg, um zu einer sachgemäßen, namentlich auch der Billigkeit entsprechenden Lösung der bezüglich der Frage der Anwendung des § 324 oder des § 325 vorhandenen Schwierigkeit zu gelangen, nicht gangbar ist. Einer solchen Berücksichtigung der Grundsätze des § 254 bei Beurteilung dieser Frage steht auch nicht der Inhalt der §§ 324 und 325 entgegen. Vielmehr würde es ein durch keinen inneren Grund zu rechtfertigendes Ergebnis sein, wenn der vom Berufungsgerichte vertretenen Rechtsansicht gemäß in Fällen, wo die Unmöglichkeit einer Leistung teils durch den einen, teils durch den anderen Teil zu vertreten ist, die Anwendung der Grundsätze des § 254 davon abhinge, ob der, dem die betreffende Leistung geschuldet ist, gemäß § 325 Schadensersatz wegen Nichterfüllung verlangt oder ob er vom Vertrage zurücktritt, während doch sein eigenes Verschulden, namentlich wenn es das überwiegende ist, in dem einen und dem anderen Falle in gleicher Weise Berücksichtigung verdient." ...

---

50. Verstößt ein Bauvertrag unter allen Umständen gegen die guten Sitten, der ein Haus zum Gegenstande hat, das Bordellzwecken dienen soll?

BGB. § 138 Abs. 1.

III. Zivilsenat. Urt. v. 21. Mai 1909 i. S. Ehefrau B. (Bekl.) w. H. (Kl.). Rep. III. 342/08.

I. Landgericht Kiel.
II. Oberlandesgericht daselbst.

Die Frage wurde verneint, aus folgenden

Gründen:

„Der Kläger hat im Jahre 1906 für die verklagte Ehefrau auf deren Grundstück in K. ein neues Haus unter Abbruch des alten gebaut. Seine Klage auf den Werklohnrest ist in erster Instanz abgewiesen, in zweiter Instanz dem Grunde nach für gerechtfertigt erklärt worden. Die Revision der Beklagten trifft allein die Frage, ob der Werkvertrag wegen Verstoßes gegen die guten Sitten nach § 138 Abs. 1 BGB. nichtig ist oder nicht.

Es ist festgestellt, daß das alte Haus, dessen Abbruch der Kläger übernahm, zu Bordellzwecken gedient hatte und daß in dem neu zu erbauenden Hause von der Eigentümerin wieder ein Bordell betrieben werden sollte. Es steht auch fest, daß dem Kläger diese Bestimmung des Hauses beim Vertragschlusse bekannt war. In Anbetracht dessen macht die Revision unter Berufung auf die Entscheidung des Reichsgerichts in Bd. 63 der Entsch. in Zivils. S. 367 geltend, daß der vom Kläger abgeschlossene Werkvertrag ein Bordellbauvertrag gewesen und als solcher nichtig sei. Der Angriff kann keinen Erfolg haben; vielmehr ist die Entscheidung des Berufungsgerichts, die den Vertrag als gültig angesehen hat, zu billigen.

Zunächst kann nicht anerkannt werden, daß die Entscheidung in Bd. 63 jeden Bauvertrag schlechthin für nichtig erkläre, der ein Haus zum Gegenstande habe, das Bordellzwecken dienen soll. In dem damals zugrunde liegenden Falle hatten die Beklagten behauptet, der Unternehmer habe, um die Einrichtung eines Bordells kennen zu lernen, ein anderes Bordell, namentlich den dort errichteten Plankenzaun, durch seinen Sohn besichtigen lassen, zweckdienliche Zeichnungen gefertigt und die Vergrößerung des Bordells durch Aufsetzen eines Stockwerks angeraten. Er habe gewußt, daß der Beklagte keine Mittel besitze und die Bauforderung nur aus dem Verdienste des Bordells bezahlen könne; er habe auch keine Kostenanschläge gefertigt und seine Forderung für den Neubau entsprechend hoch bemessen. Der damals erkennende Senat hat daraufhin ausgesprochen, wenn die Sache sich so verhielte, wie die Beklagten sie schilderten, wenn der Kläger direkt ein Bordell mit allen Einrichtungen eines solchen zu bauen übernommen und gebaut habe, könne es keinem Zweifel unterliegen, daß der unsittliche, auf die Förderung der Unzucht gerichtete Zweck Inhalt und Gegenstand des Vertrags geworden, der Vertrag selbst wegen Verstoßes gegen die guten Sitten nichtig sei. Hieraus ergibt sich, daß auch in jenem Urteile das entscheidende Gewicht auf die Umstände des Einzelfalls gelegt ist und sie für maßgebend erachtet worden sind, die Frage zu beantworten, ob das Rechtsgeschäft nach seinem sich aus der Zusammenfassung von Inhalt, Motiv und Zweck ergebenden Gesamtcharakter den guten Sitten zuwiderläuft, und daß der damals erkennende Senat nicht schon aus der Tatsache, daß der Unternehmer mit der beabsichtigten Verwendung des Hauses zu Bordellzwecken bekannt war, die Unsittlichkeit des Rechtsgeschäfts gefolgert hat.

Das Reichsgericht hat in bezug auf Rechtsgeschäfte, die zu dem Unternehmen oder dem Betriebe eines Bordells in Beziehung stehen, ständig anerkannt, daß die Kenntnis des einen Vertragsteils von der Absicht des anderen, den Vertragsgegenstand zu Bordellzwecken zu verwenden, für sich allein nicht ausreicht, das Rechtsgeschäft als gegen die guten Sitten verstoßend erscheinen zu lassen.

Vgl. Urteil vom 27. Juni 1904, Rep. V. 10/04; Jurist. Wochenschr. 1906 S. 331; Entsch. in Zivils. Bd. 63 S. 350, Bd. 68 S. 98.

Mehr aber als die Kenntnis dieser beabsichtigten Verwendungsart liegt hier auf seiten des Klägers nach den Feststellungen des Berufungsgerichts nicht vor. Nach diesen Feststellungen hatte der Kläger besondere bauliche Einrichtungen für den Bordellbetrieb an dem Hause nicht anzubringen; weder seine Gestaltung, noch die Raumanordnung in den einzelnen Stockwerken enthielt etwas besonders Auffälliges. Der vereinbarte Werklohn überschritt die üblichen Preise nicht, war überhaupt auch sonst in keine Verbindung zu dem Bordellbetriebe gebracht. Unter solchen Umständen kann nicht gesagt werden, daß der unsittliche Zweck, die Förderung der Unzucht, zum Inhalte und Gegenstande des Vertrags gemacht worden wäre, vielmehr lag dieser Zweck außerhalb von Leistung und Gegenleistung.

Hiernach muß der vorliegende Werkvertrag als gültig angesehen . . . werden."

51. 1. Hat das Urteil, das der Klage nach § 6 Abs. 1 des Gebrauchsmustergesetzes vom 1. Juni 1891 stattgibt, rückwirkende Kraft?
2. Kann eine neue Gestaltung eines Gebrauchsgegenstandes auch dann angenommen werden, wenn die Unterschiede der neuen Form von der früheren nur mikroskopisch zu erfassen sind?

Gesetz, betr. den Schutz von Gebrauchsmustern vom 1. Juni 1891, §§ 1, 6.

I. Zivilsenat. Urt. v. 22. Mai 1909 i. S. S. & H. (Bekl.) w. E. Z. & Co. (Kl.). Rep. I. 275/08.

I. Landgericht I Berlin.
II. Kammergericht daselbst.

Auf Anmeldung vom 3. November 1902 erwirkte die Klägerin das Gebrauchsmuster Nr. 191349 auf einen „in einen Isolierbecher von quadratischem Querschnitt eingebauten gewickelten Kondensator". Der von ihr formulierte Schutzanspruch lautete: „Kondensator, dessen Metallbeläge mit den Isolierschichten zusammengewickelt und in einen Isolierbecher von annähernd quadratischem Querschnitt eingebaut sind." Am 1. November 1905 wurde die Schutzfrist um drei Jahre verlängert. Da die Beklagte gleichartige Kondensatoren vertrieb, nahm die Klägerin sie auf Unterlassung weiterer Verletzungen, auf Rechnungslegung und auf 2700 ℳ Schadensersatz nebst Zinsen in Anspruch. Die Beklagte bestritt die Rechtsgültigkeit des Gebrauchsmusters und behauptete, mit anderen habe auch sie selbst schon vor dem November 1902 den geschützten Gegenstand hergestellt. Sie erhob Widerklage auf Löschung des Musters, hilfsweise auf Feststellung, daß ihr ein Vorbenutzungsrecht zustehe.

Das Landgericht gab durch Teilurteil unter Abweisung der Widerklage dem Unterlassungsanspruche statt. Die Berufung der Beklagten wurde zurückgewiesen. Der Revision wurde stattgegeben aus folgenden

Gründen:

„Da die Revision am 23. Mai 1908 eingelegt ist, das Gebrauchsmuster der Klägerin aber schon am 4. November 1908 erlosch, würde der negatorische Teil der Klage nach § 546 ZPO. nicht hinreichen, dem Rechtsmittel Eingang zu verschaffen. Die Revisionssumme ist nur gegeben, wenn man den Schadensersatzanspruch von 2700 *M* in Betracht zieht, und auch dann nur unter der Voraussetzung, daß die Beklagte im Falle des Obsieges ihrer auf Löschung gerichteten Widerklage dem Ersatzanspruche entgeht. Wäre es richtig, was Seligsohn, Kommentar 3. Aufl. S. 457, unter Berufung auf Schanze, Anspruch auf Löschung des Gebrauchsmusters (1905), als angeblich herrschende Ansicht vorträgt, daß das Löschungsurteil nach § 6 Abs. 1 GebrMGes. keine rückwirkende Kraft habe, so würde die Voraussetzung nicht zutreffen. Der Ansicht Schanze's kann aber nicht beigepflichtet werden. Sie stützt sich lediglich auf die Worte „Anspruch auf Löschung", indem sie annimmt, mit der Klage nach § 6 Abs. 1 werde nichts weiter geltend gemacht als ein obligatorisches Recht auf Abgabe einer Willenserklärung, der Löschungsbewilligung. Aber der Wortlaut des Gesetzes und die übliche Fassung des Urteils dürfen über das Wesen der Sache nicht täuschen. Liegen die Erfordernisse des § 1 nicht vor, so ist ein Schutzrecht in Wahrheit nicht vorhanden; nur der Schein eines solchen Rechtes wird durch die Eintragung in die Musterrolle vorgespiegelt. Aufgabe der Klage nach § 6 Abs. 1 ist es, diesen Schein zu zerstören. Ob man die Klage mit Langheineken, Urteilsanspruch S. 158, Kisch, Beiträge zur Urteilslehre S. 42, Kohler, Musterrecht S. 129, als Feststellungsklage oder mit Hellwig, Zivilprozeßrecht Bd. 1 S. 239, Stein, Zivilprozeßordnung 8. u. 9. Aufl. Bd. 1 S. 546, als Klage auf ein ex tunc wirkendes konstitutives Urteil aufzufassen hat, kann als rein konstruktiv auf sich beruhen. Wesentlich ist nur die Erkenntnis, daß das Urteil, auch wenn es nur auf Löschungsbewilligung lautet, den Gegensatz zwischen Schein und Wirklichkeit vollständig und nicht bloß für die Zukunft bereinigt. Es bedarf nicht erst der Anstellung einer zweiten Klage, um den aus der Vergangenheit hergeleiteten Schadensersatzansprüchen den Boden zu entziehen. Ist während des Prozesses über die „Löschungsklage" das Muster durch Zeitablauf erloschen, so ist nur die Fassung des Antrags unpassend geworden; von einer Erledigung der Hauptsache kann keine Rede sein.

Die Zulässigkeit des Rechtsmittels ist hiernach nicht zu beanstanden. Aber auch sachlich erweist sich die Revision als begründet.

Allerdings können ihre Angriffe insoweit keinen Erfolg haben, als sie die Auslegung des Gebrauchsmusters betreffen. Trotz des abweichenden Wortlauts der Bezeichnung und des Schutzanspruchs ist es sicher, daß geschützt sein sollte nicht sowohl der quadratische Querschnitt des Isolierbechers, als der quadratische Querschnitt des elektrischen Kondensators selber, des sog. Kondensatorkuchens. Das ergibt der gesamte Zusammenhang der Musterschutzanmeldung, sowie namentlich auch der Zweck, den die Klägerin mit der Anmeldung verfolgte. Als im Fernsprechbetriebe das Zentralbatteriesystem eingeführt wurde, kam es darauf an, die Kondensatorkuchen, die bisher einen großen Umfang einzunehmen pflegten, so zu gestalten, daß die durch den Wegfall der Trockenelemente frei gewordenen, kubisch geformten Isolierbecher zu ihrer Aufnahme verwandt werden konnten. Die möglichste Anpassung der Kuchen an die kubische Form war hierbei selbstverständlich, denn nur dadurch konnte der zur Verfügung stehende Raum voll ausgenutzt und die erforderliche Ladungskapazität erreicht werden. Die Absicht der Klägerin ging daher auf den kubisch geformten Kondensatorkuchen, und dem erwirkten Schutz tat es keinen Eintrag, daß die gleiche Form an dem umhüllenden Becher bereits bekannt war.

Auch darin hat die Klägerin Recht, daß ein in bestimmter Weise geformter Kondensator ein musterschutzfähiges Modell darstellen kann. Der Umstand, daß er nur in Verbindung mit dem Becher gebraucht wird, worin er mit einer Isoliermasse (Paraffin o. dgl.) zugegossen ist, steht nicht entgegen. Wie in der Anmeldungsschrift hervorgehoben wird, erfolgt die Verbindung erst an Ort und Stelle. Bis dahin bildet der Kondensator einen selbständigen Gegenstand des gewerblichen Verkehrs. Unter solchen Umständen sind nach dem Gesetze vom 1. Juni 1891 § 1 auch Teile von Arbeitsgerätschaften oder Gebrauchsgegenständen des Musterschutzes fähig.

Endlich läßt sich der Revision nicht beitreten, wenn sie an dem geschützten Modelle den nötigen technischen Fortschritt vermißt. Hat die Klägerin als erste den Gedanken angegeben, die bis dahin in flacher Form oder in Rollenform hergestellten Kondensatoren kubisch zu gestalten, so hat sie dem Raumbedürfnis, das durch die veränderten Einrichtungen des Fernsprechbetriebes entstanden war, in einfacher und praktischer Weise abgeholfen. Den Anforderungen, die der Gebrauchsmusterschutz an den Erfindungscharakter des Modells stellt, würde damit Genüge geschehen sein.

Das angefochtene Urteil muß aber deshalb aufgehoben werden, weil das Vorbringen der Beklagten über das Vorbekannte keine zutreffende Würdigung gefunden hat. Die Beklagte hatte Beweis dafür angetreten, daß vor Anmeldung des streitigen Musters auch kubisch geformte Kondensatoren bekannt gewesen seien. Freilich hatte sie dies nur von solchen Kondensatoren behauptet, die durch Schichtung der Metall- mit den Isolierstreifen hergestellt waren, und es ist richtig, daß sich das Gebrauchsmuster auf gewickelte Kondensatoren bezieht. Allein der Unterschied der Schichtung von der Wickelung geht nur das Verfahren der Herstellung an. Für den Gebrauchsmusterschutz, der es mit dem Produkte des Verfahrens zu tun hat, kommt der Unterschied nicht in Betracht. Mit Unrecht bemerkt das Kammergericht, kubisch gewickelte Kondensatoren seien im ganzen und in den einzelnen Teilen von anderer Form als kubisch geschichtete. Hierbei wird verkannt, daß der gesetzliche Begriff der „neuen Gestaltung" des Gebrauchsgegenstandes eine sinnfällige, in die Augen springende Formgebung erheischt. Minutiöse Verschiedenheiten, die nur mit der Lupe zu entdecken sind, reichen zur Erfüllung des Begriffs nicht hin. Anders verhält es sich nur dann, wenn die geringfügigen Verschiedenheiten von einem neuen Verfahren herrühren und eine Steigerung des Gebrauchswertes des Gegenstandes zur Folge haben. In solchem Falle gelangen die Besonderheiten des Verfahrens auch im Produkte zum Ausdruck, weshalb es mitunter nach der Auffassung des Verkehrs sogar gerechtfertigt erscheinen kann, von einem neuen Gebrauchsgegenstande zu sprechen. So lag die Sache in dem vom Senate Bd. 40 S. 143 der Entsch. in Zivils. entschiedenen Falle (chirurgische Knochensäge). So liegt sie aber nicht hier. Es ist durchaus glaubhaft, daß das von der Klägerin erfundene Verfahren kubischer Wickelung hohe wirtschaftliche Bedeutung besitzt. Für einen Massenartikel, wie es der elektrische Kondensator im Fernsprechbetriebe ist, hat es gewiß seinen Wert, wenn er, statt mit der Hand, durch Maschinen hergestellt werden kann. Die Fabrikation wird dadurch schneller und billiger. Aber diese Vorteile des Verfahrens sind keine Eigenschaften, die dem fertigen Produkte anhaften. Der Kondensator bleibt immer derselbe Gebrauchsgegenstand, mag er gewickelt oder geschichtet sein; er hat im einen Falle keinen höheren Gebrauchswert als im anderen. Es beruht auf Rechtsirrtum, wenn die Vorinstanzen die Behauptung der Beklagten deshalb für unerheblich erachtet haben, weil die kubische Form nur bei geschichteten Kondensatoren zur Anwendung gebracht sein soll." ...

---

52. Zur Lehre von der subjektiven Begrenzung der Rechtskraft.

I. Zivilsenat. Urt. v. 22. Mai 1909 i. S. R. (Bekl.) w. H. (Kl.). Rep. I. 288/08.

I. Landgericht Frankfurt a. M.
II. Oberlandesgericht daselbst.

Die Kaufleute R. und Sch. waren Inhaber der offenen Handelsgesellschaft in Firma Transportgesellschaft O. R. & Co. in Frankfurt a. M. Der Kläger gab dieser Gesellschaft am 6. April 1904 ein Darlehn von 40000 *M*. Von dem gleichzeitig bedungenen Rechte, als Teilhaber einzutreten, machte er keinen Gebrauch, gewann vielmehr bei Prüfung der Verhältnisse die Überzeugung, daß das Unternehmen nicht lebensfähig sei. Nach längeren Verhandlungen unter den drei Beteiligten kam es am 7. September 1905 zu einem Vertrage, wonach R. aus der Firma ausschied, Sch. nur noch nomineller Inhaber blieb und der Kläger, von Sch. mit unwiderruflicher Vollmacht versehen, berechtigt und verpflichtet wurde, das Geschäft zu liquidieren. R. sollte auf zwei Jahre hinaus je 2000 *M* ausbezahlt erhalten. Für den Fall, daß die Liquidation mit einem Überschusse der Aktiven enden würde, sollte das Geld zwischen R. und Sch. geteilt werden; einen etwaigen Überschuß der Passiven hatte der Kläger aus eigenen Mitteln zu decken.

In der Folge behauptete der Kläger, er sei zum Abschlusse dieses Vertrages durch Erklärungen R.'s und Sch.'s über den Vermögensstand der Gesellschaft bestimmt, die von beiden unrichtig und wider besseres Wissen abgegeben seien. Daher focht er den Vertrag wegen arglistiger Täuschung an und erhob im Februar 1906 gegen R. und Sch. Klage. Sein Antrag ging erstens auf Feststellung der Nichtigkeit des Vertrages, zweitens auf solidarische Verurteilung der Beklagten, die nach den ursprünglich vereinbarten Rückzahlungsbedingungen fällig gewordene Darlehnsteilsumme von 15000 *M* nebst Zinsen an ihn zu zahlen. Alsbald nach der Klagerhebung jedoch setzte sich der Kläger mit Sch. zum Zwecke einer gütlichen Einigung in Verbindung. Das Ergebnis seiner Bemühungen wurde in zwei Urkunden vom 24. März und vom 9. April 1906 niedergelegt. Hervorzuheben ist, daß sich Sch. zwar gegen den Vorwurf des Betruges verwahrte, gleichwohl aber die Nichtigkeit des Vertrages vom 7. September 1905 anerkannte und damit einverstanden war, daß sie durch Versäumnisurteil festgestellt würde. Die rechtlichen Beziehungen des Klägers zu R. sollten, wie ausdrücklich betont wurde, unberührt bleiben. Demgemäß erwirkte der Kläger im Termine vom 2. Mai 1906, in dem keiner der Beklagten vertreten war, ein Urteil, wodurch der bezeichnete Vertrag dem Sch. gegenüber für nichtig erklärt wurde.

Sch. ließ das Urteil rechtskräftig werden und nahm am Prozesse überhaupt nicht teil. Dagegen beantragte R., die Klage abzuweisen. Gegen den Zahlungsanspruch schützte er die Einrede des Schiedsvertrages vor; im übrigen bestritt er die Klagebehauptungen. Im weiteren Verlaufe des Prozesses verfocht der Kläger die Rechtsansicht, daß dem Feststellungsbegehren nach § 139 BGB. schon mit Rücksicht auf das rechtskräftige Urteil vom 2. Mai 1906 ohne weiteres entsprochen werden müsse. Dem trat der Beklagte mit der Behauptung entgegen, das Urteil sei durch kollusives Zusammenwirken des Klägers mit Sch. zustande gekommen. Nachdem das Landgericht über diese Behauptung des Beklagten, nicht über das Klagevorbringen, Beweis erhoben hatte, entschied es durch Urteil vom 7. November 1906, daß der Zahlungsanspruch auf die Einrede des Schiedsvertrages abgewiesen, dagegen der Vertrag vom 7. September 1905 auch dem Beklagten R. gegenüber für nichtig erklärt werde. Zur Begründung der letzteren Entscheidung führte es aus, der Rechtsansicht des Klägers über § 139 BGB. sei zuzustimmen, eine Kollusion mit Sch. aber habe nicht stattgefunden.

Das Oberlandesgericht wies die Berufung des Beklagten zurück, indem es die Erwägungen des ersten Richters billigte. Die Revision führte zur Aufhebung des Urteils, aus folgenden

Gründen:

„Wie dem Oberlandesgerichte zugegeben werden muß, würden die Parteien den Vertrag vom 7. September 1905 nicht ohne die Beteiligung Sch.'s geschlossen haben. Was die Revision dagegen einwendet, geht fehl. Auch die Erörterungen darüber, daß der Kläger bei Erwirkung des Versäumnisurteils vom 2. Mai 1906 nicht das Bewußtsein gehabt habe, dem Beklagten R. Schaden zuzufügen, werden ohne Grund angegriffen. Prozessuale Verstöße sind bei dieser tatsächlichen Feststellung nicht untergelaufen. Endlich hat das Oberlandesgericht darin Recht, daß der Kläger das Versäumnisurteil, falls es an sich gegen den Beklagten R. wirken würde, diesem gegenüber geltend machen könnte, ohne sich dem Vorwurfe der Arglist auszusetzen. Wenn nichtsdestoweniger der Revision stattgegeben werden muß, so liegt das daran, daß die Wirkung des Urteils von den Vorinstanzen überschätzt worden ist. Die Rüge der Verletzung der §§ 322, 325 ZPO. erscheint begründet.

Die Entscheidungen des V. Zivilsenats des Reichsgerichts Bd. 59 S. 174 und Bd. 62 S. 184, worauf sich die Vorinstanzen berufen, behandeln Fälle, in denen auf der einen Seite eines Vertrages mehrere Kontrahenten standen und nur in der Person eines von ihnen ein Nichtigkeitsgrund vorlag. Das Reichsgericht hat ausgesprochen, die Nichtigkeit ergreife den ganzen Vertrag, sofern nicht anzunehmen sei, daß er auch ohne den betreffenden Kontrahenten geschlossen wäre. Die Auslegung des § 139 BGB., die hiermit gegeben wird, ist unbedenklich und wird auch von dem erkennenden Senate gebilligt (vgl. schon Bd. 51 S. 35). Aber in den früheren Fällen war die Feststellung, daß bei einem der Kontrahenten ein Nichtigkeitsgrund bestehe, allen Kontrahenten gegenüber getroffen. In der hier zu entscheidenden Streitsache ist die Nichtigkeit des Vertrages vom 7. September 1905 durch das Urteil vom 2. Mai 1906 nur dem Mitbeklagten Sch. gegenüber festgestellt. Daß dabei offen gelassen ist, ob der Grund der Nichtigkeit in der Person Sch.'s oder in der R.'s oder in den Personen beider Beklagten zu suchen sei, kommt nicht in Betracht. Die ungleiche Begrenzung der Beteiligten aber, an die sich in den miteinander verglichenen Fällen das Urteil wendet, bedeutet einen durchgreifenden Unterschied.

Grundsätzlich beschränkt sich die Rechtskraft auf die Personen, zwischen denen das Urteil ergangen ist. Das Gesetz geht davon aus, daß nur die Personen gebunden werden sollen, die in der Lage sind, auf den Inhalt des Urteils einzuwirken. Für den vorliegenden Fall gibt es keine Vorschrift, die eine weitere Erstreckung der Rechtskraft anordnete. Die Behauptung des Klägers, Sch. und R. seien notwendige Streitgenossen, kann nur dahin verstanden werden, daß das materielle Recht die gemeinsame Belangung beider geboten habe. So verstanden, ist die Behauptung unerheblich. Wäre sie richtig, so hätte das Versäumnisurteil vom 2. Mai 1906 mangels Passivlegitimation des in jenem Termine allein in Anspruch genommenen Sch. nicht erlassen werden dürfen. Nicht aber würde daraus folgen, daß das erlassene und unanfechtbar gewordene Urteil deshalb, weil es zu Unrecht erlassen wäre, auch gegen R. rechtskräftig sei. Die Meinung des Klägers, es habe ein materiellrechtlicher Zwang bestanden zu gemeinsamer Belangung beider Beklagten, trifft aber auch nicht zu. Wie das Reichsgericht schon Bd. 65 S. 405 dargelegt hat, verhält es sich mit der Anfechtung anders als nach §§ 356, 467 BGB. mit Rücktritt und Wandelung. Bei einer Mehrheit von Passivbeteiligten kann die Anfechtung des Vertrags einem einzelnen gegenüber erklärt und im Rechtswege durchgesetzt werden.

Äußerte das Urteil vom 2. Mai 1906 Rechtskraft nur zwischen dem Kläger und Sch., so steht dem R. gegenüber von einer teilweisen oder gänzlichen Nichtigkeit des streitigen Vertrages bisher noch nichts fest. Hierfür ist es gleichgültig, wie die subjektive Beschränkung der Rechtskraft näher gedacht werden muß. Die Frage führt zurück auf das Wesen der materiellen Rechtskraft im allgemeinen, worüber eine Einigung in der Wissenschaft noch nicht erzielt ist. Die u. a. von Hellwig, Zivilprozeßrecht Bd. 1 S. 45, Bd. 2 S. 38 flg., Stein, Kommentar § 322 II, vertretene Lehre schreibt der Rechtskraft lediglich prozessuale Wirkungen zu; vgl. in demselben Sinne Reichsgericht bei Gruchot Bd. 46 S. 433. Legt man dies zugrunde, so wurde der Beklagte R., da eine sog. Tatbestandswirkung oder eine Interventionswirkung des Urteils nicht in Frage steht, durch das Urteil vom 2. Mai 1906 überhaupt nicht berührt. Die Wirkung des Urteils erschöpft sich dann darin, daß in späteren Prozessen zwischen dem Kläger und Sch. oder zwischen den Rechtsnachfolgern der einen Partei und dem Gegner oder seinen Rechtsnachfolgern die

Nichtigkeit des Vertrages vom 7. September 1905 nicht mit Erfolg bestritten werden kann. Anders die Theorie, die das Urteil als materiellrechtlichen Kausalvorgang auffaßt, so daß der unrichtig zuerkannte Anspruch entsteht, der unrichtig abgewiesene erlischt. Diese Theorie, die von Wach, Mendelssohn-Bartholdy, Kohler usw., in neuester Zeit mit besonderer Lebhaftigkeit von Pagenstecher verteidigt wird, nimmt eine gewisse Reflexwirkung des Urteils auch auf dritte Personen an, auf die sich die Rechtskraft nicht erstreckt. Jeder Dritte soll so behandelt werden, als ob die Prozeßparteien bei Eintritt der Unanfechtbarkeit des Urteils einen Feststellungsvertrag vom Inhalte der urteilsmäßigen Entscheidung abgeschlossen hätten. Danach würde auch R. nicht bestreiten können, daß das durch den Vertrag vom 7. September 1905 zwischen dem Kläger und Sch. begründete Rechtsverhältnis seit der formellen Rechtskraft des Urteils vom 2. Mai 1906 zu existieren aufgehört habe. Daß es jedoch infolge der Anfechtung, die vom Kläger erklärt wurde, als von Anfang an nichtig anzusehen sei, brauchte er auch nach dieser Lehre nicht gegen sich gelten zu lassen (vgl. Pagenstecher im Jahrb. des Verwaltungsrechts Bd. 1 S. 346 Anm. 9, S. 357 flg., Zeitschr. f. Zivilpr. Bd. 37 S. 10 flg., 24). Der § 139 BGB. aber setzt voraus, daß ein Teil eines Rechtsgeschäfts nichtig ist. Nur wenn R. den Vertrag vom 7. September 1905, soweit es sich um die Beteiligung Sch.'s handelt, als nichtig anerkennen müßte, würde die Anwendung dieses Paragraphen zu dem Ergebnis führen, daß er sich auch der weiteren Schlußfolgerung auf die totale Nichtigkeit des Vertrages nicht entziehen könnte.

Das angefochtene Urteil muß hiernach aufgehoben werden. Das Oberlandesgericht hat frei zu prüfen, ob der Kläger zum Abschlusse des streitigen Vertrages, sei es von R. oder von Sch., durch arglistige Täuschung bestimmt worden ist."

---

53. Enteignung. Wesen der Entschädigungsfeststellung im gewöhnlichen Verfahren und im Dringlichkeitsverfahren nach preußischem Rechte. Zur Frage der Naturalrestitution des Schadens im Enteignungsverfahren.

VII. Zivilsenat. Urt. v. 26. Mai 1909 i. S. R. & E. (Kl.) w. preuß. Fiskus (Bekl.). Rep. VII. 430/08.

I. Landgericht Münster.
II. Oberlandesgericht Hamm.

Gründe:

„1. Die Grundlage für das Verfahren, welches das Enteignungsgesetz als das regelmäßige angesehen hat — in der Tat stellt es gegenwärtig in der Praxis die Ausnahme dar —, bildet der in Art. 9 der preußischen Verfassungsurkunde aufgestellte Grundsatz, daß das Eigentum aus Gründen des öffentlichen Wohles nur gegen vorgängige Entschädigung entzogen und beschränkt werden darf. Der Gedanke des Gesetzes ist also der, daß der Eigentümer in dem Zeitpunkte, in dem ihm das Eigentum entzogen wird, bereits die Entschädigung in der Hand haben soll. Soll dies geschehen können, so muß notwendig der Betrag der Entschädigung vorher festgestellt sein. Die Entschädigungsfeststellung im gewöhnlichen Enteignungsverfahren hat also die Wirkung eines künftigen Ereignisses oder mit anderen Worten die Festsetzung eines erst künftig entstehenden Schadens zum Gegenstand. Unter Schaden ist hier nicht (vgl. Entsch. des R.G.'s in Zivils. Bd. 67 S. 202) ein Schade im Sinne des § 287 ZPO., sondern die Entschädigung begriffen, die dem Eigentümer als Ersatz für das entzogene Grundeigentum und die Wertminderung seines Restgrundstücks zusteht. Das Vorstehende gilt nicht nur für die verwaltungsbehördliche, sondern auch für die gerichtliche Entschädigungsfeststellung.

Wesentlich anders stellt sich die Sachlage hinsichtlich des gerichtlichen Verfahrens in den Fällen der Dringlichkeit. In diesen Fällen, deren Zulässigkeit in Art. 9 der Verfassungsurkunde anerkannt ist, behält allerdings die verwaltungsbehördliche Entschädigungsfeststellung den vorhin bezeichneten Charakter; sie hat auch in diesen Fällen die Ermittelung eines erst in der Zukunft vor ihr liegenden Schadens zum Ziele. Dagegen ist, wenn in diesen Fällen der Richter mit der Entschädigungsfrage befaßt wird, das schadenbringende Ereignis bereits eingetreten; es liegt in der Vergangenheit, vor dem Zeitpunkt, in dem der Richter über die Entschädigung zu befinden hat. Fragt man, welche Stellung der Richter dieser veränderten Sachlage gegenüber einzunehmen hat, so kann es nur die sein, daß er die Tatsachen so hinzunehmen hat, wie sie ihm vorliegen. Der Grund, weshalb sich im gewöhnlichen Enteignungsverfahren die Entschädigungsfeststellung mit einem erst künftig entstehenden Schaden beschäftigt, liegt nicht in irgendeiner besonderen Eigentümlichkeit der Enteignung, sondern, wie gezeigt, lediglich darin, daß im Zeitpunkte der Enteignung der Betrag der Entschädigung feststehen muß. Fällt dieser Grund in den Fällen der Dringlichkeit für die gerichtliche Feststellung weg, so ist schlechterdings nicht einzusehen, weshalb der Richter die Entschädigungsfrage nicht gemäß der ihm vorliegenden Tatsache, daß das schadenbringende Ereignis bereits eingetreten ist, beantworten soll. Feststellung eines bereits eingetretenen Schadens ist also in den Fällen der Dringlichkeit die durch die Sachlage gegebene natürliche und selbstverständliche Aufgabe des Richters.

In der Regel wird dieser Unterschied aus Gründen, auf die hier nicht näher eingegangen zu werden braucht, nicht hervortreten. Allein in Fällen der vorliegenden Art wird er von Bedeutung. Der Berufungsrichter vertritt nämlich den Gedanken, daß die Klägerin wegen der Schäden, die ihr nach der Ausführung der Enteignung bei der Überführung ihrer Feldbahn über die Eisenbahn erwachsen seien, keinen Entschädigungsanspruch auf Grund des Enteignungsgesetzes, sondern nur einen solchen aus § 823 Abs. 1 BGB. gegen den Beklagten habe und daß dabei zu ihren Ungunsten § 254 BGB. anzuwenden sei. Dies ist nicht zutreffend. Die Schäden, um die es sich hier handelt, sind Folgen der Enteignung und haben nichts mit irgendeiner unerlaubten Handlung des Beklagten und daher nichts mit § 823 Abs. 1 BGB. zu tun. Die Lage der Dinge ist vielmehr in Wirklichkeit folgende. Durch die Eisenbahn des Beklagten ist die Feldbahn der Klägerin durchschnitten. Um den früheren Zustand nach Möglichkeit wiederherzustellen, hat der Beklagte die Feldbahn über seine Gleise hinüberführen lassen. Diese Maßnahme hat Nachteile für die Klägerin gehabt. Das sind mithin Nachteile, die sich auf die Enteignung zurückführen lassen und die im gerichtlichen Entschädigungsfeststellungsverfahren, das noch schwebt und das obigem nach den Ersatz des entstandenen Schadens zum Gegenstande hat, festzustellen sind. So wenig wie die Enteignung, ebensowenig ist die unrichtige Ausführung von Maßnahmen, die der Wiederherstellung des früheren Zustandes dienen sollten, eine unerlaubte Handlung. Zu bemerken zu allem vorstehenden ist noch, daß § 31 EnteignGes. sich auf das gewöhnliche Verfahren bezieht. Der das Dringlichkeitsverfahren regelnde § 34 steht in einem andern Abschnitt.

2. Für die Entschädigungsfrage ist der Grundsatz maßgebend, daß, abgesehen von den gesetzlich vorgesehenen Fällen, die Entschädigung nur in Geld zu leisten ist (§ 7 EnteignGes.). Eine Naturalrestitution des Schadens braucht sich der Eigentümer nicht gefallen zu lassen. In gewissem Sinne macht eine Ausnahme hiervon nur die Bestimmung des § 14, wonach der Unternehmer auf Anordnung der Verwaltungsbehörden diejenigen Anlagen an Wegen, Überfahrten, Triften usw. herzustellen hat, welche für die benachbarten Grundstücke oder im öffentlichen Interesse zur Sicherung gegen Gefahren und Nachteile notwendig werden. Soweit dadurch ein dem früheren Zustande gleicher oder ähnlicher Zustand geschaffen wird, ist der Schade ausgeglichen; man kann auch sagen, insoweit sei er nicht entstanden.

Im gegenwärtigen Falle liegt eine Naturalrestitution des Schadens vor. Durch die Enteignung des zur Eisenbahnanlage erforderlichen Grundstücks ist der Restbesitz der Klägerin in zwei getrennte Teile zerschnitten. Sie durfte das enteignete Stück nicht mehr, insbesondere nicht mehr für ihre Feldbahn benutzen, da es nunmehr in fremdem, dem Eisenbahnbetriebe gewidmetem Eigentume stand. Die notwendige Folge hiervon war die, daß sie den Lehm von ihrem Lehmlager auf den nächsten ihr zur Verfügung stehenden Wegen und der nächsten öffentlichen über die Bahn führenden Überfahrt nach ihrer Ziegelei schaffte und den hierdurch ihr entstehenden oder entstandenen Schaden geltend machte. Dies ist nicht geschehen. Die Klägerin benutzt das enteignete Stück auch nach der Enteignung weiter, um ihre Feldbahn über dieses Stück und über das darauf liegende Eisenbahngleise des Beklagten hinüberzuführen. Worauf diese Tatsache beruht, ist bisher mit keinem Worte aufgeklärt worden. Sollte etwa eine Anordnung des Bezirksausschusses gemäß § 14 hierüber vorliegen, so müßte sie sich im Planfeststellungsbeschlusse (§ 21) finden. Der Planfeststellungsbeschluß ist nicht vorgelegt worden. Ist eine solche Anordnung nicht getroffen, so bleibt nur die Annahme übrig, daß eine ausdrückliche oder stillschweigende Übereinkunft zwischen den Parteien dahin geschlossen ist, daß die Klägerin auch fernerhin das enteignete Stück zur Überführung ihrer Feldbahn benutzen dürfe. Es liegt hiernach, mag eine Anordnung aus § 14 oder eine ausdrückliche oder stillschweigende Übereinkunft getroffen sein, in jedem Falle eine Naturalrestitution des Schadens vor. Allein diese Naturalrestitution ist nur eine unvollkommene; die getroffene Maßnahme ist bei weitem nicht ausreichend, um den entstandenen Schaden auszugleichen.

Auffälligerweise haben hierbei sowohl die Parteien wie die Vorinstanzen den entscheidenden Gesichtspunkt, nämlich den rechtlichen, ganz übersehen; sie haben sich stets nur mit der Frage der tatsächlichen Störung des klägerischen Betriebes durch den neuen Zustand beschäftigt. Dieser kommt indes erst in zweiter Reihe in Betracht; in erster Linie ist folgendes zu berücksichtigen. Die beiden für das Unternehmen der Klägerin wesentlichen Teile, das Lehmlager und die Ziegelei, waren bisher durch eine auf dem Eigentume der Klägerin liegende Feldbahn verbunden. Dadurch war ihre Verbindung rechtlich dauernd gesichert. Dieser Zustand ist durch die Enteignung beseitigt. Es ist dem erkennenden Senate aus anderen Prozessen bekannt, übrigens auch ganz selbstverständlich, daß die Eisenbahnverwaltung den Eisenbahnkörper nicht mit privaten dinglichen Rechten belasten will, weil sie es nicht kann und darf. Die Wahrnehmung der eisenbahntechnischen und eisenbahnpolizeilichen Interessen darf nicht durch Privatrechte behindert und eingeschränkt werden. Wenn also eine stillschweigende oder ausdrückliche Übereinkunft über die fernere Benutzung des enteigneten Teiles zur Überführung der Feldbahn getroffen sein sollte, so handelt es sich hierbei lediglich um ein tatsächliches Gestatten, um keinen Rechtszustand. Morgigen Tages kann diese Übereinkunft einseitig durch den Beklagten aufgehoben werden, wenn die Eisenbahninteressen dies erfordern. Nicht anders liegt es, wenn der jetzige Zustand auf einer Anordnung aus § 14 beruhen sollte. Sobald die Interessen der Eisenbahn dies erheischen, kann und muß die Anordnung aufgehoben werden. So wenig wie die Beteiligten ein Privatrecht oder überhaupt ein verfolgbares Recht auf eine solche Anordnung haben, ebensowenig haben sie ein solches Recht auf den Fortbestand der hergestellten Einrichtung. Man vergleiche den Zustand vor und nach der Enteignung: damals eine durch das Eigentum an dem jetzt enteigneten Stücke rechtlich dauernd gesicherte Verbindung, jetzt ein Zustand bloß tatsächlichen Gestattens,

auf dessen Fortdauer kein verfolgbares Recht besteht und der jeden Augenblick beseitigt werden kann. Daß durch diesen rechtlichen Wechsel der Dinge eine nicht unbeträchtliche Wertminderung für den Restbesitz der Klägerin herbeigeführt sein muß, ist selbstverständlich."

---

54. Gelten die Bestimmungen des Haftpflichtgesetzes vom 7. Juni 1871 über die Haftung der Eisenbahnunternehmer auch für Bahnen in den deutschen Schutzgebieten?

Gesetz über die Konsulargerichtsbarkeit vom 7. April 1900 § 20 in Verb. m. § 3 des Schutzgebietsgesetzes vom 25. Juli/10. Sept. 1900.

VI. Zivilsenat. Urt. v. 27. Mai 1909 i. S. Aktienges. A. K. (Bekl.) w. Kl. (Kl.). Rep. VI. 243/08.

I. Landgericht I Berlin.
II. Kammergericht daselbst.

Die Otavi-Minen- und Eisenbahn-Gesellschaft hatte die Herstellung und Ausrüstung der Schmalspurbahn, für die sie in dem südwestafrikanischen Schutzgebiete die Konzession erlangt hatte, der Beklagten übertragen. Am 5. März 1905 stürzte der Kläger, der als Bremser für Bauzüge von der Beklagten angestellt war, bei Ausübung dieses Dienstes von dem Bremsersitze eines fahrenden Zuges ab und wurde schwer verletzt. Der von ihm erhobene Schadensersatzanspruch wurde in zweiter Instanz im Umfange des § 3a des Haftpflichtgesetzes vom 7. Juni 1871 für dem Grunde nach berechtigt erklärt. Die dagegen von der Beklagten eingelegte Revision wurde zurückgewiesen.

Aus den Gründen:

„Die Revision hat in erster Linie und hauptsächlich die schon in den Vorinstanzen vertretene Meinung wiederholt, das Gesetz vom 7. Juni 1871 sei, soweit es sich auf die Haftung der Eisenbahnunternehmer beziehe, zu denjenigen in Deutschland geltenden gesetzlichen Bestimmungen zu rechnen, welche nach § 20 des Gesetzes über die Konsulargerichtsbarkeit vom 7. April 1900 in Verbindung mit

§ 3 des Schutzgebietsgesetzes vom 10. Sept. 1900 in den Schutzgebieten keine Anwendung zu finden hätten, weil es dort an den Einrichtungen und Verhältnissen fehle, die für die in § 1 des Haftpflichtgesetzes bestimmte strenge Haftung des Eisenbahnunternehmers als vorhanden vorausgesetzt seien. Allerdings sei der innere Grund für die Einführung dieser Haftung die besondere eigenartige Gefährlichkeit des Bahnbetriebes; aber Voraussetzung und Korrelat für sie sei die dem Unternehmer gegebene Möglichkeit, die durch die Eigenart des Betriebes begründeten Gefahren durch geeignete Schutz- und Sicherheitsmaßregeln abzuwenden. Diese Möglichkeit bestehe aber in den deutschen Schutzgebieten nicht, jedenfalls nicht in Südwestafrika dort, wo sich die hier in Frage stehende Bahnanlage befinde. Dem hat nicht beigetreten werden können.

Der Rechtsgedanke, der den Bestimmungen in § 25 des Preuß. Eisenbahngesetzes vom 3. November 1838 und den ihnen nachgebildeten in § 1 des Reichs-Haftpflichtgesetzes zugrunde liegt, daß der dem Eisenbahnbetriebe eigenen Gefährlichkeit für Gesundheit und Leben von Menschen eine gegen das allgemeine Recht gesteigerte Haftbarkeit des Unternehmers entsprechen müsse, trifft durchaus auch für den Bahnbetrieb in den Schutzgebieten zu. Jene Gefährlichkeit besteht dort gleichfalls. Sie ist sogar nach manchen Richtungen besonders erhöht, und das Bedürfnis, den durch den Bahnbetrieb an Leib oder Leben Verletzten oder ihren Hinterbliebenen Ersatz für den erlittenen Schaden zu sichern, ist in keiner Weise dort geringer als in Deutschland. Die Annahme der Revision aber, es habe nach der Absicht des Gesetzgebers Voraussetzung für die Haftung sein sollen, daß für den Unternehmer die Möglichkeit bestehe, die Gefährlichkeit des Bahnbetriebes durch geeignete Maßregeln auszuschließen, entspricht dem Gesetze nicht; der Unternehmer muß nach diesem grundsätzlich auch für zufällige Betriebsunfälle haften und kann sich dem auch nicht durch den Nachweis, daß ihn keinerlei Verschulden trifft, sondern nur dann entziehen, wenn der Unfall nachweislich durch eigenes Verschulden des Verletzten oder durch höhere Gewalt verursacht ist.

Allerdings ist in den Motiven zu dem Entwurfe des Gesetzes vom 7. Juni 1871 auf die Fortschritte im Eisenbahnwesen hingewiesen und bemerkt worden, daß durch deren Ausnutzung in den meisten Fällen die mit dem Bahnbetriebe verbundenen Gefahren abgewendet werden könnten, und bei der Beratung des Entwurfs im Reichstage hat der Bundesratsbevollmächtigte Dr. Falk ausgeführt, die Entwickelung der Technik und der Gesichtspunkte, die vom polizeilichen Standpunkte aus zu beobachten seien, hätten in bezug auf die Eisenbahnen eine solche Höhe erreicht, daß in der Tat fast in allen Fällen bei strenger Beobachtung dessen, was vorgeschrieben sei, ein Schade vermieden werden könne. Diese Tatsache berechtige den Gesetzgeber, zu vermuten, daß ein Schade, wenn er dennoch eintrete, durch Vernachlässigung hervorgerufen sei (Sitzung vom 13. April 1871). Allein einmal ist alles dies nicht zur Rechtfertigung der für die Haftung des Bahnunternehmers vorgeschlagenen Bestimmungen, sondern nur zur Begründung des Unterschiedes geltend gemacht worden, den der Entwurf bezüglich der Haftung des Eisenbahnunternehmers einerseits und der Haftung der Unternehmer von Bergwerken, Fabriken usw. anderseits machte. Auch können jene Bemerkungen nicht für maßgebend angesehen werden, da sie ... insofern unzutreffend sind, als sie eine für das Verschulden des Bahnunternehmers sprechende, vom Gesetze statuierte Vermutung unterstellen, während sich das Gesetz... mit einer solchen nicht begnügt, dem Unternehmer vielmehr die Haftung für Betriebsunfälle auch auferlegt hat in Fällen, wo ihn festgestelltermaßen kein Verschulden trifft.

Übrigens kann auch nicht anerkannt werden, daß die Verschiedenheit, welche zwischen den Eisenbahnverhältnissen in Deutschland und denen in Südwestafrika besteht, zu der von der Revision gewollten Folgerung berechtige. Die Fortschritte der Technik kommen zum großen Teile auch dem Eisenbahnbetriebe in Südwestafrika zugute, und die Erfahrungen, die in bezug auf die zur Sicherung des Bahnbetriebes dienlichen und nötigen Maßregeln bei uns gemacht worden sind und Anlaß zu entsprechenden Anordnungen geboten haben, können auch für den Bahnbetrieb in den Schutzgebieten nutzbar gemacht werden. Es soll keineswegs verkannt werden, daß gleichwohl in den beiderseitigen Eisenbahnverhältnissen ein wesentlicher Unterschied besteht und das Maß von Verkehrssicherheit, das hier verlangt und geleistet werden kann, in Südwestafrika und anderen Schutzgebieten für absehbare Zeit überhaupt nicht erreicht werden kann oder doch nicht, ohne daß dadurch der wirtschaftliche Erfolg des betreffenden Bahnunternehmens ausgeschlossen würde, erreicht werden könnte. Diese Verschiedenheit der Verhältnisse mag bei der Entscheidung darüber, ob für die Folgen eines Betriebsunfalls der Unternehmer einzustehen habe, von durchgreifender Bedeutung sein können; namentlich mag bei einem solchen Unfalle in den Schutzgebieten unter Umständen das Vorliegen höherer Gewalt anzunehmen sein, wo das bei sonst gleicher Sachlage in Deutschland verneint werden müßte. Es erscheint aber nicht berechtigt, aus jener Verschiedenheit der Verhältnisse die Folgerung abzuleiten, daß die durch das Haftpflichtgesetz eingeführte Haftung des Betriebsunternehmers für Südwestafrika und andere Schutzgebiete gleichen oder ähnlichen Charakters überhaupt keine Geltung haben solle. Der Wortlaut der einschlagenden Bestimmungen der Gesetze vom 7. April und 10. Sept. 1900 und deren Entstehungsgeschichte bietet zu einer so weit gehenden Annahme keinen Anhalt; der Inhalt dieser Gesetze ist vielmehr weit mehr geeignet, die gegenteilige, vorstehend vertretene Auffassung als dem Willen des Gesetzgebers entsprechend erscheinen zu lassen.

Das Gesetz über die Konsulargerichtsbarkeit hat sich nicht mit der von der Beklagten geltend gemachten allgemeinen Bestimmung in § 20 begnügt, wonach die grundsätzlich in den Konsularbezirken geltenden, in § 19 Nr. 1 bezeichneten Gesetze unter Umständen keine Anwendung finden sollen, sondern hat in den §§ 31 flg. auch Sonderbestimmungen getroffen, wonach eine Reihe von Vorschriften des deutschen bürgerlichen Rechtes von der Anwendung in den Konsulargerichtsbezirken ausgenommen sind oder doch ihre Anwendung nur unter gewissen Einschränkungen und Änderungen stattfinden soll. Diese Vorschriften gelten nach § 3 des Gesetzes vom 10. Sept. 1900 mit wenig Ausnahmen auch in den Schutzgebieten. Nun stand zur Zeit der Vorbereitung und Beratung des Schutzgebietsgesetzes außer Zweifel, daß die Frage über die Haftung der Unternehmer von Eisenbahnen wenigstens für die wichtigsten dieser Gebiete alsbald praktisch werden würde, und ebenso, daß deren Beantwortung für diese Unternehmer von erheblicher wirtschaftlicher Bedeutung sein werde. Es liegt daher gewiß nahe, anzunehmen, daß die Frage, ob den in Frage stehenden Vorschriften des Haftpflichtgesetzes auch für die Schutzgebiete Geltung zu verleihen sei, nicht unerwogen geblieben ist und daß, wenn man wegen der in diesen Gebieten oder doch in einigen wichtigeren von ihnen bestehenden Verhältnisse die

Anwendung dieser Vorschriften für nicht angemessen erachtet hätte, nicht unterlassen worden wäre, dies durch ausdrückliche Sondervorschriften klar zum Ausdrucke zu bringen, zumal da dies gegenüber einem Spezialgesetze mit sachlich eng begrenztem Anwendungsgebiete, wie es das Haftpflichtgesetz ist, keine besonderen Schwierigkeiten bieten konnte.

Es ist daher zu billigen, daß die Vorinstanzen die Vorschriften des Haftpflichtgesetzes über die Haftung der Betriebsunternehmer für anwendbar erachtet haben. Daß aber der in Rede stehende Vorgang, bei dem der Kläger verletzt worden ist, mit Rücksicht auf die besonderen Verhältnisse in Südwestafrika als auf höherer Gewalt beruhend anzusehen wäre, erscheint nach dem, was über den Verlauf des Unfalls feststeht, ausgeschlossen." . . .

---

55. Art und Umfang des Schadensersatzes beim Zusammenstoße von Schiffen, insbesondere in einem Falle, wo die Hebungskosten des gesunkenen Schiffes dessen Wert zur Zeit des Zusammenstoßes bedeutend überstiegen.

BGB. §§ 249—251.

I. Zivilsenat. Urt. v. 7. Juni 1909 i. S. H. S. E.-Gesellsch. (Bekl.) w. F. G. E.-Gesellsch. (Kl.). Rep. I. 329/08.

I. Landgericht Hamburg, Kammer für Handelssachen.
II. Oberlandesgericht daselbst.

Am 14. November 1904 ereignete sich auf der Oder ein Schiffszusammenstoß zwischen einem Kahne und einem Dampfer. Der Kahn wurde stark beschädigt und sank, wurde dann aber gehoben und wieder hergestellt. Als Eignerin des Kahnes klagte die Klägerin auf Schadensersatz gegen die Eignerin des Dampfers. Der Dampfer wurde für schuldig und ersatzpflichtig erklärt.

Über den Umfang des Schadensersatzes besagen die Gründe des Revisionsurteils folgendes.

Gründe:

... „Aber auch abgesehen hiervon erscheint die Zubilligung der drei Schadensposten als rechtsirrtümlich und wird von der Revision mit Recht angefochten.

Bei den ersten beiden Posten handelt es sich um folgendes. Die Klägerin hat zweimal Versuche anstellen lassen, den gesunkenen Kahn zu heben. Der erste Versuch ist erfolglos geblieben und hat 7932,33 *M* gekostet. Der zweite, geraume Zeit später unternommene Versuch kostete 8613,55 *M* und hatte Erfolg. Den gehobenen Kahn hat die Klägerin alsdann für 6900 *M* ausbessern lassen. Das Oberlandesgericht gewährt der Klägerin den Ersatzanspruch auf die Hebungskosten beider Perioden und auf die Ausbesserungskosten, bewilligt also im ganzen — unter Vorbehalt der Prüfung im einzelnen — hierfür 23445,88 *M*. . . .

Die Hauptverteidigung der Beklagten ging dahin, daß diese Aufwendungen den Wert des Schiffes bei weitem überstiegen hätten und als unzweckmäßige Maßnahmen ihr nicht belastet werden dürften. Den Wert des Kahnes vor dem Zusammenstoße hat die Beklagte auf 6500 *M* angegeben. Eine Feststellung darüber ist nicht getroffen. Das Oberlandesgericht scheint einen Wert von 7000 *M* anzunehmen und zweifelt jedenfalls nicht daran, daß jene Aufwendungen den Wert des Kahnes bedeutend überstiegen haben. Zur Rechtfertigung der Forderung hatte sich die Klägerin erstens darauf berufen, daß sich die Beklagte mit der Hebung des Kahnes einverstanden erklärt habe, und zweitens darauf, daß ihr der Strombauverwaltung gegenüber die Pflicht obgelegen habe, den Kahn zu heben. Beide Gesichtspunkte erkennt das Oberlandesgericht nicht als berechtigt an, und zwar aus Gründen, die sich einer Nachprüfung in der Revisionsinstanz entziehen. Gestützt aber wird die Zubilligung der Ansprüche auf folgende Erwägungen. Die Klägerin habe, als sie sich zur Hebung entschloß, nicht voraussehen können, daß die Kosten in ihrer Gesamthöhe schließlich den Wert von Kahn und Ladung bedeutend übersteigen würden. Auch lasse sich nicht feststellen, daß sie im Verlaufe der Arbeiten zu irgend einer Zeit die Erkenntnis habe gewinnen müssen, es sei richtiger, die Hebungsarbeiten einzustellen und den Kahn etwa auf andere Weise aus dem Flußbette zu entfernen. Jedenfalls könne ihr in dieser Hinsicht der Vorwurf der

Fahrlässigkeit nicht gemacht werden, was im einzelnen weiter ausgeführt wird.

Diese Begründung verstößt, wie die Revision mit Recht geltend macht, gegen die Rechtssätze, die das Bürgerliche Gesetzbuch in bezug auf den Schadensersatz aufstellt. Die §§ 249—253 unterscheiden beim Schadensersatze die Herstellung des Zustandes, der bestehen würde, wenn der zum Ersatze verpflichtende Umstand nicht eingetreten wäre, und die Geldentschädigung. Die Wiederherstellung des früheren Zustandes bildet die Regel, die Geldentschädigung die Ausnahme. Der Anspruch auf Herstellung richtet sich nach § 249 Satz 1 gegen den Verpflichteten in dem Sinne, daß dieser die Herstellung vorzunehmen hat. Der Gläubiger kann ihm dazu nach § 250 eine Frist setzen und nach deren fruchtlosem Ablaufe Geldentschädigung fordern. Handelt es sich, wie im vorliegenden Falle, um die Beschädigung einer Sache, so verfügt § 249 Satz 2 die Besonderheit, daß der Gläubiger nicht verpflichtet ist, vom Schuldner die Herstellung zu fordern, sondern berechtigt, selber die Sache herzustellen und vom Schuldner „den dazu erforderlichen Geldbetrag" zu verlangen. Nach dem Zusammenhange der gesetzlichen Bestimmungen ist dieser Anspruch nicht identisch mit dem Anspruche auf die Geldentschädigung, wovon §§ 250 Satz 2, 251, 253 handeln. Vielmehr ist auch er ein Anspruch auf Herstellung, nur nicht in der Form der unmittelbaren Leistung des Schuldners, sondern in der Form einer durch eine Geldzahlung des Schuldners vermittelten Selbstbefriedigung des Gläubigers. Jedem Anspruche auf Herstellung gegenüber aber kann der Ersatzpflichtige das ihm in § 251 Abs. 2 eingeräumte Recht entgegensetzen, die Herstellung abzulehnen und den Gläubiger in Geld zu entschädigen, „wenn die Herstellung nur mit unverhältnismäßigen Aufwendungen möglich ist".

Diesen Rechtssatz setzt das Oberlandesgericht völlig beiseite, wenn es die Beklagte lediglich aus dem Grunde mit Herstellungskosten von unbegrenzter Höhe belastet, weil der Klägerin aus ihrer Aufwendung der Vorwurf der Fahrlässigkeit nicht gemacht werden kann. Der Gesichtspunkt einer Fahrlässigkeit wäre zu erörtern, wenn es sich darum handelte, ob der Gläubiger seiner Pflicht, den Schaden abzuwenden oder zu mindern (§ 254 Abs. 2), nicht nachgekommen ist. Das steht hier aber zunächst gar nicht in Frage. Handelt es sich um die Aufwendung und den Ersatz von Herstellungskosten, so hat der Gesichtspunkt der Fahrlässigkeit auszuscheiden. Denn wenn § 249 Abs. 2 von den zur Herstellung „erforderlichen" Kosten spricht, so wird damit ein objektiver Maßstab angelegt.

Für die Klägerin war nach den erwähnten gesetzlichen Bestimmungen, als der Kahn gesunken war, die Rechtslage die folgende. Sie konnte entweder die Beklagte auffordern, ihrerseits den Kahn zu heben und zu reparieren (§ 249 Satz 1), oder sie konnte die Hebung und Reparatur selbst in die Hand nehmen, um von der Beklagten die hierzu erforderlichen Kosten einzuziehen (§ 249 Satz 2). Wählte die Klägerin jenen Weg, so konnte die Beklagte die Hebung des Kahnes aus § 251 Abs. 2 ablehnen und die Klägerin in Geld entschädigen, d. h. ihr die durch den Zusammenstoß entzogenen Werte in Geld ersetzen. Das Recht, die Naturalherstellung wegen unverhältnismäßiger Höhe der Aufwendungen abzulehnen, blieb der Beklagten aber auch, wenn die Klägerin den anderen Weg wählte. Insofern handelte die Klägerin — wenn sie sich nicht etwa des Einverständnisses der Beklagten versicherte — auf eigene Gefahr. Ersatz ihrer Aufwendungen für die Hebung und die Reparatur konnte sie von der Beklagten nur unter der doppelten Voraussetzung erwarten, daß die Aufwendungen zur Herstellung „erforderlich" (§ 249 Satz 2) und daß sie nicht „unverhältnismäßig" (§ 251 Abs. 2) waren.

Der in der Literatur[1] vertretenen Auffassung, daß der Schuldner das Recht aus § 251 Abs. 1 nur dadurch ausüben könne, daß er dem Gläubiger die Geldentschädigung bar zahle, kann der erkennende Senat nicht folgen. Für einen derartigen Formalismus bietet weder der Wortlaut, noch der Zweck des Gesetzes einen Anhalt. Die Vorschrift will die Interessen des Schuldners schützen, wenn die Herstellungskosten unverhältnismäßige Opfer fordern. Wählt der Gläubiger den Weg eigener Herstellung nach § 249 Satz 2, so erfordert der Zweck des Gesetzes, daß der Schuldner das Recht aus § 251 Abs. 2 auch im Wege einer Einrede gegen die Ersatzforderung geltend machen kann. Wollte man ihm dies versagen, so würde man den vom Gesetze für erforderlich gehaltenen Schutz in den zahlreichen Fällen vereiteln, in denen der Schuldner seine Schadens-

---

[1] Planck (3. Aufl.) Bem. 4 zu § 251. D. E.

ersatzpflicht überhaupt bestreitet, und damit eine Art Prozeßstrafe einführen.

Der dritte vom Oberlandesgericht dem Grunde nach zugebilligte Schadensposten bezieht sich auf den Ersatz der Nutzungen aus dem Kahne, die die Klägerin bis zur Beendigung der Reparatur entbehrt hat. Grundsätzlich kann es nicht beanstandet werden, daß neben der Zubilligung der Wiederherstellungskosten einer beschädigten Sache auch Ersatz für die zeitweilige Entbehrung der Nutzungen zugesprochen wird. Es rechtfertigt sich dies aus § 251 Abs. 1 und § 252 BGB. Gleichwohl ist die Aufhebung des Urteils auch in diesem Punkte geboten. Die abweichende Beurteilung der ersten beiden Posten, die nach dem soeben Ausgeführten eintreten muß, kann auch auf diesen Posten Einfluß gewinnen. Denn wenn die Verurteilung der Beklagten auf den Ersatz des Wertes des Kahnes am Tage des Unfalls beschränkt bleibt und auf diesen Geldbetrag die gesetzlichen Zinsen vom Tage des Unfalls an zugesprochen werden, so wird auch davon auszugehen sein, daß die Klägerin damit voll entschädigt ist, weil sie in den Zinsen des Schadenskapitals ein Äquivalent für die entbehrten Nutzungen des Kahnes erhält.

Für den Fall, daß der Posten gleichwohl aufrecht erhalten werden sollte, muß bemerkt werden, daß es nicht gebilligt werden kann, wie das Oberlandesgericht den Einwand der Beklagten zurückweist, alte Kähne nach Art des gesunkenen seien leicht zu kaufen gewesen und die Klägerin habe sich daher ohne Schwierigkeiten einen Ersatzkahn beschaffen können. Das Oberlandesgericht verkennt, daß die Beklagte hiermit eine auf § 254 Abs. 2 BGB. gestützte Verteidigung vorbringt, der die rechtliche Beachtung nicht versagt werden kann. Nach dieser Gesetzesstelle war die Klägerin verpflichtet, die im Verkehr erforderliche Sorgfalt anzuwenden, um den entstehenden Schaden nach Möglichkeit abzuwenden oder doch zu mindern. War es also ein geeignetes Mittel, durch Miete oder Kauf eines Ersatzkahnes die drohenden Nutzungsverluste zu mindern, so darf der Einwand der Beklagten nicht mit der Erwägung zurückgewiesen werden, die Klägerin sei grundsätzlich zu solchen Maßnahmen nicht verpflichtet gewesen."

56. Kann der Entlastungsbeweis, der dem Geschäftsherrn nach § 831 BGB. obliegt, auch durch den Nachweis eines eigenen Verschuldens des Geschädigten (§ 254 BGB.) geführt werden?

II. Zivilsenat. Urt. v. 11. Juni 1909 i. S. S. (Kl.) w. v. M. und F. (Bekl.). Rep. II. 598/08.

I. Landgericht Rostock.
II. Oberlandesgericht daselbst.

Aus den Gründen:

... „Der Kläger will den Beklagten zu 1 für die wissentlich unwahre Vorspiegelung des Vermittlers F. verantwortlich machen, daß die Erlaubnis zum Abholzen auf dem verkauften Gute erteilt gewesen sei. Das Oberlandesgericht stellt fest, daß F. keine Vollmacht zur Abgabe irgendwelcher rechtsgeschäftlicher Erklärungen besessen habe; er sei vom Beklagten nur beauftragt gewesen, dem Kläger als einem Kaufliebhaber das Gut zu zeigen, zu verhandeln und Auskunft zu erteilen. Das Oberlandesgericht verneint deshalb die Verantwortlichkeit des Beklagten, mit dem der Kläger mehrfach persönlich verhandelt und außerdem den Kaufvertrag abgeschlossen habe, für unwahre Auskünfte des Vermittlers F., weil der Vertrag nicht auf etwa von F. festgelegten Grundlagen abgeschlossen werden sollte. Gegen diese Darlegung ist auch vom Standpunkte der Entsch. des RG.'s in Zivils. in Bd. 63 S. 150 aus nichts zu erinnern. Der Kläger hat sich hier mit dem Verlangen nach einer Nachprüfung begnügt, ohne besondere Angriffe zu erheben.

Der Kläger will eine Verantwortlichkeit des Beklagten aber auch aus § 831 BGB. herleiten. Das Oberlandesgericht mißt ein weitaus überwiegendes Verschulden dem Kläger selbst bei, weil er sich hinsichtlich der Erlaubnis zum Abholzen, die für ihn nach seiner eigenen Darstellung von der allergrößten Bedeutung gewesen sei und von der seine ganze Existenz abgehangen habe, blindlings auf völlig unbelegte Angaben des F. verlassen habe, der wegen seiner Provision als Gütermakler am Zustandekommen des Vertrages offensichtlich interessiert gewesen sei, und weil er niemals seinen Verkäufer befragt habe. Wegen dieses überaus leichtsinnigen Verhaltens des Klägers verneint das Oberlandesgericht eine Haftung des Beklagten gemäß § 254 BGB.

Gegen diese Erwägungen läßt sich nichts erinnern. Der Kläger meint, sofern dem Vermittler F. eine Arglist zur Last falle, sei nach § 831 BGB. vom Beklagten diese Arglist wie eigene Arglist zu vertreten; ein mitwirkendes Verschulden komme bei Anwendung des § 831 BGB. nicht in Betracht. Sei ein mitwirkendes Verschulden aber doch in Betracht zu ziehen, so stehe der Arglist des Beklagten grobe Fahrlässigkeit des Klägers gegenüber. Hieraus folge, daß das Verschulden des Klägers nicht das überwiegende sein könne; vielmehr könne gegenüber der Arglist des einen Vertragsteils eine Fahrlässigkeit des anderen Vertragsteils überhaupt nicht beachtet werden. Diese Rechtsansicht beruht auf irriger Auffassung. Der § 831 BGB. stellt die Vermutung eines Verschuldens des Geschäftsherrn auf. Geschäftsherr war hier der Beklagte, welcher den F. zur Leitung von Vorverhandlungen und zur Auskunfterteilung, somit zu einer Verrichtung im Sinne des § 831 BGB., bestellte. Beging F. in Ausführung dieser Verrichtung eine unerlaubte Handlung, wie sie der Kläger behauptet, so machte sich der Beklagte als Geschäftsherr für den dem Kläger zugefügten Schaden ersatzpflichtig; aber es wird der Beklagte selbst nicht als arglistig angesehen, wenn F. arglistig gehandelt haben sollte.

Der § 831 BGB. gestattet dem Geschäftsherrn den Entlastungsbeweis. Dieser Beweis kann auch in der Weise geführt werden, daß den Geschädigten ein so überwiegendes mitwirkendes Verschulden treffe, daß der Schade als völlig auf diesem Verschulden beruhend anzusehen sei. Dieser Beweis ist hier vom Beklagten geliefert. Es besteht kein Anlaß, von dem allgemeinen Grundsatze des § 254 BGB. für das Gebiet des § 831 BGB. eine Ausnahme zu machen. Der Geschäftsherr kann sich danach auf das eigene Verschulden des Beschädigten berufen. Somit erweist sich auch der letzte Angriff gegen die Abweisung der Klage, soweit der Beklagte zu 1 in Anspruch genommen werden sollte, als ungerechtfertigt."[1] ...

---

[1] Daß § 831 BGB. auf das Verhältnis des Verkäufers zum Geschäftsvermittler mit Recht zur Anwendung gebracht sei, ist nicht ausgesprochen worden.
D. E.

57. Liegt in einer Generalvollmacht die Ermächtigung, im Namen des Vollmachtgebers die Bürgschaft für eine eigene Schuld des Bevollmächtigten zu übernehmen? oder ist eine solche Bürgschaftserklärung für den Vertretenen wegen Mißbrauchs der Vollmacht unverbindlich?

BGB. §§ 164, 167, 133, 157.

VI. Zivilsenat. Urt. v. 14. Juni 1909 i. S. R. (Kl.) w. A. Wwe. (Bekl.). Rep. VI. 356/08.

I. Landgericht Hagen.
II Oberlandesgericht Hamm.

Der Sohn der Beklagten, der Kaufmann G. A., der von seiner Mutter Generalvollmacht besaß, hatte auf Grund dieser Vollmacht am 5. April 1905 der Klägerin eine Bürgschaftsurkunde ausgestellt, worin die Beklagte für den Sohn G. A. die Bürgschaft wegen der von diesem mit der Klägerin eingegangenen Geschäftsverbindlichkeiten in Höhe von 5000 ℳ übernahm. Die Klägerin belangte die Beklagte aus dieser Bürgschaft auf Bezahlung der restlichen Geschäftsschuld ihres Sohnes. Das Landgericht verurteilte die Beklagte dem Klagantrage entsprechend; das Oberlandesgericht wies auf Berufung der Beklagten die Klage ab. Auf die Revision der Klägerin ist das Berufungsurteil aufgehoben, und die Sache in die Berufungsinstanz zurückverwiesen worden.

Aus den Gründen:

„In der notariell gefertigten „Generalvollmacht" vom 21. Juli 1902 hat die Beklagte ihren Sohn G. A. ermächtigt, „sie in allen öffentlichrechtlichen und privatrechtlichen Angelegenheiten wirksam zu vertreten. Er soll insbesondere befugt sein, für sie Prozesse zu führen, Vergleiche abzuschließen, Gelder in Empfang zu nehmen, Grundstücke zu kaufen und zu verkaufen, Hypotheken zu löschen und eintragen zu lassen, Auflassungen zu bewilligen und entgegenzunehmen" usw.; überhaupt aber soll er von ihr „zu Rechtshandlungen jeder nur erdenklichen Art ermächtigt sein, und sollen dieselben so angesehen werden, als ob sie selber solche vorgenommen hätte." Zwischen den Parteien ist in erster Linie streitig, ob G. A. auf Grund der Generalvollmacht rechtswirksam eine Bürgschaftsverpflichtung seiner Mutter für ihn selbst als den Hauptschuldner habe eingehen können. ...

Für die Ungültigkeit der Bürgschaftsverpflichtung hat sich die Beklagte auch auf § 181 BGB. berufen. Diese Gesetzesvorschrift wird mit Recht von den Vorinstanzen für unanwendbar erachtet. Der Bürgschaftsvertrag ist nach § 765 BGB. ein Rechtsgeschäft zwischen dem Bürgen und dem Gläubiger; der Schuldner ist bei dem Vertragsabschlusse rechtlich nicht beteiligt.

Das Berufungsgericht verneint aber weiterhin auch die Frage, ob nach dem Inhalte der von der Beklagten ausgestellten Vollmacht G. A. berechtigt war, für seine eigene Schuld der Klägerin eine Bürgschaft seiner Mutter zu bestellen. Diese Vollmacht sei allerdings eine Generalvollmacht. Anderseits ergebe jedoch die Vollmachtsurkunde nach Fassung und Inhalt, daß die dem G. A. erteilte weitgehende Ermächtigung eben dahin gegangen sei, seine Mutter in ihren Angelegenheiten und ihren Interessen zu vertreten. Der Inhalt der Vollmachtsurkunde biete dagegen keinen Anhalt dafür, daß G. A. ferner auch ermächtigt sein sollte, zur Besorgung seiner eigenen Geschäfte und Interessen die Vollmachtgeberin durch eine Bürgschaftsbestellung zu verpflichten. Der Berufungsrichter zieht die Analogie der Stellung des Vormundes heran. Dieser sei selbstverständlich nicht befugt, zu Lasten seines Mündels eine Bürgschaft für seine eigenen Schulden einzugehen. Es lägen im gegenwärtigen Falle keine tatsächlichen Umstände neben dem Inhalte der Vollmachtsurkunde vor, welche die Annahme rechtfertigten, daß die dem G. A. erteilte Vollmacht in ihrem Umfange weiter gehe, als der Inhalt der Vollmachtsurkunde ausweise. Derartige Umstände seien von der Klägerin überhaupt nicht behauptet worden. Auf Grund der eidlichen Aussage des Zeugen G. A. wird als erwiesen angesehen, daß die Bürgschaftsbestellung ohne Wissen und Willen der Beklagten erfolgt sei. Es liege nach alle dem in der Bürgschaftsbestellung von seiten des G. A. eine Überschreitung der ihm erteilten Vollmacht oder wenigstens, objektiv betrachtet, ein Mißbrauch der Vollmacht. Wenn die Klägerin der Vollmacht eine weitergehende Bedeutung beigelegt habe, als ihr in Wirklichkeit nach Maßgabe des Inhaltes der Urkunde innewohnte, so habe sie sich in einem Rechtsirrtume befunden, dessen Folgen sie selbst zu tragen habe.

Die Revision bekämpft diese Ausführungen des Berufungsurteils als rechtsirrig. ...

Der Angriff ist als berechtigt anzuerkennen. Die angefochtene Entscheidung beruht auf einer Verkennung der rechtlichen Wirksamkeit einer Vollmacht (§ 167 BGB.). Verfehlt ist zunächst die Beurteilung aus einer Analogie der Befugnisse des Vormundes. Die gesetzliche Vertretungsmacht des Vormundes ist nach Inhalt und Umfang vom Gesetze selbst normiert und begrenzt (vgl. §§ 1793, 1794, 1795, 1821 flg., 1829 BGB.), der Kreis seiner Befugnisse generell festgelegt und der Regel nach für jeden erkennbar. Die Begrenzung auf das wahrzunehmende Interesse des Mündels ist hier durch Zweck und Rechtsnatur der Vertretungsmacht an sich gegeben, und die Vertretungsbefugnisse des Vormundes sind der Disposition der Beteiligten entzogen, können von diesen nicht willkürlich geändert werden. Die auf Parteiwillen beruhende Vollmacht dagegen kann von sehr verschiedenem Inhalte sein. Das Maß der Vertretungsmacht wird hier durch den Inhalt der konkreten Bevollmächtigung, den im Einzelfalle erklärten Willen des Vollmachtgebers bestimmt. Selbst die „Generalvollmachten" sind je nach der Beschaffenheit und Größe des Wirkungskreises in Art und Umfang sehr verschieden.

Vgl. Hupka, Vollmacht § 10 S. 176 flg.; Dernburg, Bürgerl. Recht Bd. 1 § 164, Bd. 2 S. 535.

Ferner ist es zwar richtig, daß sich auch die Generalvollmacht, wie jede Vollmacht, begrifflich auf Besorgung der Angelegenheiten des Vollmachtgebers bezieht. Allein Angelegenheit in diesem Sinne ist nicht gleichbedeutend mit Interessen des Vollmachtgebers. Eine (privatrechtliche) Angelegenheit des Vollmachtgebers ist auch die Eingehung einer Bürgschaftsverpflichtung von seiner Seite; eine andere Frage ist, ob dieses Rechtsgeschäft seinem wirtschaftlichen Interesse dient. Im Begriffe der Vollmacht liegt eine Begrenzung auf das Interesse des Vollmachtgebers keineswegs. Die Bevollmächtigung kann auch im Interesse des Bevollmächtigten selbst (so bei dem procurator in rem suam) oder im Interesse eines Dritten erfolgen (vgl. Planck, BGB. zu § 167 Bem. 1).

Überhaupt ist die Frage, ob das betreffende Geschäft im Interesse des Vollmachtgebers liegt oder nicht, an sich nur für das innere Rechtsverhältnis zwischen ihm und dem Bevollmächtigten von Bedeutung. Von diesem inneren, namentlich Auftragsverhältnisse aber ist das nach außen wirkende Vollmachtsverhältnis rechtlich streng zu unterscheiden. Der Bevollmächtigte kann auftragwidrig und doch möglicherweise in den Grenzen der ihm erteilten Vollmacht handeln. Der dritte Kontrahent braucht sich in der Regel nicht um das erstere, sondern nur um die Vollmachtmäßigkeit des Geschäftes zu kümmern (vgl. Hupka, a. a. O. § 10 S. 187 flg.; v. Staudinger, Kommentar zu § 164 Bem. 7 S. 523 flg.). Ist freilich das betreffende Geschäft von dem Bevollmächtigten unter offenbarem, dem andern Kontrahenten erkennbaren Mißbrauche seiner Vollmacht dem Interesse des Vollmachtgebers zuwider abgeschlossen oder hat er gar in der dem andern Teile bewußten Absicht, den Geschäftsherrn zu schädigen, gehandelt, dann würde der Vertretene entweder die Abmachung des Bevollmächtigten überhaupt nicht als für ihn verbindlich anzuerkennen haben oder doch berechtigt sein, das Geschäft anzufechten, einem Anspruche des Dritten die Einrede der Arglist entgegenzusetzen. Und auch dann, wenn das fragliche Geschäft von so ganz außergewöhnlicher Art wäre, daß sich der Dritte sagen müßte, der Vollmachtgeber könne ein derartiges Geschäft unmöglich im Sinne gehabt haben, würde sich jener auf eine selbst unbeschränkt gefaßte Vollmacht nicht berufen können.

Vgl. Dernburg, Bürgerl. Recht Bd. 1 § 164 Nr. V S. 538; v. Staudinger, a. a. O. zu § 167 Bem. 7 S. 533; Entsch. des RG.'s in Zivils. Bd. 52 S. 99.

Bei der gewillkürten Vollmacht wäre es nicht gerechtfertigt, dem Vertretenen wegen Mißbrauches der Vollmacht ein Anfechtungsrecht oder eine Einrede, gleichermaßen wie bei der gesetzlichen, nach außen unbeschränkbaren Vertretungsmacht aus § 126 HGB. oder § 37 des Gesetzes, betr. die Gesellschaften m. b. H., nur in dem Falle einer Kollusion, eines wissentlichen Mitwirkens des Dritten zu vorsätzlicher Schädigung des Vertretenen einzuräumen (vgl. Staub, Kommentar zum HGB. zu § 126 Anm. 15 8. Aufl. S. 480; Entsch. des RG.'s in Zivils. Bd. 58 S. 356 flg.).

Was insbesondere die von einem Generalbevollmächtigten in dessen eigenem Interesse vorgenommenen Rechtshandlungen anlangt, so stellen solche keinenfalls von vornherein, sofern jener Zweck für den Dritten erkennbar ist, um deswillen einen offensichtlichen Mißbrauch der Vollmacht dar. Es kann möglicherweise das Interesse des Bevollmächtigten mit dem des Vollmachtgebers eng verknüpft sein, das Geschäft deshalb auch im Interesse des letzteren liegen. Besondere zwischen beiden bestehende persönliche oder geschäftliche Beziehungen oder Abmachungen können es mit sich bringen, daß der Vollmachtgeber in seinem eigenen oder in dem gemeinschaftlichen Interesse für eine Schuld des Bevollmächtigten die Bürgschaft übernimmt. Das wird namentlich bei Gesellschaftern, Verwandten, Eheleuten nicht so selten vorkommen. Indes ist es nicht Sache des Dritten, dem gegenüber der Bevollmächtigte im Namen des Vollmachtgebers eine derartige Bürgschaft eingeht, diesen Verhältnissen nachzugehen, da es ihm gegenüber grundsätzlich keinen Unterschied begründet, ob die Bürgschaft dem Interesse des Vollmachtgebers dient oder nicht. So Urteil des Reichsgerichts vom 1. Mai 1891 (Seuffert, Archiv Bd. 47 Nr. 106) für einen Fall, in dem der Ehemann als Generalbevollmächtigter seiner Frau im Namen dieser die Bürgschaft für eine eigene Schuld des Ehemannes übernommen hatte. Vgl. hierzu auch Hupka, a. a. O. § 10 S. 187flg. Anm. 2, § 14 S. 241 Anm. 1. Das Urteil vom 23. September 1891, Entsch. des RG.'s in Zivils. Bd. 28 S. 288, gründet sich auf Vorschriften der §§ 62 flg. preuß. ALR. I 13.

Zuzugeben ist sodann zwar, daß, sofern über Sinn oder Umfang der Vollmacht Zweifel bestehen, der in der Bevollmächtigung kundgegebene Wille des Vollmachtgebers durch Auslegung ermittelt werden muß, wofür dann die allgemeinen Grundsätze in §§ 133, 157 BGB. gelten und neben dem Wortlaute der Erklärung die Umstände des Falles und die Verkehrsanschauung in Rücksicht zu ziehen sind. Allein im vorliegenden Falle war die dem G. A. von seiner Mutter erteilte Generalvollmacht schon dem Wortlaute nach eine Bevollmächtigung der denkbar umfassendsten Art, die in Ermangelung einer ersichtlichen Beschränkung auch die Befugnis zur Übernahme jeder Bürgschaft im Namen der Vollmachtgeberin in sich begriff. Wenn der Berufungsrichter aus Fassung und Inhalt dieser Vollmachtsurkunde den Ausschluß einer Bürgschaftsübernahme für eine eigene Schuld des Bevollmächtigten ableiten will, so kann darin nicht etwa eine Auslegung tatsächlicher Art, die einer Nachprüfung entzogen wäre, erblickt werden; vielmehr liegt jener Annahme eine rechtlich nicht zutreffende Auffassung zugrunde. Auf andere außerhalb der Urkunde liegende Umstände kann nach den eigenen Ausführungen des Berufungsurteils jene Auslegung nicht gestützt sein. Es lag aber nicht, wie das unterstellt wird, der Klägerin ob, ihrerseits noch besondere Umstände für den weitergehenden Inhalt der Vollmacht zu behaupten und zu beweisen.

Bei dieser Sachlage kann auch davon nicht die Rede sein, daß der Vertreter der Klägerin bei Abschluß des Bürgschaftsvertrages nach Treu und Glauben hätte erkennen müssen, es handle sich hierbei um einen Mißbrauch der Vollmacht von seiten des G. A. Das Berufungsgericht entnimmt aus der von dem Reisenden der Klägerin U. nach dessen Zeugenangabe mit A. über die Verbürgung der Beklagten seinerzeit geführten Verhandlung, daß U. Bedenken gehabt habe, ob A. auf Grund seiner Generalvollmacht berechtigt gewesen sei, die Bürgschaftsurkunde für seine Mutter auszustellen. Aber nach der weiteren Feststellung der Urteilsgründe hat darauf A. dem Zeugen erklärt, er sei berechtigt, die Bürgschaft für seine Mutter zu unterschreiben, worauf der Zeuge sich zufrieden gegeben hat. Demnach hätte der Vertreter der Klägerin oder diese selbst auf die Richtigkeit der Erklärung des A. vertraut; auf keinen Fall aber stände eine der Klägerin bekannte oder redlicherweise nicht zu verkennende Überschreitung der Vollmacht in Frage." ...

---

58. Wann beginnt die Verjährung des der Berufsgenossenschaft gegen den Betriebsunternehmer zustehenden Ersatzanspruchs (GewUnfVersGes. vom 30. Juni 1900 § 136 Abs. 1) wieder zu laufen, wenn sie durch den Antrag des Betriebsunternehmers auf Beschlußfassung der Genossenschaftsversammlung unterbrochen worden ist (angez. Ges. §§ 137, 138)?

VI. Zivilsenat. Urt. v. 17. Juni 1909 i. S. Rhein.-Westfäl. Baugewerks-Berufsgenossenschaft (Kl.) w. F. (Bekl.). Rep. VI. 544/08.

I. Landgericht Hagen.
II. Oberlandesgericht Hamm.

Am 2. Juli 1903 war der Handarbeiter F., als er im Dienste des Beklagten bei einem Hausbau tätig war, durch einen Sturz von dem Baugerüste verletzt worden. Die klagende Berufsgenossenschaft, der er angehörte und die ihm den Heilungsaufwand vergütet hatte, auch eine dauernde Rente gewähren mußte, beschloß, gemäß § 136 GewUnfVersGes. vom Beklagten Ersatz zu fordern, weil der Unfall durch Außerachtlassung der ihm vermöge seines Gewerbes obliegenden Aufmerksamkeit herbeigeführt worden sei. Der Beklagte rief hiergegen durch ein der Klägerin am 24. Oktober 1904 zugegangenes Schreiben die Beschlußfassung der Genossenschaftsversammlung an. Diese erfolgte am 20. Juli 1905 in dem Sinne, daß Klage erhoben werden solle. Das geschah; die Klage wurde am 17. Juli 1907 zugestellt.

Sie wurde in erster und zweiter Instanz in Beachtung der vom Beklagten vorgeschützten Verjährungseinrede abgewiesen. Das Reichsgericht hob auf und verwies die Sache in die Vorinstanz zurück.

Aus den Gründen:

„Der Beklagte hat unter Berufung auf § 138 GewUnfVersGes. die Einrede der Verjährung vorgeschützt. Er meint, durch das Schreiben, in dem er die Beschlußfassung der Genossenschaftsversammlung angerufen habe, sei die Verjährung des der Klägerin angeblich erwachsenen Ersatzanspruchs nur dergestalt unterbrochen worden, daß sie mit dem Tage nach dem Eingange des Schreibens, dem 25. Oktober 1904, von neuem zu laufen begonnen habe. Dagegen hat die Klägerin die Meinung vertreten, die Unterbrechung habe bis zu dem Tage fortgedauert, an dem die vom Beklagten verlangte Entschließung der Genossenschaftsversammlung erfolgt sei, also bis zum 20. Juli 1905; mindestens sei bis zu diesem Tage die neue Verjährung gehemmt gewesen. Beide Vorinstanzen haben die Auffassung des Beklagten für die richtige angesehen und deshalb, ohne im übrigen das Streitverhältnis zu erörtern, die Klage abgewiesen.

Dem hat nicht beigetreten werden können.

Nicht zuzugeben ist zunächst, daß sich die vom Berufungsgerichte vertretene Auslegung des Gesetzes aus dessen Wortlaute ergebe. Allerdings ist die Rechtsfolge, die das Bürgerliche Gesetzbuch als Unterbrechung der Verjährung bezeichnet, immer an einen einzelnen bestimmten Vorgang in der Weise geknüpft, daß durch ihn die bereits abgelaufene Verjährungszeit für die Vollendung der Verjährung ihre Bedeutung verliert (§ 217 BGB.). Indes besteht zwischen den Vorgängen, denen diese Wirkung beigelegt ist, ein bedeutungsvoller Unterschied. Während sich in gewissen Fällen (§§ 208, 209 Abs. 2 Nr. 1, 5 BGB.) die Unterbrechungstatsache in einem einzelnen, in sich abgeschlossenen Vorgange erschöpft und mit dessen Abschlusse auch die Unterbrechung endet, zieht das Gesetz in andern Fällen das zunächst die Verjährung unterbrechende Ereignis als Glied einer Kette von Vorgängen in Betracht, die durch jenes Ereignis ausgelöst werden, und behandelt die Gesamtheit dieser Vorgänge als ein Ganzes in der Weise, daß bis zu deren Ablaufe die Verjährungsunterbrechung fortdauert und erst mit dem Ablaufe des Gesamtvorgangs beendigt wird (§ 209 Abs. 1, Abs. 2 Nr. 2, 3, 4 verb. mit §§ 211, 214, 215, sowie §§ 210, 220).

In welcher dieser Bedeutungen die im Schlußsatze von § 138 Abs. 1 GewUnfVersGes. bestimmte Unterbrechung zu verstehen ist, dafür bietet der Wortlaut des Gesetzes an sich keinen Anhalt. Für die von der Vorinstanz vertretene Auslegung spricht der Umstand, daß im Bürgerlichen Gesetzbuche in den Fällen, in denen die Unterbrechung über den ersten sie herbeiführenden Vorgang hinaus fortdauern soll, dies jedesmal durch ausdrückliche Bestimmungen zum Ausdrucke gebracht worden ist, während es an einem solchen in § 138 GewUnfVersGes. fehlt. Indes ist dies, zumal bei der Art, wie die in Betracht kommenden Bestimmungen zustande gekommen sind (vgl. Entsch. des R.G.'s in Zivils. Bd. 62 S. 344 flg.), nicht als maßgebend anzusehen; das entscheidende Gewicht ist vielmehr auf die innere Natur des hier die Unterbrechung begründenden Vorganges zu legen, und von diesem Standpunkte aus ist der von der Revision vertretenen Auffassung der Vorzug zu geben.

Die zu der oben an zweiter Stelle erwähnten Gruppe von Vorschriften des Bürgerlichen Gesetzbuchs gehörigen Bestimmungen betreffen Fälle, in denen durch den zunächst die Unterbrechung der Verjährung herbeiführenden Vorgang ein Verfahren zur Entscheidung über den Anspruch des Gläubigers eingeleitet oder doch vorbereitet wird; es soll dann das ganze Verfahren einschließlich dieses Vorgangs als Einheit behandelt werden, und deshalb erst mit seinem Abschlusse die Unterbrechung endigen. Die in den §§ 137, 138

GewUnfVersGes. zugelassene Anrufung der Genossenschaftsversammlung stellt gleichfalls einen Akt dar, durch den ein besonderes Verfahren zur Entscheidung über den vom Genossenschaftsvorstande dem Betriebsunternehmer angekündigten Ersatzanspruch eingeleitet wird. Freilich steht der angerufenen Versammlung keine Entscheidung über das Bestehen des Anspruchs zu; sie hat vielmehr nur darüber zu beschließen, ob dieser Anspruch gegen den Unternehmer gerichtlich verfolgt werden soll. Immerhin wird diesem durch die ihm nachgelassene Anrufung der Genossenschaftsversammlung die Möglichkeit eröffnet, die Ausführung des vom Vorstande gefaßten Beschlusses zunächst zu verhindern und eine erneute Prüfung der Sache innerhalb der Genossenschaft herbeizuführen, und die von ihm angerufene Versammlung ist, sofern gegen ihn nur der Vorwurf fahrlässigen Verhaltens erhoben wird, befugt, von der Verfolgung des Ersatzanspruchs auch dann abzusehen, wenn sie diesen an sich für begründet erachtet. Der von ihr zu fassende Beschluß enthält daher eine für den Unternehmer sehr bedeutsame Entscheidung; er wird, wenn sie zu seinen Gunsten ausfällt, der Verwicklung in einen Prozeß enthoben und unter Umständen geradezu von einer ihm tatsächlich obliegenden Zahlungsverpflichtung befreit. Die Anrufung der Genossenschaftsversammlung aber bildet auch hier nur den Anfang eines Verfahrens, dessen Ziel die Herbeiführung der Entscheidung dieser Versammlung bildet.

Es erscheint berechtigt, entsprechend dem in den §§ 211, 214, 215 und 210, 220 BGB. zum Ausdrucke gekommenen Rechtsgedanken anzunehmen, daß auch bei der Anwendung der Bestimmung im Schlußsatze von § 138 Abs. 1 GewUnfVersGes. das durch die Anrufung der Genossenschaftsversammlung eingeleitete Verfahren als ein einheitliches Ganzes zu behandeln und diese Vorschrift deshalb dahin auszulegen ist, es solle die Unterbrechung der Verjährung erst mit dem Abschlusse dieses Verfahrens, also mit dem Beschlusse der Genossenschaftsversammlung, endigen.

In der Literatur ist vereinzelt die Meinung ausgesprochen worden, in den Fällen, wo das Bürgerliche Gesetzbuch eine Fortdauer der Unterbrechung über den sie zunächst herbeiführenden Vorgang hinaus vorschreibe, liege in Wahrheit eine Verbindung von Unterbrechung und Hemmung der Verjährung vor; die Unterbrechung ende mit dem Abschlusse jenes Vorgangs, und es schließe sich ihr nur eine Hemmung der Verjährung bis zu dem im Gesetze bezeichneten Zeitpunkte an. Ob diese mit dem Wortlaute des Gesetzes nicht im Einklange stehende rechtliche Konstruktion als zutreffend anzusehen ist, kann dahingestellt bleiben; denn wenn das zu bejahen wäre, würde aus den oben dargelegten Gründen auch anzunehmen sein, daß sich nach der Absicht des Gesetzgebers bei der hier in Frage stehenden Verjährung der durch die Anrufung der Genossenschaftsversammlung eingetretenen Unterbrechung der Verjährung eine Hemmung bis zur Beschlußfassung der Versammlung anschließen solle. Unerörtert kann nach Lage der Sache auch bleiben, ob eine Hemmung von gleicher Dauer aus der Bestimmung in § 202 BGB. herzuleiten sein würde.

Von der Vorinstanz ist zur Begründung ihrer Auslegung noch geltend gemacht worden, das Gesetz habe, um einer sonst leicht möglichen Verdunkelung des Sachverhalts vorzubeugen, eine kurze Verjährungsfrist schaffen wollen; dieser Zweck würde aber vereitelt, wenn es die Berufsgenossenschaft in der Hand hätte, durch Hinausschiebung der von dem Betriebsunternehmer beantragten Beschlußfassung der Genossenschaftsversammlung den Ablauf der Verjährung nach ihrem Belieben zu verzögern. Auch ergebe sich bei Annahme der von der Klägerin vertretenen Gesetzesauslegung das befremdliche Ergebnis, daß der Berufsgenossenschaft, sofern der Betriebsunternehmer von dem Rechte der Anrufung der Genossenschaftsversammlung Gebrauch mache, von deren Beschlußfassung an noch ein Zeitraum von vollen zwei Jahren für die Klagerhebung offen bleibe, während ihr, wenn der Unternehmer dieses Recht nicht ausübe, für die Klaganstellung eine keinesfalls volle zwei Jahre umfassende Zeit zur Verfügung stehe (§ 137 Abs. 2 Satz 1).

Die in der zuletzt erwähnten Bemerkung hervorgehobene Ungleichheit besteht bei der im vorstehenden dargelegten Auffassung allerdings; sie ist aber keineswegs so bedeutsam, daß ihr für die Auslegung des Gesetzes Gewicht beigelegt werden könnte. Was aber die an erster Stelle geltend gemachte Erwägung anlangt, so ist ihr entgegenzuhalten, daß die Berufsgenossenschaften Körperschaften sind, die nicht den Privatinteressen einzelner, sondern dem Gemeinwohle dienen und staatlicher Aufsicht unterliegen; bei ihnen brauchte mit der Gefahr, daß durch ungehörige Verschleppung in der Herbeiführung der Entscheidung der Genossenschaftsversammlung der Ablauf der Verjährungsfrist ungebührlich hinausgeschoben werden könnte, nicht gerechnet zu werden. Jedenfalls könnte aus jener Erwägung nur der Schluß abgeleitet werden, daß es zweckmäßig gewesen wäre, wenn das Gesetz einer die Interessen des Betriebsunternehmers gefährdenden Verzögerung der Entschließung der Genossenschaftsversammlung durch besondere Vorschriften vorgebeugt hätte." ...

---

59. Hat der § 54 ALR. II. 12 in der Provinz Hannover Geltung? Sind die Provinzialschulkollegien in Hannover, Schleswig-Holstein und Hessen-Nassau die Vertreter des Fiskus bezüglich der Gymnasialgrundstücke, die Staatseigentum sind?

Preuß. ALR. II. 12 § 54.

Preuß. Verordn. vom 13. Mai 1867 und vom 22. September 1867 (GS. S. 667 u. 1570).

VI. Zivilsenat. Urt. v. 17. Juni 1909 i. S. B. (Kl.) w. Realgymnasium in O. (Bekl.). Rep. VI. 549/08.

I. Landgericht Osnabrück.
II. Oberlandesgericht Celle.

Der Kläger war nach seiner Behauptung am 10. Dezember 1906 auf dem Bürgersteige vor dem Realgymnasium in O. infolge von Eisglätte gefallen. Er beanspruchte von dem Eigentümer dieses Grundstücks, dem nach einer örtlichen Polizeivorschrift die Pflicht zum Bestreuen des Eises obliegen sollte, Entschädigung. Seine Klage richtete er gegen den preußischen Fiskus, vertreten durch das Provinzialschulkollegium zu Hannover. Als der Vertreter des Beklagten den Einwand erhob, die Klage habe gegen das Realgymnasium, vertreten durch das Provinzialschulkollegium, gerichtet werden müssen, erklärten sich die Parteien in der mündlichen Verhandlung vom 8. Januar 1908 darüber einverstanden, daß nicht der Fiskus, sondern das Realgymnasium als solches verklagt werden solle.

Das Landgericht, das in seinem Urteile die Parteibezeichnung dem entsprechend änderte, wies die Klage ab, weil nicht der Eigentümer des Grundstücks, sondern der von ihm mit der Reinigung beauftragte M. zu haften habe. In der Berufungsinstanz, wo die gleiche Bezeichnung des Beklagten beibehalten wurde, wurde die Verhandlung auf die Frage der Parteifähigkeit des Berufungsbeklagten beschränkt, und das Berufungsgericht wies, indem es diese verneinte, die Berufung des Klägers zurück. Die Revision des Klägers hatte Erfolg aus folgenden

Gründen:

... „Das Realgymnasium in O. ist nicht eine Stiftung. Weder der Kläger noch der Beklagte haben das von ihm behauptet; vielmehr stellt der Tatbestand des Berufungsurteils als unstreitig fest, daß es von der Stadt O., der ursprünglichen Eigentümerin, auf den preußischen Staat übertragen worden ist. Daraus hat das Berufungsgericht die Folge gezogen, daß das Gymnasium nicht eine selbständige, parteifähige Rechtspersönlichkeit sei. Der Beklagte hatte das in der ersten Instanz unter Hinweis auf den § 54 ALR. II. 12 behauptet. Das Berufungsgericht hat jedoch dessen Geltung für O. verneint, und dem ist beizutreten.

Die Revision, von der die Rechtsausführungen des Beklagten in erster Instanz wieder aufgenommen sind, hat die Ansicht vertreten, die dem öffentlichen Rechte angehörige Bestimmung des § 54 finde auf das gesamte Schulwesen der ganzen preußischen Monarchie Anwendung. Allein das ist irrig; für das Gebiet des rheinischen Rechts ist das Gegenteil bereits durch ein Urteil des IV. Zivilsenats vom 10. Mai 1906 — Rep. IV. 550/05, Jurist. Wochenschr. 1906 S. 427 Nr. 13 — vom Reichsgerichte ausgesprochen, und für die Provinz Hannover gilt dasselbe. Es besteht kein Gesetz, das den von der Revision vertretenen Satz ausgesprochen hätte; auch der Revisionskläger hat ein solches nicht nachweisen können. Die im Jahre 1867 erlassenen Einzelgesetze lassen vielmehr deutlich erkennen, daß an eine allgemeine Einführung des im Gebiete des Allg. Landrechts geltenden öffentlichen Rechts nicht gedacht ist, auch für das Schulwesen nicht. Es sei hier nur auf die Verordnung vom 13. Mai 1867 (GS. S. 667) verwiesen, worin dem Minister der geistlichen, Unterrichts- und Medizinalangelegenheiten nicht allgemein die Befugnis beigelegt wird, im selben Umfange Verfügung zu treffen, wie ihm solches in den älteren Landesteilen der Monarchie ressortmäßig zukomme, vielmehr die Gegenstände, in denen er so soll verfügen können, im einzelnen aufgeführt werden. Ohne besonderes Gesetz haben aber die Gymnasien in Hannover nicht juristische Personen werden können, da sie es nach dem insoweit zur Geltung kommenden gemeinen Rechte nicht sind. Das Schulgrundstück in O. ist danach nicht Eigentum einer vom Staate verschiedenen juristischen Person, sondern Staatseigentum. Daß im Grundbuche das Realgymnasium als Eigentümer eingetragen ist, wird mit Recht vom Berufungsgerichte als belanglos angesehen. Die Eintragung änderte die wahren Rechtsverhältnisse nicht und war namentlich nicht geeignet, dem Gymnasium die ihm fehlende Rechtspersönlichkeit zu verleihen. Daraus folgt, daß die gegen den Eigentümer als solchen gerichtete Klage gegen den Fiskus und die zu seiner Vertretung berufene Behörde zu richten war. Insoweit ist demnach dem Berufungsgerichte beizutreten; seine Entscheidung ist jedoch aus einem anderen Grunde nicht haltbar.

Die Behörde, die gegenüber der erhobenen Klage den Fiskus zu vertreten hat, ist das Provinzialschulkollegium zu Hannover. Denn nach der Kabinettsorder vom 30. Dezember 1825, die durch die Verordnung vom 22. September 1867 (GS. S. 1570) für Hannover in Kraft gesetzt ist, hat das Provinzialschulkollegium die gesamte Vermögensverwaltung für die höheren Schulen und in diesem Amtskreise die Stellung der Regierungen, also der Behörden, welche sonst den Fiskus in Prozessen vertreten, die Angelegenheiten der allgemeinen Staatsverwaltung betreffen.

Gegen diese Auffassung ist das Bedenken erhoben, dem Provinzialschulkollegium sei die Befugnis zur Vertretung des Fiskus nur insoweit beigelegt, als es sich um Gymnasien mit juristischer Persönlichkeit handle. Bei anderen Gymnasien, wo also das Schulgrundstück unmittelbar fiskalisches Eigentum sei, habe die Regierung die das Grundstück betreffenden Prozesse zu führen. Werde daher die Anwendbarkeit des § 54 verneint, so falle damit die Befugnis des Provinzialschulkollegiums zur Vertretung des Fiskus weg. Nun ist allerdings zuzugeben, daß der Ausdruck des Gesetzes, die gesamte Vermögensverwaltung für die höheren Schulen werde dem Provinzialschulkollegium übertragen, die Auslegung zuläßt, damit sei nur die Verwaltung des eigenen Vermögens der Schulen als selbständiger Rechtssubjekte gemeint, also nicht die Verwaltung der nur für ihren Gebrauch bestimmten, aber dem Staate gehörenden Schulgrundstücke. Allein dieser Auffassung steht die Erwägung entgegen, daß das Gesetz bestimmt war, die Verwaltung des höheren Schulwesens einheitlich zu regeln, also kaum die Absicht gehabt haben kann, für die Zuständigkeit der neu gebildeten Behörden, je nachdem sie im Gebiete des Allg. Landrechts, des rheinischen oder des gemeinen Rechts ihren Amtskreis hatten, eine tiefgreifende, durch Zweckmäßigkeitsrücksichten nicht gebotene Verschiedenheit einzuführen. Ausgeschlossen ist jedenfalls jene Auslegung durch die Fassung des § 3 der Verordnung vom 22. September 1867. Nach ihm haben die Provinzialschulkollegien für die fast ausschließlich dem Gebiete des gemeinen Rechts angehörenden Provinzen Hannover, Schleswig-Holstein und Hessen-Nassau diejenigen amtlichen Aufgaben zu lösen, die den gleichnamigen Behörden in den älteren Teilen der Monarchie gesetzlich gestellt sind. Wenn nun in den älteren Teilen der Monarchie die Verwaltung der Schulgrundstücke für die höheren Schulen ganz überwiegend zu der „gesamten Vermögensverwaltung“ gehörte, so läßt sich derselbe Ausdruck in der Verordnung von 1867 nicht so deuten, daß umgekehrt in den neuen Provinzen die meisten Schulgrundstücke stillschweigend der Verwaltung der Provinzschulkollegien entzogen werden sollten.

Aus vorstehendem folgt, daß die Klage zunächst ganz richtig gegen den Fiskus, vertreten durch das Provinzialschulkollegium, erhoben ist. Der für den so bezeichneten Beklagten erschienene Prozeßbevollmächtigte hat auch für ihn zur Sache verhandelt. Wurde später aus Rechtsirrtum die anfängliche Parteibezeichnung geändert, während das Provinzialschulkollegium fortfuhr, als gesetzlich berufener Vertreter des jetzt anders bezeichneten Beklagten zu verhandeln und die Zustellung der Urteile entgegenzunehmen, so lag darin nicht ein wirklicher Wechsel der Partei. Verklagt war und blieb der Eigentümer des Schulgrundstücks, der durch das Provinzialschulkollegium vertreten wurde, gleichviel ob man das Rechtsverhältnis des Staates zu dem Grundstücke nach § 54 ALR. II. 12 oder nach den Grundsätzen des gemeinen Rechts beurteilte. Bei dieser Sachlage hätte das Berufungsgericht nicht die Klage abweisen, sondern auf eine Berichtigung der Parteibezeichnung hinwirken sollen.“ ...

60. 1. Findet der erste Abschnitt des preuß. Gesetzes vom 24. Mai 1861, betr. die Erweiterung des Rechtsweges, auch auf Richter Anwendung?

2. Sind § 5 dieses Gesetzes und § 1 Nr. 2 des preuß. Gesetzes vom 7. Mai 1851, betr. die Dienstvergehen der Richter usw., durch das deutsche Gerichtsverfassungsgesetz außer Kraft gesetzt?

3. Nachsuchung der Dienstentlassung „unter Vorbehalt der Rechte".

Preuß. Gesetz vom 24. Mai 1861, betr. die Erweiterung des Rechtsweges, § 5.

Preuß. Gesetz vom 7. Mai 1851, betr. die Dienstvergehen der Richter, § 1 Nr. 2.

GVG. §§ 8, 9.

III. Zivilsenat. Urt. v. 25. Juni 1909 i. S. T. (Kl.) w. preuß. Justizfiskus (Bekl.). Rep. III. 337/08.

I. Landgericht Düsseldorf.
II. Oberlandesgericht daselbst.

Der Kläger, ein preußischer Landgerichtsrat, war durch rechtskräftiges Disziplinarurteil unter der Feststellung der Voraussetzungen des § 1 Nr. 2 des Ges. vom 7. Mai 1851 zur Versetzung in ein anderes Richteramt unter Verminderung des Gehalts und unter Verlust der Umzugskosten verurteilt. Er suchte darauf „unter Vorbehalt seiner Rechte" die Dienstentlassung nach, falls die Justizverwaltung Willens sei, seine Versetzung anzuordnen. Nachdem er demgemäß seine Entlassung erhalten hatte, klagte er auf Weiterzahlung von Gehalt und Wohnungsgeldzuschuß. Seine Klage wurde abgewiesen, Berufung und Revision zurückgewiesen.

Aus den Gründen:

„Der in erster Reihe geltend gemachte Anspruch auf Gehalt und Wohnungsgeldzuschuß ist, wie das Berufungsgericht zutreffend ausführt, schon um deswillen hinfällig, weil der Kläger auf seinen Antrag aus dem Justizdienst entlassen ist. Dadurch, daß er seine Entlassung nur unter Vorbehalt seiner Rechte nachsuchte, konnte er sich nicht Rechte erhalten, die nur dem im Dienste befindlichen Beamten zustehen. Der Kläger hat auch nicht etwa — wie dies in dem von dem Urteile des erkennenden Senats vom 18. Oktober 1901, Entsch. in Zivils. Bd. 49 S. 112 (s. S. 116 zu 2), betroffenen Falle nach den Feststellungen des Berufungsurteils geschehen war — seine Entlassung nur für den Fall nachgesucht und erhalten, daß die Entscheidung des Disziplinargerichts im ordentlichen Rechtswege für rechtswirksam erachtet werden sollte. Er hat vielmehr sein Entlassungsgesuch nur davon abhängig gemacht, daß die Justizverwaltung Willens sei, ihn auf Grund des Urteils des Disziplinarsenats des Oberlandesgerichts zu D. . . . in ein anderes Richteramt zu versetzen. Er hat sein Gesuch auch wiederholt, nachdem ihm bekannt gegeben war, daß diese Versetzung erfolgen müsse. Jenes Urteil des erkennenden Senats steht ihm daher in diesem Punkte ebensowenig wie auch sonst zur Seite.

Mit Recht hat aber das Berufungsgericht das Urteil des Disziplinarsenats für rechtswirksam und einer Nachprüfung im gegenwärtigen Rechtsstreite entzogen erachtet. Alle hiergegen gerichteten Angriffe sind verfehlt.

Das preußische Gesetz vom 24. Mai 1861, betr. die Erweiterung des Rechtsweges (GS. S. 242), regelt im ersten Abschnitte den Rechtsweg in Beziehung auf die Ansprüche der — unmittelbaren — Staatsbeamten wegen ihrer Diensteinkünfte ganz allgemein, also selbstverständlich, wie schon in dem Erkenntnis des preußischen Obertribunals vom 12. Dezember 1864, Entsch. Bd. 54 S. 284, bemerkt wird, auch in Beziehung auf die Richter. Daß insbesondere § 5 des Gesetzes auch auf die Richter anzuwenden sei, ist in der Kommissionsberatung des Abgeordnetenhauses ausdrücklich hervorgehoben. Vgl. Stenogr. Berichte des Abg.Haus. 1861 Anl. Bd. VI Nr. 132 S. 947.

Es ist auch weder § 5 des Gesetzes vom 24. Mai 1861 noch § 1 Nr. 2 des Ges. vom 7. Mai 1851, betr. die Dienstvergehen der Richter usw. (G.S. S. 218), durch das deutsche Gerichtsverfassungsgesetz außer Kraft gesetzt. Die Entstehungsgeschichte des ersten Titels des Gerichtsverfassungsgesetzes ergibt, daß man in die Justizhoheit der Einzelstaaten nur so weit wie unbedingt nötig eingreifen und nur für das Reich regeln wollte, was dem in dem größten Teile Deutschlands und namentlich in Preußen bestehenden Rechte entsprach. Besonders gilt dies für den § 8 GVG., der im wesentlichen dem Art. 87 der preußischen Verfassung entnommen ist. Unter der Geltung dieser Verfassungsbestimmung, wonach Richter „nur durch Richterspruch aus Gründen, welche die Gesetze vorgesehen haben“, sollten enthoben werden können, ist das Gesetz vom 7. Mai 1851 erlassen. Hätte man die in diesem Gesetze gegebene Bestimmung der Entlassungsgründe, als dem Ermessen des Disziplinargerichts einen zu weiten Spielraum gewährend, nicht für genügend erachtet, so hätte dies bei der Beratung und auch bei der Fassung des § 8 GVG. zum Ausdrucke gebracht werden müssen. Dies ist nicht geschehen, vielmehr ist unwidersprochen mehrfach hervorgehoben, daß die Bestimmungen in Preußen bereits geltendes Recht seien. Vgl. den Kommissionsbericht bei Hahn, Material. zum GVG., Bd. 2 S. 936, und die Äußerungen des Ministerialrats Loë und des Justizministers Leonhardt, a. a. O. S. 1033 und 1035, ferner auch die Äußerungen der Abgeordneten v. Puttkamer, Lasker und Struckmann, a. a. O. Bd. 1 S. 385 flg.

Durch § 5 des Ges. vom 24. Mai 1861 wird der Rechtsweg nicht ausgeschlossen; seine Bestimmung steht daher mit § 9 GVG. nicht in Widerspruch. Voraussetzung der Anwendung des § 5 des Ges. vom 24. Mai 1861 ist allerdings, sofern die Rechtsgültigkeit der Amtsenthebung, der Versetzung an eine andere Stelle oder der Versetzung in den Ruhestand eines Richters in Frage steht, nach § 8 GVG., daß die disziplinargerichtliche Entscheidung unter den vom Gesetze bestimmten Formen und aus den vom Gesetze bestimmten Gründen erlassen ist. Die hiernach den ordentlichen Gerichten bei der Entscheidung über die vermögensrechtlichen Ansprüche des Richters zustehende Prüfung hat sich aber darauf zu beschränken, ob die äußeren Formen der Entscheidung gewahrt sind, für Preußen also, ob das rechtskräftige Erkenntnis eines Disziplinarsenats vorliegt und ob dieses Erkenntnis die Disziplinarstrafe aus einem im Gesetze bestimmten Grunde ausspricht. Jede weitere Nachprüfung des Verfahrens des Disziplinargerichts ist ebenso ausgeschlossen, wie eine materielle Nachprüfung der Entscheidungsgründe, abgesehen selbstverständlich von der Prüfung der Rechtsgültigkeit des angewendeten Gesetzes.“ . . .

61. Kommen den Beamten der Berufsgenossenschaften die Rechte und Pflichten der mittelbaren Staatsbeamten zu? oder beruht ihre Anstellung auf einem bürgerlichrechtlichen Dienstvertrage?

Gewerbe-Unfallversicherungsgesetz in der Fassung der Bekanntmachung vom 5. Juli 1900 § 48.
Invalidenversicherungsgesetz in der Fassung der Bekanntmachung vom 19. Juli 1899 §§ 56, 65, 73, 74, 169.
Bau-Unfallversicherungsgesetz in der Fassung der Bekanntmachung vom 5. Juli 1900 § 14.

III. Zivilsenat. Urt. v. 3. März 1908 i. S. D. (Kl.) w. Rheinisch-Westfälische Baugewerksberufsgenossenschaft (Bekl.). Rep. III. 457/07.

I. Landgericht Saarbrücken.
II. Oberlandesgericht Köln.

Der Kläger, der sich seit 1893 im Dienste der verklagten Berufsgenossenschaft in der Stellung eines Abteilungsvorstehers der Genossenschaftsverwaltung befunden hatte, übernahm im April 1905 die Obliegenheiten eines Geschäftsführers bei der Genossenschaftssektion VIII in St. J. Diese Stellung wurde ihm indes zum 30. Juni 1906 gekündigt. Er hielt die Kündigung aus formalen und materiellen Gründen für unwirksam und klagte bei dem für St. J. zuständigen Landgerichte zu Saarbrücken auf Feststellung dieser Unwirksamkeit und auf Fortzahlung seines Gehalts. Die Berufsgenossenschaft erhob die Einrede der örtlichen Unzuständigkeit, da sie ihren allgemeinen Gerichtsstand in E. habe.

Das Landgericht erkannte nach den Anträgen des Klägers, das Berufungsgericht aber wies die Klage wegen Unzuständigkeit des Gerichts ab. Die Revision des Klägers hatte Erfolg.

Gründe:

„Das Berufungsgericht hat die prozeßhindernde Einrede der örtlichen Unzuständigkeit des Gerichts für begründet erachtet und deshalb, abweichend vom Landgerichte, das dem Klagantrage stattgegeben hatte, die Klage wegen Unzuständigkeit des Gerichts abgewiesen. Es erachtet den § 29 ZPO., auf den der Kläger die von ihm angenommene Zuständigkeit des Landgerichts in Saarbrücken gestützt hatte, ... für unanwendbar, weil es sich hier nicht um das

Bestehen oder die Erfüllung eines Schuldvertrages, sondern um Ansprüche aus dem Dienstverhältnisse eines öffentlichen Beamten (mittelbaren Staatsbeamten) handele, die keine vertraglich ausbedungenen seien, sondern unmittelbar auf dem Gesetze beruhten.

Die Revision erhebt hiergegen die Rüge, die Auffassung der Stellung des Klägers als eines mittelbaren Staatsbeamten sei rechtsirrig; als Beamter der Berufsgenossenschaft sei er überhaupt kein Staatsbeamter. Sie bezeichnet ferner als rechtsirrig die Annahme, daß die eingeklagte Forderung auf dem Gesetze beruhe; sie entspringe vielmehr lediglich aus dem Anstellungsvertrage, und deshalb sei nach § 29 ZPO. das Landgericht in Saarbrücken zuständig.

Die Angriffe der Revision sind im wesentlichen begründet. Die entscheidende Bestimmung über die rechtliche Stellung der Beamten der Berufsgenossenschaft enthält der § 48 des Gewerbeunfallversicherungsgesetzes in der Fassung der Bekanntmachung vom 5. Juli 1900 unter der Überschrift „Genossenschaftsbeamte":

„Die Genossenschaftsversammlung hat eine Dienstordnung zu beschließen, durch welche die Rechtsverhältnisse und allgemeinen Anstellungsbedingungen der Genossenschaftsbeamten geregelt werden. Diese Dienstordnung bedarf der Bestätigung durch das Reichsversicherungsamt."

Das Gesetz weist hiernach den einzelnen Genossenschaften die Aufgabe zu, die Voraussetzungen festzusetzen, deren Erfüllung von den Anwärtern für die verschiedenen Beamtenstellen der Genossenschaft verlangt wird, ferner den Inhalt des durch die Anstellung zu begründenden Dienstverhältnisses zu bestimmen. Enthält aber so die erlassene „Dienstordnung" nicht eine allgemein, sondern nur eine für die jeweilige Berufsgenossenschaft maßgebende Grundlage der Dienstverhältnisse der Genossenschaftsbeamten, so kann die wirkliche Begründung des Dienstverhältnisses für den einzelnen Beamten nur auf Grund eines besonderen Anstellungsvertrages erfolgen, der nur, soweit er nicht noch Sonderbestimmungen enthält, wegen des Inhalts des dadurch begründeten Dienstverhältnisses auf jene „Dienstordnung" Bezug nimmt. Jedenfalls ergibt sich schon hieraus, daß das Gesetz die Beamten der Berufsgenossenschaften lediglich auf Grund eines bürgerlichrechtlichen Dienstvertrages angestellt wissen will, wenn es auch ersichtlich davon ausgeht, daß die zu erlassenden Dienstordnungen ihnen durch Zusicherung eines unter gewissen Voraussetzungen zu gewährenden Ruhegehalts und durch Vorkehrungen gegen willkürliche Entlassung eine der Stellung der Staatsbeamten angenäherte Stellung gewähren werde. Gerade weil die Träger der Unfallversicherung, die Berufsgenossenschaften, nach Art der gewöhnlichen Genossenschaften als selbständige Körperschaften gegliedert sind und ihre Tätigkeit möglichst selbständig entwickeln sollen, hat es das Gesetz absichtlich vermieden, auch nur die unter dem frei gewählten Genossenschaftsvorstande tätigen Genossenschaftsbeamten als mittelbare Staatsbeamte zu behandeln.

Die Art der Stellung dieser Beamten tritt aber insbesondere an dem Gegensatze hervor, der zwischen ihr und der Stellung der Beamten der Versicherungsanstalten für die Invalidenversicherung besteht. Nach Maßgabe der §§ 56, 65, 73, 74, 169 des Invalidenversicherungsgesetzes vom 13. Juli 1899 in der Fassung der Bekanntmachung vom 19. Juli 1899 ist deren Verwaltung mit der Verwaltung der „weiteren Kommunalverbände", in Preußen insbesondere mit der Selbstverwaltung der Provinzen, in nahe Verbindung gebracht. Es war daher nur folgerichtig, wenn § 98 InvVerGes. den Bureau-, Kanzlei- und Unterbeamten der Versicherungsanstalten nach näherer Anordnung der Zentralbehörde die Rechte von Kommunalbeamten einräumte. Es tritt deshalb darin, daß der Gesetzgeber es abgelehnt hat, eine gleiche Bestimmung auch in die Unfallversicherungsgesetze aufzunehmen, seine Willensmeinung hervor, daß er die Beamten der Unfallversicherung nicht als mittelbare Staatsbeamte behandelt wissen will.

Bei der Beratung des Gewerbeunfallversicherungsgesetzes wurde in der Kommission des Reichstages erörtert, daß die Beamten der Berufsgenossenschaften in Petitionen in erster Reihe wünschten, den mittelbaren Kommunalbeamten gleichgestellt zu werden, wie dies für die Beamten der Versicherungsanstalten geschehen sei. Eine Regelung ihrer Stellung in diesem Sinne wurde aber nicht für gerechtfertigt erachtet, weil die Berufsgenossenschaften „eine selbständigere Stellung einnähmen." Es wurde deshalb nur ein Antrag in zweiter Lesung dahin angenommen, dem § 17 (jetzt § 37) des Entwurfs als Nr. 13 einzufügen:

„über die Bedingungen, unter denen die Beamten der Genossenschaft anzustellen sind."

Vgl. den Bericht der 21. Kommission des Reichstages 1898/1900, Drucks. Nr. 703a S. 71. An die Stelle dieses Zusatzes ist dann später der jetzige § 84 des Ges. getreten. Vgl. Drucks. Nr. 845/848 S. 2. Stenogr. Berichte 1900 S. 5775.

Auch diese Entstehungsgeschichte des Gesetzes bestätigt demnach, daß die Beamten der Berufsgenossenschaften keine mittelbaren Staatsbeamten sind. Die Übertragung der Dienststellung auf den Beklagten konnte daher nicht auf Grund eines staatsrechtlichen Anstellungsvertrages erfolgen, wie er der Anstellung der Staatsbeamten zugrunde liegt (Entsch. des RG.'s in Zivils. Bd. 28 S. 80, Bd. 37 S. 241 und 298, Bd. 53 S. 427), und aus dem nicht etwa auf Gewährung des Diensteinkommens wie auf Erfüllung eines bürgerlichrechtlichen Schuldvertrages geklagt werden kann, weil der Anspruch auf dieses erst die Folge des einseitigen Aktes der wirklichen Übertragung des Amtes ist. Vielmehr kann der Bestellung des Klägers zum Beamten der Beklagten nur eben ein bürgerlichrechtlicher Dienstvertrag zugrunde liegen, für dessen Inhalt allerdings die nach § 48 des Ges. von der Genossenschaft erlassene Dienstordnung beim Mangel besonderer Vereinbarungen maßgebend ist.

Demgemäß hat sich auch der Kläger selbst für die von ihm erhobenen Ansprüche lediglich auf bestimmte Vorschriften der Dienstordnung berufen. Dadurch, daß deren § 2 die Anstellung „in schriftlicher Form" vorsieht, wird selbstverständlich eine Anstellung, die ohne Beobachtung dieser Form erfolgt ist, nicht etwa eine unmittelbar auf dem Gesetze beruhende und der so angestellte Beamte etwa deshalb unmittelbarer Staatsbeamter. Das Berufungsgericht verletzt daher durch die Annahme, daß es sich hier nicht um Ansprüche handele, die auf einem bürgerlichrechtlichen Vertrage, sondern auf öffentlichrechtlicher Anstellung beruhten, den § 48 GewUnfVersGes. und den § 14 des BauUnfVersGes., der die Anwendung der §§ 36 bis 54 jenes Gesetzes auf die Baugewerksberufsgenossenschaften vorschreibt.

Bei zutreffender Anwendung des Gesetzes hätte es deshalb den § 29 ZPO. auf die Verfolgung der Klagansprüche allerdings für anwendbar erachten müssen. Es war also in der Tat der besondere Gerichtsstand des Erfüllungsortes für die Ansprüche des Klägers aus dem Vertragsverhältnisse mit der Beklagten in Saarbrücken begründet.

Denn darüber kann kein Zweifel bestehen, daß der streitige Gehaltsanspruch des Klägers, wenn er bestand, in St. J., dem Sitze der Sektion VIII der verklagten Berufsgenossenschaft, bei welcher der Kläger angestellt war, erfüllt werden mußte. Die Einrede der Unzuständigkeit des Gerichts ist deshalb zu verwerfen und die Sache zur Verhandlung und Entscheidung in der Sache selbst an das Berufungsgericht zurückzuverweisen."

62. Droht eine Wassersgefahr durch den Damm, wenn durch ihn bei einer Hochflut der ungehinderte Ablauf des Wassers gehemmt und dadurch dem Oberlieger Schaden verursacht wird?

BGB. § 228.

V. Zivilsenat. Urt. v. 8. Mai 1909 i. S. v. D. (Bekl.) w. R. Konk. (Kl.). Rep. V. 321/08.

I. Landgericht Kottbus.
II. Kammergericht Berlin.

Der Gemeinschuldner R. hatte durch notariellen Vertrag vom 2. April 1898 vom Vater und Vorbesitzer des Beklagten das Recht erworben, auf dem Gute Groß-G. Kohlenbergbau zu treiben und im Bereiche des Gutes bergbauliche Anlagen jeder Art zu errichten. Im Jahre 1900 richtete der Beklagte am Südrande des Tagebaues etwa 20 m von der Scheune entfernt einen Erdwall her und führte ihn über den in den Bergbau einbezogenen Rakower-Weg hinweg bis hinein in seinen Garten. Der Erdwall sollte zum Schutze der Grubenbaue gegen Tageswasser gedient haben; geraume Zeit hindurch hatte er eine Grubenbahn getragen. Am 13. August 1901 entstand ein heftiges Unwetter; es stauten sich vor dem Erdwalle starke Regenmassen an. Um dem Wasser Abfluß zu verschaffen, ließ der Beklagte den Damm durchstechen. Die Wassermassen ergossen sich dann in den Tagebau und richteten hier umfangreichen Schaden an, dessen Ersatz der Konkursverwalter mit der Klage beanspruchte. Der Beklagte bestritt den Anspruch und stellte hilfsweise eine angebliche Gegenforderung zur Aufrechnung.

Das Landgericht hielt die Aufrechnung mit Rücksicht auf die Vorschrift des § 393 BGB. für unzulässig und erkannte in Höhe eines Teiles des beanspruchten Betrages nach dem Klagantrage. Die Berufung des Beklagten blieb ohne Erfolg. Auf die Revision des Beklagten wurde das Berufungsurteil aufgehoben.

Aus den Gründen:

„Die Revision macht geltend, es sei Beweis dafür angeboten gewesen, daß der Beklagte den Damm innerhalb des Gartens durchstochen habe. Hierzu sei aber der Beklagte befugt gewesen, weil nach den beim Abschlusse des Vertrages vom 2. April 1898 getroffenen mündlichen Abreden der Garten von allen bergbaulichen Anlagen habe verschont bleiben müssen. Die Benutzung des Gartens sei dem Beklagten erst später gestattet worden, aber nur zur Anlage einer Grubenbahn, die dann vor dem 13. August 1901 bereits längst wieder beseitigt gewesen sei.

Der Angriff ist unbegründet. Das Berufungsgericht hat festgestellt, daß der Damm zunächst als bergbauliche Anlage hergestellt worden ist, um den Tagebau vor Wasser zu schützen. Es ist weiter festgestellt worden, daß bereits im Mai 1900 die Vorflutverhältnisse anderweitig in der Weise geregelt waren, daß die Wassermassen durch den Damm aufgehalten und der Wasserleitung der Grube zugeführt werden sollten. Hiernach besteht kein Zweifel, daß der Damm, mag er auch später zur Anlage der Grubenbahn mitbenutzt worden sein, ursprünglich im gegenseitigen Einverständnis zum Schutze der Grube vor dem Tageswasser bestimmt war und daher auch insoweit, als er innerhalb des Gartens lag, vom Beklagten nicht nach Belieben beseitigt oder durchstochen werden durfte. Dem Beklagten steht auch nicht die Vorschrift des § 228 BGB. zur Seite; denn neben dieser Vorschrift steht die des § 904, die klar den gesetzgeberischen Gedanken zum Ausdrucke bringt, daß zu einem Eingriffe in das Eigentum eines anderen eine drohende Gefahr nur ganz ausnahmsweise berechtigt, nämlich nur wenn es sich um den Schutz eines erheblich höherwertigen Gutes handelt, und auch nur gegen volle Entschädigung. Der § 228 gestattet die Beschädigung oder Zerstörung der fremden Sache ohne jede Entschädigung, und er erfordert, daß der entstehende Schade nicht **außer Verhältnis** zu der drohenden Gefahr steht. Dieses überaus weitgehende Recht gibt das Gesetz dann, aber auch nur dann, wenn „die Gefahr durch die Sache droht“. Der Ausdruck ist nicht zweifelsfrei und hat auch in der Rechtslehre,

vgl. Planck, Rehbein, Staudinger zu § 228, Rümelin, Schadenshaftung, Oetker in Bernhöft's und Binder's Beiträgen S. 263, 284,

zu erheblichen Meinungsverschiedenheiten geführt. Bald wird von einer Gefahr gesprochen, die „von“ der Sache drohe, oder von einer Gefahr, die „durch“ die Sache, ihre Beschaffenheit, ihren Zustand drohe, bald wird gesagt, die Sache müsse die „ursprüngliche“ Ursache der Gefahr sein, sie müsse die Gefahr „erzeugen“, bald wird es für genügend erklärt, daß durch die Sache die Gefahr „vermittelt“ werde. Jedenfalls ist nach dem Wortlaute des § 228, seinem Verhältnis zu § 904 und auch zu dem den Grundsatz der Freiheit und Ausschließlichkeit des Eigentums anerkennenden § 903 eine engere Auslegung geboten. Es kommt hinzu, daß der § 228 sich im 6. Abschnitte des 1. Buchs des BGB. unter der Aufschrift „Selbstverteidigung“ findet und daß er sich unmittelbar an die die Notwehr behandelnde Vorschrift des § 227 anschließt. Hieraus ergibt sich, daß den Gesetzgeber die Vorstellung von der Selbstverteidigung gegenüber einem Angriffe geleitet hat, der im Falle des § 227 von einer Person, im Falle des § 228 von einer Sache ausgeht. Ein Tier oder auch ein lebloser Gegenstand kann durch unmittelbare Einwirkung auf die Sache eine Gefahr schaffen, erzeugen; dann droht die Gefahr durch die Sache.

Im vorliegenden Falle war die Quelle der Gefahr nicht der Damm, sondern der Niedersturz der Wassermassen auf den oberhalb der bergbaulichen Anlagen befindlichen Grundstücken des Beklagten. Der Damm, ein Teil der bergbaulichen Anlagen und zu deren Schutze bestimmt, war lediglich ein Hindernis für den Abfluß der Wassermassen und damit für die Abwendung der auf den eigenen Grundstücken des Beklagten entstandenen und dort sich ausbreitenden Gefahr. Für Fälle solcher Art ist die Vorschrift des § 228 überhaupt nicht bestimmt.

Unerheblich ist hiernach, ob der Schade auch außer Verhältnis zur Gefahr gestanden hat. Auch darauf braucht nicht eingegangen zu werden, ob dem Beklagten zu seinem Vorgehen ein Recht aus

§ 904 BGB. zustand; nach dieser Vorschrift hat der Beschädigte in jedem Falle Ersatz des ihm entstehenden Schadens zu beanspruchen. Der Klaganspruch ist hiernach an sich begründet." ...

63. 1. Ist wegen des Anspruchs eines Lehrers aus der gesundheitgefährdenden Beschaffenheit der ihm überwiesenen Dienstwohnung nach fruchtloser Anrufung der zuständigen Verwaltungsbehörde das Verwaltungsstreitverfahren oder der ordentliche Rechtsweg zulässig?

2. Ist § 618 Abs. 1 BGB. auch auf Dienstwohnungen von Lehrern entsprechend anwendbar?

3. Muß bei Schadensersatzansprüchen wegen Aufhebung oder Minderung der Erwerbsfähigkeit des Geschädigten die Festsetzung der Dauer des Rentenbezuges ausnahmslos in dem Urteile über den Grund des Anspruchs erfolgen?

Preuß. Gesetz, betr. das Diensteinkommen der Lehrer und Lehrerinnen an den öffentlichen Volksschulen, vom 3. März 1897 §§ 13, 14, 20, 25.

BGB. § 618. ZPO. §§ 258, 304, 323.

III Zivilsenat. Urt. v. 18. Mai 1909 i. S. Schulgemeinde Groß- und Klein-Z. (Bekl.) w. N. (Kl.). Rep. III. 272/08.

I. Landgericht II Berlin.
II. Kammergericht daselbst.

Der Kläger war als zweiter Lehrer an der öffentlichen Volksschule zu Gr.-Z. angestellt worden, die von der verklagten Schulgemeinde unterhalten wurde. Er erkrankte an Gelenkrheumatismus und wurde von der Regierung aus dem Schuldienste entlassen, weil er unfähig sei, seine dienstlichen Pflichten zu erfüllen. Mit der Behauptung, daß seine Erkrankung auf den ungesunden Zustand seiner Dienstwohnung und der Schulräume zurückzuführen sei, forderte er Schadensersatz wegen Minderung seiner Erwerbsfähigkeit und erhob dieserhalb schließlich gerichtliche Klage auf Zahlung gewisser Beträge und auf Zubilligung einer jährlichen Rente.

Das Landgericht erklärte die Klagansprüche dem Grunde nach für berechtigt. Die Berufung der Schulgemeinde wurde zurückgewiesen, und ebenso auch deren Revision.

Gründe:

„Daß die Voraussetzungen der Zulässigkeit des Rechtsweges, wie sie § 25 des Ges., betr. das Diensteinkommen der Lehrer und Lehrerinnen an den öffentlichen Volksschulen, vom 3. März 1897 aufstellt, im vorliegenden Falle erfüllt sind, hat das Berufungsgericht ohne Rechtsirrtum angenommen, soweit es sich dabei um die Erwirkung der Vorentscheidung gerade des Oberpräsidenten, als des nach dem Gesetze allein hierfür zuständigen Verwaltungsbeamten, und um die Einhaltung der sechsmonatigen Frist zur Erhebung der Klage handelt. Hiergegen hat auch die Revision keinen Angriff gerichtet.

Dagegen rügt sie, daß der Rechtsweg für Ansprüche, wie sie der Kläger erhoben habe, nach den §§ 13, 14 und 20 des genannten Gesetzes überhaupt nicht gegeben sei. Wäre der Einwand des Klägers gegen die Benutzbarkeit der Dienstwohnung begründet gewesen, so hätte er nach den §§ 13 und 14 Abss. 1 und 2 die Festsetzung der Schulaufsichtsbehörde „über Notwendigkeit, Umfang und Einrichtung" einholen, und wenn deren Entscheidung gegen ihn ausgefallen wäre, Klage im Verwaltungsstreitverfahren erheben müssen. Die Rüge ist nicht begründet. Nach § 13 sollen auf dem Lande „erste und alleinstehende Lehrer in der Regel, bei vorhandenem Bedürfnis auch andere Lehrer und Lehrerinnen eine freie Dienstwohnung erhalten". Der § 14 will in Abs. 1 bei der Anlage und Verwendung von Dienstwohnungen die örtlichen „Verhältnisse und die Amtsstellung" berücksichtigt wissen, und in Abs. 2 läßt er gegen die Festsetzungen der Schulaufsichtsbehörde über „Notwendigkeit, Umfang und Einrichtung" das Verwaltungsstreitverfahren zu. Dieser Wortlaut und der Zusammenhang ergibt klar, gegen welche Festsetzungen der Schulaufsichtsbehörde das Verwaltungsstreitverfahren für zulässig erklärt ist. Sie müssen sich auf die Frage der Notwendigkeit der Errichtung einer neuen oder der Veränderung einer bestehenden Dienstwohnung, auf den Umfang der hiernach auszuführenden Bauten oder auf die Art und Zahl der Einrichtungsstücke, des Zubehörs, beziehen.

Der Entwurf zu dem Gesetze enthielt in Abs. 2 seines § 14 noch die Bestimmung: „Mit dieser“ (nämlich der aus dem Abs. 1 sich ergebenden) „Maßgabe sind die seitens der Schulaufsichtsbehörde zu erlassenden allgemeinen Anordnungen über den Umfang der Dienstwohnungen für die im Verwaltungsstreitverfahren zu treffenden Entscheidungen verbindlich.“ Die Begründung aber bemerkte dazu: „Der Schlußsatz des § 14 wiederholt, um die Bestimmungen im Zusammenhange zu geben, die der Schulaufsichtsbehörde schon jetzt zustehende Befugnis, allgemeine Anordnungen über den Umfang der Dienstwohnung zu erlassen. Derartige Anordnungen sind ebensowohl erforderlich zur Beschränkung und Regelung der Ansprüche der Lehrer, wie zur Feststellung des Umfanges der Verpflichtung der Schulverbände.“

Vgl. Drucks. des Abgeordnetenhauses 1896/97 Bd. 2 Nr. 9 S. 7 und 60.

Ist auch der Abs. 2 des § 14 nicht in der Fassung des Entwurfs Gesetz geworden, so erhellt doch aus der Begründung dazu, an welche Ansprüche der Lehrer, soweit diese bei dem zugelassenen Verwaltungsstreitverfahren als Parteien in Betracht kommen könnten, überhaupt gedacht ist, nämlich Ansprüche wegen der Art der Anlage oder der Veränderung, sowie wegen des Umfanges der Dienstwohnung und ihrer Einrichtung, des Zubehörs. Für Anträge auf Beseitigung von Mängeln der Dienstwohnung ist demnach und schon nach der Überschrift des § 14 „Größe der Dienstwohnung“ das Verwaltungsstreitverfahren überhaupt nicht zugelassen. Vorstellungen aber im Verwaltungswege hat der Kläger bei dem Vorsitzenden des Schulvorstandes nach dem festgestellten Sachverhältnisse und nach dem Geständnisse der Beklagten ausreichend erhoben. Denn die Beklagte gibt zu, daß der Kläger 1902 dem Ortsschulinspektor K. gesagt habe, daß die Dienstwohnung ungesund sei, und daß er zugleich den Wunsch nach Gewährung einer anderen Wohnung oder Zahlung einer Mietentschädigung geäußert habe. Demgemäß sind Ansprüche der Art wie der hier in Frage stehende aus dem Erleiden eines Schadens infolge der gesundheitsgefährdenden Beschaffenheit der Dienstwohnung von der Unterwerfung unter das Verwaltungsstreitverfahren ausgeschlossen, und es bleibt deshalb für sie der an sich gegebene ordentliche Rechtsweg bestehen.

Unbegründet sodann ist auch der Angriff der Revision: nachdem der Kläger im Rechtszuge der Berufung ausdrücklich erklärt habe, aus der ungesunden Beschaffenheit der Unterrichtsräume keinen Anspruch herleiten zu wollen, sei die entsprechende Anwendung des § 618 Abs. 1 BGB. auf den vorliegenden Fall vom Berufungsgerichte zu Unrecht angenommen worden, weil eine solche voraussetzen würde, daß es sich um Räume handele, welche die Beklagte dem Kläger zur Verrichtung seiner Dienste zu beschaffen gehabt habe; die entsprechende Anwendung des Abs. 2 aber sei deshalb ausgeschlossen, weil keine häusliche Gemeinschaft des Klägers mit der Beklagten oder ihren Vertretern bestanden habe. Von einer häuslichen Gemeinschaft . . . kann freilich in dem Verhältnisse zwischen dem Kläger und der Beklagten oder ihren gesetzlichen Vertretern keine Rede sein. Dagegen trifft der Abs. 1 des § 618 in entsprechender Anwendung allerdings zu. Dienstwohnungen werden ihren Inhabern gerade mit Rücksicht auf die Verrichtung ihrer Dienste, in vielen Fällen aber geradezu deshalb gewährt, weil ihr Inhaber ohne eine solche seine Dienste überhaupt nicht verrichten könnte; denn Privatwohnungen würden für den Beamten oder Lehrer an dem betreffenden Orte überhaupt nicht oder nur unter unangemessenen Verhältnissen oder zu unverhältnismäßig hohen Preisen zu haben sein. Daß das Gesetz wenigstens in Ansehung der Lehrer auf dem Lande von dieser Anschauung ausgeht, erhellt schon aus § 13:

„Auf dem Lande sollen erste und alleinstehende Lehrer in der Regel, bei vorhandenem Bedürfnis auch andere Lehrer und Lehrerinnen eine freie Dienstwohnung erhalten."

Diese Vorschrift ist ersichtlich in erster Reihe im Interesse der Förderung der Zwecke der Schule getroffen, und dies bestätigt auch die Begründung des Entwurfs zu § 13. Sie führt aus, der § 13 überlasse es in den Städten den Schulvorständen, ob sie dem Lehrer eine Wohnung oder eine Mietentschädigung gewähren wollten. Im allgemeinen sei es üblich, daß der Rektor oder Hauptlehrer Dienstwohnung im Schulhause erhalte. Es erleichtere dies die Aufsicht sowie den Verkehr des Schulleiters mit den Eltern der Schüler. Auf dem Lande sollten wenigstens erste und alleinstehende Lehrer in der Regel, bei vorhandenem Bedürfnisse auch andere Lehrer und Lehrerinnen eine freie Dienstwohnung erhalten, weil hier passende Mietwohnungen selten zu haben seien und weil junge Leute, die eben das Seminar verließen, nicht immer auf das Wirtshaus angewiesen werden könnten.

Vgl. Drucks. des Abgeordnetenhauses a. a. O. S. 59.

Daraus folgt, daß in einem Falle, wie dem vorliegenden, in welchem nach dem festgestellten Sachverhältnisse der Kläger gerade deshalb, weil er anderweit im Dorfe keine passende Wohnung bekommen konnte, die gesundheitsgefährdende Dienstwohnung schließlich bezogen hat, diese zu den Räumen gehörte, welche die Gemeinde wenigstens mittelbar zur Ermöglichung der Verrichtung der Dienste des Lehrers zu beschaffen hatte. Die entsprechende Anwendung des § 618 Abs. 1 BGB. ist danach rechtlich nicht zu beanstanden. Daß aber überhaupt diese Vorschrift des bürgerlichen Rechts auf ein Dienstverhältnis des öffentlichen Rechts, wie es hier vorliegt, zu dessen Ergänzung im Wege der Analogie Anwendung finden muß, hat der erkennende Senat bereits in einer Reihe von Entscheidungen ausgesprochen. ...

Die Revision hält ferner die Begründung, die das Berufungsgericht dafür gegeben hat, weshalb es die zeitliche Begrenzung des Rentenanspruchs des Klägers dem Verfahren über den Betrag des Anspruchs überlassen habe, für nicht genügend. Allein mit Unrecht. Der erkennende Senat schließt sich, seiner eigenen bisherigen Rechtsprechung entsprechend, der Auffassung an, die der VI Zivilsenat des Reichsgerichts in seinem Urteile vom 10. Juni 1907 (VI. 28/07) dahin ausgesprochen hat, die Festsetzung der Rentendauer könne unter besonderen Umständen dem Nachverfahren vorbehalten werden, vornehmlich dann, wenn sich die Prüfung, für welche Dauer der Verletzte ohne den Unfall erwerbsfähig geblieben sein würde, füglich am zweckmäßigsten mit der Ausmittelung des Grades seiner durch den Unfall verursachten Erwerbsminderung behufs Bezifferung des Rentenbetrages verbinden lasse. In dieser Fassung ist der treffendste Ausdruck der Anschauung zu erblicken, wie er jetzt der Rechtsprechung des Reichsgerichts zugrunde liegt und wie er zugleich den Vorschriften einerseits des § 258, anderseits des § 323 sowie des § 304 ZPO. wirklich entspricht: daß zwar die Regel bildet, die Dauer des Rentenbezuges müsse in dem Urteile über den Grund des Schadensersatzanspruchs festgesetzt werden, daß aber unter besonderen Umständen, namentlich wenn die Dauer der Schadenswirkung zugleich von der Stärke der schadenbringenden

Verletzung abhängt, die zeitliche Begrenzung des Rentenbezugs auch dem Urteile über den Betrag überlassen werden kann und daß die Entscheidung darüber, ob die Regel oder die Ausnahme Platz zu greifen hat, wesentlich auf dem Gebiete der Beurteilung des festgestellten Sachverhältnisses in tatsächlicher Beziehung liegt. Von diesem Gesichtspunkte aus ist die Begründung der angefochtenen Entscheidung keinesfalls rechtsirrtümlich, wenn sie dahin geht, selbst wenn der Kläger, wie der Beklagte behaupte, für den Fall, daß er vom Gelenkrheumatismus nicht betroffen wäre, schon mit Erreichung des 45. Lebensjahres aus dem Dienste hätte scheiden müssen, würde er immer noch einen Anspruch auf Ruhegehalt gehabt haben. Auch die Möglichkeit der Erlangung eines Ruhegehalts sei aber dem Kläger durch seine Entlassung genommen worden. Die Frage, zu welchem Zeitpunkte seine Pensionierung sonst eingetreten wäre, sei daher nicht bei der Entscheidung über den Grund, sondern bei der Feststellung der Höhe des geltend gemachten Rentenanspruchs in Betracht zu ziehen. Hierbei werde es übrigens nicht nur darauf ankommen, welches Diensteinkommen (Gehalt oder Ruhegehalt) er bezogen haben würde, sondern auch darauf, inwieweit das Leiden etwa besondere Mehrkosten, für ärztliche Behandlung, Heilmittel und dgl., verursache."

64. Zum Begriffe des Besitzdieners. Sind Sachen, die der Besitzdiener eigenmächtig einem anderen übergibt und die dieser sodann verpfändet, dem Eigentümer „abhanden gekommen"?

BGB. §§ 855, 935, 1207.

VII. Zivilsenat. Urt. v. 18. Mai 1909 i. S. Juwelier S. (Bekl.) w. Juwelierswitwe H. (Kl.). Rep. VII. 88/09.

I. Landgericht Nürnberg.
II. Oberlandesgericht daselbst.

Der im Juni 1907 aus Nürnberg flüchtig gegangene Schauspieler L. hatte vor seiner Flucht dem Beklagten als Faustpfand wertvolle Juwelen übergeben, die die Klägerin als ihr gehörig und ihr abhanden gekommen herausverlangte. Die Frage, ob die Juwelen der Klägerin abhanden gekommen seien, hatten beide Vorinstanzen bejaht. Die Revision des Beklagten wurde zurückgewiesen aus folgenden

Gründen:

„Das Berufungsurteil beruht auf der Erwägung, daß, wenn auch der Schauspieler L. die streitigen Sachen dem Beklagten als Faustpfand übergeben haben möge, dieser trotz seines zu unterstellenden guten Glaubens dennoch ein Pfandrecht nicht erworben habe, weil die Sachen im Eigentume der Klägerin gestanden hätten und ihr abhanden gekommen seien (§§ 1207, 932, 935 BGB.). Der Beklagte bestreitet sowohl das Eigentum der Klägerin, als auch daß die Sachen ihr abhanden gekommen seien, beides ohne Erfolg."

(Folgen zunächst die das Eigentum der Klägerin betreffenden Ausführungen.)

„Den Hauptstreitpunkt bildet die Frage, ob die Juwelen der Klägerin abhanden gekommen sind. Diese Frage ist, da es sich um die Gültigkeit eines in Nürnberg von L. an ihm nicht gehörigen Sachen bestellten Pfandrechts handelt, nach deutschem Rechte zu beurteilen und vom Berufungsgerichte beurteilt worden. Die hierfür in Betracht kommenden Vorgänge haben nach Feststellung des Berufungsgerichts folgenden Verlauf genommen. Am 21. Juni 1907 erschien L. bei der Klägerin in Wien mit dem Vorgeben, seine Schwester in Nürnberg wünsche, die — vorher von ihm an die Klägerin verkauften — Pretiosen zu sehen; es könne vielleicht auch das eine oder andere Stück in Nürnberg verkauft werden. Hierdurch wurde die Klägerin veranlaßt, ihre Tochter, die geschiedene Bankiersgattin Nina W., mit den Juwelen nach Nürnberg zu schicken, wobei ihr in Gegenwart des L. die strenge Weisung erteilt wurde, die Juwelen nicht aus der Hand und nicht an Dritte, insbesondere nicht an L. zu geben, sie nur selbst zur Besichtigung vorzuzeigen, die aus dem eigenen Geschäfte der Klägerin stammenden Stücke nur gegen Barzahlung des angeschriebenen Preises, an dem sie nichts ändern und den sie nicht stunden dürfe, zu verkaufen, bei Bietung eines niedrigeren Preises vor Abschluß sich telegraphisch an ihre Mutter zu wenden und die übrigen von L. herrührenden Stücke dessen Schwester nur selbst vorzuzeigen, und falls L. oder seine Schwester sie kaufen wollten, nur gegen vollständige Barzahlung abzugeben. Nina W. reiste in Begleitung L.'s nach Nürnberg, mietete ein zur

Wohnung eines gerade abwesenden Schauspielers gehöriges, im nämlichen Hause wie die Wohnung L.'s befindliches Zimmer und ließ sich, da sich in diesem Zimmer ein verschließbarer Behälter nicht befand, dazu herbei, die Juwelen in dem Schreibtische L.'s aufzubewahren, dessen Schlüssel sie ihm beließ. Die ihm hierdurch gebotene Möglichkeit, über die Juwelen tatsächlich zu verfügen, hat L. sodann durch deren Verpfändung an den Beklagten ausgenutzt.

In bezug auf die Stellung der Nina W. stellt das Berufungsgericht fest, daß sie zu der fraglichen Zeit mit ihrer Mutter in gemeinschaftlichem Haushalte lebte, im Ladengeschäfte mithalf, hierfür zwar kein Gehalt erhielt, wohl aber bei ihrer Mutter freie Kost und Wohnung hatte und von ihr teilweise auch ihre Kleider bezahlt erhielt, während sie im übrigen von den Zinsen ihres väterlichen Vermögens lebte. Bei ihrer Tätigkeit im Laden durfte sie an den festgestellten Preisen nichts ändern, auch keine Stundung gewähren. Das Berufungsgericht zieht hieraus die Folgerung, daß Nina W., wenn auch weder Haustochter noch eigentliche Angestellte, doch in einem durch ihr Mithelfen im Laden auch äußerlich erkennbaren Abhängigkeitsverhältnisse zu ihrer Mutter gestanden habe, das einem solchen im Haushalte und Erwerbsgeschäfte ähnlich war, und daß sie daher hinsichtlich der ihr von ihrer Mutter anvertrauten Waren nur deren Besitzdienerin im Sinne des § 855 BGB. gewesen sei. Daß dieses Verhältnis auch bei Erteilung und Ausführung des Auftrags, die Juwelen nach Nürnberg zu verbringen, keine Änderung erfahren habe, sei um so mehr anzunehmen, als es sich hierbei um eine größere Verantwortung, als bei nur im Laden zu verkaufenden Waren gehandelt habe, und stehe angesichts der ihr gegebenen besonderen Weisungen für ihre Sendung außer Zweifel. Als Besitzdienerin habe Nina W. den Besitz an den Juwelen nicht auf L. übertragen können, weil sie ihn selbst nicht hatte, wohl aber habe sie ihrer Mutter gegen deren Willen den Besitz dadurch entzogen, daß sie die Juwelen auftragwidrig dem L. übergab. Hierdurch seien die Juwelen der Klägerin abhanden gekommen.

Diese Ausführungen des Berufungsgerichts, die die getroffene Entscheidung rechtfertigen, sind rechtlich nicht zu beanstanden. Darüber, daß Nina W. bei ihrer Beschäftigung im Handelsgewerbe ihrer Mutter, soweit sie hierbei die tatsächliche Gewalt über die zum Geschäfte gehörigen Sachen erlangte, nur Besitzdienerin ihrer Mutter im Sinne des § 855 BGB. war, kann ein Zweifel nicht bestehen. Auf ihre Stellung im Haushalte ihrer Mutter kommt hierbei nichts an; es genügt der Hinweis auf ihre Stellung in deren Erwerbsgeschäfte. Wenn sie auch nicht in diesem Geschäfte förmlich als Gehilfin angestellt war, so nahm sie doch eine einem Gehilfenposten ähnliche Stellung ein, vermöge deren sie in gleichem Maße wie ein Angestellter den sich auf die Sachen beziehenden Weisungen ihrer Mutter als der Geschäftsherrin Folge zu leisten hatte.

Fraglich kann nur sein, ob sie die Stellung eines bloßen Besitzgehilfen auch während der in Rede stehenden Sendung nach Nürnberg beibehielt und beibehalten konnte. Auch dies ist vom Berufungsgerichte mit Recht bejaht worden. Zunächst ist nichts beigebracht, worauf sich die Annahme gründen könnte, daß das soziale Abhängigkeitsverhältnis, in dem Nina W. zu ihrer Mutter als deren Gewerbegehilfin stand, für die Dauer dieser Reise aufgehoben sein sollte. Im Gegenteil, sie hat gerade in dieser Eigenschaft den Auftrag zur Reise erhalten; ihr Verhältnis zu ihrer Mutter war auch während dieser Reise nicht anders zu beurteilen, als wenn ein beliebiger (anderer) Angestellter des Geschäfts mit der Sendung betraut worden wäre. Die ihr nach Feststellung des Berufungsgerichts erteilten strengen Weisungen, denen sie Folge zu leisten verpflichtet war, lassen hierüber keinen Zweifel. ... Die erhebliche räumliche Entfernung zwischen Wien und Nürnberg schloß die Fortdauer des Besitzdienerverhältnisses nicht aus. Maßgebend für das Bestehen eines solchen Verhältnisses ist nicht die ununterbrochene Möglichkeit der unmittelbaren tatsächlichen Einwirkung auf die Sache von seiten des Besitzherrn, sondern das in § 855 BGB. bezeichnete soziale Abhängigkeitsverhältnis, kraft dessen der Besitzherr die tatsächliche Gewalt über die Sache durch den Besitzdiener als sein Werkzeug ausübt. Dieser hat allerdings die tatsächliche Gewalt über die Sache, er übt sie aber nicht für sich, sondern für den Besitzherrn, dem sie infolgedessen als unmittelbare Sachgewalt zugerechnet wird, während die Innehabung des Besitzdieners nicht als „Besitz" gilt.

Hierdurch unterscheidet sich der durch einen Besitzgehilfen geübte Besitz nach § 855 BGB. von dem mittelbaren Besitze im Sinne des § 868. Die letztere Stelle setzt ein Verhältnis voraus, kraft dessen der Inhaber auf Zeit zum Besitze berechtigt oder verpflichtet ist, während dem Besitzdiener der Besitz überhaupt nicht zusteht. Das die Besitzdienerschaft charakterisierende soziale Abhängigkeitsverhältnis nun leidet durch die räumliche Entfernung des Besitzdieners vom Besitzherrn keine Änderung. Der Handlungsreisende hat den Weisungen seines Prinzipals in bezug auf die in seinen Händen befindlichen Muster, Musterkoffer u. dgl. während der Reise ebenso Folge zu leisten, wie während seiner Anwesenheit im Geschäfte; der Prinzipal bleibt deshalb auch während der Reise seines Angestellten unmittelbarer Besitzer der erwähnten, ihm gehörigen Sachen. Eine ganz ähnliche Aufgabe wie einem Geschäftsreisenden war aber vorliegendenfalls der Nina W. im Geschäftsbetriebe ihrer Mutter zugewiesen. Man kann dem nicht entgegenhalten, daß mit der Übertragung einer derartigen Aufgabe notwendig auch der Auftrag zur sorgfältigen Verwahrung der anvertrauten Sachen verbunden sei und daß der Verwahrer in § 868 ausdrücklich zu den „Besitzmittlern" gezählt werde. Freilich ist der Reisende zur Aufbewahrung der ihm anvertrauten Sachen verpflichtet, Verwahrer im Sinne der §§ 688 flg. ist er aber ebensowenig, wie der Geschäftsherr ihm gegenüber Hinterleger ist. Die Verwahrungspflicht ergibt sich ohne weiteres aus dem bestehenden Abhängigkeitsverhältnisse; der Geschäftsreisende besitzt die Sachen nicht als Verwahrer, sondern er hat sie in Ausübung seiner geschäftlichen Tätigkeit in Händen. Als unerheblich durfte ferner das Berufungsgericht die Frage behandeln, ob die sämtlichen der Nina W. mitgegebenen Juwelen zum Verkaufe bestimmt und Nina W. zum Verkaufe ermächtigt war. Die Vollmacht, über die Sachen im Namen des Geschäftsherrn rechtlich zu verfügen, schließt das Besitzdienerverhältnis nicht aus, das zeigt ohne weiteres die Stellung des Verkäufers in einem Handelsgeschäfte, insbesondere die des Prokuristen, der trotz seiner umfassenden Vertretungsmacht doch nur Besitzdiener ist, weil er auch die tatsächliche Gewalt eben nur als Vertreter des Prinzipals für diesen ausübt.

Ist sonach die Annahme, daß Nina W. auch während der Reise nach Nürnberg und während ihres dortigen Aufenthalts nur Besitzgehilfe der Klägerin war, rechtlich nicht zu beanstanden, so gilt das gleiche für die Folgerung, die Juwelen seien der Klägerin abhanden gekommen. Das Berufungsgericht nimmt an, der Besitz sei der

Klägerin dadurch entzogen worden, daß Nina W. die Juwelen auftragwidrig dem L. übergeben habe. Ob dies zutrifft und nicht vielmehr die Besitzentziehung dadurch eintrat, daß L. die Juwelen an den Beklagten verpfändete, kann zweifelhaft sein. Doch braucht hierauf nicht weiter eingegangen zu werden. Denn einerseits steht fest, daß die Klägerin mit der Aushändigung der Juwelen an L. nicht einverstanden war, anderseits besteht darüber kein Streit, daß Nina W. sie dem L. freiwillig ausgehändigt hat. Streit besteht nur über die Rechtsfrage, ob angesichts dieser Tatsache noch gesagt werden kann, die Juwelen seien der Klägerin abhanden gekommen. Das aber ist zu bejahen. Abhanden gekommen ist eine Sache im Sinne des § 935 BGB., wenn der unmittelbare Besitzer ohne seinen Willen den Besitz verloren hat. Daraus folgt, daß bei einem Besitzdienerverhältnis für die Frage, ob unfreiwilliger Besitzverlust vorliegt, nur der Wille des Besitzherrn, nicht der des Besitzdieners in Betracht kommt. Der Besitzdiener ist allerdings tatsächlich in der Lage, die tatsächliche Gewalt und damit den Besitz einem anderen einzuräumen; er überträgt damit aber weder eigenen Besitz, da er solchen nicht hat, noch den unmittelbaren Besitz des Besitzherrn, da er hierzu nicht berechtigt ist, sondern er entzieht dem Besitzherrn gegen dessen Willen den unmittelbaren Besitz, er bringt ihm die Sache abhanden. Die Revision hat demgegenüber Betrachtungen über den Fall angestellt, daß Nina W. die Juwelen einem Bankier zur Aufbewahrung übergeben und dieser sie unterschlagen hätte. Sie meint, hier könne von Abhandenkommen keine Rede sein. Dieser Fall bedarf indes nicht der Erörterung. In dem Rechte und der Pflicht des Besitzdieners, für sichere Aufbewahrung der Sachen zu sorgen, mag die Befugnis zur Hinterlegung bei einer Bank oder bei einem Gastwirte oder sonst einem zuverlässigen Dritten inbegriffen sein. Dann handelt der Besitzdiener als Stellvertreter des Besitzherrn. Mit diesem Falle läßt sich aber der hier vorliegende nicht vergleichen. Denn der Nina W. war von der Klägerin ausdrücklich untersagt, die Juwelen dem L. auszuhändigen, und dies wußte L.; sie hat also die Juwelen nicht im wirklichen oder zu vermutenden Einverständnisse mit der Klägerin, sondern gegen deren Verbot aus den Händen gegeben und dadurch der Klägerin „abhanden" gebracht.

Der Hinweis auf die Gefährdung der Sicherheit des gutgläubigen Verkehrs, die nach Meinung des Beklagten aus dieser Auffassung entspringen müsse, ist verfehlt. Von dem Schutze, den der § 932 BGB. dem gutgläubigen Erwerber einer Sache gewährt, ist eben die im § 935 bestimmte Ausnahme gemacht. Der Erwerb des Eigentums tritt nicht ein, wenn die Sache dem Eigentümer — und falls dieser nur mittelbarer Besitzer war, dem unmittelbaren Besitzer — gestohlen worden, verloren gegangen oder sonst abhanden gekommen war. Die Gefahr eines derartigen dem Erwerbe anhaftenden Fehlers trägt der Erwerber trotz seines guten Glaubens. L. hatte, wie gezeigt, den Besitz der Juwelen nicht mit dem Willen der Klägerin erlangt, sondern ihr den unmittelbaren Besitz, wenn nicht allein durch seine Handlungsweise, so jedenfalls im Zusammenwirken mit Nina W. entzogen. Die Beklagte konnte deshalb, wie nach § 935 BGB. nicht das Eigentum, so nach § 1207 nicht ein Pfandrecht an den Juwelen erlangen."

---

65. Kann die Entscheidung darüber, ob die offene Handelsgesellschaft wegen eines wichtigen Grundes aufzulösen sei, einem Schiedsgerichte übertragen werden? Findet der § 133 Abs. 3 HGB. auf bereits vor 1900 entstandene Gesellschaften Anwendung?

I. Zivilsenat. Urt. v. 22. Mai 1909 i. S. T. (Kl.) w. R. (Bekl.). Rep. I. 464/08.

I. Landgericht Hagen.
II. Oberlandesgericht Hamm.

Die Parteien gehörten zu den Gesellschaftern der in L. seit dem Jahre 1791 unter der Firma P. C. T. Wwe. bestehenden offenen Handelsgesellschaft. Der Kläger und der Kaufmann E. T. traten nach dem 1. Januar 1900 in die Gesellschaft ein. Die Gesellschaftsverhältnisse waren geregelt in Verträgen vom 3. Mai 1874 und vom 9. Juli 1891. Der Kläger behauptete, daß er aus wichtigen Gründen die Auflösung der offenen Handelsgesellschaft verlangen könne. Seine Klage wurde auf Grund der Einrede des Schiedsvertrages in beiden Vorinstanzen abgewiesen. Die Revision hatte keinen Erfolg.

Aus den Gründen:

„In rechtlich einwandfreien Erwägungen führt das Oberlandesgericht aus, daß die Entscheidung der Frage, ob ein Gesellschafter aus einem nach seiner Behauptung wichtigen Grunde die Auflösung der Gesellschaft verlangen könne, zu den durch die Verträge vom 3. Mai 1874 und 9. Juli 1891 dem Schiedsgerichte überwiesenen Streitigkeiten gehöre und daß der durch den Eintritt des Klägers und des Kaufmanns E. T. in die Gesellschaft zustande gekommene Gesellschaftsvertrag nicht der Form des § 313 BGB. bedurft habe. Auch die Annahme des Oberlandesgerichts, daß dieser unter der Herrschaft des Bürgerlichen Gesetzbuchs geschlossene Vertrag den Inhalt der alten Gesellschaftsverträge aufrecht erhalten habe und dem neuen Rechte, also auch dem § 133 HGB. unterliege, ist rechtlich nicht zu beanstanden. Die Anwendung dieses Paragraphen würde sogar, wenn das Rechtsverhältnis zwischen dem Kläger und dessen Mitgesellschaftern im allgemeinen nach altem Rechte zu beurteilen wäre, geboten sein, weil die insoweit jede Beschränkung der wirtschaftlichen Freiheit ausschließende Vorschrift des Abs. 3 des § 133 dergestalt zwingendes Recht enthält, daß davon auch die vor dem 1. Januar 1900 entstandenen Gesellschaften ergriffen werden.

In der weiteren Ausführung des Oberlandesgerichts, der § 133 HGB. hindere nicht, die Entscheidung darüber, ob die offene Handelsgesellschaft wegen eines wichtigen Grundes aufzulösen sei, einem Schiedsgerichte zu übertragen, erblickt die Revision mit Unrecht eine Gesetzesverletzung. Ob ein schiedsrichterliches Verfahren, wie das Oberlandesgericht annimmt, bereits nach dem alten Handelsgesetzbuche rechtlich zulässig gewesen sein würde, kann unentschieden bleiben, da der für die Beantwortung der Frage hauptsächlich in Betracht kommende Art. 125 des alten HGB.'s mit wesentlich verändertem Inhalte in das neue Handelsgesetzbuch übergegangen ist. Während für das alte Handelsrecht Streit darüber bestand, ob zur Auflösung der offenen Handelsgesellschaft die bloße Auflösungserklärung des Gesellschafters genüge oder ein Richterspruch erforderlich sei, ob also der im Falle des Widerspruchs notwendig gewordene Richterspruch konstitutive oder deklarative Bedeutung habe, hat das neue Handelsgesetzbuch diesen Streit geschlichtet und verlangt — im Gegensatze zu § 723 BGB. — zum Schutze der übrigen Gesellschafter im Interesse der Verkehrssicherheit ausdrücklich eine die Auflösung aussprechende richterliche Entscheidung (vgl. Denkschrift zum Entwurf eines Handelsgesetzbuchs S. 97). Deshalb bestimmt § 133 Abs. 1 HGB.:

„Auf Antrag eines Gesellschafters kann die Auflösung der Gesellschaft . . . durch gerichtliche Entscheidung ausgesprochen werden, wenn ein wichtiger Grund vorliegt."

Nichts zwingt indes, die Worte „durch gerichtliche Entscheidung" ausschließlich auf die Entscheidung des im Einzelfalle zuständigen Prozeßgerichts, also des ordentlichen (staatlichen) Gerichts, zu beziehen. Der Mangel jeder näheren Kennzeichnung der Entscheidung gestattet vielmehr, darunter auch den im schiedsrichterlichen Verfahren ergehenden Schiedsspruch zu begreifen, dem die Zivilprozeßordnung (§ 1040) unter den Parteien die Wirkungen eines rechtskräftigen gerichtlichen Urteils beilegt.

Hiernach verletzt der Schiedsvertrag, in dessen Ausführung der Schiedsspruch erfolgt, an sich nicht den § 133 Abs. 3 HGB., dessen Bestimmung auch auf den Abs. 1 zurückzubeziehen ist. Denn er kann nicht im Sinne des Abs. 3 als eine Vereinbarung gelten, durch welche das Recht des Gesellschafters, die Auflösung der Gesellschaft zu verlangen, „diesen Vorschriften zuwider" beschränkt wird. Daß der besondere Inhalt des hier vereinbarten Schiedsvertrags eine solche Beschränkung enthalte, ist weder behauptet, noch sonst ersichtlich. Hierdurch erledigt sich zugleich die auf den § 1025 ZPO. gestützte Rüge der Revision, die geltend macht, da dieser Paragraph die Zulässigkeit des Schiedsvertrags von der Berechtigung der Parteien, über den Gegenstand des Streites einen Vergleich zu schließen, abhängen lasse, das Wesen des Vergleichs aber im gegenseitigen Nachgeben bestehe, so enthalte ein Vergleich über das Recht eines Gesellschafters, die Auflösung der Gesellschaft wegen eines wichtigen Grundes zu verlangen, stets eine Ausschließung oder Beschränkung dieses Rechts, und ein Schiedsvertrag dieses Inhalts eine Verletzung des § 133 Abs. 3 HGB. Die Rüge versagt, weil eine Beschränkung im Sinne dieses Gesetzes, die allein in Frage kommen könnte, durch die Vereinbarung eines Schiedsvertrags nach der vorstehenden Darlegung nicht gegeben ist." . . .

66. 1. Rechtliche Natur der Dienstordnung, die gemäß § 48 des Gewerbe-Unfallversicherungsgesetzes die Genossenschaftsversammlung zu beschließen hat. Stellt eine solche Dienstordnung eine Norm des objektiven Rechts dar?

2. Bedeutung der Dienstordnung für die Dienstverträge, die eine Berufsgenossenschaft mit ihren Beamten abschließt.

Gewerbe-Unfallversicherungsgesetz in der Fassung der Bekanntmachung vom 5. Juli 1900 § 48.

Bau-Unfallversicherungsgesetz in der Fassung der Bekanntmachung vom 5. Juli 1900 § 14.

III. Zivilsenat. Urt. v. 24. Mai 1909 i. S. Rheinisch-Westfälische Baugewerbsberufsgenossenschaft (Bekl.) w. D. (Kl.). Rep. III. 523/08.

I. Landgericht Saarbrücken.
II. Oberlandesgericht Köln.

In dem unter Nr. 61 dieses Bandes S. 236 mitgeteilten Rechtsstreite erkannte das Berufungsgericht nach erneuter Verhandlung der Sache zugunsten des Klägers. Die Beklagte hatte in weiterer Verteidigung gegen die Klage bestritten, daß der Kläger überhaupt Beamter der Berufsgenossenschaft sei, weil diese Eigenschaft nur demjenigen zukomme, der unter Wahrung der Vorschriften des § 2 der Dienstordnung angestellt worden sei, was bei dem Kläger nicht zutreffe, da er nicht in schriftlicher Form angestellt worden sei.

Die Revision der Beklagten wurde zurückgewiesen, aus folgenden

Gründen:

... „Die übrigen Angriffe ... gehen von einer gemeinsamen Grundlage aus. Es wird auf den § 2 der für die Anstellungsverhältnisse der Genossenschaftsbeamten maßgebenden Dienstordnung hingewiesen, der bestimme, daß die Anstellung in schriftlicher Form erfolge, und zwar nach Beschluß des Genossenschaftsvorstandes durch den Vorsitzenden in Gemeinschaft mit einem zweiten Vorstandsmitgliede. Die Revision meint, die Dienstordnung stelle eine Rechtsnorm dar, und da im vorliegenden Falle unbestritten nur der Beschluß des Vorstandes gefaßt, ein besonderer weiterer Vertragschluß nicht erfolgt sei, so sei überhaupt kein Anstellungsvertrag zustande gekommen, einem aber etwa gleichwohl irgendwie anzunehmenden Vertrage würde die rechtlich notwendige Schriftform fehlen. Diese Folgerung wäre in der Tat unabweislich, wenn die Dienstordnung wirklich Rechtsnormen enthielte.

Es bedarf deshalb zunächst des Eingehens auf die Frage, welche Bedeutung der in § 2 der Dienstordnung vom 19. Juni 1903 enthaltenen Bestimmung zukommt:

„Die Anstellung der Beamten erfolgt in schriftlicher Form in der Regel nach Ablauf einer angemessenen Probezeit nach Beschluß des Genossenschaftsvorstandes, bzw. des Sektionsvorstandes, oder nach Beschluß des dazu ermächtigten Ausschusses durch den Vorsitzenden in Gemeinschaft mit einem zweiten Vorstandsmitgliede."

Diese Bedeutung läßt sich aber nur erkennen auf Grund einer Prüfung des rechtlichen Wesens der „Dienstordnung" überhaupt. Der § 48 des Gewerbe-Unfallversicherungsgesetzes in der Fassung der Bekanntmachung vom 5. Juli 1900, der nach dem hier zunächst maßgebenden § 14 des Bau-Unfallversicherungsgesetzes vom 5. Juli 1900 auch in dessen Geltungsbereiche Anwendung findet, bestimmt nun, daß „die Genossenschaftsversammlung" „eine Dienstordnung zu beschließen" habe, „durch welche die Rechtsverhältnisse und allgemeinen Anstellungsbedingungen der Genossenschaftsbeamten geregelt werden", und daß diese Dienstordnung der Bestätigung durch das Reichsversicherungsamt bedürfe. Aus diesem vom Gesetze vorgeschriebenen Inhalte der Dienstordnung erhellt zunächst, welcher Charakter ihren Bestimmungen nach dem Willen des Gesetzes zukommt. Wenn durch sie die „allgemeinen Anstellungsbedingungen der Genossenschaftsbeamten geregelt werden" sollen, so handelt es sich dabei um ein Doppeltes. Zunächst kommt die Aufstellung von Grundsätzen in Betracht, nach denen die Organe der Berufsgenossenschaft, insbesondere die Genossenschafts- und Sektionsvorstände, bei der Anstellung der Genossenschaftsbeamten zu verfahren, welche Anforderungen sie an die anzustellenden Beamten, namentlich in bezug auf Alter, Vorbildung und Probedienstleistung, zu stellen und ferner, in welcher Form sie die Anstellung selbst zu bewirken haben. Insoweit handelt es sich demnach um Verwaltungsnormen, die eine Anweisung für die anstellenden Organe der Genossenschaft enthalten, nicht aber um Rechtssätze, die das Dienstverhältnis der angestellten Beamten zu regeln bestimmt wären. Aber auch in dieser ihrer Eigenschaft sollen sie nicht schlechterdings und unter allen Umständen bindend sein. Dies ergibt sich aus der Hinzufügung des Wortes „allgemeinen“ vor „Anstellungsbedingungen“. Es soll zulässig sein, daß im einzelnen Falle für einen anzustellenden Beamten besondere Anstellungsbedingungen aufgestellt werden, seien es im Vergleiche zu den „allgemeinen“ schwerere oder leichtere, ebenso auch, daß die Form der Anstellung eine von den „Allgemeinen Bedingungen“ verschiedene sein kann. Insoweit soll also den zur Vornahme der Anstellung berufenen Vorständen die Befugnis zu einer Abweichung von der Regel erteilt werden können.

Zu den „allgemeinen Anstellungsbedingungen“ gehören aber nach Wortlaut und Sinn weiter die Bestimmungen darüber, unter welchen Bedingungen die Anstellung selbst erfolgt, also über die Dauer der Dienstzeit, Kündigung, Höhe des Gehalts und Art seiner Zahlung, sonstige Dienstbezüge und dgl. mehr. Auch in dieser Beziehung aber wird durch die Einschaltung des Wortes „allgemeinen“ klargestellt, daß es sich um die Aufstellung von Bestimmungen handelt, die nur eine Regel enthalten, daß aber auch insoweit im einzelnen Falle eine Abweichung stattfinden darf. Das Gesetz geht demnach davon aus, daß mit einem anzustellenden Beamten auch besondere „Anstellungsbedingungen“ in diesem Sinne vereinbart werden können. Daraus folgt, daß die allgemeinen Anstellungsbedingungen der Dienstordnung den Inhalt des mit dem einzelnen Beamten abzuschließenden Dienstvertrages nur insoweit bilden, als sie nicht durch besonders vereinbarte Vertragsbestimmungen abgeändert werden.

Was neben den „allgemeinen Anstellungsbedingungen“ sodann noch mit den „Rechtsverhältnissen“ der Genossenschaftsbeamten, die durch die Dienstordnung geregelt werden sollen, gemeint ist, kann auf den ersten Blick zweifelhaft sein. Nach dem Wortlaute und der engen grammatischen Verbindung mit den folgenden Worten „und allgemeinen Anstellungsbedingungen“, die besonders in der Weglassung des Artikels hinter „und“ hervortritt, ist jedoch anzunehmen, daß sie nur allgemeiner noch als die letzten Worte den Kreis der Rechte und Pflichten bezeichnen sollen, die den Genossenschaftsbeamten oder einzelnen Arten von ihnen im allgemeinen zukommen sollen. Auch insoweit handelt es sich demnach um die Festsetzung des Inhalts des Dienstvertrages durch allgemeine Normen, und daraus folgt, daß auch in dieser Beziehung eine Abänderung dieses Inhalts im einzelnen Falle nach Maßgabe des Vertrages zulässig sein soll. Übrigens ist dabei ersichtlich vorwiegend an die Regelung solcher Einrichtungen gedacht, durch welche die Stellung der Genossenschaftsbeamten nach Möglichkeit der Stellung der mittelbaren Staatsbeamten angenähert werden könnte, also namentlich an die Vorkehrungen gegen willkürliche Entlassung, Einführung einer Art von Disziplinarverfahren und Gewährung von Ruhegehalt unter gewissen Voraussetzungen. Es kann in dieser Hinsicht auf die Ausführungen in dem früheren Revisionsurteile Bezug genommen werden, wo auch die Entstehungsgeschichte des § 48 GewUnfVersGes. mitgeteilt ist.

Das Ergebnis geht demnach dahin, daß die Dienstordnung, welche die Genossenschaftsversammlung zu beschließen hat, teils nur eine Anweisung an den Vorstand der Genossenschaft oder der Sektion enthalten soll über die von ihnen an die Beamtenanwärter zu stellenden Anforderungen und über die Form der mit ihnen abzuschließenden Dienstverträge, teils Bestimmungen über den Inhalt des Dienstverhältnisses, die dieses in Ermangelung abweichender Vertragsfestsetzungen regeln sollen. Aber auch in der zweiten Funktion handelt es sich um allgemeine, im voraus geschaffene Vertragsnormen, die erst dadurch, daß unter ausdrücklicher oder stillschweigender Bezugnahme auf sie der einzelne Dienstvertrag mit der als Beamten anzustellenden Person geschlossen wird, wirkliches Vertragsrecht werden. Aus alle dem erhellt, daß die Dienstordnung als solche nicht, wie die Revision meint, eine Rechtsnorm darstellt, also objektives Recht bildet, gewissermaßen autonomes Recht, dem die Parteien eben deshalb unterworfen wären. Hieran ändert auch der Umstand nichts, daß das Gesetz die Gültigkeit der Dienstordnung von der Bestätigung durch das Reichsversicherungsamt abhängig macht. Denn damit ist nur ihre Prüfung durch dieses Amt darauf hin, ob sie dem ihr durch das Gesetz gegebenen Zwecke entspreche, verordnet. In diesem Sinne ist bereits in dem früheren Revisionsurteile ausgeführt, daß der Bestellung des Klägers zum Beamten der Beklagten nur ein bürgerlichrechtlicher Dienstvertrag zugrunde liegen könne, für dessen Inhalt allerdings die . . . Dienstordnung beim Mangel besonderer Vereinbarungen maßgebend sei.

Diesem rechtlichen Charakter der Dienstordnung entspricht übrigens auch die im vorliegenden Falle von der Beklagten wirklich erlassene Ordnung vom 19. Juni 1903, wie schon ihre Eingangsvorschriften zeigen. So wird in § 2 als Voraussetzung für die Anstellung „in der Regel“, also so, daß auch Ausnahmen zugelassen werden können, die Zurücklegung einer angemessenen Probezeit festgesetzt und bestimmt, daß die Anstellung in schriftlicher Form erfolgt. In § 3 wird ausgesprochen, daß als Kündigungsfrist bei den Beamten der Kategorieen 1—6 mindestens ein Vierteljahr „vorzusehen“ sei. Es wird also davon ausgegangen, daß auch längere Kündigungsfristen festgesetzt werden können und daß sie jedenfalls besonders im Vertrage bestimmt werden. Ähnlich wird für die Beamten der Klasse B und die Hilfsbeamten vorgeschrieben, daß eine Kündigung beiderseits sechs Wochen vor Vierteljahresschluß, bzw. vierzehn Tage vor Monatsschluß „vorzubehalten“ sei.

Aus der rechtlichen Natur der Dienstordnung ergibt sich nun in bezug auf die einzelnen Angriffe der Revision folgendes.

Den von dieser zuvörderst vermißten Abschluß eines besonderen, von der Beschlußfassung des Sektionsvorstandes über die vorzunehmende Anstellung verschiedenen Vertrages hat das Berufungsgericht ohne Rechtsirrtum darin gefunden, daß der Kläger, nachdem er durch die von ihm selbst vorgenommene Protokollierung des Anstellungsbeschlusses des Vorstandes von diesem Kenntnis erhalten habe, die Geschäfte des Sektionsvorstandes über ein Jahr geführt, daß ihm auch zunächst das beschlossene Anfangsgehalt von monatlich 250 *M* gezahlt und das Gehalt dann auf 265 *M* erhöht worden sei. Das Gericht hat hierin mit Recht das Zustandekommen eines stillschweigenden Anstellungsvertrages nach Maßgabe jenes Beschlusses und damit im Sinne einer nicht bloß probemäßigen, sondern festen Anstellung erblickt.

Der ferneren Rüge der Revision, einem etwa anzunehmenden Dienstvertrage würde die Schriftform gefehlt haben, ist zuzugeben, daß dem Vertrage, dessen Zustandekommen das Berufungsgericht in der dargelegten Weise festgestellt hat, die Schriftform fehlte. Der Beobachtung dieser Form bedurfte es aber auch zur Gültigkeit des Dienstvertrages nicht. Hatte die Bestimmung in § 2 der Dienstordnung, daß „die Anstellung der Beamten“ ... „in schriftlicher Form“ erfolge, nicht den Charakter einer Norm des objektiven Rechts, auch nicht den einer durch Rechtsgeschäft festgesetzten Formvorschrift gemäß § 127 BGB. — für eine solche Annahme fehlt jeder tatsächliche Anhalt, mindestens auf seiten des Anzustellenden, der sich erst durch den wirklichen Abschluß des Dienstvertrages, der unter ausdrücklicher oder stillschweigender Bezugnahme auf den Inhalt der Dienstordnung erfolgt, soweit keine Änderungen vereinbart sind, dessen Bestimmungen als einem Teile des Dienstvertrages unterwirft —, kam ihr vielmehr nur die Bedeutung einer vom Sektionsvorstande einzuhaltenden Verwaltungsnorm zu, so kann keine der Parteien sich für die Ungültigkeit des ohne Beobachtung der Schriftform abgeschlossenen Dienstvertrages auf jene Bestimmung der Dienstordnung berufen. Der Sektionsvorstand machte sich zwar durch den Abschluß eines Dienstvertrages ohne Einhaltung der Schriftform der Aufsichtsbehörde, möglicherweise auch der Sektion oder der Genossenschaft gegenüber (vgl. §§ 41, 14 BauUnfVersGes., §§ 125, 45 GewUnfVersGes.) verantwortlich, aber der Dienstvertrag selbst war, da er nach den Vorschriften des Bürgerlichen Gesetzbuchs ohne besondere Form abgeschlossen werden konnte, gültig und rechtswirksam.

Damit erledigt sich aber auch der weitere Angriff der Revision, jedenfalls gölten alle Rechte, die durch die Dienstordnung gewährt würden, nur für solche Beamte, die nach ihren Vorschriften angestellt seien, d. h. die einen schriftlichen Vertrag abgeschlossen hätten. Denn wenn die Bestimmungen der Dienstordnung, wie dargelegt, die Ergänzung jedes Dienstvertrages bilden, der seit ihrer Geltung unter auch nur stillschweigender Bezugnahme auf sie abgeschlossen wird, so müssen sie nach dem vom Berufungsgerichte festgestellten Sachverhältnisse auch für das Rechtsverhältnis zwischen dem Kläger und der Beklagten Geltung haben."

67. 1. Sind die Vorschriften des § 12 BGB. auf das Recht zur ausschließlichen Benutzung eines Wappens entsprechend anzuwenden? 2. Verwendung eines Stadtwappens zur Kennzeichnung der Herkunft gewerblicher Erzeugnisse.

IV. Zivilsenat. Urt. v. 27. Mai 1909 i. S. Stadtgem. Aachen (Kl.) w. G. (Bekl.). Rep. IV. 557/08.

I. Landgericht Aachen.
II. Oberlandesgericht Köln.

Der Beklagte stellte in seiner Mineralwasserfabrik kohlensaure Füllungen eines Quellwassers her, dem er die Bezeichnung „Aachen-Burtscheider Schloßbrunnen" gegeben hatte. Die gefüllten Flaschen versah er mit Aufschriftzetteln, die außer der angegebenen Bezeichnung das Wappen der Stadt Aachen und das Wappen der mit ihr zu einer Gemeinde vereinigten Stadt Burtscheid, sowie ein Bild seiner Fabrik, seine Schutzmarke und seinen Namen aufwiesen. Die Stadt Aachen glaubte, dem Beklagten die Verwendung ihres Wappens auf den Aufschriftzetteln verbieten zu können. Sie behauptete, dieses Recht stehe ihr als ein dem Namensrechte ähnliches Persönlichkeitsrecht zu. Durch die unbefugte Benutzung des Wappens werde ihr Interesse aus dem Grunde verletzt, weil auf diese Weise der Beklagte seinem Erzeugnisse den Anschein gebe, daß das Wasser den städtischen Thermalquellen entnommen sei. Die Befugnis, das tatsächlich aus diesen Quellen entnommene Wasser zu vertreiben, habe sie der Aktiengesellschaft „Kaiserbrunnen" eingeräumt. Sie beantragte, dem Beklagten unter Androhung von Geldstrafen zu untersagen, die Wappen auf den Etiketten der von ihm in den Handel gebrachten Flaschen mit Thermalwasser kohlensaurer Füllung anzubringen. Die Klage, die Berufung und die Revision hatten keinen Erfolg.

Aus den Gründen:

„Die Rüge der Revision, daß § 12 BGB. durch Nichtanwendung verletzt sei, geht fehl.

Soweit vor 1900 das Recht zum Gebrauche eines Wappens eine gesetzliche oder gewohnheitsrechtliche Anerkennung gefunden hatte, ist mit dem Inkrafttreten des Bürgerlichen Gesetzbuchs hierin eine Änderung nicht eingetreten. Denn die für das Bestehen dieser Berechtigung maßgebenden landesrechtlichen Normen enthielten öffentliches Recht und wurden durch Art. 55 EinfGes. zum BGB. nicht berührt. Daß auf dieser fortbestehenden objektivrechtlichen Grundlage für die klagende Stadtgemeinde das Recht erwachsen ist, das streitige Wappen als ihr Wappen mit Ausschließung anderer zu verwenden, ist unter den Parteien nicht streitig.

Das führt jedoch weder zu einer unmittelbaren noch auch für den vorliegenden Fall zu einer entsprechenden Anwendung des § 12, einer Gesetzesvorschrift, die nicht von der Entstehung und dem Inhalte des Namensrechts handelt, sondern unter der Voraussetzung seines Bestehens an bestimmte Verletzungen dieses Rechtes besondere bürgerlichrechtliche Folgen geknüpft hat. Denn was zunächst die unmittelbare Anwendung der Gesetzesstelle anlangt, so ist zwar das Wappenrecht, bestehend in der Befugnis, zur besonderen Kennzeichnung der eigenen Person außer der Wortbezeichnung des Namens auch das aus dem Unterscheidungszeichen der Waffenrüstung entwickelte Bildzeichen des Wappens anzuwenden, vielfach mit dem Namensrechte in der Person des Namens- und Wappenträgers verbunden. Das Wappenrecht bildet jedoch keinen Bestandteil des Namensrechts; es ist vielmehr ein von diesem verschiedenes, besonderes Recht, auf das daher die namensrechtlichen Gesetzesvorschriften des bürgerlichen Rechtes an sich nicht Anwendung finden. Daß unter Umständen in der Verwendung eines fremden Wappens eine gleichzeitige Namenskundgebung gefunden werden könnte, ändert hieran grundsätzlich nichts.

Auf der anderen Seite besteht zwischen dem Namensrechte und dem Wappenrechte zunächst insofern eine Übereinstimmung, als auch das Namensrecht auf öffentlichrechtlichen Gesetzesvorschriften beruht. Die namensrechtlichen Vorschriften des Familienrechts gehören mit dazu, und nur die auf eigener Wahl beruhenden Vereinsnamen (§§ 57, 63, 64 BGB.), sowie die zur Firmenbildung verwendeten Personennamen stehen unter besonderen, hier nicht in Betracht kommenden bürgerlichrechtlichen Vorschriften. Es kommt hinzu, daß das Wappen in gleicher Weise wie der Name zur Kennzeichnung der Person seines Trägers bestimmt ist und daß deshalb, wenn die Berechtigung zum Wappengebrauche als ein absolutes, gegen jeden Unberechtigten wirksames Recht in der Rechtsordnung Anerkennung gefunden hat, diese Regelung dem gleichen Zwecke dient wie das Namensrecht. Wegen dieser unverkennbaren Rechtsähnlichkeit im Wesen und in der inneren Zweckbestimmung unterliegt es an sich keinem Bedenken, die zunächst nur für das Namensrecht gegebenen privatrechtlichen Schutzmittel — wie dies auch von seiten namhafter Schriftsteller des neuen Rechts, Planck, BGB. Bem. 5 zu § 12, Dernburg, Bürgerl. R. Bd. 1 § 55 Anm. 20, Oertmann, BGB. Bem. 5b, c zu § 12 geschieht — auf Fälle einer gleichartigen Verletzung des Wappenrechts als entsprechend anwendbar gelten zu lassen.

Dies sowohl dann, wenn es sich um das Wappen einer Einzelperson, als auch dann, wenn es sich um das Wappen einer Körperschaft des öffentlichen Rechts handelt (vgl. Gierke, Deutsches Privatrecht Bd. 1 S. 411 und 730).

Allein eine Verletzung des Wappenrechts, die den Voraussetzungen des § 12 entspricht, liegt im Streitfalle nicht vor. Das Recht zum Gebrauche des streitigen Wappens hat der Beklagte der Klägerin nicht bestritten. Es könnte sich daher nur um den zweiten Fall des Paragraphen handeln, also um eine Rechtsverletzung, wie wenn das Interesse des Namensberechtigten dadurch verletzt wird, daß ein anderer unbefugt den gleichen Namen gebraucht. Diese Voraussetzung trifft hier nicht zu. Die Klägerin behauptet selbst nicht, daß der Beklagte sich das Recht angemaßt habe, ihr Wappen als sein eigenes Wappen zu führen. Das klägerische Wappenbild dient ihm nicht zur Selbstbezeichnung, er weist damit vielmehr nur auf die Herkunft des von ihm verwendeten Quellwassers und auf den Herstellungsort des von ihm in den Handel gebrachten gewerblichen Erzeugnisses hin. Als Wappenträger will er damit nicht sich, sondern gerade die klagende Stadtgemeinde bezeichnen. Nur wenn sich annehmen ließe, daß mit der Anbringung eines Wappens auf der Ausstattung eines gewerblichen Erzeugnisses der Verfertiger fälschlich auf sich selbst als auf den Wappenträger hindeute, das Interesse des berechtigten Wappeninhabers aber damit verletzt werde, würden für eine analoge Anwendung des § 12 die Voraussetzungen gegeben sein.

Immerhin kann die Benutzung eines Ortswappens, wenn sie zur Kennzeichnung gewerblicher Erzeugnisse, also zu einer Sachbezeichnung, dient, den Bestimmungen über den gewerblichen Rechtsschutz zuwiderlaufen. Der Berufungsrichter hat den erhobenen Anspruch nach dieser Richtung hin gleichfalls geprüft; ... seine Ausführungen enthalten aber auch insoweit keine Gesetzesverletzung.

Einen zeichenrechtlichen Schutz im Gebrauche ihres Wappens (§ 14 WZG.) konnte die Klägerin für sich nicht herstellen und gegen den Beklagten in Anspruch nehmen, weil gemäß § 4 Abs. 1 Nr. 2 WZG. Ortswappen als Warenzeichen überhaupt nicht, also auch nicht zugunsten der Ortsgemeinde selbst, in die Zeichenrolle eingetragen werden dürfen. Nach der unangefochtenen tatsächlichen Feststellung des Berufungsrichters liegt auch kein Verstoß gegen § 16 WZG. vor.

Denn der Berufungsrichter hält es für ausgeschlossen, daß die Darstellung des Wappens auf den vom Beklagten hergestellten und in den Verkehr gebrachten Flaschen auf eine Irreführung über Beschaffenheit und Wert seiner Ware berechnet und dafür geeignet gewesen sei. Die Möglichkeit, ihren Anspruch unter diesem Gesichtspunkte mit Heranziehung des § 823 Abs. 2 BGB. (vgl. Entsch. des RG.'s in Zivils. Bd. 48 S. 118) zu begründen, war daher der Klägerin gleichfalls verschlossen.

Der Versuch, § 8 des Gesetzes zur Bekämpfung des unlauteren Wettbewerbes vom 27. Mai 1896 heranzuziehen, ist, wenn er in der Berufungsinstanz überhaupt unternommen wurde, nicht minder verfehlt. Ein Namensmißbrauch oder eine unbefugte Benutzung einer fremden Firma im Sinne dieser Gesetzesstelle kommt nicht in Betracht. Wollte man aber in der Art und Weise, wie die Aktiengesellschaft „Kaiserbrunnen" das aus den städtischen Thermalquellen in Aachen entnommene Wasser mit dem städtischen Wappen kennzeichnet, die „besondere Bezeichnung" ihres „Erwerbsgeschäftes" erblicken, so liegt eine auf Verwechselung berechnete und dazu geeignete Anwendung derselben Bezeichnung durch den Beklagten nicht vor. Denn der Berufungsrichter stellt fest, der Beklagte benutze das Wappen wesentlich anders als die Aktiengesellschaft „Kaiserbrunnen", und er hebt die augenfälligen Unterschiede in der Ausstattung der Flaschen einzeln hervor, die ihn zu der Überzeugung bringen, daß niemand das vom Beklagten vertriebene Wasser für Wasser halten werde, das aus den städtischen Quellen stamme oder unter Aufsicht der Stadt in den Verkehr gebracht werde. Dazu kommt, daß der Anteil, den die klagende Stadtgemeinde ihrer Behauptung nach von dem aus dem Unternehmen der genannten Aktiengesellschaft entfließenden Gewinne empfängt, ihr noch nicht das Recht gibt, die Ansprüche aus § 8 WettbewGes. für sich geltend zu machen, wie wenn es sich um ihr eigenes Geschäftsunternehmen handelte.

Schließlich beziehen sich auch die den Wappenschutz betreffenden Vorschriften des Strafgesetzbuchs (§ 360 Nr. 7 und 8, vgl. Ihering in den Jahrb. für Dogm. Bd. 23 S. 319 Anm.) nicht auf den Gebrauch von Ortswappen, so daß auf diesem Wege die Klägerin zu einer durchgreifenden Begründung ihres Klagebegehrens ebenfalls nicht gelangen kann." ...

68. Erlischt mit dem Erwerbe eines rayonpflichtigen Grundstücks durch einen Bundesstaat das für den Rechtsvorgänger festgestellte Recht auf den Bezug der nach dem Reichsrayongesetze zu gewährenden Rente?

Rayongesetz vom 21. Dezember 1871 § 34 Nr. 2, § 36 Abs. 4.
EinfGes. zum BGB. Artt. 52—54.

VII. Zivilsenat. Urt. v. 28. Mai 1909 i. S. Reichsfiskus (Bekl.) w. preuß. Fiskus (Kl.). Rep. VII. 338/08.

I. Landgericht Posen.
II. Oberlandesgericht daselbst.

Die Ansiedelungskommission hatte mehrere Güter und Grundstücke in der Umgebung der Festung Posen erworben, die Beschränkungen gemäß dem Reichsrayongesetze vom 21. Dezember 1871 unterworfen waren. Für diese Beschränkungen waren in Rente zu gewährende Entschädigungen für die damaligen Besitzer ausgeworfen. An sie sind auch die Renten gezahlt, und ebenso hat die Ansiedelungskommission nach Erwerb des Grundeigentums die Renten für die Jahre 1902—1904 mit insgesamt 7334,78 ℳ erhalten. Unter dem 23. Mai 1905 entschied aber die Reichsrayonkommission, daß, da nach § 34 Nr. 2 des Rayongesetzes eine Entschädigung für Beschränkungen der im Eigentume eines Bundesstaats befindlichen Grundstücke nicht zu leisten sei, die Rentenzahlungen an die Ansiedelungskommission einzustellen und die bereits gezahlten Renten zurückzuerstatten seien. Die Erstattung erfolgte auch.

Der preußische Fiskus war indes der Meinung, daß der § 34 Nr. 2 des Rayongesetzes auf den vorliegenden Fall nicht passe, und erhob Klage auf Rückzahlung der zur Reichskasse erstatteten Beträge nebst Zinsen, sowie auf Zahlung der verfallenen und der künftig fällig werdenden Renten. Das Landgericht erkannte im wesentlichen nach dem Klagantrage. Das Oberlandesgericht wies die Berufung des Beklagten zurück. Auch seine Revision ist erfolglos geblieben.

Aus den Gründen:

„... Es kommt darauf an, ob der Berufungsrichter ohne rechtlichen Verstoß annehmen durfte, daß das Rentenbezugsrecht durch den Erwerb der Güter von seiten des Klägers nicht erloschen sei. ...

Grundsätzlich leistet das Reich für die infolge des Rayongesetzes eintretenden Beschränkungen in der Benutzung des innerhalb des Rayons belegenen Grundeigentums Entschädigung (§ 34 Abs. 1 RayGes.). Es sind aber Ausnahmen zugelassen. Unter anderem wird Entschädigung nicht gewährt (mit Rücksicht auf die Rechtspersönlichkeit des Eigentümers, wie es in den Motiven heißt) für Beschränkungen der im Eigentume des Reichs oder eines Bundesstaats befindlichen Grundstücke (§ 34 Nr. 2).

Daß der Wortlaut des Gesetzes den Fall nicht trifft, wenn das Reich oder ein Bundesstaat ein Grundstück erwerben, für dessen Eigentümer bereits die Entschädigung festgestellt ist, erscheint zweifellos. Das Gesetz spricht nicht ausdrücklich aus, daß in einem solchen Falle die Entschädigungspflicht erlösche oder ruhe; es regelt auch nicht die Auseinandersetzung zwischen dem entschädigungsberechtigten Veräußerer und dem erwerbenden Staate. Hiernach müßte aus dem sonstigen Inhalte des Gesetzes dessen Wille erkennbar sein, daß die Ausnahme auch beim nachträglichen Erwerbe eines von Rayonbeschränkungen betroffenen Grundstücks durch das Reich oder einen Bundesstaat gelten solle. An einem solchen Inhalte fehlt es. Das Maß der vom Reiche zu gewährenden Entschädigung wird durch § 35 bestimmt; § 36 beschäftigt sich mit der Art, wie der Ersatz zu leisten ist, und mit der Person dessen, an den er zu leisten ist. Die Entschädigung wird in Rente, aber auch bei Verminderung des Wertes des Grundstücks um mindestens ein Drittel nach Wahl des Besitzers in Kapital gewährt; die Rente wird dem jeweiligen, im Rayonkataster bezeichneten Besitzer des Grundstücks gezahlt. Das Verhältnis anderer Realberechtigter als des Eigentümers zu der Entschädigung regelt das Reichsgesetz nicht (§ 37). Indes ist dies durch Artt. 52—54 EinfG. zum BGB. nachgeholt, und damit der zugunsten der Landesgesetzgebung gemachte Vorbehalt beseitigt. Die Artt. 52, 53 beziehen sich auf alle Fälle, in denen auf Grund eines Reichsgesetzes dem Eigentümer einer Sache wegen der im öffentlichen Interesse erfolgenden Entziehung, Beschädigung oder Benutzung der Sache oder wegen Beschränkung des Eigentums eine Entschädigung zu gewähren ist und einem Dritten ein Recht an der Sache zusteht, für das eine besondere Entschädigung nicht gewährt wird. Art. 54 trägt den Besonderheiten des Rayongesetzes Rechnung.

Im allgemeinen tritt die Entschädigung für die Realberechtigten an die Stelle der Sache; sie dient ihrer Befriedigung, wie der Erlös in der Zwangsversteigerung, wenn durch diese die Realrechte erlöschen. Art. 109 EinfG. enthält einen Vorbehalt zugunsten der landesgesetzlichen Vorschriften über die Enteignung, erklärt aber beim Mangel solcher Vorschriften über die Entschädigung die Artt. 52, 53 für anwendbar. So viel ist hiernach sicher, daß auch die auf dem Rayongesetze beruhenden Beschränkungen des Grundeigentums als Fälle der Enteignung zu betrachten sind und daß jedenfalls bei der Abfindung durch Kapital die Entschädigungsfrage endgültig erledigt ist. Das Kapital wird dem Besitzer zur freien Verfügung ausgehändigt oder nach Maßgabe des Art. 54 zum Zwecke der Verteilung unter die Realberechtigten hinterlegt. Ob hinterher das mit den Rayonbeschränkungen belastete Grundstück an einen Eigentümer gelangt, der keine Entschädigung zu beanspruchen gehabt haben würde, ist gleichgültig.

Da es bei erheblicher Wertverminderung von der Entschließung des Besitzers, also von einem zufälligen Umstande, abhängt, ob der Ersatz in Kapital oder Rente geleistet wird, so wäre es auffallend, wenn im letzteren Falle beim nachträglichen Erwerbe des Grundstücks durch einen nicht ersatzberechtigten Eigentümer andere Rechtsfolgen einträten als im ersteren Falle, und man würde zu einem solchen Ergebnis nur bei völlig zweifelsfreiem Anhalte im Gesetze selbst gelangen dürfen. Hier aber könnte nur der — auch im Art. 54 aufrecht erhaltene — Abs. 4 des § 36 des Rayongesetzes Bedenken erregen, der die Auszahlung der Rente an den jeweiligen, im Rayonkataster bezeichneten Besitzer verfügt und vielleicht zu der Ansicht bestimmen möchte, daß sich der Ersatzanspruch in der Hand eines jeden neuen Besitzers gleichfalls erneuere und mithin wegfalle, sofern das Gesetz ihn dem Besitznachfolger versagt. Allein es herrscht Einverständnis darüber, daß § 36 Abs. 4 nur eine formale, dem Fiskus die Legitimationsprüfung erleichternde Vorschrift ist, nicht aber über die materielle, privatrechtliche Berechtigung an der Rente entscheidet und insbesondere kein Obligationsverhältnis schafft, dessen berechtigtes Subjekt das Grundstück ist (Entsch. des RG.'s in Zivils. Bd. 17 S. 33). Das Rentenbezugsrecht ist ein dem Grundbesitzer als solchem zustehendes Forderungsrecht, über das er — unbeschadet der Rechte der Realgläubiger — verfügen, das er insbesondere auch von dem

Grundstücke trennen und bei einer Veräußerung sich vorbehalten, anderweit abtreten und verpfänden kann.

Vgl. Urteil des IV. Zivilsenats vom 9. Mai 1887, teilw. abgedr. in Jurist. Wochenschr. 1887, S. 291.

Inhalt und Umfang werden endgültig dem die Entschädigung anmeldenden Besitzer gegenüber festgestellt, und ein neuer Besitzer erhält die Rente kraft dieser in der Person seines Rechtsvorgängers und nach den damaligen Verhältnissen erfolgten Feststellung, wenn er überhaupt nach den Beziehungen zu seinem Veräußerer materiell und nicht bloß formell nach § 36 Abs. 4 RayGes. berechtigt ist. Nur die Ausnahme macht das Gesetz, daß das Rentenrecht erlischt, wenn das Grundstück aufhört, rayonpflichtig zu sein (§ 36 Abs. 3). Bis zu diesem Zeitpunkte muß es als fortbestehend gelten, und wenn es auf einen nicht ersatzberechtigten Eigentümer übergeht, so kann dies deshalb nichts ausmachen, weil dieser es als Rechtsnachfolger des Vorbesitzers ausübt; nur darauf kommt es an, ob es in dessen Person rechtswirksam entstanden ist.

Wäre der Standpunkt des Beklagten richtig, so hätte, wenn sich der rentenberechtigte Vorbesitzer bei der Veräußerung des Grundstücks an einen Bundesstaat den Anspruch auf die Rente vorbehält, im Ergebnis dieser und nicht das Reich die Rente weiter zu zahlen; eine solche Absicht des Gesetzes ist nicht erkennbar. Darum muß aber auch dann, wenn es an einem solchen Vorbehalte fehlt und der erwerbende Bundesstaat mit dem Grundstücke und zu dem dafür gezahlten Preise auch das Rentenrecht erlangt hat, dieses bei Kräften bleiben und das Reich verpflichtet sein, die Rente weiter zu gewähren. Ist das Reich selbst der Erwerber, so ist es freilich selbstverständlich, daß die Zahlungspflicht ruht, aber auch hier vorbehaltlich der Rechte der Realgläubiger und des Rechtes eines anderweiten Erwerbers, die Rente wieder zu fordern, wenn keine Vereinbarung über das Gegenteil getroffen ist. Daß das Rayongesetz bei der Vorschrift des § 34 Nr. 2 die Realberechtigten nicht berücksichtigt, kann nicht zu einer dem Beklagten günstigen Entscheidung führen. Hätte die Rentenpflicht mit dem Übergange des Grundstücks auf das Reich oder einen Bundesstaat endgültig und auch gegenüber den Realberechtigten erlöschen sollen, so wäre dies unzweideutig auszusprechen gewesen." . . .

69. Kann der Anspruch auf Rückgabe einer Summe, die in einer Voruntersuchung der Angeschuldigte „zum Beweise dafür, daß es nicht seine Absicht sei, in nächster Zeit unter Mitnahme seines ganzen Vermögens seinen Wohnort zu verlassen", unter Zustimmung des Untersuchungsrichters und der Staatsanwaltschaft hinterlegt hat, mittels Klage vor den Zivilgerichten geltend gemacht werden?

GVG. § 13.

StPO. §§ 117 flg.

VII. Zivilsenat. Urt. v. 28. Mai 1909 i. S. D. (Kl.) w. hamburgischen Staat (Bekl.). Rep. VII. 484/08.

I. Landgericht Hamburg.
II. Oberlandesgericht daselbst.

Im Jahre 1905 wurde gegen den damals in Hamburg wohnhaften Kaufmann K., einen Bruder der Klägerin, eine Voruntersuchung wegen Betruges eröffnet. Der auf freiem Fuße befindliche Angeschuldigte gab zu Protokoll des Untersuchungsrichters die Erklärung ab: zum Beweise dafür, daß es nicht seine Absicht sei, in nächster Zeit unter Mitnahme seines ganzen Vermögens Hamburg zu verlassen, hinterlege er freiwillig bei der Staatsanwaltschaft 20000 ℳ dreiprozentige Hamburgische Staatsrente nebst Zinsscheinen und begebe sich bis zur Beendigung des Strafverfahrens des Verfügungsrechts darüber. Die von dem Angeschuldigten übergebenen Wertpapiere wurden nach erfolgter Zustimmung der Staatsanwaltschaft und des Angeschuldigten bei der staatlichen Hinterlegungsstelle mit der Erklärung hinterlegt, daß die Auslieferung der Papiere an den Angeschuldigten nur mit Zustimmung der Staatsanwaltschaft zulässig sei. Im Oktober 1907 wurde gegen den Angeschuldigten, der sich inzwischen nach England begeben hatte, Haftbefehl erlassen und auf Grund des § 332 StPO. die Beschlagnahme seines im Deutschen Reiche befindlichen Vermögens beschlossen.

Die Klägerin legte eine Urkunde vor, wonach der Angeschuldigte ihr den Anspruch auf Rückgabe der hinterlegten Papiere abgetreten hatte, und verlangte mit Klage Verurteilung des hamburgischen Fiskus zur Herausgabe der hinterlegten Papiere, hilfsweise zur Einwilligung in deren Auskehrung durch die Hinterlegungsstelle. Die

Klage wurde abgewiesen und die Berufung der Klägerin zurückgewiesen. Auch ihre Revision blieb ohne Erfolg.

Gründe.

„Das Oberlandesgericht hat die Klage abgewiesen, weil die Entscheidung über das mit der Klage geltend gemachte Verlangen der Herausgabe der hinterlegten Wertpapiere nicht dem Zivilgerichte, sondern den geordneten Strafgerichtsbehörden zustehe. Hierin kann eine Gesetzesverletzung nicht gefunden werden.

Daß die ... Rüge einer Verletzung des § 13 GVG. fehl geht, kann nicht zweifelhaft sein. Durch diese Gesetzesvorschrift wird nicht das Zuständigkeitsgebiet der Zivilgerichte von dem der Strafgerichtsbehörden, sondern das die Zivil- und die Strafgerichtsbarkeit umfassende Zuständigkeitsgebiet der ordentlichen Gerichte einerseits von dem der Verwaltungsbehörden, Verwaltungsgerichte und Sondergerichte anderseits abgegrenzt. Das Berufungsgericht hat aber für den Klaganspruch keineswegs den ordentlichen Rechtsweg als ausgeschlossen erklärt, sondern nur die Klägerin an einen anderen Zweig des ordentlichen Rechtswegs verwiesen. Es ist hiernach nicht ersichtlich, inwiefern das Berufungsgericht von dem in § 13 ausgesprochenen Grundsatze abgewichen sein sollte, wonach vor die ordentlichen Gerichte alle bürgerlichen Rechtstreitigkeiten und Strafsachen gehören, für welche nicht entweder die Zuständigkeit von Verwaltungsbehörden oder Verwaltungsgerichten begründet ist oder reichsgesetzlich besondere Gerichte bestellt oder zugelassen sind.

Die Klägerin leitet ihr Recht aus der behaupteten Abtretung her, durch die der Angeschuldigte K. seinen Anspruch auf Herausgabe der hinterlegten Wertpapiere auf sie übertragen habe. Ob durch diese Abtretung zugleich das Eigentum an den Papieren auf die Klägerin übergegangen sein würde (§§ 929, 931 BGB.), bedarf der Untersuchung nicht, weil das für die Frage, ob über den Herausgabeanspruch die Zivilgerichte zu entscheiden haben, ohne Bedeutung ist. Es steht fest, daß K. die Papiere in dem gegen ihn anhängigen Strafverfahren hinterlegt und daß er sich dabei der Verfügung über sie bis zur Beendigung des Strafverfahrens begeben, insbesondere auch der Bestimmung unterworfen hat, daß die Auslieferung der Papiere an ihn (und somit auch an seine Rechtsnachfolger) nur mit Zustimmung der Staatsanwaltschaft solle erfolgen dürfen.

Ob nach dem Wortlaute des Protokolls ... anzunehmen ist, daß die Hinterlegung lediglich als Entlastungsbeweismittel des Angeschuldigten dienen sollte, und welche sachlichen Rechtswirkungen eine Hinterlegung solcher Art haben würde, oder ob die Hinterlegung in Wahrheit als Sicherheitsleistung zur Abwendung einer zwar noch nicht (§ 117 StPO.) angeordneten, aber etwa als drohend angenommenen Verhaftung gewollt war, kann völlig dahingestellt bleiben. Jedenfalls ist sie, darüber kann ein Zweifel nicht bestehen, zu strafprozessualen Zwecken innerhalb einer strafgerichtlichen Untersuchung erfolgt. Dadurch aber ist ein Verhältnis geschaffen, in das einzugreifen den Zivilgerichten nicht zustehen kann. Das ergibt sich mit Notwendigkeit aus der Ämterverfassung und der damit verknüpften Sonderung der Zuständigkeiten. Dem Angeschuldigten und also auch seiner Rechtsnachfolgerin kann es nicht gestattet werden, Anlaß und Zweck, aus und zu welchem die Hinterlegung erfolgt ist, beiseite zu schieben und an die Stelle der strafprozessualen Entscheidung, von der er selbst die Rückgabe der Papiere abhängig gemacht hat, die zivilprozessuale treten zu lassen. Jedenfalls gilt dies für die Zeit bis zur Beendigung des Strafverfahrens. Ob nicht nachher schließlich die Anrufung der Entscheidung der Zivilgerichte unter Umständen zulässig werden kann, mag dahingestellt bleiben. Zurzeit jedenfalls ist sie nicht zulässig. Auch die gerügte Verletzung der §§ 117 flg. StPO. ist sonach als vorliegend nicht anzuerkennen."

---

70. Kann der Akzeptant eines Wechsels seine Verpflichtung deshalb ablehnen, weil sein Vorname ein anderer ist als der, den die Adresse und das Akzept aufweisen?

I. Zivilsenat. Urt. v. 9. Juni 1909 i. S. A. (Kl.) w. Georg Hartmann (Bekl.). Rep. I. 112/09.

I. Landgericht Hannover.
II. Oberlandesgericht Celle.

Die Klägerin war legitimierte Inhaberin eines Wechsels, der von M. B. in B. auf „Herrn Christian Hartmann in L." gezogen und vom Beklagten, dem Biergroßhändler Georg Hartmann in L., mit „Chr. Hartmann" akzeptiert war. Auf die Wechselsumme nebst Zinsen und Unkosten belangt, beantragte der Beklagte die Abweisung der Klage, indem er u. a. geltend machte, daß das Akzept weder seinen wahren Namen noch seine Firma wiedergebe. Unstreitig war der Beklagte mit der Wechseladresse gemeint. Anderseits stand fest, daß ihm neben dem wirklichen Vornamen Georg ein Vorname Christian oder Christoph nicht zukam und seine Firma zur Zeit der Klagerhebung als „Georg Hartmann" im Handelsregister eingetragen war. Mit Rücksicht hierauf wiesen die Vorinstanzen die Klage ohne Eingehen auf die sachlichen Einreden ab. Die Revision führte zur Aufhebung des oberlandesgerichtlichen Urteils aus folgenden

Gründen:

„Das Berufungsgericht hat ausgeführt, die WO. Art. 21 Abs. 3, Art. 4 Nr. 7 erfordere für die Unterschrift des Akzeptanten, daß er seinen Namen oder seine Firma auf den Wechsel setze, d. h. den Namen oder die Firma, die ihm von Rechts wegen gebührten. Da nach § 18 HGB. die Firma „Georg Hartmann" habe lauten müssen, sei der Beklagte durch die Akzeptschrift „Chr. Hartmann" wechselmäßig nicht verpflichtet worden. Hieran ändere es nichts, wenn er gewohnt gewesen sei, sich der Bezeichnung Chr. oder Christian Hartmann im geschäftlichen Verkehre zu bedienen. Ebenso sei gleichgültig, ob die richtige Firma schon zur Zeit der Akzepterteilung im Handelsregister gestanden habe.

Diese Ausführungen werden durch die Rüge der Revision, daß im bürgerlichen Verkehre und im allgemeinen Handelsverkehre auch eine Unterzeichnung mit der tatsächlich benutzten Firma oder mit dem üblichen Namen, z. B. einem Pseudonym, hinreiche, nicht getroffen. Das Berufungsgericht ist der Ansicht, daß für den Wechselverkehr kraft der formalen Strenge des Wechselrechts etwas Besonderes gelten müsse. Bei dieser Ansicht befindet es sich mit der herrschenden Rechtsprechung in Einklang. Ohne gerade absolute Genauigkeit und Vollständigkeit zu verlangen, haben die obersten Gerichte Berechtigung und Verpflichtung aus dem Wechsel grundsätzlich davon abhängig gemacht, daß sich die im Wechsel stehende Bezeichnung mit dem wirklichen bürgerlichen Namen oder mit der dem Gesetze entsprechenden Firma deckt. So das ROHG. Entsch. Bd. 9 S. 328, Bd. 11 S. 213,

Bd. 12 S. 173, Bd. 14 S. 174, Bd. 21 S. 27; ebenso der III. ZivSen. des RG.'s in den Entsch. in Zivils. Bd. 14 S. 17. Das vom Oberlandesgerichte zitierte Urteil des I. ZivSen. des RG.'s Bd. 41 S. 19 hat mit der Frage nichts zu tun; vgl. aber Bd. 63 S. 380. In der Literatur gehen die Meinungen sehr auseinander; auch die verschiedenen Äußerungen desselben Schriftstellers stimmen nicht immer überein. ...

Der vorliegende Fall nötigt nicht dazu, zu der grundsätzlichen Meinungsverschiedenheit Stellung zu nehmen, da hier nur der Vorname in Frage steht. So gewiß es richtig ist, daß der Beklagte auch seinen Vornamen nicht willkürlich ändern durfte, so kann doch ein wechselrechtlicher Zwang zum Gebrauche des gesetzlichen Individualisierungsmittels, sofern er überhaupt anerkannt werden muß, keinesfalls auf den Vornamen mitbezogen werden. Der § 85 Abs. 2 des preußischen Entwurfs der Wechselordnung hob hervor, daß zur Gültigkeit der Namensunterschrift unter Wechselerklärungen die Beifügung des Vornamens nicht erforderlich sei. Diese Bestimmung wurde als überflüssig gestrichen. Die Kommission war einstimmig der Meinung, es bedürfe der Angabe des Vornamens weder bei der Unterschrift des Ausstellers, noch bei der Bezeichnung des Remittenten oder des Bezogenen (Prot. der Leipz. Wechselkonf., Thöls Ausgabe S. 165). Das ROHG. Bd. 3 S. 271 hat daraus abgeleitet, daß eine Verschiedenheit der Vornamen in der Adresse und im Akzepte unschädlich sei, sofern an der Identität des Bezogenen mit dem Akzeptanten kein Zweifel bestehe. Umgekehrt kann es aber auch nichts schaden, wenn der Akzeptant, etwa zu dem Zwecke, eine formelle Übereinstimmung zwischen Adresse und Akzept herbeizuführen, oder weil er sich des unrichtigen Vornamens zu bedienen pflegt, eben diesen unrichtigen, in der Adresse gebrauchten Vornamen zu dem Familiennamen hinzufügt. In diesem Sinne hat auch der österreichische Oberste Gerichtshof erkannt, vgl. Czelechowsky, Wechselrechtl. Entsch. Nr. 19; der abweichenden Ansicht Bernsteins, Kommentar S. 127, und Grünhuts, Wechselrecht Bd. 2 S. 214, läßt sich nicht beitreten." ...

71. Wird nach § 351 BGB. der erklärte Rücktritt vom Vertrage dadurch hinfällig, daß der Rücktrittsberechtigte nachher durch sein Verschulden in die Lage kommt, das Empfangene nicht zurückgeben zu können?

V. Zivilsenat. Urt. v. 9. Juni 1909 i. S. K. (Kl.) w. Bank P. (Bekl.). Rep. V. 578/08.

I. Landgericht Posen.
II. Oberlandesgericht daselbst.

Der Kläger erklärte seinen Rücktritt von dem Kaufvertrage vom 28. März 1902, weil ihm die Ansiedelungsgenehmigung versagt war und er sich infolgedessen auf dem gekauften Grundstücke nicht anbauen konnte. Er verlangte mit der Klage von der Verkäuferin Rückerstattung des auf Grund des Vertrages Geleisteten und Schadenersatz. Während der Prozeß in der Berufungsinstanz schwebte, kam das Grundstück, das dem Kläger aufgelassen war, auf Antrag eines Gläubigers des Klägers zur Zwangsversteigerung; es wurde einem Kaufmanne S. zugeschlagen.

Das Oberlandesgericht wies die Klage ab. Es nahm an, daß der Kläger, da die Beklagte ihrer Verpflichtung, die erforderliche Ansiedelungsgenehmigung zu beschaffen, nicht nachgekommen sei, auch nicht mehr nachzukommen vermöge, und da der Erwerb des Grundstücks ohne die Bebauungsmöglichkeit für ihn ohne jedes Interesse sei, an sich berechtigt sein würde, vom Vertrage zurückzutreten. Dieses Recht aber habe der Kläger verloren, weil er die Zwangsversteigerung und damit die Unmöglichkeit, das Grundstück zurückzugewähren, durch grobe Fahrlässigkeit verschuldet habe. Auf die Revision des Klägers wurde das Berufungsurteil aufgehoben.

Aus den Gründen:

„Die Annahme, daß der Kläger des aus § 325 BGB. begründeten Rücktrittsrechts verlustig gegangen sei, weil er die Zwangsversteigerung des Grundstücks und damit die Unmöglichkeit der Rückgewähr verschuldet habe, ist nicht haltbar. Das Berufungsgericht stützt sich dabei auf den § 351 BGB., aber zu Unrecht. Zwar findet § 351 nach § 327 ebenso, wie die anderen für das vertragsmäßige Rücktrittsrecht gegebenen Vorschriften, auf das in § 325 verordnete

Rücktrittsrecht entsprechende Anwendung; aber § 351 behandelt ebenso, wie die beiden folgenden Paragraphen, Fälle, wo der Rücktritt „ausgeschlossen ist", nicht wie § 354 einen Fall, wo der Rücktritt „unwirksam wird."

Der Rücktritt erfolgt nach § 349 durch Erklärung gegenüber dem anderen Teile; er ist hier spätestens mit der Zustellung der eine Rücktrittserklärung enthaltenden Klageschrift an die Beklagte erfolgt. Durch diese — nach den insoweit von keinem Rechtsirrtume beeinflußten Feststellungen des Berufungsgerichts — damals jedenfalls gerechtfertigte Ausübung des Rücktrittsrechts ist das durch den Kaufvertrag begründete gegenseitige Schuldverhältnis beseitigt, und an seine Stelle das in § 346 bezeichnete Schuldverhältnis, nämlich die Verpflichtung der Parteien getreten, einander die empfangenen Leistungen zurückzugewähren. Umstände, die nach Herstellung dieses durch den erklärten Rücktritt herbeigeführten Rechtszustandes eintreten, können den Rücktritt nicht „ausschließen". In der Rechtslehre besteht denn auch völlige Meinungsübereinstimmung darüber, daß § 351 voraussetzt, daß die in ihm bezeichneten Umstände eingetreten sind, bevor der Rücktritt erfolgt, und daß der einmal erklärte Rücktritt insbesondere nicht dadurch hinfällig wird, daß der Rücktrittsberechtigte nachher durch sein Verschulden in die Lage kommt, das Empfangene nicht zurückgeben zu können.

Daß das Reichsgericht diesen Standpunkt teilt, erhellt aus dem Urteile des II. Zivilsenats vom 21. Oktober 1904 (Entsch. in Zivils. Bd. 59 S. 97), wo es heißt: „Es sind daher die Vorschriften des § 351 ... auf die Wandlung in der Weise entsprechend anzuwenden, daß statt der Rücktrittserklärung des Berechtigten die Vollziehung der Wandlung ... als diejenige Rechtshandlung anzusehen ist, bis zu welcher ein Verschulden der im § 351 bezeichneten Art den Ausschluß des Wandlungsrechts zur Folge hat." Hier aber ist es zur Zwangsversteigerung des Grundstücks, wodurch nach der Annahme des Berufungsgerichts die Unmöglichkeit der Herausgabe dieses „empfangenen Gegenstandes" herbeigeführt ist, erst gekommen, als der Rechtsstreit schon in der Berufungsinstanz anhängig, der Rücktritt also längst erklärt war. Für einen solchen Fall sieht § 347 die Anwendung der Vorschriften vor, die für das Verhältnis zwischen dem Eigentümer und dem Besitzer von dem Eintritte der Rechtshängigkeit des Eigentumsanspruchs an gelten. In Betracht kommt § 989, dessen Anwendung, wenn der Kläger die durch die Zwangsversteigerung begründete Unmöglichkeit der Herausgabe des Grundstücks zu vertreten hätte, nur zu einem Schadenersatzanspruche der Beklagten führen würde. Danach hat der Kläger jene Unmöglichkeit zu vertreten, wenn sie eine Folge seines Verschuldens ist. Ist die Unmöglichkeit indes eingetreten, während die Beklagte sich hinsichtlich der Rücknahme des Grundstücks im Annahmeverzuge befand, so würde sie der Kläger, wie auch vom Oberlandesgerichte nicht verkannt ist, nur dann zu vertreten haben, wenn ihm wenigstens grobe Fahrlässigkeit zur Last fiele (§ 300 Abs. 1)." ...

---

72. Ist bei der Ermittelung, ob und inwieweit die Offizierspension hinter den von dem pensionierten Offizier zuletzt bezogenen Gebührnissen an Gehalt und Wohnungsgeldzuschuß zurückbleibt, die Verstümmelungszulage und die Kriegszulage hinzuzurechnen?

Gesetz über die Pensionierung der Offiziere einschließlich Sanitätsoffiziere des Reichsheeres, der Kaiserlichen Marine und der Kaiserlichen Schutztruppen vom 31. Mai 1906 §§ 6, 11, 12, 13, 20, 37, 62.

Besoldungsvorschrift für das preußische Heer im Frieden vom 10. März 1898 § 10.

Kriegsbesoldungsvorschrift vom 29. Dezember 1887 § 12 Nr. 3.

Gesetz, betr. die Kaiserlichen Schutztruppen in den afrikanischen Schutzgebieten, in der Fassung der Bekanntmachung vom 18. Juli 1896 § 13.

Reichsbeamtengesetz vom 31. März 1873 § 55.

III. Zivilsenat. Urt. v. 11. Juni 1909 i. S. Landesfiskus von Südwestafrika (Bekl.) w. R. (Kl.). Rep. III. 430/08.

I. Landgericht I Berlin.
II. Kammergericht daselbst.

Der Kläger war früher Leutnant in der Schutztruppe für Südwestafrika. Durch Kabinettsorder vom 15. Dezember 1906 wurde ihm unter Verleihung des Charakters als Oberleutnant der nachgesuchte Abschied mit Pension bewilligt. Nach einer Mitteilung der damaligen Kolonialabteilung sollte er vom 1. Februar 1907 ab dauernd die Pension und die Kriegszulage mit 2064 ℳ jährlich und vorläufig, jedoch nicht über Ende Januar 1909 hinaus, die Verstümmelungszulage von 1800 ℳ jährlich erhalten. Für den Monat Januar 1907 wurden ihm die Besoldungsgebührnisse, die ihm als aktivem Offizier zugestanden hatten, in Höhe von 187,58 ℳ und gemäß § 20 Abs. 3 des Offizierpensionsgesetzes der Unterschied zwischen seinen Pensionsgebührnissen von insgesamt 322 ℳ und diesen Besoldungsgebührnissen mit 134,42 ℳ gezahlt. Für die Monate Februar und März 1907 wurden ihm je die Pension mit 72 ℳ und die Kriegs- sowie die Verstümmelungszulage mit 250 ℳ, zusammen gleichfalls je 322 ℳ, gewährt.

Der Kläger verlangte für den Monat Januar die Zahlung der Kriegs- und Verstümmelungszulage von 250 ℳ zu dem ihm für diesen Monat noch gebührenden pensionsfähigen Diensteinkommen von 187,58 ℳ, gleich 437,58 ℳ, nach Abzug der ihm tatsächlich gewährten 322 ℳ mit noch 115,58 ℳ, ferner für die Monate Februar und März außer der Pension von 72 ℳ, der Kriegs- und Verstümmelungszulage von 250 ℳ noch den Pensionszuschuß gemäß § 6 Abs. 5 des Offizierspensionsgesetzes, den er, weil er die Kriegs- und Verstümmelungszulage nicht als „Pension" angesehen wissen wollte, auf 115,58 ℳ berechnete. Vom Staatssekretär des Reichskolonialamtes mit diesen Ansprüchen abgewiesen, beantragte er klagend:

> den Beklagten zur Zahlung von 346,74 ℳ nebst 4 v. H. Zinsen von 115,58 ℳ vom 1. Januar bis zum 1. Februar 1907, von 231,16 ℳ vom 1. Februar bis zum 1. März 1907 und von 346,74 ℳ seit dem 1. März 1907 zu verurteilen.

Der Beklagte machte dem gegenüber namentlich geltend, daß unter „Pension" im Abs. 5 des § 6 jenes Gesetzes nicht nur die eigentliche Pension, sondern auch die neben dieser bewilligten Zulagen, also „die Pensionsgebührnisse", zu verstehen seien.

Das Landgericht verurteilte den Beklagten zur Zahlung von 231,16 ℳ nebst 4 v. H. Zinsen von 115,58 ℳ vom 1. Februar 1907 bis zum 1. März 1907 und von 231,16 ℳ seit dem 1. März 1907 und wies den Kläger mit seiner Mehrforderung ab. Es erachtete die Ansprüche des Klägers für die Monate Februar und März 1907 für begründet, die für den Monat Januar für unbegründet. Das Kammergericht wies die Berufung des Beklagten zurück.

Auf die Revision des Beklagten ist das Berufungsurteil aufgehoben, und der Kläger mit der Klage abgewiesen worden, aus folgenden

Gründen:

„Es handelt sich im Rechtszuge der Revision, wie schon in dem der Berufung, nur noch um den Anspruch des Klägers auf Zahlung des Betrages, um den für die Monate Februar und März 1907 die reine Pension, ohne Kriegs- und Verstümmelungszulage, hinter dem Betrage der zuletzt von ihm bezogenen Gebührnisse an Gehalt, Servis und Wohnungsgeldzuschuß zurückbleibt. Die reine Pension beträgt unstreitig 72 ℳ monatlich; Gehalt, Wohnungsgeldzuschuß und Servis beliefen sich dagegen auf 187,58 ℳ, so daß jene um 115,58 ℳ geringer ist als diese Gebührnisse zusammen. So ergibt sich der vom Kläger ... noch verfolgte Anspruch von zweimal 115,58 ℳ, gleich 231,16 ℳ. Dagegen ergibt nach der Berechnung des Beklagten die Pension mit jenen Zulagen 72 und 250 gleich 322 ℳ, also mehr, als der Kläger früher als Diensteinkommen bezogen hat. Je 322 ℳ aber sind ihm für die beiden Monate gezahlt worden.

Das Berufungsgericht ist, im wesentlichen übereinstimmend mit dem Landgerichte, davon ausgegangen, daß der Ausdruck „Pension" im Offizierpensionsgesetze ein durchaus technischer sei und das nach einem festen Bruchteile des pensionsfähigen Diensteinkommens bemessene Ruhegehalt bezeichne. Es führt aus, nach Feststellung der die Pension in diesem Sinne betreffenden allgemeinen Grundsätze werde in § 11 des Gesetzes unter der besondern Überschrift „Verstümmelungszulage" diese, in § 12 unter der Überschrift „Kriegszulage" diese und in § 13 unter der Überschrift „Alterszulage" letztere behandelt. Diese Zulagen bildeten keine Bestandteile der Pension, würden auch nicht, wie diese, nach Bruchteilen des Diensteinkommens bemessen. Dagegen würden alle bis dahin behandelten Ansprüche unter der Bezeichnung „Pensionsgebührnisse" im Gesetze zusammengefaßt. Diese Ausdrucksweise sei im Gesetze mit voller Folgerichtigkeit durchgeführt. Das Gericht meint nun, es wäre überaus befremdlich, wenn der Gesetzgeber sie trotzdem gerade innerhalb desselben Paragraphen nicht eingehalten hätte, indem er in Abs. 1 des § 6 und in Abs. 5 desselben Paragraphen den nämlichen Ausdruck in einem andern Sinne gebraucht hätte. Das wäre um so auffallender, als der Abs. 1 gerade die Höhe der Pensionsquote festlege, also die allerwichtigste grundsätzliche Bestimmung enthalte. Ohne genügende Gründe werde man daher dem Wortlaute des Gesetzes nicht Gewalt antun dürfen. Die Begründung des Gesetzes und sein angeblicher Zweck, auf den sich der Beklagte berufe, seien nicht geeignet, seine Ansicht über die Auslegung des Abs. 5 des § 6 zu rechtfertigen. Allerdings sei nach der Begründung des Entwurfs des Gesetzes die Absicht dahin gegangen, eine Unbilligkeit zu beseitigen, die im Vergleiche zwischen Offizieren und Beamten darin gelegen habe, daß diesen bei ihrer Pensionierung ein sog. Gnadenquartal des Gehalts zugestanden habe, während die Offiziere nur für einen Monat nach ihrer Pensionierung dem früheren Gehalte gleichkommende Bezüge erhalten hätten. Daß aber die Offiziere den Beamten in Ansehung des Bezuges des Gnadenquartals völlig hätten gleichgestellt sein sollen, sei weder in der Begründung ausgesprochen, noch im Gesetze erkennbar gemacht. ... Die Kriegs- und die Verstümmelungszulage seien Gebührnisse, die lediglich bei Militärpersonen, nicht auch bei Beamten in Betracht kämen. Wenn man auch die Gehaltsverhältnisse beider in Vergleich gezogen habe, so folge daraus noch nicht, daß man den Offizieren die ihnen allein auf Grund ihres militärischen Verhältnisses neben der Pension aus besonderen Rechtsgründen bewilligten Gebührnisse habe entziehen wollen, nur um eine Übereinstimmung mit den Verhältnissen der Beamten herzustellen. Denn diese besonderen Gebührnisse bildeten eine Entschädigung für die Gefahren, denen sich der Offizier zufolge seiner Stellung im Dienste des Vaterlandes aussetze, oder für die Körperverletzungen, die er darin erleide. Möglich sei allerdings, daß er im zweiten oder dritten Monate nach seiner Verabschiedung etwas mehr erhalte, als im ersten Monate, obgleich ihm in diesem infolge der plötzlichen Änderung der Verhältnisse größere Ausgaben erwachsen würden. Allein diese Unstimmigkeit dürfe nicht dazu führen, in die klare Gesetzesbestimmung etwas mit dem Wortlaute Unvereinbares hineinzutragen, lediglich einem angeblichen Grundgedanken zuliebe, der aus der Begründung zu dem Gesetzentwurfe sollte abgeleitet werden können. Da es übrigens auch nach dem Militärpensionsgesetze vom 27. Juni 1871 habe vorkommen können, daß der Offizier durch die Erhöhung seiner Pension wegen Kriegsinvalidität oder Verstümmelung in den dem ersten Monate nach der Pensionierung folgenden Monaten mehr erhalten habe als in dem ersten Monate selbst, das neue Gesetz aber das frühere nur zugunsten der Offiziere habe ändern wollen, so sei nicht anzunehmen, daß das neue Gesetz die vorteilhaften Wirkungen des früheren Gesetzes habe beseitigen wollen.

Hiergegen erhebt die Revision mit Recht die Rüge der Verletzung des § 6 Abs. 5 des Offizierpensionsgesetzes.

Dem Berufungsurteile ist zuzugeben, daß in den §§ 1—10 des Gesetzes dem Ausdrucke „Pension" eine feste, technische Bedeutung zukommt. Ja es ist sogar noch darüber hinaus nach dem gesamten Inhalte des Gesetzes anzunehmen, daß das Wort stets in einem bestimmten technischen Sinne gebraucht wird, nämlich als der Bruchteil des zuletzt bezogenen sog. pensionsfähigen Diensteinkommens, der sich nach Maßgabe des Gesetzes aus der Zahl der bei der Versetzung in den Ruhestand von dem Offiziere zurückgelegten Dienstjahre ergibt. Darüber läßt insbesondere der § 5 keinen Zweifel. Dem Berufungsgerichte ist daher auch darin durchaus beizutreten, daß unter der „Pension" in Abs. 5 Satz 1:

> „Für die ersten beiden Monate des Pensionsbezugs ist zu der Pension ein Zuschuß (Pensionszuschuß) so weit zu gewähren, daß der Betrag der zuletzt bezogenen Gebührnisse an Gehalt und Wohnungsgeldzuschuß erreicht wird."

nur die Pension in dem soeben bezeichneten Sinne gemeint ist.

Allein hieraus folgt nicht, daß bei Anwendung dieser Vorschrift neben der „Pension" die „Zulagen" der §§ 11 und 12 außer Betracht zu bleiben hätten. Nach § 11 haben Offiziere, die durch Dienstbeschädigung . . . an der Gesundheit schwer geschädigt worden sind, für die Dauer dieses Zustandes neben dem Anspruche auf Pension einen Anspruch auf eine Verstümmelungszulage. Wie schon aus dieser Fassung erhellt, ist für den Anspruch auf die Verstümmelungszulage das Bestehen eines solchen auf die Pension Voraussetzung.

> Vgl. auch v. Düring, Erläuterung zu dem Offizierspensionsgesetze, Anm. 4 zu § 11.

Aus dem Zwecke der Verstümmelungszulage ferner — wonach sie bestimmt ist, bei besonders schweren Folgen einer von dem Offizier erlittenen Dienstbeschädigung, namentlich soweit sie fremde Pflege und Wartung nötig machen, oder bei Siechtum oder gar Geisteskrankheit Entschädigung für die entstehenden Kosten der Heilung oder der Linderung des Leidens zu gewähren, also den Pensionär in die Lage zu setzen, die hierdurch erforderlich werdenden höheren Kosten seiner Lebenshaltung über den zur Bestreitung des gewöhnlichen Lebensunterhalts notwendigen Betrag hinaus aufzuwenden, — folgt, daß sie die rechtliche Natur der Pension als derjenigen Rente teilt, die das Reich dem dienstunfähig gewordenen Offizier zur Bestreitung der Kosten seines Lebensunterhalts mit Rücksicht auf die von ihm geleisteten Dienste gewährt. Gleiches oder ähnliches gilt von der Kriegszulage des § 12 und der Alterszulage des § 13, insofern auch der Anspruch hierauf den Anspruch auf Pension auf seiten des Offiziers zur Voraussetzung hat und sie bestimmt sind, einen gewissen Ausgleich für die Folgen der Einsetzung von Leben und Gesundheit während eines Feldzugs in der späteren Zeit der Dienstunfähigkeit zu gewähren, da auch sie nur Kriegspensionären gewährt werden.

Vgl. die Begründung zu § 3 des Entwurfs des Gesetzes vom 31. Mai 1901; v. Düring, a. a. O. Anm. 2 Abs. 2 zu § 12.

Hieran wird auch durch den Umstand nichts geändert, daß nach § 37 des Gesetzes die Verstümmelungszulage, die Kriegszulage und die Alterszulage bei der Veranlagung zu den Steuern und anderen öffentlichen Abgaben jeder Art außer Ansatz bleiben, daß sie danach auch der Pfändung nicht unterworfen sind und bei der Ermittelung, ob und zu welchem Betrage ein Einkommen der Pfändung unterliegt, außer Ansatz bleiben. Denn hierin kommt nur ihre Bestimmung, zur Deckung besonders dringender Aufwendungen für die durch Gebrechlichkeit oder Siechtum, durch vorzeitige Abnutzung der Kräfte oder durch Alter bewirkte Erhöhung der Bedürfnisse oder Verringerung der Erwerbsfähigkeit zu dienen, zum Ausdrucke, ohne daß ihr rechtlicher Charakter als eines Teils der dem pensionierten Offizier vom Reiche gewährten Unterhaltsrente dadurch beeinträchtigt würde. Endlich aber findet dieser Charakter auch in der gewählten Bezeichnung als „Zulage", nämlich als Zulage zur Pension, in den Worten des Gesetzes: „neben dem Anspruch auf Pension Anspruch auf eine Verstümmelungszulage", „neben dem Anspruch auf Pension Anspruch auf eine Kriegszulage" ihren durchaus genügenden Ausdruck.

Sind aber hiernach die Verstümmelungs- und die Kriegszulage nur als Ergänzungen der Pension zu betrachten, so müssen sie auch eben deswegen, soweit nicht, wie soeben erörtert, für sie in einzelnen Beziehungen ausdrücklich vom Gesetze etwas Abweichendes verordnet ist, das rechtliche Schicksal der Pension teilen. Aus diesem Grunde und nicht, weil in Abs. 5 des § 6 das Wort „Pension" etwas anderes bedeutete, als in Abs. 1, müssen ihre Beträge auch da der Pension selbst zugerechnet werden, wo es sich um eine Vergleichung des zuletzt von dem Offizier bezogenen Diensteinkommens [neben dem übrigens ein Oberleutnant und Leutnant auch einen Anspruch auf freie Lazarettbehandlung hat (vgl. Offizierpensionsgesetz § 9 Nr. 3)] mit der Pension handelt, also bei Anwendung des § 6 Abs. 5, der an sich nur von dem Zuschusse zur reinen Pension spricht, weil die Beschränkung der Versorgung des dienstunfähig gewordenen Offiziers auf ihre Gewährung den regelmäßigen Fall bildet. Für die Entscheidung sind demnach in erster Reihe die §§ 11 und 12 des Gesetzes maßgebend. . . .

Zu demselben Ergebnisse führt aber auch die Auslegung des § 6 Abs. 5 aus seinem Zusammenhange mit den übrigen dafür überhaupt in Betracht kommenden Vorschriften des Offizierpensionsgesetzes und den übrigen einschlagenden Rechtsquellen. Nach § 10 der Besoldungsvorschrift für das preußische Heer im Frieden vom 10. März 1898 behalten „Offiziere, die mit Pension ausscheiden," für den Monat, in dem ihnen die Königliche Kabinettsorder bekannt gemacht ist, „das volle Einkommen ihrer Stelle." „Für den darauf folgenden Monat" aber „beziehen sie als Gnadengehalt das etatsmäßige Gehalt, zutreffendenfalls auch den Gehaltszuschuß nach § 4." Es sind aber ausgeschlossen alle Zulagen, die Tischgelder, Kleiderzuschußgelder, Vergütungen für Dienstaufwand und die Bureaugelder. Eine gleiche Bestimmung enthält auch der § 12 Nr. 3 der Kriegsbesoldungsvorschrift vom 29. Dezember 1887 für den während eines Krieges nur ausnahmsweise vorkommenden Fall, daß ein Offizier mit Pension ausscheidet. Diese Bestimmungen setzen die Abss. 2 und 3 des § 20 des Pensionsgesetzes voraus, wenn sie verordnen:

„Die Zahlung" (nämlich der Pensionsgebührnisse) „beginnt mit dem Ablaufe des Monats, für welchen zuletzt Besoldungsgebührnisse gezahlt worden sind.

Stehen dem Pensionsberechtigten für den Monat nach Bekanntmachung der Pensionierung Besoldungsgebührnisse zu, deren Betrag geringer ist als die Pensionsgebührnisse, so wird ihm der Unterschied vergütet."

Da für den Monat nach demjenigen, in welchem dem Offizier seine Pensionierung bekannt gemacht worden ist, nach den vorher mitgeteilten Bestimmungen der Friedens- und der Kriegsbesoldungsvorschrift noch das etatsmäßige Gehalt gezahlt wird, so fängt der Bezug der Pension erst mindestens einen Monat nach der Verabschiedung des Offiziers an. Gleichwohl will ihn das Gesetz schon für diesen Monat ersichtlich mindestens so stellen, wie er stehen würde, wenn er bereits für diesen Monat die Pensionsgebührnisse gezahlt erhielte, vorausgesetzt nämlich, daß diese ausnahmsweise höher als die bisher bezogenen Besoldungsgebührnisse wären. Solche Fälle können unter anderem gerade bei der Pensionierung von Leutnants eintreten, die neben ihrer Pension die Kriegs- und die Verstümmelungszulage empfangen, durch deren Hinzutritt sich der von ihnen zu beziehende Gesamtbetrag ihrer Gebührnisse mit dem Eintritte der Pensionszahlung höher stellt als der Betrag der von ihnen zuletzt bezogenen Besoldungsgebührnisse.

Vgl. v. Düring, a. a. O. Anm. 2 zu § 20.

Für die Regelfälle ist der Gesetzgeber indes davon ausgegangen, daß die für den ersten Monat ... zu zahlenden Besoldungsgebührnisse höher als die Pensionsbeträge sind, und deshalb ist, da nach der klar erkennbaren Absicht des Gesetzes dem Pensionierten für diese Zeit jedenfalls die höheren Bezüge gewährt werden sollten, die dementsprechende Anordnung dahin getroffen worden, daß für jene Ausnahmefälle der überschießende Betrag der Pensionsgebührnisse zu den Besoldungsgebührnissen als „Unterschied" hinzugezahlt werde.

Die Regelung der Gebührnisbezüge für die beiden Monate, die auf den ... ersten Monat folgen, ist nun in § 6 Abs. 6 des Gesetzes erfolgt. Mit dem Anfange des ersten dieser beiden Monate beginnt nach § 20 Abs. 2 die Zahlung der Pensionsgebührnisse. Für diesen Zeitraum soll nach dem ersten Satze des § 6 „zu der Pension ein Zuschuß (Pensionszuschuß)" so weit gewährt werden, „daß der Betrag der zuletzt bezogenen Gebührnisse an Gehalt und Wohnungsgeldzuschuß erreicht wird." Auch hier tritt demnach deutlich die

Willensmeinung des Gesetzgebers hervor, für diese beiden Monate dem Offizier den Betrag der zuletzt bezogenen Besoldungsgebührnisse — an Gehalt und Wohnungsgeldzuschuß — als den regelmäßig im Vergleiche zu dem nach Eintritt des Pensionsbezugs höheren Betrag zu gewähren. Aber während für den ersten Monat ... dieser Erfolg durch § 10 Nr. 1 der Friedens- und § 12 Nr. 3 der Kriegsbesoldungsvorschrift dadurch sichergestellt ist, daß für diese Zeit noch geradezu die zuletzt bezogenen Gebührnisse an Gehalt und Wohnungsgeldzuschuß gezahlt werden, wird er für die beiden folgenden Monate dadurch erreicht, daß „zu der Pension ein Zuschuß" bis zu dem Betrage des zuletzt bezogenen Gehaltes und Wohnungsgeldzuschusses gewährt wird. Jedenfalls erhellt aus diesem Zusammenhange der in Betracht kommenden Bestimmungen der verschiedenen Rechtsquellen, daß der pensionierte Offizier in den ersten drei Monaten nach dem Monate, in welchem ihm seine Verabschiedung bekannt gemacht worden ist, für die Regelfälle besser hat gestellt werden sollen als später, und zwar offenbar deshalb, um ihm den Übergang in die neuen Verhältnisse zu erleichtern, daß diese Besserstellung aber im Ergebnisse für alle drei Monate gleichmäßig hat erfolgen sollen, wenn sie auch formell aus besonderen Gründen in verschiedenartiger Weise bewirkt wird.

Daraus folgt, daß die Regelung, die für den einen Teil dieses Gesamtzeitraumes in klarer und zweifelsfreier Weise erfolgt ist, auch zur Auslegung der etwa mehrdeutigen und zweifelhaften Bestimmungen, die für den übrigen Teil gelten, herangezogen werden muß. Nun ist durch die erwähnten Bestimmungen der Friedens- und der Kriegsbesoldungsvorschrift in Verbindung mit § 20 Abs. 3 OffPensGes. völlig klar verordnet, daß für den ersten Monat ... der Offizier in der Regel noch die höheren Besoldungsgebührnisse, jedoch niemals mehr als die „Pensionsgebührnisse" erhalten soll, wenn diese ausnahmsweise höher sind als jene. Dasselbe muß daher als vom Gesetze auch für die folgenden beiden Monate gewollt gelten, da § 6 Abs. 5, der den Gebührnisbezug für sie regelt, wegen des darin gebrauchten Ausdrucks „zu der Pension ein Zuschuß" usw. nach dem vorhin Erörterten immerhin nicht ohne weiteres jeden Zweifel ausschließt, eine Auslegung aber, die eine materielle Übereinstimmung mit der für den ersten Monat getroffenen Regelung ergibt, mindestens gestattet.

Nun handelt es sich allerdings im vorliegenden Falle nicht um die Pensionsansprüche eines preußischen Offiziers, sondern um solche eines Offiziers der Kaiserlichen Schutztruppen. Auf solche Offiziere finden indes nach § 62 OffPensGes. dessen Vorschriften mit den in dem folgenden Paragraphen angegebenen Maßgaben entsprechende Anwendung. Daraus ergibt sich diese Anwendung insbesondere in Ansehung des § 6 und des § 20 OffPensGes. Die Friedens- und die Kriegsbesoldungsvorschrift für das preußische Heer, deren §§ 10 Nr. 1 und 12 Nr. 3 vorher mit herangezogen sind, gelten dagegen für die Schutztruppen an sich nicht. Die Schutztruppenordnung vom 25. Juli 1898 (Beilage zum Deutschen Kolonialblatte 1898 Nr. 20) enthält indes für die Zahlung der Gebührnisse im Falle der Verabschiedung eines Offiziers mit Pension keine besonderen Bestimmungen (vgl. § 29 der Schutztruppenordnung), offenbar mit Rücksicht darauf, daß in § 13 des Gesetzes, betr. die Kaiserl. Schutztruppen in den afrikanischen Schutzgebieten, (in der Fassung der Bekanntmachung vom 18. Juli 1896) eine ausdrückliche Vorschrift dahin gegeben war:

„Scheiden Personen des Soldatenstandes aus der Schutztruppe mit Pension aus, so beginnt die Zahlung der letzteren mit dem Ablauf des Vierteljahrs, welches auf den Monat folgt, in welchem das Ausscheiden stattgefunden hat. Bis zum Beginn der Pensionszahlung wird dem Pensionär das bisherige Gehalt belassen."

Diese Bestimmung ist zwar durch den § 77 Abs. 2 Nr. 3 OffPensGes. als eine Vorschrift, die auch die Versorgung der Offiziere und Beamten der Kaiserlichen Schutztruppen regelt, formell außer Kraft gesetzt, und es sind an ihre Stelle die entsprechenden Bestimmungen des Offizierpensionsgesetzes gemäß dessen § 62 getreten. Dabei ist aber augenscheinlich übersehen, daß es nunmehr an einer positiven Vorschrift über die Weiterzahlung der bisherigen Besoldungsgebührnisse für den ersten Monat nach der Bekanntmachung der Pensionierung des Offiziers fehlte, weil § 20 Abss. 2 und 3 das Bestehen einer solchen Bestimmung nur voraussetzt, nicht aber eine solche selbst gibt, wie sie für preußische Offiziere ... in den angezogenen Bestimmungen der Friedens- und der Kriegsbesoldungsvorschrift für das preußische Heer enthalten ist. Offenbar hat indes der Gesetzgeber den Rechtszustand, wie ihn § 13 des Gesetzes vom 18. Juli 1896 für die ersten drei Monate ... geschaffen hatte, in der Beschränkung auf den ersten

Monat auch in Zukunft aufrecht erhalten wollen. Im Ergebnisse ändert demnach der Umstand, daß der Kläger nicht als preußischer Offizier, sondern als solcher der Schutztruppe pensioniert worden ist, an der rechtlichen Beurteilung nichts.

Dagegen ergibt § 13 des Gesetzes vom 18. Juli 1896, daß der Grundsatz, der in § 55 des Reichsbeamtengesetzes vom 31. März 1873 festgelegt ist — wonach die Versetzung in den Ruhestand, sofern nicht auf den Antrag oder mit ausdrücklicher Zustimmung des zu Pensionierenden ein früherer Zeitpunkt festgesetzt wird, mit dem Ablaufe des Vierteljahres eintritt, das auf den Monat folgt, in welchem jenem die Entscheidung über seine Versetzung in den Ruhestand unter Mitteilung der Höhe der Pension bekannt gemacht worden ist —, wenigstens in Ansehung des Beginnes der Pensionszahlung, wenn auch nicht in Ansehung des Beginnes des Ruhestandes selbst, schon auf das Gebiet der Geltung gerade des Schutztruppenrechts übertragen war. Es kann daher über die Richtung, welche die Gesetzgebung in bezug auf diese Materie eingeschlagen hat, kein Zweifel bestehen, und es ist deshalb nur als eine formale Abweichung in der Durchführung des in § 13 zum Ausdrucke gelangten gesetzgeberischen Gedankens anzusehen, wenn man bei der aus Gründen der Vereinheitlichung der Gesetzgebung erfolgten Hineinziehung der Vorschriften über die Pensionierung der Schutztruppenoffiziere in das Offizierpensionsgesetz deren Bestimmungen über die Gewährung eines der bisherigen Besoldung gleichkommenden Betrages während der ersten drei Monate den in dieser Hinsicht für den Offizier des preußischen Heeres geltenden Vorschriften angepaßt hat, was dann seinen Ausdruck in § 62 OffPensGes. gefunden hat. Jedenfalls beweist aber auch dieser geschichtliche Zusammenhang, daß vor dem letzteren Gesetze der Gesetzgeber nicht daran gedacht hat, dem pensionierten Schutztruppenoffizier für die ersten drei Monate oder wenigstens für den zweiten und dritten Monat seines Ruhestandes an Gebührnissen mehr als sein früheres Diensteinkommen zu gewähren. Es enthielt deshalb schon eine Verbesserung seiner Rechtslage, wenn § 62 in Verbindung mit § 20 Abs. 3 OffPensGes. dem Offizier für den Fall, daß seine Pensionsgebührnisse ausnahmsweise höher wären als seine früheren Besoldungsgebührnisse, jene schon für den Monat nach der Bekanntmachung der Pensionierung sicherte. Dafür aber, daß dann bei der Vergleichung der Pensionsgebührnisse mit den früheren Besoldungsgebührnissen für den zweiten und dritten Monat jene Gebührnisse nicht voll, sondern nur zu einem Teile in Ansatz kommen sollten, weil § 6 Abs. 5 nur von der „Pension“, nicht von den „Pensionsgebührnissen“ spreche, ist auch aus dieser geschichtlichen Entwickelung kein Anhalt zu entnehmen.

Demgemäß lassen schon die bisher erörterten Momente, die Auslegung des Gesetzes aus seinem Wortlaute und seinem erkennbaren Sinne, aus dem Zusammenhange seiner einschlägigen Bestimmungen miteinander und mit den Vorschriften der übrigen in Betracht kommenden Rechtsquellen und endlich aus seiner Entstehungsgeschichte mit Sicherheit als Inhalt des Gesetzes selbst in bezug auf die streitige Rechtsfrage den von der Revision vertretenen Satz als richtig erscheinen. ... Auf die in dem angefochtenen Urteile außerdem erörterte Begründung zu § 6 des Entwurfs des Offizierpensionsgesetzes ist unter diesen Umständen nicht einzugehen, obwohl sie die hier gefundene Auslegung des § 6 Abs. 5 des Gesetzes lediglich unterstützt. Daß es ferner bei dieser Auslegung nicht dahin kommt, daß den pensionierten Offizieren für den zweiten und dritten Monat die Verstümmelungs- und die Kriegszulage, wie das Berufungsgericht meint, entzogen werde, erhellt aus dem vorher Dargelegten ohne weiteres.“ ...

---

73. Bedeutet ein schenkweise erteiltes Wechselakzept, das sich noch in Händen des Beschenkten befindet, nur ein Schenkungsversprechen im Sinne des § 518 BGB., oder schon die Bewirkung der versprochenen Leistung? Wie kann ein formloses Schenkungsversprechen wirksam bestätigt werden?

I. Zivilsenat. Urt. v. 16. Juni 1909 i. S. Schn. (Kl.) w. N. (Bekl.). Rep. I. 189/09.

I. Landgericht Bonn, Kammer für Handelssachen.
II. Oberlandesgericht Köln.

Der Beklagte, Witwer mit drei Kindern erster Ehe, beabsichtigte im Herbst 1904, mit der Tochter des Klägers eine zweite Ehe einzugehen. Um sie sicher zu stellen, versprach er ihr ein Geschenk von 60—65000 *M*, das ihr Vorbehaltsgut werden sollte. Er zahlte demnächst auch 18000 *M* in bar, welche in einer Hypothek angelegt wurden. Da aber seine Bemühungen, den Rest der Schenkungssumme durch Verpfändung von Forderungen zu beschaffen, keinen Erfolg hatten, stellte er zu Händen des Klägers den Klagewechsel über 45000 *M* aus, in dem der Verfalltag zunächst offen gelassen wurde. Am 10. März 1905 setzte sich der Beklagte mit seinen Kindern erster Ehe, mit denen er in fortgesetzter Gütergemeinschaft lebte, durch notariellen Vertrag auseinander; der ihm zugewiesene Anteil am Gesamtgute betrug 83381 *M*. Am 2. Mai 1905 schloß er einen notariellen Ehevertrag ab, wonach unter den zukünftigen Ehegatten Gütergemeinschaft gemäß §§ 1437 flg. BGB. herrschen, jedoch das gesamte gegenwärtige und zukünftige Vermögen der Braut deren Vorbehaltsgut bleiben sollte. Art. 3 besagte:

„Von dem eingebrachten Vermögen der Braut sind 60000 *M*, wie allseitig anerkannt wird, in bar vorhanden, während für den Rest von 10000 *M* Mobiliargegenstände angeschafft worden sind."

Nach der Darstellung des Klägers hätten die Kontrahenten unter den erwähnten 60000 *M* den Wechsel mitbegriffen, der erst am Tage vorher bei Vereinbarung der Bestimmungen des Ehevertrages ausgestellt und übergeben worden sei unter Vordatierung auf den 12. März 1905; man sei davon ausgegangen, daß der Wechsel, wie die Hypothek, so gut wie bares Geld sei.

Der Beklagte wandte ein, daß der Wechsel, weil er lediglich das Schenkungsversprechen wiederhole, gemäß § 518 BGB. ungültig sei. Außerdem aber sei er durch den Ehevertrag erledigt worden, weil hier der Beklagte das Vorhandensein eines Barvermögens der Braut in Höhe von 60000 *M* anerkannt habe; hiermit sei der Zweck des Wechsels erreicht, und von seiner Frau, als deren Inkassomandatar der Kläger auftrete, auf die Geltendmachung verzichtet worden. Der Kläger sei denn auch erst nach zwei Jahren, als Zwistigkeiten ausgebrochen seien, auf den Wechsel zurückgekommen.

Der Kläger erwiderte, von einem Verzichte auf die Geltendmachung des Wechsels sei keine Rede; im Gegenteil sei die Wechselforderung im Ehevertrage anerkannt. Damit sei auch der Form des

§ 518 BGB., sofern es deren bei Hingabe von Wechseln überhaupt noch bedürfe, genügt. Der Beklagte habe sich auch niemals auf die Hinfälligkeit der Wechselforderung berufen, obwohl der Wechsel ihm nach Eingehung der Ehe des öfteren vorgelegen habe; er habe sogar die Wechselforderung als gültig anerkannt, indem er eine Abänderung des Ehevertrages dahin vorgeschlagen habe, daß Gütertrennung herrschen, die Frau das Mobiliar und die Hypothek behalten und ihn aus der Wechselverbindlichkeit entlassen solle.

In den Vorinstanzen wurde die Wechselklage abgewiesen. Die Revision des Klägers wurde zurückgewiesen aus folgenden

Gründen:

„Die Streitfrage, ob ein schenkweise erteiltes Wechselakzept, solange es sich noch in Händen des Beschenkten befindet, nur ein Schenkungsversprechen im Sinne des § 518 BGB. oder ob es bereits die Bewirkung der versprochenen Leistung bedeutet, ist mit dem Oberlandesgericht im ersteren Sinne zu entscheiden. Die Gründe, die v. Tuhr für diese Beantwortung der Frage in der Abhandlung „Zur Lehre von den abstrakten Schuldverträgen nach dem Bürgerlichen Gesetzbuche", Festschrift für Schultze S. 41—47, darlegt, sind überzeugend. Auch steht die Literatur jetzt überwiegend auf seiner Seite. Vor allem kommt in Betracht der Zweck des Gesetzes, den Schenkgeber vor Übereilung zu schützen bei Vermögenszuwendungen, die er nicht sofort als solche empfindet, und das hierfür gewählte Mittel, das nicht etwa in der bloßen Schriftform, sondern in der gerichtlichen oder notariellen Beurkundung besteht. Auch bei der Hingabe eines Wechsels liegt zunächst nur ein Versprechen vor, das von Vielen weniger als Vermögenseinbuße empfunden wird, als die Hingabe eines Wertgegenstandes. Die Wechselform aber bietet im allgemeinen keine größere Gewähr gegen Übereilung des Schenkgebers, als jede andere Schriftform. Die abweichenden Erwägungen in dem Urteile des V. ZivSen. vom 19. Juni 1880 (Entsch. des RG.'s in Zivils. Bd. 2 S. 6), die sich auf einen nach preußischem Rechte zu beurteilenden Fall beziehen, werden von v. Tuhr zutreffend widerlegt. Es ist unzulässig, aus § 518 Abs. 1 Satz 2 BGB. in seiner Beschränkung auf Geschäfte der in den §§ 780, 781 bezeichneten Art ohne weiteres ein argumentum e contrario für den Fall der Hingabe eines Wechsels zu entnehmen; denn nach der Entstehungsgeschichte des Gesetzes sollte die Entscheidung dieses Falles der Wissenschaft und Praxis überlassen bleiben.

Vgl. Prot. der II. Komm. (Guttentag) Bd. 2 S. 20.

Die Hingabe eines Wechsels läßt sich allerdings nicht bedingungslos dem gewöhnlichen abstrakten Schuldversprechen gleichstellen; wohl aber ist die Gleichstellung durchaus gerechtfertigt, solange sich der Wechsel noch in Händen des Beschenkten befindet.

Der dem Gesetze zugrunde liegende Gedanke ist dem ähnlich, auf dem die Regelung der Erfüllung von Spiel- und Börsentermingeschäften beruht. Auf diesem Gebiete hat das Reichsgericht stets angenommen, daß der Schuldner dem Akzeptempfänger die Einrede der Ungültigkeit des Kausalgeschäftes entgegenhalten kann. So wird auch nach § 55 des neuen Börsengesetzes zu entscheiden sein, welcher besagt:

„Das auf Grund des Geschäftes Geleistete kann nicht deshalb zurückgefordert werden, weil für den Leistenden nach den §§ 52 bis 54 eine Verbindlichkeit nicht bestanden hat."

Im Anschlusse an die ältere Rechtsprechung wird anzunehmen sein, daß, um die Voraussetzungen dieser Bestimmung zu erfüllen, eine Leistung der Art erfordert wird, daß eine Forderung des Gläubigers nicht bestehen bleibt, auch nicht aus dem an Zahlungsstatt hingegebenen Wechsel.

Vgl. Entsch. des RG.'s in Zivils. Bd. 47 S. 52, Bd. 51 S. 159; Jurist. Wochenschr. 1904 S. 124 Nr. 31; ebenso Rehm-Neukamp, Kommentar zum BörsGes. § 55 Anm. 10 flg.

Das gleiche ist auch für den § 518 Abs. 2 BGB. anzunehmen.

Ein Unterschied wird dadurch nicht begründet, daß im vorliegenden Falle der Wechsel nicht der Beschenkten, sondern deren Vater, dem jetzigen Kläger, gegeben ist. Denn es herrscht Einverständnis darüber, daß der Kläger den Wechsel für Rechnung seiner Tochter vom Beklagten erhalten hat zur Vollziehung der ihr vom Beklagten versprochenen Schenkung. Er ist daher lediglich deren Inkassomandatar, und gegen ihn sind alle Einreden begründet, die seiner Tochter als Inhaberin des Wechsels entgegengehalten werden könnten.

Allerdings ist zuzugeben, daß der wegen der Schenkungseinrede an sich in Händen des Klägers ungültige Wechsel dadurch hätte Gültigkeit erlangen können, daß die Schenkung nachträglich in der dem § 518 entsprechenden Form bestätigt worden wäre; denn es könnte dann nicht mehr behauptet werden, daß dem Wechsel ein in nicht gehöriger Form erteiltes Schenkungsversprechen zugrunde läge. Die Bestätigung hätte auch in der Weise erfolgen können, daß der Beklagte die Verpflichtung aus dem geschenkten Wechsel in dem notariellen Ehevertrage anerkannt hätte. Der Kläger behauptet aber mit Unrecht, daß in diesem Vertrage eine solche Anerkennung enthalten sei. In dem von ihm angezogenen Art. 3 des Vertrages wird von den Kontrahenten nur anerkannt, daß ein Vermögen der Braut von 60000 ℳ in bar vorhanden sei, ohne daß dabei von dem Wechsel die Rede ist. Die aus dem gesamten tatsächlichen Hergange etwa zu ziehende Schlußfolgerung, daß die Kontrahenten als einen Teil dieser 60000 ℳ die Wechselforderung verstanden haben, würde nicht genügen; denn das Gesetz verlangt eine gerichtliche oder notarielle Beurkundung des Versprechens als solchen.

Hiernach muß die Einrede des formlosen Schenkungsversprechens durchgreifen. . . ."

74. 1. Erstreckt sich nach der mit Rußland abgeschlossenen Konvention über die Regulierung von Hinterlassenschaften vom 12. November/31. Oktober 1874 (RGBl. von 1875 S. 136) die Zuständigkeit der Gerichte des Sterbeortes auch auf Vermächtnisansprüche, die, wenn ein Angehöriger des anderen Vertragsstaates im Inlande verstirbt, von einem inländischen Staatsangehörigen gegen seinen Nachlaß erhoben werden?

2. Können einzelne in einem eigenhändigen Testamente enthaltene Verfügungen für sich allein in der Form des § 2255 BGB. widerrufen werden?

3. Nachträgliche undatierte Veränderungen eines eigenhändigen Testaments.

IV. Zivilsenat. Urt. v. 24. Juni 1909 i. S. Fürst G. u. Gen. (Bekl.) w. H. (Kl.). Rep. IV. 657/08.

I. Landgericht Karlsruhe.
II. Oberlandesgericht daselbst.

Am 30. April 1906 starb in Baden-Baden die Witwe des Generals Sk., geb. Prinzessin G. Sie war russische Staatsangehörige und hatte am Sterbeorte ihren letzten Wohnsitz. Zu ihrem Nachlasse gehörte u. a. das Miteigentum an mehreren in Baden-Baden und in der Gemarkung Lichtental gelegenen Grundstücken. Die Erblasserin hinterließ außer einem ununterschriebenen und nicht datierten Testamente eigener Niederschrift in russischer Sprache ein in französischer Sprache abgefaßtes Schriftstück, das sie mit der Aufschrift „Mon Testament“ versehen und mit den Worten „Aussi fait à Baden-Baden le 25. Mars 1905 (le vingt cinq Mars mille neuf Cent cinq) Madame Marie Sk...., née Princesse G....“ unterschrieben hatte. Dieses Testament wies mehrfache Durchstreichungen und Veränderungen auf. Es ist jedoch unter den Parteien unstreitig, daß es in seiner ursprünglichen Gestalt am 25. März 1905 vollständig von der Hand der Erblasserin geschrieben, unterschrieben und mit dem Datum versehen worden war.

Zugunsten der Klägerin, einer deutschen Staatsangehörigen, waren in Art. III des Testaments folgende Verfügungen enthalten. Die Erblasserin legt ihr das Recht bei, aus den Möbeln, Teppichen, Uhren und Haushaltungsgegenständen alles zu nehmen, was sie wolle. Es heißt dann weiter mit einer Durchstreichung und einer Überschreibung:

„en plus je lui laisse toutes mes ma garderobe et linge de table“.

Die Worte „ma garderobe“ standen über der Zeile. An ihrer Stelle standen in der Zeile die durchstrichenen Worte:

„toilettes, mes chapeaux, mon linge“.

Endlich vermacht ihr die Erblasserin 1. ein Kapital von 100000 *M* zum Eigentume, 2. die Zinsen eines Kapitals von 170000 *M* auf Lebenszeit. Welche Verwendung diese 170000 *M* nach dem Tode der Klägerin finden sollten, war in einer hinterher teils durchstrichenen, teils durch eine Veränderung der Numerierung zu einem selbständigen Art. IV umgewandelten Schlußbestimmung des Art. III verordnet.

Nach dem Tode der Erblasserin wurde entsprechend dem Art. 6 der Konvention über die Regulierung von Hinterlassenschaften zwischen dem Deutschen Reiche und Rußland vom 12. November/31. Oktober 1874 der bewegliche Nachlaß, bestehend in einem Bankguthaben von 197233 *M* und in sonstigen Gegenständen zum Gesamtwerte von 114247,37 *M*, von der Kaiserl. Russischen Gesandtschaft in Karlsruhe in Verwaltung und Verwahrung genommen. Das Großherzogl. Notariat Baden I aber, als die in Baden zuständige Nachlaßbehörde, erließ die dem Art. 3 der Konvention entsprechende Bekanntmachung bezüglich der Eröffnung des Nachlasses und der Berufung der Erben und Gläubiger. Innerhalb der in Art. 5 und Art. 10 Abs. 3 der Konvention bestimmten Frist von sechs Monaten meldete die Klägerin ihre Ansprüche aus den Verfügungen des Testaments vom 25. März 1905 bei dem Notariate an. Die Russische Gesandtschaft verweigerte jedoch, weil die als Erben der Witwe Sk. auftretenden Beklagten dem Vollzuge des Testaments widersprochen hätten, die Auszahlung des Vermächtnisses an die Klägerin.

Mit der erhobenen Klage verlangte die Klägerin die Feststellung, daß die ihr in dem Testamente gemachten Zuwendungen zu Recht beständen. Die Beklagten (russische Staatsangehörige) widersprachen der Entscheidung des Rechtsstreits durch die deutschen Gerichte, weil nach der Konvention von 1874 für die Ansprüche der Klägerin die ausschließliche Zuständigkeit der russischen Gerichte begründet sei. Zur Sache machten sie u. a. geltend, daß das Testament der Rechtswirksamkeit entbehre.

Die Vorinstanzen gaben dem Klagebegehren statt und wiesen die vorsorglich auf Feststellung der Nichtigkeit des Testaments erhobene Widerklage ab. Die Revision der Beklagten wurde zurückgewiesen.

Aus den Gründen:

... „Die Revisionskläger führen zunächst darüber Beschwerde, daß das Berufungsgericht unter Verweisung auf die Ausführungen des Landgerichts angenommen hat, die Entscheidung über die erhobenen Ansprüche stehe den deutschen Gerichten zu. Diese Annahme entspricht jedoch dem Art. 10 der Konvention über die Regulierung von Hinterlassenschaften zwischen dem Deutschen Reiche und Rußland vom 12. November/31. Oktober 1874. Kein Zweifel besteht zunächst darüber, daß die Konvention als ein vom Deutschen Reiche mit einem ausländischen Staate abgeschlossener Staatsvertrag, da in formaler Beziehung die Anforderungen der Artt. 4 Nr. 13 und 11 Abss. 1 und 3 der Verfassung des Deutschen Reichs erfüllt sind (Entsch. des RG.'s in Zivils. Bd. 26 S. 123), in Deutschland uneingeschränkte Geltung erlangt hat. Die in ihr enthaltenen Vorschriften haben auch beim Inkrafttreten des Bürgerlichen Gesetzbuchs ihre Geltung behalten. Zwar ist in der Kommission für die zweite Lesung ein Antrag, dem Entwurfe des Einführungsgesetzes die Vorschrift einzufügen:

„Die Bestimmungen der Staatsverträge, die das Reich mit einem ausländischen Staate geschlossen hat, bleiben in Kraft"

abgelehnt worden. Dies ist jedoch nur deshalb geschehen, weil man es für selbstverständlich hielt, daß Reichsstaatsverträge, die den Charakter objektiver Rechtsnormen einmal erhalten hätten, durch ein späteres Reichsgesetz dieses Charakters zwar entkleidet werden könnten, daß aber eine dahingehende Absicht, solange der Vertrag dem fremden Staate gegenüber (obligatorische) Geltung habe, bei keinem späteren Gesetze vorauszusetzen sei. Man nahm an, Art. 9 des Entwurfs, der als Art. 32 des Einführungsgesetzes Geltung erlangt hat, reiche den Reichsstaatsverträgen gegenüber aus und nur zur Aufrechterhaltung der Landesstaatsverträge habe es des jetzt in Art. 56 enthaltenen Vorbehalts bedurft.

Vgl. Protokolle Bd. 6 S. 563.

Was den sachlichen Inhalt der Konvention anlangt, so verweisen die Revisionskläger zunächst auf Art. 7 Abs. 1, um daraus herzuleiten, daß über Vermächtnisansprüche, die gegen den Nachlaß eines in Deutschland verstorbenen russischen Staatsangehörigen wenn auch von deutschen Reichsangehörigen erhoben werden, die russischen Behörden und die russischen Gerichte allein zu entscheiden hätten. Das ist verfehlt. Zwar werden in Art. 7 die auf einem Erbanspruche oder Vermächtnisse beruhenden Forderungen von der für andere Forderungen begründeten ausschließlichen Zuständigkeit der Landesgerichte ausdrücklich ausgenommen. Das bedeutet jedoch noch nicht, daß sie damit zugleich positiv den Gerichten und den Behörden des Heimatstaates zur ausschließlichen Entscheidung zugewiesen sind. Vielmehr enthält Art. 10 der Konvention für die auf erbrechtlichem Grunde beruhenden Ansprüche eine Regelung der Zuständigkeit in der Weise, daß unter gewissen Voraussetzungen die Entscheidung den Behörden und den Gerichten des Heimatstaates zusteht, unter anderen Voraussetzungen dagegen die Gerichte des Sterbeortes zur Entscheidung berufen sind; und diese Regelung ist erschöpfend. Sie bezweckt die vollständige erbrechtliche Ordnung der ganzen Hinterlassenschaft und erstreckt sich daher auch auf die auf dem Rechtsgrunde des Vermächtnisses beruhenden Ansprüche. Zunächst sind in Art. 10 Abs. 1 alle den unbeweglichen Nachlaß betreffenden Ansprüche den Gerichten des Landes, in dem die hinterlassenen Grundstücke gelegen sind, zur ausschließlichen Entscheidung zugewiesen. Dies gilt also auch von den gegen den unbeweglichen Nachlaß erhobenen Vermächtnisansprüchen. Die Abss. 2—4 handeln sodann von den auf einem erbrechtlichen Grunde beruhenden Ansprüchen, die gegen den beweglichen Teil des Nachlasses geltend gemacht werden. Hier sind zwar im allgemeinen die Gerichte und die Behörden des Heimatstaates zur Entscheidung berufen. Eine Ausnahme gilt jedoch für Ansprüche von Inländern, wenn sie vor dem Ablaufe der vorgeschriebenen Frist (Art. 5) geltend gemacht werden. Trifft dies zu, so gebührt die Entscheidung darüber den Gerichten des Inlandes, und es gelten für die Entscheidung die Gesetze des eigenen Landes.

Zwar ist es richtig, wenn die Revision darauf hinweist, daß mit ausdrücklichen Worten die Vermächtnisansprüche in die durch Art. 10 Abss. 2—4 vorgesehene Regelung nicht einbezogen sind; wohlgemerkt aber so, daß sie auch insoweit keine besondere Erwähnung gefunden haben, als in denselben Abschnitten die Zuständigkeit der ausländischen Behörden und Gerichte vorgeschrieben ist. Es läßt sich indes aus dieser Nichterwähnung weder herleiten, daß die Befriedigung der Legatare von der zwischen dem Deutschen Reiche und Rußland vereinbarten internationalen Ordnung der Hinterlassenschaften überhaupt ausgenommen sein sollte, noch auch daß es in der Absicht der vertragschließenden Mächte gelegen haben könnte, den Angehörigen des Landes, in dem der Nachlaß eröffnet ist, zwar die Möglichkeit zu eröffnen, sich mit ihren auf nicht erbrechtlichem Rechtsgrunde beruhenden Forderungen (Art. 7), sowie mit allen den Immobiliarnachlaß betreffenden erbrechtlichen Ansprüchen (Art. 10 Abs. 1) und endlich auch in formell juristischem Sinne mit den gegen den Mobiliarnachlaß gerichteten Erbansprüchen an die Gerichte des eigenen Landes zu wenden, daß sie jedoch mit ihren Vermächtnisansprüchen an die Gerichte des Auslandes gewiesen sein sollten.

Zu dieser Annahme nötigt auch nicht die Wortfassung der Konvention. In dem maßgebenden französischen Texte

vgl. die in der Sitzung des Reichstages vom 7. Januar 1875 abgegebenen Regierungserklärungen, Stenogr. Ber. Bd. 2 S. 868 und 869,

werden in Abs. 2 nebeneinander gestellt und darum begrifflich unterschieden:

„Les réclamations relatives au partage des successions mobilières, ainsi qu'aux droits de succession".

Bei den réclamations relatives au partage handelt es sich also nicht um Erbfolgerechte, sondern um eine Erbbeteiligung in einem weiteren Sinne, der es ermöglicht, die Ansprüche der Legatare auch dann für darin einbegriffen zu halten, wenn deren Befriedigung sich nur äußerlich betrachtet als ein Akt der partage des successions mobilières darstellt. Sie werden in dieser allgemeinen Bedeutung mit den Erbfolgeansprüchen auf der einen Seite der regelmäßigen Zuständigkeit der Heimatbehörden des Erblassers unterworfen, auf der anderen Seite aber mit den Worten:

„à moins qu'un sujet du pays où la succession est ouverte, n'ait des droits à faire valoir à la dite succession"

sowie durch die sich daran anschließende Bestimmung des Abs. 3 den Gerichten und den sonst zuständigen Behörden des Sterbeortes zugewiesen. Wenn die Schlußworte dieses dritten Absatzes — worauf die Revisionskläger das entscheidende Gewicht legen wollen — den Gegenstand der Entscheidung, die von den Landesbehörden auf Anrufen des Inländers zu erlassen ist, mit den Worten bezeichnen:

„la quotepart, qui doit lui être attribuée"

so kommt dies für eine einschränkende Auslegung schon deshalb nicht in Betracht, weil die Worte nur bedingt („s'il y a lieu") auf einen von der weiter reichenden Vorschrift mitumfaßten Fall hinweisen:

„. . . statueront, conformément à la législation de ce pays, sur la validité des prétentions du réclamant et, s'il y a lieu, sur la quotepart qui doit lui être attribuée."

Darum deuten endlich auch in Abs. 4 die Worte „à l'égard des autres héritiers" nicht etwa darauf hin, daß die in Abss. 2 und 3 vorgesehene Zuständigkeit der beiderseitigen Landesbehörden auf Erbansprüche im juristisch-technischen Sinne beschränkt sein sollte, sondern es sind damit — im Gegensatze zu den fristgerecht angemeldeten Ansprüchen der inländischen Reklamanten (Abs. 3) — im vulgären Sinne die sämtlichen anderen Erbbeteiligten mit ihren gegen den Mobiliarnachlaß gerichteten Ansprüchen an die Konsulatsbehörde des ausländischen Heimatstaates verwiesen, und sie haben an dieser Stelle ihre Befriedigung aus dem Nachlaßreste nachzusuchen.

Übrigens ist es auch richtig, wenn von der Revisionsbeklagten darauf hingewiesen wird, daß bei der Verschiedenartigkeit der Rechtsstellung, die zur Zeit des Abschlusses der Konvention von 1874 nach den verschiedenen Rechtssystemen in Deutschland den Vermächtnisnehmern angewiesen war, die für das ganze Reichsgebiet bestimmten Vorschriften des Art. 10 nur aus sich selbst heraus ausgelegt werden können und daß die deutschrechtliche Gestaltung der Vermächtnisansprüche weder nach den Normen des heutigen, noch auch nach denen des damals geltenden Rechts für diese Auslegung einen geeigneten Anhalt abgibt. Rußland hatte überdies eine mit der deutschen Konvention wörtlich übereinstimmende Nachlaßkonvention schon vorher unterm 20. März/1. April 1874 mit Frankreich abgeschlossen,[1] und auch der zu späterer Zeit zwischen Rußland und Italien am 28. April 1875 abgeschlossene, denselben Gegenstand betreffende Staatsvertrag (Raccolta ufficiale delle leggi 1875 pag. 1973) hat in allen hier in Betracht kommenden Artikeln den gleichen Wortlaut. In keinem dieser Staaten hat sich ein Bedürfnis herausgestellt, die Vermächtnisansprüche unter andere, von den übrigen erbrechtlichen Ansprüchen abweichende Regeln zu stellen. Bei dem zeitlich zuerst abgeschlossenen Vertrage mit Frankreich mag eine besondere Erwähnung dieser Ansprüche im Hinblick auf die Vorschriften der Artt. 1010, 1014 C. c. ohnehin für entbehrlich erachtet worden sein.

Rechtlich handelt es sich ... um die Frage, ob nach deutschem Rechte die in dem Testamente vom 25. März 1905 zugunsten der Klägerin getroffenen letztwilligen Verfügungen rechtswirksam sind. Dies bestreiten die Revisionskläger; sie sind der Meinung, das Testament habe, wenn es auch ursprünglich den Anforderungen des § 2231 Nr. 2 BGB. entsprochen habe, durch die später daran vorgenommenen Veränderungen seine Rechtswirksamkeit verloren. In dieser Beziehung ist das Berufungsgericht von den schon in der ersten Instanz getroffenen tatsächlichen Feststellungen ausgegangen, die dahin

[1] Sie ist mitgeteilt bei Martens, Recueil des traités et conventions conclus par la Russie avec les puissances étrangères Bd. 3 S. 540 flg. D. E.

gehen, daß etwa vier Wochen nach dem 25. März 1905 die Erblasserin selbst die Veränderungen an der Testamentsurkunde vorgenommen hat. Das Landgericht hat auch festgestellt, und es darf angenommen werden, daß das Berufungsgericht ihm hierin gleichfalls gefolgt ist, daß die Erblasserin noch kurz vor ihrem Tode dem darüber vernommenen Zeugen Hofrat von B. gesagt habe, sie betrachte das Testament mit den vorgenommenen Veränderungen als ihren letzten Willen.

Im übrigen beruht die Entscheidung des Berufungsgerichts auf folgenden Erwägungen. Das einmal formgültig errichtete Testament behalte bis zu einem den Vorschriften der §§ 2253—2258 BGB. entsprechenden Widerrufe seine Gültigkeit, gleichviel ob sein Inhalt weiterhin noch mit dem Willen des Erblassers übereinstimme oder nicht. Im gegebenen Falle komme nur ein Widerruf durch Vernichtung oder Veränderung im Sinne des § 2255 in Betracht. Diese Widerrufsform erfordere (im Falle der Veränderung) neben einer objektiv der Gesetzesvorschrift entsprechenden Behandlung der Urkunde die von dem Willen, den Inhalt nicht mehr aufrecht zu erhalten, verschiedene Absicht, das Testament aufzuheben. Auf solche Weise könne auch ein Teil des Testaments widerrufen werden. Hier habe die Erblasserin an der Urkunde mittels Durchstreichung und anderer Gestaltung des Textes eine Reihe von Veränderungen vorgenommen; zum Teil sei dies in einer Form und mit Schreibgeräten geschehen, die bei Urkunden solcher Art nicht üblich seien. Daraus könne aber nicht mehr geschlossen werden, als daß die Erblasserin die Absicht gehabt habe, dieses Testament durch ein anderes, noch zu errichtendes Testament zu ersetzen. Solange das andere Testament nicht fertig gewesen sei, habe das streitige fortgelten sollen. Hätte sie die weitergehende Absicht gehabt, das Testament seinem ganzen Inhalte nach aufzuheben, so würde sie dies deutlicher zum Ausdrucke gebracht haben, und es würden nicht erhebliche Teile des Textes stehen geblieben sein. Die im Testamente enthaltenen, formell noch zu Recht bestehenden Verfügungen seien durch die Unwirksamkeit der durchstrichenen Verfügungen nicht entkräftet worden. Denn die Voraussetzungen des § 2085 lägen, zumal bei dem selbständigen Charakter der zugunsten der Klägerin getroffenen Verfügungen, nicht vor. Diese ständen insbesondere in keinem Abhängigkeitsverhältnisse zu den Bestimmungen darüber, wie es mit dem der Klägerin zum lebenslänglichen Nießbrauche ausgesetzten Kapitale nach deren Tode gehalten werden solle. Auch ohne diese hinterher mit Bleistift durchstrichenen Bestimmungen würde die Klägerin in derselben Weise von der Erblasserin bedacht worden sein. Wenn in dem Satze, der von der Zuweisung von Einrichtungs- und Toilettegegenständen handele, die Worte „mes chapeaux, mon linge“ mit Bleistift durchstrichen und „ma garderobe“ mit Bleistift darüber gesetzt sei, so liege die Bedeutungslosigkeit dieser Abänderung für das der Klägerin zugewendete Vermächtnis als Ganzes auf der Hand.

Soweit diese Ausführungen auf tatsächlichen Erwägungen beruhen, unterliegen sie nicht der Nachprüfung des Revisionsgerichts. Legt man aber der jetzigen Entscheidung die tatsächlichen Erwägungen des Berufungsrichters zugrunde, so kann es rechtlich keinem Zweifel unterliegen, daß ungeachtet der an dem Testamente vorgenommenen Veränderungen die darin zugunsten der Klägerin getroffenen letztwilligen Verfügungen ihre Gültigkeit behalten haben. Zunächst hat der Berufungsrichter auf das bündigste verneint, daß sich die Aufhebungsabsicht der Erblasserin auf das ganze Testament erstreckt habe, indem er feststellt, sie habe es bis zur Errichtung eines anderen Testaments fortgelten lassen wollen. Wollte die Erblasserin aber, als sie die Veränderungen vornahm, das Testament selbst als solches bestehen lassen, so können die Voraussetzungen, von denen im § 2255 BGB. die Wirksamkeit des Widerrufs abhängig gemacht ist, ihrem vollen Inhalte nach von vornherein nicht erfüllt sein. Ohne die Aufhebungsabsicht würden selbst solche Veränderungen, durch die nach allgemeinen Gepflogenheiten der Wille, eine schriftliche Willenserklärung aufzuheben, seinen Ausdruck findet, nicht hinreichen, das Testament außer Kraft zu setzen. Das Urteil des Senats vom 12. November 1908 (Entsch. des RG.'s in Zivils. Bd. 69 S. 413), auf das sich die Revisionskläger berufen, geht von demselben Grundsatze aus und betrifft nur die Frage nach der erforderlichen Beschaffenheit der Veränderungen, die beim Vorhandensein der Aufhebungsabsicht den Widerruf rechtswirksam machen.

Was sodann die Erhaltung einzelner Teile des Testaments anlangt, so kommt es, wenn zunächst von dem Garderobevermächtnis abgesehen wird, für den Streitfall nicht darauf an, welche Rechtswirkungen unmittelbar von den Durchstreichungen und den positiven Einschaltungen ausgegangen sind. Denn die zugunsten der Klägerin getroffenen Verfügungen weisen nur an der Stelle, wo es sich um das Garderobevermächtnis handelt, eine Veränderung auf. Im übrigen sind sie weder durchstrichen noch auch sonst verändert worden. Und daß sie auch nicht mittelbar von den Durchstreichungen anderer Verfügungen in Mitleidenschaft gezogen sind, hat der Berufungsrichter mit unanfechtbaren tatsächlichen Erwägungen unter zutreffender Anwendung des § 2085 BGB. in Abrede gestellt.

Es bleibt daher nur zu prüfen, welche rechtliche Bedeutung den Korrekturen in der Testamentsurkunde bei dem der Klägerin ausgesetzten Garderobevermächtnisse beizumessen ist. Dabei kommt zunächst die Durchstreichung der Worte „toilettes, mes chapeaux, mon linge" in Betracht. An sich ist mit der Mehrheit der Schriftsteller davon auszugehen, daß die Widerrufsform des § 2255 nicht nur auf das ganze Testament, sondern auch auf einzelne in ihm enthaltene Verfügungen Anwendung finden kann, wiewohl im Unterschiede von § 2253 die Vorschrift des § 2255 wörtlich genommen nur von dem Widerruf des ganzen Testaments handelt. Entscheidend ist namentlich der Umstand, daß § 2253 nicht von der Form des Widerrufs, sondern von der dem Erblasser zustehenden freien Befugnis zum Widerrufe im allgemeinen handelt und daß § 2255 aus § 1934 des ersten Entwurfs unter bloßer Fassungsänderung hervorgegangen ist. In § 1934 des ersten Entwurfs war die Widerrufsform durch Vernichtung oder Veränderung der Testamentsurkunde gerade für einen Widerruf der im Testamente enthaltenen letztwilligen Verfügungen vorgesehen, und es war in den Motiven (Bd. 5 S. 301) als selbstverständlich bezeichnet, daß die Willensaufhebung nach Maßgabe des § 1934 sich auch auf einen Teil des in der Testamentsurkunde niedergelegten Willens beziehen könne. Daß im weiteren Verlaufe der Vorarbeiten, insbesondere bei den in der II. Kommission beschlossenen Fassungsänderungen, die Absicht bestanden hätte, hierin sachlich eine Änderung eintreten zu lassen, läßt sich nicht annehmen (vgl. Prot. Bd. 5 S. 353 zu XII und Bd. 6 S. 73 Anm. 1).

Auf der anderen Seite sind positive Veränderungen, insbesondere nachträglich hinzugesetzte Worte oder Sätze, auch wenn sie von der Hand des Erblassers herrühren, als letztwillige Verfügungen unwirksam. Verändern sie sachlich, was mit Datum und Unterschrift abgeschlossen in dem eigenhändigen Testamente verfügt ist, so enthalten sie neue letztwillige Verfügungen, bei deren Errichtung die Formen des § 2231 Nr. 2 von neuem gewahrt werden müssen. Sie können nur eine Bedeutung für die Auslegung dessen gewinnen, was von den Verordnungen des Testaments bestehen geblieben ist.

Unter diesen rechtlichen Gesichtspunkten betrachtet und vom Standpunkte der Tatsachenbeurteilung des Berufungsrichters aus ist auch das Garderobevermächtnis nach Maßgabe der ursprünglichen Fassung des Testaments in Geltung geblieben. Denn die vom Berufungsrichter angenommene Bedeutungslosigkeit der Veränderungen des Textes an der bezeichneten Stelle läßt sich nur so verstehen, daß die Erblasserin ihre Verordnungen hinsichtlich der toilettes, chapeaux und des linge nicht aufheben, sondern durch eine gleichbedeutende ersetzen wollte und daß der durch Überschreibung des Durchstrichenen eingefügte Ausdruck „ma garderobe" nur eine Fassungsänderung bedeuten sollte, also zu erkennen gab, was die Erlasserin von vornherein mit den formell in Kraft gebliebenen, wenn auch durchstrichenen Worten gemeint hatte." . . .

75. Darf in Elsaß-Lothringen das Ersuchen eines Vormundschaftsgerichts um Rechtshilfe insoweit abgelehnt werden, als es darauf gerichtet ist, den Vater eines unehelichen Kindes mit der Erklärung zu vernehmen, daß er sich wegen der zu zahlenden Unterhaltsbeträge der sofortigen Zwangsvollstreckung unterwerfe?

FrGG. § 2.

GVG. §§ 159, 160.

Elsaß-lothr. Gesetz, betr. die Ausführung des Reichsgesetzes über die Angel. der freiwilligen Gerichtsbarkeit, vom 6. November 1899 (Gesetzbl. für Els.-Lothr. S. 117) § 44.

IV. Zivilsenat. Beschl. v. 24. Juni 1909 i. S. B.'sche Vormundsch. Beschw.-Rep. IV. 233/09.

I. Amtsgericht Metz.
II. Oberlandesgericht Colmar.

Über das von der ledigen E. V. am 7. März 1909 geborene Kind gleichen Namens wurde die Vormundschaft bei dem Königlich bayerischen Amtsgerichte in Germersheim geführt. Auf das Ersuchen dieses Gerichts hat das Kaiserliche Amtsgericht in Metz den als Vater des Kindes bezeichneten jetzigen Soldaten L. K. vorgeladen und seine Erklärung zu Protokoll genommen, wonach er nicht nur seine Vaterschaft anerkennt, sondern sich auch verpflichtet, eine Unterhaltsrente von vierteljährlich 45 ℳ an das Kind, sowie Entbindungs- und Wochenbettkosten von 15 ℳ und 42 ℳ an die Kindesmutter zu zahlen.

Das weitere Ersuchen des Vormundschaftsgerichts, den L. K. auch darüber zu vernehmen, ob er sich wegen der übernommenen Verpflichtungen der sofortigen Zwangsvollstreckung unterwerfe, hat das Amtsgericht in Metz abgelehnt, weil für die Beurkundung der Unterwerfung unter die sofortige Zwangsvollstreckung in Elsaß-Lothringen die Gerichte nicht zuständig seien. Das ersuchende Gericht hat dem gegenüber auf Entscheidung des Oberlandesgerichts angetragen. Dieses hat durch den Beschluß vom 19. Mai 1909 die Weigerung des Amtsgerichts in Metz für begründet erklärt.

Die hiergegen eingelegte Beschwerde des Amtsgerichts in Germersheim führte zur Aufrechterhaltung des Beschlusses vom 19. Mai 1909.

Aus den Gründen:

„Der entscheidende Senat des Reichsgerichts hält an der in seinem Beschlusse vom 27. Februar 1908 (Entsch. in Zivils. Bd. 67 S. 416) näher begründeten Annahme fest, daß das Vormundschaftsgericht in den Grenzen seiner Obliegenheiten handelt, wenn es den Erzeuger des bevormundeten unehelichen Kindes nach geschehener Vorladung darüber vernimmt, ob er seine Vaterschaft anerkenne, sich zur Zahlung bestimmter Unterhaltsbeträge verpflichte und sich wegen dieser Verpflichtung der sofortigen Zwangsvollstreckung unterwerfe. Dem entsprechend sind denn auch in Bayern die Vormundschaftsgerichte als solche durch die zur Ausführung der gesetzlichen Vorschriften über das Vormundschaftswesen erlassene Bekanntmachung des Staatsministeriums der Justiz vom 19. Januar 1900 (Just.-Min.-Bl. 1900 S. 181) in § 9 (vgl. hierzu S. 227—230) darauf hingewiesen worden, in dieser Weise mit dem unehelichen Vater zu verhandeln und insbesondere darauf hinzuwirken, daß er die Erklärung über seine Unterwerfung unter die sofortige Zwangsvollstreckung abgibt. Die aus dieser vormundschaftsgerichtlichen Sachzuständigkeit in dem Beschlusse vom 27. Februar 1908 hergeleitete Befugnis, die Rechtshilfe auswärtiger Gerichte zur Vornahme derartiger Vernehmungen in Anspruch zu nehmen, wird an und für sich dadurch nicht berührt, daß sich das ersuchte Gericht unter Berufung auf einen Ablehnungsgrund weigert, dem Ersuchen stattzugeben. Vielmehr steht alsdann dem Vormundschaftsgerichte der durch § 2 FrGG. in Verbindung mit § 160 GVG. vorgeschriebene Weg offen, auf dem es eine Entscheidung der höheren Instanzen über die Rechtmäßigkeit der Ablehnung herbeizuführen vermag. Im gegebenen Falle konnte daher die Zulässigkeit der gegen die Entscheidung des Oberlandesgerichts eingelegten Beschwerde nicht verneint werden.

Die Beschwerde erwies sich jedoch als nicht begründet. Mit Recht hat sich das Amtsgericht in Metz auf § 44 des elsaß-lothringischen Gesetzes, betr. die Ausführung des FrGG., vom 6. November 1899 berufen, der vorschreibt:

„Für die Beurkundung von Rechtsgeschäften, welche nach den Vorschriften der Reichsgesetze gerichtlicher oder notarieller Beurkundung bedürfen, sind, soweit nicht ein anderes gesetzlich bestimmt ist, nur die Notare zuständig."

Unter diese auf Grund des Vorbehalts in Art. 141 EinfGes. z. BGB. erlassene Gesetzesvorschrift fallen zwar nicht die formfreien Vereinbarungen über die Unterhaltsleistungen des unehelichen Vaters; sie erstreckt sich jedoch auf die hinzugefügte Erklärung, durch die sich der Verpflichtete der sofortigen Zwangsvollstreckung unterwirft. Denn für diese Erklärung besteht nach § 794 Abs. 1 Nr. 5 ZPO. das reichsgesetzliche Erfordernis der gerichtlichen oder notariellen Beurkundung. Aus einer Urkunde aber, die ein elsaß-lothringisches Gericht mit solchem Inhalte aufnehmen wollte, würde, weil gemäß § 44 das Gericht die Grenzen seiner Amtsbefugnisse damit überschritten hätte, die Zwangsvollstreckung gemäß § 794 ZPO. nicht zulässig sein.

Es entsteht die Frage, ob diese Erwägungen für die Annahme hinreichen, daß im Sinne des § 159 Abs. 2 GVG. die Aufnahme vollstreckbarer Urkunden den Gerichten in Elsaß-Lothringen verboten ist. Nach der Entstehungsgeschichte des Gesetzes kann die Bejahung dieser Frage zweifelhaft sein. Denn die Vorschriften des 13. Titels des GVG. (§§ 157 flg.) sind aus dem Gesetze, betr. die Gewährung der Rechtshilfe, vom 21. Juni 1869 (BGBl. S. 305) hervorgegangen, und in § 37 dieses Gesetzes sind die außerhalb des gerichtlichen Geschäftskreises liegenden und die dem ersuchten Gerichte verbotenen Handlungen nebeneinander gestellt, so daß danach die sachliche Unzuständigkeit allein noch kein Verbot in sich schließen würde. § 37 lautete nämlich:

„Die Rechtshilfe findet nicht statt, wenn die Vornahme der beantragten Handlung nicht zu dem Geschäftskreise des ersuchten Gerichts gehört, oder wenn eine Handlung des Gerichts, einer Partei oder eines Dritten beantragt wird, deren Vornahme nach den für dieses Gericht geltenden Normen verboten ist."

In Abweichung hiervon schließt sich in § 159 GVG. an die Regel des Abs. 1, wonach das Ersuchen um Rechtshilfe nicht abgelehnt werden darf, in Abs. 2 nur die Ausnahmevorschrift an:

„Das Ersuchen eines nicht im Instanzenzuge vorgesetzten Gerichts ist jedoch abzulehnen, wenn dem ersuchten Gerichte die örtliche Zuständigkeit mangelt, oder die vorzunehmende Handlung nach dem Rechte des ersuchten Gerichts verboten ist".

Die Bestimmung, wonach sachliche Unzuständigkeit einen Ablehnungsgrund bilden sollte, wurde mit Absicht weggelassen. In den Motiven zu dem Entwurfe des GVG. (§ 129, entsprechend dem § 159 des Gesetzes) ist als Grund dafür angegeben, eine derartige Vorschrift sei mit Rücksicht auf die gemeinsame Regelung des Verfahrens (in Zivil- und Strafsachen) und mit Rücksicht auf § 2 des Entwurfs (gleichlautend mit § 2 des Gesetzes) entbehrlich.

Vgl. Hahn, Materialien zum Gerichtsverfassungsgesetz Bd. 1 S. 169.

In der Kommission des Reichstages wurde die Weglassung der Vorschrift beanstandet. Die Regierungsvertreter erklärten hierauf, nach § 2 des Entwurfs zum EinfGes. z. GVG. (gleichlautend mit § 2 des Gesetzes) fänden die Vorschriften des Gerichtsverfassungsgesetzes nur auf die ordentliche streitige Gerichtsbarkeit und deren Ausübung Anwendung, die Zivil- und die Strafprozeßordnung schafften aber einheitliches Recht; es falle daher die Verschiedenheit, die beim Erlasse des Rechtshilfegesetzes bestanden habe, weg. Daraufhin verblieb es bei der im Regierungsentwurfe vorgeschlagenen Gesetzesbestimmung.

Vgl. Hahn, Materialien a. a. O. Bd. 1 S. 316.

Handelt es sich aber auch — was dahingestellt bleiben mag — nicht um ein Verbot, so läßt doch die Entstehungsgeschichte des § 159 GVG. klar erkennen, daß die Ablehnungsbefugnis und Ablehnungspflicht aus dem Grunde der sachlichen Unzuständigkeit nur deshalb in das Gesetz nicht aufgenommen worden ist, weil für das damalige auf Zivil- und Strafsachen beschränkte Anwendungsgebiet der Vorschrift angenommen wurde, ein solcher Fall könne nicht vorkommen. Die Möglichkeit seines Eintretens ist von neuem gegeben, seitdem durch § 2 FrGG. die von der Rechtshilfe handelnden Vorschriften des GVG. auf die Angelegenheiten der freiwilligen Gerichtsbarkeit ausgedehnt worden sind. Ist im Bereiche dieser Angelegenheiten das ersuchte Gericht sachlich für die vorzunehmende Handlung nicht zuständig, so ergibt sich die Entscheidung über die Zulässigkeit der Ablehnung daraus, daß beim Erlasse des GVG. an den maßgebenden Stellen die Absicht bestanden hat, die in § 159 enthaltene Regelung auf einen solchen Fall nicht auszudehnen, daß aber begriffmäßig von einer Gewährung der Rechtshilfe nur dann die Rede sein kann, wenn es sich um eine Amtstätigkeit handelt, die in ihrer Art dem Geschäftsbereiche des ersuchten Gerichtes verfassungmäßig angehört. In einem Auftragsverhältnisse stehen die beteiligten Gerichte nicht zueinander, und zu Geschäften, die am Orte der Vornahme überhaupt nicht Gerichtsgeschäfte sind, sondern anderen Behörden oder Beamten obliegen, kann auch im Wege des Rechtshilfeverfahrens kein Gericht angehalten werden." ...

76. Bedeutet die vertragsmäßige Abladezeit einer über See bezogenen Ware stets die Zusicherung einer Eigenschaft der Ware?

II. Zivilsenat. Urt. v. 29. Juni 1909 i. S. F. & Co. (Bekl.) w. C. & Co. (Kl.). Rep. II. 638/08.

I. Landgericht Hamburg, Kammer für Handelssachen.
II. Oberlandesgericht daselbst.

Die Frage wurde verneint.

Aus den Gründen:

„Die Beklagte kaufte im September 1907 von der Klägerin 30 Originalkisten Sternanis-Öl und am 3. Oktober 1907 weitere

20 Kisten auf Hamburg, Abladung Februar/März 1908 von China. Zahlung hatte gegen Übergabe der Verladungspapiere zu erfolgen. Die Klägerin präsentierte der Beklagten Anfang April 1908 die Verladungspapiere über 50 Kisten. Die Beklagte nahm 30 Kisten ab, verweigerte dagegen die Abnahme von 20 Kisten. Die Klägerin erhob Klage auf Zahlung des Preises für diese 20 Kisten in Höhe von 6491,66 *M*. Die Beklagte leitete ihr Recht, die Abnahme der 20 Kisten zu verweigern, aus dem Umstande her, daß die Klägerin ihr vor dem Angebote im April 1908 bereits Mitte Februar 1908 20 Kisten Sternanis-Öl Januar-Abladung angeboten habe. Sie habe damals die Annahme der Dokumente und die Zahlung verweigert und der Klägerin auf Schreiben vom 18. Februar 1908 mitgeteilt, daß sie eine zweite Andienung der 20 Kisten ablehnen müsse, weil eine solche nach den Hamburger Platzusancen unzulässig sei. Die Klägerin erkannte durch Brief vom 17. Februar 1908 an, daß die Beklagte nicht verpflichtet sei, Januar-Abladung zu empfangen, und teilte mit, sie werde s. Z. Ware von im Rahmen des Kontrakts gehaltener Abladung andienen.

Das Landgericht wies die Klage ab; dagegen verurteilte das Berufungsgericht die Beklagte nach dem Klagantrage. . . . Es erwog, unter den Parteien sei nicht streitig, daß die Klägerin auf Grund des § 480 BGB. im Unrechte sei, falls man die vereinbarte Abladung in einem bestimmten Monate als zugesicherte Eigenschaft der Ware aufzufassen habe. Von zutreffender Begriffsbestimmung der Eigenschaft einer Ware ausgehend und die Richtigkeit der von der Beklagten zum Beweise verstellten Behauptung unterstellend, daß die Abladung in einem bestimmten Monate für die Bemessung des Wertes einer Ware in der Regel eine Rolle spielen werde, hat es aber verneint, daß in der vereinbarten Abladezeit die Zusicherung einer Eigenschaft zu erblicken sei, weil es hierzu an dem Begriffsmerkmale der Dauer fehle.

Das Berufungsgericht verkennt nicht, daß die Fälle so liegen können, daß z. B. Abladung in einem bestimmten Monate von einem bestimmten Lande im Verkehre als Kennzeichen einer bestimmten Ware gelte und daß dann eine solche Abladung wohl als Eigenschaft der Ware anzusehen sein würde. Das aber sei — so ist ausgeführt — im vorliegendem Falle nicht behauptet, und es fehle jeder Anhalt dafür, daß der vereinbarten „Februar/März=1908=Abladung" ein anderes Gewicht beizulegen sei, als daß die Zeit der Abladung als Zeitbestimmung in Betracht zu ziehen sei. Wenn sie in dieser Beziehung auch als wesentliche Kontraktsbestimmung in Betracht komme, könne die stipulierte Abladung doch nicht als zugesicherte Eigenschaft der Ware gelten. Scheide sonach § 480 BGB. aus, so sei kein Grund erfindlich, warum die Klägerin nicht zum zweiten Male und zwar nunmehr vertragsmäßige Ware habe anbieten dürfen. Die Klägerin habe nach Ablehnung der Januar=Abladung die Ablehnung der Beklagten sofort als berechtigt anerkannt und mitgeteilt, sie werde seinerzeit vertragmäßige Ware andienen. Irgend welche Interessen der Beklagten seien hierdurch nicht verletzt worden; sie habe mit der im April angebotenen Ware eine in jeder Beziehung vertragmäßige Leistung erhalten.

Diese Erwägungen werden von der Revisionsklägerin zunächst mit der Begründung angefochten, zu Unrecht habe das Berufungsgericht in der vertragmäßigen Abladezeit das zum Begriffe der Eigenschaft erforderliche Merkmal der Dauer vermißt und den Begriff der Eigenschaft zu eng aufgefaßt. Nach ihrer mit Beweis vertretenen Behauptung schwanke nämlich der Preis von Sternanis=Öl nach den Ablademonaten, der Verkaufswert der Ware also nach der Zeit der Abladung, und dieser den Wert mitbestimmende Faktor müsse sich geltend machen, solange die konkrete Ware noch Gegenstand des Handels sei. Die Rüge erscheint nicht gerechtfertigt. Vielmehr ist die Auffassung des Berufungsgerichts, daß im vorliegenden Falle die vertragmäßige Abladezeit bloß als wesentliche Zeitbestimmung für die Wertbemessung von vorübergehender Bedeutung, dagegen auf die Beschaffenheit der Ware von keinem erkennbaren Einflusse sei, rechtlich nicht zu beanstanden." ...

---

77. Erlischt die auf Grund eines Arrestbefehls erfolgte Forderungspfändung, wenn in dem Verfahren über die Hauptsache die Forderung des Gläubigers gegen den Schuldner rechtskräftig abgewiesen wird? oder bleibt das Pfändungspfandrecht des Arrestgläubigers trotz dieser Abweisung bis zur formellen Aufhebung bestehen?

II. Zivilsenat. Urt. v. 29. Juni 1909 i. S. M. (Bekl.) w. Sch. (Kl.). Rep. II. 641/08.

I. Landgericht Köln.
II. Oberlandesgericht daselbst.

Der Kläger Sch. hatte am 23. März 1898 einen Beschluß des Amtsgerichts zu Grevenbroich erwirkt, durch den wegen einer ihm nach seiner Behauptung gegen den früheren Bürgermeister E. zu Niederempt zustehenden Forderung von 7014 *M* der dingliche Arrest in eine dem E. gegen den Beklagten M. zustehende Kaufpreisforderung in Höhe von 8000 *M* angeordnet wurde. Auf Grund dieses Arrestbefehls erfolgte die Pfändung dieser Forderung. In dem Rechtsstreite über die Hauptsache erwirkte der Kläger gegen E. in der Berufungsinstanz ein Urteil des Oberlandesgerichts vom 15. Oktober 1902, wodurch dieser zur Zahlung von 2914,05 *M* an den Kläger verurteilt wurde; dagegen wurde die Mehrforderung abgewiesen. Dieses Urteil wurde rechtskräftig.

Nachdem dem Kläger auf Grund dieses Urteils durch Beschluß des Amtsgerichts vom 11. Juli 1903 die Forderung des E. in Höhe der Urteilssumme zur Einziehung überwiesen, dieser Beschluß auch dem Beklagten zugestellt worden war, zahlte der Beklagte — auf Grund einer zwischen einem Bevollmächtigten des Klägers und dem E. stattgehabten, in einem Schriftstücke vom 24. Juli 1903 beurkundeten Berechnung — den Betrag von im ganzen 4504,65 *M* an den Kläger. Die Restforderung des E. an ihn zahlte der Beklagte dann an andere Gläubiger des E. auf Grund von Pfändungen und Zessionen aus.

Der Kläger erwirkte später im Wege der Restitutionsklage gegen das Urteil vom 15. Oktober 1902 ein weiteres, rechtskräftig gewordenes Urteil des Oberlandesgerichts vom 16. Januar 1906 gegen E., wodurch dieser zur Zahlung von ferneren 2100 *M* verurteilt wurde. Auf Grund dieses Urteils sowie des ursprünglichen Arrestbefehls vom 23. März 1898 überwies das Amtsgericht Grevenbroich durch Beschluß vom 11. Januar 1907 die Forderung des E. gegen den Beklagten dem Kläger auch für diese Urteilssumme. Der Beklagte verweigerte die Zahlung, weil der Arrest und die Pfändung durch die frühere Überweisung und Zahlung, sodann aber auch durch die Abmachung vom 24. Juli 1903 ihre Erledigung gefunden hätten. Mit dieser Begründung beantragte er die Abweisung der vom Kläger infolge der Zahlungsweigerung erhobenen, auf Verurteilung zur Zahlung von 3453,35 ℳ gerichteten Klage.

Das Landgericht erkannte nach dem Klagantrag, und das Oberlandesgericht wies die Berufung zurück. Auf die Revision des Beklagten wurde das Urteil des Oberlandesgerichts aufgehoben, und die Klage abgewiesen, aus folgenden

Gründen:

„Beide Vorinstanzen gehen davon aus, daß das Arrestpfandrecht des Klägers auch für den rechtskräftig abgewiesenen Teil der Forderung des Klägers gegen E. nach der rechtskräftigen Abweisung fortbestanden habe, da eine Aufhebung des Arrestes gemäß § 927 ZPO. nicht erfolgt sei. Diese Annahme ist rechtlich nicht zutreffend. Der dingliche Arrest und die auf Grund desselben erfolgende Forderungspfändung bezwecken die Zwangsvollstreckung für eine bestimmte Forderung des Arrestgläubigers gegen den Arrestschuldner, für welche dieser zur Zeit der Erwirkung des Arrestes einen vollstreckbaren Titel nicht hat, und die, damit der Arrest bewilligt werden kann, neben dem Arrestgrunde glaubhaft gemacht werden muß. Zur Durchführung des Verfahrens muß zunächst der vollstreckbare Titel erwirkt werden, da nur auf Grund eines solchen die Überweisung der Forderung gemäß § 835 ZPO. erfolgen kann. Das geschieht in dem Verfahren über die Hauptsache, sei es, daß dieses bereits anhängig ist, sei es, daß es gemäß § 926 Abs. 1 ZPO. anhängig gemacht wird.

Die in diesem Verfahren ergehende Entscheidung ist aber auch für den Drittschuldner im Verhältnis sowohl zum Arrestgläubiger als zum Arrestschuldner maßgebend, und zwar sowohl soweit der Forderungsanspruch, um dessen Zwangsvollstreckung es sich handelt, rechtskräftig zuerkannt, als soweit er rechtskräftig abgewiesen wird. Insoweit wird dem Anspruche die materielle Grundlage entzogen; eine Überweisung darf für den abgewiesenen Betrag nicht erfolgen. Der Anspruch des Arrestgläubigers gegen den Drittschuldner besteht für den abgewiesenen Betrag materiell nicht mehr, auch wenn die Arrestpfändung nicht aufgehoben ist und formell weiter besteht. Übrigens steht die Klage aus § 927 nicht dem Drittschuldner, sondern dem Arrestschuldner zu.

Der Beklagte war als Drittschuldner nach Mitteilung des rechtskräftigen Urteils des Oberlandesgerichts vom 15. Oktober 1902 sowie der Berechnung vom 24. Juli 1903, in der nach Maßgabe dieser Entscheidung der von ihm auf Grund des Arrestes und der Pfändung an den Kläger zu zahlende Betrag auf im ganzen 4500 ℳ festgestellt war, jedenfalls berechtigt, den überschießenden Betrag an andere Gläubiger und Zessionare des E. auszuzahlen. Durch diese Zahlungen wurde seine Schuld an E. getilgt. Mit der Möglichkeit, daß das rechtskräftige Urteil mit der Restitutionsklage mit Erfolg würde angefochten werden und der Kläger auch für den abgewiesenen Teil seines Anspruchs gegen E. noch ein verurteilendes Erkenntnis erwirken werde, brauchte der Beklagte bei seinen Zahlungen an die übrigen Gläubiger und Zessionare des E. nicht zu rechnen. Der Überweisungsbeschluß vom 11. Januar 1907 konnte an dieser materiellen Sachlage nichts ändern.

Der Klaganspruch erweist sich danach als unbegründet, und es war, ohne daß es einer Prüfung der Frage bedurfte, ob gegen die Annahme des Oberlandesgerichts, daß durch die Abrechnung und Vereinbarung zwischen dem Vertreter des Klägers und E. auch eine vertragliche Aufhebung der Arrestpfändung — wie der Beklagte behauptet hatte — nicht erfolgt sei, die von der Revision geltend gemachten Bedenken bestehen, unter Aufhebung des angefochtenen Urteils in der Sache selbst zu entscheiden und die Klage abzuweisen."

78. Bedarf die Verteilung einer einzutragenden Hypothek auf mehrere Grundstücke desselben Schuldners (§ 867 Abs. 2 ZPO.) der Form des § 29 GBO.?

GBO. § 30.

V. Zivilsenat. Beschl. v. 3. Juli 1909 in Grundbuchsachen A. L. in B. Beschw.-Rep. V. 106/09.

I. Amtsgericht Landstuhl.
II. Landgericht Zweibrücken.

Die Frage ist verneint aus folgenden

Gründen:

„In einem Rechtsstreite der Aktiengesellschaft L. Z. wider den Gutsbesitzer L. in B. war dieser durch vollstreckbares Urteil des Landgerichts in Zweibrücken vom 31. Dezember 1908 zur Zahlung von 2185,55 *M* nebst Zinsen verurteilt worden. Unter Überreichung einer vollstreckbaren Ausfertigung dieses Urteils stellte die Gläubigerin am 18. Februar 1909 bei dem Grundbuchamte in Landstuhl den Antrag, die erstrittene Forderung auf dem Grundbesitze des Schuldners L. (B. Bd. I Bl. 36) und der Eheleute L. (B. Bd. I Bl. 34) in der Weise einzutragen, daß auf den 64 Plan-Nummern von Bl. 36 und den 4 Plan-Nummern von Bl. 34 je ein bestimmter Teilbetrag der Gesamtsumme von 2185,55 *M* als Sicherungshypothek zu stehen kommen sollte. Das Grundbuchamt lehnte den Antrag auf Grund der §§ 29, 30 GBO. ab, weil die nach § 867 Abs. 2 ZPO. zur Eintragung erforderliche Verteilung der Forderung nicht nach Vorschrift des § 29 GBO. beglaubigt sei. Die hiergegen erhobene Beschwerde ist vom Landgerichte in Zweibrücken zurückgewiesen worden. Dagegen ist weitere Beschwerde beim bayerischen Obersten Landesgerichte eingelegt, aber nachdem der Schuldner inzwischen die Schuldsumme nebst Zinsen bezahlt hatte, nur noch wegen der Kosten des Eintragungsverfahrens aufrecht erhalten worden.

Das Oberste Landesgericht in München hält die Abweisung des Eintragungsantrags für ungerechtfertigt und möchte auf Grund des § 6 GKG. und des Art. 39 des bayr. Gesetzes über das Gebührenwesen die für die zurückweisenden Beschlüsse angesetzten Gebühren niederschlagen, sieht sich indes durch die seiner Auffassung entgegenstehenden Beschlüsse des preuß. Kammergerichts vom 20. September 1906 (Johow's Jahrb. Bd. 33A S. 301) und des hess. Oberlandesgerichts in Darmstadt vom 5. Januar 1907 (OLGRspr. Bd. 16 S. 312) daran verhindert und hat gemäß § 79 Abss. 2, 3 GBO. die Sache dem Reichsgerichte vorgelegt.

Die Beschwerde ist, obwohl sie nur die Kosten betrifft, zulässig (vgl. Entsch. des RG.'s in Zivils. Bd. 62 S. 142). Sie war auch für begründet zu erachten. Für die Auffassung des Kammergerichts und des Oberlandesgerichts in Darmstadt hat sich zwar auch die Literatur, soweit sie die Frage überhaupt berührt, überwiegend ausgesprochen.

Vgl. Güthe, GBO. Bd. 1 § 30 Anm. 7 S. 626, § 19 Anm. 101 a. E. S. 399, § 13 Anm. 24 S. 243 a. E.; Oberneck, Reichsgrundbuchrecht Bd. 2 § 160 Anm. 39, 54 S. 444, 447 a. E. (4. Aufl.); Meikel, GBO. § 30 S. 229/30; Gaupp-Stein, Bem. V 30 zu § 867 ZPO.

Indes fehlt es an einer näheren Begründung, und es war der zuerst von Foltz (Recht 1908 Sp. 72, 73) im Anschluß an einen Beschluß des Landgerichts zu Zweibrücken vertretenen Auffassung, der sich das Oberste Landesgericht in München angeschlossen hat, der Vorzug zu geben.

§ 30 GBO. erfordert für Eintragungsanträge und für Vollmachten zur Stellung von solchen Anträgen die Formen des § 29 nur dann, wenn durch den Antrag „zugleich eine zu der Eintragung erforderliche Erklärung ersetzt werden soll." Man ist im Anschluß an die . . . Motive zu § 43 des I. Entwurfs einer GBO. (vgl. auch Turnau-Förster, Liegenschaftsrecht, Bd. 2 Bem. 2 zu § 30) darüber einig, daß danach nur sog. „reine" Eintragungsanträge von den Formvorschriften des § 29 GBO. ausgenommen sind, daß dagegen Anträge, die zugleich materiellrechtliche, zur Eintragung erforderliche Erklärungen enthalten (sog. gemischte Anträge) den Formvorschriften unterliegen.

Die Abgrenzung des formellen von dem materiellen Rechte bereitet indes, namentlich bei den Zwangshypotheken, Schwierigkeiten. Bereits in der erwähnten Begründung des I. Entwurfs ist darauf hingewiesen, daß dem Antrage auf Eintragung einer Zwangshypothek als solchem, insofern der Gläubiger einseitig auf Grund einer gesetzlichen Ermächtigung die Zwangseintragung in Anspruch nimmt, die Natur eines dispositiven Willensaktes nicht abzusprechen ist. Gleichwohl sollte indes von der Formalisierung dieser Anträge abgesehen werden. Dementsprechend ist man auch gegenüber § 30 der geltenden Grundbuchordnung darüber einig (vgl. z. B. Turnau-Förster a. a. O. Bem. 4 a. E.), daß der Antrag auf Eintragung einer Zwangshypothek, dem der Schuldtitel beiliegt, an sich der öffentlichen Form nicht bedarf. In betreff der Verteilung einer einzutragenden Hypothek auf mehrere Grundstücke des Schuldners (§ 867 Abs. 2 ZPO.) will man aber eine Ausnahme machen. Die fragliche Verteilung soll nicht bloß ein notwendiger Bestandteil des Eintragungsantrags, sondern darüber hinaus ein materielles Erfordernis der Eintragung sein. In Konsequenz dieser Auffassung erklären Güthe und Meikel auch bei Einzelgrundstücken die Beschränkung des Eintragungsantrags auf einen Teil der erstrittenen Forderung für einen materiellen Akt und für formbedürftig. Sie ist es indes nicht mehr und nicht minder als die Beschränkung der Eintragung der ganzen Forderung auf eines von mehreren Grundstücken desselben Schuldners. Auch in diesem Falle müßte man also einen Formalakt erfordern. Indes ist die materielle Natur bei allen diesen Anträgen genau dieselbe, wie bei dem einfachen Eintragungsantrage. Der Schuldner muß sich alle diese Eintragungen gefallen lassen und darf nicht widersprechen. Der Gläubiger aber kann ... etwaige Irrtümer durch Löschung und anderweitige Eintragung wieder beseitigen. Er wird durch eine seinen Wünschen nicht entsprechende Eintragung jedenfalls weniger geschädigt, als wenn die Eintragung überhaupt unterbleibt.

Auch der geschichtlichen Entwickelung entspricht die Auffassung des Obersten Landesgerichts. Die Befreiung der Eintragungsanträge und Vollmachten bei Zwangshypotheken hat ihren Vorgänger in § 12 des preuß. Zwangsvollstreckungsgesetzes vom 13. Juli 1883. Nach § 6 dieses Gesetzes sollten vollstreckbare Forderungen auf mehrere Grundstücke ungeteilt eingetragen werden, sofern nicht der Gläubiger etwas anderes beantragte. Stellte dieser den Verteilungsantrag, so war er nach § 12 formfrei, obwohl der Gläubiger dadurch ungleich mehr gefährdet werden konnte, als bei der gesetzlich gebotenen Verteilung des § 867 Abs. 2 ZPO.

Demnach war der Beschwerde, soweit dies noch möglich, stattzugeben, und da ein zahlungpflichtiger Gegner im Grundbuchverfahren nicht vorhanden ist, die Niederschlagung der Gebühren aller Instanzen gemäß der vom Obersten Landesgerichte angezogenen Vorschriften auszusprechen."

79. Ungerechtfertigte Bereicherung. Rückforderung einer Leistung, wenn der Leistende gewußt hat, daß er zu der Leistung nicht verpflichtet war.

BGB. §§ 812, 814.

IV. Zivilsenat. Urt. v. 5. Juli 1909 i. S. Assekuranz- und Hypothekenbureau Sch. & Co. (Kl.) w. B. (Bekl.). Rep. IV. 586/08.

I. Landgericht I Berlin.
II. Kammergericht daselbst.

Die Klägerin hatte sich dem Techniker S. zur Gewährung von Baugeldern für einen in R. aufzuführenden Neubau verpflichtet. Hiervon war eine Rate von 13 000 ℳ zahlbar, „wenn alle Gebäude im Rohbau vollendet sind und das Abnahmeattest vorgelegt wird." Von dieser Rate hatte S. den Betrag von 2800 ℳ an die Beklagte abgetreten. Am 21. Mai 1907, und zwar noch vor Vollendung des Rohbaus, zahlte die Klägerin diese 2800 ℳ nebst einer Abrundungssumme von 200 ℳ an die Beklagte in Gestalt eines Wechselakzeptes, das nachmals eingelöst wurde.

Die Klägerin behauptete, daß es infolge der Zwangsversteigerung des S.'schen Grundstücks überhaupt nicht zur Fertigstellung des Rohbaus gekommen sei, und forderte deshalb die gezahlten 3000 ℳ, von denen sie sich jedoch eine unstreitige Forderung der Beklagten von 1184,50 ℳ kürzen ließ, zurück. Vor dem Landgerichte erwirkte sie die Verurteilung der Beklagten zur Zahlung von 1815,50 ℳ nebst Zinsen, während die auf Feststellung des Nichtbestehens ihrer Verbindlichkeit zur Rückzahlung von 2800 ℳ gerichtete Widerklage der Beklagten abgewiesen wurde. Auf die Berufung der Beklagten wies jedoch das Kammergericht die Klage ab und stellte zur Widerklage fest, daß die Beklagte nicht in Höhe von 2800 ℳ auf Kosten der Klägerin grundlos bereichert sei. Auf die Revision der Klägerin ist das Berufungsurteil aufgehoben, und die Sache an die Vorinstanz zurückgewiesen worden, aus folgenden

Gründen:

„Der Berufungsrichter nimmt selbst an, die Verpflichtung der Klägerin, der Beklagten den ihr von S. abgetretenen Betrag von

2800 ℳ zu zahlen, sei dadurch bedingt gewesen, daß S. den Rohbau fertigstellte. Diese Bedingung sei zur Zeit der Hingabe des Akzeptes noch nicht eingetreten gewesen und, wie unterstellt wird, auch später nicht eingetreten. Eine Zahlungspflicht habe deshalb für die Klägerin, wie sie gewußt habe, nicht bestanden. Sie habe vielmehr nur gezahlt, weil sie davon ausgegangen sei, der Rohbau werde in 8—10 Tagen von S. fertiggestellt werden.

Dieser Sachverhalt ergibt, daß die Klägerin überhaupt nicht zum Zwecke der Erfüllung einer Verbindlichkeit, sondern lediglich in der Erwartung geleistet hat, es werde ein künftiges Ereignis, Fertigstellung des Rohbaues, eintreten und hierdurch werde demnächst eine Zahlungsverbindlichkeit für sie begründet werden. Sie fordert die Leistung nicht deshalb zurück, weil sie irrig geglaubt habe, damit eine in Wahrheit nicht bestehende Schuld zu tilgen (condictio indebiti), sondern weil sie aus einem Rechtsgrunde gezahlt habe, der als künftig entstehend vorausgesetzt worden, in Wahrheit aber niemals eingetreten sei (condictio causa data causa non secuta).

Der Berufungsrichter irrt, wenn er den aus § 812 Abs. 1 BGB. schlüssig begründeten Rückforderungsanspruch unter Bezugnahme auf § 814 deshalb abweist, weil die Klägerin gewußt habe, daß sie zur Leistung nicht verpflichtet gewesen sei. Der Wortlaut des § 814 stellt vielmehr außer Zweifel, daß sich sein Anwendungsgebiet auf die Fälle der reinen condictio indebiti beschränkt. Nur bei der Rückforderung wegen Leistung einer Nichtschuld bildet der Irrtum des Leistenden über das Bestehen der Schuld eine Voraussetzung des Anspruchs. Dagegen sind sich die Beteiligten, wenn es sich um die Leistung zum Zwecke der Herbeiführung eines künftigen Erfolges handelt, regelmäßig darüber klar, daß im Augenblicke der Leistung eine Verbindlichkeit hierzu nicht besteht, und dennoch ist, von den Sonderfällen der §§ 815, 817 abgesehen, der Rückforderungsanspruch aus § 812 Abs. 1 begründet. Dies wird namentlich dann zutreffen, wenn eine aufschiebend bedingte Verbindlichkeit wissentlich vor Eintritt der Bedingung erfüllt wird, wie denn auch § 813 Abs. 2 die Rückforderung nur bei vorzeitiger Erfüllung betagter Verbindlichkeiten ausschließt. Eine andere Beurteilung wäre nur dann geboten, wenn der Leistende die Gefahr des Nichteintrittes der Bedingung übernommen oder sonst den Verzicht auf einen eventuellen Erstattungsanspruch erklärt hätte (Entsch. des RG.'s in Zivils. Bd. 56 S. 354). In dieser Beziehung hat aber der Berufungsrichter Feststellungen nicht getroffen." ...

---

80. Genügt es für die zur formellen Gültigkeit einer gerichtlichen oder notariellen Urkunde erforderliche Feststellung, daß die als Anlage der Urkunde beigefügte Schrift verlesen worden ist, wenn in der Urkunde die Verlesung des „Protokolls" festgestellt wird?

FrGG. § 176 Abs. 2, § 177 Abs. 1 Satz 2.

II. Zivilsenat. Urt. v. 6. Juli 1909 i. S. N. (Bekl.) w. H. (Kl.). Rep. II. 105/09.

I. Landgericht Hamburg.
II. Oberlandesgericht daselbst.

Die Frage wurde bejaht aus folgenden

Gründen:

„Die ... Revision konnte in der Sache keinen Erfolg haben, wenn auch der Begründung des angefochtenen Urteils nicht in allen Teilen beigetreten werden kann.

Durch einen von dem Notar D. zu Altona — dem Nebenintervenienten — am 30. Juli 1908 beurkundeten Vertrag verkaufte der Kläger dem Beklagten sein Landgut ... für den Preis von 300000 *M.* Auf den Kaufpreis sind 10000 *M* bezahlt. 20000 *M* sollten vor der Auflassung am 1. September 1908 bezahlt werden.

Der im Urkundenprozeß erhobenen Klage auf Zahlung dieses Betrages gegenüber hatte der Beklagte u. a. eingewendet, der Notarialakt, durch den der Vertrag beurkundet sei, sei wegen Verletzung des § 177 FrGG. nichtig. Im Eingange des Aktes wird erklärt, daß die erschienenen Vertragschließenden — die heutigen Parteien — dem Notar die dem Protokoll als Anlage beigefügte Urkunde, überschrieben „Kaufvertrag", überreicht und erklärt hätten: „An den Vertrag, wie er in der überreichten Urkunde enthalten ist, erklären wir uns hiermit gebunden. Wir ergänzen und verändern den Vertrag wie folgt." Daran schließen sich weitere Erklärungen über die Vertragsbedingungen. Am Schlusse des Aktes heißt es sodann wörtlich: „Das Protokoll wurde in Gegenwart des Notars vorgelesen, von den Beteiligten genehmigt und von ihnen eigenhändig wie folgt unterschrieben."

Der Beklagte begründet seine Behauptung über die Nichtigkeit des Aktes dahin, es hätte nach § 177 Abs. 1 die Anlage zu dem notariellen Protokoll verlesen werden und dies durch das Protokoll ersichtlich gemacht werden müssen; danach liege ein die Formvorschrift des § 313 BGB. erfüllender Akt nicht vor.

Während das Landgericht dem beigetreten ist und die Klage abgewiesen hatte, hat das Oberlandesgericht den Einwand für nicht begründet erachtet und demgemäß durch das angefochtene Urteil dem Klagantrage stattgegeben. Es nimmt unter Hinweis auf die Entscheidungen des V. Zivilsenats (Entsch. des RG.'s Bd. 54 S. 195 und Bd. 61 S. 145) an, daß die Verlesung der Anlage zu einem notariellen Protokoll und die Beurkundung dieser Verlesung zur Gültigkeit des Aktes erforderlich sei; es sei aber nach der sich ergebenden, näher erörterten Sachlage in Auslegung der Urkunde vom 30. Juli 1908 anzunehmen, daß der Vermerk „das Protokoll wurde vorgelesen und genehmigt" auch den als Anlage beigefügten „Kaufvertrag" umfassen sollte und umfaßt habe. Dem gegenüber sei es Sache des Beklagten gewesen, den Gegenbeweis zu erbringen, daß die Anlage nicht verlesen worden sei. Dieser Beweis sei weder erbracht noch erboten.

Zur Begründung der Revision ist diese Ausführung als rechtsirrtümlich bezeichnet worden; sie verletze den bezogenen § 177 Abs. 1 Satz 2, wonach die Verlesung durch das Protokoll festgestellt werden müsse. Im Sinne dieser Bestimmung sei die Verlesung nur dann festgestellt, wenn das Protokoll dies ausdrücklich besage; der Standpunkt des Oberlandesgerichts würde zu einer verschiedenen Beurteilung der Frage von Fall zu Fall führen, und dadurch die Frage der formellen Gültigkeit gerade solcher Verträge auf einen schwankenden Boden stellen, zu deren besonderer Sicherung die gerichtliche oder notarielle Form vorgeschrieben sei.

Diese Ausführungen sind insofern zutreffend und der rechtliche Standpunkt des Oberlandesgerichts nicht haltbar, als es für die Frage nicht auf die tatsächliche Auslegung der Beurkundung, daß das Protokoll verlesen worden sei, ankommen kann. Die Frage liegt vielmehr lediglich auf rechtlichem Boden; sie kann nicht je nach der verschiedenen Lage der Sache verschieden beurteilt und beantwortet werden. Nachdem sich die angeführte Rechtsprechung des Reichsgerichts, der der erkennende Senat beitritt, dahin fixiert hat, daß die einer gerichtlichen oder notariellen Urkunde als Anlage beigefügte Schrift vorgelesen und genehmigt werden muß, erscheint es nach § 177 Abs. 1 Satz 2 zur Gültigkeit der Urkunde weiter erforderlich, daß auch die Verlesung der Anlage im Protokoll festgestellt wird. Wäre diese Feststellung im vorliegenden Falle als nicht erfolgt anzunehmen, so würde die Urkunde dem Gesetze nicht entsprechen und mit dem Landgerichte für ungültig zu erachten sein. Es kommt daher für die Entscheidung der Sache alles darauf an, ob mit Rücksicht auf die Auffassung des Gesetzes über die rechtliche Natur der Anlage zu einer gerichtlichen oder notariellen Urkunde die Feststellung, daß das „Protokoll" verlesen sei, auch die als Anlage beigefügte Schrift umfaßt. Der Senat geht davon aus, daß diese Frage zu bejahen ist, und zwar im wesentlichen mit Rücksicht auf die Bestimmung in § 176 Abs. 2 des bezogenen Gesetzes, nach der eine solche als Anlage beigefügte Schrift einen Teil des Protokolls bildet. Danach umfaßt das Protokoll im Sinne des Gesetzes auch die Anlage, und es greift daher der § 415 Abs. 1 ZPO. Platz, wonach der volle Beweis des von dem Notar beurkundeten Vorganges erbracht ist, vorbehaltlich des in § 415 Abs. 2 nachgelassenen Gegenbeweises. Diesen Gegenbeweis hat aber, wie das Oberlandesgericht bedenkenfrei festgestellt hat, der Beklagte weder erbracht noch erboten.

Was die grundsätzliche Frage anlangt, so ist anzuerkennen, daß eine andere als die hier vertretene Auffassung immerhin möglich ist, und es sich durchaus empfiehlt, die Verlesung auch der Anlage zu einer gerichtlichen oder notariellen Urkunde ausdrücklich festzustellen."[1]

---

[1] Für die hier vertretene Ansicht haben sich ausgesprochen die Kommentare z. FrGG. v. Weißler zu § 177 S. 219 Bem. 5 und v. Rausnitz zu § 176 Anm. 16 S. 563, sodann Werner in der Ztschr. des Deutsch. Notar-Vereins 1902 S. 248 Bem. a a. E.; Kammerger. in der Rechtspr. d. OLG. 3 S. 313; dagegen Dorner S. 581 Bem. c und Fuchs S. 510. D. E.

81. Kann nach Erlassung des Urteils der Revisionsinstanz in Anlaß eines Antrages auf Wertfestsetzung für diese Instanz zugleich gemäß § 16 GKG. die Wertfestsetzung der unteren Instanzen abgeändert werden?

I. Zivilsenat. Beschl. v. 16. Januar 1909 i. S. G. (Kl.) w. P. und T. (Bekl.). Rep. I. 636/07.

I. Landgericht I Berlin.
II. Kammergericht daselbst.

Gründe:

„Die Frage, ob nach Erlassung des Urteils in der Revisionsinstanz in Anlaß eines Antrages auf Wertfestsetzung für diese Instanz zugleich gemäß § 16 GKG. die Wertfestsetzungen der unteren Instanzen abgeändert werden können, wurde bejaht. In diesem Sinne ist bereits vom I. Zivilsenate in der Sache I. 521/05, vom VII. Zivilsenate in der Sache VII. 458/02 und vom II. Zivilsenate in der Sache II. 314/08 entschieden worden. Entgegenstehende Vorentscheidungen wurden nicht ermittelt. Auch die Konsequenz des Beschlusses der Vereinigten Zivilsenate vom 24. Juni 1899 (Entsch. Bd. 44 S. 403) führt zu dem gleichen Ergebnisse. Dort ist ausgesprochen, daß die Erlassung des Endurteils die höhere Instanz nicht hindere, in Anlaß der Beschwerde über eine Kostenfestsetzung die Wertfestsetzung zu ändern. Decken aber die Worte des Gesetzes „im Laufe des Verfahrens" das nach Erledigung der Hauptsache anhängig werdende Kostenfestsetzungsverfahren, so muß das gleiche gelten von einem Wertfestsetzungsverfahren, da dieses in der Regel die Voraussetzung des ersteren bildet. Der offensichtliche Zweck des Gesetzes ist der, daß Irrtümer bezüglich der Wertfestsetzung, die sich ergeben, wenn das Gericht in irgend einer Weise mit der Sache befaßt ist, berichtigt werden können und daß, wenn sich hierbei eine irrtümliche Wertfestsetzung der unteren Instanz herausstellt, die gewonnene bessere Erkenntnis auch hierfür zu verwerten ist, damit nicht ein innerer Widerspruch in den Wertfestsetzungen der verschiedenen Instanzen bestehen bleibt. Gerade das Wertfestsetzungsverfahren gibt für solche Berichtigungen den hauptsächlichsten Anlaß."

---

82. Wiedereinsetzung in den vorigen Stand gegen die Versäumung der Berufungsfrist. Genügt zur Annahme eines unabwendbaren Zufalles, daß dem Säumigen kein Verschulden zur Last fällt?

ZPO. § 233.

VII. Zivilsenat. Urt. v. 30. April 1909 i. S. Z. (Bekl.) w. K. (Kl.). Rep. VII. 356/08.

I. Landgericht Erfurt.
II. Oberlandesgericht Naumburg a. S.

Aus den Gründen:

... „Die beantragte Wiedereinsetzung in den vorigen Stand durfte dem Kläger nur erteilt werden, wenn er an der Einhaltung der Berufungsfrist durch einen unabwendbaren Zufall verhindert worden war (§ 233 ZPO.). Diesen findet das Berufungsgericht darin, daß das für die Berufungsinstanz nachgesuchte Armenrecht dem Kläger erst nach Ablauf der Frist bewilligt worden ist. Das Armenrechtsgesuch war am 5. Februar 1908, d. i. am sechsten Tage vor Ablauf der Frist, bei dem Berufungsgerichte eingegangen. Die noch an demselben Tage eingeforderten und am 6. Februar eingelaufenen Prozeßakten ergaben, daß das landgerichtliche Urteil, über dessen Zustellung aus dem Gesuche nichts ersichtlich war, schon am 30. November 1907 verkündet worden war. Dieser Umstand mußte den Gedanken nahe legen, daß die Berufungsfrist bereits verstrichen sein möchte. Offenbar mit Rücksicht hierauf verfügte das Berufungsgericht am 8. Februar eine Anfrage nach E. an den Prozeßbevollmächtigten des Beklagten, ob und wann das Urteil zugestellt sei. Am 11. ging die Antwort ein, daß das Urteil am 10. Januar zugestellt sei. Nachdem hierüber der Kläger gehört worden war, erfolgte durch Beschluß vom 20. Februar die Bewilligung des Armenrechts und die Beiordnung eines bei dem Berufungsgerichte zugelassenen Rechtsanwalts. Dieser reichte, nachdem ihm der Beschluß am 22. zugestellt worden war, den die Einlegung der Berufung erklärenden Schriftsatz am 24. bei dem Gerichtsschreiber des Berufungsgerichts ein.

Bei der Beurteilung dieses Tatbestandes geht das Berufungsgericht an sich von einer richtigen Auffassung des Begriffes des unabwendbaren Zufalles aus, indem es darunter, im Einklange mit der Rechtsprechung des Reichsgerichts, ein sei es auch auf menschlicher Tätigkeit beruhendes oder mitberuhendes Vorkommnis versteht, welches so geartet ist, daß dafür jede Verantwortlichkeit des Betroffenen vernünftigerweise abzulehnen ist. In der Anwendung auf den vorliegenden Fall aber setzt sich das Berufungsgericht mit dieser richtigen Auffassung in Widerspruch, indem es die aus den Umständen gewonnene Feststellung für maßgebend hält, daß „die eigentliche Ursache der Fristversäumung nicht in einer Verschuldung des Klägers zu suchen“ sei, sondern „allein in einem von seinem Willen völlig unabhängigen Umstande“. Wenn jede Verantwortlichkeit des Betroffenen für den eingetretenen Erfolg vernünftigerweise abzulehnen ist, so kann es nicht genügen, daß dem Betroffenen ein Verschulden, d. h. eine Außerachtlassung der gewöhnlich im Verkehr erforderlichen Sorgfalt, nicht zur Last fällt. Vielmehr kann von einer Verhinderung durch einen unabwendbaren Zufall nur dann die Rede sein, wenn die Partei jede von ihr nach Lage des Falles vernünftigerweise zu erwartende Sorgfalt behufs Einhaltung der Frist angewendet hat, und wenn der eingetretene Erfolg auch durch die äußerste nach der Besonderheit des Falles vernünftigerweise noch zu verlangende Sorgfalt nicht verhütet werden konnte.

Vgl. Urteil des Reichsgerichts vom 21. Juni 1907 Rep. III. 31/07, ferner Urteil vom 25. Januar 1897, Gruchot Bd. 41 S. 1161 flg.

Für die Annahme, daß der Mangel eines Verschuldens und somit eines ursächlichen Zusammenhangs zwischen diesem und der Fristversäumung den unabwendbaren Zufall ergebe, beruft sich das Oberlandesgericht auf das in der Jurist. Wochenschr. 1901 S. 837 Nr. 9 abgedruckte Urteil des Reichsgerichts vom 8. November 1901; allein dieses Urteil läßt nirgends erkennen, daß es nicht auf dem Boden der vorhin dargelegten Auffassung stehe. Die erwähnte Annahme des Berufungsgerichts, auf der dessen Entscheidung über den Wiedereinsetzungsantrag beruht, verletzt sonach den Grundsatz des § 233 ZPO., weshalb das Berufungsurteil der Aufhebung unterliegt.

Einer Zurückverweisung der Sache in die Berufungsinstanz bedarf es nicht, weil nach dem festgestellten Sachverhältnisse die Sache zur Endentscheidung reif ist. Bei der Prüfung der Verantwortlichkeit des Klägers ist die Verzögerung, die die Entscheidung über das Armenrechtsgesuch vom 11. Februar an (dem Zeitpunkte des Eingangs der Antwort auf die Anfrage vom 8.) noch erfahren hat, ganz außer Betracht zu lassen, weil auch in jenem Zeitpunkte die Notfrist bereits verstrichen war. Die Frage ist also dahin zu stellen, ob angenommen werden kann, daß für die Verzögerung bis zum 11. jede Verantwortlichkeit des Klägers mangle. Diese Frage aber muß verneint werden. Die Stellung der Anfrage vom 8. würde vermieden worden sein, wenn der Kläger, was nicht außerhalb der Grenzen der äußersten vernünftigerweise zu erwartenden Sorgfalt lag, in dem Armenrechtsgesuche erwähnt hätte, daß das landgerichtliche Urteil am 10. Januar zugestellt war. Jedenfalls aber würde der durch jene Anfrage verursachte Aufschub unschädlich geblieben sein, wenn der Kläger das Armenrechtsgesuch auch nur um wenige Tage früher als geschehen eingereicht hätte. In diesem Falle würde auch die Antwort auf die Anfrage entsprechend früher eingelaufen sein, und da alsdann der Anlaß, den Kläger noch einmal zu hören, nicht bestanden hätte, so würde die Bewilligung des Armenrechts ohne Schwierigkeit so zeitig vor Ablauf der Notfrist haben erfolgen können und, wie nach den Äußerungen des Berufungsgerichts nicht zu bezweifeln ist, auch erfolgt sein, daß, zumal im Hinblicke auf die Vorschrift des § 207 Abs. 2 ZPO., die Einhaltung der Frist möglich gewesen wäre. Irgend einen triftigen Grund dafür, daß er von der ihm durch das Gesetz gewährten einmonatigen Berufungsfrist mehr als drei Viertel hat verstreichen lassen, ehe er das Armenrechtsgesuch einreichte, hat der Kläger nicht vorgebracht. Daraus ergibt sich seine Verantwortlichkeit für diese Säumnis und somit nach obigem auch für den eingetretenen Erfolg. Von einem unabwendbaren Zufalle, durch den der Kläger an der Einhaltung der Berufungsfrist verhindert worden wäre, kann nach alledem nicht die Rede sein." ...

---

83. 1. In welchem Zeitpunkte erwirbt der Dritte das Recht aus einer unwiderruflich zu seinen Gunsten genommenen Lebensversicherung?

2. Welche Rechtsstellung hat im Konkurse über den Nachlaß des Versicherungsnehmers der Dritte, wenn mit dessen Zustimmung

der Versicherungsnehmer das Recht aus der Versicherung verpfändet hatte und die Versicherungssumme von dem Versicherer an den Pfandgläubiger ausgezahlt worden ist?

B.G.B. §§ 328, 330, 331, 334, 1225.

VII. Zivilsenat. Urt. v. 4. Juni 1909 i. S. Witwe Br. (Kl.) w. Br. Nachlaßkonkurs (Bekl.). Rep. VII. 482/08.

I. Landgericht Tilsit.
II. Oberlandesgericht Königsberg.

Der verstorbene Kaufmann Br., über dessen Nachlaß das Konkursverfahren eröffnet worden war, hatte bei der Gothaer Lebensversicherungsbank in Höhe von 10 000 *M* Lebensversicherung genommen, und zwar unwiderruflich zugunsten seiner Ehefrau, der Klägerin. Der dementsprechend lautende Versicherungsschein war von der genannten Bank der Klägerin ausgefolgt worden. Später schloß Br. mit B. einen Vertrag, wonach er diesem für ein Darlehn die Forderung aus der erwähnten Versicherung verpfändete und Beibringung der Genehmigung der Klägerin versprach. Die Eheleute Br. zeigten die Verpfändung und deren durch die Klägerin erfolgte Genehmigung der Versicherungsbank an. Den Versicherungsschein händigte Br., ebenfalls mit Zustimmung der Klägerin, dem B. aus. Die Versicherungssumme wurde demnächst von der Versicherungsbank an den Pfandgläubiger B. ausgezahlt.

Auf Grund dieses Sachverhalts meldete die Klägerin eine Forderung von 10000 *M* zum Konkurse an. Das Landgericht stellte die Forderung im angemeldeten Betrage fest, das Oberlandesgericht erkannte auf Abweisung der Klage. Auf die Revision der Klägerin hat das Reichsgericht unter Aufhebung des Berufungsurteils die Sache in die Berufungsinstanz zurückverwiesen.

Gründe:

„Durch die Bestimmung in § 328 Abs. 1 BGB. ist, in Abschluß einer schon lange vorher in Fluß gekommenen Rechtsentwickelung, der Grundsatz klar gestellt, daß durch Vertrag ein Teil sich von dem anderen eine Leistung an einen Dritten mit der Wirkung versprechen lassen kann, daß der Dritte den Anspruch auf die Leistung selbständig und unmittelbar aus dem Vertrage erwirbt, ohne daß es seines Beitrittes zu dem Vertrage bedarf. Ob der Vertragswille auf diese Wirkung gerichtet ist, muß in Ermangelung einer besonderen Bestimmung auf Grund der Umstände des Einzelfalles, insbesondere nach dem Zwecke des Vertrages, beurteilt werden (§ 328 Abs. 2). Für den hier vorliegenden Fall der Lebensversicherung zugunsten eines Dritten ist aber in § 330 eine Auslegungsregel gegeben, wonach im Zweifel die erwähnte Wirkung als gewollt anzunehmen ist. Damit ist freilich nicht auch die Frage entschieden, ob die Berechtigung des Dritten sofort mit dem Abschlusse des Vertrages oder ob sie erst später oder unter gewissen Voraussetzungen eintreten soll. Auch dies hängt von dem Willen der Vertragschließenden ab (§ 328 Abs. 2), und auch in diesem Punkte greift für den hier vorliegenden Fall, daß die Leistung an den Dritten nach dem Tode des Versprechensempfängers erfolgen soll, eine Auslegungsregel (§ 331) ein, wonach im Zweifel der Dritte den Anspruch erst mit dem Tode des Versprechensempfängers erwirbt. Dies hat zur Folge, daß bis zu diesem Zeitpunkte der Versicherungsnehmer, als der so lange allein Berechtigte, über den Anspruch frei verfügen, also auch dem Dritten die Aussicht auf den späteren Erwerb durch Widerruf der Benennung des Dritten als des Bezugsberechtigten entziehen kann. Ob und inwieweit er dazu der Zustimmung des anderen Vertragsteils (des Versicherers) bedarf, kann auf sich beruhen.

Vgl. hierzu § 166 des noch nicht in Kraft getretenen Reichsgesetzes über den Versicherungsvertrag vom 30. Mai 1908.

Daß aber, bei entsprechender Willensrichtung der Vertragschließenden, auch im Falle des § 331 BGB. die Berechtigung des Dritten sofort mit dem Vertragsabschlusse eintritt, bringt das Gesetz zum klaren Ausdrucke, indem es auch die Auslegungsregel des § 331 eben nur „im Zweifel" Platz greifen läßt. Von selbst versteht sich freilich, daß auch die Berechtigung des Dritten inhaltlich immer an die Bestimmung des Vertrages geknüpft bleibt (§ 334 BGB.), also von dem Versicherungsnehmer immer noch, z. B. durch Einstellung der Prämienzahlungen, nach Maßgabe der Versicherungsbedingungen ganz oder teilweise vereitelt werden kann. Dadurch aber, daß die Berechtigung nachträglich erlöschen kann, wird nichts daran geändert, daß sie in dem erwähnten Falle durch den Vertragsabschluß sofort in der Person des Dritten zur Entstehung gekommen ist.

Im Streitfalle ist die Versicherung unwiderruflich zugunsten der Klägerin abgeschlossen worden, und es fragt sich, ob hierdurch zugleich der Wille zum Ausdrucke gebracht ist, daß die Berechtigung sofort mit dem Vertragsabschlusse in der Person der Klägerin entstehen sollte. Bei Beantwortung dieser Frage ist davon auszugehen, daß ein Recht, das dem Berechtigten nicht mehr entzogen werden kann, ein bereits, sei es auch als befristetes oder bedingtes, bestehendes Recht sein muß. Gleichwohl verneint das Berufungsgericht jene Frage, indem es der Vertragsbestimmung, wonach die Versicherung unwiderruflich zugunsten eines Dritten abgeschlossen wird, eine Bedeutung überhaupt nur im Verhältnis des Versicherungsnehmers zu dem Versicherer beilegt. Die Bedeutung sei die, daß sich der Versicherungsnehmer, und zwar nur dem Versicherer gegenüber, verpflichte, die Benennung des Dritten nicht zu widerrufen, und daß, wenn dennoch der Widerruf erfolge, nur dem Versicherer eine Einrede gegen das Zahlungsverlangen erwachse. Der Dritte kann nach der Ansicht des Berufungsgerichts aus jener Vertragsbestimmung ein Recht darauf, daß der Versicherungsnehmer die Benennung nicht widerrufe, nur durch den (nach der Meinung des Berufungsgerichts hier fehlenden) Beitritt zu dem Vertrage erwerben. Wäre diese Auffassung zu billigen, so könnte die Revision keinen Erfolg haben; denn dann würde die Klägerin den Anspruch, wenn überhaupt, erst mit dem Tode ihres Ehemanns, also als eine bereits mit dem Pfandrechte belastete Forderung, erworben haben, woraus sich ergäbe, daß sie aus der gegen sie erfolgten Verwirklichung des Pfandrechts einen Anspruch gegen den Nachlaß ihres Ehemannes und somit auch gegen die Konkursmasse nicht herleiten könnte.

Allein die Auffassung des Berufungsgerichts ist rechtsirrig. Sie verletzt die oben erörterten Vorschriften der §§ 328, 330 BGB., wonach bei einer zugunsten eines Dritten abgeschlossenen Lebensversicherung der Dritte im Zweifel auch ohne Beitritt zu dem Vertrage den Anspruch unmittelbar erwirbt. Findet hiernach dieser unmittelbar aus dem Vertrage anderer eintretende Rechtserwerb selbst dann statt, wenn dem Versicherungsnehmer der Widerruf noch offen bleibt, so muß das gleiche erst recht gelten, wenn sich der Versicherungsnehmer des Widerrufs begeben hat. Der Dritte aber erwirbt die Berechtigung in der Gestalt, die ihr durch den Vertrag gegeben ist. Es kann deshalb, wenn nicht ein gegenteiliger Wille der Vertragschließenden festgestellt ist, keine Rede davon sein, daß der Dritte dem Vertrage beigetreten sein müsse, um sich auf die darin bedungene Unwiderruflichkeit seiner Benennung und den daraus nach obigem sich ergebenden (in den Vertragsabschluß fallenden) Zeitpunkt seines Rechtserwerbs berufen zu dürfen, und es bedarf deshalb auch nicht der Untersuchung, ob nicht darin, daß der Versicherungsschein der Klägerin ausgefolgt und von ihr in Empfang genommen worden ist, in Verbindung mit ihrem späteren Verhalten ihr im Einverständnisse mit den Vertragschließenden erfolgter Beitritt gefunden werden müßte.

Die Ausführung von Ehrenberg in Ihering's Jahrb. Bd. 41 S. 384, auf die das Berufungsgericht sich für seine Auffassung berufen zu können glaubt, steht dieser keineswegs zur Seite. Der genannte Schriftsteller bezeichnet es am angegebenen Orte nur als „denkbar", daß nach dem Willen der Vertragschließenden die Gestaltung des Verhältnisses eine solche sein solle, wie sie das Berufungsgericht als die notwendige annimmt. Aus den Bemerkungen Ehrenberg's auf der nächstfolgenden Seite seines Aufsatzes ergibt sich mit voller Klarheit, daß auch nach seiner Auffassung der Regel nach („im allgemeinen") aus der als unwiderruflich bezeichneten Benennung des Dritten zu folgern ist, daß der Dritte ein „sofortiges" (also von seinem Beitritte nicht abhängiges) unwiderrufliches Recht erlangen soll. Daß aber im vorliegenden Falle ein auf das Erfordernis des Beitritts gerichteter Wille durch den Vertrag zum Ausdrucke gebracht sei, ist weder festgestellt noch auch nur behauptet oder anzunehmen. Das eigene Verhalten des Versicherungsnehmers, der ... die Zustimmung der Klägerin zu der Verpfändung des Anspruchs aus der Versicherung eingeholt hat, läßt vielmehr darauf schließen, daß er die Berechtigung der Klägerin als eine bereits bestehende anerkannt hat.

Das Ergebnis ist hiernach, daß die Klägerin den Anspruch schon mit dem Vertragsabschlusse, also noch frei von dem Pfandrechte, erworben hatte, und daß also Gegenstand der Verpfändung eine ihr zustehende Forderung war, über die die Verfügung ihrem Ehemanne nicht gebührte. Zu erörtern bleibt nur die Frage, welche Wirkung dem Umstande beizumessen ist, daß die Klägerin der Verpfändung zugestimmt hat. Das Berufungsgericht ist der Meinung, diese Zustimmung lasse mit aller Bestimmtheit darauf schließen, daß die Klägerin mit ihrem Ehemanne darüber einig gewesen sei, daß durch die Verpfändung ihre Begünstigung widerrufen werde. Hierin ist nicht die ... tatsächliche Feststellung eines besonderen, auf den Widerruf gerichteten rechtsgeschäftlichen Abkommens der Eheleute zu finden, für die es an jeder Grundlage fehlen würde, sondern lediglich eine Beurteilung, die aber wiederum rechtsirrig ist. Sowenig der Eigentümer einer Sache, der in deren Verpfändung durch einen anderen für dessen Schuld einwilligt, hierdurch das Eigentum an der Sache aufgibt, sowenig kann in der Zustimmung des Berechtigten zu der Verpfändung seiner Forderung durch einen anderen das Aufgeben der Forderung gefunden werden. Nicht einen Verzicht auf die Forderung, wie das Berufungsgericht annimmt, bedeutet die Zustimmung, sondern nur eine Belastung des Rechts wird dadurch bewirkt. Dabei ist es gleichgültig, ob man den Hergang rechtlich so aufzufassen hat, daß die Verpfändung durch den Ehemann, also durch einen an sich nicht Berechtigten, aber mit Einwilligung oder Genehmigung der berechtigten Klägerin, oder daß sie unmittelbar durch diese selbst erfolgt ist.

Wäre es also dem Ehemanne der Klägerin gelungen, den Pfandgläubiger zu befriedigen, so würde die Wirkung die gewesen sein, daß der Klägerin, nicht ihrem Ehemanne, die Forderung an die Versicherungsbank nunmehr als ein pfandfreies Recht zustand. Eine andere Frage ist aber, ob im anderen Falle der Klägerin auch das (in die Form des § 1225 BGB. gekleidete) Rückgriffsrecht gegen ihren Ehemann, und somit auch gegen dessen Nachlaß, zustehen sollte. Es erscheint immerhin nicht unbedingt ausgeschlossen, in dem Verhalten der Klägerin, wenn auch nicht den Willen des Verzichts auf die durch den Versicherungsvertrag erworbene Berechtigung selbst, so doch den Willen ausgedrückt zu finden, daß ihr keinesfalls das erwähnte Rückgriffsrecht zukommen sollte. Zur Prüfung in dieser Richtung mußte deshalb die Sache in die Berufungsinstanz zurückverwiesen werden."

84. Haftet der Charterer für eine Beschädigung, welche das Schiff bei der nach Beendigung der Reise vorgenommenen Entlöschung durch Unvorsichtigkeit der damit betrauten Leute erlitten hat? Sind diese dem Reeder gegenüber als Erfüllungsgehilfen des Charterers anzusehen?

I. Zivilsenat. Urt. v. 7. Juni 1909 i. S. M. (Kl.) w. Nordd. Lloyd (Bekl.). Rep. I. 287/08.

I. Landgericht Bremen, Kammer für Handelssachen.
II. Oberlandesgericht Hamburg.

Durch Charter-Party vom 30. Oktober 1906 hatte der Kläger den ihm gehörigen Dampfer „Rygja" für eine Reise von Java nach der Weser oder Elbe nach Charterers Wahl an den Beklagten verfrachtet. Das Schiff hatte seine Reise in Bremerhaven beendet, wo es am 4. März 1907 ankam. Noch an demselben Tage wurde mit der Entlöschung begonnen, welche die Leute des vom Beklagten damit beauftragten Stauers H. vornahmen. Bei der Entladung von Koprallen, die in der Nacht unter Benutzung von Lampen geschah, entstand ein Brand, der erst am anderen Tage gelöscht werden konnte und dem Schiffe schweren Schaden zufügte.

Der Kläger behauptete, daß der Brand durch unvorsichtiges Umgehen der Stauarbeiter mit den Lampen verursacht worden sei. Für diese Fahrlässigkeit hielt er den Beklagten, dem er in bezug auf die Auswahl des Stauers H. keinen Vorwurf machte, nach § 278 BGB. für haftbar, weil die Stauarbeiter als seine Erfüllungsgehilfen anzusehen seien. Er berechnete den Schaden am Schiffe auf wenigstens 50000 *M* und hatte diesen Betrag mit Zinsen gegen den Beklagten eingeklagt.

Die erste Instanz erklärte den Klaganspruch dem Grunde nach für berechtigt. Auf die Berufung des Beklagten wurde jedoch diese Entscheidung aufgehoben und die Klage abgewiesen. Das Reichsgericht hat das Urteil der ersten Instanz wiederhergestellt aus folgenden

Gründen:

„Das Berufungsgericht nimmt mit der ersten Instanz an, daß der Brand durch Umfallen einer von den Stauarbeitern bei der Entlöschung benutzten, auf einen Kopraballen hingestellten Lampe entstanden sei, und erklärt, wie jene, die Art, wie die Stauarbeiter mit den Lampen umgegangen, für fahrlässig. Es hält auch, wie das Landgericht, den Beklagten für haftbar für diese Fahrlässigkeit. Zur Abweisung der Klage kommt es lediglich aus dem Grunde, weil vorliegend die Löschung sich „unter den Augen" des Kapitäns der „Rygja" vollzogen habe. Der Kapitän habe bei pflichtmäßiger Sorgfalt nicht dulden dürfen, daß sich die Löschung in einer Weise vollziehe, die feuergefährlich und für das Schiff gefahrdrohend gewesen sei. Lasse er diese Art der Löschung dennoch zu, so könne man dem Beklagten keinen Vorwurf daraus machen, daß er nicht sorgfältiger sei, als der befugte Vertreter des Reeders es für erforderlich erachte. Es ist nicht klar, ob damit nur das eigene Verschulden des Beklagten verneint werden sollte, was unerheblich wäre, da der Beklagte aus Haftung für fremdes Verschulden in Anspruch genommen wird, oder ob an eine auf das Verhalten des Hilfspersonals bezogene Anwendung des § 254 Abs. 2 BGB. gedacht ist. Das kann dahingestellt bleiben, da die Begründung überhaupt nicht haltbar erscheint.

Die Begründung läßt verschiedene Auslegungen zu. Was ist die feuergefährliche und gefahrdrohende Weise der Löschung, die der Kapitän hätte verbieten müssen? Löschung zur Nachtzeit? Löschung mit Lampen? Da das Berufungsgericht weder das eine noch das andere für fahrlässig erklärt, sondern die Fahrlässigkeit nur in der besonderen Art erblickt, wie die Stauarbeiter mit den Lampen umgegangen sind — was sich nach dem über den Hergang Ermittelten bloß auf das Abstellen der Lampen auf die Kopraballen beziehen kann —, so wird man die Meinung des Berufungsgerichts, wenn sie konsequent sein soll, dahin verstehen müssen, daß dem Kapitäne zum Vorwurfe gemacht werde, dieses Hinstellen der Lampen während der Entlöschungsarbeiten in den Kopraräumen nicht verhindert oder wenigstens verboten zu haben. Bedeutete nun die Feststellung, es habe sich die Löschung unter den Augen des Kapitäns vollzogen, daß der Kapitän die fahrlässige Manipulation mit den Lampen selbst wahrgenommen habe, so wäre gegen die Schlüssigkeit der Begründung nichts einzuwenden. Aber gegen eine Feststellung in diesem Sinne würde der Prozeßangriff der Revision durchdringen müssen. Die Feststellung würde ohne jeden Anhalt im Parteivorbringen, im Widerspruche mit den nicht bestrittenen Klagebehauptungen — wonach die Schiffsbesatzung mit der Löschung nicht das Geringste zu tun gehabt hat und der Ausbruch des Feuers gegen 10 Uhr abends dem Kapitän in seiner Kajüte gemeldet worden ist — und ohne Stütze in den Beweisergebnissen getroffen sein. Es bleibt nur übrig, die Meinung des Berufungsgerichts dahin zu verstehen, daß der Kapitän zwar das Hinstellen der Lampen nicht selbst gesehen, aber bei pflichtmäßiger Ausübung seiner Sorgfaltspflicht das fahrlässige Umgehen mit den Lampen hätte bemerken müssen. In dieser Richtung läßt jedoch das angefochtene Urteil jede Darlegung vermissen. Auch der Beklagte selbst hat eine solche Behauptung nicht aufgestellt, und aus der Tatsache allein, daß das unzulässige Hinstellen von Lampen auf die Kopraballen bei der Löscharbeit überhaupt vorgekommen ist, ohne weiteres auf eine Nachlässigkeit des Kapitäns zu schließen, wäre willkürlich. Wenn man daher nicht annimmt, daß der Kapitän schon das Löschen zur Nachtzeit unter Verwendung von Lampen nicht dulden durfte, was entschieden zu weit gegangen wäre und auch von der Partei selbst nicht geltend gemacht wird, so kann der Entscheidungsgrund des Berufungsgerichts nicht durchgreifen.

Dies führt zur Aufhebung des angefochtenen Urteils. Es bedarf aber der Zurückverweisung nicht, da die Sache spruchreif ist. Wenn der Abweisungsgrund des Berufungsgerichts wegfällt, so ist nach dessen eigener Ansicht die Entscheidung des Landgerichts, welche den Klaganspruch dem Grunde nach feststellt, gerechtfertigt. Dem schließt sich das Revisionsgericht an.

Ohne jedes Bedenken ist zunächst die Feststellung, daß der Brand durch die Fahrlässigkeit der Stauarbeiter verursacht worden ist. Aber auch die Haftung des Beklagten für diese Fahrlässigkeit muß mit den Vorinstanzen bejaht werden. Das Landgericht begründet diese Haftung damit: nach der Charter-Party habe es sich um einen sog. uneigentlichen Zeitfrachtvertrag in Gestalt einer Sachmiete des Schiffes gehandelt. Dem Beklagten als Mieter habe die Pflicht obgelegen, die Mietsache schonend zu behandeln und alles Beschädigende zu vermeiden (Obhutspflicht). Zur Erfüllung dieser Pflicht habe er sich der durch Vermittelung des Stauereiunternehmers H. zur Entlöschung verwendeten Stauarbeiter bedient; diese seien seine Erfüllungsgehilfen gewesen, und daher seine Haftung nach § 278 BGB. gegeben.

Gegen die Annahme einer Sachmiete mit Obhutspflicht hat die Berufung des Beklagten angekämpft unter Hervorhebung des Gesichtspunktes, daß das Schiff im Besitze des Reeders bleibe und den Kapitän für den Reeder die Obhut über das Schiff und die Sorge für dessen Sicherheit und Unversehrtheit treffe. Auch gegen die Anwendung des § 278 hat sie Widerspruch erhoben, da die Entlöschung gleichfalls Sache des Kapitäns sei. Das Berufungsgericht lehnt als unerheblich die Prüfung ab, ob Frachtvertrag, Mietvertrag, locatio conductio navis, eventuell verbunden mit locatio conductio operarum der Schiffsbesatzung, anzunehmen wäre. In allen Fällen folge die Haftbarkeit aus dem Inhalte der Charter, da nach allen diesen Gesichtspunkten der Beklagte verpflichtet gewesen sei, das Schiff nach Ablauf der Vertragszeit unversehrt zurückzugeben — vorbehaltlich casus und vis major — und bei Benutzung während des Vertrages die im Verkehre erforderliche Sorgfalt zu prästieren. Ebenso aber ergebe sich aus der Charter auch die Vertragspflicht, das Schiff leer zurückzugeben, so daß die Löschung nicht nur den Ladungsinteressenten, sondern auch dem Kläger gegenüber Erfüllungshandlung, die Stauarbeiter Erfüllungsgehilfen gewesen seien.

Eine Haftung des Beklagten bis zur Grenze von casus und vis major darf freilich nicht anerkannt werden. Dagegen trifft § 278 BGB. zu, wonach der Beklagte für das Verschulden der Stauarbeiter als seiner Erfüllungsgehilfen haftbar ist. Der Senat nimmt keinen Anstand, entsprechend den Ausführungen in seinem Urteile vom 27. März 1901 (Entsch. in Zivils. Bd. 48 S. 90) auch im vorliegenden Falle das Rechtsverhältnis zwischen den Parteien nicht als Werkvertrag, sondern in bezug auf das Schiff im wesentlichen als Sachmiete aufzufassen. Die damals für entscheidend gehaltenen Vertragsbestimmungen kehren auch in der jetzigen Charter-Party wieder. Der Umstand, daß der Kapitän den Besitz des Schiffes für den Reeder behält, steht jetzt, sowenig wie in dem früheren Falle, einem Mietverhältnis entgegen; denn dadurch wird nicht ausgeschlossen, daß das Schiff zum vertragmäßigen Gebrauche überlassen werden konnte und überlassen worden ist. Freilich darf man mit Rücksicht hierauf nicht wohl sagen, daß der Beklagte nach Ablauf der Vertragszeit verpflichtet war, das Schiff zurückzugeben. Aber darauf kommt es nicht entscheidend an. Vertragspflicht des Beklagten war es jedenfalls, am Ende der Reise für die Entleerung der Schiffsladeräume zu sorgen.

Nicht begründet ist der Einwand, daß die Entlöschung vielmehr Sache des Kapitäns gewesen sei. Nach Inhalt der Charter-Party ist nur vorgesehen, daß der Kapitän „shall render all costumary assistance with any cranes and/or winches the Steamer has, also with her crew and boats", nicht, daß ihm Löschung oder Ladung obliegen solle. Wenn im Auftrage des Beklagten die Löschung durch die Stauerleute des Unternehmers H. ausgeführt worden ist, so ist es weder rechtlich noch tatsächlich der Kapitän gewesen, der sie hat bewirken lassen, sondern der Beklagte, der damit, wie das Berufungsgericht zutreffend geltend macht, nicht nur den Ladungsinteressenten, sondern auch dem Kläger gegenüber eine Vertragsverpflichtung erfüllt und sich zur Erfüllung dieser seiner Verbindlichkeit der Stauarbeiter bedient hat. Die Haftung für das Verschulden seiner Erfüllungsgehilfen kann der Beklagte auch nicht deshalb ablehnen, weil der Kapitän dem Reeder gegenüber verpflichtet gewesen sei, für die Sicherheit und Unversehrtheit des Schiffes zu sorgen. Denn einerseits würde durch diese Verpflichtung des Kapitäns nichts an den Kontraktspflichten des Beklagten geändert sein, anderseits ist, nach dem oben Ausgeführten, davon auszugehen, daß sich der Kapitän keine Verletzung seiner Sorgfaltspflicht hat zuschulden kommen lassen." ...

85. Kann in dem durch den Vertrag zwischen Hauseigentümer und Hausverwalter begründeten Verhältnis ein Dienstverhältnis gefunden werden, das die Anwendung der Ermäßigungsvorschrift des Abs. 2 der Tarifst. 73 zum preußischen Stempelsteuergesetz vom 31. Juli 1895 auf die dem Verwalter vom Eigentümer erteilte Vollmacht rechtfertigt?

VII. Zivilsenat. Urt. v. 15. Juni 1909 i. S. preuß. Fiskus (Bekl.) w. B. (Kl.). Rep. VII. 399/08.

I. Landgericht I Berlin.
II. Kammergericht daselbst.

Der Kläger schloß mit dem Gendarmeriewachtmeister a. D. G. einen schriftlichen Vertrag, nach dem er ihm gegen Vergütung die Verwaltung seiner in Sch. belegenen Häuser zunächst auf die Dauer eines Jahres übertrug. Der Vertrag enthielt eingehende Bestimmungen über die dem Verwalter G. obliegenden Pflichten; wiederholt war auf die vom Eigentümer zu erteilenden Anordnungen hingewiesen, die G. zu befolgen habe. Zugleich erteilte der Kläger dem Verwalter eine schriftliche Vollmacht zur Verwaltung der Häuser, indem er ihn ermächtigte, Mietverträge für ihn abzuschließen und zu kündigen, Mieten und sonstige Gefälle in Empfang zu nehmen und überhaupt an seiner Stelle die Rechte des Hauswirts wahrzunehmen.

Die Vollmacht wurde mit 20 *M* verstempelt, wovon 10 *M* dem Kläger erstattet wurden. Dieser war der Ansicht, daß nach Tarifstelle 73 Abs. 2 zum preuß. Stempelsteuergesetze vom 31. Juli 1895 nur ein Stempel von 1,50 *M* zu verwenden gewesen sei, und forderte im Rechtswege den Betrag von 8,50 *M* nebst Zinsen zurück. Das Landgericht erkannte auf Klagabweisung, das Kammergericht verurteilte dagegen den Fiskus nach dem Klagantrage. Die Revision des Fiskus hatte keinen Erfolg.

Gründe:

„Der Revision war der Erfolg zu versagen, da der Berufungsrichter ohne Rechtsirrtum das zwischen dem Kläger und seinem Hausverwalter G. nach dem Vertrage bestehende Verhältnis als Dienstverhältnis im Sinne der Tarifstelle 73 Abs. 2 zum Stemp.St.Ges. vom 31. Juli 1895 gekennzeichnet hat und danach die dem Verwalter erteilte Vollmacht nur einem Stempel von 1,50 *M* unterliegt. Für die Auslegung der Ermäßigungsvorschrift bieten die Gesetzesmaterialien keinen Anhalt. Man hat daher, wie dies auch schon mehrfach ausgesprochen ist, mit dem Ausdrucke „Dienstverhältnis" die ihm nach dem Sprachgebrauche des Lebens zukommende Bedeutung zu verbinden (vgl. RG. bei Gruchot Bd. 45 S. 993; KGJ. Bd. 32 B 68). Ein Dienstverhältnis ist nicht jeder auf Leistung von Diensten oder auf eine Geschäftsbesorgung gerichtete Vertrag (§§ 611, 675 BGB.) sondern es muß sich um Dienstverträge von einer gewissen Dauer handeln, die zur Leistung wiederkehrender Dienste innerhalb eines bestimmten Geschäftskreises des Dienstherrn verpflichten.

Man wird aber auch, um von einem Dienstverhältnis sprechen

zu können, ein gewisses Maß von Abhängigkeit des Verpflichteten vom Berechtigten fordern müssen. In einem Dienstverhältnis steht, wer die bedungene Tätigkeit nach den Weisungen und Anordnungen des Dienstherrn zu entwickeln hat. Die Revision will nur da ein Dienstverhältnis als gegeben ansehen, wo auch der sozialen Stellung nach der Bevollmächtigte zu seinem Dienstherrn in einem untergeordneten Verhältnis steht. Zu einer so engen Auslegung nötigt das Gesetz nicht. Sie würde dahin führen, daß gerade in den Fällen, in denen bei einem für längere Zeit geschlossenen Dienstvertrage die Vertretung des Dienstherrn durch den Verpflichteten und die Ausstellung einer Vollmacht für diesen notwendig zu werden pflegt, die Ermäßigungsvorschrift versagte und der Machtgeber mit dem vollen Stempel belastet würde. Dies sind die Fälle der dem kaufmännischen und sonstigen Verkehre angehörenden Dienstverträge, bei denen der Angestellte zwar in dem seiner Besorgung und Bearbeitung überwiesenen Geschäftskreise gegenüber dem Prinzipale mehr oder weniger unselbständig, ihm untergeordnet ist, aber sich durchaus nicht gesellschaftlich auf einer tieferen Stufe befindet, als der Dienstherr. Für die Anwendung des Gesetzes würden nur etwa das Gesindeverhältnis und ähnliche Fälle übrig bleiben, in denen es nicht besonders häufig zur Erteilung einer schriftlichen Vollmacht kommen wird. Da dies mit der Absicht des Gesetzgebers unverträglich erscheint, so wird die persönliche Unterordnung, die im Begriffe des Dienstverhältnisses liegt, nur so zu verstehen sein, daß sie die Unterwerfung des Verpflichteten unter den Willen des Berechtigten in Beziehung auf die für diesen zu treffenden Maßnahmen bedeutet, womit nicht unvereinbar ist, daß innerhalb gewisser Grenzen der Angestellte in seinen Entschließungen selbständig ist. Demgemäß hat denn auch die Praxis keine Bedenken getragen, von der dem Prokuristen oder dem Gutsadministrator erteilten Vollmacht nur den geringeren Stempel zu erfordern,

> vgl. Allg. Verf. des Justizministers vom 12. Juli 1899 und Verf. des Finanzministers vom 27. Juni 1899, abgedr. im Just.-Min.-Bl. 1899 S. 192; ferner der von Heinitz (3. Aufl.) S. 722 angeführte Beschluß des Kammergerichts vom 29. Juli 1898,

wie auch die Ermäßigungsvorschrift auf das öffentlichrechtliche Verhältnis der Beamten angewendet worden ist (**Gruchot** Bd. 45 S. 993).

Darum ist ... die Anwendung auf den vorliegenden Fall des Vertrages des Klägers mit seinem Hausverwalter nicht zu beanstanden. Dieser ist bei der Verwaltung und bei der Leistung der ihm hiernach obliegenden Dienste tatsächlicher und rechtlicher Natur, die im Vertrage ausführlich angegeben sind, in weitem Umfange an die Anordnungen des Klägers gebunden, so daß es an dem Erfordernis der persönlichen Unterordnung unter den Kläger als den Prinzipal jedenfalls nicht fehlt. Wie es sich verhält, wenn einer juristischen Person eine Häuserverwaltung übertragen wird, braucht nicht untersucht zu werden."

86. Verhältnis des § 8 des Bankdepotgesetzes vom 5. Juli 1896 zu den allgemeinen Grundsätzen über die Bedeutung des guten Glaubens für den Pfandrechtserwerb an beweglichen Sachen.

BGB. §§ 1293, 1207, 932.
HGB. § 366.

VII. Zivilsenat. Urt. v. 11. Juni 1909 i. S. B. (Kl.) w. D. Bank (Bekl.). Rep. VII. 473/08.

I. Landgericht I Berlin.
II. Kammergericht daselbst.

Mit Schreiben vom 10. März 1906 hatte die Bankgesellschaft Qu. & Co. in Dresden an die verklagte Bank in Berlin, mit der sie in laufender Rechnung stand, 2 Aktien über je 1000 ℳ „zur eventuellen Ablieferung und Berechnung" übersandt. Dem Schreiben lag ein Orderzettel bei, wonach die Beklagte mit Gültigkeit „bis ult. c." beauftragt wurde, die Aktien zum Kurse von nicht unter $146^1/_2$ % zu verkaufen. Der von der Auftraggeberin unterzeichnete Vordruck des Orderzettels bezeichnete die Aktien als der Beklagten „für fremde Rechnung zugehende ... Wertpapiere" und schloß mit den Worten: „Wir versichern, daß uns seitens unseres Auftraggebers die Verfügung über diese Wertpapiere eingeräumt worden ist." Der Verkaufsauftrag konnte bis Ende Juli 1906, bis wohin er von Monat zu Monat verlängert worden war, nicht ausgeführt werden.

Am 21. August 1906 wurde über das Vermögen der Bankgesellschaft Qu. & Co. das Konkursverfahren eröffnet. Am 13. August hatte die Beklagte zwecks Deckung ihres Guthabens an die Firma die Aktien zum Kurse von $137\frac{1}{2}$ % verkauft.

Mit der Behauptung, er sei der Eigentümer der Aktien gewesen und habe sie der Bankgesellschaft Qu. & Co. zum Verkaufe nicht unter $146\frac{1}{2}$ übergeben, forderte der Kläger Herauszahlung des für die zwei Aktien erzielten Erlöses nebst Zinsen. Das Landgericht wies die Klage ab. Die Berufung wurde zurückgewiesen. Auf die Revision des Klägers ist das Berufungsurteil aufgehoben und die Sache in die Berufungsinstanz zurückverwiesen worden, aus folgenden

Gründen:

„Nach § 8 des Bankdepotgesetzes vom 5. Juli 1896 hat ein Kaufmann, der (wie es im vorliegenden Falle die Firma Qu. & Co. getan hat) im Betriebe seines Handelsgewerbes fremde Aktien einem Dritten (hier der Beklagten) zum Zwecke der Veräußerung ausantwortet, hierbei dem Dritten mitzuteilen, daß die Aktien fremde seien. Der Dritte, der eine solche Mitteilung empfangen hat, kann an den übergebenen Aktien ein Pfandrecht nur wegen solcher Forderungen an seinen Auftraggeber geltend machen, welche mit Bezug auf diese Aktien entstanden sind (Abs. 2). Diese Beschränkung gilt nach dem Wortlaute des Gesetzes nicht nur, wie Düringer-Hachenburg, HGB. Bd. 3 S. 419, anscheinend, aber ohne nähere Begründung annehmen, für das gesetzliche Pfandrecht (§ 397 HGB.), sondern auch für ein etwa vertragmäßig, z. B. durch allgemeine Geschäftsbedingungen, vereinbartes Pfandrecht; so auch Rießer, BankdepGes. (2. Aufl.) S. 76.

Wäre diese Bestimmung des genannten Gesetzes allein und schlechthin maßgebend, so würde die Entscheidung des Rechtsstreits, den Eigentumsnachweis des Klägers vorausgesetzt, einem Zweifel kaum begegnen können. Die Beklagte hat unstreitig bei Empfang der Aktien von Qu. & Co. durch den unterzeichneten Vordruck des Orderzettels zugleich die Mitteilung erhalten, daß der Verkaufsauftrag ihr „für fremde Rechnung zugehende Wertpapiere“ betreffe, was nichts anderes bedeutete, als daß die Wertpapiere fremdes Eigentum seien. Demnach würde die Beklagte nicht das Recht gehabt haben, den mit Qu. & Co. vereinbarten Geschäftsbedingungen gemäß ein

Pfandrecht an den Aktien für die ihr aus der sonstigen Geschäftsverbindung gegen diese Firma zustehenden Forderungen oder auch nur gemäß der Vorschrift des § 397 HGB. für die dort bezeichneten Forderungen aus anderen in laufender Rechnung geschlossenen Kommissionsgeschäften in Anspruch zu nehmen und wie geschehen zu verwirklichen; die Beklagte hätte die Aktien nicht in das mit diesem allgemeinen Pfandrechte belastete „Depot A", sondern nur in das höchstens jenem beschränkten Pfandrechte des § 8 Abs. 2 unterliegende „Depot B" nehmen dürfen.

Es fragt sich aber, in welchem Verhältnisse diese Bestimmung des Bankdepotgesetzes zu dem allgemeinen, aus §§ 1293, 1207, 932 BGB. in Verbindung mit § 366 HGB. sich ergebenden Grundsatze steht, wonach an beweglichen Sachen, die ein Kaufmann im Betriebe seines Handelsgewerbes verpfändet, der andere Teil das Pfandrecht erwirbt, auch wenn er weiß, daß die Sachen dem Verpfänder nicht gehören, sofern er nur über dessen Befugnis, über die Sachen für den Eigentümer zu verfügen, in gutem Glauben ist.

Das Berufungsgericht nimmt an, daß dieser Grundsatz durch das Bankdepotgesetz auch für dessen Anwendungsgebiet nicht beseitigt sei, und dem muß zugestimmt werden. Sicherlich kann der § 8 dieses Gesetzes, trotz der Wortfassung des Abs. 2, nicht den Sinn haben, daß durch die vorgeschriebene Mitteilung der Erwerb des über die dortigen Schranken hinausgehenden Pfandrechts unter allen Umständen ausgeschlossen werde; denn sonst ergäbe sich, was selbstverständlich nicht gewollt sein kann, daß dieser Erwerb selbst dann nicht stattfände, wenn der Verpfänder dem Pfandnehmer die Zustimmung des Eigentümers zu der Verpfändung in zweifelsfreier Weise nachwiese. Aber auch dafür, daß der gute Glaube des Pfandnehmers an die Verfügungsbefugnis des Verpfänders die sonst (§ 366 HGB.) im Handelsverkehre geltende Wirkung im Anwendungsgebiete des Bankdepotgesetzes nicht üben solle, findet sich weder in der Entstehungsgeschichte dieses Gesetzes, noch in dessen Wortlaute ein ausreichender Anhalt. Hätte der Gesetzgeber die Absicht gehabt, den Grundsatz des § 366 HGB. für die durch § 8 geregelten Fälle völlig auszuschalten, so würde sich ihm der klare Ausdruck hierfür geradezu aufgedrängt haben, und es wäre kaum zu verstehen, warum nicht dem Abs. 2 des § 8 Worte wie: „der § 366 HGB. bleibt außer Anwendung" hinzugesetzt worden sind. Der jetzt erkennende Senat hat denn auch in dem Urteile vom 17. März 1908, Rep. VII. 233/07, bereits ausgesprochen, daß die Anwendbarkeit des § 366 HGB. durch § 8 BkDepGes. rechtsgrundsätzlich nicht berührt werde; denselben Standpunkt läßt auch das in den Entsch. des R.G.'s in Zivils. Bd. 41 S. 32 abgedruckte Urteil des I. Zivilsenats vom 16. Februar 1898 erkennen, und auf ihm befindet sich ersichtlich auch die Denkschrift zu dem dem Reichstage vorgelegten Entwurfe des geltenden Handelsgesetzbuchs S. 257.

Anderseits darf aber gerade für die Beurteilung des guten Glaubens im Einzelfalle die Bedeutung des § 8 nicht verkannt werden. Nach dieser Richtung läßt das Berufungsurteil bei der Feststellung, daß von der Beklagten gutgläubig die Auftraggeberin Qu. & Co. als zur freien Verfügung über die Aktien befugt angesehen worden sei, eine ausreichende und erschöpfende Würdigung des Sachverhalts vermissen. Schon zu der Frage, ob es Sache der Beklagten ist, ihren guten Glauben darzutun, oder ob dem Kläger der Beweis ihres schlechten Glaubens obliege, nimmt das Berufungsgericht eine klare Stellung nicht ein. Nach einer auf diesen Punkt bezüglichen Bemerkung des Urteils geht das Berufungsgericht davon aus, daß die Beweislast die Beklagte treffe, während andere Ausführungen für das Gegenteil zu sprechen scheinen. Für richtig ist die erstere Auffassung zu erachten. Wie sich aus der Wortfassung des § 932 BGB. klar ergibt („es sei denn, daß ..."; vgl. hierzu Planck BGB. Vorbem. zum Allg. Teil unter V 2, 2. Aufl. Bd. 1 S. 45), liegt an sich dem, der den schlechten Glauben geltend macht, der Beweis für dessen Vorhandensein ob. An diesem nach §§ 1293, 1207 BGB. auch für den Pfandrechtserwerb maßgebenden Grundsatze ist durch § 366 HGB. allerdings nichts geändert. Durch diese Bestimmung wird der in § 932 BGB. vorgeschriebene Schutz des guten Glaubens gegenständlich erweitert, die in § 932 geordnete Beweislast aber nicht berührt. Das Ergebnis ist hiernach für das Anwendungsgebiet des § 366 HGB. folgendes. Auch an einer dem Verpfänder nicht gehörigen beweglichen Sache erwirbt der Pfandnehmer grundsätzlich das Pfandrecht, und die Ausnahme von dieser Regel tritt nur ein, wenn dem Pfandnehmer bewiesen wird, nicht nur, daß er über das Eigentum des Verpfänders, sondern auch, daß er über dessen Verfügungsbefugnis im maßgebenden Zeitpunkte nicht in gutem Glauben gewesen ist.

Im Anwendungsbereiche des Bankdepotgesetzes aber ist die Regel, wenn auch nicht im vollen Umfange die umgekehrte, so doch eine andere. Aus § 8 Abs. 2 dieses Gesetzes ergibt sich, daß die Beklagte, da sie von Qu. & Co. die Mitteilung, daß die übersandten Aktien fremdes Eigentum seien, empfangen hatte, grundsätzlich das allgemeine Pfandrecht an den Aktien nicht erwerben konnte, und eine Ausnahme von dieser Regel ist deshalb nur zuzulassen, wenn die Beklagte beweist, daß sie über die Verfügungsbefugnis der Firma Qu. & Co. in gutem Glauben gewesen ist. Die Feststellung dieses guten Glaubens aber findet in den Ausführungen des Berufungsgerichts keine andere Grundlage als den für bewiesen angenommenen Handelsgebrauch, wonach die in dem Orderzettel vorgedruckte, der vorhin erwähnten Mitteilung beigefügte Versicherung den Sinn hat, daß dem Kommittenten (Zwischenbankier, hier Qu. & Co.) von seinem Auftraggeber (hier dem Kläger) die Befugnis eingeräumt sei, über die Papiere nach jeder Richtung, insbesondere auch durch Verpfändung zu seinem eigenen Nutzen, frei zu verfügen. Hieraus kann aber auch für den gegenwärtigen Fall doch nur gefolgert werden, daß die Versicherung in diesem Sinne abgegeben, und daß sie als so gemeint aufgenommen worden ist. Für einen folgerichtigen Schluß aber des weiteren Inhalts, daß die Beklagte auch an die Wahrheit der Versicherung geglaubt, daß sie in dieser Beziehung keine Zweifel gehegt habe, kann der Handelsgebrauch schlechterdings keine Grundlage bieten. Diese Frage bedarf besonderer Prüfung im Rahmen der vorhin dargelegten Beweislast.

Dabei ist zu berücksichtigen, daß mit der Vorschrift des § 8 Abs. 2 vom Gesetzgeber, angesichts der in großer Zahl vorgekommenen, Aufsehen erregenden Schädigungen, ein wirksamer Schutz der Kunden der Zwischenbankiers gewollt war (vgl. Rießer a. a. O. S. 67 flg.). Zu prüfen ist, ob angesichts dieses Zweckes der Vorschrift die schematische Erklärung in dem von der Beklagten selbst herrührenden Vordrucke des der Firma Qu. & Co. gelieferten und von dieser benutzten Orderzettel-Formulars genügen kann, um den guten Glauben der Beklagten an die Verfügungsbefugnis der genannten Firma als erwiesen anzusehen, und ob in dieser Weise die gesetzliche Wirkung, die an sich durch die in dem ersten Satze jenes Vordrucks enthaltene Mitteilung begründet wurde, beseitigt werden kann. Dabei wird zu berücksichtigen sein, daß die Bestimmung des § 8 Abs. 2 jedes praktischen Wertes ganz oder nahezu ganz beraubt sein würde, wenn ein unredlicher Zwischenbankier, gegen den doch dessen Kunden gerade wirksam geschützt werden sollten, nur das Druckformular des Zentralbankiers zu unterschreiben brauchte, um die ihm zu einem ganz anderen Zwecke anvertrauten Wertpapiere ohne Zustimmung ihres Eigentümers als allgemeine Unterlage für den ihm selbst von dem Zentralbankier zu gewährenden Kredit verwenden zu können (vgl. Rießer a. a. O. S. 80). Zu berücksichtigen ist aber ferner auch das Verhältnis, in dem die beiden Sätze des Vordrucks in ihrem Sinne zueinander stehen. Ist dem Zwischenbankier von seinem Kunden die Verfügung über die übergebenen Papiere eingeräumt, so muß sich, unbeschadet der Vorschriften des § 2 BkDepGes., die Frage aufdrängen, ob die Papiere überhaupt noch fremde sind, oder ob sie nicht in das Eigentum des Zwischenbankiers übertragen sind und dieser nur die Verpflichtung zur Gewährung gleichartiger Stücke hat. Zwischen den beiden Sätzen des Vordrucks würde sich alsdann ein Widerspruch ergeben, der bei der Beurteilung nicht außer Betracht bleiben darf. Das Berufungsgericht hat diesen Gedanken von fern berührt, ohne jedoch zu der erforderlichen Erwägung und Erörterung überzugehen." ...

---

87. Kann die Eisenbahn eine von ihr nachträglich gemachte, aus dem Frachtbriefe nicht ersichtliche Zollauslage auf Grund der §§ 435, 436 HGB., §§ 66, 67 EVO. a. F. vom Empfänger des Frachtgutes, der den zuerst geforderten Zoll nach Maßgabe des Frachtbriefs entrichtet hat, nachfordern?

I. Zivilsenat. Urt. v. 16. Juni 1909 i. S. preuß. Eisenbahnfiskus (Kl.) w. Aktiengesellschaft P. W. (Bekl.). Rep. I. 318/08.

I. Landgericht Hildesheim.
II. Oberlandesgericht Celle.

Die Firma Chr. O. P. lieferte im Jahre 1906 auf dem im Hamburger Freihafengebiete liegenden Güterbahnhofe Hamburg-Süd sechs Wagenladungen zur Eisenbahnbeförderung an die Beklagte auf. Der Inhalt der Ladungen war in den Frachtbriefen als „Alteisen zum Einschmelzen" angegeben. Dieser Inhaltsangabe entsprechend wurde von der Eisenbahn gegenüber dem Zollamte die Deklaration zum Zwecke der Verzollung vorgenommen; der Zoll wurde hiernach mit 1 *M* für den Doppelzentner (Nr. 843 des Zolltarifs) festgesetzt, von der Bahn verauslagt und demnächst von der Beklagten bei Annahme des Gutes und des Frachtbriefes erstattet.

Nachträglich stellte die Zollbehörde fest, daß die Sendungen aus gebrauchten Dampfkesselsiederohren bestanden hätten, für die ein Zollsatz von 5 *M* für den Doppelzentner (Nr. 794 des Zolltarifs) zu entrichten gewesen wäre. Der vom Zollamte auf den Betrag von 3378,65 *M* festgesetzte nachzuzahlende Zoll ist von der Bahn erhoben worden. Diese verlangte die Erstattung des Betrags nebst Provision und Zinsen von der Beklagten. Die Beklagte, die inzwischen die Sendungen der Firma Chr. O. P. zur Verfügung gestellt und an diese hatte zurückgehen lassen, bestritt, zur Zahlung verpflichtet zu sein.

Beide Instanzen wiesen den Anspruch ab. Die Revision des Klägers ist ebenfalls zurückgewiesen worden, aus folgenden

Gründen:

„Die Revision rügt Verletzung der §§ 435, 436 HGB. und der §§ 66, 67 der Eisenb.Verk.-O. vom 26. Oktober 1899. Nach § 435 HGB., § 66 Abs. 2 EVO. sei der Empfänger berechtigt, die aus dem Frachtvertrage sich ergebenden Rechte gegen Erfüllung der daraus entstehenden Verbindlichkeiten geltend zu machen. Die Verpflichtung zur Erfüllung dieser Verbindlichkeiten werde für den Empfänger bindend mit der Annahme des Gutes und des Frachtbriefs (§ 436 HGB., § 67 EVO.). Von diesem Zeitpunkte an hafte also der Empfänger der Eisenbahn für alle ihre Forderungen aus dem Frachtvertrage, insbesondere auch für die Erstattung notwendiger Auslagen. Zu Unrecht entnehme dagegen das Berufungsgericht aus den Worten „nach Maßgabe des Frachtbriefs" in § 436 HGB., § 67 EVO. eine Einschränkung der Verpflichtungen des Empfängers.

Die Rechtsauffassung der Revision kann nicht gebilligt werden. Sie entspringt aus einer Verkennung des Verhältnisses, in dem die

§§ 435 und 436 HGB. (sowie die entsprechenden §§ 66 und 67 EVO.) zueinander stehen. Der Frachtführer braucht nach § 435 HGB. das Frachtgut dem Empfänger nur dann auszuliefern, wenn dieser alle aus dem Frachtvertrage sich ergebenden Verpflichtungen Zug um Zug erfüllt. In Art. 405 ADHGB. war die Rede von „Erfüllung der Verpflichtungen, wie sie der Frachtbrief ergibt;" eine mit der Vorschrift des § 435 HGB. übereinstimmende Rechtsstellung wurde indes tatsächlich dem Frachtführer auch schon vom alten Rechte nach Maßgabe des Art. 409 gewährt, durch welchen ihm wegen aller durch den Frachtvertrag begründeten Forderungen ein Pfandrecht an dem Frachtgute eingeräumt wurde.

Neben dem § 435 HGB. muß aber dem § 436 eine selbständige Bedeutung zuerkannt werden. Die Vorschrift des § 436 kommt zur Geltung, wenn der Frachtführer Frachtgut und Frachtbrief ausgeliefert hat, ohne daß der Empfänger die aus dem Frachtvertrage hervorgehenden Verpflichtungen Zug um Zug erfüllte und ohne daß die Verpflichtungen des Empfängers gegenüber dem Frachtführer durch besonderen Vertrag geregelt wurden. Für diesen Fall bestimmt § 436, daß der Empfänger durch die Annahme des Gutes und des Frachtbriefs verpflichtet wird, dem Frachtführer nach Maßgabe des Frachtbriefs Zahlung zu leisten. Diese Verpflichtung entspringt nicht aus dem zwischen dem Absender und dem Frachtführer abgeschlossenen Frachtvertrage, und ebensowenig empfängt sie ihre nähere Regelung durch den Frachtvertrag, sondern sie wird vom Gesetze — was auch in der Denkschrift zum Entwurfe des HGB. bei der Erläuterung der §§ 426—428 des Entwurfs (§§ 434—436 des Ges.) hervorgehoben wird — als selbständige Verbindlichkeit aufgestellt. Ihre Entstehung wird an die Tatsache der „Annahme des Guts und des Frachtbriefs" geknüpft, und ihre Grenzen werden durch den Inhalt des Frachtbriefs, nicht des Frachtvertrages bestimmt. Will man die Begründung dieser Verbindlichkeit unter dem Gesichtspunkte eines vom Gesetze unterstellten Vertragsabschlusses zwischen Frachtführer und Empfänger betrachten, so führt dies zu keinem abweichenden Ergebnis, da für die Verpflichtung des Empfängers immer der Inhalt des Frachtbriefs maßgebend bleibt. Die erwähnte Abänderung der Fassung des Art. 405 ADHGB. sowie die Verwendung des Wortes „Frachtvertrag" in § 435, des Wortes „Frachtbrief" in § 436 HGB.

stehen hiernach durchaus im Einklange mit dem verschiedenen Sinne, der dem § 435 und dem § 436 beiwohnt.

Als unrichtig erweist sich nach vorstehendem die in der Literatur vertretene Ansicht, daß der Empfänger durch die Annahme des Gutes und des Frachtbriefs in den Frachtvertrag — dessen Inhalt der Empfänger in der Regel überhaupt nicht kennen wird — eintrete. Ebensowenig ist folgende Aufstellung haltbar: es solle im § 436 HGB., § 67 EVO. nur ausgesprochen werden, daß die Eisenbahn nicht eher berechtigt sei, die Frachtzahlung vom Empfänger zu beanspruchen, als bis sie selbst die Vertragsleistung erfülle, d. h. Gut und Frachtbrief übergebe, daß der Empfänger daher nicht eher zur Zahlung verpflichtet sei, als bis ihm die Eisenbahn leiste und zwar gleichzeitig Zug um Zug. Dem stehen Wortlaut und Inhalt der §§ 435, 436 unmittelbar entgegen. § 435 befaßt sich mit der Erfüllung des Frachtvertrags; für diese gelten die Regeln des gegenseitigen Vertragsverhältnisses, also auch die Vorschrift, daß Zug um Zug zu erfüllen ist: der Empfänger macht die Rechte aus dem Frachtvertrage geltend „gegen Erfüllung der sich daraus ergebenden Verpflichtungen". § 436 dagegen ordnet die rechtliche Folge, welche die Auslieferung von Gut und Frachtbrief für sich nach sich zieht; er läßt eine Verpflichtung entstehen, deren Maß nicht wohl anders als durch den Frachtbrief, der dem Empfänger vorliegt, gesetzt werden konnte.

Muß danach der Auffassung des Berufungsgerichts, daß die Beklagte durch die Annahme des Frachtguts und des Frachtbriefs nur zur Leistung nach Maßgabe des Frachtbriefs und nicht zur Erfüllung aller dem Absender nach dem Frachtvertrage obliegenden Verpflichtungen verbunden sei, beigetreten werden, so kann auch ein zweiter Angriff, den die Revision gegen das Urteil des Berufungsgerichts erhebt, nicht durchdringen. Die Revision sucht darzulegen, daß das Berufungsgericht die Worte „nach Maßgabe des Frachtbriefs" „zu engherzig" ausgelegt habe. Es sei davon auszugehen, daß an der Stelle des Frachtbriefs, wo im Falle der Vorausbezahlung des Zolles durch den Absender die geschehene Entrichtung des Zolles durch die Formel „frei einschließlich Zoll" oder „frei Zoll" vermerkt werde, ein solcher Vermerk fehle. Daraus müsse der Empfänger entnehmen, daß er den Zoll zu zahlen habe; somit sei auch die Verpflichtung des Empfängers zur Entrichtung eines eventuellen Nachzolles aus dem Frachtbriefe zu ersehen. Wenn der Empfänger „nach Maßgabe des Frachtbriefs Zahlung zu leisten habe," so müsse er auch den Nachzoll zahlen.

Der Ausgangspunkt der Revision ist nicht zu beanstanden. Wenn auch der genaue Inhalt des Frachtbriefs vom Berufungsrichter nicht festgestellt worden ist, so kann doch aus den Umständen entnommen werden, daß der Frachtbrief einen Freivermerk in betreff des Zolles nicht enthielt. Aber die hieraus von der Revision gezogene Folgerung kann als gerechtfertigt nicht anerkannt werden. War es auch dem Empfänger bekannt, daß der Absender den Zoll nicht entrichtet hatte, so ließ sich doch aus dem Frachtbriefe nicht mehr ersehen, als daß das Frachtgut mit der von der Eisenbahn vorgeschossenen, bestimmt bezifferten Zollauslage belastet war. Die Höhe dieses Betrags bildete das Maß der Verpflichtung, die der Empfänger in Ansehung des Zolls nach dem Frachtbrief übernahm. Inwieweit untergelaufene Rechnungsfehler auch bei der Berechnung der Zollauslagen zu berücksichtigen sein würden, braucht nicht entschieden zu werden. Das Oberlandesgericht hat mit Recht angenommen, daß es sich im vorliegenden Falle nicht um einen Rechnungsfehler (vgl. § 61 Abs. 4 EVO.) zu Ungunsten der Eisenbahn, sondern um eine von ihr nach Ablieferung des Gutes gemachte neue Auslage handelt, die bei der Berechnung überhaupt noch nicht in Betracht gezogen werden konnte. Gegen die Ansicht, daß der Empfänger in betreff des Zolles durch die Annahme des Gutes unbestimmte Verpflichtungen übernehme, spricht auch das schutzwürdige Interesse des Empfängers, der auf Grund der aus dem Frachtbriefe ersichtlichen Verpflichtungen über Annahme oder Zurückweisung der Sendung Entschließung zu treffen hat. Auf dem gleichen Standpunkte stehen frühere Urteile des Reichsgerichts. Vgl. Entsch. des V. Zivilsen. vom 10. November 1880 bei Gruchot, Bd. 25 S. 1091 Nr. 136, und des IV. Zivilsen. vom 29. Oktober 1896, Rep. IV. 96/96.

Die Beklagte würde allerdings dann zur Bezahlung des Nachzolls verbunden sein, wenn sich diese Verbindlichkeit aus den Vorschriften der Eisenb.-Verk.-Ordn. ableiten ließe (§ 454 HGB.). Die Vorderrichter haben jedoch unter Heranziehung der §§ 67, 61 Abs. 4, sowie der §§ 59 Abs. 3, 60 Abs. 2, 62 Abs. 2, 66 Abs. 4, 68 Abs. 7,

90 Abs. 1 zutreffend dargelegt, daß dies nicht der Fall ist und insbesondere Zollgelder nicht unter den Begriff der „Fracht“ oder der „Gebühren“ fallen. Der Anspruch des Klägers kann daher auf die Vorschrift des § 61 Abs. 4 EVO., die für Fracht und Gebühren eine Nachforderung zuläßt, nicht gestützt werden.

Ebensowenig läßt sich der auf dem Frachtbriefe (Anlage C der Eisenb.-Verk.-Ordn.) befindliche, an den Empfänger gerichtete Vermerk:

„Sie empfangen die nachstehend verzeichneten Güter auf Grund der Bestimmungen der Eisenbahnverkehrsordnung und der für diese Sendung in Anwendung kommenden Tarife“

zu Gunsten des Klägers verwerten. Es erscheint schon an sich zweifelhaft, ob mit Rücksicht auf das Fehlen einer verpflichtenden Bestimmung in der Verkehrsordnung selbst aus diesem Vermerke allein, unter der Voraussetzung, daß zu den erwähnten Tarifen auch der Zolltarif zu zählen wäre, die Verpflichtung der Beklagten zur Entrichtung eines Nachzolls entnommen werden könnte. Will man aber auch diese Frage bejahen, so trifft doch jene Voraussetzung offenbar nicht zu. Es spricht nichts dafür, daß unter den „in Anwendung kommenden Tarifen“ andere als Eisenbahntarife, die an verschiedenen Stellen der Eisenbahnverkehrsordnung angeführt werden (vgl. z. B. Eingangsbestimmungen Abs. 3, § 7 Abss. 1, 3, § 39, § 50 B Nr. 2 Abs. 2), gemeint sind.

Das gleiche ergibt sich aus der früheren Fassung des Vermerks. In dem Frachtbrief-Formulare, das dem Betriebs-Reglement für die Eisenbahnen im Norddeutschen Bunde vom 10. Juni 1870 beigegeben ist, lautet der entsprechende Vermerk folgendermaßen:

„Sie empfangen die nachstehend verzeichneten Güter auf Grund der in dem Reglement für den Vereinsgüterverkehr auf den Bahnen des Vereins Deutscher Eisenbahn-Verwaltungen, sowie der in den besonderen Reglements der betreffenden Bahnen, beziehungsweise der Verbände enthaltenen und mir/uns bekannten Bestimmungen, welche für diese Sendung in Anwendung kommen.“

Dieser Wortlaut wird auch noch in dem Betriebs-Reglement für die Eisenbahnen Deutschlands vom 11. Mai 1874 (s. Zentralbl. des Deutschen Reichs, 1874 S. 179) mit einer hier nicht in Betracht kommenden Abänderung des ersten Teiles des Vermerks festgehalten. Fehlt hiernach in den alten Frachtbrief-Formularen jede Bezugnahme auf den Zolltarif, so ist kein stichhaltiger Grund ersichtlich, aus dem eine solche Bezugnahme in dem erörterten Vermerke des geltenden Formulars, der mit dem Vermerke des Formulars der Verk.-Ordn. für die Eisenb. Deutschl. vom 15. November 1892 in seinem wesentlichen Wortlaute übereinstimmt, gefunden werden könnte. Anderseits wird ein Hinweis auf die Eisenbahntarife nahegelegt durch die Vorschriften des Abs. 3 der Eingangsbestimmungen der Eisenb.-Verk.-Ordn. Hier wird nämlich angeordnet, daß Bestimmungen der Eisenbahnverwaltungen, welche die Verkehrsordnung ergänzen oder von ihr abweichen, zu ihrer Gültigkeit der Aufnahme in die Tarife bedürfen. . . .

Endlich muß die in der Rechtslehre aufgestellte Ansicht zurückgewiesen werden, daß der Empfänger des Frachtguts durch die Bezugnahme des Frachtbriefs auf die Eisenbahnverkehrsordnung zur Erstattung aller Barauslagen, insbesondere der Zollgefälle, verpflichtet werde, auch wenn sie sich nicht aus dem Frachtbriefe ergäben. Der Empfänger ist nur nach Maßgabe der Eisenbahnverkehrsordnung verpflichtet, und diese hat ihm, wie ausgeführt wurde, die Verpflichtung zur Zahlung des aus dem Frachtbriefe nicht ersichtlichen nachträglich erhobenen Zolles nicht auferlegt.

Da im Streitfalle die Klage lediglich auf die Vorschriften des Handelsgesetzbuchs und der Eisenbahnverkehrsordnung gestützt wird, so ergibt sich, daß die Vorinstanzen den Anspruch des Klägers mit Recht zurückgewiesen haben." . . .

---

88. Sind ausländische, dem im Inlande wohnenden Erwerber übersandte Wertpapiere stempelpflichtig, wenn der Adressat nach Kenntnisnahme von dem Inhalte des auf dem Zollamte zwecks Zollrevision geöffneten Pakets dessen Annahme ablehnt?

Reichsstempelgesetz vom 14. Juni 1900 Tarif-Nr. 1b und Anm. zu Tarif-Nr. 1 und 2.

VII. Zivilsenat. Urt. v. 18. Juni 1901 i. S. elsaß-lothr. Fiskus (Bekl.) w. B. (Kl.). Rep. VII. 383/08.

I. Landgericht Mülhausen.
II. Oberlandesgericht Colmar.

Der Kläger erhielt im November 1905 aus Paris ein Postpaket mit 50 Aktien einer Pariser Aktiengesellschaft, die er in Paris gekauft hatte, übersandt. Die Postanstalt in L. (Elsaß) stellte dem Kläger die Begleitadresse zu, während sie das Paket dem Steueramte in D. zur zollamtlichen Abfertigung übergab. Dort erschien ein Angestellter des Klägers und beantragte unter Vorlegung der Begleitadresse die Abfertigung der Sendung. Er wurde nach Öffnung des Pakets und Prüfung des Inhalts von dem Steuerbeamten auf die Notwendigkeit der Versteuerung der Aktien hingewiesen, worauf er unter Zurücklassung des Pakets erklärte, vorerst weitere Weisungen einholen zu müssen. Der Kläger lehnte alsdann die Annahme des Pakets ab, worauf dieses nach Paris zurückgesandt wurde.

Das Hauptsteueramt in M. forderte vom Kläger die Zahlung von 125 *M*, als den für die 50 Aktien nach Tarif Nr. 1b des Reichsstempelgesetzes geschuldeten Aktienstempel, welchen Betrag der Kläger unter Vorbehalt bezahlte und im Klagewege zurückforderte. Das Landgericht gab der Klage statt, und das Oberlandesgericht wies die Berufung der Zollverwaltung zurück. Auch die Revision des Beklagten blieb erfolglos.

Gründe:

„Nach Tarif-Nr. 1b RStempGes. unterliegen einer Stempelabgabe von $2^1/_2$ vom Hundert „ausländische Aktien und Anteilscheine, wenn sie im Inlande ausgehändigt ... werden." Nach der Anmerkung zu Nr. 1 und 2 wird es der Aushändigung ausländischer Wertpapiere gleichgeachtet, wenn solche Wertpapiere, welche durch ein im Auslande abgeschlossenes Geschäft von einem zur Zeit des Geschäftsabschlusses im Inlande wohnhaften Kontrahenten angeschafft sind, diesem aus dem Auslande übersandt ... werden. Von den hiernach erforderlichen Voraussetzungen der Stempelpflicht ist hier nur eine streitig. Es fragt sich, ob die Papiere dem Kläger „übersandt" worden sind. Das Berufungsgericht hat dies verneint. Es nimmt an, daß auch bei Übersendung im Auslande angeschaffter Wertpapiere an den inländischen Erwerber die Stempelpflicht erst durch die Aushändigung an den Adressaten begründet werde, wobei es unter „Aushändigung" nicht, wie das Landgericht, die rechtsgeschäftliche Übergabe zum Zwecke der Vertragserfüllung, sondern die Übertragung der tatsächlichen Gewalt versteht. Eine solche Übertragung habe hier nicht stattgefunden, da die Papiere nicht aus dem amtlichen Gewahrsam der Zollbehörde und nicht in die Hände des Klägers gelangt, dieser also gar nicht imstande gewesen sei, sie zur Versteuerung bei der zuständigen Stelle vorzulegen.

Die Revision macht in erster Linie geltend, die Stempelpflicht ausländischer, dem Erwerber aus dem Auslande übersandter Wertpapiere werde — bei der Übersendung durch die Post (um die allein es sich hier handelt) — nicht erst dadurch, daß die Sendung in die Hände des Adressaten gelange, sondern schon durch das Eingehen, das Ankommen der Sendung am Bestimmungsorte begründet, sei aber jedenfalls dann entstanden, wenn der Adressat durch die Zustellung der Postpaketadresse und die Bereitstellung der Sendung zum Abholen in der Lage sei, sich in den Besitz der Wertpapiere zu setzen.

Diese Ausführungen sind nicht haltbar. Die Zustellung der Postpaketadresse ist für die hier zu entscheidende Frage ohne Bedeutung; sie verleiht dem Empfänger kein Recht auf die Sendung, sondern dient nur zur Benachrichtigung des Adressaten von der Ankunft einer für ihn bestimmten Sendung und weiterhin als Ausweis zur Empfangsberechtigung für den Abholenden. Dagegen bleibt ungeachtet der Aushändigung der Paketadresse an den Adressaten der Absender noch zur Zurücknahme der Sendung berechtigt, solange das Paket dem Adressaten noch nicht ausgehändigt ist (vgl. Postordnung § 33), und ebenso kann der Adressat bis dahin noch die Annahme verweigern. Bis zu diesem Zeitpunkte hat die Postanstalt die Sendung nicht für den Adressaten, sondern für den Absender in Verwahrung, und sie haftet nur dem letzteren, nicht dem ersteren (Entsch. des RG.'s in Zivils. Bd. 43 S. 98, Bd. 60 S. 24).

Es kann sich deshalb nur fragen, ob aus dem Begriffe der „Übersendung", wie er in der Anm. zu Tarif-Nr. 1 und 2 und in § 2 RStempGes. zu verstehen ist, die Folgerung gezogen werden kann, daß im Sinne dieser Bestimmungen die Papiere dem Erwerber schon mit der Ankunft am Bestimmungsorte „übersandt" sind. Zu solcher Folgerung gewährt aber weder der Wortlaut noch die Entstehungsgeschichte der einschlägigen Gesetzesbestimmungen eine Berechtigung. Man hat sich auf den Standpunkt des Empfängers zu stellen;

denn er ist es, dem das Gesetz die Verpflichtung zur Versteuerung auferlegt. Gesetzt nun, die Sendung gehe nach Ankunft am Bestimmungsorte und vor Aushändigung an den Adressaten verloren oder zugrunde, so wird dieser mit Fug und Recht sagen können, es sei wohl die Übersendung an ihn versucht worden, der Versuch aber nicht zur Vollendung gediehen. Und noch mehr gilt dies für den Fall der Zurücknahme durch den Absender. Verfehlt ist auch die aus der Gleich- und Nebeneinanderstellung der Übersendung mit dem Abholen aus dem Auslande gezogene Folgerung. Wer die angeschafften Papiere durch einen Boten aus dem Auslande abholen läßt, der erlangt schon mit der Aushändigung an den Boten als seinen Besitzdiener den unmittelbaren Besitz, während er bei der Übersendung durch die Post weder unmittelbaren noch mittelbaren Besitz erlangt, solange nicht die Sendung ihm oder einem Vertreter wirklich ausgehändigt ist.

Auch aus der Entstehungsgeschichte der Anmerkung im Tarif und der entsprechenden Erweiterung des § 3, jetzt § 2, des Gesetzes geht klar hervor, daß die Stempelpflicht erst durch die Ablieferung der Sendung an den Adressaten entstehen soll. Die erwähnten Bestimmungen waren in den Gesetzen von 1881 und 1885 nicht enthalten; sie sind erst durch das Gesetz vom 27. April 1894 eingefügt worden. Anlaß hierzu gaben Zweifel über den Begriff der „Aushändigung“ in der Tarifstelle 1b und 2b. Es wurde geltend gemacht, daß hierfür nicht eine mechanische Übertragung von einer Hand in die andere genüge, wie sie durch Post- und Eisenbahnbeamte bei der Übergabe der durch ihre Vermittlung ausgelieferten Sendungen oder Gepäckstücke stattfinde; es sei vielmehr die Aushändigung im Inlande nur dann steuerpflichtig, wenn sie auf Grund eines abgeschlossenen Rechtsgeschäftes und mit rechtlichen Wirkungen geschehe. Dementsprechend wurde von einzelnen Regierungen auch die vollzogene Übersendung durch die Post nicht als steuerpflichtige Aushändigung behandelt, während die preußische Regierung und die von Elsaß-Lothringen darin eine Aushändigung sahen. Dieser Zweifel ist durch die jetzige Fassung des Gesetzes beseitigt. Nach dieser genügt zwar „die mechanische Übertragung von Hand zu Hand,“ wie sie bei der Auslieferung von Poststücken stattfindet; ihre innere Berechtigung findet aber die Gleichstellung dieser Auslieferung mit der „Aushändigung" darin, daß nicht jede Übersendung von ausländischen Papieren in das Inland, sondern nur die Übersendung an den Erwerber, der sie durch ein im Auslande abgeschlossenes Geschäft angeschafft und zur Zeit des Geschäftsabschlusses im Inlande gewohnt hat, die Stempelpflicht begründet. Dagegen ist in den Verhandlungen niemals der Gedanke aufgetaucht, daß der Stempel geschuldet sein solle, auch wenn es zur Aushändigung der Papiere an den Erwerber nicht kommt. Vgl. den Bericht der 9. Kommission, Drucksache 266, 1893/94, und Loeck, RStempGes. II. Abschn. Bem. 23a.

Daß aber, hingesehen auf die Stempelpflicht, die Annahmeverweigerung des Adressaten die gleiche Bedeutung haben muß, wie irgend ein anderer Grund, aus dem die Auslieferung an den Adressaten unterbleibt, kann nicht zweifelhaft sein. Denn die Annahmeverweigerung ist der Postanstalt gegenüber ein unbestreitbares Recht des Adressaten. Die Post kann nicht erklären, daß sie die Sendung für den Adressaten, auf seine Gefahr, in Verwahrung nehme; sie kann sie nicht für ihn hinterlegen. Der Adressat, der die Annahme verweigert, ist demnach gerade so außerstande, die Papiere zur Versteuerung vorzulegen, wie wenn ihm die Auslieferung verweigert wird. Mit Recht aber legt das Berufungsgericht auf die Vorlegungspflicht entscheidendes Gewicht; sie ergibt sich aus § 1 des Gesetzes und aus den Ausführungsbestimmungen des Bundesrats. Das Berufungsgericht hat diese Vorschriften nicht, wie die Revision meint, rechtsirrtümlich, sondern zutreffend angewendet.

An dem hier erörterten Verhältnisse wird zunächst nichts dadurch geändert, daß die Post dem Adressaten nur die Paketadresse zustellt, das Paket selbst aber der Zollbehörde zur Abfertigung ausliefert. Wohl erlischt mit der Auslieferung an die Zollstelle die Haftung der Post, Postordn. § 30 XV; mit der Entgegennahme der Sendung übernimmt die Steuerbehörde die Verpflichtung, die Sendung dem Adressaten auszuhändigen und bis dahin aufzubewahren. Aber sie übernimmt diese Verpflichtung nur so, wie sie auch der Post oblag, als eine ihr gegenüber dem Absender, nicht gegenüber dem Adressaten obliegende Verpflichtung. Der Adressat steht der Zollbehörde nicht anders gegenüber als der Post, er hat ihr gegenüber keinen selbständigen Anspruch (Entsch. des RG.'s in Zivils. Bd. 48 S. 256).

Es kann sich fragen, ob etwa in dem Verfahren bei der Abfertigung an der Zollstelle ohne weiteres die Aushändigung der Sendung liegt. Auch dies ist zu verneinen. Wohl hat der Adressat bei der Abfertigung mitzuwirken: sie erfolgt in seiner Anwesenheit, und er hat für die Öffnung der Sendung zu sorgen. Allein die Sendung bleibt dennoch im Gewahrsame der Zollbehörde. Dies zeigt sich deutlich, wenn der Inhalt zollpflichtig ist; er wird nur nach Entrichtung des Zolles ausgeliefert. Wird die Sendung zollfrei abgelassen, so steht freilich der Besitzergreifung des Adressaten nichts im Wege. Er befindet sich dann in derselben Lage, wie wenn ihm der Absender persönlich die Papiere angeboten hätte. Allein gleichwie es in diesem Falle nicht zur Übergabe kommt, wenn der Erwerber die Annahme verweigert, so auch nicht im Falle der Annahmeverweigerung bei der Zollstelle. Die Sach- und Rechtslage ist keine andere, als wenn der Post gegenüber die Annahme verweigert wird."

---

89. Liegt dem nach § 11 Abs. 2 Nr. 1 des Anfechtungsgesetzes verklagten Rechtsnachfolger der Nachweis ob, daß seinem unter § 3 Nr. 2 des Gesetzes fallendem Rechtsvorgänger eine Absicht des Schuldners, die Gläubiger zu benachteiligen, nicht bekannt war?

VII. Zivilsenat. Urt. v. 22. Juni 1909 i. S. M. (Kl.) w. S. (Bekl.). Rep. VII. 347/08.

I. Landgericht III Berlin.
II. Kammergericht daselbst.

Die Frage wurde bejaht aus folgenden

Gründen:

„Nach dem klaren Wortlaute des § 11 AnfGes. hat der Anfechtende zur Begründung seines Anfechtungs-Anspruchs oder Einwandes gegen den Rechtsnachfolger darzulegen und zu beweisen, daß die Anfechtung gegen den Rechtsvorgänger begründet ist und daß dem Rechtsnachfolger zur Zeit seines Erwerbs die Umstände, die die Anfechtung des Erwerbs seines Rechtsvorgängers begründen, bekannt waren. Ist, wie vorliegend, der Erwerber eine unter die Bestimmung des § 3 Nr. 2 fallende Person, so ist ihr gegenüber die Anfechtung begründet, sofern die benachteiligende Eigenschaft der Rechtshandlung dargetan ist. Das Gesetz läßt aber dem Erwerber in einem solchen Falle den Beweis nach, daß ihm eine Gläubigerbenachteiligungsabsicht des Veräußerers nicht bekannt war; wird dieser Nachweis erbracht, so fällt die Anfechtbarkeit weg, die an sich durch die Eigenschaft der Rechtshandlung als einer die Gläubiger des Veräußerers benachteiligenden und durch die Eigenschaft des Erwerbers als Verwandten oder Verschwägerten des Veräußerers gegeben ist. Danach können zu den klagebegründenden Umständen im Sinne des § 11 Abs. 2 Nr. 1 nur diese beiden Eigenschaften, nicht aber auch die Kenntnis des Erwerbers von der fraudulösen Absicht seines Geschäftsgenossen gerechnet werden. Daraus folgt, daß zur Begründung des Anfechtungsanspruchs gegen den Rechtsnachfolger des ersten Erwerbers, falls dieser unter die in § 3 Nr. 2 aufgezählten Personen fällt, nur gehört der Nachweis der benachteiligenden Eigenschaft der Rechtshandlung, der Nachweis des Verwandtschafts- oder Schwägerschaftsverhältnisses des ersten Erwerbers zum Schuldner und der Nachweis, daß dieses beides dem Rechtsnachfolger bei seinem Erwerbe bekannt war. Weder aus dem Wortlaute noch aus dem Zwecke des Gesetzes ist zu entnehmen, daß dem Anfechtenden der weitere Beweis obliegen solle, daß der erste Erwerber die fraudulöse Absicht des Schuldners gekannt hat. Der Zweck des Gesetzes verlangt vielmehr, daß der Rechtsnachfolger seinerseits das Vorhandensein des die Anfechtbarkeit der Rechtshandlung des Schuldners dem ersten Erwerber gegenüber ausschließenden Umstandes, die Nichtkenntnis der fraudulösen Absicht des Schuldners, nachzuweisen hat. Andernfalls würde es dem unter § 3 Nr. 2 fallenden Erwerber ein Leichtes sein, durch Weiterveräußerung des anfechtbar Erlangten dem Anfechtungsgläubiger doch wieder den Beweis der Kenntnis des ersten Erwerbers von der fraudulösen Absicht des Schuldners aufzubürden, der nach der ausdrücklichen Bestimmung in einem solchen Falle zur Begründung des Anfechtungsanspruchs nicht erforderlich sein soll.“ . . .

90. 1. Setzt der Begriff eines „Werkes der bildenden Künste" im Sinne der Reichsgesetze vom 9. Januar 1876 und 9. Januar 1907 Originalität voraus?
2. Zum Begriffe der Nachbildung eines Kunstwerkes.

I. Zivilsenat. Urt. v. 23. Juni 1909 i. S. J. & R. (Kl.) w. L. (Bekl.). Rep. I. 106/08.

I. Landgericht I Berlin.
II. Kammergericht daselbst.

Die Klägerin, die in Paris eine Kunstgießerei betrieb, beanspruchte das Urheberrecht an einer von dem französischen Bildhauer Fulconis 1878 geschaffenen Bronzestatue „Fortune", einer weiblichen Figur mit Füllhorn. Diese Figur habe die Beklagte ohne Erlaubnis nachgebildet. Die Klage begehrte Untersagung fernerer Verletzungen, Einziehung der Nachahmungsexemplare und Vorrichtungen, sowie Verurteilung zur Rechnungslegung über den gezogenen Gewinn. Die erste Instanz verurteilte nach dem Klagantrage; die zweite wies die Klage ab. Das Reichsgericht hat das Berufungsurteil aufgehoben und die Sache zurückverwiesen.

Gründe:

„Das Kammergericht läßt die Aktivlegitimation der Klägerin dahingestellt. Es erkennt auch an, daß nach den internationalen Verträgen ein französisches Kunstwerk in Deutschland den Urheberschutz genießt und hierfür die Bestimmungen des deutschen Rechtes maßgebend sind. Für die dennoch erfolgte Abweisung stützt es sich auf einen doppelten Grund. Erstens ist es der Ansicht, daß die Fortuna Fulconis' als bloße Nachbildung des bekannten fliegenden Merkurs Johanns von Bologna nicht die Bezeichnung eines Kunstwerkes im Sinne des Gesetzes vom 9. Januar 1876 verdiene. Zweitens verneint es die Nachbildung dieser Fortuna durch die Figur der Beklagten. Beide Entscheidungsgründe sind durch Rechtsirrtum beeinflußt; in ersterer Beziehung muß sogar das Gegenteil für zutreffend erachtet werden.

Damit ein Werk eines Künstlers, das sich an ein früheres Kunstwerk anlehnt, den Gesetzesbegriff „Werk der bildenden Künste" erfülle, verlangt das Kammergericht Originalität; etwas Neues und Eigentümliches müsse hervorgebracht sein. Versteht man dies dahin, daß das Neue zum Überraschenden gesteigert sein müsse, so hat der Satz im Rechte keinen Boden. Jede Gestaltung, in der ein eigenes künstlerisches Schaffen zutage tritt, jede individuelle Formgebung genügt. In dem hier zu entscheidenden Falle unterliegt die Verwirklichung dieses Erfordernisses keinem Zweifel. Die von den Parteien in der zweiten Instanz überreichten Abgüsse haben auch dem Revisionsgerichte vorgelegen. Danach stellt die Statue Fulconis' eine nackte weibliche Figur mit Schleier und Füllhorn dar, die mit dem rechten Fuße auf einem Rade schwebt, während der linke Unterschenkel wagerecht gebogen und der linke Unterarm senkrecht in die Höhe gehoben ist. In den Einzelheiten zeigt sie künstlerisch feine Modellierung und Durchbildung. Es kann daher keine Rede davon sein, daß ihr die Eigenschaft eines Kunstwerkes im Hinblick auf die klassische Statue Johanns von Bologna streitig gemacht werden könnte. Aber noch etwas weiteres geht aus diesem Sachverhalte unmittelbar hervor. Die Fortuna Fulconis' ist nicht nur ein Kunstwerk: sie muß auch als unabhängiges Kunstwerk anerkannt werden. Die künstlerische Aufgabe, einen weiblichen Körper in bestimmter Bewegung darzustellen, ist von der Aufgabe der Darstellung eines männlichen Körpers in gleicher Bewegung grundverschieden. Sind beide Aufgaben gelöst, so sind zwei Kunstwerke geschaffen, von denen im Rechtssinne keines sich zum andern wie das Original zur Nachbildung verhält. Der Fall, den der erkennende Senat am 9. November 1895 entschieden hat (Entsch. in Zivils. Bd. 36 S. 46), kann nicht zum Vergleiche herangezogen werden. Während es sich dort nur um Abweichungen in Nebenpunkten handelte, die die Identität der künstlerischen Konzeption unberührt ließen, herrscht hier bis auf die Hinübernahme des Bewegungsmotives vollkommene Selbständigkeit. Wie § 4 des Ges. vom 9. Januar 1876 es formuliert, hat Fulconis ein neues Werk — eine eigentümliche Schöpfung, vgl. das Gesetz vom 9. Januar 1907 § 16 — unter freier Benutzung des älteren Werkes hervorgebracht.

Bei der Frage, ob die Beklagte die Figur Fulconis' nachgebildet habe, folgt das Kammergericht völlig dem von ihm eingeholten Gutachten. Es glaubt eine Ähnlichkeit zwischen den beiden Figuren nur insofern konstatieren zu können, als beide in Anlehnung an denselben Merkur entstanden seien. Jedenfalls lehne sich die Figur der Beklagten enger an diese Vorlage an als an die französische Figur. Nun muß zugegeben werden, daß die Beklagte von den charakteristischen Merkmalen des Merkurs mehr übernommen hat, als Fulconis es tat. So hat sie den Kindskopf mit dem Windstoße, der den Merkur trägt, beibehalten; selbst in anatomischer Hinsicht sind — sehr zum Schaden des Werkes — gewisse Eigenheiten des männlichen Körpers bei ihrer Fortuna bemerkbar. Aber es wäre rechtsirrtümlich, wollte man meinen, daß hierdurch eine Nachbildung der Fortuna Fulconis' ausgeschlossen sei oder ihre Bedeutung verloren habe. Auch die verschlechterte Wiedergabe eines Kunstwerks muß immer als Nachbildung beurteilt werden, und die Annahme, daß ein solcher Tatbestand vorliege, wird nicht dadurch gehindert, daß zugleich oder vorzugsweise ein drittes Kunstwerk benutzt worden ist. Nur darauf kommt es an, ob der spätere Urheber, ohne zugleich ein neues Kunstwerk zu schaffen, wesentliche Züge des früheren Werkes sich angeeignet hat. Die Frage wird oft nicht ohne eingehende Sachuntersuchungen zu entscheiden sein. Im vorliegenden Falle genügt der unmittelbare Eindruck, den die Abgüsse hervorrufen, um sie der Beantwortung näher zu führen. In der Auswahl des weiblichen Typus, in den Maßen des Körpers, im Spiele der Muskeln usw. stimmen beide Fortunastatuen aufs auffallendste überein. Was anderseits die Abweichungen der jüngeren Statue von der älteren betrifft, so entbehren sie, und zwar auch nach dem Gutachten des Sachverständigen, der künstlerischen Rechtfertigung; sie sind auch nicht so bedeutsam, wie es verlangt werden muß, soll von einer Neuschöpfung gesprochen werden.

Trotz alle dem würde eine Nachbildung nicht gegeben sein, wenn die Beklagte — worüber das Kammergericht nichts festgestellt hat — das Kunstwerk Fulconis' überhaupt nicht kannte. Hat sie es aber gekannt, so muß umgekehrt die Nachbildung auch für erwiesen angesehen werden. Es bedarf dann nicht erst noch der Nachforschung, ob bei Schaffung der deutschen Figur der gegenwärtige Anblick der französischen oder bewußte Erinnerungen daran leitend gewesen sind. Überdies stehen der Eideszuschiebung, die hierauf gerichtet ist, Bedenken wegen § 445 ZPO. entgegen. Die Behauptung, die Beklagte habe ihre Fortuna „nach der des Fulconis herstellen lassen“, enthält eine Umschreibung des Rechtsbegriffes der Nachbildung und kann daher nicht als reine Tatsachenbehauptung gelten.“

---

91. Liegt eine Klagänderung vor, wenn aus unerlaubter Handlung auf Schadensersatz geklagt ist, und der Kläger gegenüber der Einrede der Verjährung nach § 852 Abs. 2 BGB. Herausgabe der ungerechtfertigten Bereicherung fordert?

ZPO. §§ 268, 527, 529, 139.
BGB. § 852 Abs. 2.

VI. Zivilsenat. Urt. v. 28. Juni 1909 i. S. K. (Kl.) w. J. u. Gen. (Bekl.). Rep. VI. 422/08.

I. Landgericht Konitz.
II. Oberlandesgericht Marienwerder.

Der Kläger war Hypothekengläubiger des den Eheleuten W. gehörigen Vorwerks B. Als diese in Zinsenrückstände kamen, ersuchten sie nach dem Vortrage der Klage die Hypothekengläubiger um Stundung und benutzten die ihnen gewährte Frist dazu, das Gut in kurzer Zeit durch Wegschaffung des ganzen Inventars derart planmäßig zu verwüsten, daß das von ihnen im Jahre 1898 für 110 000 ℳ gekaufte Gut bei der demnächst erfolgten Zwangsversteigerung nur ein Meistgebot von 58 600 ℳ erzielte. Der Kläger erlitt einen Hypothekenausfall von 21 400 ℳ. Unter der Behauptung, daß die Beklagten bei der Verwüstung des Gutes die Eheleute W. wissentlich unterstützt, ihnen für das dem Pfandrechte der Hypothekengläubiger unterstehende Inventar Käufer zugeführt, auch selbst Teile davon an sich gebracht hätten, klagte der Kläger gegen sie zunächst den Betrag von 1600 ℳ als einen Teil seines Gesamtschadens ein.

Durch rechtskräftig gewordene Zwischenurteile des Oberlandesgerichts gemäß § 304 ZPO. wurde der Klaganspruch allen Beklagten gegenüber dem Grunde nach für gerechtfertigt erklärt. In dem Verfahren über den Betrag, zu dessen Einleitung die Sache an das Landgericht zurückverwiesen war, erhöhte der Kläger seinen Schadensersatzanspruch auf 15 000 ℳ. Das Landgericht verurteilte die Beklagten zur gesamtschuldnerischen Zahlung von 6000 M, wies den Kläger aber mit der Mehrforderung ab. Gegen dieses Urteil legten beide Parteien Berufung ein, und in der Berufungsinstanz erhoben die Beklagten bezüglich des den Betrag von 1600 M übersteigenden Teiles des Klaganspruchs den Einwand der Verjährung, dem der Kläger durch Berufung auf § 852 Abs. 2 BGB. zu begegnen suchte. Das Oberlandesgericht verurteilte darauf die Beklagten zur gesamtschuldnerischen Zahlung von bloß 1600 M nebst Zinsen, wies den Kläger aber mit der Mehrforderung ab. Der gegen das Urteil des Oberlandesgerichts vom Kläger eingelegten Revision wurde stattgegeben, aus folgenden

Gründen:

... „Der Einwand der Verjährung ist vom Berufungsgerichte gegenüber der Erweiterung des Schadensersatzanspruches des Klägers über den mit der Klage geforderten und durch Zwischenurteil nach § 304 ZPO. rechtskräftig dem Grunde nach festgestellten Teilbetrag von 1600 M hinaus zutreffend für begründet erachtet worden; die Revision hat auch insoweit einen Angriff gegen die Entscheidung des Berufungsgerichts nicht erhoben. Unrichtig und auf Verkennung des Rechtssatzes des § 852 Abs. 2 BGB. wie der Prozeßgesetze (§§ 268, 139 ZPO.) beruhend ist aber die prozessuale Behandlung, die das Berufungsgericht dem Versuche des Klägers, seinen erweiterten Anspruch nunmehr ganz oder zum Teil aus dem Gesichtspunkte der ungerechtfertigten Bereicherung nach Maßgabe der angezogenen Bestimmung des BGB. zu begründen, hat widerfahren lassen.

Das Berufungsgericht erachtet diesen Versuch zunächst für völlig aussichtslos, ohne für diese seine Rechtsmeinung Gründe anzugeben. Es ist auf die Frage, ob ein Bereicherungsanspruch aus dem Sachverhalte, der der gegenwärtigen Schadensersatzforderung wegen unerlaubter Handlung zugrunde liegt, gerechtfertigterweise abgeleitet werden kann, nicht eingegangen. Von seinem Standpunkte aus mit Recht, da es in der neuen Richtung der Klage eine bei dem Widerspruche des Prozeßgegners unzulässige Klagänderung nach §§ 268, 527 oder die Geltendmachung eines neuen Anspruches nach § 529 ZPO. erblickt (vgl. Jur. Wochenschr. 1905 S. 727 Nr. 21). Auch das Revisionsgericht hat sich deshalb, da es an einer sachlichen Würdigung des Klagevorbringens nach der neuen Richtung des Klaganspruches fehlt, nur mit der Nachprüfung der prozessualen Erwägungen des Berufungsgerichts zu befassen. Diesen war jedoch nicht beizutreten.

Eine Klagänderung besteht nach der ZPO. nicht in einer veränderten rechtlichen Qualifizierung des geltend gemachten Anspruchs, sondern in einer Veränderung des tatsächlichen Vorbringens; die rechtliche Beurteilung des letzteren ist überhaupt nicht ein Erfordernis der Klagebegründung, sondern Sache des über das Bestehen des Klaganspruchs entscheidenden Richters (vgl. Entsch. des RG.'s in Zivils. Bd. 63 S. 268, Jur. Wochenschr. 1906 S. 25 Nr. 26). Nach § 268 ZPO. ist in diesen Grenzen eine bloße Ergänzung oder Berichtigung der tatsächlichen oder rechtlichen Anführungen, eine Erweiterung oder Beschränkung des Klagantrages und eine auf einer nach Eintritt der Rechtshängigkeit erfolgten Veränderung der tatsächlichen Verhältnisse beruhende Veränderung des Klagegegenstandes aber in jedem Falle gestattet. Die Erweiterung oder Beschränkung muß nicht quantitativ, sie kann auch qualitativ sein (vgl. RG. Jur. Wochenschr. 1905 S. 727 Nr. 21), und die Bestimmungen des § 268 sind überhaupt nicht im engsten Wortsinne und formalistisch auszulegen, sondern unter Berücksichtigung der Tendenz der ZPO., eine unnötige Vermehrung der Prozesse zu verhüten, und in Beachtung des öffentlichen Interesses an einer alsbaldigen Wiederherstellung des Rechtsfriedens mit einem gewissen richterlichen Ermessen zu behandeln (vgl. Warneyer, Rechtspr. 1909 Nr. 247).

Wenn § 852 Abs. 2 BGB. bestimmt, daß auch nach Vollendung der Verjährung des Schadensersatzanspruches aus einer unerlaubten Handlung der Schädiger und Ersatzverpflichtete nach den Vorschriften über die Herausgabe einer ungerechtfertigten Bereicherung zur Herausgabe dessen verpflichtet sei, was er durch die unerlaubte Handlung auf Kosten des Verletzten erlangt habe, so ergibt sich, daß es derselbe Tatbestand der unerlaubten Handlung sein muß, der den Schadensersatzanspruch wie den Bereicherungsanspruch begründet, und daß in Beziehung auf den Anspruch aus der unerlaubten Handlung die Richtung der Klage auf die Bereicherung lediglich eine Einschränkung des Schadensersatzanspruches darstellt. Die Bereicherung ist in den Fällen des § 852 Abs. 2 BGB. nichts von dem Schaden des Verletzten Verschiedenes — denn was der Ersatzpflichtige auf Kosten des Verletzten erlangt hat, hat er eben zu dessen Schaden erlangt —; sie ist vielmehr derjenige Teil des Schadens des Verletzten infolge der unerlaubten Handlung, hinsichtlich dessen der Vermögensverlust zugleich mit einem Vermögenszuwachse des Schädigers verbunden war, ein Vermögensteil des Beschädigten dem Vermögen des Ersatzpflichtigen zugeführt worden ist. Daraus erhellt, daß der Übergang des durch eine unerlaubte Handlung Verletzten vom Schadensersatzanspruche zum Bereicherungsanspruche nach § 852 Abs. 2 BGB. eine unzulässige Klagänderung im Sinne des § 268 ZPO. nicht darstellt, sondern daß eine etwa nötige Ergänzung des tatsächlichen Vorbringens der Klage lediglich als eine Ergänzung der Anführungen ohne Änderung des Klagegrundes nach § 268 Nr. 1 und eine Veränderung des Klagantrages ebenso als eine sei es quantitative, sei es qualitative Einschränkung des ursprünglichen Antrages i. S. des § 268 Nr. 2 anzusehen ist. Ebensowenig ist die Richtung des erhobenen Anspruchs auf die Bereicherung ein neuer Anspruch i. S. des § 529 ZPO. (vgl. Entsch. RG.'s in Zivils. Bd. 47 S. 390, Bd. 61 S. 254, Jur. Wochenschr. 1903 S. 400 Nr. 10, Warneyer, Rechtspr. 1908 Nr. 420).

Der durch eine unerlaubte Handlung Verletzte hat zunächst bei Erhebung der Klage keine Veranlassung, sein Klagebegehren in der Richtung auf eine Bereicherung des Schädigers zu begründen; er darf seinen ganzen Schaden geltend machen, selbst wenn er mit der Möglichkeit rechnen muß, daß der Schädiger mit Grund die Einrede der Verjährung erheben könnte. Sein Anspruch ist von vornherein begründet; er wird ihm nicht durch die Verjährung, sondern erst durch deren Geltendmachung genommen, die er abwarten darf. Wird die Einrede dann erhoben, so schlägt sie im Sinne des § 852 Abs. 2 der Beschädigte mit dem replikarischen Vorbringen zurück, daß sein aus der unerlaubten Handlung geltend gemachter Anspruch dennoch ganz oder zum Teil begründet sei, weil der Schädiger die dem Kläger durch die unerlaubte Handlung entfremdeten Vermögensobjekte ohne Rechtsgrund an sich gebracht und seinem Vermögen zugeführt habe, der Schade des Klägers zugleich der Vermögensvorteil des Beklagten geworden sei. Das entspricht der Gesetzesabsicht des Abs. 2 des § 852, der einen Vorbehalt des Bereicherungsanspruches an die Verjährungsvorschrift anschließt, dessen es nicht bedurft hätte, wenn damit nur eine Hervorhebung des selbstverständlichen Satzes, daß dem Beschädigten außer dem Schadensersatzanspruche auch ein Bereicherungsanspruch nach §§ 812 flg. gegeben sein könne, der einer anderen Verjährung unterworfen ist, beabsichtigt worden wäre, wie denn der I. Entwurf des BGB. in dem dem § 852 Abs. 2 BGB. entsprechenden § 720 den Bereicherungsanspruch aus unerlaubter Handlung nach eingetretener Verjährung der Schadensersatzklage auch inhaltlich abweichend von der allgemeinen Regelung der Bereicherung, besonders dahin geordnet hatte, daß jedes Delikt den Ersatzpflichtigen zur Herausgabe der Bereicherung nach den Vorschriften über verwerflichen Empfang verpflichte (Mot. z. I. Entw. Bd. 2 S. 743 flg., Prot. 2 S. 611). Dem Schadensersatzanspruche des Verletzten wird durch Abs. 2 des § 852 daher im Falle der Geltendmachung der Verjährung sachlich nur eine Einschränkung gegeben, deren veränderte rechtliche Qualifikation die prozessuale Einrede der Klagänderung nicht begründet, da sie vielmehr in den Grenzen der Bereicherung eine Rechtsverteidigung des Klägers gegenüber der Verjährungseinrede darstellt, die erst durch die Geltendmachung dieser Einrede erforderlich wurde.

Der Kläger hat im gegebenen Falle schon in der Klage und im mündlichen Vorbringen der ersten Instanz den Tatbestand der den Beklagten zur Last gelegten unerlaubten Handlungen dahin vorgetragen, daß diese dem verwüsteten Hofe unentbehrliche Wirtschafts-, Vieh- und sonstige Inventarstücke im Einverständnis mit dessen Besitzern zu Schleuderpreisen an sich gebracht hätten. Ob damit rechtlich die Voraussetzungen eines Bereicherungsanspruches gegeben sind, muß, wie ausgeführt wurde, zurzeit unerörtert bleiben. Tatsächlich ist damit im Sinne des Klägers aber die Unterlage für einen auf die Bereicherung gerichteten Anspruch geschaffen, und das Vorbringen würde hauptsächlich nur entsprechend der durch § 852 Abs. 2 BGB. bedingten Beschränkung des Ersatzanspruches durch Aufteilung des Gesamtschadens auf die einzelnen Beklagten zu ergänzen sein. Der Kläger hat, durch die unerwartete Geltendmachung der Verjährungseinrede in letzter Stunde überrascht, bei dem Berufungsgerichte zum Zwecke dieser durch die Geltendmachung der Verjährungseinrede notwendig gewordenen Ergänzung die Vertagung der Verhandlung beantragt. Wollte das Berufungsgericht diesem Verlangen nicht stattgeben, so hätte es, von dem Rechte des § 139 Gebrauch machend, selbst durch sachgemäße Fragen auf die Ergänzung des Vorbringens in derselben Verhandlung hinwirken sollen. Indem es weder das eine noch das andere getan hat, hat es den Kläger in der Ausführung seiner Rechte beschränkt (vgl. Entsch. des RG.'s in Zivils. Bd. 36 S. 398)." ...

92. Kann bei der Haftpflichtversicherung im Falle des Konkurses des Versicherungsnehmers der Verwalter die ganze Versicherungssumme vom Versicherer fordern? oder nur den durch die Konkursdividende des Beschädigten gegebenen Betrag?

VII. Zivilsenat. Urt. v. 2. Juli 1909 i. S. Allg. Deutscher Versicherungsverein Stuttgart (Bekl.) w. L. Konk. (Kl.). Rep. VII. 500/08.

I. Landgericht Stuttgart.
II. Oberlandesgericht daselbst.

Der Gemeinschuldner L. war bei dem verklagten Vereine seit 1901 auf die Dauer von zehn Jahren als Arbeitgeber, der einer Berufsgenossenschaft angehört, und als Pferde- und Fuhrwerksbesitzer gegen Haftpflicht versichert. Als die Leistung des Vereins war in § 3 der Bedingungen der Ersatz dessen bezeichnet, wofür die Versicherungsnehmer in Schadenfällen dritten Personen oder deren Erben nach den Gesetzen aufzukommen haben. Über den Fall des Konkurses des Versicherungsnehmers war nichts bestimmt.

Am 7. Mai 1903 trat im Betriebe des Gemeinschuldners ein Unfall ein, durch den ein Arbeiter getötet und ein anderer verletzt wurde. Die Berufsgenossenschaft entschädigte die Hinterbliebenen des Getöteten und den Verletzten. Ihre Rückgriffsforderung meldete sie zum Konkurse des Versicherten an; der Anspruch wurde vom Verwalter anerkannt und festgestellt. Nunmehr forderte dieser vom Beklagten die Versicherungssumme, nämlich 90% des angemeldeten Betrages. Der Beklagte erhob u. a. den Einwand, daß lediglich 90% der auf die Berufsgenossenschaft entfallenden Konkursdividende zur Masse zu entrichten seien.

Das Landgericht verurteilte den Beklagten zur Zahlung von 4850 *M* nebst Zinsen, und das Oberlandesgericht wies die Berufung zurück. Auch die Revision ist ohne Erfolg geblieben.

Gründe:

... „Es handelt sich lediglich um die Frage, ob der Beklagte die ihrem Betrage nach festgesetzte Forderung der an die Stelle des Beschädigten getretenen Berufsgenossenschaft gegen den Gemeinschuldner in voller Höhe oder nur nach Verhältnis des auf die Berufsgenossenschaft im Konkurse entfallenden Prozentsatzes zu erstatten hat. Aus dem Versicherungsvertrage vom 20. Februar 1901 ist die Beantwortung der Frage nicht zu entnehmen; er enthält keine besondere Bestimmung für den Fall des Konkurses des Versicherungsnehmers. § 157 des Gesetzes über den Versicherungsvertrag vom 30. Mai 1908, der dem Beschädigten im Konkurse des gegen Haftpflicht Versicherten ein Recht auf abgesonderte Befriedigung aus der Entschädigungsforderung des Gemeinschuldners einräumt, kommt hier noch nicht in Betracht. Die Entscheidung kann nur nach Maßgabe der den Versicherungsvertrag ... beherrschenden allgemeinen Rechtsgrundsätze getroffen werden. Danach gehört der Anspruch aus der Versicherung zur Konkursmasse des Versicherungsnehmers (§ 1 KO.). Er unterliegt als ein Bestandteil des Vermögens des Gemeinschuldners grundsätzlich dem Konkursbeschlag, wobei es dahin gestellt bleiben kann, inwieweit er vermöge seiner Bestimmung, der Befriedigung des Beschädigten zu dienen, dem Zugriffe der Einzelgläubiger des Versicherungsnehmers außerhalb des Konkurses zugänglich ist. Daß er zur Masse zu ziehen ist, ergibt sich schon daraus, daß diese mit der aus der Haftpflicht erwachsenen Schuld belastet ist und ihr daher das zu ihrer Tilgung bestimmte Aktivum zur Verfügung stehen muß.

Freilich ist der Beschädigte nur persönlicher Gläubiger des Gemeinschuldners, der als solcher am Konkurse teilnimmt und beim Mangel einer dem § 157 a. a. O. entsprechenden Vorschrift nur auf die Konkursdividende Anspruch hat. Aber es fehlt anderseits an einer gesetzlichen Grundlage für das Verlangen des Versicherers, daß auch er nur das zu leisten habe, was der Beschädigte wegen Unzulänglichkeit des Vermögens seines Schuldners und der infolgedessen eintretenden konkursmäßigen Verteilung erhält. So wenig der Schuldner durch den Konkurs an sich und abgesehen von einem Zwangsvergleiche (der aber immerhin eine unvollkommene Verbindlichkeit zurückläßt) von seiner Schuld zu dem durch die Verteilung der Masse nicht gedeckten Betrage befreit wird, so wenig bewirkt der Konkurs eine

Befreiung des Regreßschuldners in Höhe dieses Betrages. Wäre es anders, so würde der Regreßschuldner einen durch nichts gerechtfertigten Gewinn aus dem zufälligen und den Bestand des Regreßverhältnisses nicht berührenden Umstande ziehen, daß sein Gläubiger nicht mehr in der Lage ist, seine Verbindlichkeiten zu erfüllen. Die durch den Eintritt der Haftpflicht begründete Ersatzforderung des Versicherten bildet in der nur durch den Inhalt des Versicherungsvertrages begrenzten Höhe jener Haftpflicht ein Masseaktivum, das der Masse gutzubringen und unter die Konkursgläubiger einschließlich des mit einem Vor- oder Absonderungsrechte nicht ausgestatteten Beschädigten zu verteilen ist.

Dies ist bereits in mehrfachen Urteilen des Reichsgerichts für die gleich liegenden Fälle des Konkurses des Schuldners, dem gegenüber ein Schuldübernehmer haftete, und des Rückversicherten, dem der Rückversicherer regreßpflichtig war, ausgesprochen (Entsch. in Zivils. Bd. 5 S. 115; Bd. 37 S. 93; Bd. 55 S. 86). Von dieser Rechtsprechung abzugehen, liegt kein Anlaß vor.

Der erkennende Senat hat in dem Urteile vom 5. Februar 1909 (Entsch. Bd. 70 S. 257) den Standpunkt vertreten, daß der Anspruch aus der Haftpflichtversicherung vor Befriedigung des Beschädigten durch den Versicherungsnehmer nicht sowohl auf Zahlung der geschuldeten Ersatzsumme, wie auf Befreiung von der Schuld gehe, und daß daher der Gläubiger des Versicherungsnehmers, dem die Forderung aus der Versicherung im Wege der Zwangsvollstreckung zur Einziehung überwiesen worden ist, nicht die Zahlung an sich selbst fordern könne. Auch diese Entscheidung steht dem Beklagten nicht zur Seite. In dem Falle, der dem VI. Zivilsenate vorlag (Entsch. Bd. 37 S. 98), hatte der Konkursverwalter auf Befreiung des Gemeinschuldners und der Konkursmasse von der durch den Beklagten übernommenen Schuld geklagt, und es war eingewendet, daß der Anspruch nur in der durch die Konkursdividende gegebenen Begrenzung geltend gemacht werden könne. Das Reichsgericht erachtete den Verwalter für befugt, die Befreiung in vollem Umfange zu fordern, indem es namentlich auch die Ausführung des Berufungsrichters billigte, daß nur auf diese Weise das Interesse der Konkursgläubiger gewahrt werde. Was der Beklagte erstrebt, würde er mithin auch nicht erreicht haben, wenn nur auf Schuldbefreiung geklagt worden wäre. Aber es ist dem I. Zivilsenate — dessen Urteil in den Entsch. d. RG.'s Bd. 55 S. 86 nicht mit dem oben erwähnten, diese Frage nicht erörternden Urteile des VI. Zivilsenats in Widerspruch steht — darin beizutreten, daß der Verwalter nicht lediglich auf Befreiung, sondern auf Zahlung zur Masse zu klagen berechtigt ist, wie denn in dem Urteile des erkennenden Senats in Bd. 70 die Entscheidung für den Fall des Konkurses des Versicherungsnehmers vorbehalten ist. Es ist nicht abzusehen, wie anders als durch Zahlung zur Masse zum Zwecke der Verteilung unter die Konkursgläubiger, unter denen der Beschädigte eine bevorzugte Stellung nicht einnimmt, der Anspruch auf Befreiung von der Haftpflichtschuld verwirklicht werden sollte. Der Beschädigte steht in keinem Vertragsverhältnis zum Versicherer; er hat seine Befriedigung im Konkurse zu suchen. Der Versicherer hat nichts an ihn zu leisten und würde sich durch eine Leistung an den Dritten von seiner nur der Masse gegenüber bestehenden Schuld nicht befreien können. Den Interessen der Konkursgläubiger wird er nur durch Zahlung der Entschädigungssumme an den Verwalter gerecht, und seine eigenen Interessen erleiden, soweit sie als berechtigt anzuerkennen sind, dadurch keine Einbuße. Darum ist das Zahlungsbegehren des Verwalters begründet.

Wie sich die Rechtslage gestaltet, wenn die vom Gemeinschuldner zu gewährende Entschädigung noch nicht festgestellt ist und es sich darum handelt, dem Versicherer den ihm auf diese Feststellung durch die Bedingungen eingeräumten Einfluß auch im Konkurse des Versicherungsnehmers zu wahren, ist nicht zu untersuchen, da im vorliegenden Falle über die Höhe der Entschädigung kein Streit ist und vom Beklagten nur bezweifelt wird, daß er sie voll zur Masse auszukehren habe."

---

93. 1. Über Kündigung und Ausklagung von Nachlaßverbindlichkeiten beim Vorhandensein mehrerer Miterben. Verhältnis der Gesamtschuldklage des § 2058 zur Gesamthandklage des § 2059 Abs. 2 BGB.

2. Einrede der mangelnden Passivlegitimation und notwendige Streitgenossenschaft unter den Miterben.

3. Vorbehalt der beschränkten Haftung nach § 780 ZPO. und § 2059 Abs. 1 BGB.

V. Zivilsenat. Urt. v. 10. Juli 1909 i. S. K.'s Erben (Bekl.) w. N. (Kl.). Rep. V. 43/08.

I. Landgericht Ratibor.
II. Oberlandesgericht Breslau.

Durch notariellen Kaufvertrag vom 31. Juli 1903 hatte der Kläger von dem Häusler Ignaz K. in Sch. dessen Grundstücke Dorf Kr. Bl. 291, 336 und 337 für 5700 *M* gekauft und übergeben erhalten. Von dem Kaufgelde wurden 1200 *M* bar bezahlt; in Anrechnung auf den Rest von 4500 *M* übernahm der Kläger als Selbstschuldner mit den Zinsen seit dem 1. Januar 1903 zwei Hypotheken einer Selma Th., später verehelichten N., im Betrage von 1800 und 2700 *M*, die auf den gekauften Grundstücken, aber auch auf andern Grundstücken des Verkäufers zur Gesamthaft eingetragen waren. Vor diesen Hypotheken standen auf den drei gekauften Grundstücken noch Hypotheken für Julius Fr. im Betrage von 1800 *M*, für Joseph Fr. im Betrage von 600 und 900, zusammen 1500 *M*, und auf Bl. 336 für Karl G. 300 *M* eingetragen. Die Hypotheken der beiden Fr. sollte der Verkäufer bis zur Auflassung, für die eine Frist von 6 Wochen bestimmt wurde, die (auszubietende) G.'sche Hypothek innerhalb eines Jahres auf seine Kosten zur Löschung bringen.

Der Verkäufer Ignaz K. verstarb am 21. Mai 1904 ohne Testament. Er hinterließ zu Erben seine Witwe, die Beklagte zu 1, und mehrere Kinder, und zwar waren in einem Erbscheine vom 29. März 1906, der später als unrichtig wieder eingezogen wurde, die fünf Beklagten aufgeführt. Gegen diese Personen und die Ehemänner der Töchter klagte der Kläger auf Erbeslegitimation, Auflassung der Grundstücke und Löschung der nicht übernommenen Hypotheken.

Die Beklagten, die durch Schreiben vom 3. Februar 1906 unter Kündigung der N.'schen Hypotheken zur Zahlung von 506,25 *M* rückständiger Zinsen aufgefordert worden waren, wendeten ein, daß sie nur Zug um Zug gegen Entpfändung der ihnen verbliebenen Grundstücke zur Auflassung verpflichtet seien. Der Kläger, der inzwischen die rückständigen Zinsen bezahlt hatte, legte eine Entpfändungserklärung der N.'schen Eheleute vom 2. Juni 1906 vor, wonach die Hypothekengläubiger unter der Bedingung, daß die Hypotheken auf den gekauften Grundstücken zur ersten Stelle zu stehen kämen, die andern Grundstücke aus der Pfandhaft entließen.

Das Landgericht hielt den Antrag auf Erbeslegitimation für erledigt und verurteilte die Beklagten zur Auflassung der verkauften Grundstücke, frei von den nicht übernommenen Hypotheken, aber nur Zug um Zug gegen Entpfändung der den Beklagten verbliebenen Grundstücke.

Im Laufe der Berufungsinstanz, nachdem die Beklagten einen Anwalt für die Berufungsinstanz bestellt hatten, starb die Witwe K. (Bekl. zu 1). Dabei stellte es sich heraus, daß außer den Beklagten noch zwei Kinder, die Maurer Karl und Franz K. in Essen, vorhanden waren (Erbschein vom 25./27. Juli 1907). Der Kläger erklärte aber, daß er — auch als Erben der Witwe — nur die bisherigen Beklagten (zu 2) in Anspruch nehme, weil Karl und Franz K. den Klaganspruch anerkannt und öffentlich beglaubigte Auflassungsvollmacht dem Kläger übergeben hätten. In der Sache selbst begehrte er, nachdem die Beklagten die Beschränkung ihrer Haftung verlangt hatten, nur Verurteilung „unter Beschränkung auf den Nachlaß Ignaz K.'s", aber Verwerfung der Zurückbehaltungseinrede der Beklagten.

Das Oberlandesgericht erkannte unter Abänderung des landgerichtlichen Urteils nach dem Berufungsantrage des Klägers; in der irrtümlichen, später berichtigten Annahme jedoch, der Kläger habe einen bezüglichen Antrag gestellt, beschränkte es die Haftung der Beklagten „auf ihren Anteil am Nachlaß Ignaz K.'s"

Dagegen legten die Beklagten Revision ein. Der Kläger schloß sich der Revision an, weil die Erbenhaftung der Beklagten nicht nach seinem Antrage auf den Nachlaß, sondern auf den Anteil der Beklagten an diesem Nachlasse beschränkt worden war. Der Revision ist stattgegeben, die Anschließung aber zurückgewiesen worden, aus folgenden

Gründen:

„Die Beklagten hatten schon in der ersten Instanz eine Zurückbehaltungseinrede erhoben, weil der Kläger die Entpfändung der ihnen verbliebenen Grundstücke von den von ihm übernommenen Hypotheken noch nicht herbeigeführt hätte. Der Entpfändungserklärung, die die R.'schen Eheleute am 2. Juni 1906 ausgestellt hatten, legte das Landgericht schon darum keine Bedeutung bei, weil sie den Beklagten vom Kläger nicht ausgehändigt worden sei. Der

Berufungsrichter bezweifelt auch, ob sie mit der darin enthaltenen Bedingung nach den §§ 16, 18 GrBO. zur Löschung ausreiche. Er führt aber aus, daß nach Inhalt des Kaufvertrages vom Kläger eine Verpflichtung, die übernommenen Hypotheken auf den andern Grundstücken alsbald zur Löschung zu bringen, nicht eingegangen worden sei und daß nach § 415 BGB. diese Verpflichtung erst dann eintrete, wenn die Hypotheken fällig geworden seien. Dabei handelt es sich um Auslegungsfragen, in betreff deren in der Revisionsinstanz Anstände nicht zu erheben sind (vgl. die Urteile des erkennenden Senats vom 17. Juni 1907, V. 37/07, und vom 10. Oktober 1908, V. 578/07). . . .

Fehl geht indes der Berufungsrichter mit seiner weiteren Ausführung, daß eine Fälligkeit nach §§ 415 Abs. 3, 273 BGB. auch durch die Kündigung vom 3. Februar 1906 nicht eingetreten sei. Der Berufungsrichter begründet dies damit, daß die Kündigung nur an die Beklagten, nicht auch an die nachträglich ermittelten Miterben Karl und Franz K. gerichtet gewesen sei. Dies wäre zutreffend, wenn nur die Geltendmachung des dinglichen Hypothekenrechts oder die Erhebung der Klage gegen sämtliche Erben nach § 2059 Abs. 2 BGB. in Frage käme (vgl. Planck Bem. 4 zu § 2040 BGB.). Frau R. kann aber nach § 2058 BGB. mit der persönlichen Schuldklage auch die einzelnen Erben gesamtschuldnerisch in Anspruch nehmen, und daraus folgt, daß sie ihnen gegenüber auch zur Kündigung berechtigt sein muß. Doch ist die Frage, ob eine persönliche Schuldverbindlichkeit der Erben vorliegt, nicht besonders erörtert, und deshalb erwies sich die Aufhebung des Berufungsurteils und die Zurückverweisung der Sache als geboten.

Dagegen hätten die weiteren mit der Revision und der Anschlußrevision erhobenen Beschwerden, wenngleich auch hier einzelne Anstände vorliegen, zu einer Aufhebung des Berufungsurteils nicht führen können.

Die Beklagten haben in der Berufungsinstanz, nachdem sich herausgestellt hatte, daß noch zwei zum Prozesse nicht zugezogene Miterben, Karl und Franz K., vorhanden waren, den Einwand erhoben, daß diese Personen als Erben Ignaz K.'s von vornherein und nach dem Tode ihrer Mutter auch als deren Erben hätten mitbelangt werden müssen. Der Berufungsrichter bezeichnet diese Einrede als die der mehreren Streitgenossen. Sie hat als solche zunächst prozessuale Natur insofern, als infolge des Todes der Mutter (Bekl. zu 1) deren sämtliche Erben Streitgenossen im Prozesse geworden sind und bei der in der Miterbengemeinschaft nach den Grundsätzen der gesamten Hand bestehenden notwendigen Streitgenossenschaft —

Vgl. Entsch. des RG.'s in Zivils. Bd. 30 S. 345, JW. 1888 S. 113 Nr. 3, Gruchots Beitr. Bd. 46 S. 661; Eccius in Gruchots Beitr. Bd. 43 S. 801, 812; Planck, 3. Aufl. Bd. 5 S. 315, 246 flg. —

die Zuziehung Karl und Franz K.'s geboten war. Der Berufungsrichter hat, indem er von der Zuziehung absah, gegen die Vorschriften über die notwendige Streitgenossenschaft verstoßen; doch ist eine Rüge wegen dieses prozessualen Verstoßes in der Revisionsbegründung nicht erhoben worden, und der Umstand daher nach § 559 ZPO. in der Revisionsinstanz nicht zu berücksichtigen.

Die erwähnte Einrede hat aber auch materielle Natur und stellt sich in dieser Beziehung als Einrede der mangelnden Passivlegitimation dar. Die Beklagten machen geltend, daß sie ohne Zuziehung von Karl und Franz K. nach den §§ 2033 Abs. 2, 2040 BGB. über den Gegenstand des Rechtsstreits zu verfügen nicht befugt seien. Nun ist es richtig, daß die drei Grundstücke, deren Auflassung und Entpfändung verlangt wird, zum ungeteilten Nachlasse der Eheleute Ignaz und Franziska K. gehören; es ist indes kein dinglicher, sondern ein persönlicher Anspruch aus dem Kaufvertrage vom 31. Juli 1903 erhoben, und es kommen sonach die Vorschriften der §§ 1967, 2058 flg. BGB. zur Anwendung. Geklagt ist zwar auf „Auflassung", also auf Vornahme einer Verfügung, die der einzelne Erbe ohne Zuziehung der Miterben nach den §§ 2033 Abs. 2, 2040 BGB. nicht vornehmen darf, und dementsprechend ist auch in den Vorinstanzen erkannt worden; doch handelt es sich hierbei nur um einen ungenauen Ausdruck. Gemeint war, wie schon aus der Beschränkung des Antrags und der Verurteilung auf die Haftung mit dem Nachlasse sich ergibt (vgl. Entsch. des RG.'s in Zivils. Bd. 49 S. 415), die „Herbeiführung der Auflassung". Nach den §§ 2058 flg. BGB. hatte der Kläger die Wahl, ob er die Gesamtschuldklage des § 2058 gegen einzelne Erben oder die Gesamthandklage des § 2059 Abs. 2 gegen sämtliche Erben erheben wollte.

Prot. Bd. 5 S. 835, 868, 871; Denkschr. zur Reichstagsvorlage S. 410, 411; Eccius und Planck a. a. O.

Im zweiten Falle hätten Karl und Franz K., sofern sie nicht etwa schon auf die Solidarklage des § 2058 BGB. verurteilt waren oder eine dem gleichzustellende Urkunde vorlag,

vgl. Eccius a. a. O. S. 828; Planck, Bd. 5 S. 315 Bem. 1a zu § 2059 BGB.,

mitbelangt werden müssen. Der Berufungsrichter hat, da dies nicht geschehen ist, die Klage gegen die im Prozesse befangenen Beklagten als die Gesamtschuldklage des § 2058 BGB. aufgefaßt und zum Teil deshalb, zum Teil weil er irrtümlich annahm, der Kläger habe einen bezüglichen Antrag gestellt, die Haftung der Beklagten nach § 2059 Abs. 1 BGB. auf ihren Anteil am Nachlasse beschränkt.

Eine solche Auffassung der Klage war nach Lage der Sache begründet; die Beschränkung der Haftung „auf den Anteil" war allerdings nicht beantragt, auch nicht notwendig, wenn allgemein die Beschränkung der Haftung nach § 780 ZPO. ausgesprochen wurde (Prot. Bd. 6 S. 714; Eccius a. a. O. S. 819; Planck Bd. 5 S. 319); sie ist aber dem Kläger unschädlich. Denn solange dem Kläger keine vollstreckbaren Schuldtitel gegen Karl und Franz K. zu Gebote stehen, kann er mit der Zwangsvollstreckung nach den §§ 747, 859 Abs. 2 ZPO. doch nur die Anteile der Beklagten am Nachlasse in Anspruch nehmen. Erlangt er aber Schuldtitel gegen Franz und Karl K., so hindert ihn jene Beschränkung nicht, sich nach § 747 ZPO. an den ganzen Nachlaß zu halten. Das Recht des § 747 kann nach der herrschenden Auffassung (Entsch. des RG.'s in Zivils. Bd. 68 S. 221) auch durch Solidarklagen gegen die einzelnen Erben erworben werden; denn wer sämtliche Erbanteile in Anspruch nehmen kann, kann auch den Nachlaß und dessen einzelne Bestandteile in Anspruch nehmen. Beschwert ist also durch die Fassung des Urteils der Kläger nicht; ob nicht gleichwohl eine andere Fassung des Vorbehalts zu wählen ist, wird der Berufungsrichter bei der erneuten Verhandlung zu erwägen haben. Beschwert sind aber auch nicht die Beklagten, da dem Kläger das Recht der Solidarklage ohne Zweifel zusteht und ein Rechtsirrtum in der Auffassung der Klage, wie erwähnt, nicht vorliegt."

94. 1. Zum Begriffe des Korrespondenzvertrages nach dem preußischen Stempelsteuergesetz vom 31. Juli 1895 § 1 Abs. 3.
2. Zum Begriffe des Gewerbebetriebes im Sinne der Befreiungsvorschrift in Nr. 3 der Tarifstelle 32 zum StempStGes.

VII. Zivilsenat. Urt. v. 10. Juli 1909 i. S. Rheinisch-Westfälisches Kohlensyndikat (Kl.) w. preuß. Fiskus (Bekl.). Rep. VII. 479/08.

I. Landgericht Köln.
II. Oberlandesgericht daselbst.

Durch Vertrag vom 2., 8. und 11. Juni 1905 vereinigten sich der preußische Staat in seiner Eigenschaft als Ruhrfiskus und die Stadt Duisburg zu einer Gesellschaft des bürgerlichen Rechts zu dem Zwecke der gemeinsamen Verwaltung und Nutzbarmachung ihrer Häfen, sowie zur Verzinsung und Tilgung der städtischen Hafenschulden. Die Verwaltung der vereinigten Häfen sollte durch den Ruhrfiskus geführt werden (§ 12), und zwar nach den gleichen Grundsätzen, wie bisher, nämlich unter steter Anpassung der Häfen an die Bedürfnisse des Verkehrs und nötigenfalls unter deren Erweiterung, soweit die verfügbaren Überschüsse dazu ausreichten (§ 15). § 19 bestimmte, daß aus dem Überschusse der gemeinsamen Einnahmen über die Ausgaben zunächst 10 v. H. zur Bildung eines Betriebs-, Erneuerungs- und Reservefonds im Höchstbetrage von 5000000 ℳ zurückbehalten werden sollte und der Rest beiden Teilen je zur Hälfte zufalle, daß auch in demselben Verhältnis beide Teile zur Deckung etwaiger Fehlbeträge beizutragen hätten. In § 20 hieß es:

„Jeder Gesellschafter hat den ihm zufließenden Anteil an den gemeinsamen Reineinnahmen zunächst zur Verzinsung und planmäßigen Tilgung seiner Hafenschulden, sowie zur Deckung etwaiger Fehlbeträge aus Vorjahren zu verwenden. Übersteigt der Einnahmeanteil der Stadt das zur Deckung der Zins- und Tilgungsrate erforderliche Maß, so ist der darüber hinaus verfügbare Betrag zur verstärkten Tilgung ... zu benutzen."

Dem Fiskus wurde das Recht eingeräumt, nach Tilgung der Hafenschulden der Stadt Duisburg innerhalb einer gewissen Frist auf den Erwerb der Hafenanlagen zu verzichten. Verzichtete er nicht, so sollte ihm das Eigentum daran zufallen, und die Gesellschaft erlöschen.

Mit Schreiben vom 12. März 1906 teilte die Hafenverwaltung dem Kläger den Bedarf an Kohlen für Lokomotivkesselfeuerung für das Jahr vom 1. April 1906 bis dahin 1907 mit und ersuchte um ein Angebot. Dieses erfolgte, und nach dem Austausche mehrerer Schreiben, die noch keine endgültige Einigung über die Geschäftsbedingungen enthielten, übersandte der Kläger der Hafenverwaltung einen Brief, der mit „Abschluß" überschrieben war und die Bestätigung des Verkaufs von monatlich 500 Tonnen melierter Fettkohle der Zeche P. für Lokomotivkesselfeuerung zu 10,50 *M* mit formularmäßiger Mitteilung der Bedingungen enthielt. Am Schlusse war gesagt: „Zur Gegenbestätigung bitten wir das einliegende Formular zu benutzen." Darauf sandte die Hafenverwaltung am 6. April 1906 das von ihr unterzeichnete Formular unter dem Ausdrucke des Einverständnisses mit dem Schreiben vom 28. März 1906 in allen seinen Teilen zurück.

Die Steuerbehörde war der Meinung, daß ein Lieferungsstempel von $^1/_3$ v. H. mit 210 *M* (bei einem Kaufpreise von 63000 *M*) zu erheben sei, und zog diesen Betrag ein. Der Kläger machte geltend, daß eine stempelpflichtige Urkunde überhaupt nicht vorliege, und daß jedenfalls die Befreiungsvorschrift unter Nr. 3 zur Tarifstelle 32 des StempStGes. vom 31. Juli 1895 anwendbar sei. Er forderte die Rückzahlung des erhobenen Betrages mit Prozeßzinsen. In beiden Instanzen abgewiesen, legte er Revision ein, der stattgegeben wurde.

Gründe:

„Der Revision war der Erfolg nicht zu versagen, weil beide Gründe, auf denen das Berufungsurteil beruht, rechtlichen Bedenken unterliegen.

1. Der Berufungsrichter nimmt an, daß die zwischen dem Kläger und der Hafenverwaltung ausgetauschten schriftlichen Erklärungen nicht einen sog. Korrespondenzvertrag im Sinne des § 1 Abs. 3 des Stempelgesetzes, sondern eine förmliche Vertragsurkunde nach Abs. 2 des § 1 darstellten. Die in dem Briefe der Hafenverwaltung vom 6. April enthaltene Zustimmung zu dem Schreiben des Klägers vom 28. März bewege sich offenbar im Rahmen des Briefwechsels; dagegen müsse der Unterzeichnung des Formulars durch die Verwaltung die Bedeutung beigelegt werden, daß der Kläger mit Rücksicht auf die Verschiedenheit und die Abweichungen in den zugrunde zu

legenden Bedingungen, die bis dahin bestanden hätten, eine Urkunde gewollt habe, die das Geschäft in allen seinen Einzelheiten vollständig und einwandfrei enthielte. Alsdann bilde das von der Verwaltung unterzeichnete Formular in Verbindung mit dem vom Kläger unterzeichneten „Abschluß“ vom 28. März die eigentliche Vertragsurkunde.

Diese Ausführungen setzen sich in Widerspruch mit den vom erkennenden Senate in dem Urteile vom 17. April 1900 (abgedr. bei Gruchot Bd. 45 S. 615) im Anschlusse an das Urteil des IV. Zivilsenates vom 11. Juli 1898 (Entsch. des RG.'s Bd. 42 S. 180) entwickelten Grundsätzen. Es ist dort dargelegt, daß die Stempelpflicht nicht nur dann ausgeschlossen sei, wenn der Briefwechsel oder der Austausch sonstiger schriftlicher Mitteilungen an Stelle mündlicher Vereinbarung lediglich das Verständigungsmittel der Beteiligten bilde, sondern auch dann, wenn die Beteiligten damit nebenher oder ausschließlich — also auch bei vorgängigem mündlichen Geschäftsabschlusse — die Absicht verbänden, eine Beurkundung des abgeschlossenen Geschäfts herzustellen. Nur wenn in solchen Fällen nach der Verkehrssitte ein förmlicher schriftlicher Vertrag errichtet zu werden pflege und die Beteiligten beabsichtigt hätten, einen solchen Vertrag durch den Briefwechsel oder den Austausch sonstiger Mitteilungen zu ersetzen, trete die Stempelpflicht ein. Von einem förmlichen schriftlichen Vertrage könne — von ganz besonderen, genau nachzuweisenden Umständen abgesehen — nur dann die Rede sein, wenn die mündliche Einigung voraufgegangen sei und jeder Vertragsteil in dem dem anderen übergebenen Schriftstücke den gemeinsamen, beiderseitig bereits erklärten Vertragswillen zum Ausdruck bringe.

Danach kommt es nicht darauf an, daß der Kläger beabsichtigt hat, sich durch die beiderseits ausgetauschten Bedingungen ein urkundliches Beweismittel zu verschaffen. Diese Absicht ist mit dem Abschlusse eines stempelfreien Korrespondenzvertrages durchaus verträglich. Vielmehr könnte der Frage, ob eine wirkliche Vertragsurkunde durch die je vom Kläger und der Hafenverwaltung unterzeichneten formularmäßigen Bedingungen gegeben sei, erst dann näher getreten werden, wenn feststände, daß sie bestimmt gewesen seien, den vorhergegangenen mündlichen Geschäftsschluß in jenen Schriftstücken urkundlich niederzulegen. Davon ist aber nach dem Sachverhalte, wie ihn der Berufungsrichter für erwiesen erachtet, keine Rede. Vor der Absendung des Schreibens vom 28. März war nach der nicht zu beanstandenden Annahme des Berufungsrichters ein Vertrag über die Lieferung der Kohlen zwischen den Beteiligten noch nicht zustande gekommen. Dieses Schreiben enthielt, obwohl es sich als Abschluß bezeichnete, erst die endgültige Offerte des Klägers, den Vertrag unter den von ihm aufgestellten Bedingungen abzuschließen. Daß irgend welche mündliche bindende Besprechungen zuvor stattgefunden hätten, ist nicht ersichtlich. Darum kann aber auch in dem Offertschreiben des Klägers nicht die Beurkundung des beiderseitig bereits erklärten Vertragswillens gefunden werden, weil eben die zum Abschluß erforderliche Erklärung der Hafenverwaltung noch ausstand. Sie erfolgte erst in dem Schreiben vom 6. April, und wenn schon die vorbehaltlose Zustimmung zu dem Angebote des Klägers auch ohne die Vollziehung der Bedingungen zur Perfektion des Geschäfts genügt hätte, so stellt doch deshalb das von der Hafenverwaltung unterzeichnete Formular keine förmliche Vertragsurkunde dar. Es ist nur von ihr unterschrieben und findet die notwendige Ergänzung nicht in einer entsprechenden, das bereits abgeschlossene Geschäft enthaltenden Urkunde des Klägers, da der von diesem gezeichnete, auch die Bedingungen umfassende Brief nur das Angebot des Klägers ist, die Urkunde über einen gegenseitigen Vertrag aber die Unterschrift beider Teile erfordert, wobei auf die Möglichkeit einer Unterzeichnung in getrennten Schriftstücken nicht weiter eingegangen zu werden braucht.

Ist hiernach die Annahme des Berufungsrichters, daß eine Vertragsurkunde nach § 1 Abs. 2 StempStGes. vorliege, nicht aufrecht zu erhalten, so bedarf es keiner Erörterung, ob den Bemerkungen des Berufungsrichters über das Verhältnis des § 126 BGB. zum preuß. StempStGes. überall beizutreten wäre. Zu prüfen ist nur, ob die Voraussetzungen zutreffen, unter denen ausnahmsweise ein Korrespondenzvertrag stempelpflichtig ist. Da der Revisionsrichter diese Prüfung beim Mangel der tatsächlichen Grundlage nicht vornehmen kann, so muß sie dem Berufungsrichter, der sich über die Frage noch nicht näher ausgesprochen hat, überlassen bleiben.

2. Die Anwendbarkeit der Befreiungsvorschrift in Nr. 3 der Tarifstelle 32 verneint der Berufungsrichter deshalb, weil der Betrieb der Häfen zu Ruhrort und Duisburg kein Gewerbebetrieb sei. Auch

hier ergeben sich, wie die Revision mit Recht rügt, rechtliche, die Aufhebung des Berufungsurteils erfordernde Bedenken. Der Berufungsrichter läßt sich nicht eingehender über die Art und den Umfang des Hafenbetriebes aus. Er stellt nicht fest, daß es sich dabei nur um die Bereitstellung einer der Bergung und Löschung der Schiffe dienenden und für diesen Zweck besonders eingerichteten, mit Schutz- und Löschvorrichtungen versehenen Wasserfläche handle, und stützt auch seine Entscheidung nicht auf den Art. 54 Abs. 3 der Reichsverfassung. Er schließt vielmehr, obwohl nach den §§ 19, 20 des Vertrages auf die Erzielung von Überschüssen gerechnet worden sei, aus der Natur der Sache und aus diesen §§ 19, 20, daß dennoch nicht ein Gewinn in kaufmännischem Sinne beabsichtigt gewesen sei. Die Überschüsse hätten zur Schuldentilgung und zur Ansammlung eines Betriebsfonds dienen sollen, um den Hafenbetrieb zu sichern. Dem allgemeinen Verkehre habe genützt, nicht eine Einnahmequelle geschaffen werden sollen.

Diese Erwägungen beruhen auf einer Verkennung des Begriffs des Gewerbebetriebes, wie ihn die Befreiungsvorschrift voraussetzt. Das Wesentliche ist eine auf Erzielung von Gewinn gerichtete Tätigkeit (Entsch. des RG.'s in Zivils. Bd. 37 S. 294); der Unternehmer muß auf ein Mehr an Einnahmen gegenüber den Ausgaben rechnen. Daß dies im vorliegenden Falle zutrifft, leugnet auch der Berufungsrichter nicht. Es soll hierbei aber nicht an einen Gewinn „im kaufmännischen Sinne“ gedacht gewesen sein, womit, wie die ferneren Erwägungen erkennen lassen, gemeint ist, daß die Gewinnerzielung nur zum Vorteile des allgemeinen Verkehrs beabsichtigt gewesen sei. Damit wird in den Begriff ein ihm fremdes Merkmal hineingetragen. Ein Gewerbebetrieb wird nicht dadurch ausgeschlossen, daß das Unternehmen Verkehrszwecke verfolgt und sich ihnen als besonders förderlich erweist. Die großen Betriebe der Post und der Eisenbahn sind darum nicht weniger Gewerbebetriebe im Sinne der Stempelvorschrift, weil sie sich in den Dienst des öffentlichen Verkehrs stellen.

Kämen die Häfen lediglich als Teile der im gemeinen Eigentume des Staates stehenden schiffbaren Ströme (des Rheines und der Ruhr) und als besondere Anstalten zur Erleichterung des Verkehrs in Betracht, die unter den Art. 54 der Reichsverfassung zu bringen wären, so würde nicht von Überschüssen die Rede sein können. Aber es ist bereits erwähnt, daß der Berufungsrichter selbst den Art. 54 nicht für anwendbar hält. Da die Vertragschließenden mit Überschüssen rechnen, muß der Betrieb der Hafenanlagen noch auf etwas anderes gerichtet sein. Darauf deutet der frühere Betrieb durch eine Aktiengesellschaft und auch der § 10 des Vertrages, der auf Einnahmen aus Pacht, Miete, Hafenfrachten, also auf einen über die Bereitstellung der bloßen Hafenanlage hinausgehenden Betrieb, namentlich auf einen Beförderungsbetrieb, hinweist. Wie die Überschüsse, also die erhofften Gewinne, verwendet werden, ist nicht von Bedeutung, sofern nur wirklich an Überschüsse und nicht bloß an die Deckung der Ausgaben durch die Einnahmen gedacht ist. Es ist daher nicht von Belang, daß die Stadt Duisburg aus den Überschüssen ihre Hafenschulden tilgen soll, und für den Fiskus ist ein besonderer Verwendungszweck überhaupt nicht vorgeschrieben. Der Berufungsrichter hat sonach bisher in ausreichender Weise das Fehlen eines Gewerbebetriebes nicht dargetan und wird, wenn es noch darauf ankommen sollte, bei der erneuten Verhandlung und Entscheidung in eine anderweitige Erörterung der Frage einzutreten haben, ob Raum für die Anwendung der Befreiungsvorschrift ist. Der Revisionsrichter war, da die Art des Betriebes nicht näher aufgeklärt ist, nicht in der Lage, die Frage schon jetzt zu bejahen."

95. Haftet der Übernehmer des ganzen Vermögens einer Aktiengesellschaft für nicht mit übernommene Schulden der Aktiengesellschaft?

BGB. § 419.
HGB. §§ 25, 303, 305, 306.

VII. Zivilsenat. Urt. v. 10. Juli 1909 i. S. A.-G. Bayr. Elektrizitätswerke (Kl.) w. bayr. Fiskus (Bekl.). Rep. VII. 525/08.

I. Landgericht I München.
II. Oberlandesgericht daselbst.

Die Aktiengesellschaft H., die ihr ganzes Vermögen an die Klägerin verkauft hatte, war vorher der bayerischen Staatskasse eine Gebühr von 12000 *M* schuldig geworden, wegen deren sich die

Staatskasse an die Übernehmerin halten wollte. Diese erhob Klage auf Feststellung, daß ein Anspruch des Beklagten gegen sie auf Zahlung der Gebühr nicht bestehe, wurde aber mit der Klage in allen Instanzen abgewiesen.

Gründe:

„Fest steht, daß die Klägerin durch den Vertrag vom 22. Oktober 1902 das ganze Vermögen der Aktiengesellschaft H. übernommen hat, ohne deren Handelsgeschäft unter der gleichen Firma fortzuführen und ohne deren sämtliche Schulden zu übernehmen. Ferner besteht kein Streit darüber, daß zur Zeit des Vertragsschlusses die Gebührenforderung des verklagten Fiskus gegen die Gesellschaft H. in Höhe von 12000 *M* bereits bestand. Auf Grund dieser Tatsachen hat das Berufungsgericht angenommen, daß die Haftung der Klägerin für die fragliche Schuld zwar nicht auf Grund des § 25 HGB., wohl aber auf Grund und nach Maßgabe des § 419 BGB. begründet sei.

Die Anwendbarkeit des § 419 BGB. auf den vorliegenden Fall hatte die Klägerin hauptsächlich unter Berufung auf Art. 2 EinfG. z. HGB. bekämpft, wonach in Handelssachen die Vorschriften des Bürgerlichen Gesetzbuchs nur insoweit zur Anwendung kommen, als nicht im Handelsgesetzbuche oder im Einführungsgesetze dazu ein anderes bestimmt ist. Sie vertrat die Meinung, daß die Haftung des Übernehmers eines Handelsgeschäfts für die Schulden des Veräußerers durch § 25 HGB. erschöpfend geregelt und daher für die Anwendung des bürgerlichen Rechtes kein Raum sei. Das Berufungsgericht hat diese Meinung im Anschlusse an das Urteil des Reichsgerichts, VI. Zivilsenats, vom 22. Juni 1908 — Entsch. Bd. 69 S. 284 — zutreffend widerlegt. In diesem Urteile, dem der erkennende Senat beitritt, ist eingehend dargelegt, daß sich § 25 HGB. und § 419 BGB. nicht decken und nicht ausschließen, vielmehr beide nebeneinander Anwendung zu finden haben, wenn das übernommene Handelserwerbsgeschäft, wie das bei Gesellschaften die Regel bildet, zugleich das ganze Vermögen der übertragenden Gesellschaft darstellt.

Die Revision ist denn auch auf diesen rechtlichen Gesichtspunkt nicht zurückgekommen, sie sucht aber die Unanwendbarkeit des § 419 BGB. auf den vorliegenden Fall aus dem Zwecke dieser Bestimmung in Verbindung mit den Gläubigerschutzvorschriften des § 303 HGB.

herzuleiten, jedoch mit Unrecht. Wenn eine Einzelperson sämtliche Aktivbestandteile ihres Vermögens einzeln veräußert, so kann keine Rede davon sein, daß der oder die Erwerber — abgesehen von den auf einzelnen Sachen lastenden dinglichen Rechten — für die Schulden des Veräußerers hafteten. Dagegen haftet unbestreitbar, wer alle Aktiva einer Einzelperson als Ganzes, als Vermögensinbegriff, übernimmt. Der gleiche Unterschied in der Haftung zeigt sich bei Auflösung und Liquidation einer offenen Handelsgesellschaft und ebenso bei Auflösung und Liquidation einer Aktiengesellschaft.

Bei der Aktiengesellschaft trifft das Handelsgesetzbuch allerdings noch besondere Vorsorge für den Schutz der Gläubiger: nach § 297 müssen die Gläubiger zur Anmeldung ihrer Ansprüche öffentlich aufgefordert werden, und nach § 301 darf die Verteilung des Vermögens erst nach Ablauf des sog. Sperrjahres erfolgen. Diese Vorschriften finden auch im Falle des § 303 bei Verwertung des Gesellschaftsvermögens durch Veräußerung des Vermögens im ganzen Anwendung. Inwiefern aber hierdurch die Anwendung des § 419 BGB. ausgeschlossen sein sollte, ist nicht abzusehen. Allerdings ist zuzugeben, daß im Hinblicke auf das Sperrjahr und die öffentliche Aufforderung der Gläubiger das Bedürfnis einer Haftung des Vermögensübernehmers ein geringeres ist, als in den gewöhnlichen Fällen; allein anderseits verringert sich durch die erwähnten Maßregeln auch die Gefahr für den Übernehmer, von den Gläubigern der aufgelösten Gesellschaft in Anspruch genommen zu werden. Jedenfalls aber kann aus den Liquidationsvorschriften der §§ 294 flg. HGB. nicht geschlossen werden, daß § 419 BGB. auf die Veräußerung des ganzen Vermögens einer Aktiengesellschaft keine Anwendung finden soll. Nicht die Anwendbarkeit des § 419, sondern der Ausschluß seiner Anwendung hätte positiver Festsetzung bedurft. Und daß auch bei der Liquidation von Aktiengesellschaften für deren Gläubiger ein Bedürfnis bestehen kann, sich an den Vermögensübernehmer zu halten, zeigt der vorliegende, sowie der in dem erwähnten Urteile des VI. Zivilsenats erörterte Fall.

Die Revision hat weiter ausgeführt, daß es auffallend wäre, wenn die Frage der Schuldenhaftung im Falle des § 303 HGB. nicht nur anders geregelt wäre als im Regelfalle der §§ 294 flg., sondern auch anders als im Falle der Fusion nach §§ 305, 306 HGB.

Die hierbei vorausgesetzte Verschiedenheit der Haftung besteht jedoch nicht. Auch im Falle der Fusion haftet die aufnehmende Gesellschaft auf Grund des § 419 BGB. mit dem übernommenen Vermögen für die Schulden der aufgenommenen Gesellschaft; auf dieses Vermögen haben die Gläubiger der aufgenommenen Gesellschaft ein die Gläubiger der aufnehmenden Gesellschaft ausschließendes Aussonderungsrecht, § 306 Abs. 3 HGB. Streitig ist oder war wenigstens früher in der Literatur, ob sich die Gläubiger der aufgenommenen Gesellschaft nicht schon während des Sperrjahres auch an das Vermögen der aufnehmenden halten könnten. Dagegen besteht nicht der geringste Zweifel darüber, daß nach Vollzug der Fusion, nach Vereinigung der beiden Vermögen den Gläubigern der aufgenommenen Gesellschaft ... das gesamte vereinigte Vermögen unbeschränkt haftet. Der Steueranspruch des Fiskus wäre also auch dann gegen die Klägerin begründet, wenn diese das Vermögen der Gesellschaft H. im Wege der Fusion übernommen hätte. Die Haftung bei der Fusion ist eine weitere, nicht, wie die Revision annimmt, eine engere als im Falle des § 303 HGB.

Die Revision hat noch geltend gemacht, § 419 BGB. treffe nur Fürsorge für Gläubiger aus privatrechtlichen Schuldverbindlichkeiten, nicht für die hier streitige, im öffentlichen Rechte wurzelnde Staatsgebühr. Diese Meinung findet im Gesetze keinen Anhalt. Der Paragraph spricht einfach von den „Gläubigern" des Veräußerers, und daß zu den Gläubigern auch der Staat wegen Steuer- und ähnlicher Forderungen gehört, bedarf keiner weiteren Erörterung. Zählt doch der § 61 KO. diese Forderungen als solche von Konkursgläubigern auf."

---

96. Kann die einem örtlich unzuständigen Gerichte gegenüber erklärte Erbschaftsausschlagung rechtswirksam sein?

BGB. §§ 1944, 1945.
FGGes. § 7.

IV. Zivilsenat. Urt. v. 15. Juli 1909 i. S. B. & K. (Bekl.) w. P. (Kl.). Rep. IV. 558/08.

I. Landgericht Duisburg.
II. Oberlandesgericht Düsseldorf.

Durch rechtskräftiges Urteil vom 1. Oktober 1901 war der Vater des Klägers, der Rentner P., verurteilt worden, der Beklagten 6230,18 *M* nebst Zinsen zu zahlen. P. starb am 11. Dezember 1902 in Ruhrort. Auf Grund eines von dem dortigen Amtsgerichte ausgestellten Erbscheines, wonach der jetzige Kläger alleiniger Erbe seines Vaters geworden sein sollte, wurde zu dem Urteile vom 1. Oktober 1901 der Beklagten die Vollstreckungsklausel gegen den Kläger als den Rechtsnachfolger des Schuldners erteilt. Der Kläger hatte jedoch am 13. Januar 1903 bei dem Amtsgerichte in Duisburg zu gerichtlichem Protokolle die Erklärung abgegeben, daß er die Erbschaft ausschlage. Unter Berufung hierauf erhob er gegen die Beklagte mit dem Antrage Klage, die Zwangsvollstreckung aus der erteilten Vollstreckungsklausel für unzulässig zu erklären. Er behauptete, der Erblasser, der unstreitig früher in Duisburg gewohnt hatte, habe diesen Wohnsitz bis zu seinem Tode beibehalten, die Ausschlagungserklärung sei daher bei dem zuständigen Nachlaßgerichte abgegeben worden. Dies bestritt die Beklagte und behauptete, der Erblasser habe seinen Wohnsitz vor seinem Tode nach Ruhrort verlegt gehabt, gegenüber dem Gerichte dieses Ortes sei aber eine Ausschlagungserklärung nicht abgegeben worden.

Das Landgericht sah die Verlegung des Wohnsitzes nach Ruhrort für erwiesen an und gab dem auf Klagabweisung gerichteten Antrage der Beklagten statt. In der Berufungsinstanz machte der Kläger geltend, sein Vater sei, als er von Duisburg nach Ruhrort verzog, wegen mangelnder Zurechnungsfähigkeit geschäftsunfähig gewesen. Habe er dessen ungeachtet in Ruhrort einen neuen Wohnsitz erworben, so habe er immerhin den Wohnsitz in Duisburg als zweiten Wohnsitz beibehalten. Für den äußersten Fall sei jedoch die etwaige Versäumung der Ausschlagungsfrist von ihm, dem Beklagten, angefochten worden. Er berief sich in dieser Beziehung auf eine unterm 20. März 1908 bei dem Amtsgerichte in Duisburg-Ruhrort eingereichte schriftliche Erklärung, worin es hieß, er habe sich möglicherweise mit der Auffassung, daß sein Vater zur Zeit seines Todes seinen Wohnsitz in Duisburg gehabt habe, im Irrtume befunden und fechte daher die durch diesen Irrtum veranlaßte Versäumung der

Ausschlagungsfrist und die sich daraus ergebende Annahme der Erbschaft wegen Irrtums an.

Das Oberlandesgericht gab dem Klagantrage statt, indem es zwar einerseits mit dem ersten Richter davon ausging, daß der verstorbene P. zur Zeit seines Todes seinen alleinigen Wohnsitz in Ruhrort gehabt habe, anderseits aber dem Kläger darin beitrat, daß er die Versäumung der Ausschlagungsfrist rechtswirksam angefochten und vermöge dieser Anfechtung die Erbschaft ausgeschlagen habe.

Die Revision der Beklagten wurde zurückgewiesen aus folgenden

Gründen:

„Das Berufungsurteil mußte aufrecht erhalten werden, ohne daß es eines Eingehens auf die Frage bedurfte, ob, wenn Kläger die Frist des § 1944 Abs. 1 BGB. versäumt hätte, die von ihm erklärte Anfechtung dieser Fristversäumung nach § 1956 BGB. rechtswirksam gewesen wäre. Denn die vom Kläger abgegebene Ausschlagungserklärung war rechtswirksam.

Der Senat hält in Fällen der hier vorliegenden Art § 7 FGGes. für anwendbar, die Ausschlagung einer Erbschaft also auch dann für rechtswirksam, wenn sie innerhalb der gesetzlichen Frist einem örtlich unzuständigen Gerichte gegenüber erklärt wird, vorausgesetzt daß dieses Gericht die Obliegenheiten des Nachlaßgerichts versieht. Dies trifft aber nicht nur dann zu, wenn das Gericht unter der Annahme seiner örtlichen Zuständigkeit, oder nachdem bei bestehendem Streite oder bestehender Ungewißheit eine Entscheidung über die Zuständigkeit nach § 5 FGGes. ergangen ist, vor der Entgegennahme der Ausschlagung als Nachlaßgericht tätig geworden ist, wenn es also beispielsweise eine Nachlaßpflegschaft eingeleitet oder die Fürsorge für den Nachlaß nach Maßgabe des § 1960 BGB. übernommen hat, sondern die innerhalb der Frist geschehene Entgegennahme der Ausschlagungserklärung muß auch für sich allein als hinreichend angesehen werden.

Allerdings schreibt § 7 FGGes. nur vor:

> „Gerichtliche Handlungen sind nicht aus dem Grunde unwirksam, weil sie von einem örtlich unzuständigen Gericht oder von einem Richter vorgenommen sind, der von der Ausübung des Richteramts kraft Gesetzes ausgeschlossen ist."

Allein wenn auch die Ausschlagung einer Erbschaft keine gerichtliche Handlung und die Entgegennahme der Ausschlagung keine Ausschlagung ist, so handelt es sich doch um einen Vorgang, bei dem sich das die Erklärung entgegennehmende Gericht keineswegs auf ein rein passives Verhalten beschränken darf, sondern zugleich zur eigenen Prüfung und zum eigenen Handeln verpflichtet ist. Das Gericht hat nicht allein die Urkunde anzunehmen und aufzubewahren, sondern auch die durch § 1953 Abs. 3 BGB. vorgeschriebene Benachrichtigung zu erlassen und über Gesuche um Einsichtnahme zu entscheiden. Alles das liegt ihm nicht etwa allein deshalb ob, weil es vom Erben mit der Ausschlagungserklärung angegangen wird, sondern immer nur dann, wenn es als Nachlaßgericht zuständig ist. Darum ist es verpflichtet, sowohl seine sachliche als auch seine örtliche Zuständigkeit selbst zu prüfen und sich von der Richtigkeit der Angaben zu überzeugen, die in Verbindung mit der Ausschlagungserklärung von dem ausschlagenden Erben darüber gemacht werden, an welchem Orte der Erblasser zur Zeit des Erbfalls seinen Wohnsitz gehabt hatte oder aus welchem anderen Grunde der Erbe die örtliche Zuständigkeit des angegangenen Gerichts für begründet hält. Kommt das Amtsgericht zu dem Ergebnis, keine der Voraussetzungen des § 73 FGGes. für gegeben zu halten, so kann es zwar im geeigneten Falle die Erklärung als Beurkundungsgericht (§ 167 FGGes.) zu Protokoll nehmen, darf sie aber nicht auch als Nachlaßgericht entgegennehmen und sie in keinem Falle, ohne sich von seiner örtlichen Zuständigkeit überzeugt zu haben, ohne weiteres bei sich behalten.

Im vorliegenden Falle ergeben die Akten des Amtsgerichts Duisburg, deren vollständiger Inhalt nach dem Tatbestande des Berufungsurteils den Gegenstand der Verhandlung in zweiter Instanz gebildet hat, daß nicht nur am 13. Januar 1903, also jedenfalls innerhalb der Frist des § 1944 Abs. 1, die Ausschlagungserklärung des Klägers von einem Richter des genannten Amtsgerichts zu Protokoll genommen, sondern auch unter dem nämlichen Datum dem Kläger eine Bescheinigung über die „erfolgte“ Ausschlagung erteilt und die Ausschlagung gemäß § 1953 Abs. 3 den anderen Beteiligten mitgeteilt worden ist, worauf dann späterhin die entstandenen Gerichtskosten nach Maßgabe des die Entgegennahme der Ausschlagungserklärung und deren Beurkundung umfassenden Vorschrift des § 89 preuß. GerKostGes. berechnet und vom Kläger erfordert wurden. Die Erklärung ist mithin einem Gerichte gegenüber abgegeben worden, das sich selbst für das zuständige Nachlaßgericht gehalten und die Tätigkeit eines solchen übernommen hat. Der Kläger hat sich hierauf verlassen. Er würde es sonst nicht daran haben fehlen lassen, eine Abgabe seiner Ausschlagungserklärung an das zuständige Gericht, die im geeigneten Falle schon von Amts wegen hätte erfolgen müssen, von seiner Seite her gleichfalls zu betreiben. Hat daher das Amtsgericht in Duisburg mit der Annahme seiner Zuständigkeit fehlgegriffen und gehörte die Erklärung, wie der Berufungsrichter festgestellt hat, nicht dorthin, sondern vor das Amtsgericht in Ruhrort, so darf nach § 7 FGGes. dies dem Kläger nicht zum Nachteile gereichen. Seine Erklärung war gleichwohl wirksam (vgl. Dernburg, Bürg. R. Bd. 5 S. 410 flg.).

Da mithin eine Versäumung der Ausschlagungsfrist nicht vorliegt und es deshalb an dieser wesentlichen Voraussetzung für die Anwendbarkeit des § 1956 BGB. fehlt, so kommt es auf die weiteren Ausführungen des Berufungsrichters nicht mehr an. Die Revision mußte vielmehr ungeachtet der fehlsamen Anwendung des § 1956 gemäß § 563 ZPO. zurückgewiesen werden."

---

97. Zum Begriffe der Ausstattung im Sinne des § 15 des Gesetzes zum Schutz der Warenbezeichnungen vom 12. Mai 1894.

II. Zivilsenat. Urt. v. 17. September 1909 i. S. Gebr. Sch. (Bekl.) w. B. & Cie. (Kl.). Rep. II. 640/08.

I. Landgericht Aachen, Kammer für Handelssachen.
II. Oberlandesgericht Köln.

Die Beklagte nahm auf Grund des § 15 WZG. für sich das Recht der alleinigen Herstellung von mit „Nadel-" (Hochglanz-) „Politur" versehenen Uhrenbalancewellen in Anspruch und verlangte von der Klägerin die Unterlassung der Herstellung nadelpolierter Uhrenbalancewellen. Die Klägerin erhob Klage mit dem Antrage, die Beklagte zu verurteilen, anzuerkennen, daß sie nicht berechtigt sei, der Klägerin das Herstellen und Inverkehrbringen von Uhrenbalancewellen mit Nadelpolitur zu untersagen.

Die Vorderrichter gaben der Klage statt. Die von der Beklagten eingelegte Revision wurde zurückgewiesen, aus folgenden

Gründen:

„Der Berufungsrichter hat der negativen Feststellungsklage der Klägerin stattgegeben, indem er das von der Beklagten auf Grund des § 15 WZG. für sich in Anspruch genommene Recht, mit Nadelpolitur versehene Uhrenbalancewellen allein herzustellen, um deswillen als ihr nicht zustehend erachtet, weil die Nadel-(Hochglanz-) Politur der bezeichneten Wellen keine schutzfähige Ausstattung sei. Der Berufungsrichter verkennt dabei nicht, daß wie die Form so auch die äußere Bearbeitung einer Ware an sich unter den Begriff der Ausstattung fallen könne; er nimmt aber an, daß was den Ausstattungsschutz des § 15 genießen solle, etwas für gleichartige Waren Eigentümliches, Neues, Charakteristisches sein müsse, wodurch der Ware das unterscheidende Merkmal von anderen gleichwertigen Waren verliehen werde, und er verneint, daß dieses Erfordernis bei der sog. Hochglanzpolitur der Balancewellen der Beklagten vorliege, indem er ausführt, es sei allgemein bekannt und werde überdies auch noch durch das Gutachten des Sachverständigen H. bestätigt, daß von altersher in der Feinmechanik zur Verwendung kommende Wellen mit einer Politur versehen würden, die teils zum schöneren Aussehen, teils dazu diene, die Wellen gegen Rosten widerstandsfähiger zu machen. Die Politur der Balancewellen der Beklagten sei daher nichts Besonderes, Neues und Charakteristisches und zwar auch dann nicht, wenn sie mittels eines besonderen, vielleicht neuen Verfahrens in vervollkommneter Weise hergestellt sei. Es möge sein, daß die Beklagte ihre Wellen mit einer Politur von besonders guter Ausführung versehe und daß deshalb, wie die gerichtlich vernommenen Gutachter bekundet hätten, die Wellen der Beklagten besonders geschätzt und begehrt seien; daraus folge aber nicht, daß diese Politur als eine Ausstattung im Sinne des § 15 zu gelten habe.

Diese Ausführungen tragen das Berufungsurteil und lassen einen Rechtsirrtum, insbesondere die von der Revision gerügte Verletzung des § 15 WZG., nicht erkennen. Der Berufungsrichter geht offenbar und zwar zutreffend davon aus, daß die Ausstattung einer Ware im Sinne des § 15 etwas Äußerliches, eine äußere mit den Augen wahrnehmbare Zutat zu der Ware ist und vermöge dieser äußeren, besonderen und deshalb charakteristischen Zutat geeignet sein muß, ein unterscheidendes Merkmal dieser Ware von gleichartigen Waren anderer Gewerbetreibenden zu bilden und so ein Kennzeichen der Ware als von einem bestimmten Gewerbetreibenden herrührend zu sein. Wo eine derartige charakteristische Kennzeichnung von seiten eines bestimmten Gewerbetreibenden nicht vorliegt, insbesondere nicht vorliegen kann, weil sich ein jeder des Merkmals, das im einzelnen Falle die Kennzeichnung der Unterscheidung bilden soll, bedienen darf, kann auch von einer unter dem Schutze des § 15 stehenden Ausstattung nicht die Rede sein. Es liegt dies bei der Ausstattung ähnlich wie bei dem Warenzeichen. Was im Verkehre im allgemeinen Gebrauche steht, kann nicht ein individuelles Warenzeichen und nicht eine individuelle (nur einer einzelnen, bestimmten Person zustehende) Ausstattung sein. Wenn von alters her Wellen, die in der Feinmechanik und insbesondere auch in der Uhrmacherei und verwandten Gewerben zur Verwendung kommen, mit einer Politur, wie sie hier in Frage steht, versehen werden, so konnte der Berufungsrichter ohne Rechtsirrtum auch speziell für die Uhrenbalancewellen verneinen, daß es sich bei der Politur um etwas Besonderes und Charakteristisches handele. Dadurch, daß die Beklagte als erste auch gerade die Balancewellen mit der Politur versah, konnte sie sich bei der allgemeinen Verwendung der Politur für Wellen der Feinmechanik nicht das Monopol verschaffen, allein die Balancewellen mit Politur versehen zu dürfen. Das Anbringen der Politur bei Wellen der Feinmechanik war — bei der allgemeinen Bekanntheit — nichts Eigenes der Beklagten; und es konnte deshalb zu dem Eigenen, Besonderen der Beklagten auch dadurch nicht werden, daß zunächst und solange die Beklagte nur allein speziell auch die Uhrenbalancewellen mit der Hochglanzpolitur versah, die beteiligten Verkehrskreise tatsächlich die von der Beklagten herrührenden Balancewellen an jener Politur erkannt haben. Das änderte sich natürlich, sobald von der allgemeinen Verwendung der Politur für feine Wellen überhaupt auch andere insonderheit für Balancewellen Gebrauch machten.

Die Revisionsklägerin hat . . . angeführt, früher, als die Balancewellen mit der Hand fabriziert worden seien, sei es nicht möglich gewesen, den kleinen Wellen mit der Hand preiswert eine solche Politur zu geben. Erst durch die maschinelle Fabrikation, die von der Beklagten aufgegriffen und lange Jahre allein geführt sei, sei es möglich geworden, daß die Wellen eine derartige Politur erhielten; in den beteiligten Kreisen gelte die maschinell polierte Welle als das charakteristische Merkmal des Fabrikates der Beklagten. Gerade diese Ausführungen sind geeignet, das Unzutreffende des Standpunktes der Beklagten darzutun. Die Beklagte hat, worüber kein Streit ist, kein Monopol auf maschinell polierte Wellen; es kann an sich jedermann Wellen mit der Maschine herstellen und polieren. Ist nun das charakteristische Kennzeichen der polierten Wellen der Beklagten, daß sie mit der Maschine hergestellt sind, so handelt es sich erst recht nicht um eine Ausstattung, sondern um die Art der Herstellung der Ware, um das Verfahren bei der Herstellung, nämlich um die Herstellung auf maschinellem Wege. Dies aber ist ein Weg, den zu gehen jedermann freisteht. Wenn entscheideud ist, wie mit der Revision weiter ausgeführt wird, ob das Publikum in der Ausstattungsform die besonderen Merkmale eines anderen erblickt, so ist zu bemerken, daß es sich um Äußerlichkeiten, äußere besondere Merkmale, die die Ware hat, handeln muß. Besteht aber das Merkmal in dem Erkennenlassen der maschinellen Herstellung, so handelt es sich nicht mehr lediglich um ein Erkennen der Herkunft aus einem bestimmten Betriebe (sofern nicht diesem Betriebe das alleinige Recht zur maschinellen Herstellung zusteht), sondern um das Erkennen der Art der Herstellung. Ist die Art der Herstellung nicht auf Grund besonderer Gesetze jemandem besonders geschützt, so kann jeder die Waren auf dieselbe Art herstellen, und es ist also ein Merkmal der Herkunft aus einem bestimmten Betriebe nicht vorhanden (vgl. Entsch. des RG.'s in Zivils. Bd. 40 S. 65flg., Bd. 54 S. 173flg.).

War schon hiernach die Revision der Beklagten als unbegründet zurückzuweisen, so bedarf es nicht noch einer Erörterung darüber, ob das Berufungsurteil nicht schon allein dadurch getragen wird, daß der Berufungsrichter sagt, das Verfahren der in der Feinmechanik zur Verwendung kommenden Wellen mit der Politur diene teils zum schöneren Aussehen, teils auch dazu, die Wellen gegen Rost widerstandsfähiger zu machen. Trifft letzteres zu, so handelt es sich bei dem Versehen der Wellen mit der Politur zugleich um eine technisch-funktionelle Bedeutung der Politur; technische Verbesserungen sind aber nicht eine „Ausstattung" der Waren im

Sinne des § 15 WZG., und für sie kann der Schutz dieses § 15 daher nicht gewährt werden (Entsch. des RG.'s in Zivils. Bd. 54 S. 175)." . . .

98. 1. Ist ein Vertrag, durch welchen sich ein Genosse zu einer Leistung an die Genossenschaft über die in § 65 Abs. 2 GenGes. vorgesehene zweijährige Kündigungsfrist hinaus verpflichtet, nach Abs. 3 dieses Paragraphen ohne rechtliche Wirkung?

2. Hat ein dem § 65 Abs. 2 zuwider getroffenes Abkommen die Unwirksamkeit des ganzen Vertrages zur Folge oder nur insoweit, als die gesetzlich zulässige Kündigungsfrist überschritten ist?

Gesetz, betr. die Erwerbs- und Wirtschaftsgenossenschaften, vom 1. Mai 1889 in der Fassung der Bekanntmachung vom 20. Mai 1898.

II. Zivilsenat. Urt. v. 17. September 1909 i. S. Privatschiffer-Transportgenossenschaft A. (Kl.) w. Z. (Bekl.). Rep. II. 704/08.

I. Landgericht Magdeburg, Kammer für Handelssachen.
II. Oberlandesgericht Naumburg a. S.

Aus den Gründen:

„Das Berufungsgericht hat rechtlich bedenkenfrei festgestellt, die Klägerin habe sich durch Vertrag mit der Aktiengesellschaft Vereinigte Elbschiffahrts-Gesellschaften in Dresden vom 18. April 1907 unter Verzicht auf jede äußere Geschäftstätigkeit verpflichtet, dieser Gesellschaft gegen näher bestimmten Gewinnanteil den gesamten ihr zur Verfügung stehenden Schiffspark ihrer Genossen vom 1. Januar 1908 bis zum Jahre 1916 zur Verfügung zu stellen und von ihren sämtlichen Genossen die schriftliche vertragsmäßige Verpflichtungserklärung beizubringen, daß auch sie an den Vertrag in gleicher Weise gebunden seien, als wenn sie ihn mit der genannten Aktiengesellschaft direkt abgeschlossen hätten. Zur Erfüllung dieses Vertrages habe die Klägerin durch Beschluß der Generalversammlung vom 7. Mai 1907 ihre Statuten geändert und im § 9 des neuen Statuts den Genossen die Verpflichtung auferlegt, ihre Fahrzeuge der Genossenschaft zur Verfügung zu stellen und darüber schriftliche Verträge abzuschließen. Daraufhin sei unterm 31. Mai/19. Juni 1907 zwischen der Klägerin und dem Beklagten als ihrem Genossen ein Vertrag abgeschlossen worden, worin der Beklagte den Inhalt des zwischen der Klägerin und der Aktiengesellschaft abgeschlossenen Vertrages als auch ihn bindend anerkannt und sein Fahrzeug gegen näher bestimmte Vergütung bei Vermeidung einer Vertragsstrafe von 3000 ℳ für jeden Fall vertragswidrigen Verhaltens der Klägerin auf die Dauer von neun Jahren vom 1. Januar 1908 ab zur ausschließlichen Verfügung gestellt habe.

Das Berufungsgericht hat die Klage auf Zahlung der Vertragsstrafe von 3000 ℳ wegen der unstreitig von seiten des Beklagten im Jahre 1908 stattgefundenen Verwendung seines Fahrzeuges zu eigener Frachtschiffahrt dem Antrage des Beklagten entsprechend abgewiesen, indem es in Abweichung von der Auffassung des Landgerichts den Vertrag der Parteien für ungültig erachtet hat. Hierbei ist es unter näherer Würdigung der Entstehungsgeschichte, des Inhaltes sowie des Zusammenhanges der beiden Verträge miteinander und mit dem Genossenschaftsverhältnis von der Erwägung ausgegangen, daß der Vertrag eine Umgehung der Kündigungsbeschränkungen des GenGes. bezwecke. Die Klägerin habe nämlich damit offenbar den Zweck verfolgt, sich die Kähne ihrer Genossen für die Vertragsdauer sicher zu stellen, um den Vertrag mit der genannten Aktiengesellschaft erfüllen zu können. Einer statutarischen Bestimmung in dieser Richtung habe § 65 GenGes. entgegengestanden, weil hiernach das Kündigungsrecht eines Genossen auf nicht länger als zwei Jahre ausgeschlossen werden könne. Die Bindung auf mehr als zwei Jahre habe durch den Vertrag mit den einzelnen Genossen herbeigeführt werden sollen, nachdem diese noch vorher durch eine Statutenänderung zum Abschlusse eines Vertrages verpflichtet worden seien. Der Vertrag sei ungültig. Denn § 65 Abs. 3 erkläre jedes Abkommen, also nicht nur statutarische Bestimmungen, sondern auch Sonderverträge, welche seinen Bestimmungen zuwiderlaufen, für nichtig. Ein solches Sonderabkommen liege hier vor. Zwar habe der Beklagte nach Gesetz und nach § 25 des Vertrages das Recht gehabt, vor Ablauf der 10 Jahre die Mitgliedschaft zu kündigen. Bei Ausübung dieses Rechts habe er aber nach wie vor die einzige ihm als Genossen obliegende Verpflichtung behalten, sein Fahrzeug der Klägerin und der Aktiengesellschaft gegen ein bestimmtes Entgelt auf zehn Jahre zur Verfügung zu stellen. Dagegen habe er durch seinen Austritt die Rechte aus der Mitgliedschaft, namentlich die Anteile am Gewinn verloren, die neben dem Mietzins ausbedungen worden seien. Habe der Beklagte dieser Rechte nicht verlustig gehen wollen, so sei ihm nichts weiter übrig geblieben, als auf sein gesetzliches Kündigungsrecht zu verzichten. Daher sei er durch den Vertrag tatsächlich gezwungen gewesen, über die zweijährige Kündigungsfrist hinaus bei der Genossenschaft zu bleiben. Eine derartige vertragliche Beschränkung des Kündigungsrechts sei unzulässig, und deshalb auch die Vereinbarung der Vertragsstrafe nach § 344 BGB. nichtig. Der Anspruch auf die Vertragsstrafe sei aus dem Grunde nicht gerechtfertigt, weil die Ausdehnung der genossenschaftlichen Verpflichtung zur Kahnstellung über die zweijährige Kündigungsfrist hinaus für die Klägerin der Hauptzweck des Vertrages gewesen sei, die Nichtigkeit dieser wesentlichen Vertragsbestimmung aber, ohne welche die Klägerin den Vertrag nicht geschlossen haben würde, nach § 139 BGB. die Nichtigkeit des ganzen Vertrages zur Folge habe.

Die Entscheidung ist, wenn auch in der Begründung nicht vollkommen zutreffend, doch im Ergebnis gerechtfertigt. Sie beruht auf zwei Gründen. Das Berufungsgericht hält nämlich zunächst den Vertrag der Parteien schon allein wegen der Umgehung der Kündigungsbeschränkungen des § 65 GenGes. für gänzlich ungültig und demgemäß auch die Vereinbarung der Vertragsstrafe für unwirksam. Die Annahme, der Vertrag sei zur Umgehung der Kündigungsbeschränkungen des § 65 abgeschlossen, beruht auf tatsächlichen, der Nachprüfung des Revisionsgerichts entzogenen Erwägungen, die einen Rechtsirrtum nicht erkennen lassen. Von diesem tatsächlichen Standpunkt aus erscheint es nicht zweifelhaft, daß der Vertrag der Bestimmung des § 65 Abs. 3 unterliegt. Der § 65 Abs. 1 stellt den Grundsatz auf: „Jeder Genosse hat das Recht, mittels Aufkündigung seinen Austritt aus der Genossenschaft zu erklären.“ Der Abs. 2 des § 65 regelt die Ausübung des Kündigungsrechts in der Weise, daß die Aufkündigung nur zum Schlusse eines Geschäftsjahres, und zwar mindestens drei Monate vorher, schriftlich erfolgen muß und daß durch Statut eine längere, jedoch höchstens zweijährige Kündigungsfrist festgesetzt werden kann. § 65 Abs. 3 bestimmt dann: „Ein den vorstehenden Bestimmungen zuwiderlaufendes Abkommen ist ohne rechtliche Wirkung.“ Nach dem Grunde und Zwecke des Gesetzes soll eine übermäßige Beschränkung der wirtschaftlichen Freiheit der Genossen verhütet werden, und ihnen das Recht zum freiwilligen Austritte mit Ablauf einer zweijährigen Kündigungsfrist unter allen Umständen gesichert bleiben. Daher ist jede Bestimmung, die das Kündigungsrecht in weiterem Umfange beschränkt, rechtsunwirksam, gleichviel ob sie in den Statuten oder in einem besonderen Vertrage, ob sie direkt oder nur indirekt durch tatsächliche Erschwerung des Austritts getroffen worden ist. Der § 65 Abs. 3 bezieht sich recht eigentlich auf besondere neben den Statuten mit einzelnen Genossen geschlossene Verträge der vorliegenden Art, auf Separatabkommen oder Separatverzichte, wie die Begründung zum § 61 (jetzt 65) sich ausdrückt. Hierin heißt es nämlich: „Separatverzichte der einzelnen Genossen auf die Geltendmachung ihres gesetzlichen oder statutarischen Austrittsrechts sind daneben nicht zuzulassen, und ebensowenig selbstverständlich Vereinbarungen mit der Genossenschaft, durch welche diese ihrerseits Mitglieder von der Innehaltung der maßgebenden Kündigungsfrist entbindet. Der Entwurf erklärt deshalb jeden den Bestimmungen des § 61 zuwiderlaufenden Vertrag für ungültig."

Daher konnte das Berufungsgericht bei der festgestellten Sachlage ohne Rechtsirrtum den § 65 Abs. 3 auf den Vertrag der Parteien anwenden. Denn das dem Beklagten nach Statut und Vertrag mit zweijähriger Kündigungsfrist zustehende Recht des Austritts aus der Genossenschaft bestand nur formell, war aber tatsächlich bedeutungslos, weil die einzige mit der Mitgliedschaft verbundene Last, die Pflicht zur Kahnstellung, nach wie vor dem Ausscheiden bestehen blieb, die Vorteile der Mitgliedschaft aber, insbesondere der Anteil am Gewinn, mit dem Austritte in Wegfall kamen. Unter solchen Umständen konnte der Beklagte an einen Austritt aus der Genossenschaft vernünftigerweise nicht denken.

Wenn die Revisionsklägerin das Berufungsurteil mit der Begründung angreift, ein Zwang zum Abschlusse des Vertrages habe für den Beklagten nicht bestanden und die Pflicht zur Kahnstellung sei nicht seine einzige Pflicht als Genosse gewesen, vielmehr komme erheblich noch die Haftpflicht für die Verbindlichkeiten der Genossenschaft in Betracht, so ist dies verfehlt. Denn tatsächlich hat der Beklagte den Vertrag auf Grund seiner statutgemäßen Verpflichtung hierzu abgeschlossen; die Haftpflicht für Schulden der Genossenschaft aber ist gegenstandlos, nachdem diese in dem Vertrage mit den Vereinigten Elbschiffahrts-Gesellschaften auf jede äußere Geschäftstätigkeit verzichtet hat und nur an deren Bruttogewinn beteiligt ist.

Dagegen ist die Entscheidung insoweit rechtlich zu beanstanden, als das Berufungsgericht den Vertrag und damit auch die Vereinbarung der Vertragsstrafe schon allein wegen des Verstoßes gegen § 65 GenGes. für gänzlich ungültig hält. Der allgemeine Wortlaut des § 65 Abs. 3 spricht zwar für die Auffassung des Berufungsgerichts; allein Grund und Zweck des Gesetzes sprechen dagegen. Denn die Tendenz des Gesetzes richtet sich nur gegen die übermäßige Beschränkung des Kündigungsrechts: es will, wie auch aus der Begründung zu dem jetzigen § 65 hervorgeht, keinen Verzicht auf das Kündigungsrecht über das gesetzlich bestimmte Maß zulassen. Ein Abkommen läuft nur insoweit, als es das Kündigungsrecht in weiterem als dem gesetzlich zulässigen Maße beschränkt, den Bestimmungen des § 65 Abss. 1 und 2 zuwider; nur insoweit ist es ohne rechtliche Wirkung. Daher liegt kein Grund vor, wegen der Unwirksamkeit der über das gesetzliche Maß hinausgehenden Beschränkung dem Vertrage der Parteien jede Rechtswirksamkeit, also auch innerhalb des gesetzlich zulässigen Umfanges, abzusprechen. Vielmehr ist der Vertrag mit der Einschränkung gültig, daß der Beklagte jederzeit die Auflösung des genossenschaftlichen Verhältnisses, wie sie nach Gesetz und Statut vorgesehen ist, und damit auch die Beendigung des Vertragsverhältnisses herbeiführen kann. In diesem Sinne ist der § 65 Abs. 3 bereits in einem Urteile des I. Zivilsenats vom 9. Februar 1898, Rep. I. 446/97, ausgelegt worden. In demselben Sinne hat auch der erkennende Senat bezüglich der gleichwertigen Bestimmung des § 4 Abs. 2 des Gesetzes, betreff. die Abzahlungsgeschäfte, entschieden (Entsch. in Zivils. Bd. 64 S. 92). Hiernach kann, da die Zuwiderhandlung des Beklagten schon im ersten Jahre der Vertragsdauer stattgefunden hat, der erste Entscheidungsgrund des Berufungsgerichts für sich allein das Urteil nicht tragen. Durch den Hinzutritt des zweiten Grundes wird aber die Entscheidung gerechtfertigt. Denn das Berufungsgericht hat tatsächlich festgestellt, gerade die Ausdehnung der genossenschaftlichen Verpflichtung zur Kahnstellung über die zweijährige Kündigungsfrist hinaus sei für die Klägerin der Hauptzweck des Vertrages gewesen und ohne diese Vertragsbestimmung würde sie den Vertrag nicht abgeschlossen haben. Das kann auch einem Bedenken nicht unterliegen, weil der Klägerin, die den Vereinigten Elbschiffahrts-Gesellschaften gegenüber eine feste Verpflichtung auf neun Jahre eingegangen war, mit einer vertraglichen mit zweijähriger Frist kündbaren Bindung des Beklagten offenbar nicht gedient war. Wegen Unwirksamkeit dieser Vertragsbestimmung hat das Berufungsgericht in richtiger Anwendung des § 139 BGB. den ganzen Vertrag für ungültig erklärt."

99. 1. Deckt die Frachtversicherung auch eine begründete Aussicht auf Frachtverdienst, wenn Frachtverträge noch nicht abgeschlossen sind? oder kommt nur sog. „besegelte Fracht" in dem Sinne in Betracht, daß die betreffenden Güter wenigstens zum Teil in das Schiff verladen sein müssen?

2. Deckt die Frachtversicherung auch die Fracht einer späteren Reise? insbesondere die Fracht der demnächstigen Transportreise, wenn der Unfall sich auf der Ballastzureise ereignet?

3. Zur Auslegung des § 83 der Allg. Seeversicherungs-Bedingungen von 1867.

HGB. §§ 823, 825.
Allg. Seevers.-Bed. §§ 72, 74, 83.

I. Zivilsenat. Urt. v. 18. September 1909 i. S. Spr. (Kl.) w. Deutsche Transport-Versicherungs-Gesellschaft (Bekl.). Rep. I. 406/08.

I. Landgericht I Berlin, Kammer für Handelssachen.
II. Kammergericht daselbst.

Laut Versicherungsscheines vom 24. Februar 1904 versicherte der Kläger bei der Beklagten für Rechnung wen es angeht 15000 *M* auf Frachtgelder und/oder behaltene Fahrt des Dampfers „Luise" für die Zeit von 12 Monaten, beginnend mit dem 5. März 1904. Der Schein enthielt folgende Bestimmungen:

„Diese Versicherung gilt ... auf Frachtgelder und / oder behaltene Fahrt, einerlei, ob die Fracht gemacht wird oder nicht und ob dieselbe durch bereits abgeschlossene Verträge gesichert ist oder nicht.

Der durch diese Police versicherte Betrag soll stets voll gedeckt bleiben, und soll derjenige Betrag, welcher nicht Frachtgelder ist, sowie die laut der Allg. Seeversich.-Bed. von 1867 etwa zu machenden Abzüge als auf behaltene Fahrt des Dampfers versichert gelten, und falls derselbe total verloren geht oder . . . nach den Bestimmungen des Allg. deutsch. Handelsgesetzbuchs wegen Seeschadens kondemniert wird, ist die versicherte Summe als Totalschaden mit 100 % zu bezahlen, einerlei ob und wieviel Fracht der Kapitän etwa vorausbezahlt erhalten hat; dagegen ist etwa verdiente Distanzfracht in Abzug zu bringen. Im Schadensfalle gilt der Nachweis des vollen Interesses als erbracht. Der im Falle von Stranden, Stoßen usw. herbeigeführte Ausfall von der Fracht wird vergütet, sobald solcher über 3 % beträgt, gleichviel nach welchem Maße die Fracht bedungen ist oder wird."

Der Dampfer stieß am 3. September 1904 mit dem Dampfer „Bookwood" zusammen, während er in Ballast von Great-Yarmouth nach Seaham (an der Ostküste von England) fuhr, um dort eine Ladung einzunehmen. Zur Ausbesserung der hierbei erlittenen Schäden mußte er den Nothafen von North-Shields, nahe vor Seaham, aufsuchen und sich dort 16 Tage aufhalten. Nach der Behauptung des Klägers war vorher, nämlich am 5. September 1904, ein Frachtvertrag abgeschlossen worden, wonach der auf der Reise von Rotterdam nach Great-Yarmouth begriffene Dampfer etwa am 7. September 1904 in Seaham ladebereit sein sollte, um eine Kohlenladung von dort nach Königsberg zu bringen. Die Fracht für diese Ladung würde 4384,99 ℳ betragen haben und sei dem Kläger entgangen, weil er infolge des Seeunfalles die vereinbarte Frachtreise nicht hätte ausführen können. Ferner habe eine zweite Frachtreise von Königsberg nach Libau und Stettin mit Getreide in sicherer Aussicht gestanden, die ebenfalls durch den Unfall vereitelt sei. Hierbei würde sich eine Fracht von 4630,59 ℳ ergeben haben. Der Kläger erachtete die Beklagte auf Grund der Versicherung für verpflichtet, diesen Frachtausfall zu ersetzen, und beantragte, die Beklagte zur Zahlung von 7500 ℳ nebst Zinsen zu verurteilen.

Die Beklagte bestritt, daß nach den Angaben des Klägers ein Versicherungsfall vorliege. Die Versicherung für behaltene Fahrt — gleichbedeutend mit behaltener Ankunft — komme nicht in Betracht, weil sie sich nur auf Totalverlust des Schiffes und was dem gleichstehe beziehe. Die Frachtversicherung aber beziehe sich nur auf sog. besegelte Fracht, d. h. für Ladung, zu deren Transport die Unfallreise bestimmt gewesen sei. Im vorliegenden Falle sei aber der Dampfer auf der Unfallreise nur in Ballast gefahren. Die Frachtversicherung beziehe sich niemals auf wegen Verzögerung der Reise entgangene Fracht. Hierauf sei lediglich die Versicherung für behaltene Fahrt berechnet.

Das Landgericht erklärte nach Einziehung eines Gutachtens der Vorsteher der Kaufmannschaft zu Stettin den Anspruch des Klägers auf Ersatz der ihm durch den Zusammenstoß vom 8. September 1904 entgangenen Fracht dem Grunde nach für gerechtfertigt. Dagegen wies das Kammergericht nach Einholung des Gutachtens eines Hamburger Sachverständigen Pl. die Klage ab. Der Kläger legte Revision ein, jedoch nur insoweit, als der Klaganspruch auch wegen der in der Charter vom 5. September 1904 vereinbarten Fracht abgewiesen sei. Der Revision wurde stattgegeben, aus folgenden

Gründen:

(Es wird zunächst ausgeführt, daß aus Versicherung für behaltene Fahrt ein Anspruch nicht hergeleitet werden kann, weil Totalverlust oder was dem gleich steht nicht vorliegt.)

„Was die Frachtversicherung anlangt, so ist davon auszugehen, daß, wie auch die Revision nicht verkennt, nur Frachtverträge in Betracht kommen können, die zur Zeit des Unfalles bereits abgeschlossen waren. Gegenstand der Frachtversicherung ist begrifflich eine bereits entstandene Frachtforderung oder bei der Versicherung von Frachtvorschuß eine darauf geleistete Zahlung. Dies ist im Einklange mit dem englischen Rechte — vgl. Voigt, Seeversicherungsrecht S. 492 — in § 825 Abs. 3 HGB. ausdrücklich anerkannt worden. Dieselbe Bestimmung ist mit einer hier nicht in Betracht kommenden Abweichung als § 74 Abs. 3 in die hier maßgebenden Hamburger Bedingungen übergegangen. Es ist fehlsam, wenn das Berufungsgericht meint, die Worte der Police: „einerlei, ob die Fracht gemacht wird oder nicht und ob dieselbe durch bereits abgeschlossene Verträge gesichert ist oder nicht" enthielten eine Erweiterung dieser Bestimmung. Sie sind vielmehr lediglich zu beziehen auf die unmittelbar vorher erwähnte Versicherung auf behaltene Fahrt und besagen, daß, wenn dieser Versicherungsfall eintritt, die auf diese Versicherung entfallende Summe zu bezahlen ist, selbst wenn die ganze Fracht der betreffenden Reise verdient sein sollte und auch dann, wenn der von der behaltenen Ankunft erwartete zukünftige Gewinn noch nicht durch abgeschlossene Verträge gesichert sein sollte. Im folgenden wird dies noch weiter dahin erläutert, daß der nicht auf die Frachtversicherung fallende Betrag bei Totalverlust oder Kondemnation des Schiffes als Totalschade zu zahlen sei, einerlei ob und wieviel Fracht der Kapitän etwa vorausbezahlt erhalten habe, jedoch mit der Maßgabe, daß etwa verdiente Distanzfracht abzuziehen sei.

Ist es also für den Fall der Frachtversicherung einerseits erforderlich, daß ein bereits geschlossener Frachtvertrag vorliegt, so ist es doch anderseits nicht Bedingung, daß „besegelte" Fracht in dem Sinne gegeben ist, daß die Güter sämtlich oder teilweise in das Schiff verladen sind. In dieser Hinsicht entscheiden vielmehr die §§ 825 Abs. 1 und 823 Abs. 1 HGB., welche ebenfalls mit hier nicht in Betracht kommenden Änderungen als §§ 74 Abs. 1 und 72 Abs. 1 in die Bedingungen übergegangen sind.

Nach § 825 beginnt und endet die Gefahr bei der Frachtversicherung in Ansehung der Unfälle, denen das Schiff und dadurch die Fracht ausgesetzt ist, mit demselben Zeitpunkte, in welchem die Gefahr bei der Versicherung des Schiffes für dieselbe Reise beginnen und enden würde, und nach § 823 beginnt bei der Versicherung des Schiffes für eine Reise die Gefahr für den Versicherer mit dem Zeitpunkte, in welchem mit der Einnahme der Ladung oder des Ballastes angefangen wird, oder wenn weder Ladung noch Ballast einzunehmen ist, mit dem Zeitpunkte der Abfahrt des Schiffes, während sie der Regel nach endigt mit der Beendigung der Löschung im Bestimmungshafen.

Aus diesen Bestimmungen ergibt sich zunächst, daß die Frachtversicherung jeweilig nur gelten kann für eine und dieselbe Frachtreise. Es folgt daraus, daß, wenn das Schiff, während es mit voller Frachtladung unterwegs ist, einen die Fracht in Mitleidenschaft ziehenden Seeunfall erfährt, der Frachtversicherer nicht zugleich verantwortlich gemacht werden kann für den Verlust, den der Versicherte etwa dabei auch an der Fracht einer zukünftigen Frachtreise erleidet, sollte auch der betreffende Frachtvertrag bereits abgeschlossen gewesen sein. Andernfalls würde sich das Risiko des Versicherers auf ein Vielfaches der jeweilig vom Schiffe zu verdienenden Fracht erstrecken können und damit jede sichere Grundlage für die Schätzung der Gefahr und die Berechnung der Prämie wegfallen.

Dagegen steht nichts im Wege, falls das Schiff behufs Erfüllung des Frachtvertrages zunächst eine Zureise zum Abladehafen zu machen hat, eine Frachtversicherung für die kombinierte Zu- und Transportreise zu nehmen, mit der Folge, daß, wenn die Frachtforderung aus einem bereits abgeschlossenen Frachtvertrage durch einen Seeunfall auf der Zureise verloren geht, der Versicherer dafür einzustehen hat. Daß dies der Sinn der §§ 823, 825 HGB. ist, ergibt sich aus den Verhandlungen der Seerechtskommission, wie sie in den Entsch. des RG.'s in Zivils. Bd. 7 S. 29 dargestellt sind. Daß aus den Hamburger Allg. Bedingungen, wenn man von deren § 83 einstweilen absieht, nichts anderes zu entnehmen ist, ist gleichfalls zweifellos. Das Reichsgericht hat damals den Anspruch des Versicherten lediglich aus dem Grunde abgewiesen, weil er ausdrücklich nur für die Transportreise, nicht auch für die Zureise Versicherung genommen hatte. Bei der hier vorliegenden Zeitversicherung war aber die Zureise Yarmouth-Seaham, auf der sich der Unfall ereignete, unbestritten mitversichert. Wäre somit nach dem HGB. zu entscheiden, so wäre es nicht zweifelhaft, daß die Beklagte für einen dem Kläger entstandenen Verlust an Fracht der Reise Seaham-Königsberg, der auf jenen Unfall zurückzuführen ist, sofern der betreffende Frachtvertrag bereits abgeschlossen war, einzustehen hätte. Dies ist auch die Ansicht des Sachverständigen Pl. Denn nachdem er dargelegt hat, daß § 83 der Bedingungen den Reisebegriff des HGB. verändere, indem er feststelle, daß jede Ballastvorreise, auch wenn eine weitergehende Charter vorliege, als selbständige Reise angesehen werden solle, erklärt er: „Die erwartete Fracht von Seaham nach Königsberg kann dem Berufungsbeklagten nicht zugebilligt werden, weil . . . laut Vertragsrecht die Ballastvorreise der Versicherung gegenüber als eine selbständige Reise anzusehen ist. Wäre dies nicht der Fall, würde sich allerdings die Basis ändern."

Die Auslegung, welche der Sachverständige und ihm folgend das Berufungsgericht dem § 83 der Bedingungen geben, ist aber nicht zu billigen. Der § 83 beginnt mit den Worten:

„Insofern es auf die besondere Behandlung der einzelnen von mehreren durch dieselbe Versicherung gedeckten Reisen ankommt“.... Daraus ergibt sich deutlich, daß von der Deckung der mehreren Reisen durch dieselbe Versicherung ausgegangen wird, diese Deckung somit nicht durch das Folgende aufgehoben werden kann. Diese Deckung würde aber vollständig beseitigt werden, wenn bei einer Frachtversicherung der Ballastzureise nicht die Fracht der demnächstigen Transportreise in Betracht gezogen werden dürfte. Ferner würde bei einer Frachtversicherung auf Zeit für jene Ballastreise Prämie zu bezahlen sein, ohne daß ihr ein Risiko des Versicherers entspräche. Daß im vorliegenden Falle mit der Frachtversicherung eine solche für behaltene Fahrt kombiniert ist, begründet für die prinzipielle Beurteilung und die Auslegung des § 83 keinen Unterschied. Daß an eine solche Tragweite der Bestimmung nicht gedacht ist, ergeben auch zur Genüge die angeführten Beispiele, in denen die an sich recht unbestimmte Voraussetzung, daß „es auf die besondere Behandlung der ... Reisen ankommt“, die erforderliche Erläuterung findet. Als Beispiele werden angeführt: die zu gewährleistende Seetüchtigkeit, § 70 Nr. 1, die Separierung der Havareien, § 97 a. E., und die Kosten der für die Reparatur des Schiffes erforderlichen Gelder, § 130 Abs. 3, mit dem Zusatze: „u. dgl.“ Damit wird also folgendes ausgesprochen:

1. Die Seetüchtigkeit ist bei jeder Reise immer von neuem zu gewährleisten, auch bei einer Transportreise, die sich an eine zu ihrer Ausführung unternommene Ballastreise anschließt.

2. Bei Berechnung der 3% Befreiung des § 97 gilt die Ballastzureise gegenüber der demnächstigen Transportreise als eine besondere Reise.

3. Nach § 130 Abs. 3 sollen dem Versicherer die — mutmaßlich dann außergewöhnlich hohen — Kosten der Beschaffung der Reparaturgelder in dem Falle zur Last fallen, daß die Reparatur nicht an dem Orte, wo die Reise enden sollte, stattzufinden hat. Im Sinne dieser Bestimmung ist als Ort, wo die Reise enden sollte, auch der Ort anzusehen, nach dem das Schiff auf einer Ballastzureise fährt.

Alle diese Bestimmungen sind durchaus verständlich und erscheinen auch in sich billig und gerechtfertigt. Es bedarf keiner Ausführung, daß sich mit ihnen die vom Vorderrichter gezogene Folgerung nicht auf eine Linie stellen läßt und somit nicht unter die Worte „u. dgl." begriffen werden kann.

Vgl. auch Voigt, Seeversi. S. 143 Abs. 2.

... Die Beklagte hat in der Revisionsinstanz darzulegen versucht, es sei ein Unterschied zu machen, je nachdem die kombinierte Zu- und Transportreise als solche versichert oder durch Zeitversicherung gedeckt sei; im ersten Falle möchte den Ausführungen der Revision beizutreten sein, während sie im anderen Falle nach den §§ 83 und 97 Abs. 3 der Bedingungen nicht zuträfen. Für eine solche Unterscheidung fehlt es aber sowohl an einem sachlichen Grunde, wie auch an einem Anhalte in dem Wortlaute der angezogenen Bestimmungen, nach dem vielmehr beide Fälle völlig gleich behandelt werden." ...

---

100. 1. Inwiefern wird bei einem nichtigen Veräußerungsvertrage der Bereicherungsanspruch des Erwerbers gegen den Veräußerer dadurch beeinflußt, daß der Erwerber den Gegenstand weiterveräußert?

2. Wird ein formloser Veräußerungsvertrag über einen Geschäftsanteil der Gesellschaft mit beschränkter Haftung gültig, wenn die Abtretung unter Überspringung des ersten Erwerbers an einen zweiten oder dritten erfolgt?

3. Zur Auslegung des § 33 des Gesetzes, betr. die Gesellschaften mit beschränkter Haftung, vom 20. April 1892/20. Mai 1898.

I. Zivilsenat. Urt. v. 18. September 1909 i. S. 1. Naßextraktion, G. m. b. H. in Liq., 2. R. (Bekl.) w. F. (Kl.). Rep. I. 422/08.

I. Landgericht I Berlin.
II. Kammergericht daselbst.

Der Kläger, der mit der verklagten Gesellschaft in Geschäftsverbindung gestanden hatte, erhob Klage gegen sie auf eine an sich unstreitige Restforderung und nahm den Mitbeklagten R. für einen Teil davon auf Grund einer Bürgschaft als Gesamtschuldner in Anspruch. Streitig war nur die zur Aufrechnung verstellte Gegenforderung. Die Gesellschaft wollte den Kaufpreis von 16000 ℳ kondizieren, den sie dem Kläger dafür bezahlt hatte, daß er ihr im Jahre 1905 von seinem an ihr selbst bestehenden Geschäftsanteile 18000 ℳ durch mündlichen Vertrag abtrat. Sie machte namentlich geltend, der Kauf sei sowohl wegen Formmangels wie wegen des Verbotes des Erwerbes eigener Geschäftsanteile nichtig gewesen. Der Kläger, der dies bestritt, behauptete, er habe das verkaufte Recht auf Anweisung der verklagten Gesellschaft an Dritte abgetreten.

Beide Vorinstanzen erachteten die Gegenforderung als unbegründet und gaben der Klage statt. Die Revision wurde zurückgewiesen, aus folgenden

Gründen:

„... Nach den Feststellungen des Kammergerichts hat der Kläger, nachdem er 18000 ℳ von seinem Geschäftsanteile formlos an die Beklagte verkauft hatte, auf Anweisung der Käuferin und für deren Rechnung durch notarielle Verträge von diesen 18000 ℳ einen Teilbetrag von 3000 ℳ an Sp., den Rest an M. abgetreten. Das Kammergericht stellt ferner fest, daß M. den ihm abgetretenen Betrag endgültig habe erwerben wollen. Die Beklagte hatte behauptet, es habe sich bei M. nur um eine zeitweise Übertragung gehandelt, um ihn für einen der Beklagten geleisteten Vorschuß durch fiduziarische Zession zu sichern. Diese Behauptung sieht das Gericht... für widerlegt an. Zugleich hebt es hervor, daß die Gegenleistung Sp.'s und M.'s in Höhe von 3000 ℳ und mindestens 21000 ℳ der Beklagten zugeflossen seien.

Darüber ist keine Feststellung getroffen, ob die gesellschaftliche Genehmigung der Teilveräußerungen, die in der Anweisung zu veräußern selbstverständlich enthalten war, in der nach § 17 Abs. 2 des Gesetzes, betr. die Gesellsch. m. b. H., erforderlichen schriftlichen Form und mit dem dort vorgeschriebenen Inhalte erteilt worden ist. Nach der Ausdrucksweise des Urteils, wonach „18 Anteile" zu je 1000 ℳ an die Beklagte veräußert sein sollen, scheint das Kammergericht den Fall des § 17 überhaupt nicht für gegeben zu erachten, wie es denn auch mit Bezug auf die geplante Kapitalerhöhung um 200000 ℳ, wovon M. 134000 ℳ übernehmen sollte, von 200 und von 134 Anteilen spricht. Aber die nach dem Muster des Aktienrechts bei Gesellschaften mit beschränkter Haftung beliebte Zerlegung des Stammkapitals in gleichmäßige Teile, häufig verbunden mit einer Ausgabe von Anteilscheinen über jeden Teil, kann nichts daran ändern, daß nur so viele Geschäftsanteile bestehen, als Mitglieder der Gesellschaft vorhanden sind. Nur durch Teilveräußerungen oder Vererbung kann ohne Vergrößerung des Stammkapitals die Zahl der Geschäftsanteile vermehrt werden. Daß der Kläger in seiner Hand nicht mehrere Geschäftsanteile vereinigte, sondern nur von einem einzigen abveräußert hat, ist sicher ... Die Genehmigung der Gesellschaft zu den Veräußerungen mußte daher unter Beobachtung des § 17 Abs. 2 erfolgen und würde mangels Einhaltung der dort gegebenen Vorschriften nichtig gewesen sein (vgl. Entsch. des RG.'s in Zivils. Bd. 64 S. 152). Indes da die Beklagten einen Verstoß gegen diese Vorschriften nicht gerügt haben, auch ein Generalversammlungsprotokoll vom 30. Juni 1906 beigebracht worden ist, wonach die Übertragung des Teilbetrags von 15000 *M* ausdrücklich genehmigt wurde, besteht für das Revisionsgericht kein Anlaß, an der Gültigkeit der späteren Teilveräußerungen zu zweifeln.

Den Entscheidungsgrund entnimmt das Kammergericht der Erwägung, daß behufs Beurteilung der Voraussetzungen des § 812 BGB. die Veräußerungen an Sp. und M. mit der vorausgegangenen Abtretung an die Gesellschaft selbst zusammengefaßt werden müßten. Obgleich diese Abtretung formnichtig gewesen sei, obgleich die Nichtigkeit vielleicht auch anerkannt werden müsse als Folge der Übertretung des Verbotes des § 33 des Gesetzes, betr. die Gesellsch. m. b. H., habe doch die Beklagte im Endresultate gegenüber einer Aufwendung von 16000 *M* mindestens 24000 *M* empfangen; Sp. und M. aber hätten die Anteile rechtswirksam erworben. Bei solcher Sachlage könne nicht angenommen werden, daß der Kläger die 16000 *M* ohne Rechtsgrund auf Kosten der Beklagten erlangt habe.

Diese Ausführung beruht auf Rechtsirrtum. Es ist grundsätzlich verfehlt, die Bereicherungshaftung eines Veräußerers bei nichtigem Veräußerungsvertrage deshalb zu verneinen, weil der Erwerber durch eine Weiterveräußerung, also durch ein neues Rechtsgeschäft, einen Gewinn erzielt hat. Ebensowenig reicht zur Verneinung der Kondiktion die Tatsache hin, daß die Weiterveräußerung rechtswirksam war und Rechte des Dritterwerbers zur Entstehung brachte. Wäre z. B. ein Kaufvertrag, den die Beklagte mit dem Kläger als Verkäufer geschlossen hätte, wegen Geschäftsunfähigkeit des Klägers nichtig gewesen und hätte die Beklagte die gekaufte Sache einem Dritten auf Grund gültigen Kausalgeschäfts zu Eigentum übertragen, so könnte sie gleichwohl vom Kläger den Kaufpreis zurückfordern. Die Weiterveräußerung käme dann nur insofern in Betracht, als die Kondiktion an der Einrede scheitern könnte, daß der Kläger das Empfangene nur Zug um Zug gegen Rückgewähr des seinerseits Geleisteten herauszugeben brauche. Nach dem vorliegenden Tatbestande aber hat die Beklagte ausdrücklich erklärt, der M.'sche Anteil stehe ihr wieder zur Verfügung; sie hat ihn dem Kläger angeboten.

Trifft hiernach die rechtliche Erwägung des Kammergerichts nicht zu, so stellt sich doch sein Ergebnis als richtig heraus.

Die gerichtliche oder notarielle Beurkundung ist in § 15 des Ges. sowohl für die Abtretung der Geschäftsanteile (das Erfüllungsgeschäft), wie für den zur Abtretung verpflichtenden Vertrag (das Kausalgeschäft) vorgeschrieben. Die Rechtsfolge eines Verstoßes gegen die Vorschrift ist bei beiden Geschäften Nichtigkeit (§ 125 BGB.). Doch soll ein ohne die Form geschlossener obligatorischer Vertrag durch formgerechte Abtretung wirksam werden (§ 15 Abs. 4 Satz 2). Die Rücksichten, die hierfür maßgebend waren, sind dieselben, die auch in den Fällen der §§ 313, 518, 766, 2301 BGB. zur heilenden Wirkung der Erfüllung geführt haben. Am nächsten verwandt mit dem hier fraglichen Falle ist der des § 313 BGB., der früher ebenso in dem vorbildlich gewesenen § 10 des preuß. EigErwGes. vom 5. Mai 1872 geregelt war. Für diesen Fall, wenn jemand formungültig die Veräußerung eines Grundstücks versprach, hat das Reichsgericht in langjähriger Rechtsprechung daran festgehalten, daß der Vertrag auch dann geheilt wird, wenn die Auflassung unter Überspringung des ersten Erwerbers an einen weiteren Abkäufer erfolgt.

Vgl. von den Urteilen des V. Zivilsenates für das ältere Recht Entsch. Bd. 31 S. 230; Gruchot Bd. 41 S. 1017; für das jetzige Recht Jur. Wochenschr. 1904 S. 169 Nr. 10, Urteil vom 11. Februar 1905, Rep. V. 556/04, vom 3. April 1907, Rep. V. 466/06; Warneyer's Rechtsprechung Bd. 1 S. 337.

Bei der Gleichheit des Grundes muß für die Veräußerung von Geschäftsanteilen der Gesellschaft mit beschränkter Haftung entsprechendes gelten. Erforderlich ist immer nur, daß durch das Vollzugsgeschäft außer dem formgerecht oder formlos geschlossenen zweiten Veräußerungsvertrage auch der der Form entbehrende erste erfüllt werden soll. Diese Voraussetzung ist hier gegeben. Entscheidend ist schon, daß die Abtretung von Sp. und M. auf Anweisung der verklagten Gesellschaft und für ihre Rechnung vorgenommen wurde. Darauf, was das Kammergericht außerdem festgestellt hat, daß M. den Anteil endgültig behalten sollte, kommt es nicht einmal an. Für die heilende Kraft der Abtretung ist dies ebenso gleichgültig, wie die Gegenleistungen, die der Beklagten zugeflossen sind. Es genügt, daß nach der Absicht der Parteien der Kläger den Anteil endgültig aufgegeben hat. Würde zwischen der Beklagten und M. nur eine zur Rückzession verpflichtende fiduziarische Abtretung vereinbart sein, so hätte die Rückzession an die Beklagte geschehen müssen. Für den Kläger waren die Abmachungen, die die Beklagte mit M. traf, ohne Bedeutung.

Nicht geheilt durch Erfüllung wird diejenige Nichtigkeit des kausalen Vertrages, die § 33 des Ges., betr. die Gesellsch. m. b. H., bestimmt. Aber diese Gesetzesvorschrift kommt für den hier abzuurteilenden Tatbestand aus einem doppelten Grunde nicht in Betracht. Erstens ist nach § 33 Abs. 1 nur der Veräußerungsvertrag über nicht vollbezahlte Geschäftsanteile nichtig („darf nicht" erwerben). Die Vorschrift des Abs. 2, wonach die Gesellschaft auch vollständig eingezahlte Anteile nur aus dem über den Betrag des Stammkapitals hinaus vorhandenen Vermögen erwerben „soll", ist eine bloße Ordnungsvorschrift, deren Übertretung keine Nichtigkeit zur Folge hat. Daß auf den Geschäftsanteil des Klägers noch etwas einzuzahlen gewesen wäre, haben die Beklagten nicht behauptet. Erwägt man die Preise, die bei den verschiedenen Veräußerungen erzielt wurden (für 18000 ℳ Nennwert das erstemal 16000 ℳ, das zweitemal mindestens 24000 ℳ), und die Aussage des Dr. Fr., daß der Anteil als Gegenwert für die Einbringung von Patentrechten in die Gesellschaft gedient habe, so wird dies auch schwerlich der Fall gewesen sein. Zweitens aber läßt sich die Nichtigkeitsbestimmung des § 33 Abs. 1 nicht auf einen solchen Kaufvertrag beziehen, bei dem vereinbart wird, daß der Geschäftsanteil, statt an die kaufende Gesellschaft, an einen Dritten abgetreten werden soll. Auf einen Vertrag dieses Inhalts trifft weder der Zweck der angezogenen Bestimmung noch auch nur ihr Wortlaut zu, da ein Erwerb des Geschäftsanteils durch die Gesellschaft damit nicht beabsichtigt wird. Wäre daher auch der ursprünglich zwischen dem Kläger und der verklagten Gesellschaft geschlossene Kaufvertrag wegen unvollständiger Einzahlung des Anteils nichtig gewesen, so würde er doch nachträglich durch einen neuen Kaufvertrag, der nicht gegen das Verbot verstieß, ersetzt worden sein. Denn nachträglich wurde abgemacht, daß die Gesellschaft die 16000 ℳ zahlen, der Kläger aber den Anteil an Sp. und M. zedieren solle. In einer derartigen Abmachung müßte ein neuer Kaufvertrag erblickt werden." . . .

---

101. 1. **Zur Anwendung des § 571 BGB.**

2. **Tritt die Fälligkeit einer Hypothek, die auf einem Grundstücke für dessen Mieter eingetragen ist, gemäß § 111 ZwVG. auch dann ein, wenn diesem Eintritte ein Recht des Erstehers aus dem Mietvertrage nach § 571 BGB. und § 57 ZwVG. entgegensteht?**

3. **Bedeutung des sog. Surrogationsprinzips im Verfahren betreffend die Zwangsversteigerung von Grundstücken.**

4. **Rechtliche Natur der Übertragung der gegen den Ersteher auf Zahlung des Bargebotes bestehenden Forderung auf die Berechtigten, deren Ansprüche zur Hebung gelangt sind, und der Eintragung einer Sicherungshypothek für diese Forderung auf dem versteigerten Grundstücke.**

5. **Sind bei der Zwangsvollstreckung aus der übertragenen Forderung auch solche Einwendungen statthaft, die bei einer im Wege des Rechtsstreites erfolgenden Geltendmachung des ursprünglichen Anspruchs von dem Ersteher hätten entgegengesetzt werden können?**

BGB. § 571.
ZwVG. §§ 57, 91, 111, 118, 128, 132.
ZPO. §§ 767, 794 Nr. 3.

III. Zivilsenat. Urt. v. 13. Juli 1909 i. S. Städt. Lagerbierbrauerei H. (Bekl.) w. L. (Kl.). Rep. III. 467/08.

I. Landgericht Göttingen.
II. Oberlandesgericht Celle.

Auf dem Grundstücke des Kaufmanns W. in G. stand in Abt. III unter Nr. 5 eine Restdarlehnshypothek von 9000 *M* für die Beklagte eingetragen. Diese hatte durch schriftlichen Vertrag vom 15. November 1901 eine Anzahl von Räumen von W. gemietet, und zwar war in bezug auf einen Teil der Räume die Mietzeit fest bis zum 1. Oktober 1911 bestimmt. In § 10 des Vertrages war festgesetzt, daß die Mieterin die ihr gegen den Vermieter zustehende Hypothekenforderung von damals noch 17000 *M* oder die jeweilige Resthypothek nicht kündigen dürfe, solange sie die Mietgegenstände unter den durch den Vertrag bestimmten Bedingungen in Benutzung habe. Durch Beschluß des Amtsgerichts in G. vom 4. Oktober 1907 wurde im Zwangsversteigerungsverfahren das Grundstück der Klägerin zugeschlagen. Bei Festsetzung des geringsten Gebots war die Resthypothek der Beklagten nicht mit aufgenommen worden. Diese kam bei der Versteigerung im vollen Betrage zur Hebung. Im Verteilungstermine weigerte sich die Ersteherin, die 9000 *M* auf die Hypothek der Beklagten bar zu zahlen. Darauf wurde zur Ausführung des Teilungsplanes durch Anordnung des Gerichts die Forderung gegen die Ersteherin auf Zahlung des Meistgebots auf die Beklagte in Höhe von 9000 *M* nebst 4 v. H. Zinsen seit dem 3. Januar 1908 übertragen, und es wurde für die übertragene Forderung eine Sicherungshypothek auf das versteigerte Grundstück mit dem Range des ursprünglichen Anspruchs der Beklagten eingetragen. Der Beklagten wurde auch eine vollstreckbare Ausfertigung des Zuschlagsbeschlusses mit der Angabe des Betrages der übertragenen Forderung erteilt. Sie teilte sodann der Klägerin mit, daß sie die Zwangsvollstreckung in das bewegliche Vermögen der Klägerin betreiben werde, leitete auch nach ihrer Angabe die Zwangsvollstreckung in das Grundstück gegen die Klägerin ein. Wiederholte Aufforderungen der Klägerin, die 9000 *M* auf dem Grundstücke stehen zu lassen, beantwortete die Beklagte ablehnend.

Die Klägerin erhob darauf Klage und beantragte, zu erkennen, daß die Beklagte nicht berechtigt sei, auf Grund des Beschlusses vom 4. Oktober 1907 wegen der ihr im Verteilungstermine übertragenen Forderung von 9000 *M* nebst Zinsen Zwangsvollstreckung gegen sie zu betreiben. Die Beklagte behauptete, nach dem Erlöschen der ursprünglichen Hypothek und gemäß dem Verteilungsplane die bare

Auszahlung ihrer Forderung verlangen zu können. Die Klägerin erklärte sich schließlich bereit, anstatt der erloschenen Hypothek für die Beklagte eine neue Hypothek mit gleichem Range und unter den gleichen Bedingungen auf das von ihr erworbene Grundstück eintragen zu lassen. Die Beklagte lehnte dieses Angebot ab, weil es rechtlich nicht ausführbar sei.

Das Landgericht erklärte die Zwangsvollstreckung in das Grundstück auf Grund des Zuschlagsbeschlusses für unzulässig und stellte ferner fest, daß die Zwangsvollstreckung in das bewegliche Vermögen der Klägerin auf Grund des Beschlusses unzulässig sei. Die Berufung und die Revision der Beklagten sind zurückgewiesen, die Revision aus folgenden

Gründen:

„Das Berufungsgericht ist, nachdem es die Statthaftigkeit der erhobenen Klage als einer Einwandklage aus § 767 ZPO. festgestellt hat, in materieller Hinsicht davon ausgegangen, daß nach § 57 ZwVG., wenn das versteigerte Grundstück (wie im vorliegenden Falle) vermietet und dem Mieter überlassen sei, auf das Verhältnis zwischen diesem und dem Ersteher der bei der freiwilligen Veräußerung geltende Grundsatz „Kauf bricht nicht Miete" entsprechend anzuwenden sei. Die Klägerin sei als Ersteherin des Grundstücks anstatt des Vermieters W. in die Rechte und Pflichten eingetreten, die sich während der Dauer ihres Eigentums aus dem Mietverhältnisse ergäben. Sie habe den Vertrag auch nicht gekündigt. Zwar trete der neue Erwerber nur in die aus dem eigentlichen Mietverhältnisse sich ergebenden Rechte und Pflichten ein, und in bezug auf solche aus Nebenabreden, die mit diesem in keinem unmittelbaren Zusammenhange ständen und nur aus dessen Anlaß getroffen seien, finde kein Übergang statt. Allein nach dem Inhalte des Vertrages stelle sich die in § 10 bestimmte Unkündbarkeit der Hypothekenforderung der Beklagten als ein wesentlicher Bestandteil des Mietvertrages selbst dar und bilde eine der vom Mieter für die Überlassung des Gebrauches der Sache zu gewährenden Gegenleistungen; es müsse ohne weiteres angenommen werden, daß diese Verpflichtung bei Bemessung des Mietzinses mit in Rechnung gestellt sei. Für diesen Zusammenhang der Vereinbarung über die Unkündbarkeit der Hypothekenforderung mit dem eigentlichen Mietvertrage spreche ferner der Umstand, daß nach § 3 die Mietzinsen nicht bar gezahlt, sondern gemäß § 9 verwandt und auf die Hypothekenforderung verrechnet werden sollten. Die Entscheidung des Reichsgerichts in der Jur. Woch. von 1906 S. 58, worauf die Beklagte hingewiesen habe, treffe auf den vorliegenden Fall nicht zu, da ein wesentlich anders gearteter Tatbestand zugrunde gelegen habe. Hiernach sei der § 10 des Mietvertrages auch unter den jetzigen Streitteilen maßgebend, und deshalb der von der Klägerin jetzt daraus gegen die Zwangsvollstreckung aus dem Zuschlagsbeschlusse abgeleitete Einwand berechtigt.

Das Gericht erörtert sodann die Bedeutung des Umstandes, daß die Beklagte ihre Forderung gegen die Klägerin nicht mehr auf Grund des ursprünglichen Darlehnsverhältnisses, sondern auf Grund der gerichtlichen Forderungsübertragung geltend macht. Es hält ihn für einflußlos, weil sich lediglich der Rechtsgrund geändert habe, während es sich nach wie vor um dasselbe Kapital handele. Auch von dem nach § 91 ZwVG. eingetretenen Erlöschen der Hypothek nimmt es an, daß es die Beklagte nicht berechtige, entgegen dem § 10 des Mietvertrages die Rückzahlung des Kapitals zu verlangen. Denn § 111 ZwVG., wonach betagte Ansprüche bei der Zwangsversteigerung, soweit sie nicht in das geringste Gebot fielen, als fällig gölten, könne dann nicht platzgreifen, wenn zwischen den Beteiligten eine anderweitige vertragliche Vereinbarung bestehe. Der Beklagten sei auch durch die Eintragung der Sicherungshypothek genügend anderweitige Sicherheit geschaffen, und die Klägerin habe sich erboten, die Sicherungshypothek in eine gewöhnliche Verkehrshypothek mit dem Inhalte der ursprünglichen umzuwandeln, was in § 1186 BGB. ausdrücklich zugelassen sei. Mit Rücksicht darauf endlich, daß, wenn die Beklagte im Verteilungstermine ihre Zustimmung zu dem Bestehenbleiben der ursprünglichen Hypothek, zu der sie nach dem Mietvertrage verpflichtet gewesen wäre, erklärt hätte, diese Hypothek gemäß § 91 Abs. 2 ZwVG. erhalten geblieben wäre, könne die Klägerin der Beklagten den Einwand der Arglist entgegenstellen.

Diese Begründung des Berufungsurteils läßt keinen Rechtsirrtum, auf dem die Entscheidung beruhte, erkennen, wenn auch nicht allen Ausführungen beizutreten ist.

Die Revision rügt Verletzung der §§ 91 und 111 ZwVG. Die Hypothek sei durch den Zuschlag erloschen; der Übertragung des ihr entsprechenden Teiles der Kaufpreisforderung anstatt der nach § 111 fällig gewordenen Darlehnshypothekenforderung gegenüber sei eine Verpflichtung der Beklagten, das Kaufgeld stehen zu lassen, aus § 10 des Vertrages nicht herzuleiten, da dieser nur die Kündigung der Darlehnshypothek ausschließe. Die Angriffe sind nicht begründet.

Mit Recht ist das Berufungsgericht davon ausgegangen, daß auf das Rechtsverhältnis zwischen den jetzigen Parteien § 57 ZwVG. Anwendung finde, wonach, wenn das Grundstück einem Mieter oder Pächter überlassen ist, die Vorschriften der §§ 571, 572, des § 573 Satz 1 und der §§ 574, 575 BGB. entsprechende Anwendung finden, der Ersteher jedoch berechtigt ist, das Miet- oder Pachtverhältnis unter Einhaltung der gesetzlichen Frist für den ersten zulässigen Termin zu kündigen. Die Klägerin, als Ersteherin des Grundstücks, hat das Mietverhältnis nicht gekündigt. Sie ist deshalb gemäß § 571 BGB. anstatt des Vermieters W. in dessen Rechte und Verpflichtungen eingetreten, die sich während der Dauer ihres Eigentums aus dem Mietverhältnisse ergeben. Nun hat der VI. Zivilsenat des Reichsgerichts allerdings in einem Urteile vom 30. November 1905 (Seuffert's Arch. Bd. 61 S. 183 und Jur. Wochenschr. 1905 S. 58 Nr. 10) ausgesprochen, daß, was den Übergang der Rechte betreffe, nur solche Rechte des bisherigen Vermieters in Betracht kämen, welche die Pflichten des Mieters in bezug auf die Gebarung mit dem Mietgegenstande, in bezug auf seine Rückgabe und in bezug auf die Entrichtung der Gegenleistung für den Gebrauch der vermieteten Sache beträfen. Dagegen finde ein Übergang sonstiger dem Vermieter gegen den Mieter zustehender Ansprüche kraft Gesetzes nicht statt, auch wenn die Vereinbarung, worauf sie beruhten, zusammen mit den das Mietverhältnis selbst regelnden getroffen seien, mit diesen in engem wirtschaftlichen Zusammenhange ständen und lediglich mit Rücksicht auf den Mietvertrag abgeschlossen worden seien. Von diesem Gesichtspunkte aus ist in jenem Falle angenommen worden, daß der neue Erwerber eines an einen Mieter überlassenen Grundstücks nicht anstatt des Vermieters in die Rechte aus einem vertragsmäßigen Wettbewerbverbote für den Mieter auf die Zeit nach Ablauf des Mietverhältnisses — es handelte sich um den Betrieb einer Weinwirtschaft — eingetreten sei.

Allein gegen die in jenem Urteile enthaltene Auslegung des

§ 571 BGB. hat auch das Berufungsgericht nicht verstoßen. Denn es hat ausgeführt, die in § 10 des Mietvertrages bestimmte Verpflichtung der Mieterin, die ihr gegen den Vermieter zustehende Hypothekenforderung von 17 000 *M* oder die jeweilige Resthypothek nicht zu kündigen, solange sie die Mietgegenstände unter den im Vertrage festgesetzten Bedingungen in Benutzung habe, stelle sich gerade als ein Teil der Gegenleistung dar, die sie dem Vermieter für die Benutzung der Räume außer dem eigentlichen Mietzinse zu gewähren habe, und es müsse ohne weiteres angenommen werden, daß diese Verpflichtung bei Bemessung des Mietzinses mit in Rechnung gestellt sei. Schon dieser Teil der Darlegungen trägt die Annahme des Berufungsgerichts, daß es sich bei der Verpflichtung aus § 10 des Vertrages um eine Verbindlichkeit des Mieters gerade als solchen handelt. Sie lassen in dieser Beziehung jedenfalls keinen Rechtsirrtum erkennen und liegen im übrigen auf dem Gebiete der Würdigung des festgestellten Sachverhältnisses in tatsächlicher Beziehung.

Das gleiche gilt aber auch von der ferneren Ausführung für den unlöslichen Zusammenhang der Vereinbarung über die Unkündbarkeit der Hypothekenforderung mit dem eigentlichen Mietvertrage spreche ferner der Umstand, daß nach § 3 des Vertrages die Mietzinsen nicht bar gezahlt, sondern gemäß § 9 verwendet oder auf die Hypothekenforderung verrechnet werden sollten. Denn auch hiermit hat das Berufungsgericht ersichtlich aussprechen wollen, daß nach dem Vertrage die Verpflichtung der Beklagten als Mieterin, die Hypothekenforderung oder die jeweilige Resthypothek während der Dauer der Benutzung der Mietgegenstände nicht zu kündigen, nur die Ergänzung der besondern Vertragsbestimmung darüber bildete, daß der Mietzins nicht bar entrichtet, sondern nach Abzug der Zinsen der Hypothekenforderung zur Sicherheit der Beklagten wegen ihres Anspruches auf Erstattung der Kosten des von ihr bewirkten Umbaues der Räume im Betrage von 3000 *M*, demnächst aber auf die Hypothekenforderung selbst angerechnet werden sollte (§ 9 des Vertrages). Es war demnach durch den Vertrag geradezu eine besondere Art der Erfüllung der Verpflichtung des Mieters zur Zahlung des Mietzinses festgesetzt. Demgemäß ist auch bei der Festsetzung der beschränkten Unkündbarkeit der Hypothek im vorliegenden Falle gerade das Erfordernis erfüllt, bei dessen Vorliegen jenes Urteil des VI. Zivilsenats des Reichsgerichts annimmt, daß es sich um ein Recht handele, das sich nach seinem Inhalte als ein Recht des Vermieters als solchen darstelle, insofern nur beim Bestehen dieses Rechtes die vereinbarte Art der Tilgung des Mietzinses durchführbar sei.

Demgemäß ist die Annahme des Berufungsgerichts nicht zu beanstanden, daß infolge des durch den Zuschlag bewirkten Eintritts der Klägerin in die aus dem Mietverhältnisse zwischen W. als Vermieter und der Beklagten als Mieterin entspringenden Rechte und Pflichten des Vermieters die Klägerin auch in das Recht aus § 10 des Mietvertrages, daß die Beklagte während der Dauer der Benutzung der Mietgegenstände ihre Hypothekenforderung von ursprünglich 17 000 *M* nicht kündigen darf, eingetreten ist. Es entsteht aber die Frage, ob und wie sich dieses Recht wirksam erweisen kann einerseits gegenüber den Bestimmungen des § 111 ZwVG., wonach die aus dem Versteigerungserlöse zu berichtigenden Ansprüche als fällig gelten, und des § 91, wonach durch den Zuschlag die Rechte erlöschen, die nicht nach den Versteigerungsbedingungen bestehen bleiben sollen, und anderseits gegenüber den Bestimmungen des § 118, wonach, soweit das Bargebot nicht berichtigt wird, die Forderung gegen den Ersteher auf die Berechtigten übertragen wird, des § 128, wonach für diese Forderung eine Sicherungshypothek auf dem Grundstücke mit dem Range des Anspruchs einzutragen ist, und des § 132, wonach die Forderung gegen den Ersteher und der Anspruch aus der Sicherungshypothek gegen diesen und jeden späteren Eigentümer vollstreckbar ist. Indes ist zunächst der Satz des § 111, daß betagte Ansprüche als fällig gelten, nur eine Folge aus dem angenommenen Grundsatze, daß die Zwangsversteigerung, soweit es sich nicht um Belastungen des Grundstücks handelt, die in das geringste Gebot mit aufgenommen sind, bestimmt ist, dem Ersteher ein lastenfreies Grundstück zu verschaffen. Dieses Recht des Erstehers auf ein so beschaffenes Grundstück wird aber eingeschränkt gerade durch die Vorschriften des bürgerlichen Rechts, die auf dem Satze „Kauf bricht nicht Miete" beruhen, soweit dieser Satz nach § 57 ZwVG. auch gegenüber dem Ersteher zur Anwendung kommt. Steht ein nach § 571 Abs. 1 BGB. dem Ersteher zustehendes Recht aus einem in Ansehung des Grundstücks geschlossenen Mietvertrage dem Eintritte der Fälligkeit eines Anspruchs des Mieters entgegen, so kann insoweit die Fiktion der Fälligkeit des

Anspruchs gemäß § 111 ZwVG. nicht geltend gemacht werden, weil jene Bestimmung dem materiellen, diese lediglich dem Zwangsvollstreckungsrechte angehört.

Die Bedeutung der Vorschrift des § 91 aber, daß durch den Zuschlag die Rechte erlöschen, die nicht nach den Versteigerungsbedingungen bestehen bleiben sollen, läßt sich nur im Zusammenhange mit den Bestimmungen der §§ 118 und 128, daß, soweit das Bargebot nicht berichtigt wird, die Forderung gegen den Ersteher auf den Berechtigten zu übertragen und für diesen eine Sicherungshypothek an dem Grundstücke mit dem Range des Anspruchs einzutragen ist, zutreffend würdigen. In ihnen allen kommt das sog. Surrogationsprinzip zum Ausdrucke. Der § 140 des ersten Entwurfs zum ZwVG. (von 1889) sprach es in § 140 Abs. 1 ausdrücklich aus:

„Der Versteigerungserlös tritt in Ansehung der nach § 138 erlöschenden Rechte an die Stelle des Grundstücks und der übrigen Gegenstände."

Die Begründung aber bemerkte dazu:

„Der Eigentümer, welchem das Grundstück durch den Zuschlag genommen wird, erlangt dafür den Anspruch auf Zahlung des Betrages, welcher in Erfüllung des Meistgebotes von dem Ersteher oder einem andern zu zahlen ist, gegen den Verpflichteten und, wenn die Zahlung bewirkt wird, das Eigentum an den Grundstücken, natürlich unbeschadet der den Beteiligten zustehenden Rechte."

und ferner:

„Das Surrogationsprinzip führt in Ansehung der ihm unterliegenden Rechte dahin, daß der Berechtigte durch Zahlung eines dem Werte des Rechtes entsprechenden Kapitals aus dem Versteigerungserlöse abgefunden wird."

Vgl. Entw. eines Gesetzes, betr. die Zwangsvollstreckung in das unbewegliche Vermögen nebst Motiven S. 263 flg.

Die Kommission II hat jenen Satz des Entwurfs nur deshalb gestrichen, weil er sich aus anderen Vorschriften des Gesetzes von selbst ergebe, im übrigen aber die ihm zugrunde liegende rechtliche Auffassung ausdrücklich gebilligt.

Vgl. Bemerk. zu der vorläufigen Zusammenst. der Beschl. der Kommission für die zweite Lesung des Entwurfs eines Gesetzes, betr. die Zwangsvollstr. usw. S. 200 flg.

Es kann auf sich beruhen, ob hiernach, wie Jaeckel-Güthe, ZwVG. 3. Aufl., Bem. 1 zu § 92, ausführen, trotz des § 91 Abs. 1 das dingliche Recht als solches bestehen bleibt, weil von den beiden zum Begriffe der Hypothek, Grundschuld oder Rentenschuld nach den §§ 1113, 1191 und 1199 BGB. gehörigen Momenten, daß die Zahlung einer bestimmten Geldsumme an den Berechtigten und die Zahlung dieser Summe „aus dem Grundstücke" erfolge, das zweite Merkmal, die dingliche Bindung des Grundstückwertes, nicht dadurch aufhöre, daß der Zuschlag an den Ersteher erteilt werde, vielmehr in der Gestalt fortdauere, daß der durch die dingliche Haftung gesicherte Grundstückswert nunmehr von dem Grundstücke getrennt sei und eine selbständige Existenz gewonnen habe, wonach er eben unmittelbar geeignet sei, zur Berichtigung des dinglichen Anspruchs zu dienen. Denn auch wenn man mit dem V. Zivilsenate des Reichsgerichts (Entsch. Bd. 55 S. 264) annimmt, daß das in den §§ 118 und 128 dem aus dem Versteigerungserlöse nicht befriedigten Gläubiger gewährte Forderungsrecht nebst Sicherungshypothek ein anders geartetes Recht als das ursprüngliche ist, so kann doch darüber kein Zweifel bestehen, daß dieses neue Recht nach der erklärten Absicht des Gesetzes an die Stelle des durch den Zuschlag erloschenen treten, daß es der Sache nach die Fortsetzung des ursprünglichen in einer unmittelbar die Zwangsvollstreckung ermöglichenden Gestalt bilden soll. In dieser Beziehung kommt namentlich in Betracht, daß nach § 128 die Sicherungshypothek für die übertragene Kaufgeldforderung „mit dem Range des Anspruchs", d. h. des ursprünglichen Anspruchs, einzutragen ist (vgl. Entsch. des RG.'s in Zivils. Bd. 60 S. 223 flg.); und vor allem, daß nach § 132 der Anspruch aus der Sicherungshypothek gegen den Ersteher und jeden späteren Eigentümer vollstreckbar ist und die Zwangsvollstreckung auf Grund einer vollstreckbaren Ausfertigung des Zuschlagsbeschlusses in das bewegliche wie in das unbewegliche Vermögen des Erstehers stattfindet.

Dafür, daß dies auch die Auffassung bei der Herstellung des Entwurfs des Gesetzes gewesen ist, spricht zunächst die Bemerkung der Begründung zu dem ersten Entwurfe (Motive a. a. O. S. 306), die Eintragung habe die Natur einer Zwangsmaßregel gegen den Ersteher und deshalb könne im Hinblick auf § 1130 BGB. (erster Entwurf) nur eine Sicherungshypothek in Aussicht genommen werden.

Ferner die Ausführung in den oben erwähnten Bemerkungen zu der vorläufigen Zusammenstellung der Beschlüsse der II. Kommission (a. a. O. S. 232), die Verteilung erfolge durch Übertragung der Forderung auf die Berechtigten; letztere sei, wie das Verteilungsverfahren überhaupt, ein Akt der Zwangsvollstreckung und habe mithin die Natur einer Überweisung im Sinne der Zivilprozeßordnung, wenn auch das Wort „Überweisung" vermieden werde. Materiell kann es sich demnach, wie bei der Überweisung einer Forderung im Wege der Zwangsvollstreckung, nur um die zwangsweise erfolgende Durchführung des ursprünglichen Anspruchs handeln, wenn auch der eigentümliche Aufbau des Verfahrens der Zwangsversteigerung von Grundstücken bedingt, daß der ursprüngliche Anspruch gänzlich schon infolge des Zuschlages erlischt und daß der „übertragene" Anspruch formell an seine Stelle tritt, während bei der Überweisung nur, wenn sie an Zahlungsstatt erfolgt, die ursprüngliche Forderung als getilgt gilt, wenn sie dagegen zur Einziehung erfolgt, die überwiesene Forderung zunächst neben die ursprüngliche tritt (§ 835 ZPO.).

Steht aber materiell bei der Zwangsvollstreckung aus der übertragenen Forderung eine solche aus dem ursprünglichen Anspruche in Frage, so müssen gegen sie auch die Einwendungen statthaft sein, die bei einer im Wege des Rechtsstreites erfolgenden Geltendmachung des ursprünglichen Anspruchs von dem Ersteher entgegengesetzt werden könnten. Denn dann muß auch der § 767 ZPO. platzgreifen, da der Zuschlagsbeschluß, aus dem die Zwangsvollstreckung nach § 132 ZwVG. stattfindet, nach § 95 der Beschwerde unterliegt und deshalb zu den in § 794 Nr. 3 ZPO. bezeichneten Entscheidungen, aus denen die Zwangsvollstreckung stattfindet, gehört und auf diese Zwangsvollstreckung nach § 795 die Vorschriften der §§ 724—793 entsprechende Anwendung finden. Nur scheidet hier die in § 767 Abs. 2 bestimmte Beschränkung aus, weil eine mündliche Verhandlung, in der „Einwendungen" spätestens hätten geltend gemacht werden können, nicht stattgefunden hat (vgl. Jaeckel-Güthe, a. a. O. Bem. 10 zu § 133). Daß aber im vorliegenden Falle der § 10 des Mietvertrages einen solchen durchgreifenden Einwand gegen den in Gestalt des Vollstreckungsanspruches auftretenden Anspruch der Beklagten auf Zahlung der ursprünglichen Hypothekenforderung begründet, ist oben dargelegt.

Es wird auf diesem Wege gegenüber einer nach der formalen Gestaltung des Zwangsversteigerungsverfahrens ohne vorangegangenen Rechtsstreit und ohne Vorliegen der Voraussetzungen auch nur für die Erhebung einer Klage vollstreckbar gewordenen Hypothekenforderung, die der Gläubiger nach dem materiellen Rechte auf dem Grundstücke auch dem Ersteher gegenüber auf Grund bereits früher eingegangener Verpflichtung hätte stehen lassen müssen, derselbe Erfolg erreicht, der nach § 91 Abs. 2 des Gesetzes sonst erst durch eine besondere Vereinbarung zwischen dem Gläubiger und dem Ersteher dahin erzielt wird, daß ein an sich durch den Zuschlag erloschenes Recht bestehen bleiben solle, eine Vereinbarung, die entweder im Verteilungstermine erklärt oder durch eine öffentlich beglaubigte Urkunde nachgewiesen werden muß. Für die Gläubigerin liegt der hier zur Entscheidung stehende Fall ähnlich wie der, auf den sich die weitere Bemerkung der „Motive" a. a. O. S. 306 bezieht:

„Eine solche Hypothek" — nämlich eine Sicherungshypothek — „genügt hier dem Bedürfnisse vollständig, da das Gesetz nach Lage der Sache davon ausgehen muß, daß es sich nur um eine vorübergehende Sicherstellung handelt. Will der Gläubiger die Forderung dem Ersteher kreditieren, so wird es ihm nicht schwer fallen, diesen zur Umwandlung der Sicherungshypothek in eine seinen Wünschen entsprechende normale Hypothek zu bestimmen."

Denn was hier für den Fall späterer Verständigung zwischen Gläubiger und Ersteher über die Kreditierung der übertragenen Forderung empfohlen wird, muß auch von einem Falle wie dem vorliegenden gelten, in welchem der Gläubiger infolge eines früher geschlossenen, ihn nach den Bestimmungen des materiellen Rechts bindenden Vertrages verpflichtet ist, von der Ausübung des formal erlangten Rechtes zur Beitreibung der übertragenen Forderung Abstand zu nehmen, wie ja auch die Klägerin der Beklagten das Anerbieten gemacht hat, die Sicherungshypothek in eine Verkehrshypothek mit dem Inhalte der ursprünglichen Hypothek umzuwandeln." ...

102. Die Gültigkeit mündlicher Nebenabreden, insbesondere mündlich vereinbarter Bedingungen, neben der schriftlichen Bürgschaftserklärung des § 766 BGB.[1]

VI. Zivilsenat. Urt. v. 16. September 1909 i. S. Braunschweigisch-Hannoversche Maschinenfabriken (Kl.) w. Frau T. (Bekl.). Rep. VI. 588/08.

I. Landgericht Hamburg.
II. Oberlandesgericht daselbst.

Aus den Gründen:

... „Damit ist die Entscheidung des Berufungsgerichts dem Vorwurfe einer Verletzung des § 565 Abs. 2 ZPO. gegenüber gerechtfertigt. Die Revisionsklägerin meint ... schließlich, die Bedeutung und Tragweite des in dieser Sache erlassenen reichsgerichtlichen Urteils vom 29. Dezember 1906 (Entsch. in Zivils. Bd. 65 S. 46) liege nicht klar zutage. Das Urteil spreche aus, daß eine Bürgschaft entweder bedingt oder unbedingt sei und daß einer Bürgschaft, die nach § 766 BGB. der Schriftform bedürfe, nicht außerhalb der Urkunde noch eine Bedingung hinzugefügt werden könne. Daraus würde gefolgert werden müssen, daß im gegebenen Falle die in der schriftlichen Bürgschaftserklärung der Beklagten nicht enthaltene Bedingung unbeachtet zu bleiben habe. Gleichwohl lasse das reichsgerichtliche Urteil die mündliche Nebenberedung der Bedingung mit der Wirkung zu, daß der Gläubiger alsdann aus der Bürgschaft Ansprüche nur unter der mündlich beredeten Bedingung geltend machen dürfe. Die Ausgleichung beider Sätze des Urteils vom 29. Dezember 1906 ist gegeben durch dessen Bezugnahme auf ein Urteil des IV. Zivilsenats vom 25. Juni 1903 (zum Teil wiedergegeben Jur. Wochenschr. 1903 Beil. Nr. 240), wonach die mündliche Verabredung eines späteren Fälligkeitstermins neben der urkundlichen Erklärung wohl gültig sein möge, nicht aber die eines früheren. Der jetzt erkennende Senat hat in neuerdings erlassenen Entscheidungen (Urt. v. 18. November 1907, Warneyer, Rechtspr. 1908 Nr. 149, und vom 15. März 1909, ebenda 1909 Nr. 340) wiederholt ausgesprochen, daß das Erfordernis der Schriftform für die

[1] Vgl. das früher in derselben Sache erlassene Urteil Bd. 65 S. 46. D. E.

Bürgschaftserklärung die Geltung mündlicher Nebenabreden, die die Bürgschaftsverpflichtung einschränken, und deshalb auch die Gültigkeit mündlich vereinbarter einschränkender Bedingungen, nicht ausschließe, sofern nur die Vertragsparteien deutlich ihren Willen zu erkennen gegeben haben, daß die Nebenabrede auch neben der schriftlichen Beurkundung gelten solle. Das ist auch der Sinn und Inhalt der in dieser Sache ergangenen reichsgerichtlichen Entscheidung vom 29. Dezember 1906. Die Bürgschaftsverpflichtung einengende und abschwächende Nebenabreden belasten und verpflichten nicht den Bürgen, sondern den Gläubiger, für dessen Erklärungen eine Schriftform im Gesetze nicht vorgesehen ist." ...

---

103. Kann die Entscheidung über den Kostenpunkt selbständig angefochten werden, wenn die Hauptsache zum Teil durch Anerkenntnisurteil, zum Teil ohne Urteil erledigt und alsdann über die Kosten des Verfahrens entschieden worden ist?

ZPO. § 99 Abs. 2.

VI. Zivilsenat. Urt. v. 20. September 1909 i. S. S. (Bekl.) w. G. (Kl.). Rep. VI. 172/09.

I. Landgericht Beuthen O/S., Kammer für Handelssachen.
II. Oberlandesgericht Breslau.

Der Sachverhalt ergibt sich aus den

Gründen:

... „In der ersten Instanz hatte der aus einer Bürgschaft belangte Beklagte einen Teil des Klaganspruchs anerkannt und war auf Antrag des Klägers diesem Anerkenntnis gemäß verurteilt worden. Wegen des Restes erklärte sich der Kläger in einem späteren Verhandlungstermine infolge Leistung des Hauptschuldners für befriedigt und beantragte nur noch, den Beklagten zur Tragung der Prozeßkosten zu verurteilen, während dieser die Abweisung der Klage, soweit mehr, als von ihm anerkannt, gefordert worden, und die Verurteilung des Klägers zur Tragung der Prozeßkosten begehrte. Das Landgericht hat darauf im Schlußurteile dem Kläger die Kosten des

Rechtsstreites auferlegt. Mit der Berufung hat der Kläger den Antrag verbunden, dieses Urteil aufzuheben und dem Beklagten die Kosten des Rechtsstreites aufzuerlegen. Diesem Antrage gemäß hat das Oberlandesgericht in dem jetzt angefochtenen Urteile erkannt und zur Begründung der vom Beklagten bestrittenen Zulässigkeit der Berufung folgendes ausgeführt. Der Rechtsstreit sei in der Hauptsache durch die im Anerkenntnisurteil ausgesprochene Verurteilung des Beklagten zur Zahlung eines Teils der Klagforderung erledigt worden; denn dieser Betrag stelle, da der Hauptschuldner den Forderungsrest getilgt und der Kläger dem entsprechend seinen weiter erhobenen Anspruch habe fallen lassen, einzig und allein die Hauptsache dar, sodaß diese, soweit sie überhaupt durch eine Entscheidung ihre Erledigung gefunden habe, durch Anerkenntnisurteil erledigt worden sei. Es finde somit § 99 Abs. 2 ZPO. Anwendung.

Dieser Ausführung kann nicht beigetreten werden; der erkennende Senat tritt vielmehr den Grundsätzen bei, die in den Urteilen des VII. Zivilsenats vom 30. Dezember 1904 (Entsch. in Zivils. Bd. 59 S. 332) und vom 30. Januar 1906, Rep. VII. 215/05, niedergelegt sind (vgl. auch den Beschluß des V. Zivilsenats in den Entsch. in Zivils. Bd. 59 S. 429). Das Anerkenntnisurteil hat im vorliegenden Falle die Hauptsache nicht im vollen Umfange erledigt; dies ist erst geschehen durch die vom Kläger abgegebene Erklärung. Nun ist allerdings § 99 Abs. 2 nicht bloß im Falle der gänzlichen Erledigung der Hauptsache durch Anerkenntnisurteil anwendbar; er kann auch Anwendung finden in den Fällen, wo neben nur teilweiser Erledigung der Hauptsache durch Anerkenntnisurteil wegen des dadurch nicht betroffenen Teils der Hauptsache ein kontradiktorisches Urteil oder — wie in dem zur Entscheidung stehenden Falle — überhaupt kein Urteil ergangen ist. Allein da die Anfechtung unter keinen Umständen über den Rahmen der durch das Anerkenntnisurteil bedingten Kostenentscheidung hinausgehen darf, ist in den erwähnten Fällen eine selbständige Anfechtung dieser Entscheidung nur möglich, wenn sie keinen Zweifel darüber läßt, welche Kosten von den Gesamtkosten durch das Anerkenntnisurteil veranlaßt sind und welche Kosten sich auf den Rest des Prozeßstoffs beziehen. Ist aber, wie im vorliegenden Falle, die Entscheidung eine einheitliche, die Prozeßkosten im ganzen erledigende, so geht sie über den Rahmen der durch das Anerkenntnisurteil bedingten Kostenentscheidung hinaus, und eine Anfechtung ist selbst nur in letzterem Umfange unmöglich. Für die Anwendung der Ausnahmevorschrift in § 99 Abs. 2 ist daher kein Raum; vielmehr muß es bei der Regelvorschrift des Abs. 1 verbleiben. Das angefochtene Urteil war hiernach aufzuheben, und in der Sache selbst die Berufung des Klägers als unzulässig zu verwerfen." . . .

104. Erlischt das Pfandrecht des Vermieters an den eingebrachten Sachen des Mieters durch die im Wege der Zwangsvollstreckung für einen Dritten erfolgende Entfernung der Sachen von dem Grundstücke, wenn die zurückbleibenden Sachen zur Sicherung des Vermieters offenbar ausreichen?

BGB. § 560.
ZPO. § 805 Abs. 1.

III. Zivilsenat. Urt. v. 21. September 1909 i. S. Aktiengesellschaft B. T. (Kl.) w. B. (Bekl.). Rep. III. 468/08.

I. Landgericht Bautzen.
II. Oberlandesgericht Dresden.

Die Frage ist in Übereinstimmung mit dem Berufungsgericht bejaht aus folgenden

Gründen:

„Die Revision . . . führt aus, daß § 560 BGB. lediglich das Verhältnis zwischen dem Vermieter und dem Mieter betreffe und insbesondere der zweite Satz des Paragraphen keine Anwendung auf die Entfernung der Sachen durch den Gerichtsvollzieher finden könne, weil dem Vermieter das Widerspruchsrecht gegen die Entfernung der Sachen nur im wirtschaftlichen Interesse des Mieters versagt sei.

Dieser Meinung, welche in der Wissenschaft wie in der Rechtsprechung vertreten und besonders von Metzges in Gruchot's Beitr. Bd. 49 S. 495 flg. — siehe auch Bd. 50 S. 781 flg. — näher begründet ist, kann nicht beigetreten werden.

Sie hat zunächst den Wortlaut des § 560 Satz 2 BGB. nicht

für sich. Denn dieser unterscheidet nicht, ob die Entfernung durch den Mieter oder durch einen Dritten erfolgt. Die beiden ersten dort behandelten Fälle, der der Entfernung der Sachen im regelmäßigen Betriebe des Geschäftes des Mieters und der einer Entfernung, die den gewöhnlichen Lebensverhältnissen entsprechend erfolgt, treffen allerdings nur eine Entfernung, welche durch den Mieter selbst oder mit seiner Genehmigung oder doch in seinem Interesse erfolgt, und können bei einer Pfändung für einen Dritten nicht wohl in Frage kommen. Dies ergibt sich aber aus ihrer Eigenart und rechtfertigt nicht die gleiche Annahme für den dritten, hier allein in Betracht kommenden Fall. Auch das kann nicht zu Gunsten der von der Revision vertretenen Meinung entscheiden, daß — wie zwar bestritten, aber überwiegend angenommen wird — der erste Satz des § 560 auf die Entfernung der Sachen im Wege der Zwangsvollstreckung keine Anwendung findet. Mag auch an sich der Widerspruch des Vermieters nicht nur, wie § 805 ZPO. positiv bestimmt, gegen die Pfändung, sondern auch gegen die Entfernung der gepfändeten Sachen unzulässig oder doch unnötig und bedeutungslos sein — eine abweichende Meinung wird von Boethke bei Gruchot Bd. 50 S. 262 flg. vertreten —, so folgt daraus doch nicht, daß die in § 560 Satz 2 erfolgte Untersagung des Widerspruchs auf die im Wege der Zwangsvollstreckung erfolgende Entfernung der Sachen keine Anwendung fände. Diese Untersagung hat die Bedeutung, daß mit der Entfernung der Sachen aus dem Mietgrundstücke das Pfandrecht als dingliches Recht erlischt, mag der Vermieter widersprechen oder nicht. Die Unzulässigkeit des Widerspruches des Vermieters gegen die Entfernung der Sachen im Wege der Zwangsvollstreckung beeinträchtigt dagegen sein Recht auf Befriedigung aus den gepfändeten Sachen nicht; die materiellen Wirkungen seines Pfandrechts bleiben, soweit die Bestimmung des § 560 Satz 2 nicht in Frage kommt, bestehen. Die Tragweite dieser beiden Arten der Versagung des Widerspruchsrechtes ist also eine völlig verschiedene. Sind die Voraussetzungen beider gegeben, so hat die Entfernung der Sachen die rechtsaufhebenden Folgen des § 560 Satz 2. Wenigstens kann daraus, daß das Gesetz sagt, daß der Vermieter der Entfernung nicht widersprechen dürfe, anstatt: „das Pfandrecht erlischt mit der Entfernung", das Gegenteil nicht gefolgert werden; sachlich ist damit nichts anderes bestimmt.

Es würde eine, durch innere Gründe in keiner Weise zu rechtfertigende, Bevorzugung des Pfandgläubigers bedeuten, wenn man diesem gestatten wollte, die vorzugsweise Befriedigung aus dem Erlöse der für einen Dritten gepfändeten Sachen seines Mieters auch dann zu verlangen, wenn er durch die im Mietgrundstücke zurückbleibenden Sachen hinreichend gesichert ist. Die verschiedene Regelung der Folgen der Entfernung der Sachen, je nachdem sie durch den Mieter oder durch den Gerichtsvollzieher erfolgt, würde selbst durch eine besondere Rücksichtnahme auf die Person des Mieters schwer zu rechtfertigen sein. Denn auch das Interesse des Mieters kann unter Umständen dahin gehen, daß der anderweit gesicherte Vermieter dem Pfändungsgläubiger den Erlös der gepfändeten Sachen nicht streitig machen darf. Es ist insbesondere auf die Gefahr hinzuweisen, daß die dritten Gläubiger eine übermäßige Ausdehnung der Pfändung herbeizuführen suchen, wenn sie gewärtigen müssen, daß sich der Vermieter trotz anderweiter Sicherung an den Erlös der von ihnen gepfändeten Sachen halten werde, oder daß sich die Pfändungen in einer sonst nicht erforderlichen Weise wiederholen.

Auch die Entstehungsgeschichte der in Frage stehenden Bestimmung ergibt keinen Anhalt dafür, daß die Bestimmung, mag sie auch im wirtschaftlichen Interesse des Mieters getroffen sein, eine solche persönliche Begünstigung des Mieters bezweckt. Der Satz, daß der Vermieter der Entfernung der Sachen nicht widersprechen dürfe, wenn die zurückbleibenden Sachen zu seiner Sicherung offenbar ausreichen, ist dem § 521 des ersten Entwurfs in der zweiten Lesung eingefügt worden.

Vgl. Prot. 2. Les. (Guttentag'sche Ausg.) Bd. 2 S. 194, 195, 208.

Diese Kommission aber hat sich bei der Bestimmung des Umfangs des Pfandrechts dahin ausgesprochen, daß es auf eine Abwägung der sich gegenüberstehenden Interessen des Vermieters, des Mieters und der sonstigen Gläubiger des letzteren ankomme — a. a. O. S. 199 —, insbesondere aber gegenüber einem Antrage, das Pfandrecht des Vermieters im Falle der Untermiete auch auf die Forderung und das Pfandrecht gegen den Untermieter zu erstrecken, mit Entschiedenheit erklärt, daß sie jede unnötige Bevorzugung des Vermieters vor anderen Gläubigern des Mieters ablehne. Ihr jenen Antrag ablehnender Beschluß beruht auf folgenden Erwägungen:

„Die Kommission habe durch die von ihr zu § 521 beschlossenen Beschränkungen des gesetzlichen Pfandrechts des Vermieters gegenüber dem Entwurf und dem bisherigen Rechte zu erkennen gegeben, daß sie dem Vermieter eine bevorzugte Stellung vor anderen Gläubigern des Mieters nur so weit einräumen wolle, als es zur Sicherung des Vermieters unerläßlich sei."

Vgl. a. a. O. S. 213." . . .

---

105. Ist der Rechtsweg über die Verpflichtung zur Unterhaltung öffentlicher Wege zulässig, wenn diese Verpflichtung aus einem Gemeinheitsteilungsrezeß abgeleitet wird und die Klage die Rezeßbestimmungen als Privatrechtstitel in Anspruch nimmt?

GVG. § 13.

ZPO. § 547.

Preuß. Zuständigkeitsgesetz vom 1. August 1883 §§ 55, 56.

V. Zivilsenat. Urt. v. 2. Oktober 1909 i. S. Landgemeinde G. (Bekl.) w. v. Tr. (Kl.). Rep. V. 88/09.

I. Landgericht Landsberg a/W.
II. Kammergericht Berlin.

In § 15 des Rezesses, betr. die Regulierung der gutsherrlich-bäuerlichen Verhältnisse von G., vom 26. September 1818/13. September 1827 war über die Verteilung „der Kommunal- und Sozietätslasten" bestimmt, daß dem Dominium die Instandhaltung und Ausbesserung bestimmter Wege obliegen solle, wogegen die Kossätengemeinde unter anderem die die Feldmark durchschneidende Straße von La. nach Li. und die dort befindlichen Brücken in fahr- und brauchbarem Zustande ohne Zutun des Dominiums zu erhalten habe. Der Kläger behauptete, daß die Beklagte dieser ihrer Verpflichtung in betreff des nicht gepflasterten Teiles der Straße, namentlich in dem auf Dominialland gelegenen Teile a b, nicht nachgekommen sei, so daß sich der Weg, zumal im Herbste und Winter, in völlig unpassierbarem Zustande befinde. Der Kläger machte geltend, es handle sich dabei um eine privatrechtliche Verpflichtung der Beklagten; da die öffentlichrechtliche Verpflichtung zur Unterhaltung der fraglichen, unstreitig öffentlichen Straße innerhalb des Gutsbezirks ihm obliege, so laufe er überdies Gefahr, im Verwaltungswege zur Ausbesserung angehalten zu werden. Er klagte deshalb mit dem Antrage, die Beklagte solle: 1. anerkennen, dem Kläger als Eigentümer des Ritterguts G. gegenüber verpflichtet zu sein, die ungepflasterte Strecke a b der Straße in fahr- und brauchbarem Zustande zu unterhalten, 2. die Wegestrecke a b sofort in fahr- und brauchbaren Zustand setzen.

Die Beklagte erhob die Einrede der Unzulässigkeit des Rechtswegs und wendete ein, ihre an sich bestehende Wegeunterhaltungspflicht sei öffentlichrechtlicher Natur. Das Landgericht verwarf die Einrede; auch die Berufung der Beklagten wurde zurückgewiesen. Ihrer Revision aber ist stattgegeben worden, aus folgenden

Gründen:

... „Nach § 56 Abs. 5 des preuß. Zuständigkeitsgesetzes vom 1. August 1883 unterliegen Streitigkeiten der Beteiligten darüber, wem von ihnen die öffentlichrechtliche Verpflichtung zur Unterhaltung eines öffentlichen Weges obliegt, der Entscheidung im Verwaltungsstreitverfahren. Auch ist über die Heranziehung der öffentlichrechtlich Verpflichteten zu Wegebauten nach den §§ 55, 56 ausschließlich im Verwaltungs- oder Verwaltungsstreitverfahren zu entscheiden. Gleichwohl hat das Landgericht den Rechtsweg für zulässig erachtet, weil es in Übereinstimmung mit dem Kläger davon ausging, daß die in dem Auseinandersetzungsrezeß getroffenen Bestimmungen Vertragsnatur hätten und gegenüber der nach § 15 ALR. II. 15 und nach dem Provinzialrecht der Kur- und Neumark (Edikt vom 18. April 1792 und Verordnung vom 15. Juni 1803) bestehenden Verpflichtung der Dominien, die in ihrem Bezirke befindlichen Wege zu unterhalten, nur eine die Vertragschließenden bindende privatrechtliche Bedeutung hätten.

Das Berufungsgericht hält dies für unzutreffend. Im Anschluß an die Rechtsprechung des Oberverwaltungsgerichts (Entsch. Bd. 14 S. 246 und die dort angeführten älteren Urteile) und des Reichsgerichts (Gruchot's Beitr. Bd. 35 S. 1130; Jur. Wochenschr. 1896 S. 453 Nr. 66; auch Entsch. in Zivils. Bd. 17 S. 181) geht es mit Recht davon aus, daß die in Auseinandersetzungs- und Gemeinheitsteilungsrezessen über die Regelung öffentlichrechtlicher Verhältnisse, insbesondere über den Bau und die Unterhaltung öffentlicher Wege, getroffenen Festsetzungen nicht lediglich den Charakter von vertragsmäßigen, nach den Normen des Privatrechts zu beurteilenden Abmachungen an sich tragen, sondern, weil sie unter Mitwirkung der dazu staatlich ermächtigten Auseinandersetzungsbehörden zustande gekommen sind, autonome Satzungen des lokalen öffentlichen Rechts bilden und daß sie sonach nicht als besondere Rechtstitel im Sinne des Privatrechts, sondern als objektives öffentliches Recht zu gelten haben. Trotzdem hält auch das Kammergericht den Rechtsweg für zulässig, weil in der Klage das Bestehen eines privatrechtlichen Anspruches behauptet und für die Frage der Zulässigkeit des Rechtsweges lediglich die Anführungen der Klage maßgebend seien; wären, so führt es aus, die Anführungen unzutreffend, so sei die Klage nicht als unzulässig, sondern als unbegründet abzuweisen.

Damit hat sich das Berufungsgericht in Widerspruch mit der reichsgerichtlichen Rechtsprechung gesetzt. Entscheidend sind nicht unbedingt die Anführungen und die Form der Klage, sondern die Natur des Anspruchs,

vgl. Jurist. Wochenschr. 1909 S. 253 Nr. 6 und die dort aufgeführten zahlreichen früheren Urteile, namentlich Entsch. in Zivils. Bd. 32 S. 347,

schon deshalb, weil andernfalls die gesetzlichen Zuständigkeitsvorschriften, unter anderem die Zuständigkeit des Reichsgerichts nach § 547 ZPO., ohne weiteres umgangen werden könnten. Der Berufungsrichter nimmt zwar Bezug auf eine Entscheidung des VII. Zivilsenats, Entsch. in Zivils. Bd. 51 S. 316; diese und die voraufgegangene Entscheidung Rep. VII. 275/00 (Gruchot's Beitr. Bd. 45 S. 642) stehen ihm indes nicht zur Seite. Es handelte sich in jenem Falle um einen Vergleich über die Nutzungen eines zum sog. Bürgervermögen gehörigen Stadtforstes; der Vergleich war schon vor Abschluß des Separationsrezesses zustande gekommen und dann in den Rezeß aufgenommen worden. Bei ihm war es nach Lage der tatsächlichen Verhältnisse, insbesondere da die Eintragung im Grundbuche vorgesehen war, zweifelhaft, ob er privatrechtliche Natur habe, und es wurde später (Rep. V. 342/05) die privatrechtliche Natur tatsächlich festgestellt. Im vorliegenden Falle aber, wo es sich lediglich um die regelmäßige Verteilung öffentlicher Lasten handelt, ist die öffentlichrechtliche Natur der rezeßmäßigen Bestimmungen weder in tatsächlicher noch in rechtlicher Beziehung zweifelhaft. In solchen Fällen aber legt, wie in den angeführten Entscheidungen ausdrücklich ausgeführt ist, auch der VII. Zivilsenat den gegenteiligen Behauptungen in der Klage keinerlei Bedeutung bei.

Die Einrede der Unzulässigkeit des Rechtswegs stellt sich danach als begründet dar." ...

---

106. 1. Rechtliche Natur des Anspruches des Besitzers eines Grundstückes auf Ersatz von Verwendungen.

2. Ist der Besitzer wegen eines solchen Ersatzanspruches in dem das Grundstück betreffenden Zwangsversteigerungsverfahren befriedigungsberechtigter Beteiligter im Sinne der §§ 9, 10 ZwVG.?

BGB. §§ 994—1003.
ZwVG. §§ 9, 10, 93 Abs. 2.

V. Zivilsenat. Urt. v. 2. Oktober 1909 i. S. A. (Kl.) w. L. u. Gen. (Bekl.). Rep. V. 187/09.

I. Landgericht Ratibor.
II. Oberlandesgericht Breslau.

Der Kläger hatte von den Beklagten zu 1 und 2 deren Grundstück in P. durch notariellen Vertrag vom 22. Oktober 1903 eingetauscht und es auch übergeben, aber nicht aufgelassen erhalten. Er schritt alsbald zur Parzellierung und übergab die verkauften Parzellen den Käufern. In einem Vorprozesse klagten dann die Beklagten zu 1 und 2 auf Aufhebung des Tauschvertrages wegen Wuchers. Damit drangen sie in allen Instanzen durch. Inzwischen war das Grundstück wegen nicht bezahlter Hypothekenzinsen zur Zwangsversteigerung gekommen und am 4. Oktober 1906 vom Kläger für das Barmeistgebot von 38500 *M* erstanden worden. Nach dem Verteilungsplane sollten davon u. a. 15058,32 *M* auf die letzte, erst am 3. Oktober 1906 eingetragene Hypothek des Beklagten zu 3 entfallen und 20935,35 *M* als Kaufgelderüberschuß an die Beklagten zu 1 und 2 ausbezahlt werden. Gegen diese Verteilung erhob der Kläger Widerspruch. Infolgedessen wurden 38223,92 *M* als Streitmasse hinterlegt. Hiervon nahm der Kläger die den Beklagten zugeteilten Beträge von zusammen 35993,67 *M* für sich in Anspruch.

In der 1. Instanz mit der Klage abgewiesen, ermäßigte er seinen Anspruch in der 2. Instanz auf 20693,35 *M*. Dies hing damit zusammen, daß inzwischen der Tauschvertrag rechtskräftig für ungültig erklärt worden war. Der Kläger ließ nun seine in erster Linie auf den Tauschvertrag gestützte Klagebegründung fallen und gründete die Klage nur noch auf angebliche Forderungen seiner Parzellenkäufer von zusammen 20693,35 *M*, die er sich hatte abtreten lassen. Er behauptete, vier namhaft gemachte Käufer hätten ihre Parzellen durch Bauten und durch Kultivierung um diesen Gesamtbetrag verbessert; daraus stehe ihnen nach § 996 BGB. ein Anspruch auf Ersatz der Verwendungen oder nach § 812 ein Anspruch auf Herausgabe der Bereicherung zu, die den Beklagten infolge der hierdurch bewirkten Vergrößerung des Versteigerungserlöses aus dem Vermögen der Parzellenkäufer zugegangen sei. Außerdem behauptete er, daß die Hypothek des Beklagten zu 3 bloße Scheinhypothek und nicht valutiert sei.

Das Berufungsgericht wies die Berufung des Klägers zurück und bestimmte zugleich, daß den Beklagten die von ihnen beanspruchten Beträge von der hinterlegten Summe auszuzahlen seien. Die Revision des Klägers wurde zurückgewiesen.

Aus den Gründen:

... „Der Kläger hat in der Berufungsinstanz seine Berechtigung zur Erhebung des Widerspruchs gegen die Auszahlung der von dem Versteigerungserlöse auf den Beklagten zu 3 als letztstelligen Hypothekengläubiger und auf die Beklagten zu 1 und 2 als Grundstückseigentümer entfallenen Beträge nur noch auf die ihm abgetretenen angeblichen Ansprüche wegen Verwendungen gestützt, die von den Parzellenkäufern auf die in ihrem Besitze befindlichen Teile des versteigerten Grundstückes bewirkt sein sollen. Der Berufungsrichter läßt dahingestellt, ob die Parzellenkäufer Verwendungen vorgenommen haben, und ferner, ob, auch wenn dies der Fall wäre, die vom Gesetze erforderten Voraussetzungen für die Geltendmachung von Ersatzansprüchen gegeben sein würden. Er verneint die Berechtigung des Klägers zum Widerspruche auch für den Fall, daß der Kläger aus dem Rechte der Parzellenkäufer zur Geltendmachung von Ersatzansprüchen berechtigt wäre, weil es sich nur um persönliche Ansprüche gegen die Beklagten zu 1 und 2 handeln würde, wegen deren sich der Kläger nicht an den Versteigerungserlös halten könne. Dies ist zutreffend.

Der Kläger wäre nur dann widerspruchsberechtigt, wenn er im Sinne des § 9 ZwVG. Beteiligter in dem Zwangsversteigerungsverfahren wäre und als solcher ein Recht auf Befriedigung aus dem Versteigerungserlöse hätte. Denn nach § 115 Abs. 1 ZwVG. in Verbindung mit §§ 876 flg. ZPO. ist im Verteilungsverfahren der Versteigerungserlös unter den daran Berechtigten zur Verteilung zu bringen; es kann daher ein Recht zum Widerspruche gegen den Teilungsplan nur für den in Frage kommen, der an sich ein Recht auf Befriedigung aus dem Erlöse hat, aber durch das von einem andern geltend gemachte Recht auf Befriedigung verdrängt wird. Allerdings kann unter Umständen der Widerspruch auch auf persönliche, obligatorische Beziehungen zwischen dem Widersprechenden und dem nach dem Teilungsplane auf den Erlös angewiesenen Gegner gestützt werden, wie beispielsweise auf das Versprechen des letzteren, bei der Inanspruchnahme des Erlöses hinter den Widersprechenden zurückzutreten.

Vgl. Urteile des Reichsgerichts Rep. VII. 395/01 und V. 109/05, teilweise abgedruckt in der Jur. Wochenschr. 1902 S. 170 Nr. 30, 1906 S. 29 Nr. 36.

Jedoch ist auch in diesem Falle Erfordernis für die Berechtigung zum Widerspruche, daß, abgesehen von solchen obligatorischen Beziehungen, ein Recht auf Befriedigung aus dem Erlöse für den Widersprechenden besteht und daß dieses Befriedigungsrecht durch die Zuteilung des Erlöses an den Gegner beeinträchtigt wird (Jur. Wochenschr. 1902 S. 170 Nr. 30).

Ein solcher befriedigungsberechtigter Beteiligter ist der Kläger nicht. Der Besitzer einer Sache kann zwar wegen Verwendungen, die er auf die Sache gemacht hat, nach Maßgabe der §§ 994, 995, 996 BGB. vom Eigentümer Ersatz verlangen. Aber die Wirkungen der Verwendung sind durch das Bürgerliche Gesetzbuch nicht derart geregelt, daß eine dingliche Belastung der Sache einträte und der verwendende Besitzer etwa bei beweglichen Sachen ein dem Pfandrechte oder bei Grundstücken ein der Hypothek ähnliches Recht erlangte. Vielmehr geht aus den Worten „Ersatz verlangen“ und „Anspruch auf Ersatz“ in den §§ 994, 999, 1001, 1002 BGB. hervor, daß dem Verwendenden nur ein persönliches (obligatorisches) Forderungsrecht gegen den Eigentümer zusteht.

Dies ist auch in der Rechtslehre die herrschende Meinung. Nur vereinzelt wird die Ansicht vertreten,[1] daß aus der Verwendung für den Verwendenden ein dingliches Recht entstehe, das bei Grundstücken nicht der Eintragung bedürfe. Es wird dies aus § 999 Abs. 2 BGB. gefolgert, wonach die Verpflichtung des Eigentümers zum Ersatze von Verwendungen sich auch auf die Verwendungen erstreckt, die gemacht worden sind, bevor er das Eigentum erworben hat. Diese Vorschrift ist erst von der 2. Kommission eingefügt. Nach dem 1. Entwurf § 936 sollte der Verwender sich lediglich an den Eigentümer zur Zeit der Verwendung halten dürfen (Mot. Bd. 3 S. 416). In der 2. Kommission hielt man die Vorschrift für notwendig, damit nicht dem Besitzer die reale Sicherheit für den Verwendungsanspruch dadurch entzogen werden könne, daß das Eigentum an der Sache auf einen anderen übertragen werde, der seinerseits als Eigentümer nicht haften würde (Prot. Bd. 3 S. 358). Danach handelt es sich um eine Sonderbestimmung zum Schutze des Verwendenden: im Falle des Eigentumswechsels soll hinsichtlich der Ersatzpflicht des gegenwärtigen Eigentümers kein Unterschied zwischen den vor dem Eigentumswechsel und den nachher gemachten Verwendungen bestehen. Aus dieser Sonderbestimmung ist daher nicht auf die dingliche Natur des Ersatzanspruches zu schließen; vielmehr ist, da § 999 Abs. 2 von einer „sich erstreckenden Verpflichtung“ des gegenwärtigen Eigentümers spricht, auch der Ersatzanspruch wegen der früheren Verwendungen als ein persönlicher zu erachten. Dem entspricht es, daß nach dem Kommissionsbeschlusse (Prot. Bd. 3 S. 359) eine Ausnahme von § 999 Abs. 2 für den Fall der Zwangsversteigerung getroffen werden sollte und daß demgemäß im Zwangsversteigerungsgesetz die Bestimmung des § 93 Abs. 2 gegeben ist, wonach der Ersteher zum Ersatze der vor dem Zuschlage gemachten Verwendungen nicht verpflichtet ist.

---

[1] Wolff, Anm. 6 zu § 9 ZwVG.; Biermann, Sachenrecht Anm. 2 zu § 999 BGB. D. E.

Ferner wird von anderer Seite[2] die Meinung vertreten, daß, wenn auch nicht im allgemeinen, so doch wenigstens in den Fällen des § 1003 BGB. ein dingliches Recht, insbesondere bei Grundstücken ein nicht eintragungsbedürftiges Recht auf Befriedigung aus den Grundstücken gleich einer Hypothek (§ 1147 BGB.), dem Ersatzberechtigten zustehe und daß dieses Recht im Verhältnis zu anderen dinglichen Rechten an der Sache, auch zu eingetragenen Rechten an Grundstücken, den Rang habe, der sich aus dem Zeitpunkte der Entstehung ergebe. Dem kann jedoch nicht beigestimmt werden. In den §§ 994, 995, 996 BGB. sind zwar Ersatzansprüche gewährt, jedoch sind dem Ersatzberechtigten zur Geltendmachung und Durchführung seiner Ansprüche nur die Rechtsbehelfe aus §§ 1000—1003 unter den dort vorgeschriebenen Beschränkungen und Voraussetzungen vom Gesetze gegeben worden. Der Ersatzberechtigte kann gegen den ersatzpflichtigen Eigentümer nicht ohne weiteres klagend vorgehen, wie sonst bei persönlichen fälligen Ansprüchen. Vielmehr kann er die persönliche Klage wegen seines Anspruches nach §§ 1001, 1002 BGB. nur dann erheben, wenn die Ausschlußfristen des § 1002 eingehalten und die Voraussetzungen des § 1001 gegeben sind, also in letzterer Hinsicht, wenn der Eigentümer die Verwendungen genehmigt oder die ihm vom Besitzer unter Vorbehalt des Anspruches auf Ersatz angebotene Sache angenommen oder die Sache sonst wieder erlangt hat. Jedoch steht dem Besitzer, auch wenn keine dieser Voraussetzungen vorliegt, gegenüber dem Anspruche des Eigentümers auf Herausgabe der Sache gemäß § 1000 BGB. das Zurückbehaltungsrecht wegen seines Ersatzanspruches zu, es sei denn, daß er die Sache durch eine vorsätzlich begangene unerlaubte Handlung erlangt hat. Nach dem 1. Entwurfe § 938 Abss. 1, 2 sollte der Ersatzanspruch dadurch „bedingt" sein, daß der Eigentümer die Sache wiedererlangte, und sollte, wenn diese Bedingung nicht erfüllt war, dem Besitzer kein anderer Rechtsbehelf als das Zurückbehaltungsrecht wegen des Anspruches zustehen. Der Besitzer sollte also, wenn sich der Eigentümer weigerte, die Sache unter Befriedigung des Ersatzanspruches zurückzunehmen, kein Mittel haben, den Schwebezustand zu lösen und seine Befriedigung zu erzwingen (Mot. Bd. 3 S. 415). In der 2. Kom-

---

[2] Eckels, Verwendungsanspruch in ZBlFG. Bd. 9 S. 213 flg. D. E.

mission dagegen hielt man es für angezeigt, dem Besitzer ein Mittel zu gewähren zur Beseitigung des Schwebezustandes, der eintritt, wenn der Eigentümer weder die Sache gegen Befriedigung des Besitzers zurücknimmt, noch die Verwendung genehmigt. Von den verschiedenen Vorschlägen nach dieser Richtung wurde der Antrag angenommen, der in § 1003 BGB. zum Gesetze geworden ist (Prot. Bd. 3 S. 361, 363 flg.). Danach hat der Besitzer, wie aus den Worten in Abs. 1 Satz 2 „der Besitzer" (ist) „berechtigt, Befriedigung aus der Sache ... zu suchen" und aus den Worten in Abs. 2 „so kann sich der Besitzer aus der Sache ... befriedigen" zu entnehmen ist, wegen seines Ersatzanspruches ein Selbstbefriedigungsrecht, das aber, wiewohl der Ersatzanspruch an sich ein persönlicher ist, auf die Sache beschränkt ist. Voraussetzung für dieses Befriedigungsrecht ist, daß der Eigentümer die ihm gemäß Abs. 1 Satz 1 unter Angabe des als Ersatz verlangten Betrages bestimmte Frist hat verstreichen lassen, ohne sich über die Genehmigung zu erklären, oder falls er vor dem Ablaufe der Frist den Anspruch bestreitet, daß ihm gegenüber der Betrag der Verwendungen rechtskräftig festgestellt ist und er ferner die dann ihm gemäß Abs. 2 nochmals zu setzende Frist hat verstreichen lassen, ohne die Verwendungen zu genehmigen. Hinsichtlich der Art und Weise der Befriedigung ist bestimmt, daß der Besitzer berechtigt ist, Befriedigung nach den Vorschriften über den Pfandverkauf, bei einem Grundstücke nach den Vorschriften über die Zwangsvollstreckung in das unbewegliche Vermögen zu suchen. In letzterer Hinsicht ist nach § 867 ZPO., § 16 ZwVG. ein vollstreckbarer Titel erforderlich. Der Besitzer muß also, wenn er Befriedigung aus dem Grundstücke suchen will, gegen den Eigentümer auf Duldung der Zwangsvollstreckung in das Grundstück klagen. Von einem dinglichen Rechte an der Sache ist überall nicht die Rede. Vielmehr ist dem Besitzer wegen seines an sich persönlichen Ersatzanspruches nur ein *besonderes*, auf die Sache *beschränktes Befriedigungsmittel* gewährt. Mit Recht wird daher in der Begründung der Novelle zur KO. § 41 a. F. (§ 49 n. F.) bemerkt: „Bei der dem Besitzer durch § 1003 BGB. unter bestimmten Voraussetzungen gewährten Befugnis, Befriedigung aus der Sache nach den Vorschriften über den Pfandverkauf, bei einem Grundstücke nach den Vorschriften über die Zwangsvollstreckung in das unbewegliche Vermögen zu suchen, handelt es sich lediglich um eine besondere Art der Durchführung des persönlichen Anspruchs."

Im vorliegenden Falle ist aus dem Sachvortrage des Klägers nicht ersichtlich, ob die Voraussetzungen gegeben sind, unter denen er gemäß § 1003 BGB. Befriedigung aus dem fraglichen Grundstücke suchen konnte. Im Gegenteil macht der Kläger geltend, die Beklagten zu 1 und 2 hätten zwar nach Abschluß des nun für ungültig erklärten Tauschvertrages nicht mehr den Besitz des Grundstückes erlangt, jedoch, da das Grundstück mit den Verbesserungen in der Hand der Beklagten zu 1 und 2 zur Versteigerung gelangt sei, müsse es so angesehen werden, als wenn diese Beklagten auch den Besitz zurückerlangt hätten, und es sei ganz gleichgültig, ob sie in dem Versteigerungserlöse den Mehrwert mit vergütet erhalten hätten oder nicht. Ob dies zutreffend ist, kann dahingestellt bleiben. Auch wenn man annehmen wollte, daß die Beklagten zu 1 und 2 infolge der Zwangsversteigerung ihres Grundstückes und der Erlangung des Versteigerungserlöses das Grundstück im Sinne des § 1001 BGB. wiedererlangt hätten, würde der Kläger nicht als Beteiligter im Sinne der allein in Betracht kommenden Nr. 2 des § 9 ZwVG. anzusehen sein. Das gleiche würde weiter zu gelten haben, wenn man unterstellen wollte, daß die Voraussetzungen, unter denen der Kläger nach § 1003 BGB. Befriedigung aus dem Grundstücke zu suchen berechtigt war, gegeben seien. Allerdings soll nach der Behauptung des Klägers der Ersatzanspruch bei dem Vollstreckungsgerichte angemeldet sein, sodaß, wenn dies richtig wäre, dieses eine Erfordernis der Nr. 2 § 9 ZwVG. erfüllt wäre. Aber der auf Zahlung gerichtete persönliche Anspruch aus § 1001 BGB. ist ebensowenig wie die durch § 1003 gegebene Befugnis, wegen des persönlichen Ersatzanspruches Befriedigung aus dem Grundstücke zu suchen, ein der Zwangsvollstreckung entgegenstehendes Recht oder ein Recht an dem Grundstücke. Insbesondere sind unter Rechten an Grundstücken nach dem Sprachgebrauche des BGB. (§ 873) und seiner Nebengesetze nur dingliche Rechte am Grundstücke zu verstehen. Gemeint sind in Nr. 2 § 9 ZwVG., abgesehen von den nach Eintragung des Vollstreckungsvermerkes erst eingetragenen Rechten, solche Rechte, die ohne Eintragung als dingliche Rechte bestehen, wie beispielsweise ein zu Unrecht gelöschtes Recht, eine Überbaurente

(§ 914 BGB.), eine Sicherungshypothek nach § 1287 BGB. oder § 848 Abs. 2 ZPO. Von den anderen in § 9 Nr. 2 ZwVG. aufgeführten Rechten könnte nur noch „ein Anspruch mit dem Rechte auf Befriedigung aus dem Grundstücke" in Frage kommen. Die Ansprüche aber, die mit dem Rechte auf Befriedigung aus dem Grundstücke versehen sind, führt § 10 ZwVG. vollständig auf; andere Ansprüche finden, auch wenn sie angemeldet sind, im Zwangsversteigerungsverfahren, insbesondere bei der Verteilung des Versteigerungserlöses, keine Berücksichtigung. Zu diesen Ansprüchen gehört weder der persönliche Ersatzanspruch aus § 1001 BGB., noch die Berechtigung zur Befriedigung aus dem Grundstücke nach § 1003 BGB. Namentlich handelt es sich nicht um „Ansprüche aus Rechten an dem Grundstücke" im Sinne der Nr. 4. Denn auch hier sind unter Rechten an dem Grundstücke nur dingliche Rechte zu verstehen.

Daraus folgt, daß der Besitzer eines Grundstückes im Zwangsversteigerungsverfahren wegen Verwendungen kein besonderes Recht auf Befriedigung aus dem Grundstücke hat und nicht ohne weiteres kraft seines Verwendungsanspruches Beteiligter im Sinne des § 9 ZwVG. ist. Vielmehr kann er Beteiligter nur dadurch werden, daß er im Falle der Wiedererlangung oder der Genehmigung des Eigentümers mit der persönlichen Klage aus § 1001 BGB. oder andernfalls unter den Voraussetzungen des § 1003 BGB. mit der Klage auf Duldung der Zwangsvollstreckung in das Grundstück wegen des Ersatzanspruches ein Urteil erstreitet und dem Zwangsversteigerungsverfahren, wie sonst ein Gläubiger, der wegen seines persönlichen Anspruches einen vollstreckbaren Titel erlangt hat, als betreibender Gläubiger beitritt. Dann ist er nach § 9 Halbsatz 1 Beteiligter und steht ihm ein Recht auf Befriedigung gemäß § 10 Nr. 5 ZwVG. zu. In der 2. Kommission wurde zu § 938 des 1. Entw. (§ 999 BGB.) bemerkt, dem ZwVG. bleibe die Bestimmung vorbehalten, daß der Besitzer den Realgläubigern und dem Ersteher gegenüber einen Ersatzanspruch wegen Verwendungen nicht geltend machen könne (Prot. Bd. 3 S. 357 Anm. 2). Dies ist eingelöst bezüglich des Erstehers durch die Vorschrift des § 93 Abs. 2 ZwVG. und bezüglich der Realgläubiger durch die Fassung des § 10 ZwVG., da unter die danach allein befriedigungsberechtigten Ansprüche der Ersatzanspruch wegen Verwendungen des Besitzers nicht fällt.

Ist aber hiernach der Kläger wegen seines Anspruches aus den angeblichen Verwendungen in keinem Falle befriedigungsberechtigter Beteiligter, so war er nicht berechtigt, gegen das Liquidat des Beklagten zu 3 als des letztstelligen Hypothekengläubigers und gegen die Inanspruchnahme des Kaufgeldüberschusses durch die Beklagten zu 1 und 2 im Verteilungsverfahren Widerspruch zu erheben und zu verlangen, daß die betreffenden Beträge an ihn ausgezahlt würden." . . .

107. 1. Kann aus einem Bordellkaufe, der wegen Verstoßes gegen die guten Sitten nichtig ist, ein Gewährleistungsanspruch wegen Vorhandenseins von Hausschwamm hergeleitet werden?

2. Kann im Falle eines nichtigen Bordellkaufs und der Nichtigkeit der für den Kaufpreis bestellten Hypothek der Klage des Käufers auf Befreiung von der dinglichen und persönlichen Haftung für den Kaufpreis unter Umständen die Einrede der Arglist mit Erfolg entgegengesetzt werden?

BGB. §§ 138 Abs. 1, 133, 157, 242, 817, 826.

II. Zivilsenat. Urt. v. 8. Oktober 1909 i. S. L. (Kl.) w. Oe. (Bekl.). Rep. II. 32/09.

I. Landgericht Hof.
II. Oberlandesgericht Bamberg.

Durch notariellen Vertrag vom 18. Juni 1903 kaufte der Kläger vom Beklagten ein zum Bordell eingerichtetes Haus um 90 000 *M* zum Zwecke des Fortbetriebes des Bordells. Dieses Zweckes wegen war der Kaufpreis weit über den wahren Wert des Hauses hinaus festgesetzt worden. Die Parteien waren darüber einig, daß der Kaufvertrag des unsittlichen Zweckes wegen nach § 138 Abs. 1 BGB. nichtig sei. Sie stritten um den noch ausstehenden Kaufpreisrest von 27 000 *M*, für den auf dem Hause eine Hypothek eingetragen war.

Der Kläger behauptete, der Beklagte habe ihm beim Kaufabschlusse arglistig verschwiegen, daß in dem Hause Hausschwamm sei. Das Haus habe wegen dieses Fehlers einen Minderwert von wenigstens 27 000 *M*. Der Kläger hielt sich daher nach §§ 459 462, 463 BGB. zur Minderung des Preises um diesen Betrag für berechtigt; er glaubte außerdem nach § 138 Abs. 1 in Verbindung mit § 817 Satz 2 BGB. die Befreiung von der persönlichen und von der dinglichen Haftung für den Kaufpreisrest von 27 000 *M* verlangen zu können. Mit dieser Begründung erhob er Klage mit dem Antrage, es solle festgestellt werden, daß dem Beklagten aus dem Kaufvertrage eine Forderung nicht mehr zustehe und daß er in die Löschung der Hypothek zu willigen habe.

Der Beklagte behauptete, der Kläger habe das Vorhandensein von Schwamm beim Vertragsschlusse gekannt, und wendete im übrigen ein, die Hypothek werde als sachenrechtliches Erfüllungsgeschäft von dem unsittlichen Charakter des Kaufes nicht betroffen. Auch sonst sei das Klagebegehren mit § 817 BGB. nicht zu rechtfertigen; dem Kläger stehe die Einrede der Arglist entgegen, weil er das auf unsittliche Weise erworbene Haus behalten, trotzdem aber wegen der Unsittlichkeit von der Gegenleistung entbunden sein wolle. Der Beklagte hatte sich nämlich vergeblich bereit erklärt, das Haus zurückzunehmen und die Anzahlungen zurückzugeben.

Der Kläger unterlag in allen Instanzen, in der Revisionsinstanz aus folgenden

Gründen:

„1. Der Kaufvertrag ist, weil er den Fortbetrieb des Bordells in dem verkauften Hause zum ausgesprochenen Zwecke hatte und der Kaufpreis mit Rücksicht hierauf auf etwa das Dreifache des wirklichen Wertes des Hauses festgesetzt wurde, ein beiderseits gegen die guten Sitten verstoßendes und darum nach § 138 Abs. 1 BGB. nichtiges Geschäft.

2. Weil der Kauf nichtig ist, also keine Rechtswirkung hat, kann der Kläger nicht aus dem Kaufe, wie er es versucht, Gewährleistungsansprüche wegen angeblich arglistigen Verschweigens vorhandenen Schwamms herleiten. Gewährleistungsansprüche können nur aus einem gültigen Vertrage entstehen. Damit fällt der erste auf Schadensersatz nach §§ 462, 463 BGB. gerichtete Klagegrund.

3. Zugleich damit fällt auch der dritte Klagegrund, welcher unter Berufung auf § 826 BGB. geltend macht, es sei der Kläger durch arglistiges Verschweigen des Hausschwamms betrogen und aus

diesem Grunde zum Schadensersatze in Form der Kaufpreisminderung berechtigt. Denn dieser Anspruch beruht auf der Voraussetzung, daß der Kläger als Käufer den Kaufpreis, wenn auch nicht in der vereinbarten Höhe, zu bezahlen habe. Diese Voraussetzung trifft jedoch nicht zu. Der Kläger hat keinen Kaufpreis zu bezahlen, weil der Kaufvertrag nichtig ist, und diese Nichtigkeit von Amts wegen beachtet werden muß. Der Berufungsrichter hat die Klage aus § 826 BGB. zurückgewiesen, weil diese Bestimmung nur gegenüber einem wegen Betrugs anfechtbaren Vertrage, nicht aber gegenüber einem nichtigen Vertrage Anwendung finde. Diesen Ausspruch greift der Kläger mit der zutreffenden Erwägung an, daß ein Schadensanspruch aus § 826 das Vorhandensein eines Vertragsverhältnisses nicht zur Voraussetzung habe; auch aus einem von vornherein nichtigen Vertrage könne ein solcher Anspruch hergeleitet werden. Auf diesen Angriff kommt es jedoch nach dem Vorausgeschickten nicht an. Der Berufungsrichter wollte übrigens, wie seine weiteren Ausführungen schließen lassen, dem richtigen Gedanken, der zur Klagabweisung führt, Ausdruck geben.

4. Es bleibt somit nur noch der letzte Klagegrund zu prüfen.

Der Klagantrag begehrt die Befreiung von einer persönlichen und von einer dinglichen Haftung, ersteres in Form der Feststellungs-, letzteres in Form der Leistungsklage.

Über die persönliche Klage spricht sich der Berufungsrichter dahin aus, daß zwar beide Teile gegen die guten Sitten verstoßen hätten, daß aber doch zufolge der Ausnahmebestimmung des § 817 Satz 2 Halbsatz 2 BGB. eine Rückforderung an sich zuzulassen sei, weil die persönliche Verpflichtung zur Kaufpreiszahlung als Eingehung einer Verbindlichkeit anzusehen sei.

Was den auf Befreiung von der dinglichen Haftung gerichteten Klaganspruch angeht, so hat der V. Zivilsenat des Reichsgerichts in Bd. 68 S. 103 seine in den Entsch. Bd. 63 S. 183 flg. aufgestellte Ansicht aufgegeben, wonach die Bestellung einer Bordellhypothek für den Kaufpreis durch den Käufer die Erfüllung einer Verbindlichkeit im Sinne des § 817 BGB. sein sollte, die der Zurückforderung nicht unterliege. In der Entscheidung Bd. 68 S. 103 wird ausgesprochen, die Bestellung einer solchen Bordellhypothek sei keine in Erfüllung einer Verbindlichkeit bestehende, nicht zurückforderbare Leistung, sondern sie sei vielmehr eine in der Eingehung einer Verbindlichkeit bestehende Leistung, die gemäß der Ausnahmebestimmung des § 817 Satz 2 Halbsatz 2 zurückgefordert werden könne.

Aus dieser letzteren von den Instanzen und jetzt auch von den Parteien geteilten Ansicht folgt, daß ein persönlicher Konditionsanspruch des Klägers auf Rückgängigmachung der formell noch bestehenden Hypothek nach §§ 812, 817 besteht, weil der Bordellkauf und die Kaufpreisforderung, wofür die Hypothek bestellt wurde, nichtig ist, und der Verkäufer, für den die Hypothek eingetragen wurde, die Hypothek nicht erlangt hat. Aus dem akzessorischen Charakter der Hypothek ergibt sich der letztere Satz für das Reichsrecht ohne weiteres. Der Berufungsrichter hat für das Bayerische Hypothekenrecht in irrevisibler Weise ausgeführt, daß die Rechtslage danach die gleiche sei.

Hiernach wäre der Kläger an sich befugt, sowohl die Befreiung von der persönlichen Haftung, wie auch die Aufhebung der Hypothekenberechtigung zu verlangen.

Der Berufungsrichter versagt trotzdem beides, weil der Beklagte mit Recht die exceptio doli generalis entgegengesetzt habe. Denn der Kläger handle arglistig, wenn er das Haus ohne Gegenleistung behalten wolle. Der Kläger bezweifelt, daß das Bürgerliche Gesetzbuch eine exceptio doli generalis kenne. Diese Zweifel sind nicht berechtigt. Die Rechtsprechung, und zwar gerade auch die Rechtsprechung des V. Zivilsenats, von welchem die Entscheidungen Bd. 63 S. 183 und Bd. 68 S. 103 ausgingen, hat für das Gebiet des Bürgerlichen Gesetzbuchs die Existenz einer exceptio doli generalis ausdrücklich anerkannt in der Entscheidung Bd. 58 S. 429. Auch in der sonstigen Rechtsprechung ist die Einrede der Arglist zur Anerkennung gelangt (Entsch. in Zivils. Bd. 57 S. 372; Bd. 58 S. 356; Bd. 64 S. 220; vgl. weiteres bei Staub, 8. Aufl. § 346 Anm. 19 und Exkurs zu § 346 Anm. 9). Nur darüber sind die Meinungen noch nicht völlig geklärt, ob diese Einrede ihre Grundlage in Anwendung der Grundsätze von Treu und Glauben, also in den §§ 133, 157, 242 BGB., hat oder ob zur Rechtfertigung der Einrede ein Verstoß gegen die guten Sitten nach § 826 zu fordern ist. Einer Entscheidung bedarf diese Meinungsverschiedenheit nicht, weil die Einrede der Arglist hier von beiden Gesichtspunkten aus gerechtfertigt erscheint. Der Kläger ist rechtlich und tatsächlich in der Lage, die Folgen des gegen die guten

Sitten verstoßenden und daher nichtigen Kaufvertrages rückgängig zu machen. Der Beklagte hat sich zu dieser Rückgängigmachung in bindender Weise in der Schlußverhandlung zweiter Instanz bereit erklärt; er will das Empfangene zurückgeben und das Haus zurücknehmen. Der Kläger weigert sich, auf dieses Anerbieten einzugehen; er will das Bordell behalten, aber den Kaufpreis nicht zahlen, weil sich der Beklagte durch den Verkauf einer unsittlichen Handlung schuldig gemacht habe. Der Kläger vermeint, sich hierbei auf sein formelles, aus § 817 BGB. abzuleitendes Recht zu stützen. Allein der Kläger verlangt zuviel, wenn er Befreiung von seiner Verbindlichkeit begehrt und das auf unsittliche Weise Erlangte nicht herausgeben, sondern unentgeltlich behalten will. Dieses Verhalten ist arglistig und verstößt sowohl gegen die Grundsätze von Treu und Glauben, als auch gegen alles Anstands- und Rechtsgefühl; ein solches Verhalten kann durch die Rechtsordnung nicht geschützt werden (vgl. Jur. Wochenschr. 1898 S. 425 Nr. 28 und 1900 S. 322 Nr. 30).

Die Einrede der Arglist führt hier zu einem ähnlichen Ergebnis, wie wenn der Beklagte ein Zurückbehaltungsrecht ausgeübt hätte. Es besteht auch kein Bedenken, der Einrede der Arglist bei Anwendung der Rechtsgrundsätze über ungerechtfertigte Bereicherung Raum zu gewähren; denn Treu und Glauben und gute Sitte beherrschen den gesamten Rechtsverkehr und kommen überall zur Geltung, wo mit Sicherheit anzunehmen ist, daß der Gesetzgeber diese Grundsätze angewendet wissen will, um einem damit in Widerspruch stehenden Gebaren seinen Schutz zu versagen. Hiernach war die Revision . . . zurückzuweisen.

Diese Zurückweisung hat nicht die Bedeutung, daß aus der Abweisung der negativen Feststellungsklage und der Klage auf Beseitigung der Hypothek mit Hilfe der Grundsätze über die Rechtskraft (§ 322 ZPO.) hergeleitet werden könnte, es sei dem Beklagten ein Anspruch auf den Kaufpreis zuerkannt. Darüber, ob die Abweisung der negativen Feststellungsklage das Bestehen des Anspruchs rechtskräftig feststellt, ob also durch Abweisung der negativen Feststellungsklage derselbe Erfolg erzielt ist, wie durch rechtskräftige Zusprechung der positiven Feststellungsklage, entscheiden die Gründe, aus denen die Abweisung der negativen Feststellungsklage erfolgt. Wurde die verneinende Feststellung abgelehnt, weil die entgegengesetzte positive

Feststellung als gerechtfertigt erachtet wurde, so hat das abweisende Urteil allerdings die Bedeutung dieser positiven Feststellung. Weiter geht auch die Rechtsprechung nicht (Entsch. des RG.'s in Zivils. Bd. 60 S. 391; Bd. 50 S. 417; Bd. 40 S. 404; Bd. 29 S. 347; Gruchot Bd. 51 S. 1057; Sächs. Archiv 1907, 2. Jahrgang S. 379). In dem hier vorliegenden Falle ist bereits dargelegt, daß der Beklagte keinen Anspruch auf den Kaufpreis und keinen Anspruch auf die Hypothek hat, weil der Kaufvertrag nichtig ist. Es ist dem nur hinzugefügt, daß der Beklagte, der die Folgen der Nichtigkeit zu ziehen bereit ist, der Klage des Käufers auf Befreiung von seiner Haftung mit Hilfe der Einrede der Arglist, solange dieses arglistige Verhalten dauert, begegnen darf. Das abweisende Urteil hat also nicht die Wirkung, dem Beklagten einen Anspruch auf den Kaufpreis zu verleihen."

---

108. 1. Hat bei der privaten Unfallversicherung der Unfall als erst in dem Zeitpunkte eingetreten zu gelten, wo die schädliche Folge dem Arzte sicher erkennbar geworden ist?

2. Ist die Unfallanzeigefrist erst von der erlangten Kenntnis des Anzeigepflichtigen oder vom Eintritte des Unfalls an zu rechnen?

VII. Zivilsenat. Urt. v. 8. Oktober 1909 i. S. W. (Kl.) w. J. (Bekl.). Rep. VII. 522/08.

I. Landgericht Bielefeld.
II. Oberlandesgericht Hamm.

Aus den Gründen:

„Das Berufungsgericht hat ... den Klaganspruch aus dem Grunde verworfen, weil der Kläger die Anzeige des Unfalls in der dafür durch § 11 der Versicherungsbedingungen bestimmten Frist bei der Beklagten zu erstatten unterlassen, hierdurch aber das Recht auf Entschädigung verwirkt habe.

In § 11 der dem Vertrage der Parteien zugrunde gelegten „Allgemeinen Versicherungsbedingungen" ist in Absatz 1 Satz 3 folgendes bestimmt:

„Jeder Anspruch auf Entschädigung erlischt, wenn die Anmeldung eines Unfalls bei der Gesellschaft nicht innerhalb 30 Tagen vom Eintritt desselben ab gerechnet eingegangen ist."

Es steht fest, daß der Kläger die Anmeldung erst am 16. Juni 1907 bewirkt hat. Der Kläger ist aber der Meinung, die Frist innegehalten zu haben, weil erst am 23. Mai durch den Arzt eine traumatische Neurose als Folge der Zugentgleisung bei ihm festgestellt worden und weil deshalb der Unfall im Sinne des Versicherungsvertrages als erst am 23. Mai eingetreten anzusehen sei. Der Kläger beruft sich hierfür auf den § 4 der „Allgemeinen Versicherungsbedingungen", wonach als

„Unfall im Sinne dieser Versicherung" angesehen werden soll „jede für den Arzt als solche sicher erkennbare Körperverletzung ..., die dem Versicherten ohne seine Absicht durch eine von seinem Willen unabhängige äußere, plötzliche, mechanische Gewalt zustößt und nachweislich direkt, also ohne Vermittelung einer Krankheit oder andere Ursache den Tod oder die Erwerbsunfähigkeit des Versicherten herbeiführt."

Mit Recht ist das Berufungsgericht der Auffassung des Klägers entgegengetreten. Diese müßte, wenn sie zu billigen wäre, zu Annahmen führen, die der Kläger selbst und jeder Versicherungsnehmer im gleichen Falle sicher als dem Vertragswillen nicht entsprechend bezeichnen müßte und die doch folgerichtig nicht abzuweisen wären. Wäre zum Beispiel im vorliegenden Falle die Versicherung nur mit Dauer bis zum 12. Mai 1907 abgeschlossen gewesen, so würde sich, wenn der Kläger mit seiner Auffassung im Rechte wäre, die Folge ergeben, daß die am 10. Mai, also während Bestehens der Versicherung, erfolgte Zugentgleisung überhaupt nicht unter die Versicherung fiele, weil der dadurch herbeigeführte Unfall als erst am 23. Mai, also nach Ablauf der Versicherung, eingetreten zu gelten hätte. Eine Auffassung, die in der Anwendung zu so augenscheinlich unrichtigen Ergebnissen führt, kann nicht richtig sein.

In der Tat hat § 4 der AllgVersBed., insoweit er eine „für den Arzt als solche sicher erkennbare Körperverletzung" voraussetzt, nicht die Absicht, hierdurch den aus der natürlichen Betrachtung sich ergebenden Zeitpunkt des Eintritts des Unfalls für die rechtliche Beurteilung zu verschieben. Mit jenen Worten soll vielmehr nur gesagt werden, daß eine Körperverletzung, um als Folge des Unfallereignisses gelten zu können, als solche ärztlich mit Sicherheit festgestellt sein muß. Es soll also eine sachliche Voraussetzung bezeichnet werden, ohne die die Versicherung auf den Unfall nicht Anwendung zu finden hat. Mit dem Zeitpunkte des Eintrittes des Unfalls hat das nichts zu tun. Eingetreten ist der Unfall in dem Zeitpunkte, in dem sich die, im übrigen den Vertragsvoraussetzungen entsprechenden, Tatumstände vollzogen haben, durch die der Körperschade herbeigeführt worden ist, mag auch der Schade als solcher und als Folge des Unfalls erst später dem Arzte sicher erkennbar werden. Auch in der von der Revision ... erwähnten ..., bei Woedtke, UnfVersGes. 5. Aufl., S. 154 wiedergegebenen Entscheidung des Reichsversicherungsamts (Amtliche Nachrichten dieser Behörde 1901 S. 171) ist der Unfallbegriff keineswegs im Hinblick auf die Frage des Zeitpunkts, in dem der Unfall als eingetreten zu gelten hat, sondern in einem anderen, hier nicht in Betracht kommenden Zusammenhange erörtert. Nach alle dem ist in der Feststellung des Berufungsgerichts, daß der Unfall, von dem der Kläger betroffen worden zu sein behauptet, am 10. Mai 1907 eingetreten sei, ein Rechtsirrtum nicht zu finden.

Eine andere Frage ist, ob nicht der Lauf der Anzeigefrist so lange als ausgeschlossen angesehen werden muß, als der Anzeigepflichtige davon, daß eine unter die Versicherung fallende Körperverletzung vorliegt oder (wie es bei tödlichen Unfällen bezüglich der anzeigepflichtigen Rechtsnachfolger der Fall sein kann) von dem Unfallereignis überhaupt keine Kenntnis erhalten hat. Für die Beantwortung dieser Frage ist lediglich der Vertrag maßgebend. Der Versicherer kann ein berechtigtes Interesse daran haben, den Fristlauf unabhängig von jener Kenntnis mit dem Eintritte des Unfalls beginnen zu lassen, zumal wenn, wie hier, die Frist so geräumig ist, daß ohnehin vor ihrem Ablaufe erfahrungsgemäß der Eintritt der Kenntnis erwartet werden darf. Im vorliegenden Falle enthält der Vertrag eine klare Bestimmung solcher Art; denn wenn nach § 11 Abs. 1 Satz 3 die Anmeldung des Unfalls „innerhalb 30 Tagen vom Eintritt desselben ab gerechnet" zu geschehen hat, so ist eine Auslegung, die diese Frist nicht vom Eintritte des Unfalls, sondern, wenigstens unter Umständen, von einem anderen Zeitpunkte ab rechnen will, mit dem Wortlaute des Vertrages, auch bei Beachtung des § 133 BGB., schlechterdings nicht zu vereinen. Die Versicherungsbedingungen anderer Gesellschaften geben durch abweichende Fassung der entsprechenden Bestimmung (z. B. „vom Eintritte des Unfalls, bzw. erlangter Kenntnis ab gerechnet") Raum für eine andere Bestimmung des Fristbeginns; hier ist solches nicht der Fall. Hiernach ist auch die Annahme des Berufungsgerichts, daß der Kläger den Unfall innerhalb 30 Tagen vom 10. Mai ab gerechnet hätte anzeigen müssen und daß, da die Anzeige nicht vor dem 16. Juni erfolgt ist, die Frist versäumt sei, rechtlich nicht zu beanstanden.

Gegen unbillige Härten, die ihm aus der dargelegten Auffassung drohen möchten, findet der Versicherungsnehmer ausreichenden Schutz in dem stets in der Rechtsprechung des Reichsgerichts anerkannten Grundsatze, daß die Berufung auf die Fristversäumnis dem Versicherer dann zu versagen ist, wenn sie der die Schuldverhältnisse überhaupt und das Versicherungswesen ganz besonders beherrschenden Rücksicht auf Treu und Glauben widersprechen würde. Dies ist der Fall, wenn die Umstände so liegen, daß die Fristversäumnis als eine unverschuldete anzusehen ist; das hat für die Zukunft auch ausdrückliche gesetzliche Anerkennung in § 6 des noch nicht in Kraft getretenen Reichsgesetzes über den Versicherungsvertrag vom 30. Mai 1908 gefunden." . . .

---

109. Verfahren auf Nichtigkeitserklärung oder Zurücknahme von Patenten. Inwiefern ist eine selbständige Anfechtung der Entscheidung über den Kostenpunkt zulässig?

I. Zivilsenat. Urt. v. 9. Oktober 1909 i. S. St. (Kl.) w. F. (Bekl.). Rep. I. 552/08.

I. Patentamt.

Der Kläger hatte beim Patentamte die Nichtigerklärung des ersten Anspruches eines dem Beklagten erteilten Patentes beantragt, weil er selbst die Erfindung vor dem Tage der Anmeldung bereits offenkundig ausgeführt habe. Der Beklagte hatte dies zuerst bestritten, dann aber, nachdem der Kläger die Werkstattzeichnungen vorgelegt hatte, zugegeben und erklärt, daß danach der Anspruch 1 nicht aufrecht erhalten werden könne.

Das Patentamt erklärte darauf das Patent im Umfange des Anspruches 1 für nichtig, legte aber dem Kläger wegen der verspäteten Vorlage der Werkstattzeichnungen einen Teil der Kosten auf. Der Kläger erhob Berufung mit dem Antrage, sämtliche Kosten dem Beklagten aufzubürden. Das Reichsgericht hat das Rechtsmittel als unzulässig verworfen.

Gründe.

„Nach § 99 der Zivilprozeßordnung von 1898 ist die Anfechtung der Entscheidung über den Kostenpunkt unzulässig, wenn nicht gegen die Entscheidung in der Hauptsache ein Rechtsmittel eingelegt wird; zugelassen aber wird die selbständige Anfechtung des Kostenpunktes, wenn die Hauptsache durch eine auf Grund eines Anerkenntnisses ausgesprochene Verurteilung erledigt ist (Abs. 2) oder wenn eine Entscheidung in der Hauptsache überhaupt nicht ergeht. Daß diese gesetzlichen Bestimmungen in dem Verfahren wegen Erklärung der Nichtigkeit oder wegen Zurücknahme von Patenten (PatGes. §§ 28—33) entsprechende Anwendung zu finden haben, hat der Senat in der Sache I. 429/03 (Urteil vom 17. Februar 1904, Seufferts Arch. Bd. 59 Nr. 213) bereits ausgesprochen und zugleich dargelegt, daß diese entsprechende Anwendung für den Fall des Abs. 3 dahin führe, gegen eine bloß den Kostenpunkt entsprechende Entscheidung anstatt der in der Zivilprozeßordnung vorgesehenen Beschwerde die Berufung zuzulassen, weil das Rechtsmittelsystem der Zivilprozeßordnung dem Patentgesetze fremd ist. Von dieser seitdem festgehaltenen Auffassung — vgl. das Urteil vom 27. Februar 1909 in der Sache I. 620/08 — abzugehen, liegt kein Anlaß vor.

Im vorliegenden Falle ist eine Entscheidung ergangen, die sowohl die Hauptsache, wie den Kostenpunkt betrifft. Die Berufung aber richtet sich ausschließlich gegen den Kostenpunkt. Bei entsprechender Anwendung des § 99 ZPO. würde ihre Zulassung demnach davon abhängen, daß der Fall des Abs. 2 gegeben wäre: Erledigung der Hauptsache durch eine auf Grund eines Anerkenntnisses ausgesprochene Verurteilung.

Dieser Fall aber liegt nicht vor. Der Ausspruch des Patentamts, daß das Patent durch Streichung des Anspruches 1 teilweise für nichtig erklärt werde, ist nicht auf Grund eines Anerkenntnisses erfolgt und hätte auf Grund eines solchen Anerkenntnisses auch nicht erfolgen dürfen. Anders als im gewöhnlichen Zivilprozesse steht im Nichtigkeits- und Zurücknahmeverfahren des Patentgesetzes den Parteien eine Verfügung über den Prozeßstoff nicht zu. Insbesondere verbietet die öffentlichrechtliche Natur dieses Verfahrens die Annahme, daß die erkennende Behörde durch das Anerkenntnis eines auf Nichtigerklärung oder auf Zurücknahme gerichteten Anspruches wie der Zivilrichter im gewöhnlichen Prozesse gebunden und von einer Sachprüfung befreit werden könne. Dessen ist sich das Patentamt auch im vorliegenden Falle bewußt gewesen. Denn die Entscheidungsgründe ergeben, daß es den Nichtigkeitsantrag auf Grund der von ihm für bewiesen erachteten Tatsachen sachlich geprüft und für begründet erachtet hat. Daher braucht nicht einmal Gewicht darauf gelegt zu werden, daß ein Anerkenntnis im Sinne des § 307 ZPO. — vgl. Entsch. des RG.'s in Zivils. Bd. 60 S. 316 — hier schon deswegen nicht einmal vorliegen würde, weil der Beklagte keineswegs den Anspruch auf Nichtigkeitserklärung anerkannt, sondern nur die Tatsachen schließlich als richtig zugegeben hat, worauf er gestützt worden war.

Da hiernach der Fall des Abs. 2 des § 99 ZPO. für das Verfahren nach § 28 flg. PatGes. überhaupt auszuscheiden hat, ergibt sich, daß das eingelegte Rechtsmittel als unzulässig verworfen werden muß."

Register.

Die beigesetzten Zahlen beziehen sich auf die Seiten.

A. Sachregister.

A

B

H

J

K

L

M

W

Z

B. Gesetzesregister.

1. Reichsgesetze.

b. Einführungsgesetz zum Bürgerlichen Gesetzbuche.

c. Allgemeines Deutsches Handelsgesetzbuch.

d. Handelsgesetzbuch von 1897.

2. Landesrecht.

Bayern.

Elsaß-Lothringen.

Preußen.

a. Allgemeines Landrecht.

b. Allgemeine Gerichtsverordnung.

c. Einzelne Gesetze und Verordnungen.

C. Zusammenstellung der Entscheidungen nach der Zeitfolge.

Zusammenstellung

der

im einundsiebzigsten Bande, der neuen Folge einundzwanzigsten Bande,

mitgeteilten Entscheidungen

nach

Oberlandesgerichtsbezirken.

Berichtigungen.

Achter Band.

S. 330 Z. 17 v. o. statt „Angabe" lies „Abgabe".

Neunundfünfzigster Band.

S. 19 Z. 5 v. o. statt „Gläubigers" lies „Schuldners".

Einundsechzigster Band.

S. 62 Z. 19 v. o. hinter „Klägerin" schiebe ein „von der Beklagten".

Achtundsechzigster Band.

S. 174 Z. 4 v. u. statt „469" lies „169".
„ 383 „ 15 v. o. statt „1903" lies „1905".
„ 384 Z. 11 v. o. statt „1903" lies „1905".

Neunundsechzigster Band

S. 467 Z. 5 v. u. statt „154/07" lies „154/08".
„ 469 „ 10 v. o. statt „Rep. IV." lies „Rep. V.".

Siebzigster Band.

S. 433 Z. 6 v. o. statt „neuer" lies „neuerer".

Einundsiebzigster Band.

S. 16 Z. 11 v. o. statt „6. April" lies „20. April".
„ 62 „ 12 v. u. statt „Zuständigkeit" lies „Zuverlässigkeit".
„ 101 Fußnote Z. 6 statt „Haack" lies „Heck".
„ 231 Z. 18 v. u. statt „30." lies „31.".
„ 299 Fußnote statt „Bd. 3 S. 540" lies „Bd. 15 S. 530"

Kolibri 360 GmbH
Ferdinand-Jühlke-Straße 7
99095 Erfurt, Deutschland
produktsicherheit@kolibri360.de